ka-f-150 Foto: fu

Regina Fuchs, Lucete Fortes, Pitt Reitmaier

Cabo Verde

Salziges Gedicht

Am Ende des Strandes bin ich geboren,
und so trag ich in mir
alle Meere der Welt.

Meine Post sind die Wellen,
sie bringen und nehmen mit sich
Gruß und Geheimnis.

Meine Briefe
(meine winzigen Briefchen der Sehnsucht)
sind salzige Seufzer,
von Nixen gepflückt
vom Kamme der Wellen.

In den Schneckenhäusern und Muscheln
aller Meere der Welt
sind sie verschlossen,
meine Liebeslieder.

Denn am Ende des Strandes bin ich geboren,
und so trag ich in mir
alle Meere der Welt

Ovídio Martins, 1928

229_423sw Foto: re

Impressum

Regina Fuchs, Lucete Fortes, Pitt Reitmaier
Cabo Verde

erschienen im
Reise Know-How Verlag Peter Rump GmbH
Osnabrückerstraße 79
33649 Bielefeld

2., völlig überarbeitete und komplett aktualisierte Auflage 2004

Gestaltung
Umschlag: M. Schömann, P. Rump (Layout)
M. Luck (Realisierung)
Inhalt: G. Pawlak (Layout)
M. Luck (Realisierung)
Karten: P. Reitmaier; der Verlag
Fotos: siehe Fotonachweis auf S. 480
Titelfoto: P. Reitmaier

Lektorat: M. Luck

Druck: Wilhelm & Adam, Heusenstamm
Bindung: Buchbinderei Keller, Fulda

ISBN 3-8317-1209-3
Printed in Germany

Dieses Buch ist erhältlich in jeder Buchhandlung der BRD, Österreichs, der Niederlande, Belgiens und der Schweiz. Bitte informieren Sie Ihren Buchhändler über folgende Bezugsadressen:

BRD
Prolit Verlagsauslieferung GmbH, Postfach 9, 35461 D-Fernwald (Annerod)
sowie alle Barsortimente
Schweiz
AVA/Buch 2000
Postfach, CH-8910 Affoltern a.A.
Österreich
Mohr-Morawa Buchvertrieb GmbH
Sulzengasse 2, A-1230 Wien
Niederlande, Belgien
Willems Adventure
Postbus 403, NL-3140 AK Maassluis

Wer im Buchhandel trotzdem kein Glück hat, bekommt unsere Bücher auch direkt über den Verlag oder unseren **Büchershop im Internet: www.reise-know-how.de**

Wir freuen uns über Kritik, Kommentare und Verbesserungsvorschläge.

Alle Informationen in diesem Buch sind von den AutorInnen mit größter Sorgfalt gesammelt und vom Lektorat des Verlages gewissenhaft bearbeitet und überprüft worden.

Da inhaltliche und sachliche Fehler nicht ausgeschlossen werden können, erklärt der Verlag, dass alle Angaben im Sinne der Produkthaftung ohne Garantie erfolgen und dass Verlag wie AutorInnen keinerlei Verantwortung und Haftung für inhaltliche und sachliche Fehler übernehmen.

Die Nennung von Firmen und ihren Produkten und ihre Reihenfolge sind als Beispiel ohne Wertung gegenüber anderen anzusehen. Qualitäts- und Quantitätsangaben sind rein subjektive Einschätzungen der AutorInnen und dienen keinesfalls der Bewerbung von Firmen oder Produkten.

Regina Fuchs
Lucete Fortes
Pitt Reitmaier

Cabo Verde

Kapverdische Inseln

Vorwort

Cabo Verde ist ein reiches Land. Reich an Musikern, an Poeten, an transnationaler Lebenserfahrung und Toleranz im Umgang mit Fremdem. Reich an faszinierenden Landschaften, an Bergen und Schluchten, Wüsten und grünen Tälern, weiten Stränden und kleinen Buchten. Auf und unter dem Meer setzt sich der Reiz des kleinen Landes ins Unendliche fort.

Cabo Verde ist anders. Es hat seine eigene Geschichte und Kultur, seine eigenen Probleme und Lösungen. Wo sonst haben drei Kontinente, vom Übergang des Mittelalters zur Neuzeit und von der industriellen Revolution zur modernen Globalisierung, ihre Geschichte an einem gemeinsamen Ort geschrieben? Aus der Begegnung der Kulturen rund um den Atlantik erwuchs eine neue, eine **kreolische Kultur,** so stark wie das Meer und so vielfältig wie die Landschaften.

Cabo Verde ist eine Muschel, klein und unscheinbar, der Glanz von Algen verdeckt, die Perlen tief im Inneren versteckt. Cabo Verde ist schwer zu öffnen. Der Reisende muss es sich selbst erschließen, muss aktiv werden, um die Armut zu verstehen und den Reichtum zu erkennen. Muss lesen und forschen, um Kultur und Geschichte einordnen zu lernen, muss aufhorchen und die inneren Saiten spannen, um Gefühle und Musik aufnehmen zu können und mitzuschwingen in der fremden Kultur.

Kaum eine Tafel weist auf Baudenkmäler hin. Kaum ein Schild zeigt den Einstieg zu seit Jahrhunderten begangenen Maultierwegen. Die Literatur zu Cabo Verde ist spärlich und häufig fehlerhaft. So sind wir der Einladung des Verlags gerne gefolgt, die Autorenschaft zu diesem Reisehandbuch zu übernehmen. Mit dem Wechsel der Autorenschaft ändert sich auch der Blickwinkel. *Lucete Fortes* ist Kapverdianerin, *Pitt Reitmaier* arbeitet in Cabo Verde seit 1981. Wir hoffen, dass das freudige Erstaunen und die Begeisterung des Neuankömmlings, die aus den Texten der ersten Auflage sprachen, nicht verloren gingen. Wir hoffen aber auch, längerfristige Erfahrungen, tiefer greifende landeskundliche Informationen und Einschätzungen eingebracht zu haben und den Leser nicht nur den Landschaften und Städten, sondern auch den Menschen der atlantischen Nation Cabo Verde näher zu bringen.

So nimmt es nicht Wunder, dass auch die zweite Auflage sehr umfangreich geworden ist. Wir möchten in ihr das Wissen vermitteln, das nötig ist, um eine interessante Reise zu gestalten, die über die Kenntnis des Umfelds und der Geschichte an der Realität des Archipels Anteil nimmt. Die kosmopolitische Offenheit und Kommunikationsstärke der Kapverdier werden ein Übriges tun, um den Besuch zu einem unvergesslichen Erlebnis werden zu lassen.

Kreolische Kulturen zeichnen sich durch rasche **Veränderungen** aus. Sie greifen fremde Einflüsse auf, verändern und verknüpfen sie zu Neuem und geben sie farbenfroh belebt an die Welt zurück. Der Tourismus beschleunigt den Wandel und verändert sich in ihm.

Nicht nur Unterkünfte werden besser und Verkehrsverbindungen komfortabler. Es entstehen auch neue Berufe, neue Einstellungen, neue Lösungen und neue Probleme.

So wird dieses wie jedes Reisehandbuch schon zum Zeitpunkt seines Erscheinens erneuter Aktualisierung bedürfen. Wir bitten Sie, die Leserinnen und Leser, um konstruktive Kritik und Benachrichtigung und bringen Aktuelles auf unseren Internetseiten. Schreiben Sie an den Verlag oder an uns.

Wir wünschen Ihnen eine erholsame und interessante Zeit in Cabo Verde, in der das Land Sie und Sie das Land zu bereichern vermögen.

Pitt Reitmaier und *Lucete Fortes*
im Mai 2004
rkh@bela-vista.net, www.bela-vista.net

Vorwort zur 1. Auflage

Von *Regina Fuchs,* die an der 2. Auflage nicht mehr mitgewirkt hat.

„Eigentlich ist unser Land ruhig, nichts Spektakuläres stört."

Das Besondere an Cabo Verde ist, dass es wenig Besonderes gibt. Der Reiz der Inseln liegt in ihrer Einfachheit, im Gegensatz zu unserer übersättigten Welt. Fehlende Sensationen schärfen die Sinne, lenken die Aufmerksamkeit auf Details, Stimmungen, spontane Erlebnisse und Begegnungen. „Sehenswürdigkeiten" von welthistorischem Rang liegen als ungehobene Schätze am Wegesrand, die man sich selbst erarbeiten muss. Der Reichtum liegt im Überfluss des Flüchtigen, im Nichtmateriellen, im subtilen Spiel der Gesten und Nuancen des Alltags – die Leere der Inseln ist nur eine Illusion, wenn man seine Seele öffnet und mit all diesen Dingen füllt.

Noch bis vor einigen Jahren galt Cabo Verde als „weißer Fleck" auf der touristischen Landkarte, nur wenige wussten, wo diese Inseln liegen. Cabo Verde ist eine von Extremen geprägte Weltgegend, wo die Natur den Ton angibt: Wind, Sand, Sonne und unendlich viele Steine. Zwei Handvoll Inseln, teils sonnenverbrannt, teils tropisch grün, vor der Küste Afrikas wie mit lockerer Hand in den Atlantik gestreut. Einst waren sie Zwischenstation für die Schiffe auf dem Weg nach Südamerika und zum Kap der Guten Hoffnung. Cabo Verde war eine jahrhundertelang vernachlässigte Kolonie Portugals, geographisch isolierte, „vergessene" Inseln im Atlantik, Terra incognita, eine „Gegend, wo der Herrgott vergessen hat, vorbeizukommen", wie es ein zeitgenössischer Literat beschreibt. Auf diesen meerumschlungenen Wüsten und Bergen ist Dürre an der Tagesordnung, die Hoffnung auf Regen und Ernte das Tagesgespräch. Die Trockenheit brennt sich in die Seele.

Warum kommt ein Reisender nach Cabo Verde? Der von allen Komfortleistungen der Zivilisation verwöhnte Reisende der „Ersten" Welt wagt sich vor auf fremdes Terrain, wo die Natur andere Saiten aufgezogen hat, in ein Land, dessen Name „Grünes Kap" in krassem Widerspruch steht zur Realitäten und wo sich Fragen des (Über-)Lebens in ungewohnter Schärfe stellen.

Die Inseln bieten Sonne, Meer und blauen Himmel im Überfluss, der eigentliche (touristische) Reichtum aber sind die faszinierenden Kontraste in der Natur und die Herzlichkeit und Gastfreundschaft der Bevölkerung. Zwischen der heiteren Würde der Kapverdianer und der herben Schönheit der Vulkanberge herrscht trotz oder wegen der täglichen Nöte eine kreolische Lebensfreude vor, die nicht nur auf Festen zum Ausdruck kommt.

Cabo Verde ist ein Land für Aktivurlauber und Individualisten, die mit Interesse und Verständnis auf eine andere Welt zugehen. Cabo Verde ist kein Billigreiseland, und es ist auch keine Option auf der Suche nach dem Verwöhnurlaub.

Von 1994 bis 1997 lebte ich auf Santo Antão und arbeitete im sozial integrierten Tourismus. Für unser Projekt erhielten wir eine Auszeichnung des Deutschen Reisebüroverbandes. Reisen ist ein Konsumartikel geworden. Der Kunde bezahlt für das „Produkt" Reise und fordert den Gegenwert, oft ohne Rücksicht auf Probleme und Nöte der Menschen, die er besucht. Ich will an dieser Stelle betonen: Die Verantwortung für negative Folgen, die der Tourismus mit sich bringt, aber auch für deren Vermeidung, obliegen gleichermaßen den Reiseorganisatoren und Reisebuchautoren wie jedem einzelnen Reisenden. „Dies ist das Land, das wir geerbt haben. Wir haben kein anderes", hört man immer wieder in Cabo Verde. Nicht das Land hat sich dem Tourismus anzupassen, sondern die Touristen müssen auf das Land eingehen. „Sanftes" und verständiges Reisen bedeutet, sich gut vorzubereiten und vorbehaltlos in das Land einzufühlen. Wer offen und aufgeschlossen ist für die natürlichen Schönheiten der Inseln und den Lebensrhythmus der Menschen in ihrer völlig verschiedenen Lebenswelt, der wird vieles für sich mitnehmen können.

Dieses Reisehandbuch will mit aktuellen Informationen, praktischen Tipps und einer ausführlichen Landeskunde eine Grundlage für Ihre Reise sein. Ich kann in meinen Texten – bei aller Mühe um Objektivität und Vollständigkeit – nur von meinen eigenen Erfahrungen ausgehen und will keinen allgemeingültigen Anspruch erheben, doch schließlich: Was anderes ist Reisen, als der Versuch, aus seinem Blickwinkel heraus ein Land und dessen Menschen zu verstehen? Auf den Inseln Cabo Verdes kann man den Sinn für die elementaren Dinge des Lebens wiederentdecken.

Ich wünsche Ihnen viel Freude auf Ihrer Reise und dass Sie ein wenig einfangen mögen vom kapverdischen Optimismus, den kein Wind und keine Sonne der Welt austrocknen – willkommen, bemvindo!

Regina Fuchs

Inhalt

Die Inseln Cabo Verdes

Karten

In den Kopfzeilen wird auf die jeweils passende Karte verwiesen.

Exkurse

Anhang

Farbimpressionen und Kartenatlas (I–VII) am Ende des Buches

Einleitung

Cabo Verdes Landschaften und Kontraste sind so vielfältig wie die Inseln: Jede Insel unterscheidet sich deutlich von den anderen und bietet eine kleine Welt für sich.

In der Vorbereitung einer Kap-Verde-Reise ist es unabdingbar, sich die „passenden Inseln" für die eigenen Erwartungen auszusuchen. Jede Insel bietet einige Möglichkeiten perfekt und schließt andere aus. Wer sich gut informiert und „seine" Inseln bewusst ausgesucht hat, kehrt zumeist begeistert aus dem Urlaub zurück. Wer die Reiseroute eher zufällig wählt, mag bitter enttäuscht sein, wenn er auf den „falschen" Inseln gelandet ist.

Auch wenn die Entfernungen auf und zwischen den Inseln kurz erscheinen, so kostet das Reisen viel Zeit. Will man seinen Urlaub nicht in den Warteräumen der Flughäfen verbringen, dann empfiehlt es sich, mindestens zwei, besser noch drei Wochen einzuplanen und nur eine, maximal zwei Inseln pro Woche zu bereisen.

Eine Kurzbeschreibung, dem Inselbogen von Nordwesten aus folgend, mag die Auswahl erleichtern:

Santo Antão

Hauptort Ribeira Grande. Die faszinierende Bergwelt dieser grünen Insel im Nordwesten macht sie zur Wanderinsel. Der landschaftliche Reichtum reicht von tropischen Tälern bis zu vulkanischen Mondlandschaften, und entsprechend führt das Spektrum der Wege von einfachen Spaziergängen in der Ebene über Wanderungen auf gepflasterten Maultierwegen bis zu hoch anspruchsvollen Mehrtagestouren im Hochgebirge. Ländliche Infrastruktur, familiäre Quartiere und bezaubernde Dörfer an steil aufragenden Küsten begeistern jeden Naturfreund.

São Vicente

Hauptort Mindelo. An der größten und schönsten Hafenbucht des Landes, dem Porto Grande, liegt Mindelo, die zweitgrößte Stadt des Archipels, ein wirtschaftlicher und kultureller Mittelpunkt. Die britisch und mediterran geprägte historische Altstadt im Kolonialstil des 19. Jahrhunderts bietet interessante Baudenkmäler, Restaurants, Geschäfte und Bars. Das Inselinnere ist vorwiegend trocken. Die Küsten haben schöne Strände. Anspruchsvolle Tageswanderungen führen von der Stadt durch die Berge zu abgelegenen Stränden. Den Hausberg Monte Verde mit seinem einmaligen Panorama sollte man nicht auslassen.

São Nicolau

Hauptort Ribeira Brava. Noch kommen wenige Reisende, um den beschaulichen Charme São Nicolaus zu entdecken, nicht zuletzt, weil die Flugverbindungen noch spärlich sind. Die Bergwanderungen sind ähnlich schön, aber weniger spektakulär und somit weniger anstrengend als auf Santo Antão. Große Sandstrände mit ablandigem, stetigem Wind, einsame Badebuchten und rekordverdächtige Reviere für Sportfischer verwöhnen die Freunde des Meeres. Das weitläufige Netz kleiner Straßen und großer Maultierwege wartet darauf, von Mountainbikern entdeckt zu werden.

Sal

(dt. Salz) **Hauptort Vila dos Espargos.** Sonne, Sand und Meer kennzeichnen die flache Badeinsel, die mit ihrem internationalen Flughafen alle Ankommenden empfängt. Sal bietet sich für alle Arten von Wassersport an. Surfer und Taucher, für die es moderne Einrichtungen und optimale Bedingungen gibt, werden begeistert sein. Kilometerlange, wüstenhafte Strände und moderne Hotels nahe dem kleinen Ort Santa Maria empfangen die Sonnenanbeter. Die stillgelegten Salinen, der Hafenort Palmeira und die Flughafengemeinde Espargos eignen sich für kleine Ausflüge.

Boa Vista

(dt. schöner Anblick) **Hauptort Sal Rei.** Die Insel mit ihren hellgelben Sanddünen ist ein kleines „Insel-Sahel". Mehrere, bis über 20 km lange, gleißende Sandstrände, stetiger Wind und eine reiche Unterwasserfauna bilden das ideale Umfeld zum Baden, Surfen und Tauchen. Der Tourismusboom, obwohl in absoluten Zahlen bescheiden, hat die schrumpfende Bevölkerung wieder anwachsen lassen.

Maio

(dt. Monat Mai) **Hauptort Vila do Maio.** Die flache und trockene Insel mit ausgedehnten feinsandigen Stränden findet touristisch weniger Beachtung als die beiden zuvor beschriebenen flachen Inseln. Kleine Pensionen und ein Bungalowhotel bilden die touristische Infrastruktur. Wer Baden und Wandern an einsamen Stränden liebt und die völlige Ruhe abseits der Touristenzentren sucht, wird Maio schätzen.

Santiago

Hauptstadt Cabo Verdes, Praia. Die größte, mittelgebirgige Insel war immer Sitz der Hauptstadt. In Cidade Velha geht der Besucher auf Tuchfühlung mit der Geschichte dreier Kontinente: Europas, Afrikas und Amerikas. Hier machten die großen Entdecker Station, hier nahm der transatlantische Sklavenhandel seinen Anfang. Im Inneren locken Wanderungen in den Naturparks von Pico d'Antónia und Serra Malagueta. Große und kleine Strände mit zunehmend besser entwickelter Infrastruktur bieten sich zum Baden, Surfen und Tauchen an.

Fogo

(dt. Feuer) **Hauptort São Filipe.** Der 2829 m einsam aus dem Meer ragende aktive Vulkan zeigt ganz verschiedene Wald- und Vulkanlandschaften, die sich der Interessierte erfahren und erwandern kann – bis hin zur alpinistisch anspruchsvollen Besteigung des Gipfels. Ein Bummel durch die historische Altstadt von São Filipe lässt die Geschichte der ehemaligen Lehnsherrn und Händler wieder lebendig werden.

Brava

(dt. die Wilde, oder besser die Tapfere?) **Hautport Vila Nova Sintra.** Im Windschatten von Fogo liegt die kleinste der bewohnten Inseln häufig unter einer Wolkenhaube. Sie ist dadurch etwas grüner. Solange die Fährverbindungen unregelmäßig und wenig berechenbar bleiben, wird sie auch im Windschatten des Tourismus bleiben. Wer die Zeit hat, sich hierauf einzulassen, weiß die Ruhe und nette Wanderungen zu schätzen.

251_315sw Foto: re

Praktische Tipps A–Z

ka-b-15 Foto: bö

226_920sw Foto: re

Flugzeug der TACV auf Maio

Aluguer auf Boa Vista

Fährschiff „Ribeira de Paúl“

Als Gast in Cabo Verde

„Wo liegt denn Cabo Verde?" werden Bekannte fragen, wenn Sie berichten, dass Ihre Urlaubspläne sich mit diesem Land verbinden. Noch weiß man in Europa wenig, zu wenig, über die faszinierende **Gruppe kreolischer Kulturen und Sprachen,** deren ältestes Mitglied Cabo Verde ist.

Entdeckt der Finger auf der Landkarte zehn bräunlich vertrocknete Fleckchen mitten im Atlantik, dann beginnt die spannende Entdeckungsreise in eine Kultur, die eigenständig und reich ist, und für Europäer so schwer zu verstehen wie für Afrikaner.

Mit den braunen Fleckchen im Meer ist so wenig beschrieben wie durch den Blick auf den Körper eines Schmetterlings. Doch ist es schwieriger als beim Schmetterling, die Flügel zu entdecken. Nach dem ersten Schock, der den Reisenden überfällt, wenn er beim Anflug auf Sal nur lebensfeindliche Wüste erblickt, gilt es, sich zu öffnen, auf Kleinigkeiten zu achten, um größere Zusammenhänge zu erfassen. Das bunte Gemisch der Hautfarben fällt als erstes auf, danach eine ungebremste Lebenslust, Offenheit und farbenfrohe Vielfalt.

Einer der bunten Flügel Cabo Verdes kommt aus der **Vergangenheit** und überspannt die westliche Hälfte des Atlantik. Versklavte Bauern von der afrikanischen Küste, jüdische Händler aus Marokko, portugiesische Seeleute, Gefangene, Adelige, Bauernsöhne aus Madeira, Piraten aus Frankreich, Spanien, Holland und Dänemark, englische Kohlenhändler, *ship chandlers* und Telegraphiefachleute, indische Beamtenfamilien aus Goa, Fischer aus Korea und Japan, sie alle sind hier verewigt, kulturell und genetisch.Tel.

Der andere, nicht weniger bunte Flügel zieht hinaus in die Zukunft, in die **Emigration.** Ganze Dörfer, Freie und Sklaven, mussten sich in Hungerjahren an begierige Sklavenhändler verkaufen und landeten in Brasilien und der Karibik. Geschickte Walfänger fanden ihren Weg in die USA. In den Städten Boston, New Bedford und Providence leben heute fast doppelt so viele Kapverdianer wie auf den Inseln. Zwangsweise und freiwillig wurden Hunderttausende auf die Plantagen nach São Tomé und Angola verfrachtet. Von ihnen glitten viele nach 1974 ab in die Slums Portugals. Frankreich, Holland, Luxemburg und Italien sind die heute beliebteren Emigrationsländer.

Der Schmetterling flattert im Bauch eines jeden Kapverdianers. Er spürt die Geschichte in sich, nicht brav nach Jahreszahlen gespeichert, sondern alltäglich. Komplizierte transnationale Familienkonstruktionen, das Kommen und Gehen der Schiffe, die Erzählungen eines Onkels aus Wilhelmshaven, Rotterdam, Leixões oder Boston geben allem einen Ursprung und ein Ziel in der Weite des Atlantik. 60% der Familien erhalten ökonomische Unterstützung durch Familienmitglieder im Ausland. 45% der Jugendlichen Mindelos würden gerne im Ausland arbeiten. Nachrichten aus aller Welt werden aufmerksam verfolgt. Man hat dort Familie und Bekannte und vielleicht, eines Tages ...

So nimmt es nicht wunder, dass die Unwissenheit der Europäer zu Cabo Verde einseitig ist. Die Kapverdianer kennen Europa, Amerika und Afrika, kennen es zumeist aus der Perspektive eines harten Arbeitslebens. Sie kennen die Schwächen und Stärken anderer Kulturen, und sie können vergleichen und bewerten.

Geschaffen aus Menschen, Kulturen und Nationen rund um den Atlantik war Cabo Verde immer im Umschwung, wollte oder musste sich allen Strömungen und Einflüssen öffnen und blieb doch immer was es war: eine atlantische Nation, mit einem Standbein auf den Inseln und vielen Spielbeinen in der ganzen Welt.

Kapverdianer sind offen und kontaktfreudig, und leicht ergeben sich Gespräche aus einem freundlichen Gruß. Wer ankommt, grüßt zuerst. So nimmt man den ersten Kontakt am leichtesten mit dem **Gruß in Landessprache** auf: **„Bom dia. Tá bom?“** Und als Antwort folgt: „Bom dia. Tud' drett“, was so viel heißt wie: „Guten Tag, alles in Ordnung.“ Beim Wandern, in abgelegenen Gegenden, folgt dann häufig noch ein „Sesch entrá“ als Aufforderung, ins Haus zu kommen. Dies mag eine Floskel sein, doch wenn es nach einem netten Gespräch wiederholt wird, dann ist es ernst gemeint, und es ist durchaus korrekt, sich in der guten Stube als Gast in den besten Sessel platzieren zu lassen und die Alben der Familie gezeigt zu bekommen.

Kapverdianer sind herzliche und unkomplizierte Gastgeber, immer respektvoll. Das distanzlose und schnell geäußerte „Du“ durch kontaktfreudige Jungs und Mädchen am Strand, bei den Segelbooten oder in Kneipen und Discos ist nicht typisch kapverdianisch, sondern Anmache und ein Produkt des Tourismus. Seriöse Leute lernt man langsamer kennen.

Man grüßt per Handschlag, erst die Älteren, dann die Damen und schließlich die Herren. Kinder werden im Omnibus noch aufgefordert, der älteren Dame ihren Platz zu überlassen. So formal dies klingen mag, es ist es nicht, denn es ist zumeist von herzlichem Lachen begleitet. Einem Studenten-Pärchen mag es seltsam vorkommen, sofort nach seinen Kindern gefragt zu werden, doch erstens fragt man in Cabo Verde sofort nach der Begrüßung nach dem Wohlergehen der ganzen Familie, und zweitens haben Kapverdianer im Studentenalter häufig Kinder.

Ein wesentliches Hindernis ist die **Sprache.** Nur wenige Reisende sprechen **Portugiesisch**, noch weniger **Kreol.** Die Kapverdianer tun sich leichter mit Französisch, doch Englisch wird in den Schulen mehr und mehr gefördert. Dennoch kommt man relativ leicht mit Sprachfetzen zur Verständigung (zu Sprache und Sprachführern siehe im Anhang).

Buchtipp:
- Harald A. Friedl
Respektvoll reisen
(Reise Know-How Praxis)

So sehr **bettelnde Kinder** das Herz der Besucher rühren mögen, es ist schlicht falsch, den Kindern direkt etwas zukommen zu lassen. *Gerhard* und *Sibylle Schellmann* berichten: „Ein Führer und eine Touristin sind zu Fuß unterwegs. Kinder umringen sie, woraufhin sie, von Mitleid gepackt, Bonbons verteilt. Wie durch ein Lauffeuer spricht sich dies herum und aus allen Ecken kommen mehr Kinder angerannt. Als die Bonbons aufgebraucht sind, beginnt die Dame, Münzen zu verteilen. Der Führer versucht ihr zu erklären, dass sie mit ein paar Geldstücken die Armut nicht beseitigen kann, zumal sie nicht täglich kommen wird. Wenige Tage später kommt eine andere Wandergruppe in das Dorf und wird sofort mit nachdrücklichen Wünschen empfangen. Sie bekommen eine deutlich kleinere Runde Bonbons, was zu Streitereien führt. Als auf der dritten Tour den Forderungen der Kinder nach Bonbons und Geld nicht nachgekommen wird, fliegen Steine.“ Bettelnde Kinder sind ein Produkt des Tourismus. In den 1980er Jahren, unter ökonomisch noch wesentlich härteren Bedingungen, gab es sie nicht. Betteln schafft nicht nur ein Bild vom reichen, aber unwissenden, weil sprachlosen Touristen, sondern es

ka-b-18 Foto: bö

stört den Aufbau einer selbstbewussten Identität. Es schafft nur kurzfristige Erleichterung einer wachsenden Frustration und schafft Aggression.

Was typischerweise gegeben wird, Münzen und Kugelschreiber, sind Kleinigkeiten ohne Einfluss auf die Armut. So nutzt das Geben vorwiegend dem Gebenden, der damit seine Hilflosigkeit bemäntelt. Zusammengeklaubte Medikamente ohne portugiesischsprachige Beschreibung gehören in die gleiche Kategorie und sind gesundheitsgefährdend.

Es gibt sinnvolle Alternativen: Die Kinder sind kontaktfreudig, und es macht Spaß, sich mit ihnen über Schule und Geschwister zu unterhalten oder ein Lied zu singen. Ergibt sich eine Pause, ist es nicht falsch, ihnen etwas vom eigenen Proviant anzubieten, einen halben Apfel – Proviant, wie man ihn selbst isst. Sind die Kinder arm, nehmen sie dies gern entgegen, und im Gegensatz zu Bonbons zerstört es nicht das Gebiss von Kindern, die eventuell noch nicht einmal eine Zahnbürste besitzen.

Neues Schulmaterial, direkt an den Direktor einer Schule gegeben oder Spenden an lokale oder internationale Hilfsorganisationen, die beispielsweise Kindergärten, Jugend- und Altenarbeit unterstützen, dienen gezielt armen Familien.

Wir empfehlen, **lokale Organisationen** zu unterstützen, mit denen wir seit Jahrzehnten gut zusammenarbeiten:

Fröhliche Kinder auf Santiago

- **Jardins Infantis da Cruz Vermelha de Cabo Verde** (Rotes Kreuz) Konto: Banco Comercial do Atlântico Nr. 4500284
- **Conta Solidariedade – Promoção Social** (Sozialamt) Konto: Banco Comercial do Atlântico Nr. 4547238
- Siehe auch: **www.bela-vista.net/Promocao-Social/**

Zu taktvollem Auftreten gehört, die **Privatsphäre zu respektieren,** nicht ungefragt in Gärten oder Häuser zu treten oder über Mauern zu schauen.

Zum **Fotografieren** holt man die Erlaubnis seines Gegenübers ein und vermeidet Situationen, die den Fotografierten beschämen könnten, die Moral verletzen oder Armut zur Schau stellen.

Als Latinos dürfen junge Kapverdianer extrovertiert sein, die modischsten Jeans, knappsten Bikinis und gagigsten Rucksäckchen vorführen. Dennoch gilt, wie in der lateinischen Welt anderswo, eine klare **Kleiderordnung.** In der Kirche trägt man Beine und Arme bedeckt. Mit kurzen Hosen darf man Ämter nicht betreten. Abseits der Strandbars steht den Gästen ein Hemdchen gut an. Nachlässige und schmutzige Kleidung wird als Zeichen extremer Armut oder Geistesgestörtheit verstanden. Die Trennlinie zwischen Armut in Würde und entwürdigendem materiellem oder moralischem Elend macht sich am Benutzen eines Bügeleisens fest.

Nacktbaden ist nicht üblich. Oben ohne wird nur an den Stränden von Sal geduldet.

Frauen, die sich auf flüchtige sexuelle Beziehungen mit Touristen einlassen, werden als „Menininhas de vida“, sprich Prostituierte, angesehen. Und hier sei ein ernstes Wort eingeflochten: Der Strandtourismus hat **Sextouristen** beiderlei Geschlechts und eine neue Gruppe Prostituierter vom afrikanischen Festland angelockt. Dass Kondome vor AIDS schützen, dürfte den Lesern bekannt sein. Polizei und Gerichte üben keine Nachsicht gegenüber Pädophilen, und sie sitzen ihre Strafen vollständig und ohne Air Condition ab.

Cabo Verde ist glücklicherweise noch wenig für den Massentourismus aufbereitet. So braucht man **Zeit und Ruhe,** um sich zu erschließen, was interessiert. **Historische Monumente** von Weltrang wie in Cidade Velha oder Mindelo liegen noch unscheinbar am Wegesrand. Nur wenig ist ausgeschildert, kein Museum erklärt die Zusammenhänge. So gilt es, selbst zu fragen, zu lesen, zu beobachten und zu entdecken. Zu Stränden und den Ausgangspunkten von Wanderungen fährt in der Regel noch kein Linienbus; man muss ein Fahrzeug besorgen oder zu Fuß gehen.

Die nötige Zeit und Ruhe findet man nur, wenn man sie in der Reiseplanung vorgesehen hat. Auf stundenlange Wartezeiten am Hafen oder Flughafen, auf kurzfristige Änderungen der Fahr- und Flugpläne sollte man vorbereitet sein und gelassen reagieren können und für solche Fälle immer ein Buch im Rucksack haben.

Zum **Schutz der Umwelt** kann der Reisende beitragen, indem er Müll vermeidet. Es gibt kaum ein Stück Müll, das in Cabo Verde produziert ist. Wie man umweltfreundlich und sicher für sein **Trinkwasser** sorgen kann und dabei Plastikmüll vermeidet, wird im Kapitel „Ausrüstung" erläutert.

Cabo Verde ist **kein Billigreiseland** und bietet wenig günstige Konsumgelegenheiten. Da fast alle Produkte und auch 90% der Lebensmittel importiert werden müssen und das Wasser in den Städten aus industrieller Meerwasserentsalzung stammt, liegt das Preisniveau ähnlich hoch wie in Europa. Industriewaren sind teurer, Dienstleistungen billiger.

Cabo-Verde-Liebhaber setzen deshalb weniger auf Luxus und perfekt organisiertes „Alles Inklusive" als auf ruhiges Mitschwimmen im Strom der Zeit. Man sitzt am Hafen, blickt auf die einlaufenden Boote, schlendert zum Fischmarkt und beobachtet das Treiben für eine Zeit, zieht gemächlich durch kopfsteingepflasterte Gassen mit kleinen Läden und Werkstätten, isst seine Bananen unter einem großen Baum und schaut den Männern beim Oril-Spiel zu. Wer seine Ruhe hat, wird in Ruhe gelassen. Wer offen ist für spontane Begegnungen, findet sie in unverdorbener Herzlichkeit. Zu keiner Sekunde kann man sich dem Kulturvergleich entziehen, wird mitgerissen von der Fröhlichkeit und dem verschmitzten Ernst von Menschen, die gelernt haben, unter den schwierigsten Bedingungen zu überleben. Man zweifelt an der ökonomistischen Doktrin unserer modernen westlichen Gesellschaft und beginnt, menschliche Werte neu zu ordnen. Man lässt den Alltag zurück und kommt näher zu sich selbst.

Anreise

Flugverbindungen Europa – Cabo Verde

Aus Europa kommende Reisende betreten Cabo Verde am internationalen **Flughafen Almicar Cabral auf der Insel Sal** und verteilen sich von dort über Anschlussflüge.

Von Mitteleuropa fliegen zur Zeit drei Gesellschaften, die kapverdianische TACV – Cabo Verde Airline, die portugiesische TAP – Transportos Aéreos de Portugal und die deutsche Thomas Cook (powered by Condor).

Noch sind Sonderangebote selten und die Flugpreise höher als zu stärker besuchten Regionen.

Saisonale Schwankungen der Flugpreise folgen zweierlei Logik: zum einen der Nachfrage durch die europäischen Touristen, zum anderen den Reisezyklen der kapverdianischen Emigranten, die insbesondere zu Weihnachten und während der Sommerschulferien von Europa nach hause fliegen. Preisunterschiede und saisonale Preisschwankungen sind spürbar und es lohnt sich, mehrere Fluggesellschaften und Jahreszeiten zu prüfen.

TACV Cabo Verde Airlines

Die TACV fliegt mit Boeing 757 oder 737 **ab Amsterdam, Lissabon, Madrid, Malpensa (Mailand), München, Paris und Zürich** (Stand Winterflugplan 2004).

Von Halbjahr zu Halbjahr können die Flugrouten verändert werden. Die Flüge ab Deutschland wurden in der Vergangenheit mehrfach mit Amsterdam, Zürich oder Bergamo kombiniert. Im Sommer 2004 wird Samstagvormittag ab München über Las Palmas/Kanarische Inseln geflogen. Die Flugdauer ab Amsterdam beträgt 6 Stunden, ab München, Paris oder Zürich etwa 5½ und ab Lissabon 4 Stunden.

Vergünstigte Zubringerflüge bietet die TACV in Zusammenarbeit mit verschiedenen Airlines ab Berlin Tegel, Düsseldorf, Hamburg, Luxemburg, Köln, Prag, Wien und Zürich.

Der Rahmen der **Preise** für die Strecke München – Sal – München liegt zwischen 300 und 1000 Euro je nach Jahres- und Buchungzeit. Neben Last-Minute-Angeboten gibt es bei TACV immer wieder Sonderangebote für Paare. Kinder unter 2 Jahren bezahlen 12%, Kinder unter 12 Jahren 67% des Tarifs.

Wenn Sie oder ihr Reisebüro Probleme haben, Flugverbindungen nach Cabo Verde zu finden, so mag dies daran liegen, dass jeder Veranstalter verschiedene Ortsnamen benutzt. Einige schaffen es sogar, mehrere widersprüchliche Namen ins gleiche System zu stellen. Versuchen Sie es mit Synonymen und vorzugsweise mit den internationalen Dreibuchstaben-Abkürzung für Flughäfen:

- **SID:** Ilha do Sal, Amilcar Cabral, international Airport
- **RAI:** Praia, Aeroporto Francisco Mendes, Francisco Mendes Airport
- **VXE:** São Vicente, Aeroporto de São Pedro, San Vincent Airport

Linienflüge zwischen den Inseln bietet nur die TACV. Andere Gesellschaften, die sich nach 1990 dort zu etablieren vorgaben, sind wieder verschwunden. Die Anschlussflüge auf andere Inseln sind günstiger, wenn sie mit dem internationalen TACV-Ticket zusammen gebucht werden.

Für Touristen, die mehrere Inseln bereisen wollen, wird ein **Cabo Verde Air Pass** angeboten, der nur zusammen mit dem TACV-Langstreckenticket verkauft wird. Er kostet für 2 Coupons 150 Euro, für 3 Coupons 185 Euro, 4 Coupons 220 Euro. Ab dem vierten Coupon kostet jeder weitere 30 Euro.

Für die mit dem Air Pass gebuchten Flüge gelten einige Einschränkungen: Verkauf nur zusammen mit dem internationalen Flug in Europa; feste Flugbuchungen; keine Wartelistenplätze; keine offenen Strecken; keine Umbuchungsmöglichkeit; maximale Gültigkeitsdauer 3 Wochen zwischen erstem und letztem Inlandsflug.

Buchtipps:
- Frank Littek
Fliegen ohne Angst
- Erich Witschi
Clever buchen, besser fliegen
(beide Bände Reise Know-How Praxis)

Die aktuellen Flugpläne, Preise und Sonderangebote erfährt man schnell und zuverlässig bei den auf Cabo Verde spezialisierten Reisebüros und der AVIAREPS, welche die TACV-Flüge in Deutschland, Österreich und der Schweiz betreut.

TACV in Europa:

- **Las Palmas/Spanien (Kanarische Inseln)**
Servisair - Apartado de Correos 15
Aeroporto de Grand Canária
Tel. 0034 92 857 95 73
Fax 0034 92 857 92 71
- **Lisboa/Portugal**
Av. da Liberdade 36 1°, A 1250-145 Lisboa
Tel. 00351 21 323 05 55
Fax 00351 21 347 81 01
E-Mail: reservalis@tacv.aero
- **London/England**
Cape Verde Travel
14 Market Place Hornsea, Hu 18 AW UK
Tel. 0044 1 964 536 191
Fax 0044 1 964 536 192
E-Mail: eastgatetravel@binternet.com
www.capeverdetravel.com
- **Madrid/Spanien**
Cristobal Bardio 22, Local E 28003 Madrid
Tel. 0034 91 395 20 30
Fax 0034 91 395 20 31
- **Milano/Italien**
Viale L. Majno, 38, 210129 Milano
Tel. 0039 229 53 63 10, Fax 0039 220 10 45
- **München/Deutschland**
c/o AVIAREPS - Airline Managment
Group AG, Landsberger Straße 155
80687 München
Tel. 089/55 25-33 33
Fax 089/54 50-68 55
E-Mail: info@tacv.de, www.TACV.de
- **Paris/Frankreich**
101, Rue de Prony, 75017 Paris
Tel. 0033 1 56 79 13 13
Fax 0033 1 43 80 68 18
E-Mail: tacv.fr@TACV.aero
- **Rotterdam/Holland**
Weena 95–97, 3013 Rotterdam
Tel. 0031 10 4115411, Fax 0031 10 4124998
E-Mail: AMonteiro@TACV.aero

238_735sw Foto: re

- **Wien/Österreich**

Aviareps Airline Center
Opernring 1/e/7, A-1010 Wien
Tel. 0043 1 581 89 22 80
Fax 0043 1 585 36 30 88
E-Mail: vienna@aviareps.com

- **Zürich/Schweiz**

Airlinecenter Airline Management GmbH
Schanzeggstraße 1, CH-8002 Zürich
Tel. 0041 1 286 99 11
Fax 0041 1 286 99 19, E-Mail:
CaboVerdeAirlines@zrh.airlinecenter.ch

Thomas Cook – Condor

Thomas Cook (powered by Condor) (www.thomascook-flug.de) ist seit einigen Jahren nach Cabo Verde unterwegs. Wie bei anderen Fluggesellschaften auch, ändern sich die Flugpläne etwa halbjährlich. Mitunter wurde Sal nur im Winterflugplan angeflogen. Auch der bequeme wöchentliche Direktflug Frankfurt – Sal – Frankfurt, z.Z. am Dienstag, ist nicht immer garantiert. In der Vergangenheit wurde der Flug mit Destinationen in Senegal, Gambia, Brasilien oder auf den Kanaren zusammengelegt.

Transportos Aéreos de Portugal TAP

Die portugiesische Airline fliegt nahezu täglich die Strecke Lisboa – Sal – Lisboa, teilweise im code-sharing mit TACV, z.Z. alle Wochentage außer Dienstag. Bei Verspätung mag es vorkommen, dass man den knapp kalkulierten Anschlussflug am Montagmorgen von Frankfurt nach Deutschland

Spaß beim Kartenspiel

verpasst und erst am Nachmittag aus Lisboa weiterfliegen kann.

● **Frankfurt/Deutschland**
Baseler Straße 48, 60329 Frankfurt
Tel. 0049 1803 000 341
Fax 0049 1803 000 440

● **Lisboa/Portugal**
Loja Gare do Oriente
Edifício Estação do Oriente
Avenida de Berlim
Tel. 00351 707 205 700
Fax 00351 21 8416540

Flugverbindungen von Cabo Verde nach Afrika, Nord- und Lateinamerika

TACV fliegt wöchentlich nach **Bissau, Dakar, Banjul, Conacry, Bamako** und **Abidjan.** Diese Flüge starten in Praia. Kombinationsflüge von Europa aus werden nicht beworben aber angeboten.

TAP fliegt über Sal nach **São Tomé.**

TACV

Die kapverdianische Luftlinie wurde schon 1958 unabhängig von der portugiesischen Muttergesellschaft. Die internationale Flotte umfasst eine Boeing 757 und eine Boeing 737. Der nationale Verkehr wird mit ATR 42 bedient. Die nur mit Kleinflugzeugen zu erreichenden Flughäfen von Brava und Santo Antão wurden aus Sicherheits- und ökonomischen Gründen stillgelegt und die hierfür genutzten Twin Otter abgeschafft. Die Langstreckenmaschinen werden in Europa gewartet. Die TACV ist als zuverlässige Airline bekannt.

Zurzeit bedient nur TACV die Strecke von Cabo Verde nach Lateinamerika mit einem wöchentlichen Flug nach **Fortalezza (Brasilien).** Während Eastgate Travel in London ein Paket mit Aufenthalt in Cabo Verde und Brasilien anbietet, halten sich die Reiseveranstalter in Mitteleuropa bedeckt - so sie überhaupt vom Flug nach Fortalezza wissen.

Die Fernstreckenflugzeuge der South African Airlines (SAA) müssen auf ihrem Weg von **Südafrika** in die **USA** in Sal einen Tankstopp einlegen, während in der Gegenrichtung direkt geflogen werden kann. Dies erklärt, weshalb man mit SAA (mehrmals) täglich von Johannesburg nach Sal und von Sal in die USA kommt, während in der Gegenrichtung kein oder bestenfalls ein Flug pro Woche angeboten wird. Die TACV hat einen Flug pro Woche nach Nordamerika, z.Z. nach **New York.**

Die Fluggesellschaften bieten in Cabo Verde häufig günstige *excursion tickets* an für eine Reisedauer von 28 oder 45 Tagen, die nur in Cabo Verde gekauft werden können. Jedes Reisebüro in Cabo Verde und die Vertretungen der Fluggesellschaften können Auskunft erhalten.

● **South African Airways SAA**
Aeroporto Internacional Amilcar Cabral
Cp 44 Ilha Do Sal
Tel. 00238/2411358, Fax 00238/2411039
www.flysaa.com

Sonstiges

Surfboards und anderes Sportgepäck müssen eine Woche vorher angemeldet und von der Fluggesellschaft bestätigt werden und kosten (bis 50 kg) 75 Euro bei der TACV auf den Strecken Europa – Sal. Die TACV bietet z.Z. auch 15 kg freies Tauchgepäck nach vorheriger Anmeldung.

Da die Frachträume der Maschinen im Inlandsverkehr vergleichsweise klein sind, kann für den Transport zwischen den Inseln nicht garantiert werden, dass sperriges Gepäck wie Fahrräder mit der gleichen Maschine wie der Passagier befördert werden.

Die **Ankunft** aller Langstreckenflüge von Europa erfolgt auf Sal (internationale Abkürzung SID) auf dem Flughafen Amilcar Cabral. Dieser wurde in den letzten Jahren enorm ausgebaut und bietet heute fast rund um die Uhr Restaurant, Geldwechsel und die Dienste eines TACV-Büros.

Anschlussflüge gehen täglich nach São Vicente und Praia, so dass man nur noch ausnahmsweise auf Sal zwischenübernachten muss. Kommt man jedoch spät nachts an, so empfiehlt sich die Übernachtung in einem der Hotels oder Pensionen in Espargos.

Gepäck durchchecken bis auf die Zielinsel ist für Reisende möglich, die mit TAP oder TACV anreisen, wenn der Anschlussflug am gleichen oder folgenden Tag erfolgt. Insbesondere für Reisende mit viel Gepäck ist dies vorteilhaft, weil beim Einchecken in Europa mit den Gewichtsgrenzen verzeihender umgegangen wird als in Cabo Verde.

Zollkontrollen verlaufen unkompliziert und zügig, so lange keine Drogen vermutet werden. Durchgechecktes Gepäck wird evtl. am Zielflughafen kontrolliert.

Wichtige Hinweise

Alle Flüge müssen rückbestätigt werden! Außerhalb Europas wird in den meisten Ländern, so auch in Cabo Verde, verlangt, dass der Passagier seine weiteren Flüge rückbestätigen lässt. Tut er dies nicht, verfällt seine Buchung und das Recht auf Beförderung. Die Rückbestätigung erfolgt in den Büros der TACV und in den Reisebüros. Auch größere Hotels können dies erledigen. Praktischerweise lässt der Reisende **am ersten Tag** nach der Ankunft **alle weiteren Flüge** rückbestätigen. **Am Tag vor jedem einzelnen Flug** empfiehlt es sich, eine weitere Rückbestätigung einzuholen und **Unterkunft und Telefonnummer** ins System eintragen zu lassen, damit ggf. eine Benachrichtigung erfolgen kann. Man darf sich jedoch nicht darauf verlassen, in jedem Fall benachrichtigt zu werden.

Flugplanänderungen sind häufig. Bei einer so kleinen Airline zieht jede Verspätung, jede unvorhergesehene Reparatur oder Krankheit eine Kette von Änderungen im Gesamtplan nach sich. Für den einzelnen TACV-Mitarbeiter am Schalter und für den Passagier ist die komplizierte Logik der Flugplanänderungen nur schwer zu erfassen. Er kann sich jedoch darauf verlassen, dass die TACV den Passagieren eine ungeplante Übernachtung und das Verpassen internationaler Flüge ersparen will. In den Stoßzeiten, wenn Emigranten und Urlauber in großer Zahl unterwegs sind, werden Flüge auch verdoppelt.

Overbooking und Streichungen von OKs kennt jeder Afrikareisende, doch in Cabo Verde sind sie selten. Als unvermeidbar muss man anerkennen, wenn aus einer Maschine Sitze ausgebaut werden, um den Liegendtransport eines Notfallpatienten zu ermöglichen.

Der **Check In** erfolgt 2, mindestens 1½ Stunden vor der angegebenen Abflugzeit. Dies ist auf den kleinen Flughäfen unvermeidbar, da die Gepäckverladung abgeschlossen sein muss bevor die Maschine eintrifft.

Reiserouten sollte man möglichst so planen, dass der letzte Tag zum Baden auf Sal dient. Damit kann man Verspätungen abpuffern und verpasst nicht seinen Rückflug nach Europa.

Mit dem Schiff

Auch wenn in den Wintermonaten fast täglich ein Kreuzfahrtschiff in São Vicente einläuft, so ist für Reisende, die länger als nur ein paar Stunden in Cabo Verde bleiben, die Anreise mit dem Schiff ungewöhnlich.

Es gibt **keine Passagierschiffe oder Fähren,** weder von Europa noch vom afrikanischen Kontinent aus und eine Reise auf dem Frachter ist ein individuelles Abenteuer, das nur in Verhandlung mit der Schiffsagentur und dem Kapitän erreicht werden kann und nicht billiger wird als die Anreise mit dem Flugzeug – und so man doch eine Strecke fliegt, teurer als der Hin- und Rückflug.

Frachtschiffe aus und nach Cabo Verde findet man mit einiger Regelmäßigkeit in den Häfen von Lissabon und Rotterdam. Die Schiffe laufen meist São Vicente und Praia an. Eine sehr zuverlässige Frachtlinie ist:

- **Reederei Fred Olsen**
Zeemansstraat 7d
NL 3016 CN Rotterdam/Niederlande
fredolsen@fredolsen.nl
Tel. 0031 10 440 2828, Fax 10 225 0616

Mit dem Segelboot

Cabo Verde ist ein **wenig erschlossenes Segelrevier für Könner.** Ab Oktober füllen sich die Häfen mit Yachten, die bis Februar zum Sprung über den Atlantik ansetzen. Als erster Hafen muss zur Zollkontrolle Sal (am Flughafen), São Vicente (Mindelo) oder Praia angelaufen werden. Ein gültiges Visum wird vorausgesetzt.

Für einen Zwischenstopp mit Verproviantierung sind nur Praia, São Vicente und Palmeira auf Sal geeignet. Die Preise sind etwas höher als in Europa. In Mindelo gibt es gute Reparaturmöglichkeiten, doch ist Geduld angesagt, da Ersatzteile häufig aus Europa eingeflogen werden müssen.

Zu Ankerplätzen, Häfen und Versorgungsmöglichkeiten siehe Kapitel zu den Inseln. Ein Ankern außerhalb der größeren Häfen erfordert sehr gute Vorkenntnisse und exaktes Studium der nautischen Informationen.

Der auch bei „schönem" Wetter dauerhaft starke Wind und Seegang, heftige Strömungen zwischen den Inseln, Sichtbehinderungen durch den trockenen Nebel des Harmattan, eine Missweisung von um die 13% West, zusammen mit den insbesondere an den Süd-

Segelschiff im Hafen von Mindelo

248_545sw Foto: re

westküsten wie ein Donner in die Segel schlagenden Böen haben so manchen erfahrenen Segler nicht nur Schot und Mast, sondern sein Schiff gekostet.

Karten und Revierbeschreibungen:

● **Kapverdische Inseln – Der nautische Revierführer**
199 Seiten, 2. Auflage (Jan. 2004), 116 Farbfotos, 15 farbige Pläne, 13 Karten, 8 Charts, ISBN 3-00-007745-6. Erhältlich bei MSK, Steinkleestr. 42, D-60435 Frankfurt oder caboverdesailing@t-online.de. *André Mégroz* hat den Führer in abgespeckter Version auf CD-ROM auch in Englisch, Französisch und Italienisch übersetzt; CD-ROM bestellen über: am.sailing@swissonlinech oder www.segeln-kapverden.ch

Ältere Karten sind ungenau, insbesondere was die geographische Länge betrifft. So hat vor wenigen Jahr ein Schiff, welches das erste Glasfaserkabel nach Boa Vista zog, den glücklicherweise vorhandenen letzten Meter der Reserve an Kabel verbraucht, da die Insel um etwa 10 km weiter westlich lag als nach den Karten angenommen. Yachten, die sich laut GPS noch weitab von Sal und Boa Vista wähnten, liefen auf Riffe und Felsen. Außer den großen Häfen von Praia und Mindelo sollte man die Inseln nur tagsüber anlaufen!

Buchtipp:
● Wilfried Krusekopf
Küstensegeln
(Reise Know-How Praxis)

Auskünfte und Adressen

Auskünfte und Informationen zu verschiedenen Belangen, u.a. Einreise, diplomatische Vertretungen u.v.a.m.

Auswärtiges Amt

- Werderscher Markt 1, D-10117 **Berlin**
Postanschrift: 11013 Berlin
Tel. 01888/17-0, Fax 17-3402
www.auswaertiges-amt.de

Auskünfte über Tourismus, Handel und Investitionen

- **Promex**
Centro Promoçâo Turistica do Investimento e das Exportações de Cabo Verde
C.P. 89, Av. S. António, **Praia**
Ilha de Santiago
Tel. 00238/2622736, 2622621
Fax 2622737
E-Mail: promex@mail.cvtelecom.cv
Rua Angola, **Mindelo,** Ilha de S. Vicente
Tel. 00238/2322065, Fax 2322066

Entwicklungszusammenarbeit

- **GTZ** (Gesellschaft für technische Zusammenarbeit)
Dag-Hammarskjöld-Weg 1–5
Postfach 5180, D-65760 **Eschborn**
Tel. 06196/79-0, Fax 791115
www.gtz.de/
Interessierte finden ausführliche Informationen und vollständige Publikationen, wenn Sie auf der Webseite der GTZ www.gtz.de unter dem Begriff „Kap Verde" suchen.
in Cabo Verde: GTZ (Agencia de Cooperacao Tecnica Alema)
C.P. 24, **São Filipe,** Fogo, Cabo Verde
Tel. 00238/2811954 bzw. 2611844 (Praia)
Fax 00238/2811848

Verschiedene Adressen

- **Amilcar-Cabral-Gesellschaft e.V.**
c/o *Renate Hess,* Plönniesstr. 18
D-64289 **Darmstadt**
Tel. 06151/79680, Fax 813020
Öffentlichkeitsarbeit im Bereich Guinea-Bissau und Cabo Verde, Seminare im entwicklungspolitischen Bildungsbereich, Unterstützung von Kleinprojekten, Veröffentlichungen (Liste anfordern)
- **Deutsche Gesellschaft für die afrikanischen Staaten portugiesischer Sprache e.V.**
c/o *Wilhelm Wess,* Mailänder Str. 23
D-60598 **Frankfurt,** Tel./Fax 069/682510
Mehrere Publikationen jährlich zu den betreffenden Staaten Afrikas, Informationen zu Politik, Kultur, Wirtschaft etc.
- **Europäisch-Kapverdischer Freundeskreis e.V.**
Beim Schlump 23, D-20144 **Hamburg**
Tel./Fax 040/67379076
E-Mail: Arne.Lund@t-online.de
bzw. c/o Gymnasium Farmsen
(hat Partnerschule in Mindelo)
Swebenhöhe 50, D-22159 Hamburg
Tel./Fax 040/4103731

Internationale Organisationen in Cabo Verde

- **African Development Foundation**
Tel. 2614560
- **Bornefonden** (Dänische Hilfsorganisation)
Tel. 2211475
- **Caritas Caboverdiana,** Tel. 2611707
- **União Europeia (EU)**
C.P. 122, Praia, Tel. 2621392, Fax 2621391
- **UNDP**
C.P. 62, Praia, Tel. 2621401, Fax 2621352
- **UNFP**
C.P. 62, Praia, Tel. 2621319, Fax 2621193
- **UNICEF** (Weltkinderhilfsorganisation)
Praia, Tel. 2621525
- **SOS-Kinderdorf International**
Tel. 651168
- **WHO** (Weltgesundheitsorganisation)
C.P. 266, Praia, Tel. 2621400, Fax 2621408

Ausrüstung

Gepäck, Ausrüstung und Kleidung

Packen Sie wie für einen Sommerurlaub in Südeuropa – Cabo Verde ist keine Afrika-Expedition! Leichte Baumwollkleidung, bequeme Schuhe und Sandalen und für die Abende ein Pullover oder leichter Anorak genügen.

Erfahrene Reisende wissen, dass es besser ist, **so wenig Gepäck wie möglich** mitzunehmen. Gerade auf Inselrundreisen mit Sammeltaxis, Fähre und Flugzeug sollte man mobil sein.

Am besten eignen sich robuste **Reisetaschen oder Rucksäcke** für individuelle Touren. Für Fotoausrüstung, Dokumente und Dinge, die Sie unterwegs öfter benötigen, ist ein **Tagesrucksack** oder eine Umhängetasche hilfreich. Wer eine Hotel- oder Badereise unternimmt, reist besser mit Koffer.

Luftige, strapazierfähige und weite **Baumwollkleidung** und für höhere Regionen ein leichter Wollpullover, Fleece-Jacke oder Sweat-Shirt sind ideal. In den Wintermonaten und auf Wandertouren benötigt man auch eine bequeme Jacke. Bei der intensiven Sonneneinstrahlung sind lange Ärmel und dünne lange Hosen ideal. Eine Kopfbedeckung, die auch starkem Wind widersteht, ist unverzichtbar.

An Schuhwerk empfehlen sich **feste Sandalen** und **bequeme Leder- oder Turnschuhe.**

Kleidungs-Checkliste

- Lange Hosen bzw. Röcke, evtl. leichtes Sommerkleid
- Weite T-Shirts, Baumwollhemden, Blusen (mit langem Arm)
- Sweat-Shirt oder leichter Wollpullover, Badekleidung, Shorts
- Unterwäsche und Socken (Baumwolle)
- Wind- oder Fleece-Jacke (besonders in den Wintermonaten)
- Hals- bzw. Kopftuch (gegen Sonne, Staub, Erkältung, auch als Dreieckstuch oder Verbandszeug zu verwenden). Ideal ist ein großes, dünnes Tuch, das als Kopfschutz auch Hals- und Schulterbereich vor Sonne schützt.
- Geschlossene Schuhe, Sandalen (evtl. Badeschuhe, sind aber auch vor Ort erhältlich)

Ausrüstungs-Checkliste

- Rucksack oder Reisetasche
- Tagesrucksack/Umhängetasche
- Vorhängeschloss (für Rucksack oder Reisetasche)
- Bargeld, evtl. Reiseschecks
- Fotoausrüstung
- Reiseapotheke
- Sonnenbrille sowie Sonnenhut oder -tuch
- Sonnenschutzmittel (hoher Faktor), Lippenschutz
- Badesachen (evtl. Schnorchelbrille, die man aber eher selten verwenden kann)
- Ersatzbrille (1)
- Toilettenartikel
- Stofftaschentücher
- Reisewaschmittel
- Taschenlampe, Kerzen (2)
- Taschenmesser
- Handtuch (nicht nötig für Hotels)
- Mittel zur Trinkwasserdesinfektion und Trinkwasserbehälter (3)
- Nähzeug, Sicherheitsnadeln
- Reisewecker
- Schreibzeug, Notizheft oder Block
- Gastgeschenke (4)
- Beutel für Schmutzwäsche und Müll (5)

Erläuterungen

1. Da der ständige Wind viel Staub mitbringt, sollten Kontaktlinsenträger auch eine Brille mitnehmen.

2. Zink-Kohle-Batterien der Größen AA/Mignon und D/Mono sind überall zu bekommen. Andere Größen und Alkalibatterien sind nur ausnahmsweise, Fotobatterien nur am Flughafen in Sal zu finden.
3. Mikropur® oder ähnliche sind gut geeignet und geschmackfrei. Ein Tropffläschchen für Chlorbleichlauge erfüllt den gleichen Zweck. Diese gibt es in Cabo Verde in jedem Gemischtwarengeschäft unter dem Namen LIXIVIA. Wanderer brauchen für große Tagestouren 5–6 Liter Trinkwasserreserve pro Person.
4. Wann immer man eingeladen ist, ist es gut, kleine und nützliche Gastgeschenke zu haben. Taschenlampen, Schulmaterial, Baseballmützen und intelligentes Spielzeug rufen Freude hervor. Zahnbürsten sind besser als Bonbons. Lassen Sie sich nicht zum „Verteilen" animieren, sondern schenken Sie nur dort, wo sie „Gast" waren und Gegenseitigkeit besteht. Geben Sie nur im Haus und nie vor Zuschauern.

238_744sw Foto: re

5. Problemmüll bitte mit zurück nach Hause nehmen.

- Die **Mitnahme eines Adapters ist nicht notwendig**.
- Grundsätzlich benötigen Sie keine Verpflegung von zu Hause, da Sie sich in vielen kleinen Läden mit dem Nötigsten versorgen können. Auch Toilettenpapier, Streichhölzer, Feuerzeuge, Gummisandalen, Kerzen etc. sind gut erhältlich. Zigaretten sind auf Cabo Verde billiger als in Europa.

Zusätzliche Ausrüstung für Trekkingtouren

- Eingegangene Bergstiefel. Wanderer bringen nach *Santo Antão* die Stiefel mit, die sie in Europa im Hochgebirge verwenden. Die Steigungen sind gewaltig und die Wege steinig. Wir bevorzugen Bergstiefel der Kategorie „bedingt steigeisenfest", weil nur diese fest genug sind, um Bergabstrecken rasch gehen zu können. Das Minimum sind überknöchelhohe Trekkingschuhe.
- Kompass, Wanderführer und -karten, evtl. GPS mit Daten, Batterien und Ladegerät. Wanderkarten von Santo Antão, São Nicolau und São Vicente bekommen Sie über europäische Buchhandlungen und vor Ort.
- Pullover, Jacke; mehrere leichte Schichten
- Bequeme Baumwollhose
- Apotheke, Erste-Hilfe-Päckchen (siehe Kapitel „Gesundheit")
- Evtl. Teleskop-Wanderstöcke

Zelten ist in Cabo Verde im Prinzip nicht erlaubt, auch wenn es am Strand geduldet wird. Jeder grüne Fleck ist Privatbesitz, so dass man nur mitten in der Wüste zelten könnte. Ein verlassenes Zelt wird zudem als „Strandgut" betrachtet und verschwindet. Wir haben das Zelt eher als Klotz am Bein denn als ein Element der Freiheit erlebt.

Gute Bergstiefel: Voraussetzung für Trekking auf den Inseln

Auf Trekkingtouren können ein ganz leichter **Schlafsack** und eine **Isomatte** sinnvoll sein, falls man nichts vorgebucht hat.

Ein 30- bis 40-Liter-Rucksack genügt für mehrtägige Touren selbst für zwei Personen, da alles so schnell trocknet, dass man es abends wäscht und morgens trocken vorfindet. Kalkulieren Sie Platz und Kraft ein für bis zu 6 Liter Trinkwasserreserve pro Person!

Ausrüstung für Mountainbiker

Widerstandsfähige, selbst zu reparierende Hardtail-Bikes sind geeigneter. Ersatzteile gibt es nicht, so dass Sie diese vollständig mitbringen müssen. Ein etwas größerer Daypack, evtl. mit 4,5-Liter-Trinkwasserblase entspricht den Bedingungen gut.

Diplomatische Vertretungen

In Deutschland

- **Botschaft der Republik Cabo Verde**
Dorotheenstr. 43 (Dussmann-Haus)
D-10117 **Berlin**
Tel. 030/20450955, Fax 20450966
www.embassy-capeverde.de
E-Mail: : info@embassy-capeverde.de
(Konsularabt. für alle Bundesländer)
- **Baden-Württemberg und Bayern**
Honorarkonsul der Republik Cabo Verde
Azenbergstraße 31, 70174 **Stuttgart**
Tel. 0711/6071558
Fax 0711/60661050
- **Hamburg, Bremen, Niedersachsen und Schleswig-Holstein**
Honorarkonsul der Republik Cabo Verde
Deichstraße 9, 20459 **Hamburg**
Tel. 040/37857833
Fax 040/37857841
- **Hessen und Rheinland-Pfalz**
Honorarkonsulat der Republik Cabo Verde
Unterortstraße 30, 65760 **Eschborn**
Tel. 06196/7775924
Fax 06196/7775922
- **Saarland**
Honorarkonsul der Republik Cabo Verde
Saargemünder Straße 136
66119 **Saarbrücken**
Tel. 0681/398098
Fax 0681/3905060
- **Sachsen, Brandenburg, Mecklenburg-Vorpommern, Sachsen-Anhalt und Thüringen**
Honorarkonsul der Republik Cabo Verde
Königstraße 5, 01097 **Dresden**
Tel. 0351/8192700
Fax 0351/8192699

In Österreich

- **Botschaft der Republik Cabo Verde**
Schwindgasse 20/2, A-1040 **Wien**
Tel. 0043/1/5038727, Fax 5038729
E-Mail: embaixada@Eunet.at
- **Honorarkonsulat der Republik Cabo Verde**
Linke Wienzeile 4, A-1060 **Wien**
Tel. 0043/1/58796160

In der Schweiz

- **Honorarkonsulat der Republik Cabo Verde**
Rümelinplatz 14, CH-4001 **Basel**
Tel. 0041/61/2698095, Fax 2698050
E-Mail: awg@bluewin.ch
- **Honorarkonsulat der Republik Cabo Verde**
Av. Blanc 47, CH-1202 **Genf**
Tel. 0041/22/7313336, Fax 7313540

Weitere

- **Embassy of the Republic of Cabo Verde**
Vilae Giosué Carducci,4/1, Interno 3
I-00187 Roma, **Italien**
Tel. 0039/6/4744678
Fax 0039/6/4744643
E-Mail: eliof@hotmail.com
- **Embassade de la République Cabo Verde**
46, Rue Goethel, L-1636 **Luxembourg**
Tel. 0035/26480948
Fax 0035/26480949

•Embassy of the Republic of Cabo Verde
Burgemeester Patijnlaan 1930
NL-2585 CB Den Haag, **Niederlande**
Tel. 0031/70/3553651
Fax 0031/70/3553568
E-Mail: Embcvned@worldnline.nl
•Consulate of the Republic of Cabo Verde
Mathenensselaan 326
NL-3021 HX Rotterdam, **Niederlande**
Tel. 0031/10/4778977
Fax 0031/10/4774553

In Cabo Verde

Deutschland ist in Cabo Verde durch die **Botschaft im Senegal** und ein **Honorarkonsulat in Praia** vertreten:

•Botschaft der Bundesrepublik Deutschland
Ambassade de la République Fédérale d'Allemagne, B.P. 21 00, **Dakar, Senegal**
Dakar, 20, Avenue Pasteur
Angle Rue Mermoz
Tel. 00221/8894884
Fax 00221/8225299
www.ambassade-allemagne.sn
•Honorarkonsul der Bundesrepublik Deutschland
Consulado Honorário da República Federal da Alemanha, CP 327
Av. da OUA, **Praia**
Tel. 00238/2623100, 2623102
Fax 00238/2623103

•Österreich
24, BD. El Hadjimbaye
B.P. 3247, **Dakar, Senegal**
Tel. (aus Cabo Verde) 0221/8223886
Fax 0221/8210309
•Schweiz
Rue René N'Diaye x rue Seydou Nourou Tall
B.P. 1772, **Dakar, Senegal**
Tel. (aus Cabo Verde) 0221/8235848
Fax 0221/8223657
•Niederlande
37, Rue Kleber, B.P. 3262, **Dakar, Senegal**
Tel. (aus Cabo Verde) 0221/8239483
Fax 0221/8239610

•Belgien
Route de la Patite Corniche Est
B.P. 524, **Dakar, Senegal**
Tel. (aus Cabo Verde) 0221/8212524
Fax 0221/8216345
•Italien
Rue E.H. Seyydou Nourou Tall
B.P. 348, **Dakar, Senegal**
Tel. (aus Cabo Verde) 0221/8226253
Fax 0221/8217580
(Konsulat: Praia, Santiago, Tel. 2613280)

Einkaufen

Einkaufen **auf dem Land** heißt: **nicht suchen, sondern finden!** Es ist immer wieder ein Abenteuer, wann und wo es was gibt. Heute gibt es Eier, dafür keine Zwiebeln. Das Schiff mit Mais hat sich verspätet, also essen wir Reis. Gestern gab es Käse aus Holland, mag sein, dass der Händler ihn nie wieder einkauft.

In den Städten sind die Läden gut gefüllt.

Läden und Geschäfte

In den Städten gibt es **Supermärkte** mit großer Auswahl an Importwaren.

Kleine **Gemischtwarenläden (Mercearias)** gibt es auch in den abgelegensten Orten. Diese bieten alle ein ähnliches Sortiment an: Konserven, Grundnahrungsmittel, Süßwaren und Kekse, Streichhölzer und Kerzen. Auf alten Waagen mit Gewichten wird abgewogen, mit Bechern werden Bohnen und Mais abgemessen. Wenn man Glück hat, bekommt man auch Obst.

Größere Ortschaften und die Städte verfügen über einen **Markt.**

Kleider, Schuhe, Geschirr, Haushalts- und Töpferwaren, Neues und Gebrauchtes wird auf farbenfroh bewegten **Märkten im afrikanischen Stil** angeboten. Händler vom Festland bieten Souvenirs und Kleinkunst an. Nicht wenige haben eine gute Schulbildung, sprechen literarisches Englisch und Französisch und pendeln zwischen ihren von Bürgerkrieg und Rezession gebeutelten Heimatländern und Cabo Verde, um ihre Familien zu ernähren.

In **Praia (Sucupira)** und **São Vicente (Praça Estrela)** sind die Märkte solide gebaut und öffnen täglich. In **Assomada** auf Santiago findet zweimal wöchentlich der typischste und größte dieser Märkte statt, ein gefundenes Fressen für alle Fotoamateure.

Vieles wird direkt im **Straßenverkauf** angeboten, z.B. Obst, Gemüse, Käse, Zigaretten oder Bonbons. Fisch wird, wenn kein eigener Fischmarkt wie z.B. in Mindelo vorhanden ist, gleich am Hafen verkauft.

Metzgerläden gibt es außer in Mindelo und Praia kaum.

Bäckereien sind mit Ausnahme einiger moderner französischer *Boulangeries* in unscheinbaren Gebäuden ohne Beschriftung untergebracht, so dass man sich zur **Padaria** durchfragen muss. Es wird nur Weizenbrot gebacken, das für den deutschen Geschmack angenehm fest und schwer ist.

Souvenirs

Westafrikanische Souvenirhändler mit Schnitzereien, Modeschmuck, Tüchern und T-Shirts, speziell für den Tourismus hergestellte Massenwaren, finden sich, wo immer Touristen vermutet werden. **Typisch Kapverdianisches** hingegen muss man suchen. Zum Sortieren von gestampftem Mais dienende flache Korbschalen *(bandeja)*, durchlöcherte Terrakotta *(binto)*, in denen *Cuz-cuz* gedämpft wird, Tontöpfe *(pôte)*, mit Fleiß und Geschick aus alten Büchsen zusammengebaute Spielzeugautos *(carrinhos)* und das traditionelle Brettspiel Oril sind als Souvenirs beliebte Alltagsgegenstände.

Mit Geschick findet man in Praia oder Assomada eines der in traditionellen Mustern fein gewebten schmalen schwarzweißen Baumwolltücher, die zur Zeit der Segelschiffe eine große Rolle gespielt haben *(panos de Santiago)*. Im Centro Nacional de Artesanato an der Praça Nova in São Vicente werden faszinierende Wandteppiche mit bunten Alltagsmotiven hergestellt. Auf den lokal gefertigten Tonfiguren, Vasen, Schalen und Geschirr sowie in den feinen Ornamenten der aus polierten Kokosnüssen hergestellten Schmuckgegenstände finden sich immer wieder die Motive der historischen Tuchweberei aus Santiago.

Als **Mitbringsel** für sich oder Freunde empfehlen sich neben diesen Kunsthandwerksprodukten und kapverdianischer Musik auch die ganz gewöhnlichen, aber für das Land sehr typischen „Souvenirs": Thunfisch in Dosen, Ziegenkäse, *Piri-Piri* (Malagueta-Schoten zum Einlegen für das scharfe und gute Gewürz), grüne Kaffeebohnen zum Selbströsten, Fogowein, *Grogue* und *Pontche*.

Einreiseformalitäten

Für die Einreise nach Cabo Verde benötigen europäische Staatsbürger ein **Visum.** Bei Pauschalreisen besorgt es zumeist der Reiseveranstalter. Ansonsten erfolgt die Visabeantragung über die Botschaften oder Konsulate.

Der **Reisepass** muss noch mindestens sechs Monate über das Rückreisedatum hinaus gültig sein. Das Touristenvisum berechtigt zu einer einmaligen Einreise und wird für 90 Tage ausgestellt. Verlängerungen werden von den zuständigen Behörden in Cabo Verde (Polizeistellen, Einreisebehörde) erteilt. Die **Einreise** muss **180 Tage ab der Ausstellung** des Visums erfolgen.

Familien mit Kindern, die im Reisepass der Eltern eingetragen sind, erhalten ein **Familienvisum.**

Die Erteilung der Visa wird kundenfreundlich gehandhabt und kann **per Fax** erfolgen. Das Antragsformular erhalten Sie per Post oder Fax vom Honorarkonsulat. Sie könne es auch aus dem Internet herunterladen bei www.embassy-capeverde.de. Es ist nicht notwendig, den Pass einzusenden.

Auf den Begleitschreiben bzw. auf der Website der Botschaft in Berlin werden die einzusendenden Dokumente genau benannt.

Die **Visagebühr** beträgt z.Z. 40 Euro oder 40 SFr pro Person und 49 Euro für das Familienvisum.

Beim **Abflug ab München** können Sie das **Visum am Flughafen München** bekommen. Auskünfte dazu erteilt das TACV-Büro München.

Die **Öffnungszeiten der Honorarkonsulate** sind, da diese nicht hauptberuflich betrieben werden, limitiert und von Ort zu Ort verschieden. Sie bekommen vom Anrufbeantworter die gültigen Zeiten mitgeteilt.

Bei **Ankunft** ohne Visum **in Sal** kann dort ein **vorläufiges Visum** ausgestellt werden, das binnen drei Tagen in São Vicente oder Praia für die Urlaubsdauer bestätigt und verlängert werden muss. Der Prozess ist zeitraubend und teuer.

Reisedokumente-Checklist

- Reisepass, mindestens 6 Monate gültig
- Flugscheine
- Hotelgutscheine
- Impfpass
- Kreditkarte (Visa-Card günstiger als Master-Card)
- Reiseschecks
- Internationaler Führerschein (auch wenn der nationale i.d.R. anerkannt wird)
- Fotokopien wichtiger Versicherungspolicen (Reise- und Rückholversicherung)
- Telefonliste

Fotokopieren Sie Pass, Visum, Flugscheine, Führerschein, Impfausweis und alle anderen wichtigen Reisedokumente zweimal. Einen Satz lassen Sie bei Kontakt-/Vertrauenspersonen zu Hause, den anderen tragen Sie bei sich. Während der Reise lassen Sie die Originale zusammen mit ihren Wertsachen im Hotelsafe, so dass Sie nur die Kopien verlieren können.

Impfausweise werden zur Einreise nicht verlangt, sind aber zusammen mit dem Blutgruppenausweis wichtige Notfalldokumente, die man immer mit sich führt.

Essen und Trinken

Allgemeines

In allen größeren Orten gibt es **Restaurants und Snackbars.** Die Preise für Mahlzeiten entsprechen einem günstigen europäischen Standard.

Die Restaurants der Touristenhotels und -pensionen, die sich schon sehr auf den europäischen Gaumen eingestellt haben, bieten internationale Speisekarte. Man hat pro Mahlzeit mit 1000 bis 2000 ECV zu rechnen.

Zum Erlebnis einer Reise nach Cabo Verde gehört es, sich mit der lokalen Küche vertraut zu machen (siehe weiter unten). Diese herzhafte **Hausmannskost,** z.B. das Nationalgericht *Cachupa* oder eine *Feijoada,* findet man in kleinen, schlichten Gaststätten, die oft nicht gekennzeichnet sind. Daher ist es sinnvoll, sich zu erkundigen. Der äußere Eindruck eines Lokals sagt wenig über die Qualität des Essens aus. Hier wird zubereitet, was der jahreszeitlich bedingte Markt oder der Fischfang anzubieten haben.

In **kleinen Lokalen,** die mitunter keine Speisekarte haben, erkundigt man sich nach den Tagesgerichten *(prato do dia)* und bekommt eine Auswahl von zwei bis drei Speisen genannt. Manche Lokale kochen nur auf Vorbestellung. Die Ausstattung der Lokale ist recht einfach, manchmal sitzt man im Freien in Hinterhöfen. Die Preise sind günstiger als in Hotels (ab 800 ECV).

Fischgerichte sind oftmals die bessere Wahl und auch preiswerter als Fleischgerichte. Für Vegetarier ist die Auswahl klein und beschränkt sich auf Wurzelgemüse, Suppen, Reis und Eiergerichte.

Die **Speisekarten** sind nur in Touristenorten auch englisch, französisch oder italienisch abgefasst.

In Cabo Verde nimmt man sich für das Essen **Zeit und Geduld:** Längere Wartezeiten sind einzuplanen.

Falls man von einer Familie **zum Essen eingeladen** werden sollte, entspricht es der Gastfreundschaft, an der gebotenen Mahlzeit teilzunehmen. Als kleine Regel der Höflichkeit gilt, dass man niemals den letzten Rest aus der Servierschüssel nimmt, auch nicht beim Reis, da dies ein Hinweis für die Köchin wäre, dass die Menge nicht ausreichend war. Es bereitet der Hausfrau sicherlich eine Freude, wenn Sie sich für eine Einladung mit einem kleinen Gastgeschenk erkenntlich zeigen. Dies entspricht auch einer alten Tradition auf den Inseln. Bieten Sie keine „Almosen“ für die Kinder.

Auf den **Märkten** von Praia und São Vicente findet man Obst und Gemüse teilweise importiert aus Portugal und Süd Afrika. Andernorts kann es schwieriger sein, an seine tägliche Vitaminration zu kommen. Da nur die Städte attraktive Preise bieten, exportieren die Bauern alles dorthin und vor Ort ist wenig oder nichts zu finden.

Wasser aus dem Wasserhahn ist in Cabo Verde so gut wie nie als Trinkwasser geeignet, auch nicht zum Zähneputzen. Der Wassermangel der Inseln bringt es mit sich, dass Wasser in Zisternen oder Hochbehältern gesammelt

Rezepte aus Cabo Verde

Nicht alles, was Cabo Verdes Küche zu bieten hat, kann hierzulande nachgekocht werden. Es fehlen meist die typischen Zutaten. Gestampfter Mais für die Cachupa ist Teil der Küche andere Länder, Surinams und Südost-Asiens, so dass man in den entsprechenden Läden nachfragen kann.

Cachupa

Cachupa gehört wie die Morna-Musik zur Seele Cabo Verdes: Sie ist ein Stück Heimat, Tradition, Alltag und Lebensgefühl, Familie, Gemeinschaft und Gastfreundschaft. Caboverdeaner in der Emigration treffen sich auf eine *Cachupada*. Es ist mehr als nur ein gemeinsames Essen, es ist ein sozialer Akt zum Austausch von Geschichten, Erinnerungen und gemeinsamer Kultur.

Viele Caboverdeaner beginnen und beenden ihren Tag mit Cachupa und werden ihrer nicht überdrüssig. Das Gericht aus Mais und Bohnen ist eine **gesunde Vollwertkost** mit Kohlehydraten, Eiweiß und Fett. Was wäre ein Tag auf dem Feld ohne die herzhafte Cachupa. Schon morgens hört man die großen Holzmörser *pilão,* in denen der gestampft wird. Die Hüllen werden entfernt aber das Korn bleibt erhalten. Cachupa benötigt drei bis vier Stunden auf dem Feuer.

Europäern schmeckt die frische Cachupa zum Mittag- oder Abendessen zumeist, währen die aufgebratene Version zum Frühstück wohl etwas längere Gewöhnung voraussetzt.

• Zutaten:

Cachupa pobre: Frisch gestampfter Mais *(midj cutchid),* gemischte Bohnen (Trockenbohnen am Vortag einweichen), je nach Geschmack Knoblauch, Lorbeerblätter, Zwiebeln, grüne Bananen, Kartoffeln, Süßkartoffeln, Maniok, Yams, Kürbis, Tomaten, evtl. Kohl, Speck, Suppenbrühwürfel, Olivenöl und Piment.

Für **Cachupa rica**, die „reiche" Version des Gerichtes, fügt man außderdem nach Geschmack Salzfleisch, Blutwurst, geräucherte Wurst *(chourico, linguica),* Hühnchen, Schweinefleisch oder Rind hinzu oder aber seine Lieblingssorte Fisch *(Cachupa di peixe).*

• Zubereitung:

Bohnen und Mais sowie das Gemüse waschen. In einem großen Topf den Mais ca. zehn Minuten kochen. Bohnen, zwei Lorbeerblätter und etwas Olivenöl hinzufügen, aufkochen lassen. Bei kleiner Hitze Salzfleisch hineingeben und zugedeckt weiterköcheln. Immer darauf achten, dass die Flüssigkeit den Topfinhalt bedeckt. Nach etwa einer Stunde Wurst oder Fleisch (Cachupa rica) hinzugeben. Wiederum etwa eineinhalb Stunden kochen lassen. In einer Pfanne die Zwiebeln mit Öl, Knoblauch, geschälten Tomaten (oder Tomatenmark) anbraten und zur Cachupa geben. Mit Salz, Pfeffer oder Piment abschmecken. Je nach Kochzeit des Gemüses nun die einzelnen geschälten und geschnittenen Gemüse- und Kartoffelsorten zugeben und fertig kochen, bis die gewünschte Konsistenz erreicht ist (drei bis vier Stunden Gesamtkochzeit).

Nachdem man die Cachupa vom Herd genommen hat, lässt man sie noch etwa eine halbe Stunde „setzen" oder ziehen. Den Eintopf in einer Schüssel servieren, das Gemüse auf einer Platte getrennt reichen. Mit Piri-Piri wird individuell gewürzt.

ka-s-40 Foto: ze

Bao cachupada

Der Rest der Cachupa vom Vorabend ergibt ein gutes, üppiges Frühstück: **Cachupa guisada.** Schon am Abend wird vom restlichen Gericht die dicke Suppe abgeschöpft. Morgens wird der trockene Eintopf dann zusammen mit Zwiebeln in der Pfanne angeröstet. Wer es sich leisten kann, wird auf die geröstete Cachupa ein Spiegelei geben: **Cachupa ku ovo stralado.**

Canja de galinha (Reissuppe mit Huhn)

• Zutaten:
½ zerteiltes Huhn
1 Löffel Olivenöl
1 Lorbeerblatt
Knoblauchzehen nach Belieben, gehackt
2 mittelgroße Zwiebeln, geschnitten
etwas Piment und Salz
2 geschälte Tomaten
1–2 Würfel Hühnerbrühe
Reis

• Zubereitung:
Das Huhn waschen und zerteilen. In eine Marinade aus Öl, Lorbeer, Zwiebel, Knoblauch und Salz einlegen und über Nacht ziehen lassen. Tags darauf in einem Topf anbraten, ausreichend Wasser und Brühwürfel hinzufügen. Kurz bevor das Wasser kocht, Reis und Tomaten hinzugeben und aufkochen lassen. Auf kleiner Hitze etwa 30 Minuten köcheln lassen.

Fleisch ist teuer in Cabo Verde. Diese dicke Hühnersuppe ist daher für viele etwas Besonderes und wird traditionell zu Familienfeiern (Hochzeit, Taufe, Beerdigung etc.) oder am Sylvesterabend gereicht. Auch zur Stärkung von kranken Leuten wird Canja gekocht.

Caldo de peixe (Fischsuppe)

Fischsuppe ist sehr beliebt in Cabo Verde, und jeder hat seinen besonderen Lieblingsfisch, den er für die Zubereitung verwendet.

● **Zutaten:**
Meeresfisch nach Belieben
1 Zwiebel
2 geschälte Tomaten
2 Knoblauchzehen
1 Lorbeerblatt
Paprika nach Belieben
500 g Maniok
je 500 g Kartoffeln und Süßkartoffeln
500 g Yam
500 g grüne Bananen
500 g Kürbis
Piment
Öl nach Belieben
Die Menge und Art des Gemüses richtet sich nach dem saisonalen Angebot.

● **Zubereitung:**
Fisch mit Knoblauch, Öl, Salz, Lorbeer und etwas Piment marinieren. Gehackte Zwiebel, Knoblauch, Lorbeer, Paprika und geschälte Tomaten anbraten. Geschnittene Kartoffeln, Bananen, Maniok, Yam und Kürbis zugeben und kochen. Wenn das Gemüse fast gar ist, den Fisch hinzugeben und fertig kochen. Als Beilage wird gewöhnlich Reis serviert.

Weitere Gerichte

● **Feijoada:** herzhafter Bohneneintopf mit Gemüse, Speck und evtl. Fleisch
● **Lapas** (geschmorte Napfschnecken): in Wasser gekocht, dann in Öl, Zwiebel und Paprika gedünstet
● **Polvo:** Tintenfisch geschmort mit Knoblauch, Zwiebeln und Tomaten
● **Trockenfisch:** eingeweicht und mit Knoblauch, Zwiebeln, Lorbeer und Öl gedünstet, dazu Gemüse
● **Thunfisch-Steak (Beaf de Atum):** mit Zwiebeln, Knoblauch, evtl. Tomaten und Paprika im Ofen gegart, als Beilage z.B. gekochter Maniok
● **Thunfisch-Braten:** mit Knoblauch, Paprika und Öl mariniert, dann angebraten und gekocht, mit Kartoffeln oder Maniok serviert
● **Maniok:** in Öl frittiert, schmeckt ausgezeichnet knusprig
● **Carne guisado:** geschmortes Fleisch; in Knoblauch und Essig mariniertes Fleisch wird zusammen mit Kartoffeln, grünen Bananen, Maniok und/oder Yams als Eintopf geschmort

Süße Desserts

Süßspeisen ergänzen und bereichern die kapverdianische Küche. Hausgemachte Desserts und Naschsachen aus lokalen Produkten wie Papayas, Kokosnuss, Süßkartoffen und Bananen, Ziegenkäse und Milch gehören zum Festmenü und finden sich auch in größeren Restaurants.

Pudim de Queijo (Käsepudding)

• Zutaten:

500 g frischer Ziegenkäse
500 g Zucker
2 Tassen Wasser
12 Eidotter
4 Eiweiß

• Zubereitung:

Käse zerkleinern. Zucker in Wasser zu einem dicken Sirup kochen. Den Käse hinzufügen und gut vermischen. Die Masse vom Herd nehmen und mit den verrührten Eidottern vermischen, dann das geschlagene Eiweiß unterheben.

Den Boden eines kleinen Kochgefäßes mit Zucker karamelisieren, die Mischung hineinfügen und das Gefäß dann in einen Topf mit Wasser stellen. So lange kochen, bis die Mischung sich verfestigt. Käsepudding aus der Form stürzen.

Kaffee-Pudding (Fogo)

• Zutaten:

1 große Tasse Milch
1 große Tasse sehr starken Kaffee
500 g Zucker
12 Eigelb
1 Teelöffel Speisestärke

• Zubereitung:

Den Kaffee mit Zucker erhitzen und gut verrühren. Das verquirlte Eigelb, die Milch und die Speisestärke hinzufügen und im Wasserbad kochen. Wenn die Konsistenz dicklich ist, vom Herd nehmen und abkühlen lassen.

Doce de Papaya (Gelierte Papayas)

• Zutaten:

Papaya-Früchte, geschält und entkernt
das gleiche Gewicht an Zucker
Zitrone

• Zubereitung:

Unterschiedlich in der Zubereitung werden entweder grüne Papaya verwendet und in Streifen geschnitten oder reife Papaya in Stücken wie Marmelade gekocht.

Früchte, Zucker und Zitronenschale im Topf bei kleinem Feuer erhitzen, bis der Zucker schmilzt. Verwendet man reife Früchte, kocht man die Masse unter ständigem Rühren, bis sie die nötige Konsistenz oder Dicke erreicht und geliert. Erkalten lassen und z.B. zusammen mit Ziegenkäse servieren.

Bei grünen Papayas lässt man die Masse nach zehn Kochminuten eine halbe Stunde ruhen, um sie dann auf etwas größerer Flamme zu kristallisieren. Noch heiß formt man mit zwei Löffeln kleine „Plätzchen" und lässt sie erkalten.

Grüne Papaya kann auch mit Honig erwärmt und mit einem Feigenblatt aromatisiert werden.

Doce de Coco

• Zutaten:

Kokosnussmark und Zucker zu gleichen Teilen
etwas brauner Zucker oder Melasse
Zitronenschale

• Zubereitung:

Den Zucker langsam karamelisieren, die Kokosnussmasse und etwas Wasser hinzufügen und aufkochen, mit der Zitronenschale vermischen. Von der Hitze nehmen und etwa fünf Minuten rühren. Die Masse auf einer gefetteten Unterlage ausbreiten und in Stücke schneiden. Auskühlen und erhärten lassen.

Getränke

Aus dem Zuckerrohrschnaps *Grogue* und der Melasse *Mel* lassen sich ausgezeichnete Getränke mit unzähligen Variationen bereiten:

Orangen-Grogue

Unbehandelte Orangenschalen an der Sonne trocknen und in eine Flasche *Grogue* geben. Einige Tage/Wochen ziehen lassen.

Zitronenscheiben, Zitronengras, Minze, Rosmarin sein weitere Variationen

Pontche

Grogue und Zuckerrohrmelasse im Verhältnis 2 zu 1 mischen, je nach Geschmack mit Zitronenscheiben, Orangenschale und ein paar Nelken verfeinern. Die Mischung einige Tage/Wochen ziehen lassen.

Hervorragend schmeckt auch ein Pontche, der mit Kokosnussmark verfeinert ist *(Pontche de Coco)*.

Kochbücher:

• Cozinha de Cabo Verde
Maria de Lourdes Chantre; Lissabon, Presença, 1989 (2. Ausg.)
• Cozinha e doçaria do Ultramar Português
Hrsg. von M.A.M. Lissabon; Agência do Ultramar, 1969
• Cuisine des Îles du Cap Vert
Virginia Vieira Silva; Paris, L'Harmattan, 1989
(zu bestellen im Internet: www.editions-harmattan.fr/commandes.html)

ka-z-37 Foto: ze

wird und konstant infiziert ist. Unbedenklich sind abgekochtes Wasser als Tee oder Kaffee, Industrieabfüllungen mit Kohlensäure wie Cola, Tonic, Fanta oder Bier. Auch Fruchtsäfte in Dosen oder Tetrapacks sind sicher.

Gesundheitsgefährdend sind auch **abgefüllte Wässer ohne Kohlensäure in Plastikflaschen.** Durch Infektion bei der Herstellung, wochenlange Lagerung in sonnenbeschienenen Containern und durch Wiederbefüllung sind die Wässer ähnlich kontaminiert wie Leitungswasser. In der Literatur wurden solche Wässer aus Nordamerika und Europa immer wieder als fragwürdig beurteilt. Es steht nicht anzunehmen, dass Abfüllung und Lagerung in Entwicklungsländern besser seien.

Weine, billige Tisch- und gute Flaschenweine, kommen hauptsächlich aus Portugal. Der einheimische Fogowein lohnt eine Probe.

Kaffee wird zum Frühstück getrunken. **Tee** wird, sofern es sich nicht um importierte Teebeutel handelt, aus lokalen Kräutern zubereitet, z.B. Zitronenmelisse, Minze, Eisenkraut.

Die Küche Cabo Verdes

Cabo Verdes Küche wurzelt in Afrika und Europa und wird gepägt von der kargen Natur der Inseln.

Beliebt sind **Eintopfgerichte** in allen Variationen. Als Basis dienen Mais, Bohnen und Wurzelgemüse wie Yams, Kartoffeln, Süßkartoffeln und Maniok. Die Verwendung von Reis bedeutet schon eine Aufwertung.

Fisch und Meeresfrüchte gibt es in Hülle und Fülle. Angeboten werden neben herzhaftem Thunfisch (als Steak gegrillt oder mariniert im Ofen gedünstet) auch Fischarten wie zarte *Garoupa, Serra,* Schwertfisch oder schmackhafte Makrelen, Tintenfisch *(polvo),* Napfschnecken *(lapa),* Muscheln *(buzio)* und gebratene Muränenstücke. Langusten, die auch hier ihren Preis haben, sowie Fischsuppen runden den Kochtopf der Meeresspezialitäten ab.

Fleisch ist Mangelware, vergleichsweise teuer und in der durchschnittlichen Qualität schwächer als Fisch. In Touristenrestaurants findet sich immer Fleisch auf der Speisekarte.

Saisonal gibt es einheimische **Früchte** wie Papayas, Mangos, Bananen, Äpfel, Guaven *(goiabas),* Quitten *(Marmelos),* Tambarinas und Kokosnüsse.

Das **Nationalgericht** heißt **Cachupa,** ein Eintopf aus Mais und Bohnen mit variablen Zutaten. Cachupa ist das fast ausschließliche Gericht der Armen. Abends als suppiger Eintopf, morgens angeröstet und, wer es sich leisten kann, mit einem Spiegelei gekrönt. Die „reichere" Version, *Cachupa Rica,* wird mit Ziegenfleisch, Schweinefleisch oder Fisch verfeinert.

Ausgezeichnete süße **Desserts und Kuchen** aus Früchten, Süßkartoffeln oder Kokosnuss und herzhafter **Ziegenkäse** runden die Küche ab.

Feiertage und Feste

- **1. Januar: Neujahrsfest**
- **15. Januar:** Gemeindefest in Tarrafal und Calheta (Insel Santiago)
- **17. Januar:** Gemeindefest in Cidade Velha (Insel Santiago); Bezirksfest von Rª Grande (Santo Antão)
- **20. Januar: Tag der Nationalhelden**
- **22. Januar:** Stadtfest in Mindelo (São Vicente)
- **25. Januar:** St. Amaro – Bezirksfest von Tarrafal (Santiago)
- **Februar:** Karneval, ursprünglich ein kirchliches Fest, wird auf der ganzen Welt am gleichen Tag gefeiert; Sambagruppen und Umzüge sind in allen Städten geboten, großer Umzug am Faschingsdienstag in Mindelo (São Vicente)
- **8. März: Muttertag** (Tag der Frau)
- **März/April:** Osterfest (wie in Europa)
- **1. Mai: Tag der Arbeit;** Festas de São Filipe (Insel Fogo)
- **3. Mai:** Feiertag in Santa Cruz (São Vicente)
- **13. Mai:** Nossa Senhora de Fatima, Bezirksfest von Assomada, St. Catarina (Santiago), Dorffest von Rª do Paúl (Santo Antão)
- **19. Mai:** Gemeindefest in allen Gemeindehauptstädten, Stadtfest von Praia (Santiago)
- **1. Juni: Tag der Jugend** (Tag des Kindes)
- **13. Juni:** Bezirksfest von Paul (Santo Antão), Dorffest in Santo António (São Vicente)
- **14. Juni:** Porto-Novo-Gemeindefest (Santo Antão), São-João-Fest auf Boa Vista
- **24. Juni:** São João, Inselfest von Brava, Stadtfest von Porto Novo (Santo Antão)
- **25. Juni:** Festtag Nho Santiago Maior in Santa Cruz und Pedro Badejo (Santiago)
- **26. Juni:** Feiertag in São João (São Vicente)
- **29. Juni:** Feiertag in São Pedro (São Vicente)
- **4. Juli:** Gemeindefest auf Boa Vista
- **5. Juli: Fest der Unabhängigkeit**
- **25. Juli:** Fest zu Ehren des Heiligen Laurentius in der Gemeinde Santa Cruz und Pedra Badejo (Santiago)
- **10. August:** Fest von São Lourenço (Fogo)

Geld

ssa Senhora da Gra- ;o); Dorffest von Ja-

enende nach Voll- a das Gatas (São Vi-

onalfeiertag Cabral)

lfest auf der Insel Sal

neindefest zu Ehren der nd des Heiligen Salvador Santa Catarina und Asso-

zirksfest von Rª Brava (São

- **16. Deze** Bezirksfest von São Filipe (Fogo)
- **25. Dezember: Weihnachtsfest**
- **31. Dezember:** Silvesterfest

An den Feiertagen und während des Karnevals sind die Geschäfte, Büros und Läden geschlossen, außerdem lokal auf den verschiedenen Inseln zu speziellen Inselfesten. Am 31. Dezember (Silvester) haben die Geschäfte morgens geöffnet.

Finanzen und Geld

Geldumtausch

Landeswährung ist der **Escudo de Cabo Verde, ECV.**

Im Umlauf sind Münzen zu 1, 5, 10, 20, 50, 100 und 200 ECV und Noten zu 200, 500, 1000, 2000 und 5000 ECV. Umgangssprachlich werden 1000 ECV als **Conto** bezeichnet. 20.000 ECV sind dann 20 Contos.

Ein Dollar-Zeichen zwischen dem Betrag und den nicht mehr verwendeten Centavos ist noch üblich, z.B. 100 ECV = 100$00.

Der Wechselkurs gegenüber dem Euro liegt fest bei **1 Euro = 110,265 ECV.**

Einen ersten **Geldumtausch** sollten Sie gleich **nach der Ankunft am internationalen Flughafen in Sal** vornehmen. Bankschalter und Wechselstube sind in der Regel zu jeder Ankunft geöffnet. Auf den anderen Flughäfen gibt es keine Wechselschalter.

Auf allen Inseln finden Sie mindestens eine, meistens mehrere **Banken,** die von 8–15 Uhr geöffnet sind. Wechselstuben wenden den gleichen Wechselkurs zum Euro an, während in Läden und Taxis ein Kurs von 1 Euro = 100 ECV praktiziert wird. Größere Banknoten können im Alltag oft nicht gewechselt werden. Wechseln Sie in der Bank bereits **kleinere Scheine.**

Kreditkarten werden in der Regel nicht akzeptiert mit Ausnahme der Visa-Card und seltener der Master-Card in großen Banken und Stadthotels. Mit Kreditkarten Geld abzuheben ist nicht billiger als Reiseschecks, da für jedes Abheben ein Telefonat nach Lissabon (10 Euro) und 2% Gebühr anfallen. Der Reisepass wird bei Kartenzahlung und Geldwechsel verlangt.

Kreditkartenautomaten akzeptieren nur einheimische Karten.

Reiseschecks sind eine sichere und günstige Art, sein Urlaubsgeld nach Cabo Verde zu transferieren. Sie werden von allen Banken eingelöst. Ideal sind größere Werte, da für jeden einzelnen Reisescheck eine Gebühr (ca. 300 ECV) anfällt.

Die **Einfuhr von Devisen** ist **unbeschränkt** möglich, Restgeld muss vor Abflug rückgetauscht werden.

Am besten nimmt man für den Anfang **EUROS** und für spätere Abschnitte und als Sicherheitsreserve **Travellerschecks** mit.

Der Escudo de Cabo Verde (ECV) wurde am 1. Juli 1977 als eigenständige Währung eingeführt und löste damit zwei Jahre nach der Unabhängigkeit den portugiesischen Escudo ab. Am 13. März 1999 wurde in Praia ein als historisch gefeiertes Währungsabkommen unterzeichnet, das die Konvertierbarkeit des ECV gewährleistet.

Preise

Die Preise entsprechen dem mitteleuropäischen Standard. 90% der Lebensmittel und „Non-Food-Artikel" müssen importiert werden.

Zimmer in kleinen Pensionen kosten 10 bis 30 Euro. In den größeren Pensionen, die man in Europa als Hotel Garni bezeichnen könnte, reichen die Preise bis 60 Euro. Hotelzimmer liegen zwischen 25 und 130 Euro, wobei die teuren nicht unbedingt die besten sein

ka-f-47 Foto: fu

müssen. Von Ausländern geführte Hotels und Pensionen sind zumeist teurer, auch wenn kein Vorteil erkennbar ist.

Für eine einfache **Mahlzeit** im (nicht touristischen) Restaurant bezahlt man 5 bis 10 Euro, in besseren Restaurants 10 bis 20 Euro. Bier und Softdrinks kosten 1 bis 2 Euro.

Die **Transportkosten** während eines Cabo Verde Urlaubs werden durch die Flüge zwischen den Inseln in die Höhe getrieben. Günstig sind Sammeltaxis *(Aluguer)*. Findet man kein Aluguer zur rechten Zeit zum rechten Ort und möchte eines mieten, dann muss man mit dem Zehnfachen des einfachen Fahrpreises rechnen. **Mietwagen** kosten zwischen 40 und 100 Euro je nach Größe und Ort.

Auch wenn Cabo Verde kein Billigreiseland ist, kann man bei bescheidenen Ansprüchen schöne Ferien verbringen, ohne sich kasteien zu müssen.

Restgeld

Die **Ausfuhr des Escudos ist nicht erlaubt.** Lassen Sie sich **Geldumtausch quittieren,** und bewahren Sie die Quittungen auf. Beim Rücktausch Ihres Restgeldes werden diese mitunter verlangt.

Wenn Sie mit einem Teil Ihres Restgeldes Kindergärten oder Altenheime für die Ärmsten der Armen unterstützen möchten, dann empfehlen wir zuverlässige lokale Organisationen, mit denen wir seit Jahrzehnten zusammenarbeiten:

- **Jardins Infantis da Cruz Vermelha de Cabo Verde (Rotes Kreuz)**
Konto: Banco Comercial do Atlântico
Nr. 4500284
- **Conta Solidariedade – Promoção Social (Sozialamt)**
Konto: Banco Comercial do Atlântico
Nr. 4547238
Siehe auch: www.bela-vista.net/Promocao-Social/

Fotografieren

Generell gibt es in Cabo Verde **kaum Probleme beim Fotografieren und Filmen.** Oft kommen Kinder von sich aus gelaufen und rufen „Foto, Foto!" in deutscher Aussprache, sobald sie eine Kamera sehen. Zumeist ist dies Neugier, manchmal der geschicktere Einstieg zum Betteln.

Kameras müssen mit **Diskretion** eingesetzt werden, um Menschen zu fotografieren. Fragen Sie um Erlaubnis. Alltagssituationen und Porträts aufzunehmen, setzt **Feingefühl** voraus. **Respekt vor der Privatsphäre** ist wichtiger als der Wunsch, „exotische" Bilder von „folkloristischer Armut" mit nach Hause zu bringen.

Der Weg zur Porträtaufnahme führt über das **Gespräch.** Höflichkeit, Humor, Lächeln und einen Gruß in der Landessprache öffnen die Pforten. Nehmen Sie sich Zeit, bedanken Sie sich und respektieren Sie Absagen.

Bittet man Sie um ein Geschenk oder Geld, so sollten Sie lieber auf das Foto verzichten.

Bananenhain auf Santo Antão

Häufig wird der Wunsch nach einem Abzug des Bildes geäußert. Dieses Versprechen bereitet nicht viel Mühe, aber Freude beim Empfänger.

An öffentlichen Gebäuden darf man nahezu alles fotografieren, nur in Praia sind Fotos vom Präsidentenpalast unerwünscht.

Am besten gelingen **Landschaftsaufnahmen** im Morgen- oder Nachmittagslicht.

Fotoausrüstung

In Cabo Verde gibt es, mit Ausnahme vom Flughafen in Sal, **keine modernen Fotogeschäfte,** in denen man frische Filme, Memory-Cards oder Ausrüstungsgegenstände ergänzen könnte. Diese Dinge muss man, in großzügig kalkulierter Menge, mitbringen. Für Digitalfotografen stellt sich das Problem der Abspeicherung der Bilder, das vorher zu klären ist. Keinesfalls vergessen sollten Sie Ersatzbatterien, Linsenpapier und Fotopinsel. Die örtlichen Fotoläden entwickeln Farb-Negativfilme und fertigen Vergrößerungen an. Noch werden Digitalaufnahmen zur Ausbelichtung nach Europa geschickt.

Eine **Kamera** mit Weitwinkelobjektiv ist auf den hochgebirgigen Inseln von großem Vorteil, da andernfalls die grandiose Berglandschaft nur in Ausschnitten abgebildet werden kann. Wer die Vorteile des Wechsels von Objektiven und Filtern nutzt, ist mit einer Spiegelreflexkamera bestens ausgestattet. Andernfalls kommt man mit guten Sucherkameras zu ähnlichen Ergebnissen, ohne sich mit viel Gewicht zu belasten.

Für professionelle Landschaftsbilder hingegen haben sich die Voraussetzungen noch nicht geändert: Mindestens Kleinbildformat oder 6 Megapixel, Skylight Filter, Polfilter, Verlaufsfilter und Stativ sorgen für Material, das sich zum Poster vergrößern lässt. Nur schwere Stative erfüllen ihren Zweck bei ständigem Wind. Unter diesen Bedingungen ist der Trekkingstock mit Stativgewinde, mit beiden Fäusten gesichert, mitunter überlegen.

Im Rucksack in eine Tuch gewickelt oder in einer unauffälligen Umhängetasche sind die Kameras besser untergebracht als in als solche erkennbaren Fototaschen. Zum einen hat man ein Gepäckstück weniger, zum anderen vermeidet man, als Zootourist eingestuft zu werden.

Buchtipps:
- Helmut Hermann
Reisefotografie
- Volker Heinrich
Reisefotografie digital
(beide Bände REISE KNOW-HOW Praxis)

Gesundheit

Reisegesundheitsinformationen zu Cabo Verde auch im Anhang.

Das trockenwarme Klima, kaum Mücken und eine relativ gute Hygiene in Unterkünften und Restaurants bilden die Grundlage dafür, dass in Cabo Verde bei selbstverantwortlichem Verhalten **geringere Gesundheitsrisiken** als bei einem Aufenthalt auf dem afrikanischen Kontinent bestehen.

Impfungen

Cabo Verde ist eines der wenigen Länder Afrikas, das für Reisende aus Europa **keine Pflichtimpfung** vorschreibt. Nur wer direkt aus Gelbfieberinfektionsgebieten einreist, benötigt einen Impfnachweis.

Somit sind freiwillige Impfempfehlungen für Reisen in arme Länder gültig:

- **Tetanus** (Wundstarrkrampf) bekämpft ein weltweites Risiko, das nur durch die Impfung zu kontrollieren ist. Jeder Mensch braucht den Impfschutz lebenslang.
- **Polio** (Kinderlähmung) ist in Cabo Verde im Jahr 2000 epidemieartig aufgetreten. Nicht geimpfte Erwachsene infizieren sich genauso wie Kinder, erkranken aber häufiger und schwerer. Also ist **auch für Erwachsene** das Auffrischen der **Impfung unabdingbar.**
- **Typhus und Cholera** sind normalerweise an schlechte hygienische Bedingungen gebunden und für Hoteltouristen wenig wahrscheinlich. Cabo Verde hatte Mitte der 1990er eine verheerende Choleraepidemie. Die aktuellen Impfstoffe sind zuverlässig.
- **Hepatitis A und B** sind, im internationalen Vergleich, häufig. Die gefährlichere Hepatitis B wird nicht nur über Spritzen, sondern auch über Schmierinfektion und Sexualkontakte übertragen. Für Reisende, die bevölkerungsnahe reisen und für alle Langzeitreisenden sind die Impfungen dringlich zu empfehlen.
- **Gelbfieber** ist eine zumeist tödlich verlaufende Viruserkrankung, die in Cabo Verde nicht heimisch ist, obwohl die Überträgermücke vorkommt. Bei Einreise aus Gelbfieber-Endemiegebieten (afrikanischer Kontinent) wird die Impfung verlangt.
- Außer der Gelbfieberimpfung können alle Impfungen beim Hausarzt erledigt werden, so dass für eine Cabo-Verde-Reise kein Besuch bei einem Tropenarzt notwendig ist.

Besondere Risiken

Durchfall und Wasserhygiene

Die häufigsten Gesundheitsstörungen werden durch Infektionen des Magen-Darm-Trakts verursacht, zumeist begleitet von heftigem Durchfall. Da man auf Reisen Keimen ausgesetzt ist, denen man zuvor nicht begegnet ist,

Alle vorgenommenen **Impfungen** sollte man unbedingt **in den Impfpass eintragen** lassen. Dieser ist bei Impfanstalten, Tropenärzten/-instituten und auch im Reisebüro erhältlich.

Hinweis:
Alle im Gesundheitskapitel genannten Informationen können die aktuelle persönliche Beratung durch einen Arzt oder in einem Tropeninstitut nicht ersetzen. Besondere Beachtung sollte auch Impfungen von Kindern, allergischen Reaktionen auf Impfungen und den Belangen von Schwangeren geschenkt werden.

hat sich der wenig glückliche Begriff „Reisediarrhoe" eingebürgert.

In der Regel kommt der Durchfall nach einigen Stunden oder Tagen zum Stillstand und ist vergessen. Die Lässigkeit im Umgang mit dem Problem ist die Ursache schwerwiegender Probleme. Wer auf Reisen Durchfall bekommt, beweist, dass er nicht in der Lage ist, sich vor anderen Infektionen des Magen-Darm-Trakts zu schützen. Er kann jederzeit **Cholera** oder **Poliomyelitis** bekommen, um nur zwei schwere Krankheiten zu nennen.

joao_dombi Foto: re

Jugendgerechte AIDS-Aufklärung

Wie kann man sich auf Reisen vor diesen Infektionen schützen? So unappetitlich es klingt, muss man sich bewusst sein, dass es sich um faeco-orale Infektionen handelt. Spuren von Fäkalien einer anderen Person (oder Tieres) gelangen in den Mund des Betroffenen. Die Übertragungswege gehen zu 80% über menschliche **Hände,** die eigenen, die eines Verkäufers oder eines Kochs. Die restlichen 20% finden über das **Trinkwasser** und das **Essen** ihren Weg. Fliegen sind mehr Indikator als Ursache.

Die eigenen Hände lassen sich durch Waschen noch kontrollieren, doch was ist mit den Händen anderer? Man muss vermeiden, dass verunreinigte Speisen oder Gegenstände in den eigenen Mund kommen.

„Cook it, peel it or forget it!" sagten die kolonialen Engländer und meinten, was nicht gekocht oder geschält ist, kann man vergessen. Hinzuzufügen wäre heute **„... or desinfect it"**.

- **Cook it:** Die einheimischen Gerichte sind gut durchgekocht einschließlich dem Gemüse, das lange in der Cachupa mitkocht, bevor es auf den Tisch kommt. Wer sich diese Gerichte bestellt, ist besser beraten als mit den meist hilflosen Versuchen, unter subtropischen Bedingungen europäische Küche verwirklichen zu wollen.
- **Peel it:** Schälobst par excellence sind Bananen, Papayas, Mangos und Sternfrüchte. In Cabo Verde findet man auch Birnen und Äpfel. Das Schälen hat seine Grenzen, wenn die Früchte weich und saftig sind. Dann sollten sie vor dem Schälen, einschließlich der Hände, gründlich gewaschen werden.

• **Forget it:** Es gibt so einiges, was sich unter einfachen Bedingungen nicht hygienisch zubereiten lässt. Hat man die Zubereitung nicht unter vollständiger, eigener Kontrolle, dann ist es besser, darauf zu verzichten: Blattsalat, Eiswürfel, unverpacktes Speiseeis, kalt zubereitete Nachtische, Tiramisu, Obstsalat, Eiersalat, aufgewärmte Speisen vom Vortag, Tiefkühlkost an Orten mit Stromausfällen, Trinkfläschchen, Nuckelringe und Ähnliches für Kleinkinder

• **Desinfect it:** Waschen von Salat oder Tomaten ist die gebräuchliche Art der Desinfektion, versagt aber, wenn das Wasser mit Keimen belastet ist. Und das ist in Cabo Verde nahezu immer der Fall. Wasserdesinfektion ist oberste Vorbedingung für eine hygienische Küche.

Wasserdesinfektion:

• **Abkochen** des Trinkwassers ist ein bewährtes Verfahren, ist aber auf Reisen schwer zu realisieren, und spätestens wenn das abgekochte Wasser in die Flasche vom Vortag gluckert, ist der hygienische Gewinn dahin.

• **Mikrofilter** sind die Standardlösung im Dritte-Welt-Haushalt. Für Reisende werden kleine Handfilter angeboten, doch, genauso wie beim Abkochen, bleibt das Problem verunreinigter Flaschen ungelöst.

• **Silbersalze oder Chlor** sind die geläufigsten, einfachsten und unbedenkliche Methoden. Ersteres wird als Mikropur® von Katadyn® und unter anderen Firmennamen in Tablettenform angeboten und ist geschmackfrei. Das billigste und einfachste Verfahren ist die Chlorierung des Trinkwassers. Als Langstreckenwanderer und auf Schiffsreisen nehmen wir einen Plastikkanister und ein Tropffläschchen mit Chlorbleichlauge mit. In Cabo Verde ist **Chlorbleichlauge** in jedem Gemischtwarenladen als **Lixivia** zu finden. Der Kanister wird aus dem Wasserhahn oder mit Quellwasser gefüllt und 2 Tropfen Lixivia pro Liter dazugegeben. Wenn das Wasser ganz leicht nach Chlor riecht, genügt dies, um selbst Amöbencysten in 20 Minuten abzutöten. Zum Gemüse- und Früchtewaschen verdoppelt man die Dosierung auf 4 Tropfen pro Liter.

Ziel einer **Durchfallbehandlung** ist nicht, den Durchfall sofort zum Stehen zu bekommen, sondern Wasserhaushalt und Kräftezustand ausgeglichen zu halten! Dies ist nur durch **orale Rehydratation** und **möglichst geringe Unterbrechung der Ernährung** zu erreichen! Medikamente gegen akute Durchfälle sind in ihrer Wirkung wenig überzeugend und teilweise auch nebenwirkungsreich.

Mittel, welche die Darmbewegungen lähmen, sind bei Examensdurchfällen sinnvoll, doch bei Infektionen in armen Ländern behindern sie die Selbstreinigung des Darmes. Dies kann als Komplikation einer Salmonelleninfektionen bis zum Durchbruch der Darmwand führen. Die Mittel sind deshalb in Europa für Säuglinge und Kleinkinder nicht zulassungsfähig – in armen Ländern werden sie dennoch munter verkauft.

Desinfizierende oder antibiotische Substanzen ohne vorangegangene High-tech-Stuhluntersuchung, wie es sie in Cabo Verde nicht gibt, sind von so zweifelhafter Wirksamkeit, dass es nicht lohnt, die Gefahr von Resistenzen und Allergien auf sich zu nehmen.

Kohletabletten und sog. adstringierende Mittel besitzen keine nachgewiesene Wirksamkeit, welche über die eines geriebenen Äpfelchens hinausginge.

Hefepräparate versprechen, eindringende oder sich vermehrende Durchfallkeime zu verdrängen, bieten letztlich aber keinen nennenswerten Schutz.

Sofortige und anhaltende Zufuhr von Wasser und Mineralien ist hingegen immer **richtig und wichtig,** da nur so eine Austrockung (Dehydratation) vermieden bzw. aufgehoben wird.

Rehydrationssalze (port.: **Oralite)** sind in Apotheken und Gesundheitseinrichtungen erhältlich und werden mit kaltem Wasser angerührt.

Reiswasser ist in der Wirkung etwas besser als die Industriezubereitungen, aber umständlich in der Zubereitung. Ein großer Suppenlöffel Bruchreis mit einem Liter Wasser und einem gestrichenen Teelöffel Salz werden eine Stunde gekocht. Das trübe Wasser nimmt man in großen Mengen zu sich. Bereiten Sie gleich 2–3 Liter vor, um über die Nacht zu kommen! Ihre Pensionswirtin weiß in aller Regel auch, wie es geht. Das berühmte Coca-Cola mit Salzletten ist nur für Erwachsene geeignet, doch auch diese sollten noch zusätzlich Tee oder Wasser trinken.

Durchfalldiäten sind eher hinderlich als nützlich, denn sie erreichen nur einen Rückgang der Stuhlfrequenz nach dem Prinzip, dass unten weniger aus einem Rohr kommt, wenn man oben weniger hineinschüttet. Daneben entsprechen sie auch einer „Stuhlkosmetik", indem der Stuhl durch aufquellende Substanzen etwas fester erscheint. Der Aktivurlauber, der seine Leistungsfähigkeit möglichst erhalten will, soll **häufige kalorienreiche Mahlzeiten auch während des Durchfalls** zulassen, insbesondere Süßes, denn Fettes wird er kaum mögen. „A little malabsorption of a little food is better than no malabsorption of no food"!

Bei akutem Durchfall: Sofort und viel Rehydratationsflüssigkeit zu sich nehmen! Bei chronischen Durchfällen (mehr als 3–4 Tage) oder bei Durchfällen mit Blutbeimengungen (Dysenterie) ist ein Arzt hinzuzuziehen! Diese Art von Durchfällen muss gezielt medikamentös behandelt werden. Nach Rückkehr ist eine **Nachuntersuchung bei einem Tropenarzt** angezeigt.

Malaria

Malaria war eines der schwersten Gesundheitsprobleme Cabo Verdes bis in die 1960er Jahre. Auch heute wird sie noch ständig vom Kontinent importiert, ist aber nur im Süden von Santiago heimisch (Praia-Stadt und Santa Cruz), und Neuerkrankungen sind sehr selten. Dies lässt sich dadurch erklären, dass sich die Lebensbedingungen für die Überträgermücken durch die Sahel-Dürre verändert haben und in diesem Gebiet Mücken leben, die zwar Malaria übertragen, aber viel lieber Tierblut als Menschenblut zu sich nehmen. Dadurch ist es unwahrscheinlich, dass eine Mücke zweimal hintereinander Menschen sticht und dabei den Parasiten überträgt.

Der in Cabo Verde heimische Parasit ist ein hochresistenter Stamm von *Plasmodium falciparum,* der unbehandelt binnen Tagen zum Tode führen kann.

Bei dem minimalen Risiko ist eine allgemeine Empfehlung zur **Malariaprophylaxe nicht gerechtfertigt.**

Reisende, die Santiago besucht haben oder einen Zwischenstopp auf dem afrikanischen Kontinent hatten (Dakar, Banjul), müssen wissen, dass sie sich in einem **Malariagebiet** aufgehalten haben, und wenn sie nach der Reise plötzlich hochfieberhaft erkranken, dies **dem behandelnden Arzt mitteilen**!

AIDS

Der Anteil infizierter Personen ist geringer als auf dem Kontinent, doch schreitet die Epidemie fort. Dies ist kein Grund, Ängste zu entwickeln, denn **im Alltag,** ohne sexuelle Kontakte mit unbekannten Partnern, besteht kein Infektionsrisiko, auch wenn man eng mit Infizierten zusammenleben sollte. **Blutkonserven** werden kontrolliert und sind sicher. Das gleiche gilt für **Notfalloperationen.**

Die Zahl männlicher und weiblicher **Sextouristen** in Cabo Verde – ob diese es sich selbst eingestehen oder nicht – steigt und schafft zusätzliche Gefährdungen. Die Durchseuchung der erkennbaren Prostituierten mit HIV/Aids und anderen sexuell übertragbaren Krankheiten ist hoch. Auch die netten Mädchen und Jungs, die freundlich und kommunikationsfreudig die Bekanntschaft der Touristen am Strand, am Hafen, bei den Segelbooten und in der Disco suchen, haben nicht weniger Probleme. **Kontakte zwischen Fernreisenden** sind gefährlicher als im europäischen Durchschnitt. Letztlich führen alle Risikoabwägungen nur zu trügerischen Illusionen. Die vernünftige Konsequenz ist, keine Kontakte aufzunehmen oder konsequent Kondome zu verwenden. Verzichten Sie auf Praktiken mit direktem Schleimhautkontakt!

Kondome (crioulo: *camisinha*) sind in den Apotheken *(Farmácia)*, bei PMI/PF *(Promoção materno-infantil/planeamento familiar)*, und bei VerdeFam zu bekommen.

Allgemeine Empfehlungen

Zahngesundheit

Wenn ein **Check beim Zahnarzt** oder Arzt ansteht, legen Sie diesen lieber vor als nach den Urlaub. Überraschungen sind unter den Bedingungen eines armen Landes und der Sprachbarriere doppelt unangenehm.

Sonnenschutz

Im Gebirge wie am Strand holt man sich leicht einen heftigen Sonnenbrand. Die trockenen Regionen Cabo Verdes gehören weltweit zu den Spitzenreitern der jährlichen Sonnenschutzdauer, und es gibt fast keinen Schatten.

Es empfiehlt sich, **Sonnencreme** mit hohem Schutzfaktor (ab 8x) in ausreichender Menge mitzubringen, da nur

Buchtipps:

Zum Thema Gesundheit bzw. Krankheiten auf Reisen hat Reise Know-How nützliche Ratgeber im Programm:

- Dr. Dürfeld, Dr. Rickels **Selbstdiagnose und -behandlung unterwegs**
- David Werner **Wo es keinen Arzt gibt,** Gesundheitshandbuch zur Hilfe und Selbsthilfe
- Armin Wirth **Erste Hilfe unterwegs effektiv und praxisnah**
- Werner und Jeanette Lips **Schwanger reisen**

selten in Cabo Verde in den Läden zu finden. Gesonderte **Lippenschutzstifte** (etwa 20x) verhindern bei Wanderungen das Aufplatzen der Lippen.

Eine **Kopfbedeckung** mit großem Schild über dem Gesicht und evtl. einem weißen Tuch im Nacken, die auch heftigem Wind widerstehen, ist unabdingbar!

Tage mit bedecktem Himmel sind gefährlicher als Sonnentage, weil die frischen Temperaturen und die geringe spürbare Wärmestrahlung einen dazu verleitet, weniger Sonnenschutz zu betreiben. Die UV-Strahlen durchdringen eine einzelne Wolkenschicht nahezu ungehindert.

Unfallvermeidung

Die Konsequenzen eines Sport- oder Verkehrsunfalls, beides nicht unwahrscheinlich bei Aktivurlaubern, können weitaus schwerer sein als in Europa, weil es keine Berg- oder Wasserwacht gibt, die den Verletzten fachgerecht bergen würde und an den wenigsten Orten einen Krankenwagen. Um zu einem operierenden Krankenhaus zu kommen, kann der Transport per Boot oder Flugzeug notwendig sein. Fragen Sie Ihren Tauchlehrer nach der nächsten Druckkammer, bevor sie anspruchsvollere Tauchgänge unternehmen.

Risikosportarten wie Klettern, downhill Mountain-biking und Paragliding halten wir deshalb für noch nicht verantwortbar.

Auch **Verkehrsunfälle** mit Personenschäden sind in armen Ländern nicht seltener, sondern **häufiger und die Folgen unvergleichlich schwerer!** In Cabo Verde sind dies typischerweise Kleinbusunfälle mit bis zu zehn Toten. Wenn Sie selbst fahren, tun Sie dies besonders vorsichtig, vermeiden Sie unter allen Umständen Alkoholfahrten, und steigen Sie sofort aus, wenn Sie den Eindruck haben, einen alkoholisierten oder dümmlich-risikobereiten Fahrer erwischt zu haben.

Gesundheitseinrichtungen vor Ort

Das Gesundheitswesen ist staatlich mit Ausnahme von Privatpraxen, die neben einer Tätigkeit im staatlichen Dienst am Abend geöffnet werden. Im Vergleich mit den Ländern der westafrikanischen Region sind Versorgung und Gesundheitszustand der Bevölkerung gut, im Vergleich mit Europa noch deutlich zurück.

Jeder Landkreis hat mindestens ein **Gesundheitszentrum** mit Arzt, 24 Stunden Notdienst und einer Bettenstation. Operierende **Krankenhäuser** gibt es nur in Praia, São Vicente und Santo Antão. Fogo und Assomada sind auf dem Wege dazu. Auf den Dörfern sorgen **Pflegerposten** *(Posto sanitário)* oder **Basisgesundheitsposten** *(Unidade Sanitária de Base)* für wohnortnahe Versorgung. Letztere haben vorwiegend beratende und organisatorische Aufgaben, so dass nicht sichergestellt ist, dass man abseits der Distrikstädte Verbandsmaterial oder Medikamente bekommt.

Höher spezialisierte Abteilungen wie Neurochirurgie und Radiotherapie sind noch nicht vorhanden.

Apotheken

Die private **Reiseapotheke** kann klein gehalten werden, denn Cabo Verde besitzt ein dichtes Netz von Apotheken und Verkaufsstellen für Medikamente *(Posto de Venda EMPROFAC)* in den Städten. Auf dem Land, beispielsweise an den Orten, an denen man auf Mehrtageswanderungen übernachtet, kann man nicht erwarten, eine Apotheke zu finden.

Die Apotheken führen nicht unbedingt das im Heimatland des Reisenden bekannte Präparat einer bestimmten Marke. Mit Beratung durch Arzt und Apotheker findet sich aber in 99% der Fälle ein Medikament anderen Namens mit gleichem oder gleichwertigem Inhaltsstoff. Die Rezeptpflicht wird ähnlich wie in Europa gehandhabt.

Für chronisch Kranke empfiehlt es sich, **alle dauerhaft benötigte Medikamente in ausreichender Menge** mitzubringen.

Krankheitskosten

Reisende bezahlen Dienstleistungen und Medikamente im Gesundheitswesen sofort in bar. Um diese von der Reise- oder Krankenversicherung später erstattet zu bekommen, müssen ein ärztlicher Bericht mit Diagnose und die Originalrechnungen und -quittungen gefordert und eingereicht werden.

Informationen im Internet

- **www.bela-vista.net/sicherheit.htm**
Aktuelle Gesundheitshinweise für Cabo-Verde-Reisende, Wanderer, Kinder, Schwangere

Reiseapotheke

(Die Reiseapotheke ist um ihre persönlichen Medikamente zu erweitern.)

- Heftpflaster (Wundschnellverband)
- Pflaster 2,5 cm breit von der Spule
- Elastische Binden
(8 cm und 10 cm, neu!)
- Verbandspäckchen (mind. 3 Stück)
- Wunddesinfektionsmittel
(z.B. Betaisodona®)
- Nagelschere und -feile
- feine Pinzette
- Fieberthermometer
- Schmerz und Fieber senkende Mittel
(z.B. AAS, Paracetamol)
- Augentropfen
- Verhütungsmittel
(Ihre Pille, Kondome)
- Insektenschutz (z.B. Authan®)
- Sonnencreme mit hohem Schutzfaktor, eventuell besondere Creme für die Lippen
- Sonnenbrille, die das Auge auch seitlich abdeckt
- Haftcreme und Reinigungsset
für Zahnprothesenträger
- Pflegemittel für Kontaktlinsen (der feine Sahelstaub kann stören und das Infektionsrisiko erhöhen, so dass eine Ersatzbrille sinnvoll sein kann!)
- Ersatzbrille für Brillenträger
- Mittel zur Wasserentkeimung
- Anleitung zur Zubereitung einer Lösung zur Durchfallbehandlung

- **www.fit-for-travel.de/**
Reisemedizinische Seiten des Tropeninstituts München
- **www.katadyn.com**
Sehr hübsch gemachte, informative Wasserfibel

Centrum für Reisemedizin

- Oberrather Str. 10, D-40472 **Düsseldorf,** Tel. 0211/904290, **www.travelmed.de.**

Nach telefonischer Anforderung wird gegen eine Gebühr ein individueller „Reise-Gesundheitsbrief" zusammengestellt und zugeschickt, der genau auf die geplante Reise und die zu besuchenden Regionen im Zielland eingeht. Es wird der jeweils neueste Stand bezüglich Malariaprophylaxe, Impfempfehlungen, medizinischer Vorortsituation und Zusammenstellung einer Reiseapotheke genannt.

Notfall

Kostenfreie Notfallnummern in allen Landkreisen:

- **Hospital: Tel. 130**
- **Feuerwehr: Tel. 131**
- **Polizei: Tel. 132**
- **E-Werk: Tel. 133**

Bei Krankheit oder Unfall wenden Sie sich an das nächste Gesundheitszentrum oder Hospital. In abgelegenen Gegenden sollten Sie den nächstmöglichen Transport nutzen und nicht auf einen Krankenwagen warten.

Bei Diebstahl, Überfall oder wenn sie anderweitig Opfer oder Zeuge eines Verbrechens wurden, wenden Sie sich unverzüglich an die örtliche Polizei. Cabo Verde ist ein Rechtsstaat, und die Polizei handelt nach dem Recht.

Falls Ihnen ein versicherter Gegenstand gestohlen wurde, lassen Sie sich eine Kopie der Anzeige aushändigen, um diese bei der Versicherung einreichen zu können.

Bei Verlust von Dokumenten, im Falle eines Unfalls, wenn Ihre Sicherheit allgemein gefährdet ist oder in sonstigen ernsthaften Notfällen können Sie sich auch an Ihre **Botschaft** wenden. Diese **kann:**

- bei Passverlust einen Reiseausweis für die Rückkehr ausstellen;
- Ihnen bei Geldverlust Kontaktmöglichkeiten mit Verwandten oder Freunden zu Hause vermitteln;
- Ihnen schnelle Überweisungswege aufzeigen (Blitzgiro, telegrafische Postüberweisung); Ihnen bis zum Eingang der Geldüberweisung aus der Heimat, gegen Rückzahlungsverpflichtung, ein Überbrückungsgeld auszahlen;
- wenn alle eigenen Hilfsmöglichkeiten erfolglos ausgeschöpft wurden, Ihnen eine rückzahlbare Hilfe zur Rückkehr nach Deutschland gewähren;
- im Falle von Problemen mit Behörden des Urlaubslandes für Sie vermitteln;
- Ihnen bei Bedarf einen vertrauenswürdigen Anwalt vor Ort benennen; dies gilt auch für Übersetzer, Ärzte und Fachärzte;
- im Falle einer Festnahme auf Wunsch die anwaltliche Vertretung sicherstellen und Ihre Angehörigen zu Hause unterrichten;
- beim Tod eines Reisenden die Benachrichtigung der Hinterbliebenen veranlassen und bei der Erledigung der Formalitäten vor Ort behilflich sein.

Die Auslandsvertretung **kann nicht:**

- Führerscheinersatzpapiere oder Personalausweise ausstellen;
- Ihre Hotelschulden bezahlen;
- Ihnen bei Geldverlust die Fortsetzung des Urlaubs finanzieren;

- in laufende Gerichtsverfahren für Sie eingreifen oder örtlichen Behörden Weisungen erteilen;
- für Sie anwaltliche Tätigkeiten wahrnehmen oder Sie vor Gerichten vertreten;
- als Filiale von Reisebüros, Krankenkassen oder Banken tätig werden;
- die extrem hohen Kosten einer Such- und Rettungsaktion übernehmen.

(Quelle: u.a. Auswärtiges Amt)

Vor Reiseantritt Vorsorge treffen

- Machen Sie zwei Kopien aller Reisedokumente. Eine lassen Sie bei einer Kontaktperson zu Hause zurück. Die andere nehmen Sie mit, getrennt von den Originalen.
- Notieren Sie Konto-, Kreditkarten- und Reisechecknummern sowie die Telefonnummern Ihrer Bank und Kreditkartenbüros, damit Sie bei Verlust oder Diebstahl sofort eine Sperrung veranlassen können.
- Bewahren Sie die Kopien und Nummern getrennt von den Originalen auf.
- Denken Sie an ausreichenden Krankenversicherungsschutz.
- Ein Rettungsflug nach Deutschland kann sehr teuer werden. Eine Rücktransportversicherung deckt diese Kosten ab (siehe „Reiseversicherungen").
- Lassen Sie kostbaren Schmuck lieber zu Hause.
- Nehmen Sie Medikamente mit, die Sie auch zu Hause benötigen (z. B. Diabetiker); ein Impfpass mit eingetragener Blutgruppe (auch wenn keine Impfungen vorgeschrieben sind) kann von Vorteil sein.
- Notieren Sie Seriennummern wertvoller Kameras. Sie können sich damit als Besitzer ausweisen, falls Diebesgut sichergestellt wird.

Öffnungszeiten

Geschäfte sind an Werktagen und Samstagen geöffnet, an Sonntagen und allen Feiertagen (auch inselspezifischen) geschlossen: Mo bis Fr 8/8.30–12/12.30, 14/15–18/19, Sa 8.30/9–12/13 Uhr.

Postämter sind werktags von 8–12.30 und 14.30–17.30 Uhr geöffnet, in den Großstädten auch durchgehend.

Banken sind Mo bis Fr von 8–15 Uhr geöffnet.

Bürozeiten: Mo bis Fr 8–12.30 und 14.30–18 Uhr, teils auch 8–15 Uhr.

Restaurants: Kleinere Restaurants auf dem Land bieten tagsüber Snacks; Mittagessen nur auf Vorbestellung. Manche Restaurants sind erst ab 18/19 Uhr abends geöffnet. Einige Hotelrestaurants sind durchgehend in Betrieb.

Diskotheken füllen sich meist erst ab Mitternacht, vor 23 Uhr lohnt ein Besuch nicht.

Grundsätzlich sind Öffnungszeiten **Richtwerte** und können, auch von Insel zu Insel, variieren. So haben die meisten Läden eine Mittagspause, einige größere Geschäfte sind aber auch durchgängig geöffnet.

Reisen im Land

Mit dem Flugzeug

Hauptverkehrsmittel zwischen den Inseln ist das Flugzeug. Die kleinsten der Flugplätze, Brava und Santo Antão wurden geschlossen, weil die Wartung eines kleinen Flugzeugtyps für minimales Verkehrsaufkommen zu teuer ist.

Alle anderen Inseln werden mit Turboprop-Maschinen vom Typ ATR 42 angeflogen. Das Fliegen in kleineren Maschinen ist weitaus anregender als in den großen Jets, viel unmittelbarer, weil man tiefer fliegt, mehr sieht und die Turbulenzen im Anflug stärker spürt. Da nur die Pisten in Praia, Sal und São Vicente beleuchtet sind, müssen die anderen Flughäfen zwischen Sonnenauf- und -untergang bedient werden. Dichter Sandstaub (Harmattan) kann den Flug- und Funkverkehr für einen oder mehrere Tage lahmlegen, meist in den ersten Monaten des Jahres.

Flugzeiten (in Min.)

zwischen den Inseln:

• Sal - São Vicente	ca. 50
• Sal - Santiago	ca. 50
• Sal - São Nicolau	ca. 40
• Santiago - Fogo	ca. 30
• Santiago - Maio	ca. 20
• Sal - Boa Vista	ca. 30

Verbindungen: Praia, Sal und São Vicente und Fogo werden mindestens einmal täglich angeflogen, São Nicolau, Boa Vista, Maio mindestens zweimal wöchentlich. São Nicolau ist nur via São Vicente oder via Sal zu erreichen.

Nachfolgend einige **Tipps,** die Ihnen bei Reisen zwischen den Inseln u.U. viel Zeit und Ärger ersparen:

- Stellen Sie sich Ihre Inselkombination nach dem aktuellen Flugplan zusammen. Tage/Zeiten erfragen Sie möglichst bei auf Cabo Verde spezialisierten Reisebüro oder direkt bei TACV (Adressen s.u. Anreise).
- Buchen Sie rechtzeitig (Reisebüro, TACV). Die Flüge zwischen den Inseln sind in den Ferienzeiten (Weihnachten, Ostern, Sommer), zum Karneval und Musikfest (São Vicente) sehr voll, oft auch überbucht.
- Buchen Sie nur, wenn der Flug bestätigt ist, Wartelisten machen wenig Sinn.
- Überprüfen Sie vor der Abreise alle Zeiten.
- Bestätigen Sie nach Ankunft Ihre Weiterflüge, spätestens aber zwei Tage vor dem jeweiligen Flug (obligatorisch, sonst wird der Flug gestrichen, auch wenn ein o.k. im Ticket steht). Die Rückbestätigung kann telefonisch oder persönlich in einem TACV-Büro (auf jeder Insel) erfolgen.
- Erfragen Sie am Tag davor (oder direkt am Flugtag) nochmals die exakte Zeit (Änderungen können auch noch am Flugtag erfolgen).
- Bestehen Sie bei Flugplanänderungen darauf, dass die nachfolgenden Flüge geändert werden.
- Der Check In (Einchecken am TACV-Schalter des jeweiligen Flughafens) muss spätestens 1½ Stunden vor Abflug erfolgen (sonst kann auch ein bestätigter Flug gestrichen werden, und Personen auf Wartelisten rücken nach).

Lebensfreude pur: Fest auf Santo Antão

- Planen Sie vor dem internationalen Rückflug ab Sal genügend Zeit ein, sonst versäumen Sie bei verspäteten (oder ausgefallenen) Inlandsflügen ihre Heimreise.

Die **Preise der Inlandsflüge** sind günstiger, wenn Sie von zu Hause aus schon einen Air Pass kaufen, jedoch ist die Flexibilität eingeschränkt, da diese Flüge vor Ort nicht mehr umgebucht werden können. Einen Air Pass erhält nur, wer international mit TACV anreist. Reguläre Inlandsflugpreise (oneway, zzgl. Steuern, Änderungen vorbehalten):

- Je 100 US$ für die Strecken Sal - Praia, Sal - São Vicente, Praia - São Vicente, Praia - São Nicolau.
- Je 75 US$ für die Strecken Sal - São Nicolau, Praia - Boa Vista.
- Je 50 US$ für die Strecken Sal - Boa Vista, Praia - Fogo, Praia - Maio, São Vicente - São Nicolau, São Vicente - Santo Antão.
- Nicht abgeflogene Strecken zum regulären Tarif können rückerstattet werden.

Das **Gepäck** (20 kg) kann auf Inlandsflügen auch verspätet (z.B. am nächsten Tag) ankommen, da die kleinen Maschinen nur über einen begrenzten Fracht-

ka-f-57 Foto: fu

raum verfügen. Wichtige Fracht wie Ausstattungen für Impfkamagnen hat Vorrang vor persönlichem Gepäck, normales Gepäck hat Vorrang vor Sperrgepäck. Das gilt auch für Fahrräder und Surfboards. Daher sollten Sie auf Zwischenflügen immer Wäsche für zwei Tage im Handgepäck haben. Beim **Einchecken** Ihres Gepäcks sollten Sie am Schalter den Endpunkt Ihres Fluges angeben, damit das Gepäck direkt auf diese Insel durchgecheckt wird (nicht immer möglich, Auskunft einholen).

Hinweis: **In den großen Hotels in Santa Maria (Sal)** können Passagiere für den internationalen Rückflug **an der Rezeption einchecken.**

TACV in Cabo Verde

- **TACV Head Office**
C.P. 1, Av. Amilcar Cabral
Praia, Santiago, Cabo Verde
Tel. 00238/2615813
Fax 00238/2613585
(Adressen von den Büros auf den anderen Inseln finden Sie in den jeweiligen Kapiteln).

Entfernungen der Inseln

untereinander (Luftlinie, **in km**):

Santo Antão – São Vicente	20
São Vicente – São Nicolau	50
São Nicolau – Sal	110
Sal – Boa Vista	40
Brava – Fogo	20
Fogo – Santiago	55
Santiago – Maio	25
Maio – Boa Vista	80
Sal – Santiago	210

Telefonnummern der TACV auf den Inseln:
- Sal: 2411268 bzw. 2411386
- Santiago/Praia: 2615813
- São Vicente/Mindelo: 2321524 bzw. 2321528
- Santo Antão: 2211184
- São Nicolau: 2351161
- Boa Vista: 2511186
- Maio: 2551256
- Fogo: 2811228
- Brava: 2851192

Mit dem Schiff

Fähren in Cabo Verde dienen dem Warenverkehr und werden vorwiegend von Händlern genutzt, die mit Waren reisen. **Für den Tourismus** sind sie **wenig geeignet,** denn die Abfahrtszeiten folgen dem Frachtaufkommen und liegen nie wirklich fest. Eine Ausnahme sind die Fähren zwischen Santo Antão und São Vicente. Sie sind pünktlich, manchmal überpünktlich.

Die Fähre freitags von Santiago nach Fogo und Brava sowie montags in der Gegenrichtung zeigt in den letzten Monaten einen neuen Hang zur Pünktlichkeit. Wie lange dies anhält, bleibt offen, und Reisende sollten mehrere Tage Puffer einplanen und diesen Reiseabschnitt nicht auf das Ende der Reise legen.

Empfehlen können wir die Fähren somit **nur für die kurzen Strecken,** während auf der Langstrecke das Risiko, hängen zu bleiben, hoch ist. Auch so ist es eine Gelegenheit, sich heftig durchschaukeln zu lassen, den Wind um die Ohren zu haben und fliegende Fische und Delphine zu beobachten.

Die **Innenausstattungen,** mit Ausname der Fähren „Mar d'Canal" und „Praia de Aguada", sind einfach, die

Übernachtungsmöglichkeiten eingeschränkt.

Verbindungen

- **São Vicente (Mindelo) – Santo Antão (Porto Novo)**
Z.Z. zweimal täglich mit „Mar d'Canal" oder „Ribeira de Paúl"; „Mar d'Canal" ist eine vergleichsweise moderne RoRo-Fähre für 400 Passagiere und 60 Fahrzeuge; Ribeira de Paúl ist älter und kleiner. Preise 600/300 ECV.
- **Santiago – Fogo – Brava**
Z.Z. freitags ab Santiago, montags zurück
- **Rundkurse über alle Inseln**
Die Schiffe „Barlavento", „Sotavento" und „Praia da Aguada" verbinden alle Inseln in gegenläufigen Achtertouren. Günstige Preise, z.B. 2500 ECV für Sao Vicente – Praia.

Auskünfte und Fahrscheine

- Für die Fähren zwischen Santo Antão und São Vicente an den Fährhäfen.
- Aktueller Fahrplan auch unter: www.bela-vista.net/Faehren.htm
- Für die anderen Strecken bei:
Arca Verde, C.P. 153, Rua Senador Vera Cruz 12, Mindelo, Tel. 2311349, Fax 2312055; C.P. 41, Av. 5 de Julho, Praia, Tel. 2615497, Fax 2615496
- **Agenamarm,** São Filipe – Fogo, Tel. 2811012, Fax 2811312

Sonstiges

- **Schiffscharter Estrela Nova**
Kapitän **Kees Rol** aus Amsterdam und seine kapverdianischen Partner brechen mit einem fast schon historischen, polarmeertauglichen Kabeljau-Trawler seit Jahren durch kapverdianische Wellen. Wenn der Wind zu stark und die Sicht zu schlecht wird für Flugzeuge und Fähren, dann schlägt ihre Stunde! Für Tauchfahrten, Walbeobachtung, Tagestouren Sal – Boa Vista – Sal oder größere Gruppen bis zu 29 Personen kann man das 26 m lange und 6,30 m breite Klötzchen Stahl mit 3,10 m Tiefgang mieten. Wenn Sie zwei Sattelschlepper voll Gepäck mitbringen, dann ist das auch kein Problem. Lockere Stimmung, ein gut gefüllter Eisschrank und das Brummen von 400 Dieselpferdchen bei knappen 10 Knoten lassen Seebärenstimmung aufkommen. Davon hätten wir wissen sollen, als wir noch bei den Pfadfindern waren! Handy 00238/9977997, 9978151.
- **Itoma** – schwimmende supermoderne Surfstation, siehe Kapitel „Windsurfen".
- **Segelyachtcharter** siehe Kapitel „Segeln".

Mit dem Sammeltaxi

Das Sammeltaxi, in Cabo Verde **Aluguer** (dt. „zu mieten") genannt, ist das **gebräuchlichste Verkehrsmittel.** Eingesetzt werden Kleinbusse und Pick-ups, ausnahmslos mit einem Schild „Aluguer" und der maximal zulässigen Passagierzahl gekennzeichnet. Kinder bis ins Schulalter werden nicht mitgezählt. Aluguers unterliegen der technischen Überwachung.

Zwei Varianten der Beförderung stehen zur Wahl: **Passagem** bezeichnet den Sammelverkehr, d.h. das Fahrzeug fährt, wenn es voll ist. Die Preise sind fest und günstig. Jeder Fahrer verfügt über eine offizielle Preisliste *(lista),* die er auf Verlangen vorzeigt. Für Gepäck kann ein Aufpreis erhoben werden.

Frête (dt. Fracht) bedeutet, dass man Wagen und Fahrer anmietet. Dies kostet den zehnfachen Preis der Einzelfahrt. Vorteil: Ausgangspunkt, Abholung, Ort und Zeit können festgelegt werden, der Fahrer hält, wo man will. Rückfahrt (Ort, Zeit) unbedingt vereinbaren. Oft wird unwissenden Touristen eine Frête angeboten, obwohl es Sammelverkehr gibt. Wenn Sie es nicht eilig haben, heißt das Zauberwort: „Espero passagem" (Ich warte auf den Sammelverkehr).

Aluguers halten überall auf Verlangen der Passagiere. In großen Städten gibt es feste **Endhaltestellen.** Während auf großen Strecken fast ständig Fahrzeuge pendeln, werden kleine Dörfer meist nur zweimal am Tag bedient, zu Beginn und zum Ende der weiterführenden Schulen oder zu den Ankunftszeiten der Fähren.

Fahrten im Aluguer gehören zum Reiseerlebnis Cabo Verde. In drangvoller Enge wird alles befördert, einschließlich lebenden Hühnern und Ziegen. Leicht ergibt sich ein Gespräch mit den anderen Passagieren, falls das Radio nicht alles übertönt.

Preisbeispiele

- **Auf Santo Antão:** Porto Novo (Hafen) - Rª Grande 400 ECV; Ribeira Grande - Ponta do Sol 80 ECV.
- **Auf Santiago:** Praia - Cidade Velha 120 ECV, Praia - Tarrafal (Strand) 500 ECV; für Anmietung jeweils der zehnfache Preis.

Mit dem Taxi

In den größeren Siedlungen verkehren zumeist moderne Taxis, deutlich gekennzeichnet mit der Aufschrift „TAXI". Fahrer, die ohne diese Aufschrift ihre Dienste anbieten, sind weder versichert noch unterliegen sie der technischen Überwachung.

240_838sw Foto: re

In Praia werden **Taxameter** benutzt, während diese in São Vicente und Sal vorhanden sind, aber nicht genutzt werden, weil per **Festpreis** abgerechnet wird. Für Überlandstrecken und bei Anmietung auf Zeit muss man den Preis vorher vereinbaren - und darf auch handeln. Lassen Sie sich von einem Taxifahrer, mit dem sie zufrieden waren, dessen Handynummer geben.

Preisbeispiele

- Flughafen Sal - Espargos: 200 ECV
- Flughafen Sal - Santa Maria: 800 ECV
- Flughafen São Vicente - Stadt: 700 ECV
- Innerhalb São Vicentes: Stadtmitte bis Vorort 120 ECV, von einem Ende der Stadt zum anderen 150 ECV, nachts 150–200 ECV

Mit dem Stadbus

In **Mindelo** und **Praia** verkehren preiswerte Stadtbusse in alle Vororte, auf **Sal** zwischen Espargos und Santa Maria. Die Preise, Fahrzeiten und Haltestellen sind fest.

Mit dem Mietwagen

Auf Sal, São Vicente, Maio, Santiago und Fogo werden Mietwagen angeboten, vom alten Lada bis zu topmodernen Gelände-Cruisern. Ansonsten vermitteln Pensionen private Fahrzeuge ohne Fahrer, doch ist das riskant, da Versicherungsschutz und klare Rechtsverhältnisse im Falle eines Schadens fehlen.

Sammeltaxi auf dem
Campo Redondo/Santo Antão

Nach unserer Erfahrung bieten Mietwagen nur einen bescheidenen Gewinn an Freiheit. Bevor es losgeht muss man den Vertrag sehr genau lesen, einen großen Betrag als Kaution hinterlegen, sich mit Beulen, Kratzern, Tankfüllung, Reserverad und Werkzeug beschäftigen. Seinen Weg selbst zu finden mag abenteuerlich sein, doch nach Ankunft auf dem Land wird man angesehen als steige man aus der Raumkapsel, ist für das Fahrzeug verantwortlich, kann nur kurze Spaziergänge machen und kehrt zu einem von Kindern umringten stickig-heißen Wagen zurück.

Einen **Wagen mit Fahrer** zu mieten kostet dasselbe oder weniger, es gibt keinen administrativen Vorgang, man steigt in ein kühles Fahrzeug, hat einen lokal vertrauten Führer und Begleiter, sieht mehr von der Landschaft und hat respektvollen Kontakt zur Bevölkerung. Im Falle eines Schadens oder Unfalls bleibt man neutral.

Tipps/Regeln bei der Anmietung

- Melden Sie sich am Vortag an, denn zumeist verfügen die Vermieter nur über wenige Wagen.
- Auch wenn der nationale Führerschein akzeptiert wird, im Falle eines Falles ist der internationale sinnvoller.

Taxi

Alberto Silveira hat 20 Jahre in Deutschland gelebt. Heute chauffiert er seine Gäste gemächlich im alten Mercedes über die Insel São Vicente und weist mit lockeren Sprüchen auf alles Interessante hin – „alles klar und keiner weiß Bescheid!". Tel. 00238/9924595.

- Bringen Sie genügend Geld mit, denn hohe Bar-Kautionen sind üblich (10.000–40.000 ECV), und es werden keine Kreditkarten akzeptiert.
- Nehmen Sie das Prüfen des Zustands des Fahrzeugs vor Fahrtantritt ernst, und lassen Sie auch die kleinste Beule im Vertrag vermerken.
- Sie übernehmen das Fahrzeug voll getankt, was Sie überprüfen sollten, genauso wie Ölfüllung, Werkzeug und ein prall gefülltes Reserverad.
- Fahren Sie auch mit Geländerwagen nicht abseits der Straßen, wenn Geländebetrieb nicht ausdrücklich im Vertrag vorgesehen ist.
- Sie geben das Fahrzeug pünktlichst und voll getankt zurück.

Autofahren in Cabo Verde ist anders als in Mitteleuropa. Jederzeit können Kinder, Ziegen, Schlaglöcher, Steinschläge oder abgrundtiefe, ungesicherte Baugruben vor der Motorhaube erscheinen. An unübersichtlichen Kurven im Gebirge ist anhaltendes Hupen üblich. Als langsamerer und umsichtiger Fahrer fahren Sie kurz rechts ran, wenn Sie jemand überholen will. Von Nachtfahrten ist wie überall in armen Ländern abzuraten. Da es nur wenige Tankstellen gibt, ist frühes Nachtanken ratsam.

Genaue Karten von den meisten Inseln können Sie sowohl in Cabo Verde als auch schon vor Antritt der Reise in Europa kaufen (siehe: www.KapverdischeInseln.com).

Buchtipps:
- Helmut Schäfer
All inclusive?
- Hans Strobach
Fernreisen auf eigene Faust
- Erich Witschi
Unterkunft und Mietwagen clever buchen
(alle Bände Reise Know-How Praxis)

Straßenverkehr

Es herrscht **Rechtsverkehr. Überlandstraßen sind gepflastert und selten asphaltiert,** so dass die Straßen nur etwa die Hälfte der Geschwindigkeit erlauben, die auf guten Straßen in Europa üblich ist. Mit Sammeltaxis im Überlandverkehr kommt man auf etwa 35 km/h. Fahrspuren in Flussbetten, Staub- und Schotterstraßen ergänzen das Netz. Seltene tropische Platzregen führen regelmäßig zu Unterbrechungen. Schwere Unfälle kosten, wie in allen armen Ländern, unverhältnismäßig viele Menschenleben, da Erstversorgung und Krankentransport weitgehend fehlen. Steigen Sie sofort aus, wenn ein Fahrer betrunken oder übermäßig risikobereit sein sollte!

Fahrrad- und Motorradverleih

Badehotels auf Sal und Boa Vista vermitteln Kleinmotorräder und Fahrräder. Wer sein eigenes Fahrrad mitbringt, kann u.U. Transportprobleme auf den Flügen zwischen den Inseln haben, da der Frachtraum der Maschinen begrenzt ist. Klapp-Mountainbikes mit großen Rädern haben Vorteile, während kleine Klappräder sich auf Kopfsteinpflaster und Sand sehr schwer tun.

Organisierte Rundreisen

Reisebüros auf den Inseln (s.u. „Reiseveranstalter" und bei den jeweiligen Inseln) organisieren individuelle Rundreisen inkl. Flüge, Transfers, Quartiere, Transporte (oder Mietwagen), Fähren etc., für Einzelreisende und Gruppen, ggf. mit mehrsprachigen Reisebegleitern. Ausflüge werden von Hotels angeboten. Die auf Sal offerierten Tagestrips zu anderen Inseln im „Express-Verfahren" sind besonders bei den italienischen Badetouristen beliebt.

Reiseplanung

Cabo Verde ist kein Low-Budget-Ziel: kein Camping, hohe Lebenshaltungskosten, aufwändige Transporte.

Die Reiseplanung und die Entscheidung, ob man die Inseln auf eigene Faust erkundet oder sich einer organisierten Reise anschließt, hängen von verschiedenen Überlegungen ab.

Die Vorteile eines **Reiseveranstalters** liegen auf der Hand:

- **Beratung** erspart Vorbereitungszeit.
- **Betreuung** auf den Inseln.
- Geregelte **Logistik** (beispielsweise Abstimmung der Inselrundreise auf den Flugplan, Zwischen- und Gepäcktransporte auf Trekkingtouren etc.).
- **Zeitersparnis** bei Transport und Quartiersuche
- **Reiseveranstalter vor Ort** sind flexibler, bieten aber weniger Rechtssicherheit. Ideal sind Veranstalter, die in Europa und auch in Cabo Verde als Firmen registriert sind.

Wer es vorzieht, sich frei und ungebunden auf eigene Faust zu organisieren, Kontakte zu knüpfen und unterwegs seine Pläne zu ändern, der kann dies in Cabo Verde tun. Mit etwas Muße und guter Vorbereitung ist es nicht schwierig, seine Reise selbst zu veranstalten.

Folgende Faktoren sollten Sie dabei berücksichtigen:

- Detaillierte **Informationen einholen** (Reiselektüre, Karten aber auch Romane, Filme oder Bildbände, um sich einzustimmen)
- **Größeren Zeitrahmen einplanen**, der Orientierung vor Ort, Quartiersuche, Pannen und Verspätungen berücksichtigt.
- **Vorausbuchung der Flüge** spart Geld (z.B. Air Pass, kann aber vor Ort kaum umgebucht werden) und Zeit: Will man die Flüge erst vor Ort reservieren, kann man wegen der Auslastung evtl. auch zu einem längeren Aufenthalt gezwungen werden.
- **Basissprachkenntnisse** in Portugiesisch, Französisch, Spanisch sind von Vorteil, mit Englisch kommt man schwerer voran.

Mit der Entscheidung, individuell oder organisiert zu reisen, steht auch die Frage an, **welche Inseln** man besuchen möchte. Im Einleitungskapitel plädieren wir dafür, seine eigenen Wünsche genau zu ergründen und nur wenige Inseln auf den Reiseplan zu setzen.

Reisedauer

- 1 Woche: zu kurz, kostet nur den teuren Flug, und man erlebt nichts
- 2 Wochen: zwei (max. drei) Inseln
- 3–4 Wochen: optimale Reisedauer, zwei bis vier Inseln

Reisezeit

In Cabo Verde ist **rund ums Jahr Reisezeit.** Zur Freude der Gäste und zum Nachteil der Bewohner scheint die Sonne genauso häufig wie in der Wüste von Arizona.

Von Oktober bis Juli weht der Passat, und das Wetter entspricht mit wenigen Ausnahmen einem schönen sonnigen Junitag in Europa. Im Sommer wird es wenig heiß, 30°C werden nur selten überschritten, doch da der Wind nachlässt, erscheint es einem heißer. Mit viel Glück ziehen Gewitterwolken auf und bringen den heiß ersehnten Regen.

Während der Sommer- und Weihnachtsferien nimmt der Strom der Reisenden deutlich zu, und Flüge müssen längerfristig reserviert werden. Es steigt sowohl die Zahl der Gäste als auch die der Emigranten.

Am Karneval-Wochenende und zum Festival in Baía das Gatas im August gibt es einen Rush auf São Vicente, und eine Woche vorher ist kein Flug und keine Pension mehr zu bekommen.

Buchtipps:
- Hans Hörauf
Wann wohin reisen?
- Friederike Vogel
Sonne, Wind und Reisewetter
(beide Bände Reise Know-How Praxis)

Reiseveranstalter

Cabo Verde hat Eingang gefunden in das Netzwerk der Reiseveranstalter, die alle auf das gleiche lokale Angebot zurückgreifen. Wir listen die auf, bei denen uns aufgefallen ist, dass sie einen besonderen Schwerpunkt auf Cabo Verde legen. Die Ordnung erfolgt alphabetisch und ohne Wertung.

Reiseveranstalter in Deutschland

- **Hamann Touristik GmbH**
Warrington Platz 22, 40721 **Hilden**
Tel. 02103/80031
Fax 02103/21495
E-Mail: hamanntouristik@compuserve.com
- **Institut für Umweltkrankheiten**
Im Kurpark 1, 34308 **Bad Emstal**
Tel. 05624/8061, Fax 05624/8695
E-Mail: info@ifu.org
www.ifu.org/
Reisen nach Cabo Verde zur Revitalisierung bei Allergien etc.
- **Kapverden Reisebüro Schellmann (Reiseträume)**
Bühlstraße 22, 72458 **Albstadt**
Tel. 07431/763168
Fax 07431/763169
E-Mail: kapverden@reiseträume.de
www.reisetraeume.de/kapverden
Auch vor Ort auf Santiago (s.u.)
- **M+M Inselreisen**
Saargemünder Str. 136
66119 **Saarbrücken**
Tel. 0681/31125, Fax 0681/3905060
E-Mail: info@centertours.com
www.centertours.com/
Hotels, Pensionen, Tauchen, Surfen, Trekking
- **Olimar Reisen GmbH**
Unter Goldschmied 6, 50667 **Köln**
Tel. 0221/20590-0, Fax 0221/251591
E-Mail: info@olimar.de
www.olimar.de/
Badehotels, Inselrundreisen, Sportreisen

- **Reiseservice Richter**
Altmarkt 22, 09337 **Hohenstein-Ernstthal**
Tel. 03723/42014, Fax 03723/45003
E-Mail: re-ri-hot@t-online.de
www.home.t-online.de/home/re-ri-hot/
Rundreisen und Inselkombinationen
- **Studiosus Reisen München GmbH**
Riesstraße 25, 80992 **München**
Tel. 089/50060-0
Fax 089/50060-100
E-Mail: Tours@Studiosus.com,
www.studiosus.de
Wanderstudienreisen, Inselrundreise
- Außerdem kann es sich lohnen, die Angebote der großen Reiseveranstalter, insbesondere für reinen Strandurlaub und Rundreisen, einzusehen.

Hochseefischen – Spezialveranstalter

- **Billfish-Club Cabo Verde**
C.P. 427, Mindelo, **São Vicente**
Tel./Fax 00238/2315326
Handy 00238/9915748
E-Mail: berno@cvtelecom.cv
www.capeverde-fishing.com
Berno Niebuhr ist IGFA-Repräsentant in Cabo Verde. Mit zwei hochseetüchtigen, voll ausgestatten Hochseemotorbooten besucht er die besten Reviere für Merline und andere Großfische. Eine dreiköpfige, Englisch sprechende Crew unterstützt die max. 4 (10-m-Boot) oder 6 (11-m-Boot) Gäste. Schwert tragende Fische werden nur getötet, wenn es sich um einen Rekordfang handelt, ansonsten werden sie für die Forschung markiert und gehen zurück ins Meer. Eine Fischräucherei ergänzt das Angebot.
- **King Fisher**
Hermann Rolfs, Strandstr. 57
24229 **Strande**
Tel. 04349/203, Fax 04349/645
Tel. 00238/2661100, Fax 2662260, E-Mail: Info@King-Fisher.de; www.king-fisher.de
King Fisher bietet zwei Yachten (10,5 und 8,5 m) auf der Insel Santiago. Wenn Sie autorisiert sind, können Sie selbst auf eigene Verantwortung und Gefahr fahren. Siehe auch unter „Unterkunft" auf Santiago.

Segeln – Spezialveranstalter

- **Caboverde Sailing**
Nikolaus Hüwe
Steinkleestraße 41, 60435 **Frankfurt**
Tel. 069/54801004, Fax 069/54801995
www.caboverdesailing.de
- **EGO-Yachtcharter GmbH**
Marco-Polo-Str. 15,
26389 **Wilhelmshaven**
Tel. 04421/998200, Fax 04421/998201
E-Mail: info@ego-online.de
- **Luzmar Lda**
Lutz Meyer-Scheel
Prieststraße 15, 60320 **Frankfurt**
Tel. 0171/5513500, Fax 069/80108742
E-Mail: Info@Luzmar.com; www.luzmar.com
- **sun-fun-sailing**
August-Schneider-Straße 14
76571 **Gaggenau**
Tel. 07225/989377, Fax 07225/989366
E-Mail: info@sun-fun-sailing.de
www.sun-fun-sailing.de

Surfen – Spezialveranstalter

- **Happy Surf/Sun & Fun Sportreisen**
Franz-Josef-Straße, D-80801 **München**,
Tel. 0049 (0)89/338833, Fax 346644
info@happy-surf.de, www.happy-surf.de
Im Internet guter Reise- und Revierbericht, u.a. Surf-Kreuzfahrten auf der „Itoma"
- **Haider & Co. (ITOMA)**
Brunner Ingrid,
Friedhofgasse 43, A-7121 **Weiden am See**
Tel. 0043 2167 79 50, 0043 664 32 64 513
Fax 0043 2167 40 105
E-Mail: itoma@utanet.at
- **Sun+fun Österreich**
Conrad v. Hötzendorferstraße 37a
A-8010 **Graz,** Tel. 0043 316 81 54 15
Fax 0043 316 81 78 17 50
E-Mail: austria@sunandfun.de
- **Surf & Action Company Touristik GmbH**
Kolpingring 4, D-82041 **Oberhaching**
Tel. 0049 (0)89/6281670
Fax 0049 (0)89/62816710, E-Mail: info@surf-action.com; www.surf-action.com
Informative Homepage mit ausführlichem Revierbericht

● TraWell Reisen
Apfelgasse 6, A-1040 **Wien**
Tel. 0043 1 50 50 457
Fax 0043 1 50 51 224
E-Mail: trawell@chello.at; www.surfreisen.at
Einschließlich Kreuzfahrten auf der Windsurf-Yacht *Itoma*

Tauchen – Spezialveranstalter

● Eden Roc Reisen GmbH
Hörder Str. 382, D-58454 **Witten**
Tel. 02302/47902, 47957, Fax 48824
info@eden-roc.de, www.eden-roc.de
Anbieter von Tauchreisen, Tauchkreuzfahrten

● SAM Reisen
Gutenbergstr. 30, D-56564 **Neuwied**
Tel. 0049 (0)2631/955050, Fax 955085
dialog@sam-reisen.de, www.sam-reisen.de

Wandern – Spezialveranstalter

● CLUBaltitude
Hindenburgplatz 64–66, D-48143 **Münster**
Tel. 0049 (0)251/55996, Fax 51579
E-Mail: bergtraeume@clubaltitude.de
www.CLUBaltitude.de

● DAV – Summit Club GmbH
Bergsteigerschule des
Deutschen Alpenvereins
Am Perlacher Forst 186, D-81545 **München**
Tel. 0049 (0)89/642400
Fax 0049 (0)89/64240100

● Gomera Trekking Tours
Sandstraße 1a, D-90443 **Nürnberg**
Tel. 0049 (0)911/20787, Fax 20799
E-Mail: info@trekkingreisen.de

● Hauser exkursionen international GmbH
Marienstraße 17, D-80331 **München**
Tel. 0049 (0)89/235006-0, Fax 2913714
E-Mail: hauser@hauser-exkursionen.de
www.hauser-exkursionen.de
Wander- und Trekkingreisen

● Ikarus Tours
Postfach 1220, D-61452 **Königstein**
Tel. 0049 (0)6174/29020, Fax 22952
E-Mail: central@ikarus.com; www.ikarus.com
Wanderreisen

● Kapverden Reisebüro Schellmann (Reiseträume), s.o.

Reiseveranstalter in Cabo Verde

● Alsatour
Paúl, Sto. Antão, C.P. 33
Tel. 22312 13, Fax 2231520
E-Mail: alfred@alsatour.de; www.alsatour.de

● Cabetur
Praia, Santiago, R. Serpa Pinto 4, C.P. 318
Tel. 2615551, 2611737, Fax 2615553
Aeroporto Sal,
Tel. 2411545, 2411087, Fax 2411098
Mindelo, São Vicente,
R. Senador Vera Cruz 57, C.P. 421
Tel. 2313847, 2313859, Fax 2313842
E-Mail: cabetur@mail.cvtelecom.cv

● Kapverden Reisebüro Schellmann (Reiseträume)
C.P. 36 Veneza, Calheta de São Miguel, Santiago, Tel. 9967930, 2731021
E-Mail: kapverden@reisetraeume.de
www.reisetraeume.de/kapverden

● CVTS
Aeroporto Sal, Tel. 2411524, Fax 2411523
E-Mail: cvtsaerosal@cvtelecom.cv
Kompetente kapverdianische Incoming-Agentur auf allen Inseln mit großen Partnern wie Neckermann, Olimar und Reiseträume

● Praiatur Lda
100, Avenida Amilcar Cabral
C.P. 470, Praia, Santiago
Tel. 2615746, Fax 2614500

● Sol Antlântico
Praia, Tel. 612589

● Tropictur
Mindelo, São Vicente, Rua Lisboa
Tel. 2314188, Fax 2312617
C.P. 2, Praia, Santiago, Rua 5 de Julho
Tel. 2611240, Fax 2611253

● Verdeantours
Praia, Santiago, R. Serpa Pinto
Tel. 2613869, 2613940, Fax 2613879

Anflug auf Maio

251_312sw Foto: re

Reiseversicherungen

Sowohl bei organisierten Reisen als auch bei Individualreisen empfiehlt es sich, die Risiken nach eigener Einschätzung zu versichern. Einzelversicherungen und Rund-um-Pakete erhalten Sie in jedem Reisebüro.

Reiserücktrittskostenversicherung

Beim Rücktritt vor Reiseantritt (Storno) werden unter definierten Bedingungen die Stornokosten erstattet, eventuell mit Selbstbehalt. Was als Versicherungsfall gilt, variiert je nach Vertrag und kann umfassen:

- betriebsbedingte Arbeitslosigkeit und Wiedereinstellung nach Arbeitslosigkeit;
- verspäteter Reiseantritt;
- Unfall, unerwartete schwere Erkrankung und Tod;
- Impfunverträglichkeit;
- Schwangerschaft, wenn das Risiko einer Reise zu hoch ist;
- Schaden am Eigentum des Versicherten in Folge von Feuer, Elementarereignissen oder bei strafbaren Handlungen Dritter.

Bei Gruppenreisen ist die Reiserücktrittskostenversicherung mitunter inklusive. In jedem Fall müssen Sie im Schadensfall Ihr Reiseunternehmen und die

Betreiber ihrer Unterkunft unverzüglich informieren, so dass der Schaden möglichst klein gehalten wird.

Reisegepäckversicherung

Diese haftet für Diebstahl oder Verlust, soweit nicht fahrlässig gehandelt wurde. Eine präzise polizeiliche Bestätigung muss vorgelegt werden. Die Summe der Versicherung darf nicht geringer sein als der Wert des Gepäcks. **Foto- und Filmausrüstung** bedürfen zumeist einer zusätzlichen Versicherung oder sind nur als mitgefuehrtes Handgepaeck zu einem Teilbetrag versichert.

Fluggesellschaften haften bei Gepäckverlust nur bis zu einem begrenzten Betrag pro Kilogramm. Bei verspäteter Ankunft des Gepäcks treten sich in begrenztem Rahmen für den Einkauf von Toilettenartikeln und etwas Kleidung für die Ausfallzeit ein.

Reisekrankenversicherung

Angeraten ist eine **Auslands-Krankenversicherung,** da die Kosten einer Behandlung in Cabo Verde von gesetzlichen Krankenkassen in Europa nicht übernommen werden. Bei Privatversicherten kann eine weltweit geltende Zusatzversicherung abgeschlossen werden. Speziellen Reisekrankenversicherungen werden über Reisebüros, Banken und diverse Versicherer angeboten.

Bei allen lohnt sich ein Preis- und Leistungsvergleich. Achten Sie darauf, ob ein **Rückholflug** durch einen Flugrettungsdienst eingeschlossen ist und ob Unfälle abgedeckt sind oder eigens versichert werden müssen.

Wenn aufgrund von Notfällen oder Krankheiten ein **Reiseabbruch** notwendig ist, müssen Sie eine ärztliche Behandlung (mit Diagnose) im Zielland nachweisen, da die Versicherung andernfalls eine Übernahme der Kosten verweigern kann.

In jedem Krankheitsfall/Unfall müssen Sie für die **Kosten** der Behandlung **in Cabo Verde** selbst aufkommen. Erst nach Rückkehr wird anhand von Belegen und ärztlicher Diagnose (schriftlich) ggfs. eine Erstattung durch die Versicherung erfolgen.

Reisehaftpflichtversicherung

Sie deckt ggf. durch Sie (nicht grob fahrlässig) verursachte Schäden ab. Mitunter ist das Risiko in der Hausratversicherung mit abgedeckt.

Versicherungspakete

Alle oben genannten Versicherungen werden zusammengefasst auch als Paket angeboten. Je nachdem, wie Sie sich versichern wollen, kann dies **preiswerter** sein als die Summe der Einzelversicherungen. Das Original des Versicherungsscheines bleibt zu Hause. Sie reisen mit einer Fotokopie. Im Schadensfall sollten Sie sich umgehend mit der Notrufzentrale Ihrer Versicherung in Verbindung setzen, um den Fall zu melden und notwendige Instruktionen zu erhalten. Alle Auslagen erfolgen vor Ort durch den Versicherten und werden nach Rückkehr bei der Versicherung (mit Belegen, Bestätigungen) vorgelegt.

Versicherungsträger sind z.B. Elvia, Europäische Reiseversicherung u.a.m.

Tipp: Vergleiche der Versicherungen und Leistungen lohnen. Falls Sie ihre Reise mit **Kreditkarte** bezahlen, kann über die Kreditkartenorganisation die Reiseversicherung eingeschlossen sein mit in Leistungen und Bedingungen wechselnder Abdeckung. Lesen Sie das Kleingedruckte und nehmen Sie die Notrufnummer der Versicherung mit.

Sicherheit und Kriminalität

Politische und soziale Sicherheit haben hohen Stellenwert in Cabo Verde. Es gibt keine organisierte Gruppen politischer oder religiöser Fanatiker, Konflikte werden mit rechtsstaatlichen Mitteln gelöst. Es ist eine durch und durch friedliebende Demokratie.

Das **organisierte Verbrechen,** internationaler Drogenhandel, Mädchenhandel, Geldwäsche und Vorteilnahme, berührt die Reisenden wenig.

Individuelles Fehlverhalten und Kriminalität machen deshalb keinen Bogen um den Archipel. Seit der Tourismus auf Cabo Verde zunimmt, liest man Berichte von Diebstählen und Überfällen auf Reisende. Wie an anderen Touristenorten auch, konzentrieren sich die Täter auf Strände und Städte, während der Bergtourismus weitestgehend verschont bleibt.

Aus **Sal** und **Praia** wird berichtet, dass erwachsene Einzeltäter Touristen an abgelegene Plätzen oder nachts berauben.

In **São Vicente** kommen Gruppen so genannter Straßenkinder hinzu, die auch tagsüber aktiv sind. Die Situation hat sich für die Reisenden verbessert, nachdem die Polizei deutlich mehr Druck auf sie ausübt.

Hoteliers wissen von Beischlafdiebstählen durch Gelegenheitsprostituierte. Die doppelt erleichterten Sextouristen beschweren sich nur selten bei der Polizei und nie öffentlich.

Von den Seglern geht die Mär, dass sie sich gegenseitig genauso heftig beackern, wie sie von außen bedrängt werden. Unbewachte Yachten werden schnell entdeckt und ausgeräumt.

Aus eigener Erfahrung können wir wenig berichten. *Lucete Fortes* ist einmal auf dem Heimweg von der Bank um einen nennenswerten Geldbetrag erleichtert worden, was jedoch nichts mit Tourismus zu tun. *Pitt Reitmaier* ist in 23 Jahren in Cabo Verde kein einziges Mal überfallen oder bestohlen worden und hat diese Erfahrung nur in Portugal, Moçambique und Südafrika gemacht.

Buchtipps:
- Birgit Adam
Als Frau allein unterwegs
- Matthias Faermann
Schutz vor Gewalt und Kriminalität unterwegs
(beide Bände Reise Know-How Praxis)

Wenn wir die Kriminalität in Entwicklungsländern im Allgemeinen und in Cabo Verde im Besonderen bewerten wollen, kommen wir mit dem bestenfalls blauäugigen Argument, es sei doch „alles so schön" und „Mir ist bisher nie etwas passiert" so wenig weiter wie mit emotionalisierten Einzelfallbeschreibungen. Als übliches Maß krimineller Aggression in einer Gesellschaft werden die Morde pro Jahr pro 100.000 Einwohner gesehen. Morde werden recht zuverlässig erfasst und gehen erfahrungsgemäß parallel zur Häufigkeit von Körperverletzung, Raub und schwerem Diebstahl, so dass dieser Indikator Sinn gibt. In Cabo Verde steht die Mordrate bei etwa 5 Fällen pro 100.000 Ew/Jahr. Das entspricht dem Weltdurchschnitt. Den Finnen (0,6), Deutschen (1,2), Österreichern (2,1) und Amerikanern im ländlichen Vermont (0,7) erscheint es hoch. Den US-Amerikanern im Allgemeinen (6,7), Bürgern von New York (1991 noch 33, jetzt 13) ist ein Gefährdungspotenzial wie in Cabo Verde bekannt, Bürger des ehemaligen Ostblocks (30) und Lateinamerikaner (30) fühlen sich zu Recht viel sicherer als zu Hause.

Urlaubsreisende verhalten sich nicht selten kritikschwach und vertrauensselig bis zur völligen Fahrlässigkeit. Dem liegt ein Wunschdenken zugrunde. Ein schöner Aspekt der Urlaubsfernreise liegt darin, in unbekannte Landschaften und Gesellschaften zu führen. Der Mangel an Zeit rechtfertigt, dass man Örtlichkeiten und Kultur nicht wirklich kennen lernen muss – insbesondere nicht die negativen Seiten. Man erlaubt sich, durch einen mitgebrachten Traum zu reisen, abzuschalten von den Sorgen zu hause und die Probleme und Nöte rings um einen her nur oberflächlich wahrzunehmen. Sagen wir, das sei gut so, weil es erholsam ist. Der **gewollte Realitätsverlust** darf aber nicht so weit gehen, dass der Reisende nicht mehr wahrnimmt, dass mangelnde Orts-, Sprach- und Kulturkenntnis ihn zusätzlich gefährden.

235_514sw Foto: re

Leuchtturm von Praia

Man muss auf Reisen bewusster auf sich aufpassen als zu Hause!

Die Statistiken stimmen mit unseren persönlichen Eindrücken aus Reisen in Afrika und Europa und mit daraus abgeleiteten Verhaltensregeln recht gut überein. In einsamen Berglandschaften des Allgäus genauso wie in Santo Antão hegt man keinen Grundverdacht – ohne dabei dümmlich distanzlos zu werden. Im städtischen Umfeld Cabo Verdes, einschließlich Sal und insbesondere bei Nacht, muss man ähnlich vorsichtig sein wie in einer unbekannten europäischen Großstadt.

Etwas Umsicht ist angesagt, und es empfiehlt sich:

- Nicht durch auffälligen Schmuck oder offen getragene Kameras Begehrlichkeiten zu wecken;
- gegenüber sich rasch aufdrängenden „Freunden", auch Europäern, Vorsicht walten zu lassen;
- einsame Plätze in und um Praia, Mindelo und Sal nicht alleine zu besuchen;
- nach einem Disco- oder Restaurantbesuch auch kurze Strecken mit dem Taxi zu fahren;
- Fotokopien von Pass und Reisedokumenten mit sich zu führen und die Originale im Hotel zu deponieren;
- Geld nur portionsweise von der Bank zu holen, im Hotelsafe zu deponieren und in der Geldbörse nur kleine Beträge zu haben;
- als Segler sich unverzüglich beim Hafenmeister anzumelden und das Boot nie unbewacht zu lassen.

Viele Kapverdianer sind zur Ehrlichkeit erzogen, couragiert und hilfsbereit. Sollte man in Gefahr geraten, ist es völlig richtig, lautstark auf seine Not aufmerksam zu machen.

Als Frau allein hat man keine überhöhten Risiken zu befürchten und wird mit Hilfsbereitschaft, Würde und Respekt behandelt. Solange eine Europäerin sich nicht durch Kleidung oder Verhalten in eine Ausnahmesituation bringt, wird sie als Teil der unnahbaren Oberschicht eingestuft und nach einer abweisenden Reaktion in Ruhe gelassen. Vergewaltigungen und der Missbrauch Jugendlicher werden als schwere Delikte angesehen und von Polizei und Gerichten konsequent verfolgt.

Sport und Freizeit

Wassersport

Cabo Verde mit seinen weiten Stränden und ganzjährig sonnigem Klima eignet sich hervorragend für Aktivitäten im und am Wasser: Surfen, Tauchen, Segeln und Schwimmen.

Das ganze Jahr über ist der **Atlantik angenehm warm** (22°C im Febr./März, 27°C im Sept./Okt.). In den Wintermonaten von Dezember bis März kann es zu heftiger Brandung und Strömungen und dadurch bedingten Beeinträchtigungen kommen.

Badesaison ist das ganze Jahr über, aber abseits von Sal, Boa Vista und Maio ist Cabo Verde keine reine Badedestination und auch auf den flachen Inseln eher ein Wassersport-Eldorado! Zwar gibt es immer mehr Strandhotels, doch die Infrastruktur rund um die Unterkünfte ist eher bescheiden. Mancher Gast sucht vergeblich nach den typischen Strandklischees wie schattigen Palmen, Strandliegen, Snackbars und Eisdielen. Mitunter sind wir Badetouristen begegnet, die aufgrund bunter Farbprospekte und falscher Erwartungen enttäuscht waren. Der Tenor der Klagen: Man verliere sich gelangweilt in der Isolation der Hotels, der Strand sei windig und schattenlos, und das Ausgehen am Abend beschränke sich auf lokale Kneipen. Gut informierte Reisende, die einen Aktivurlaub (Tauchen, Surfen, Hochseefischen etc.) oder eine Inselrundreise mit einem Badeurlaub kombinieren, finden hervorragende Bedingungen vor und kehren zufrieden nach Hause zurück.

Ideal für aktive Strandurlauber sind **Sal, Boa Vista** und **Maio**, wo Hotels und Pensionen an kilometerlange Sandstrände anschließen. Auf **Santiago** sind der quirlige Strand von **Tarrafal** und die einsamen Strände von **São Francisco** und **Praia Baixo** auch für ruhigere Naturen geeignet.

In **São Vicente,** am breiten Strand von **São Pedro** erwartet das Hotel Foya Branca Strandgäste. Der Familienstrand von **Baía das Gatas** besitzt eine angenehme kleine Pension. **Calhau** bietet bisher keine Unterkünfte.

In **Santo Antão** hat sich bisher nur **Tarrafal de Monte Trigo** mit der Pension Mar Tranquilidade für einige Tage Entspannung am Wasser. Alle anderen großen Strände sind schwer zugänglich und durchaus gefährlich.

São Nicolau besitzt weite Strände bei Tarrafal, die man in 20 Min. zu Fuß erreicht. Der schönste Strand, **Praia debaixo da Rocha,** liegt für die Lauffaulen zu weit ab, wird aber in folksfestartiger Stimmung an Wochenenden mit Fischerbooten besucht.

Grundsätzlich sollte man sich an den Stränden vor **heftiger Brandung** oder **Strömungen** in Acht nehmen. Der Gezeitenunterschied ist gering, aber die gezeitenabhängigen Strömungen sind kräftig. Der Fischreichtum bringt es mit sich, dass sich in den Gewässern **Haie** (Hammer-, Tiger-, Ammen- und Weiße Haie) aufhalten. Sie finden genügend Nahrung und sind nicht aggressiv. Gewöhnlich kommen sie nur an Steilküsten und Hafenmolen in unmittelbare Nähe des Landes.

Nacktbaden ist **vollkommen unüblich.** Es entspricht nicht den Moralvorstellungen der Bevölkerung. Selbst wenn Sie sich an einem einsamen Strandabschnitt wähnen, kommen ab und an Fischer vorbei.

Die **Sonne ist enorm stark,** und es gibt kaum natürlichen Schatten, so dass sich ausreichender Schutz empfiehlt und lange Sonnenbäder vermieden werden sollten.

Tauchen

Schon *Jacques-Yves Cousteau* beschrieb in seinem 1948 entstandenen Buch „Die schweigende Welt" das Tauchen rund um Cabo Verde als ein „überwältigendes Erlebnis". Geologisch setzt sich die vulkanische Oberflächenstruktur der Inseln unter der Meeresoberfläche fort. So finden sich unter Wasser **sehr abwechslungsreiche Tauchgebiete in allen Tiefen:** steile Felswände, die von

Sal: Am Strand von Santa Maria

ka-b-79 Foto: bö

gelben Röhrenkorallen bewachsen sind, massive vulkanische Felsformationen, Höhlen, Grotten, Tunnels, Spalten und Riffe, schräg abfallende Lavageröllhalden. In einigen Gebieten, z.B. im Westen der Insel Boa Vista, dominiert reiner Sandboden. Es gibt entlang der westafrikanischen Küste und rund um den Archipel keine typischen Korallenriffe, jedoch einige Gebiete mit reichem, teils saisonalem Vorkommen an Korallen in Höhlen und Grotten.

Das saubere Wasser hat eine **vielfältige und fischreiche Unterwasserfauna und -flora** begünstigt. Die Tauchgründe sind nicht ganz so bunt wie in reinen Tropengewässern, doch wurden mehr als 100 verschiedene Fischarten gesichtet und unzählige Krebs-, Schnecken-, Muschel- und Schwammarten. Als Besonderheit gilt das geographisch bedingte gleichzeitige Vorkommen von Kaltwasser- und Tropenfischen. Kapitale Einzelexemplare und beeindruckende Schwärme können auch nahe der Küste beobachtet werden, doch sollte man sich davor hüten, den „Erfolg" der Tauchgänge ausschließlich an der Zahl der gesichteten Großfische zu messen. Es sind die Vielfalt der Arten, Formen und Farben und der gebirgigen Unterwasserlandschaften, das Tauchen in Cabo Verde besonders attraktiv machen.

In 550 Jahren sind viele Schiffe vor Cabo Verde gesunken. **Wracktauchen** unterliegt strengen Bestimmungen und darf nur mit behördlicher Genehmigung erfolgen. Bei den leicht erreichbaren Wracks handelt es sich zumeist um kleinere Fischereischiffe und Frachter ohne historisches Interesse.

Die **beste Tauchsaison** ist **zwischen April und November,** wenn der Nordostpassat weniger Wellen und Strömungen und auch weniger Trübungen im Wasser schafft. Die Strömungen wechseln mit der Tide und dem Wind, so dass Tauchausflüge kurzfristig entschieden werden müssen. Die Wassertemperaturen bis in 40 m Tiefe liegen recht konstant zwischen 18°C und 27°C.

ka-s-80 Foto: bö

Die Unterwasserwelt der Inseln bietet Taucherlebnisse für **alle Könnerstufen** – so man die Verhältnisse kennt. Tauchanfänger müssen sich unbedingt auf die Empfehlungen lokal erfahrener Tachbasen verlassen, die sie zu strömungsarmen Plätzen für interessante Tauchgänge begleiten. Auch erfahrene Taucher sollten von unbegleiteten Tauchgängen Abstand nehmen.

In den 1990ern haben ausländische Taucher das Image des Tauchens durch Diebstahl an historischer Fundstätten und durch Harpunieren beschädigt, so dass Küstenwache und Zoll sich gezwungen sehen, regelmäßige Kontrollen vorzunehmen. In der Konsequenz bewertet der „Strategische Entwicklungsplan Tourismus" das touristische Tauchen als umweltschädlich und rät von weiterer Entwicklung ab. Es liegt an den tauchenden Gästen, dieses Urteil zu entkräften, indem sie die **marine Lebenswelt achten und schützen.** Harpunieren ist verboten und Lizenzen zum Langustentauchen erhalten nur Einheimische. Wenn nachgewiesen wird, dass Sie etwas mitnehmen, auch wenn es kleinste Erinnerungsstücke sind, gibt es erhebliche Probleme. Nehmen Sie nur Fotos mit und hinterlassen Sie ausschließlich Luftblasen.

Tauchreviere

Als herausragende Tauchreviere werden empfohlen:

Sal

- **Choclassa:** Herrliches Tiefseeriff mit vielen Spalten, bedeckt von gelben Polypen. Außergewöhnliche Unterwasserwelt inkl. Thunfischen, Papagaien-, Trompetenfischen, Barrakudas, Stachelrochen. Herrlicher Tauchgrund für Fortschrittene.

- **Bero Preto**: Vorgelagertes Riffplateau mit Überhängen, Felsblöcken und -spalten. Viele Schwarmfische, Sandböden, guter Querschnitt durch Unterwasserfauna und -flora.
- **Lost Anchor:** Riffabfall mit Canyon, bewachsene Überhänge, Spalten und Blöcke.
- **Vienna Reef**: Außenriff mit großem korallenbewachsenen Block, sehr fischreich.
- **Grotten bei Palmeira**: In sich geschlossenes Grottensystem mit vier Eingängen, großen Hallen und Gängen mit Sandboden in mittlerer Tiefe mit vielen Krustentieren und schlafenden Rochen.
- **Buracona-Höhle**: Große Höhle, die sich in einem sonnendurchfluteten Raum mit spektakulärem Licht fortsetzt.
- **Trés grutas**: Geschlossene Grotten, relativ einfach zu betauchen mit ungewöhnlich großem Reichtum an Schwarmfischen, Langusten, Rochen und eventuell Schildkröten.

Boa Vista

- **Ilhéu de Sal:** große Felsformationen und kleine Schluchten. Inmitten des Tauchplatzes ein kreisrunder Sandplatz, wo häufig Stachelrochen und Caretta-Caretta Schildkröten anzutreffen sind. An den Felswänden Schwärme von Rotaugenbarschen und Stachelmakrelen, meist auf der Flucht vor Thunfischen.
- **Baixa de Rincão:** Tauchplatz für Anfänger und Profis. Große Felsformationen, Kofferfische, Muränen, Langusten und riesige Schwärme begleiten den Taucher bis er inmitten eines Kraters abtaucht und durch einen Bogen in das tiefe Blau hinaufschaut.
- **Possom:** Riff, ideales Revier für Makrofotografen, Nacktschnecken in allen Variationen.
- **Atlántida:** Riesige Felsformationen auf einem Plateau mit Schwarmfischen. Begegnungen mit Großfischen sind keine Seltenheit. Muränen in allen Farben und Größen.
- **Estançinha:** Höhlen und Grotten, Langusten, Conger, Muränen warten in der Strömung auf ihre Beute. Aufgrund des felsigen Untergrundes herrscht hier meist gute Sichtweite.

- **Santiago** bietet hervorragende Tauchgründe, v.a. bei Cidade Velha und Tarrafal.

Tauchzentren

Nachstehend einige **Tauchbasen auf den Inseln.** Alle Basen sind eigenständig und nicht nur Hotelgästen zugänglich. Spezialveranstalter für Tauchreisen finden Sie unter „Reiseveranstalter".

- **Blue Adventure Dive Center**
Am Strand von Tarrafal, Santiago,
deutsche Leitung, Tel./Fax 00238/2661880
E-Mail: E.Greim@t-online.de
www.blueadventure.net/
- **Manta Diving Center**
Beim Hotel Belorizonte, Santa Maria, Sal,
unter portugiesischer Leitung,
Sprachen Portugiesisch, Französisch,
Italienisch, Spanisch
Tel. 00238/2421540, Fax 00238/2421550
E-Mail: manta.diving@cvtelecom.cv
www.mantadivingcenter.com
- **Pro Atlantic Dive Center**
In Feriensiedlung Murdeira, Sal, und
beim Hotel Leme Bedje in Santa Maria, Sal,
unter deutscher Leitung,
einzige **Druckkammer** in Cabo Verde,
Sprachen Deutsch, Englisch,
Tel. 00238/2412621, Handy 00238/9912914
E-Mail: proatlantic@cvtelecom.cv
www.cabo-verde.de/
- **Scuba Academy**
Beim Hotel Dajdsal, Santa Maria, Sal,
unter erfahrener italienischer Leitung,
Sprachen Italienisch und Englisch,
Schulung und Prüfungen nach PADI
Handy 00238/9953598
E-Mail: scubacademy@fastmail.fm
- **Scubateam**
Beim Hotel Morabeza, Sal, Santa Maria,
unter italienisch-kapverdianischer Leitung,
Sprachen Portugiesisch, Französisch,
Englisch, Spanisch, Italienisch,
Schulungen und Prüfungen nach PADI
Tel. 00238/2421020, Fax 00238/2421021
E-Mail: scubateam@wanadoo.fr
- **Sharky's Dive Center**
Sal Rei, Boa Vista
Tel. 00238/2511311, Handy 00238/9953050
E-Mail: joerg@sharkys-divecenter.com
www.sharkys-divecenter.com

- **Stingray Dive Center**
Beim Hotel Odjo d'Água, Santa Maria, Sal, unter deutsch-kapverdianischer Leitung, Sprachen Deutsch, Englisch, Portugiesisch, Schulungen und Prüfungen nach VDTL
Tel. 00238/2421134, Fax 00238/2421381
E-Mail: info@stingraydive.de
www.stingraydive.com
- **Sir Robert Baden Powell**
Tauchen und Wandern vom Segelschiff aus, reines Winter-Programm des in mehreren Archipelen operierenden Schiffs, besucht auch die südlichen Inseln!
Kontakt: *Karin Volkening & Karsten Börner*
Kölnstr. 154, D-53111 Bonn
Tel. 0049 (0)228/630063, Fax 630048
info@sir-robert.com, www.sir-robert.com/

Wichtige Hinweise: Ein ärztliches Tauchsporttauglichkeits-Attest (nicht älter als sechs Monate), Krankenrücktransportversicherung und eine Haftpflichtversicherung (die Tauchen abdeckt) werden von den Tauchstationen verlangt. In den Häfen von Mindelo und Praia sowie in den Tauchstationen besteht die Möglichkeit, Sauerstoff-Flaschen zu füllen. Eine Tauchschule auf Sal verfügt über eine Dekompressionskammer.

Literaturempfehlung

- *Debelius, Helmut*
Fischführer Mittelmeer und Atlantik
Hamburg 1998, ISBN 3-86132-235-8

Schnorcheln

Die **Bedingungen** zum Schnorcheln sind wegen der starken Brandung und Strömungen **nicht überall optimal.** Von April bis Oktober können Sie an windfreien Tagen in ruhigen Buchten, z.B. Tarrafal auf Santiago, oder im klaren Wasser an den Stränden von Sal, Boa Vista und Maio schon in Küstennähe eine herrliche Unterwasserwelt beobachten.

Windsurfen

„Kap der guten Winde" nennt das Magazin „Surfen" die Inseln Cabo Verdes und spricht von einem **Weltklasse-Surfrevier.** Ein Winterrevier wie dieses mit Flachwasser, Wind und Superwellen gibt es nur selten. Ein ideales Allround-Revier für alle, denen im Winter der Wind auf den Kanaren zu schwach ist. Die Weltmeister und Profis im Windsurfen suchen sich hier ihre Strände für Training und Wettkämpfe aus.

Cabo Verde bietet für die diversen Könnerstufen „von allem alles": beständigen Wind, hohe Windstärken, traumhafte Flachwasserbedingungen, Speedpisten und Sideshores, zugleich schöne Dünungswellen, individuelle Brandungsreviere, glasklares, sauberes warmes Wasser, viel Sonne, lange feine Sandstrände. Aber: Wer zum Surfen nach Cabo Verde kommt, sollte zumindest schon mal auf einem Brett gestanden haben und einen Wasserstart beherrschen, um Spaß zu haben. Auch den Schotstart sowie das Halsen und Wenden sollte man können. Die Inseln sind **nichts für absolute Anfänger.** Nach oben sind keine Grenzen gesetzt: Die Wellen von Ponta Preta/Sal haben Weltklassequalität. Besonders im November und Mai kommen die Freaks auf ihre Kosten: Der Nordostpassat weht mit bis zu 4–5 Beaufort, seltener bis zu 8 Beaufort. Im Sommer und Spätsommer geht der Wind zurück und es kann Flautetage geben. Das Beste am kapverdianischen Wind ist aber nicht die Stärke, sondern die Beständigkeit.

Die **Surfinseln** sind **Sal, Boa Vista** und **São Vicente.**

Die besten Surfreviere

- Das Hauptrevier liegt in der Bucht von **Santa Maria** im Süden der **Insel Sal.** Am kilometerlangen feinsandigen Strand liegen mehrere Surfstationen vor den Hotels. Der Passatwind kommt schräg ablandig von links und sorgt für perfekte Slalom/Wave-Slalom-Bedingungen. Vom Strand aus startet man in ein Freerider-Revier, in Strandnähe mit Glattwasser, weiter draußen mit kleinen Windwellen. Die langgestreckte Bucht gibt ein sicheres Gefühl, und wer nicht zu weit hinaussurft, kommt bei Problemen schnell wieder an Land. Ab und zu erschwert eine Strandwelle Anfängern den Einstieg. Vor dem Belorizonte und Djadsal hat man freieren Wind als am Morabeza. Mit zwei Schlägen hart am Wind erreicht man den südöstlichsten Zipfel der Insel, hinter dem sich ein perfekter Speedstrip eröffnet. Wegen des Steinstrands kann man hier nicht anlanden.
- Ein weiteres gutes Surfrevier an der Südwestküste von Sal ist **Ponta Preta** (dt. Schwarzes Kap). Diesen Pointbreak (die Wellen biegen um eine Landnase herum) nennen Kenner einen der besten der Welt. Nur Profis sollten sich hier versuchen, denn wer von der Welle stürzt oder ins Weißwasser gerät, wird auf scharfe Felsen gespült. Ponta Preta ist erst ab 2,5 m Wellenhöhe fahrbar, da die Wellen sonst zu nahe an den Felsen brechen.
- Die **Bucht von Rife** ist für Welleneinsteiger die Alternative zu Ponta Preta. Man startet von einem Sandstrand ins Flachwasser der kleinen Bucht, die in Luv und Lee von Felsen gesäumt ist. Die Wellen, meist 1 m kleiner als in Ponta Preta, brechen nur an der rechten Spitze der Bucht. Hier kann man sich seinen persönlichen Schwierigkeitsgrad aussuchen. An beiden Wellenrevieren gibt es keine Infrastruktur.
- Auch **Boa Vista** hat herrliche Surfspots. An der **Praia Carlota** nahe Sal Rei liegt ein Revier, das für Anfänger und Wellenprofis gleichermaßen geeignet ist. Vor Surfstationen gibt es ein stehtiefes Anfängerrevier. Viel Glattwasser in der großen Bucht und die vorgelagerten Inseln bringen bei ablandigem Wind Sicherheit. Vom Strand an der Station erreicht man auch die Welle an der Hafeneinfahrt zum Abreiten und Springen. Links von der Surfschule läuft meist eine kleine Welle, auf der man perfekt das Wellenabreiten lernen kann. Etwas weiter in der Bucht, vor der italienischen Ferienanlage, liegt das Italian Reef für etwas erfahrenere Wellenfreaks. Etwa 2 km weiter draußen bricht die wohl höchste Welle Cabo Verdes. Achtung: Nur mit Begleitboot!
- Nördlich von Sal Rei an der **Praia de Cabral** bricht 300 m vor dem Ufer eine Rechtswelle. Sie klatscht in Luv auf ein trockenes Riff – bei Nordwestwind bis zu masthoch. Sie läuft erst ab 1,5 m Höhe und bricht dann hohl.
- Die Surfreviere **Ponta Antonia, Baía das Gatas, Oasis** liegen an der Nord- und Ostküste, die man mit ortskundigem Fahrer in ca. 1 Stunde Fahrt erreicht. Erstere sind starke Wellenreviere und nur Experten zu empfehlen. An der Oase ist ohne Wellengang das Surfen auch für Freerider interessant und es gibt hübsche Palmen am Strand.

Wenn Sie ein eigenes Brett mit nach Boa Vista nehmen wollen, so erkundigen Sie sich vorher bei TACV.

- Die Bucht von **São Pedro** auf **São Vicente** ist bekannt als Hochgeschwindigkeits-Revier. Hier wurde bereits eine Weltmeisterschaft in dieser Disziplin ausgetragen. Der Strand von **Topin** war Austragungsort eines europäischen Wettkampfs im Body-Surfen. Auch nach São Vicente ist der Transport von Material schwierig.

Surfstationen auf Cabo Verde

Sal

- **Josh Angulo Surf Station und Surf Shop**

Den Surf-Superstar *Josh Angulo* hat es von Hawaii nach Santa Maria verschlagen. Beim Hotel Albatróz betreibt er eine Surfstation und im Ort in der Rua 1 de Junho einen Laden für Surfausstattung, Bootsreparaturen und alles, was mit Wind und Wasser zu tun hat. Starboard und Anguloboard mit Ezzy Riggs.

•Club Mistral

Am Strand beim Hotel Belorizonte verschafft diese Station, wie die anderen Stationen von Santa Maria, unmittelbaren Zugang zur langen Flachwasserpiste (links schräg ablandig) der Bucht. Wen es nach mehr Welle gelüstet, der kann mit Speed hinausziehen zur Ponta do Leme Bedje. Surfprofi *Werner* führt Erfahrene zu extremen Spots. Außer im September ganzjährig geöffnet, steht die komplette Palette an Mistral boards mit North-Star-Segeln zur Verfügung, und man kann die Ausrüstung auch wechseln. Vorbuchung von Europa aus ist 10% billiger als die Preise vor Ort. Das Nathalie Simon Windsurfing Center ist im Club Mistral aufgegangen.
Tel. 0049 (0)881/9096010
www.club-mistral.com

•Fun System – Viva Surf

Die Station hat sich dem Hotel Albatróz angelehnt im Osten des Orts. JP und Nash boards und Neilpride Riggs, alle mit Carbonmast und die Nähe zur Ponta do Léme Bedje sind die besonderen Vorzüge der Station. 10% Vorbucherrabatt.
www.fun-systems.com

•Planet Windsurfing

Die Wimpel von Planet und Sun and Fun wehen über zwei Stationen in Santa Maria: im Osten vor dem Hotel Léme Bedje und östlich der Pier vor dem Hotel Morabeza. Mit Fanatic und Goya boards, Arrows-Segel und North Kites liegen die Stationen im Wettbewerb um die beste Ausstattung gut im Rennen. Ausflüge zu anderen Spots werden organisiert. Wellenreiten, Boogie boards und, last but not least, die Sonnenliegen und Sonnenschirme sorgen für Abwechslung. Vorbuchung vorteilhaft.
Tel. 0049 (0)881/927710
www.planetwindsurfing.de
www.surfreisen.de

Boa Vista

•Companhia os Alisios

Surf/Windsurf/Kayak/Catamaran; 10 Min. südlich von Sal Rei. Ex-Surfprofi *François Guy* führt mit slowenischen Kollegen die gut ausgestattete Station. Mit Strandrestaurant.
Tel./Fax 00238/2511036, Handy 9953657
E-Mail: Boavista012@yahoo.com
www.Boavistawindclub.com

•Itoma – Windsurfyacht

Schwimmende Windsurf- und Tauchstation mit Zugang zu allen Revieren. 23-m-Motorkatamaran für 16 Gäste mit 350 m² Gesamtnutzfläche, 220 cm Stehhöhe in komfortablen Kabinen. Frischwasser aus bordeigener Entsalzungsanlage. 35 Boards und 50 Segel.
www.itoma.at

•Von Mitteleuropa aus angebotene Surfreisen stehen im Abschnitt „Reiseveranstalter“.

Hochseefischen und Angeln

Cabo Verde ist eines der besten Reviere für Atlantic Blue Marlin; der größte Fang wog 495 kg. Außerdem fängt man hier den Weißen Marlin, große Wahoo, Gelbflossenthun, Großaugenthun sowie Sailfische, Longbill- und Shortbill-Speerfische, Goldmakrelen, Schwertfische, Bonito, Dorado sowie als Beifang Tiger-, Hammer- und Riffhaie. Mit Ausnahme von Rekord-Fängen werden Schwert tragende Fische für die Forschung markiert und anschließend freigelassen.

Die **Hauptsaison** für Hochseefischen ist von **Mai bis November.** Da die Fanggebiete sich jahreszeitlich verschieben können, sind teilweise Mehrtagestouren erforderlich.

Santa Maria auf Sal ist das bestbesuchte Surfrevier Cabo Verdes

Auf der Insel Sal gibt es eine hervorragende Wahoo-Fischerei weniger als 20 Minuten Bootsfahrt vom Dock in Santa Maria (beste Fangzeit von Juli bis Oktober). Erkundigen Sie sich in den Hotels.

Wenn Sie es authentischer lieben, können sie die lokalen Fischer fragen, ob und gegen welchen Unkostenbeitrag sie mit auf Fang gehen können. Machen Sie sich aber auf einiges gefasst, denn kapverdianische Fischersleute sind gut gegen hohen Seegang abgehärtet und die Boote winzig und voll. Oder beobachten Sie ganz einfach die Leute, die von der Küste oder Mole aus angeln, und versuchen Sie Ihr Glück wie diese mit Schnur und Haken.

Veranstalter

- **Billfish-Club Cabo Verde**

C.P. 427, Mindelo, São Vicente
Tel./Fax 00238/2315326
Handy 00238/9915748
E-Mail: berno@cvtelecom.cv
www.capeverde-fishing.com
Berno Niebuhr ist IGFA-Repäsentant in Cabo Verde. Mit zwei hochseetüchtigen, voll ausgestatten Hochseemotorbooten besucht er die besten Reviere für Merline und andere Großfische. Eine dreiköpfige, Englisch sprechende Crew unterstützt die max. 4 (10-m-Boot) oder 6 (11-m-Boot) Gäste. Eine Fischräucherei ergänzt das Angebot.

ka-b-85 Foto: bö

•Boa Vista Watersport System lda.
Sal Rei, Boa Vista, Tel. 00238/2511392
Küsten- und Hochseefischen, eigenes 11-m-Boot (bis acht Pers.) mit Ausrüstung.

•King Fisher
Hermann Rolfs, Strandstr. 57,
D-24229 Strande
Tel. 0049 (0)4349/203, Fax 645
Tel. 00238/2661100, Fax 2662260
Info@King-Fisher.de, www.king-fisher.de
King Fisher bietet zwei Yachten (10,5 und 8,5 m) auf der Insel Santiago. Wenn Sie autorisiert sind, können Sie selbst auf eigene Verantwortung und Gefahr fahren. Siehe auch unter Unterkunft auf Santiago.

Segeln

Nach und nach entdecken die Segler die Inselwelt Cabo Verdes und kommen von den Kanaren und Westafrika herüber oder machen Station vor einer Atlantiküberquerung. In der Bucht von São Vicente, dem einzigen für Segelboote ganzjährig sicheren Hafen, liegen ständig 20 bis 150 Yachten vor Anker. Noch gibt es wenig Gedränge.

Segler schwärmen von den Gewässern des Archipels, weil man tagelang einsam ist und es unendlich viele Reviere zu erkunden gibt. Der offene Atlantik zwischen den Inseln bietet angenehm kurze wie auch anspruchsvoll lange Distanzen. Meteorologisch herrschen gute Bedingungen im Nord-Ost-Passat.

Die Region ist **kein Gebiet für Anfänger,** denn es gibt Kreuzsee, manch stürmischen Wind und kaum Infrastruktur. Durch die Lage im Passatwindgürtel kommen 85% der Winde aus nordöstlicher Richtung mit Stärke drei bis fünf., Durch den Düseneffekt kann es zwischen den Inseln kräftig blasen. Den meisten Wind bis Windstärke neun gibt es von November bis März. Die Sommermonate sind friedlicher. Im Winter muss mit Harmattan gerechnet werden. Er bringt Sandstaub mit und kann die Sicht drastisch einschränken. Im Februar und März kann es auf dem Wasser kühl werden, so dass leichtes Ölzeug und Pullover benötigt werden.

Beim Segeln in Cabo Verde wird einiges an **Können, Pioniergeist und Improvisationstalent** verlangt. Außer den großen Hafenbuchten gibt es keine ausgewiesenen Anlegestellen, Marinas schon gar nicht. So bleibt es dem Geschick der Skipper überlassen, sich Ankerbuchten zu wählen. Fast immer ist Ausborden erforderlich. Auch sollten Sie für mehrere Tage autark an Proviant, Wasser und Treibstoff sein. Sternklare Nächte, leere Robinson-Buchten und tagelange Einsamkeit bieten unvergessliche Törns.

•Navigation: nicht einfach; zu beachten sind starke Strömung, bisweilen schlechte Sicht und eine Missweisung von ca. 13° West. Betonnung und Befeuerung sind mit Vorsicht zu genießen. Kaum Untiefen.

•Karten: Engl. Seekarten BA 366, 367, 369. Alternativ: Imray-Sportbootkarten, portugiesische und deutsche Kartensätze. Handbuch: „Atlantic Islands", R. C. C. Pilotage Foundation by Imray Laurie Norie & Wilson.

•Buch: Kapverdische Inseln – Der nautische Revierführer, 199 Seiten, 1. Auflage, Lose-Blatt-Sammlung im Ordner DIN A 5, 116 Farbfotos, 15 farbige Pläne, 13 Karten, 8 Charts, ISBN 3-00-007745-6. Auf CD-Rom auch in Englisch, Französisch und Italienisch erhältlich bei am.sailing@swissonlinech oder www.segeln-kapverden.ch.

Für einen schönen Segelurlaub von einigen Tagen oder Wochen bietet sich

São Vicente an. Erfahrene Kenner des Reviers bieten Charter-Törns und bareboat-Charter an.

Veranstalter

●CaboVerde Sailing
Nikolaus Hüwe
Steinkleestraße 41, D-60435 Frankfurt
Tel. 0049 (0)69/54801004, Fax 54801995
www.caboverdesailing.de
Zurzeit 5 sehr gut ausgestattete Yachten von 35 bis 40 m, mit Radar, Kartenplotter, EPIRB und windkraftgetriebener Meerwasserentsalzung. Je nach Verlangen und Vorkenntnissen der Gäste können diese mehr oder weniger aktiv mitarbeiten. Kurse im Einhandsegeln, Skipper- und Starkwindtraining werden angeboten.

●Luzmar
Lutz Meyer-Scheel
Prieststr. 15, D-60320 Frankfurt
Tel. 0049 (0)171/5513500
l.meyer-scheel@epost.de, www.lutzmar.com

●BoatCV
Büro im Clube Náutico, Avenida Marginal Mindelo, Handy 00238/9915878
Die Partner von CaboVerde Sailing betreiben eine weitgehend vollständige Wartungs- und Reparaturwerkstatt für Segelboote und bilden zum Yacht-Servicetechniker aus. Die Anlegestelle bietet zurzeit Liegeplätze für 10 Boote. Weitere 20 sollen 2004 hinzukommen. *Kai Brossmann* vertritt die momentan in Cabo Verde aktiven Charterunternehmen in Mindelo.

Walbeobachtung

Whale-Watching in Cabo Verde dient wissenschaftlichen Zwecken. Wer daran teilnehmen möchte (aber niemals muss), Beobachtungen zu datieren, kartieren und Einzeltiere über Fotografien der Schwanzflossen zu identifizieren, kann einen spannenden, lehrreichen Segelurlaub verbringen. Um wirklich etwas zu sehen und zu erleben, sind mindestens einwöchige, besser längere Reisen sinnvoll, da es etwas dauert bis man sich an den Seegang und die Arbeiten gewöhnt hat.

ka-f-89 Foto: fu

Veranstalter

●Beatrice Jann
Schweizer Gewässerbiologin und Walforscherin, veranstaltet unregelmäßig Wal-Forschungsfahrten mit wechselnden Schiffen.
Tel./Fax. 0041 (0)91/9660953
E-Mail: Jann@dial.eunet.ch; www.walecv.com

●Vasilis Padiadis
Meeresbiologe und Ozeanograph mit Lehrauftrag an der Universität Athen, spezialisiert auf Meeressäuger; Kapitän des Katamarans „Tethys" (Nautitech 435 - Dufour - 1998) mit 4 Doppel- und 2 Einzelkabinen, 4 WCs, 90 m² Segelfläche, 2 Volvo-Penta, Unterwasserkameras und -mikrophonen. Die Reisean-

gebote verbinden wissenschaftliches Whale-Watching mit Tauchen und ggf. Wandern.
Tel. 00238/9945415, 0030 69 77 69 96 11
E-Mail: vasilis@delphinus.gr
www.delphinus.gr, Auskünfte auch unter
www.caboverdesailing.de

Tennis

Tennisplätze, ausschließlich Hartplätze, finden Sie **in großen Touristenhotels** auf Sal, São Vicente, Boa Vista, Praia und Fogo. Schläger und Bälle sollten mitgebracht werden. Der Wind erschwert das Spiel.

Golf

Die wenigen 9-Loch-Golfplätze (Santiago, Sal, São Vicente) bestehen aus Sandboden und halten keinen Vergleich mit europäischen Plätzen stand. Wer Golf spielen möchte, wird andere Urlaubsorte vorziehen.

Buchtipps:

Zu vielen sportlichen und Freizeitaktivitäten hält Reise Know-How nützliche Praxis-Ratgeber bereit, z.B.:

- Klaus Becker
Tauchen in warmen Gewässern
- Klaus Becker
Wracktauchen weltweit
- Gunter Schramm
Trekking-Handbuch
- Ralle K.!
Mountain-Biking

Wandern

Die **gebirgigen Inseln Fogo, Santiago, Brava, São Nicolau** und besonders **Santo Antão** sind für den Wanderurlaub wie geschaffen. Die Berge sind von einem Netz traditioneller, teilweise kopfsteingepflasterter Maultierwege *(Caminhos vicinais)* überzogen, die bis vor wenigen Jahren die einzige Verbindung zu abgelegeneren Orten waren und auch heute noch mit Eseln und Maultieren begangen werden.

Die **Orientierung** kann durch die im Zenit stehende Sonne, ein Gewirr von Ziegenpfaden oder plötzlich aufkommenden Nebel schwierig werden, so dass man in jedem Fall einen exakten **Wanderführer,** dazu passende **-karten** und einen **Kompass** benötigt.

GPS (Global Positioning System) erleichtert die Orientierung, macht aber ohne Text und Karte keinen Sinn und ist als alleiniges Orientierungssystem zu verletzlich. Es ist die elegante Kür, keinesfalls die Pflicht der Orientierung. GPS-Wegpunkte zu den Wanderführern von Santo Antão, São Nicolau und São Vicente sind auf CD verfügbar (siehe „Karten" im Anhang).

Wo es schwierig wird, beispielsweise auf der westlichen Hochebene von Santo Antão um den Tope de Coroa herum, auf der östlichen Halbinsel von São Nicolau oder zum Pico von Fogo, muss man auf einen **lokalen Führer** zurückgreifen. Mit Führer zu gehen bietet auch auf einfacheren Strecken den Vorteil, sich um weniger selbst kümmern zu müssen, Versorgungsmöglichkeiten mit unfehlbarer Sicherheit zu finden, Wissenswertes zu erfahren und per Handy ein Fahrzeug zur Abholung anzufordern zu können.

Einzelwanderer sollten, so sie dicht besiedeltes Gebiet verlassen wollen, nach Begleitung oder einem Führer suchen, andernfalls könnte aus einem verstauchten Knöchel eine Katastrophe werden.

Wandern zum Vergnügen ist den Leuten auf dem Land fremd. Sie werden gefragt werden, woher Sie kommen, wohin Sie gehen, und so mancher wird Sie belächeln, wenn Sie freiwillig schwitzend bergauf marschieren.

Noch sind die **Versorgungsmöglichkeiten eingeschränkt.** In abgelegenen Orten gibt es Läden mit dem Allernötigsten. So sollte man sich gut mit Proviant rüsten und **ausreichend Wasser mitnehmen.** In meinen Zeiten als Distriktsarzt auf Santo Antão habe ich jedes Jahr mindestens die Leiche eines Verdursteten aus dem Gebiet um den Tope de Coroa geholt. Die Berge in Cabo Verde sind wunderschön und technisch einfach für gut vorbereitete Bergwanderer, aber ohne jedes Verzeihen für fahrlässige Hüpfer. Zu den **Gefahren des Hochgebirges** kommen die **Gefahren der Wüste!**

Die Szenerie ändert sich ständig, nicht nur durch die Kontraste von Graten, Kämmen und Tälern, sondern auch mit der Tageszeit und Lichteinstrahlung. Vulkanologen, Geologen, Botaniker und alle Naturliebhaber kommen auf ihre Kosten. Es gibt Touren in allen Schwierigkeitsgraden. Bringen Sie angemessene Stiefel (siehe Kapitel „Ausrüstung“) und sehr viel Zeit mit. Die besten Wege sind gleichzeitig schön und anstrengend. Bei großzügiger Zeitplanung kommen der sportliche Ehrgeiz, Muße und Beschaulichkeit gleichermaßen zu ihrem Recht, und am Abend fällt man zufrieden in einen erholsamen Schlaf.

Klettern oder Canyoning halten wir aus zwei Gründen für nicht verantwortbar: Erstens ist der junge vulkanische Fels von weichen Tuffschichten und Geröll durchsetzt und nur ausnahmsweise zu Klettern geeignet; zweitens gibt es **keinerlei Such- und Rettungssystem.**

Santo Antão erscheint auf der Karte wie ein Zwerg, ist aber wegen der gewaltigen Taleinschnitte ein nur in mehreren Wochen zu bezwingender Goliath. Mehrtägige Touren sind für Gruppen ab fünf Personen nur über einen Veranstalter, für kleine Gruppen auch in individueller Planung, mit und ohne Führer möglich. In einigen Dörfern gibt es Pensionen, die denen in den Distrikstädten nicht nachstehen. Weiter in der Peripherie kommt man bei Familien unter einfachsten Bedingungen unter. Bevor ein Wanderer in die Nacht gerät, wird ihm immer und überall ein Bett angeboten, doch sollte man diese aus sozialer Verantwortung gebotene Gastfreundschaft nicht missbrauchen – oder sie wird verschwinden. In Pensionen oder bei Familien, die in den Wanderführern als Übernachtungsstellen für Gäste benannt sind, fragt man am besten am Vorabend nach dem Preis. Und man fragt die Hausherrin und nicht den Hausherrn, der häufig auch der traditionelle Chef der Gegend ist und für den es unangenehm ist, für seine Gastfreundschaft Geld zu nehmen. Dann zeigen Sie Ihre Dankbarkeit am nächsten Morgen, indem sie darauf bestehen, einen Beitrag leisten zu dürfen. Der Hinweis auf Schulmaterial überzeugt sofort. Auf der ganzen Welt haben Eltern den Eindruck, irrsinnig viel Geld für die Ausbildung ihrer Kinder zu zahlen, während sie das Geld für Alkohol und Zigaretten schneller vergessen. Geben Sie etwas weniger, als Sie in einer Pension gezahlt hätten.

Häufig schlafen die Gäste im Ehebett, die Eltern in den Kinderbetten und die Kinder auf der Strohmatte. Lassen Sie sich dadurch nicht beschämen. In Oberstdorf war das zu Beginn des Fremdenverkehrs auch nicht anders und Teil einer von beiden Seiten akzeptierten Strategie zur Entwicklung der ländlichen Ökonomie.

Einige besonders lohnende Wanderungen (Zeiten ohne Anfahrt):

- **Abstieg vom Cova-Krater in das Vale do Paúl** (Santo Antão, halber Tag, mittelschwer)
- **Küstenwanderung von Cha d'Igreja über Fontainhas nach Ponta do Sol** (Santo Antão, halber Tag, mittelschwer).
- **Weg von Ponta do Sol nach Fontainhas** und zurück (Santo Antão, 2 Stunden, leicht).
- **Aufstieg auf den Fogo** und zurück (Insel Fogo, halber Tag, anspruchsvoll).

Mit Anfahrt rechnen sie für alle diese Touren jeweils einen ganzen Tag ein.

Übernachten im Zelt ist zum einen nicht erlaubt, zum anderen unpraktisch in einem Land ohne Vegetation und Oberflächenwasser.

Bitte achten Sie auf Natur und Umwelt! Entnehmen Sie keine Pflanzen oder Tiere und vermeiden Sie Müll. Einweg-Plastikflaschen brauchen Sie nicht, da Trinkwasser ohnehin desinfiziert werden muss (siehe „Gesundheit").

Mountain-Biking

Die kleinen, in Wanderkarten üblicherweise grau oder gelb eingezeichneten Sträßchen, Wüstenpisten und Strandwege laden zum Mountainbikefahren ein, und es macht großen Spaß, weil man ähnlich direkten Kontakt zu Landschaft und Bevölkerung hält wie beim Wandern, aber munterer vorankommt. Schwieriger wird es auf den verkehrsreichen Verbindungsstraßen. Entweder gewöhnt man sich daran – wie jeder Radfahrer in Afrika –, vor heranbrausenden Autos beherzt in den Graben zu springen oder sein Bike auf das Dach eines Sammeltaxis zu verfrachten. Letzteres ist der bessere Kompromiss, weil man sich Zeit, Anstrengungen und Stress erspart zugunsten des Genussstrampelns an schönen Ecken.

Die am besten geeignete Insel für das Mountain-biking ist **São Nicolau** dank einer Mischung aus Gebirgs- und Flachstrecken, wenn da nicht das Problem der seltenen Flugverbindungen wäre. **Santiago** ist ein spannendes und großes Revier, doch ist es fast unmöglich, die Hauptstraßen zu meiden. **Santo Antão** ist den Superradlern vorbehal-

ten, denen auch 2000 Höhenmeter im Steinbruch ein Vergnügen sind – oder solche, die selbstzufrieden ihr Rädchen für die Aufstiege auf den Dachgepäckträger hieven.

Die Flachen Inseln **Maio** und **Boa Vista** bieten ebenfalls interessante Strecken, doch gibt es im Inselinneren keine Übernachtungsmöglichkeiten.

Zur **Ausrüstung** gelten zwei Prinzipien: Alles was Sie brauchen, müssen Sie mitbringen! Ein einfaches, stabiles und selbst zu reparierendes Rad ist weitaus besser als ein superleicht-kompliziertes! Problematisch ist der Transport, da Sperrgepäck im Flieger nicht immer gleichzeitig ankommt. Siehe auch Kapitel „Ausrüstung“.

Auch Mountainbiker sollten nicht ohne ausreichende **Wasserreserve** für mindestens eine ungeplante Nacht losziehen. Auf Boa Vista, in völlig flachem Gelände, wurde bereits ein verdursteter Radler gefunden, so dass hiermit nicht zu spaßen ist!

Verleih: Auf den flachen Inseln, in der Nähe der großen Hotels gibt es Fahrräder zu leihen.

Serpentinen an der Bordeira de Norte/Santo Antão

Strom

Die **Stromspannung entspricht europäischen Normen** mit 220 Volt Wechselstrom, 50 Hz. Die Mitnahme eines Adapters ist nicht erforderlich.

Inzwischen sind fast alle Ortschaften mit dieselbetriebenen **Stromgeneratoren** ausgestattet. Die Generatoren in den Städten laufen rund um die Uhr, auf den Dörfern werden sie in den späten Nachtstunden abgestellt. **Stromausfälle sind häufig.**

Telekommunikation

Post

Postämter gibt es **auf allen Inseln und in allen größeren Orten Cabo Verdes.** Öffnungszeiten: werktags 8–12.30 und 14.30–17.30 Uhr.

Die **Beförderung** der Post ist **zuverlässig,** sowohl national als auch international. Ein Brief nach Europa benötigt eine bis zwei Wochen. Innerhalb der Inseln kann ein Brief je nach Insel zwischen zwei und acht Tagen unterwegs sein. Alle Post läuft über Praia.

Briefe gibt man **direkt auf den Postämtern** ab. Dort laufen sie durch die Frankiermaschine. Sollten Sie auf gestempelte Marken Wert legen, dann müssen sie diese vorher kaufen und selbst kleben.

Die **Gebühren** nach Deutschland betragen für einen Luftpostbrief 80 ECV, für eine Postkarte 60 ECV.

Telegramme werden von allen Postämtern angenommen, sie benötigen allerdings einige Zeit bis zum Empfänger.

Da die Post in Cabo Verde nicht ausgetragen wird, sondern von Postfächern abgeholt, muss jede Adresse in Kap Verde das Postfach *(Caixa Postal,* C.P.) vermerken.

Im **Hauptpostamt** von Praia und im Postamt von Mindelo finden Philatelisten eine Stelle *(Filatelia),* in der sie Briefmarken aus der Kollektion seit der Unabhängigkeit, Ersttagsbriefe oder Sondermarken kaufen können.

Ansichtskarten und die passenden Briefmarken bekommt man im Straßenverkauf, am Kiosk, bei Souvenirshops und einigen Postämtern, in Hotels und Pensionen.

Telefon

Die **Cabo Verde Telecom** ist eines der modernsten Unternehmen des Landes und unterhält ein **flächendeckendes digitales Netz** bis ins letzte Dorf. So lange sich kein Tintenfisch in eines der Unterseekabel verliebt, sind auch Ferngespräche dank digitaler Technik glasklar.

Kapverdianische Hotels verlangen wie in Europa Aufschläge auf den Minutenpreis. Auf den Postämtern werden mindestens 3 Minuten abgerechnet. **Telefonzellen** mit **Kartentelefon** sind für Ferngespräche freigeschaltet, es wird im Sekundentakt abgerechnet, Sondertarife gibt es selten. Man zahlt etwa 2,50 Euro pro Minute nach Europa, während man von dort mit **Billig-Vorwahl nach Cabo Verde** schon für 0,25 Euro ab Deutschland, 0,28 Euro ab

Kleine Kunstwerke

Für den Briefmarkenfreund ist Cabo Verde ein schönes Sammlerland. Die erste Marke der Republik Cabo Verde war die Ausgabe **„Independencia“** (Unabhängigkeit) am 19. Dezember 1975. Die Marke war ein Überdruck des Wertes 1 Escudo der Serie „500. Geburtstag von Pedro Alvarez Cabral“, die Cabo Verde als portugiesische Überseeprovinz am 22. April 1968 ausgegeben hatte. *Cabral* war portugiesischer Seefahrer und gilt als der europäische Entdecker Brasiliens.

1973 besuchte der international renommierte österreichische Künstler **Friedensreich Hundertwasser** die Inseln. Seine Liebe zu Cabo Verde fand ihren Niederschlag in der Schaffung der Briefmarke „Vapor“ (Dampfer). Im Rahmen der österreichischen Entwicklungshilfe für Cabo Verde wurde die Hundertwasser-Briefmarke von der Österreichischen Staatsdruckerei im hochwertigen Raster- und Stichtiefdruck produziert. *Wolfgang Seidel,* der schon alle anderen Hundertwasser-Marken gestochen hat, fertigte auch diesmal den Stahlstich. Die Vapor hat den Nennwert 30 Escudos (als Überdruck) und wurde in zwei Farbvariationen herausgegeben. Zusätzlich ist die Marke im Block zu 4 x 50 Escudos erschienen. Auch viele andere kapverdeanische Marken wurden in Österreich gedruckt.

Seit dem 30. September 1976 ist Cabo Verde Mitglied des Weltpostvereins. Da rund zwei Drittel der Bevölkerung im Ausland leben, herrscht reger Postverkehr von und zu den Inseln. Mehr als 100.000 Briefe pro Jahr werden aus Cabo Verde in die ganze Welt verschickt, mehr als 500.000 kursieren jährlich im Inland. Diese Zahlen zeigen den hohen Briefmarkenverbrauch des Landes. Fast alle sind mit echten Postwertzeichen versehen, da es kaum Freistempelmaschinen gibt. Die Marken zeigen nicht nur interessante Motive aus Politik, Geschichte, Sport, Alltag, Fauna und Flora etc., sondern sind auch farbenprächtige kleine Kunstwerke, die die Kultur des Landes widerspiegeln.

- **Internet-Seite** mit Abbildungen der bunten kleinen Kunstwerke: www.caboverde.com/images/cv-stamp.htm
- **Kontakt:** Österreichische Staatsdruckerei, Rennweg 16, A-1037 Wien, Tel. 0043/1/797890, Fax 789100

Österreich (2004) zum Zuge kommt. Für den studentischen Geldbeutel werden Telefonate nach Europa so abgewickelt: Telefonkarte kaufen (50 Impulse zu 275 ECV oder 150 Impulse zu 750 ECV); die an jeder Telefonzelle ausgewiesene Rufnummer suchen; anrufen und die Nummer durchgeben inkl. Billig-Vorwahl und Landesvorwahl 00238; auf den Rückruf warten.

Bedenken Sie den **Zeitunterschied** von 3, im Winter 2 Stunden.

Am Abend sind die Telefonzellen von Jugendlichen belagert und das Netz überlastet. Die günstigste Zeit für Auslandsgespräche ist der frühe Morgen.

Im Gebrauch von **Handys** zeigt die kapverdianische Kultur ihre romanischen Wurzeln. Wie in Italien klingelt und piepst es in jedem Café und in jeder Arbeitssitzung. Private und geschäftliche Gespräche werden mit sichtlichem Vergnügen in der Öffentlichkeit geführt, und keinen stört es. Besitzer eines **Vodafone-D2-Mobiltelefons** dürfen daran teilnehmen dank eines **Roaming-Vertrags.** Gesellschaften, die wiederum ein Roamingabkommen mit D2 haben, wie **O_2**, hängen sich an.

Am 03.07.2004 wurden die bis dahin sechsstelligen Telefonnummern Cabo Verdes auf sieben Stellen umgestellt:

- **Festnetz** (beginnend mit 1 bis 8): Es wird eine **2** vorangestellt; aus 00238-654321 wird 00238-2654321.
- **Handys** (beginnend mit 9): Es wird eine weitere **9** vorangestellt; aus 00238-987654 wird 00238-9987654.

Vorwahlen:

- **von Cabo Verde nach**

Deutschland: 0049
Österreich: 0043
Schweiz: 0041
Niederlande: 0031
Frankreich: 0033

- **von Europa nach Cabo Verde: 00238**

Innerhalb Cabo Verdes gibt es keine speziellen Vorwahlen für Inseln oder Städte, diese sind bereits in der sechsstelligen Telefonnummer enthalten. So beginnen (mit einigen Ausnahmen) die **Telefonnummern der Insel:**

Santo Antão	mit 2
São Nicolau	mit 35 oder 36
São Vicente	mit 31 oder 32
Sal	mit 4
Maio	mit 55
Boa Vista	mit 51 oder 52
Santiago	mit 6
Fogo	mit 81, 82 od. 83
Brava	mit 85

Wenn Sie länger bleiben, mag es günstiger sein, sich vor der Reise ein altes dual-Band-Handy zu besorgen und in Cabo Verde einen Kartenvertrag zu kaufen (ab 5000 ECV). Sie telefonieren dann innerhalb Cabo Verdes zum internen Tarif und können sich von Europa aus per Billig-Vorwahl anrufen lassen. Falls sie es verlieren, hält sich der Verlust in Grenzen.

Internet

Das Internet kam 1996 nach Cabo Verde. Die Anbindungen über Modem sind schwach, doch über ISDN stabil. Demnächst soll DSL eingeführt werden.

Internet-Cafés sprießen rasch empor, und in jeder Kleinstadt findet man mehrere.

Die Gemeinde der Kap-Verde-Liebhaber hat sich das Internet rasch erobert. Zu jedem touristischen Angebot gibt es mindestens eine Seite. Spezialisten bieten präzise und aktuelle Informationen zu ihrem Fachgebiet, und selbst komplexe Studien können vollständig heruntergeladen werden. Da die Schar der Interessierten vergleichsweise klein ist, lernen sie sich auch auf diesem Weg rasch untereinander kennen und können korrespondieren.

Portale bringen alles bunt gemischt und unbewertet auf der Jagd nach Mouseklicks, und in manchen Foren ist es nicht einfach, seriöse Information aus einer Flut von Blödeleien und Hickhack zu filtern.

Siehe auch das Kapitel „Medien" im landeskundlichen Teil und im Anhang die Internetadressen zu Cabo Verde.

Trinkgeld

Das Geheimnis um Trinkgelder in Cabo Verde ist schnell gelüftet, auch wenn es dem Beobachter schwer fällt, zu erkennen, warum sich Kapverdianer untereinander manchmal Trinkgeld geben und manchmal nicht. Wenn beide zur Familie oder engen Nachbarschaft gehören, in der man sich gegenseitig zu Unterstützung verpflichtet fühlt, gibt man keine Trinkgelder. Tritt man sich anonym gegenüber, gibt man Trinkgeld.

In Restaurants, Kaffees und Bars wird Trinkgeld **gehandhabt wie in Europa.** Etwa 10% sind üblich und je nach Zufriedenheit dürfen es mehr oder weniger sein. Wir geben immer etwas Trinkgeld, auch wenn es einen handfesten Grund zur Beschwerde geben sollte. In diesem Fall bitten wir um das Beschwerdebuch *(Livro de reclamações)* oder sprechen mit dem Besitzer. Es geht nicht an, das schwächste Glied der Kette abzustrafen; leider drücken sich nicht wenige, auch europäische Unternehmer im Tourismusgewerbe, vor den Sozialabgaben, und Trinkgelder sind die einzige Einnahme der unversicherten Mitarbeiterinnen.

Kauft man ein Getränk oder eine Kleinigkeit zu essen in einem Laden *(mercearia),* dann wird dies als Verkauf gesehen und es fließt kein Trinkgeld.

Buchtipps:

- Volker Heinrich
Kommunikation von unterwegs
(Reise Know-How Praxis)

Unterkunft

Hotels der Oberklasse in den vom Tourismus bevorzugten Orten werden in ihrer Ausstattung internationalen Standards gerecht. Bei den **Strandhotels** handelt es sich meist um Bungalowanlagen mit Meer- oder Süßwasserswimmingpool und Sportanlagen. Das lokale Sternesystem ist nicht mit internationalen Systemen vergleichbar.

Pensionen *(Pensão* oder *Residencial)* sind wesentlich preiswerter, auch wenn einige den Komfort von Hotels erreichen. Die kleinen sind unbeschildert oder liegen in Seitengassen, so dass man danach fragen muss. Bei den neueren ist das eigene Bad *(Casa de banho privativo)* mit Warm- und Kaltwasser bereits Standard, während die älteren auch Zimmer anbieten, bei denen ein einfaches Bad über den Flur zu erreichen ist.

Privatzimmer sind preiswert, schlicht und einfach eingerichtet und in der Regel sehr sauber. Sie bieten oft das bessere Frühstück, während man ein kapverdianisches Abendessen nur auf Vorbestellung bekommt. Wer auf **familiäre Atmosphäre** Wert legt, wird hier besondere Herzlichkeit und Gastfreundschaft erleben und freundschaftlichen Begegnungen, die auch über den Urlaub hinaus weiterbestehen. **Frühstück** ist nur teilweise im Preis eingeschlossen, so dass man hiernach fragen muss.

Lokale Veranstalter von Trekkingtouren nutzen sowohl ländliche Pensionen als auch Privatquartiere. In abgelegenen Orten übernachten größere

Gruppen auch in Schulen oder Kindergärten.

Wasser ist ein wertvolles und rares Gut auf Cabo Verde. **Wassersparen ist oberstes Gebot** für den Gast! Überprüfen Sie beim Besichtigen von Zimmern, ob Wasser aus dem Hahn kommt, und schließen Sie ihn wieder fest, damit nicht wenig später die Überschwemmung einsetzt.

Insekten, Mücken, Kakerlaken oder **Spinnen** sind seltene Mitbewohner, denen man nicht mit Hysterie begegnen sollte. In einem wenig hygienischen Umfeld ist auch ein reinlicher Haushalt nicht völlig vor Kakerlaken gefeit. Wenn Sie sich selbst nicht trauen, bitten Sie die Vermieter, das Tierchen hinaus zu befördern. Ein **Gecko** im Zimmer ist begrüßenswert, da er Fliegen frisst.

Übernachtungspreise für Einzelzimmer *(Quarto de solteiro)* und Doppelzimmer *(Quarto duplo)* unterscheiden sich wenig. Frühstück ist mal eingeschlossen, mal nicht. An die Mehrwertsteuer (IVA) haben sich die Wirte noch nicht gewöhnt, so dass diese häufig noch dazukommt. Saisonale Preisänderungen sind bei den großen Hotels üblich. Das Angebot ändert sich rasch, so dass Abweichungen von unseren Angaben unausweichlich sind.

Reservierung von Zimmern ist auf Sal und andernorts während der Ferienzeiten sowie zum Karneval notwendig. Wenn Ihr Portugiesisch nicht zum Tele-

248_512 Foto: re

fonieren taugt, bitten Sie ihre Wirtin um Hilfe, das Zimmer für den nächsten Tag zu reservieren.

Dauergäste, die mehrere Wochen oder Monate an einem Ort bleiben werden, können versuchen, die leer stehende Wohnung von Emigranten zu mieten. Einige Pensionen räumen Sonderpreise ein.

Camping ist in Cabo Verde **nicht möglich,** es gibt auch **keine Campingplätze.** Jedes Stück Land, und sei es auch scheinbar ungenutzt, hat seinen Besitzer. Wer frei campt, steht auf fremdem Eigentum, wer im Grünen campt, tut das vermutlich in der Saat des nächsten Bauern.

Zeitunterschied

Winterzeit

November bis März: Stellen Sie bei Ankunft Ihre Uhr um 2 Stunden zurück.

Sommerzeit

April bis Oktober: Stellen Sie bei Ankunft Ihre Uhr um 3 Stunden zurück.

Hotel Foya Branca (São Vicente)

Zoll

Zollfrei eingeführt werden dürfen: 200 Zigaretten oder 250 Gramm Tabak, 100 Zigarillos oder 50 Zigarren, 1 Liter Wein oder 2 Liter Bier, ¼ Liter Spirituosen.

Gegenstände, die **für den persönlichen Bedarf** des Reisenden bestimmt sind, wie Kleidung, Wäsche, Schuhe, Toilettenartikel, Fotoapparate und/oder Videokamera mit Filmen oder Leerkassetten, Sportgeräte usw., können ebenso zollfrei eingeführt werden.

Lebende Tiere: Es ist ein amtstierärztliches Gesundheitszeugnis erforderlich. Hunde benötigen zusätzlich ein Tollwutimpfzeugnis (englisch).

Blumen und Pflanzen sowie (unversiegeltes) Saatgut dürfen nur mit schriftlicher Genehmigung eingeführt werden. Diese Maßnahme soll verhindern, dass weitere Pflanzenschädlinge nach Cabo Verde eingeschleppt werden.

Ausfuhr: Souvenirs und Artikel ohne kommerziellen Wert dürfen in unbegrenzter Menge ausgeführt werden. Die Einfuhr von Souvenirs aus Schildplatt ist in Europa strafbar (Artenschutzabkommen).

Die Ein- und Ausfuhr der Landeswährung Escudo ist nicht gestattet. Devisen unterliegen keiner Beschränkung.

Zoll-Auskunft im Internet

- **www.zoll-infocenter.de/**

ka-p-100 Foto: pi

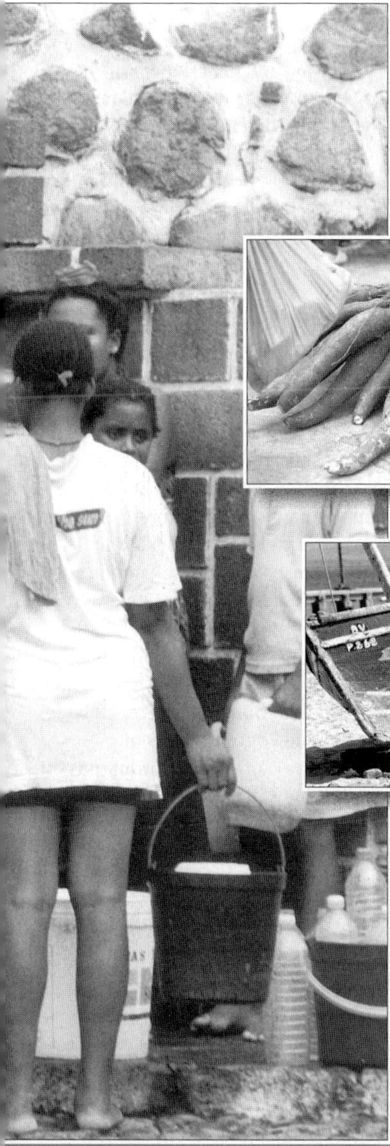

Land und Leute

ka-f-101 Foto: fu

ka-b-101 Foto: bö

Frauen holen Wasser am Dorfbrunnen in Ribeira Grande/Santo Antão

Maniok-Wurzel

Boa Vista – Reparaturen am Fischerboot

Geographie

Die Republik Cabo Verde umfasst zehn größere (davon neun bewohnte) und fünf kleinere (unbewohnte) Inseln mit einer **Gesamtfläche von 4033 km²** (vgl.: Mallorca 3411 km², Ruhrgebiet 4973 km²) in einem Gebiet des Atlantiks von rund 58.000 km² Umfang.

Geographisch gehören die Inseln zu Afrika und mit den Azoren, Madeira und den Kanaren zur Inselgemeinschaft Makkaronesien (deutsch: Inseln der Glückseligkeit).

Das Gebiet liegt zwischen 14°48′ und 17°12′ nördlicher Breite sowie zwischen 22°41′ und 25°22′ westlicher Länge im Atlantik. Zum Vergleich: Der 16. nördliche Breitengrad läuft auf seinem Weg um die Weltkugel auch durch Guadeloupe (Karibik), Acapulco (Mexico), Hawaii und Goa (Indien).

Die **Entfernung der Inseln von Deutschland** beträgt rund **5000 km,** sie liegen ca. 1700 km südlich der Kanarischen Inseln und etwa 3600 km östlich der karibischen Inseln. Die kürzeste Entfernung zum afrikanischen Kontinent beträgt 460 km von Boa Vista zum senegalesischen Cap Vert (grünes Kap). Der Name **Ilhas de Cabo Verde** für die wüstenhaften Inseln war seit jeher verwirrend. Er beruht darauf, dass sie „vor dem grünen Kap" angetroffen wurden.

Die Inseln formen ein nach Osten geöffneten **Hufeisen** mit Santo Antão im extremen Norden und Brava im Süden. Romantischere Naturen sprechen von einer zerrissenen Halskette. Der Bogen umspannt ein Gebiet von rund 300 km Nord-Süd- und 250 km West-Ost-Ausdehnung. Die Größe der bewohnten Inseln differiert zwischen 991 (Santiago) und 64 km² (Brava). Die **höchste Erhebung** des Archipels bildet der **Pico de Fogo** mit **2829 m.**

Bezogen auf den **Nordostpassat** werden die „Inseln über dem Winde", Barlavento, und die „Inseln unter dem Winde", Sotavento, unterschieden. **Barlavento:** Santo Antão, São Vicente, São Nicolau, Boa Vista, Sal sowie die unbewohnten Inseln Santa Luzia, Branco und Razo; **Sotavento:** Maio, Santiago, Fogo, Brava.

Insel/Fläche (in km²)/ höchste Erhebung (in m)

- **Santiago**/991/Pico d'Antonio (1392)
- **Santo Antão**/779/ Tope de Cora (1979)
- **Boa Vista**/620/Monte Estançia (390)
- **Fogo**/476/Pico de Fogo (2829)
- **São Nicolau**/349/ Monte Gordo (1304)
- **Maio**/269/Monte Penoso (436)
- **São Vicente**/227/Monte Verde (750)
- **Sal**/216/Monte Grande (406)
- **Brava**/64/Monte Fontainha (976)
- **Santa Luzia**/29/Monte Grande (395)
- **Razo**/7/(164)
- **Branco**/3/Tope de Verca (327)
- **Grande**/2/Monte Grande (96)
- **Cima**/1,15/ Monte do Ilheu de Cima (77)
- **Luis Carneiro**/0,22

Entstehungsgeschichte

Charles Darwin ankerte am 16. Januar 1832 in der Bucht von Praia auf der

Weltumsegelung der Beagle für biologische und geologische Studien. Reiseberichte von Forschungsreisen des Österreichers *C. Dölter* (1880) und des Deutschen *Immanuel Friedländer* (1912) folgten.

Die Inseln Cabo Verdes sind, wie die anderen Archipele Makkaronesiens, die herausragenden **Spitzen eines Meeresgebirges vulkanischen Ursprungs.** Von dem im Wesentlichen nord-/südwärts verlaufenden mittelatlantischen Rücken zweigt die Kapverdenschwelle ab. Sie unterteilt den rund 5000 m tiefen Meeresboden in das nördliche Kanarische Becken und das südlich davon gelegene Kapverdische Becken. Nicht alle unterseeischen Gipfel erreichen die Meeresoberfläche. Einige bleiben als **Riffe** nur knapp, andere als **Seamounts** deutlich unter Meeresniveau, auch wenn sie vom Plateau der Schwelle 3000–4000 m aufragen.

So stützt sich Cabo Verde auf drei größere Sockel. Der Seamount Nola und die Inseln Santo Antão, São Vicente, Santa Luzia und São Nicolau stehen auf dem nördlichen Sockel. Sal, Boa Vista, Seamount Boa Vista, das Riff João Valente, Maio und Santiago stehen auf einem östlichen Sockel, dem sich noch der Seamount Senghor im Nordosten vorlagert. Brava und Fogo teilen sich einen kleineren steilen Sockel im Süden mit dem Seamount Cadamosto. Es erstaunt daher nicht, wenn vulkanische Aktivitäten auf Fogo als Erdbeben auf Brava miterlebt werden.

Plattentektonische Verschiebungen und daraus resultierende **vulkanische Aktivitäten** hoben die Inseln vor schätzungsweise 135 Mio. Jahren aus dem Meer (vgl. Kanaren: 32 Mio. Jahre). Bei den ältesten Gesteinen, die zum Aufbau der Inseln beitrugen, handelt es sich um fossilienhaltigen Kalk, die sich in der Kreidezeit auf dem Meeresboden ablagerten. Während dem Tertiär wurden diese Ablagerungen durch vulkanische Aktivitäten auf Meeresniveau angehoben. In dieser Zeit bildeten sich auch die Alpen und das Himalaja. In der Jungtertiärzeit, vor rund 26 Mio. Jahren ausgetretenen Lavaströme, die meist aus **Basalt** bestanden, ließen Schildvulkane entstehen, wobei die Kalksedimente häufig von Vulkangestein überlagert wurden. Diese Berge bauten sich so weit auf, dass sie Riffe unterhalb des Meeresspiegels bildeten und ihre Gipfel als Inseln aus dem Meer herausragen.

Die vulkanische Periode im Jungtertiär beendete den Aufbau der drei **östlichen, flachen Inseln** Sal, Boa Vista und Maio vor rund 26 Mio. Jahren und gab ihnen als älteste Inseln ihre heutige Gestalt, die seither der Einwirkung erosiver Kräfte unterliegt. Die an Fossilien reichen Kalksteine sind über weite Flächen wieder freigelegt. Für Geologen sind diese ältesten Sedimentgesteine des makkaronesischen Raumes überaus interessant.

Während die östlichen Inseln früh ihr geologisches Endstadium erreichten, sich Flora und Fauna ausbilden konnte und Wind und Wasser den Boden erodierten, blieben die **westlichen, gebirgigen Inseln** weiter vulkanisch aktiv. Mächtige Eruptionsphasen und aufbauende Kräfte wechselten sich ab mit langen Erosionsperioden. Basalte, Tuff und Schlacken finden sich unverändert an der Oberfläche.

Geologie, Vulkanismus und Oberflächenstruktur

Alle Inseln sind vorwiegend aus vulkanischen Basalten und Phonoliten aufgebaut. Nur die östlichen Inseln weisen fossile Sedimentgesteine mit nennenswerten Mengen Kalk auf. Durch die Kraft des mittelatlantischen Vulkanismus und mit der Erosion durch Wind und Regen haben sich ganz unterschiedliche Oberflächen auf den Inseln geformt: Von hohen Gebirgsmassiven und Vulkanen (Fogo 2829 m) bis hin zu völlig flachen Inseln (Sal 406 m). Aufgrund ihres Reliefs unterscheidet man:

239_504sw Foto: re

Junge Vulkanlandschaft im Westen

Östliche, flache Inseln

Sal, Boa Vista und Maio sind geologisch die ältesten Inseln des Archipels. Punktuell ragen Hügel bis rund 400 m Höhe auf, dazwischen liegen flache Trockentäler. Diese Inseln sind trocken bis wüstenhaft und weisen kaum Vegetation auf. Durch die Nähe zum afrikanischen Kontinent weht der Harmattan hell gelben Sand aus der Sahara herüber und überzieht verschiedene Küstenlinien mit langen feinsandigen **Stränden und Dünen,** die sogar bis auf die weiter westlich gelegene Insel São Vicente vordringen.

Westliche, gebirgige Inseln

Santo Antão, Santiago, São Vicente, São Nicolau, Fogo und Brava weisen Höhen zwischen 1000 und knapp 3000 m, ausgeprägten Vulkanismus und tief eingeschnittene Täler auf. Gebirgszüge über 800 m zwingen Passatwolken zum Abregnen und erlauben Nebelwälder, die Niederschläge aus den Wolken gewinnen, so dass sich auf der Luvseite eine dichtete Vegetation ausbilden konnte (siehe Kapitel „Klima").

Der **Vulkanismus** auf den westlichen Inseln war von unterschiedlicher Dauer, so dass sie sich in ihrer Oberflächengestalt deutlich unterscheiden. Es bildeten sich beachtliche Gebirge auf den Inseln wie der Tope de Coroa auf Santo Antão, mit 1979 m der zweithöchste Gipfel Cabo Verdes, und der Pico d' Antónia (1392 m) auf der Insel Santiago. Am eindrucksvollsten ist der **Pico de Fogo,** der als kreisrunder Kegelvulkan mit **2829 m die höchste Erhebung** des Archipels und nach dem Pico de Teide auf Teneriffa die zweithöchste im Atlantik bildet. Vom absoluten Meeresgrund aus steigt er 8000 m aus der Tiefsee auf. Während auf den anderen westlichen Inseln jeweils mehrere Eruptionszentren und damit verschiedene Gebirgsstöcke entstanden, handelt es sich auf Fogo um einen einzigen gewaltigen Inselberg mit riesiger Einsturz-Caldeira, dessen Gipfel (Pico) ein **heute noch aktiver Vulkan** ist. Der jüngste Ausbruch im Jahre 1995 ließ einen weiteren Nebengipfel (pico pequeno) entstehen.

Caldeiras (Einsturzkrater) entstehen, wenn die sich die Magmablase unter einem jungen Vulkan abkühlt und der zumeist kreisrunde Kraterboden einbricht. Der Reisende wird mehreren lehrbuchreifen Beispielen begegnen: Chã das Caldeiras in Fogo, Cova de Paúl und Tope de Coroa auf Santo Antão, Pedra de Lume auf Sal und besonders eindrucksvoll, weil jung und wenig erodiert, der Vulcão Viana auf São Vicente. Der große Naturhafen von São Vicente ist ebenfalls eine unter den Meeresspiegel abgesunkene Caldeira, von deren Westrand wie ein einsamer Zeuge noch das Ilheu dos Pássaros aus dem Meer ragt.

Kesseltäler, die zur Schönheit der wilden Landschaft beitragen, findet man insbesondere auf Santo Antão. Sie sind größtenteils zum Meer hin auserodierte, riesige Einsturzkrater wie die Rª das Patas oder die Rª de Paúl.

Vulkanische Gänge (port. filões) ragen wie von Menschenhand geformte, bizarre Mauern aus dem Boden. Sie entstehen wenn vulkanische Kräfte die Oberfläche anheben und aufbrechen. In die Bruchspalten schießt flüssiges Magma ein, das unter Luftabschluss langsam zu hartem Gestein abkühlt. Die umgebenden weichen Tuff und Schlacken werden schneller abgetragen, während die filões stehen bleiben.

Ribeiras, Trockentäler in ganz verschiedener Form von extrem engen V-Schluchten bis hin zu breiten U-Tälern mit ausgeprägter Hangschulter ziehen in einen häufig breiteren Mündungsbereiche aus Geröll und grobem Schotter und wenig Sand. Nur ausnahmsweise erhält sich ein ganzjähriges kleines Rinnsal wie in der Rª da Torre und der Rª de Paúl auf Santo Antão. Dennoch kann sich auf der Luvseite der gebirgigen Inseln bewässerte Landwirtschaft halten und aus Quellen und dem Grundwasser in den Ribeiras speisen. Wo große Trockentäler ins Meer münden, haben sich zumeist Ortschaften angesiedelt.

Canyons von mehreren hundert Metern Tiefe schneiden sich durch betonartig verbackene Meeresmolassen, die sich unter dem Meeresspiegel angesammelt hatten. Nachdem sie wieder angehoben wurden, begann das fließende Wasser sein Werk. Eingesprengte vulkanische Schichten zeigen im Aufschluß die wechselnden Folgen von Vulkanismus und Erosion in der Gestaltung der Geomorphologie. Die schönsten Beispiel von Canyons finden sich im Unterlauf der Rª de Garça, der Rª do Alto Mira und der gewaltigen Rª da Água Margosa auf Santo Antão.

Achadas oder **Chãs,** Hochebenen mit flacher oder nur leicht ansteigender Oberfläche, auf der sich mehrere Schichten vulkanischen Gesteins übereinandergelegt haben, sind die beherrschende Landschaftsform auf Santiago, wo sie als breitflächige Tafelberge oder Ebenen zwischen den Gebirgen erscheinen. Tiefe Ribeiras zerschneiden sie und schaffen steile Begrenzungen. Teilweise werden auch marinen Terrassen, wo der Kalk erstaunlich waagerecht aus den Tiefen des Meeres gehoben wurde als Achadas bezeichnet. Das bekannteste Beispiel hierfür ist das Plateau der Altstadt von Praia. Der Sockel, auf dem die Vila do Maio steht, ist eine Mischform, wo eine marine Terrasse sich mit vulkanischem Geröll trifft.

Fajãs bezeichnen gleichmäßig zum Meer ziehende breite ehemalige Lavaflüsse, steiler als die Achadas, und häufig fruchtbar wie die Fajã von São Nicolau oder die Fajã d'Água auf Brava.

Die **Küsten** der östlichen Inseln laufen meist flach und sandig zum Meer hin aus, mitunter begleitet von einem nur wenige Meter über dem Meeresspiegel liegenden Kalksockel. Auf den westlichen Inseln hingegen beherrschen bis zu 800 Meter hohe, senkrecht ins Meer abfallende Felswände das Bild, die von den Buchten der Talmündungen durchbrochen sind. Zumeist ist auf Meereshöhe kein Durchkommen, so dass Strassen und Wege immer wieder auf die Hochflächen und Kämme der Felsrippen aufsteigen müssen. Die Landschaft im Nordwesten Santo Antãos und São Nicolaus ist hierdurch in teilweise bis heute ohne Straßenverbindung bleibende Täler gekammert.

Auf den westlichen Inseln gibt es nur wenig fossile Sedimente wie auf Santo Antão bei Cruzinha.

Die **Meerestiefen** rund um die Inseln sind gewaltig. Fährt man von São Vicente nach Fogo durch das Zentrum des Inselbogens, hat man 4500 m Wasser unter dem Kiel und selbst zwischen Santiago und Maio sind es über 700m. Mehrere unterseeische Gebirge ragen aus der Tiefe, ohne die Oberfläche zu erreichen. So schön schaudervoll sich das für Landratten anhört, so unerfreulich ist es für die Fischerei, weil es die für den handwerklichen Fischfang nützlichen flachen Meeresteile auf einen schmalen Ring um jede Insel begrenzt.

Klima

Verde Esperança
Esses campos verdes
Que começam a florir
No teu chão
São o verde permanente
Da esperança
Que te fecunda
E amortece a violência
Desta seca teimosa
Que te persegue
Cabo Verde

Grün der Hoffnung
Diese grünen Felder
Die zu blühen beginnen
Auf Deinem Boden
Sind das Immergrün
Der Hoffnung
Die Dich befruchtet
Und die gewaltsam
Halsstarrige Dürre erlöscht
Die dich verfolgt
Grünes Kap

David Hoppfer Almada,
„Poesia", Praia 1988

Sonne an 350 Tagen und Temperaturen zwischen 20°C und 30°C das ganze Jahr über, der warme Atlantik mit rund 22–27°C, Luftfeuchtigkeit um die 40–60% und stets eine Meeresbrise, das sind die Klimadaten für Cabo Verde. Wolken ziehen in der Regel vorbei. Für Touristen klingt dies wie das Paradies, wenn da nicht die Kehrseite wäre. Die Landwirtschaft liegt weitgehend still, der Boden wird vom Wind weggetragen, und Lebensmittel müssen importiert werden.

Cabo Verde liegt **auf der geographischen Breite der afrikanischen Sahelzone** und bildet deren westliche Verlängerung im Atlantik. Die Inseln liegen im Bereich der Tropen auf 15° bis 17° nördlicher Breite zwischen Äquator und nördlichem Wendekreis. So steht die Sonne hier zweimal jährlich senkrecht im Zenit: am 22. Mai und am 20. Juli.

Die **Jahreszeiten** folgen nicht dem Vierer-Rhtythmus der gemäßigten Zonen, sondern dem der Wendekreise und man unterscheidet **zwei Jahreszeiten: Tempo das Brisas** (Jahreszeit der Winde) und **Tempo das Chuvas** (Regenzeit). Von Oktober bis Mitte Juli (Jahreszeit der Winde) scheint die Sonne fast jeden Tag, die Lufttemperaturen

ka-j-107 Foto: ja

Wasser: Wertguttransport

auf Meereshöhe liegen zwischen 22 und 28°C und es weht ein trockener Nordostpassat, in dem man die Hitze weniger spürt. Man fühlt sich wie an einem besonders schönen Junitag in Europa. Der beständige Nordostpassat ist das Paradies der Surfer und Segler. In der Regenzeit von Mitte Juli bis Ende September lassen die Winde nach und Tropengewitter setzen ein. Leider stimmt das nicht in jedem Jahr, und oft genug zeugt nur die von Süden einlaufende Dünung von entfernten Stürmen. Wenn es regnet, dann zumeist gewaltig und gefährlich.

Die **Temperaturen** liegen im Jahresmittel auf Meereshöhe bei etwa 25°C und schwanken im Jahresverlauf um nicht mehr als 10°C nach oben und unten. Am „kühlsten" ist es im Jan./Feb. mit rund 21°C (Extremwert 16°C), am wärmsten im September/Oktober mit rund 27°C (Extremwert 36°C). Der vom Meer kommende Wind bringt ständig Kühlung. Auch die Tag- Nachtschwankungen sind minimal (+-5°C), so da dass man die Abende im Freien genießen kann. Im **Barlavento** ist es durchschnittlich etwas kühler als im **Sotavento** und im September auf Fogo und Santiago kann es so richtig heiß werden. Stärker als die Abweichungen zwischen den Inseln sind die Unterschiede auf den Inseln selbst. Zum einen spielt die **Höhe** ihre Rolle und auf den Höhen kann es kühl werden. Am Pico da Cruz weiß man von dünnen Eisschicht auf den Wassereimern zu berichten. In der Caldeira von Fogo, 1600 m, liegt das Jahresmittel bei 16°C. Für Bergwanderungen und Winterabende benötigt man eine Jacke. Der **Luv-Lee Effekt** bringt die größten Unterschiede. Während im Nordosten unter Passatwolken kühler Nieselregen niedergeht, herrscht, keine 15 km entfernt, auf der Südseite Föhnwetterlage mit über 30°C. Die Orte in Lee mit besonderer Hitze und Föhn heißen allesamt Tarrafal, Tarrafal de Monte Trigo, Tarrafal de São Nicolau, Tarrafal de Santiago, was soviel bedeutet wie „the middle of nowhere" mit Ausnahme von Porto Novo, dem der Name auch gut anstünde aber bereits belegt war.

Wassertemperaturen liegen im Februar und März bei etwa 21°C, zwischen Juli und Oktober bei rund 26°C.

Niederschläge als Regen gibt es kaum. Doch wenn der so sehnlich erwartete Regen eintrifft, dann mit einer unglaublichen Heftigkeit und in gewaltigen Mengen. Die Hälfte der Jahresniederschläge kommt binnen 24 Stunden und im Extremfall mit bis zu 3000 mm (!) in einem Monat. Wo das ganze Jahr die Straße durch ein trockenes Flussbett zieht, wälzt sich plötzlich eine meterhohe braune Flutwelle, bringt riesige Steine, Feldfrüchte und ertrunkene Tiere mit sich. Straßen brechen ab, und über gewaltige Wasserfälle rauschen die Wassermassen ins Meer. Die Leute gehen „Fluss schauen", Kinder baden in den über Nacht entstandenen Teichen, und alle Welt freut sich, trotz der entstandenen Schäden.

Wolken und Wälder
am Pico da Cruz/Santo Antão

Die Unregelmäßigkeit und das Ausbleiben des Regens auf Jahre ist charakteristisch und macht den Begriff Regenzeit *(as águas)* häufiger zur Illusion als zur Wirklichkeit. Für jede Art von Vegetation sind dies denkbar schlechte Voraussetzungen.

Die südlichen Inseln werden häufiger von der innertropischen Konvergenz erfasst und bekommen häufiger Regen ab. Höhe und Luv-Lee-Effekt erklären weitere Unterschiede. Sal und Boa Vista registrieren mit 95 mm die geringste, Fogo mit 665 mm die höchste Jahresniederschlagsmenge. Santo Antão und São Nicolau können im Winter mitunter eine kleine Sonderration Regen aus dem Klimasystem der gemäßigten Zonen abzweigen, wenn sie von Ausläufern nördlicher Zyklone gestreift werden und **Winterregen (ibernadas)** erhalten. Nach wenigen Tagen gelingt es dem Passat, die Eindringlinge zu vertreiben und er verteidigt sein Revier mit neuer Trockenheit.

Die Berge einiger Inseln sind hoch genug, um **Steigungsregen** aus den Passatwolken die sich in der Regel zwischen 750 und 950 m halten, zu provozieren. Dadurch spielen **insensible Niederschläge** in Luvlagen auf Höhen über 800 m die große Rolle. Bodentau tritt zwar erst ab 1000 m in nennenswerter Menge auf und ist schnell wieder verdunstet, doch führt der Passat für Tage und Wochen die gegen die Nord-Ost-Hänge anbrandende Wolkendecke durch **Nebelwälder,** wie sie auch im At-

Land und Leute

240_722sw Foto: re

las in Marokko, den Gebirgen des Libanon oder den Usambarabergen vorkommen. Einheimische und importierte Bäume haben sich darauf spezialisiert. Mit feinen Blättern oder Nadeln sammeln sie Tau aus dem Nebel und lenken das Wasser nicht nur auf ihre Sproßorgane, sondern auch weiter den Stamm hinunter zu ihren Wurzeln. Sie melken die Wolken. Am Pico da Cruz in Santo Antão macht man sich das nicht nur für die Aufforstung sondern auch zur Wassergewinnung zu Nutzen: Ein um einen schräg stehenden Baumstamm geschlungenes Seil fängt den Wasserstrom ab und läßt ihn in ein Fass tropfen. So lassen sich über 200 Liter Wasser an einem Tag sammeln, was den schlagenden Beweis liefert, weshalb die Aufforstung in diesen Höhen die Schüttung weit tiefer liegender Quellen verbessert. Versuche, den Vorgang technisch zu imitieren, ließen an vielen Stellen kleine längliche Betonbecken zurück. Von Unwissenden werden sie als „Viehtränken" beschrieben, sind aber die Reste von Sammelbecken, die unter großen Nylonnetzen den Niederschlag auffangen sollten. Der heftige Wind ließ das nirgends lange mit sich machen.

Winde wehen fast rund ums Jahr und zumeist kräftig. Im Tempo das Brisas, von Oktober bis Juli, weht ein konstanter **Nordostpassat** mit 4–8 m/sec Geschwindigkeit. Zu flachen Bögen verformte, zerzauste Bäume zeugen von seiner Kraft und Ausdauer.

Der **trockene Nebel** *(bruma seca)* oder **Harmattan** ist ein interessantes aber wenig begeisterndes Phänomen, das für einige Tage zwischen November und März die Inseln wie unter einem grauen Kissen ersticken kann. Feinster Steinstaub kriecht in Mund und Nase, in die Kleidung, unter Kontaktlinsen – einfach überall hin. Die Luft ist extrem trocken und elektrisch geladen. Flug- und Funkverbindungen, selbst der Schiffsverkehr werden bis zum Stillstand gestört. In den Warteräumen der TACV sitzen aufgeregte Emigranten, die um ihren Arbeitsplatz fürchten zu, weil ihnen kein Arbeitergeber in New England glaubt, dass sie wegen trockenen Nebels zu spät aus den Ferien kommen. Tausende Kilometer entfernte, in der Sahara tobende Sandstürme sind die Ursache. Nicht nur aus dem Satellitenbild, sondern auch aus der Farbe des Staubs kann man den Ursprung erkennen. Kommt er aus dem Norden der Sahara ist er weiß-grau, kommt er aus dem Süden, hat einen Stich ins Orange-Violette.

Die **relative Luftfeuchte** ist gering (50–60%), und da es so wenig Vegetation gibt und die Winde weit übers Meer ziehen, ist sie wenig belastet, so dass **Allergiker** gezielt nach Sal und Boa Vista kommen zum befreiten **Aufatmen.**

Flora

Cabo Verde war nie mit dem Kontinent durch eine Landbrücke verbunden und nach dem Auftauchen der Vulkane völlig steril. Alle Pflanzen sind anschließend eingewandert. Bis zur Entdeckung waren es gut 250 Arten gewesen, und die Inseln besaßen viel Busch- und Strauchwerk. Auch wenn es keine botanischen Studien aus den ersten Zeiten gibt, so lassen die Beschreibungen in *Christoph Kolumbus'* und Anderer Reiseberichte schließen, dass es damals keine Hochwälder gab und einige Inseln wie Sal und São Vicente über weite Strecken trocken und vegetationsarm waren. Dennoch waren die Inseln weitaus feuchter. Nach den Ortsnamen steht zu schließen, dass große Flächen, die heute von der Winderosion völlig frei gelegt sind, von dichtem Strauchwerk oder vom Menschen gepflanzten Wäldern überwuchert waren. *Friedländer* studierte 1912 die Wassersituation der Inseln sehr eingehend und berichtet von zahlreichen ganzjährig Wasser führenden Flüsschen und Bächen und Quellen, die zur Bewässerung tauglich seien.

Einige der Arten hatten genügend Zeit, sich an die lokalen Bedingungen anzupassen und von ihren Ursprüngen so weit zu entfernen, dass sie eigene, neue Arten bildeten. Wenn sie nie die Chance hatten, sich in anderen Regionen anzusiedeln und nur an einem Ort vorkommen, spricht man von **endemischen Arten.** Cabo Verde besitzt davon rund 90.

Der Ursprung der ohne Zutun des Menschen, mit den Strömungen des Meeres, mit Treibgut, an den Füßen und im Kot von Seevögeln eingewanderten Samen und Pflanzen liegt in Westafrika, im Mittelmeerraum und auf den anderen Inseln Makkaronesiens.

Mit den Schiffen der Entdecker und ersten Siedler wurde eine Vielzahl neuer Pflanzen, absichtsvoll oder eher zufällig, nach Cabo Verde verfrachtet. Die heimische Vegetation wurde durch Land- und Weidewirtschaft sowie Brenn- und Bauholzbedarf grundlegend verändert oder zerstört. Unabhängig davon änderte sich die Flora aufgrund fortschreitender Desertifikation.

Bis heute stieg die Gesamtzahl der Pflanzenarten auf rund 850 an. Nur in einigen abgelegenen Hochlagen oder landwirtschaftlich unbedeutenden Trockenzonen kann man das einstige Ökosystem noch erkennen. Verglichen mit Lebensräumen auf anderen mittelatlantischen Inseln wie den Kanaren oder Madeira ist die Pflanzenwelt Cabo Verdes artenarm.

Viele **landwirtschaftliche Kulturpflanzen** (s.u. „Landwirtschaft") kamen aus Europa, Afrika und Lateinamerika. Als eine der erste Nutzpflanzen wurde der Baumwollstrauch importiert.

1772 kamen an Bord der Expedition von *James Cook* zwei deutsche **Naturforscher** auf die Inseln. Weitere Berichte über die Pflanzenwelt folgten von *Charles Darwin,* der 1832 auf Cabo Verde Pflanzen und Tiere bestimmte, und von dem Portugiesen *Barbossa,* der in Cabo Verde lebte. Eine umfassende biologische Erforschung begann vor et-

wa 35 Jahren, die vor allem *Dr. Wolfram Lobin* vom Frankfurter Senckenberg-Museum schriftlich zusammenfasste. Er wurde federführend in Arbeiten über Flora und Fauna Cabo Verdes (s.u. „Literatur" im Anhang).

Zu den **endemischen Pflanzenarten** gehören die in Hochlagen, z.B. auf Santo Antão und São Nicolau häufig vorkommende, Laub abwerfende Kapverden-Wolfsmilch *Euphorbia tuckeyana,* der in der Caldeira am Fogovulkan wachsende Kreuzblütlerstrauch *Erysimum kapverdianum,* der auf den Südinseln zu findende Natternkopf *Echium hypertropicum* und die wilde, dichtbuschige Palme *Phoenix atlantica.*

Dattelpalmenhain bei Sal Rei/Boa Vista

Die Flora Cabo Verdes beeinflussen hauptsächlich **klimatische Faktoren;** die geringe Niederschlags- und Feuchtigkeitsmenge ist der wichtigste Faktor für unterschiedliche Wuchsformen und Pflanzenarten. Durch die geographische Lage am Rande der Sahelzone ist ein Großteil der Pflanzen angepasst an die kargen Bedingungen und übersteht anhaltenden Wassermangel und starken Wind. Nach einem der seltenen, dann aber heftigen Regenfälle erwacht die Natur schlagartig und Samen, die jahrelang in der Erde geschlummert haben, drängen durch den steinigen Boden ans Licht. Ein frisches, frühlingshaftes Grün überzieht das Land, bis es aufs Neue verdorrt.

Durch die unterschiedlich geprägten Oberflächenformationen der einzelnen Inseln ist auch ihre **Vegetation sehr verschieden.** So weisen die flachen und wüstenhaften Ostinseln sehr trockenresistente Pflanzen auf, es dominieren Gräser und Arten aus dem Sahel. Gehölze wachsen nur vereinzelt und an windgeschützten, feuchteren Stellen. Die gebirgigen Inseln dagegen haben im Einflussbereich des Passatnebels ein breiteres Spektrum an Vegetationszonen bis hin zum Nebelwald.

Die Flora **entlang der Küste** erinnert an die Sahara und erlaubt keine landwirtschaftliche Nutzung. Salztolerantes, niedriges, holziges Buschwerk, oft Dorngehölz, bestimmt das Bild. Dazwischen treten Akazien *(Acacia albida)* oder Gruppen von Phoenix-Palmen auf. Auf den Dünen wachsen Gräser, darunter ein endemisches Zyperngras *(Zyperus cadamosti)*. Die Vulkangesteine sind von Flechten überzogen.

Im Mündungsbereich der **Trockentäler,** in denen sich die Feuchtigkeit eher speichert, wachsen Feigen, Akazien, Lorbeergewächse, Kokos- und Dattelpalmen sowie Tamariskenbüsche *(Tamarix senegalensis)*, die sich auch bis weit in die Täler hineinziehen.

In den feuchteren, ganzjährig **grünen Tälern,** besonders auf den Gebirgsinseln, fühlt man sich in die Tropen versetzt. Dichter Pflanzenreichtum wächst neben dem meist ausgetrockneten, steinigen Flussbett hoch hinauf an den Steilwänden, und jeder Fleck bebaubaren Bodens wird zur Terrassenkultur genutzt. Zwischen Bananen, Mango- und Zitrusbäumen und weiten Zuckerrohrpflanzungen leuchten die roten Blüten der Cana, vereinzelte blau blühende Jacarandabäume oder die Bougainvillea-Sträucher in verschiedenen kräftigen Farben. Agavenähnliche Pflanzen mit hohen, antennenartigen Blütenständen wachsen an den steilsten Felsen. Der zunehmende, flächendeckende Wildwuchs der Agaven sowie der ebenfalls aus Südamerika stammenden gelb-roten Wandelröschen wird unter ökologischen Gesichtspunkten als kritisch betrachtet.

Auf den **mittleren Höhenlagen** zwischen 600 und 700 m an feuchteren, luvseitigen Hanglagen der Gebirgstäler wachsen verholzende Stauden und Buschwerk aus Lavandula- und Artemisia-Arten, die man wegen ihrem rosettigen Blattwerk auch **Federbuschvegetation** nennt. Auch sie können Feuchtigkeit aus dem Nebel gewinnen. Leider sind sie eines der Hauptopfer zunehmender Trockenheit und in Extremlagen vorstoßender Holzsammler.

Daneben gibt es an den unter dem Einfluss der Passatwolken liegenden Hängen und Berggipfeln eine Reihe von Endemiten wie die Kapverden-Wolfsmilch oder die Kapverden-Hauswurz, Rosmarin, Lavendel und mandelblättrige Kugelblumen. Auch Natterkopf, Eisenholzbaum, die gelbe Gänsedistel und der Drachenbaum finden hier ihren Lebensraum. Die **Hauswurz** *(Aeonium gorgoneum)* bildet Rosetten aus löffelförmigen, zur Mitte hin kleiner werdenden, eng geschichteten Blättern, die während der Monate April bis Juni einen aufrechten Blütentrieb mit gelblichen Blüten ausbilden. Sie findet sich besonders in den hochgelegenen Steilhängen der Talschlüsse der Rª da Torre und Rª do Paúl auf Santo Antão.

Drachenbäume *(Dracaeno draco)* begegnet man auf Brava, Santo Antão und São Nicolau in schönen Exemplaren. Seltsamerweise kommen sie nur auf den mittelatlantischen Inseln und am östlichen Extrem von Afrika, auf dem Socotra-Archipel (Yemen) und in Nordsomalia, vor. Im Tertiär gab es auch in Frankreich Drachenbäume, denn die Pflanze stammt aus dem Mittelmeerraum, hat aber dort die Eiszeiten nicht überlebt. Der Drachenbaum ist eine botanische Sensation, das einzige einkeimblättrige Gewächs mit echtem Dickenwachstum und Verholzung. Dadurch kann er ein Alter von 500 Jahren und bis zu 20 m Höhe erreichen. Jede Verzweigung entspricht einem Zeitraum von 15 bis 20 Jahren, so dass man das Alter recht gut abschätzen kann. Die farblose, harzige Ausscheidung, die bei Verletzung des Stammes austritt, färbt sich an der Luft dunkelrot. Dieses „Drachenblut" *(sangue d'orgueiro)* gab dem Baum seinen Namen und wurde als Allheilmittel eingesetzt. Der größte Feind des Drachenbaums ist der Ziegenverbiss, der junge Pflanzen nicht mehr aufkommen lässt. Man sieht aber da und dort schon junge Exemplare im geschützten Hausgarten. Die kugeligen Samen keimen nach etwa drei Wochen. Sie sind ein nettes Souvenir, am besten leicht getrocknet, nachdem man sie zwei Wochen im Rucksack vergessen hatte, und gedeihen hervorragend auf europäischen Fensterbänken. Grogue-Spezialisten wissen, wie dank der Samen ein wasserklarer Grogue in Sekunden um Jahrzehnte altert zu einem samten braun gefärbten *grogue velha* (alter Rum). Wanderer begegnen großen Exemplaren in Paúl (Cabo da Rª, Chã de Padre, Ribeirãozinho) und auf São Nicolau überall in Fajã. In Brava hält der Aluguer direkt unter einem besonders schönen Drachenbaum wenig oberhalb von Vila de Nova Sintra.

Die endemische **Kapverdische Glockenblume** *(Campanula Jacobaea)* blüht blau-violett an Felshängen in höheren Lagen, häufig direkt an den Wanderwegen. Sie ist die Nationalblume Cabo Verdes.

In Trockenzonen findet man die **Bombadeira** *(Calotropis procera),* einen ca. 3 m hohen Strauch mit weiß-violetten Blüten, dessen große, runde Früchte seidige Samen beinhalten, die sich zum Füllen von Kissen eignen.

Auffällig sind die kleinen, knorrigen **Rizinus-Bäumchen,** die früher zur Herstellung von medizinischem Öl oder Schmieröl verwendet wurden und heute noch verwildert auftreten.

Die getrockneten Blätter der **Agavenart Fourerea,** die zum Teil Straßen begrenzt und sich wild wachsend über steilen Hänge ausbreitet, dienen auch heute noch als Brennmaterial und für Flechtarbeiten.

Drachenbaum

In der traditonellen Medizin Cabo Verdes spielen aus Pflanzen zubereitete Tees, Packungen, Bäder, und Rauchkammern eine große Rolle. Viele von ihnen sind hochwirksam – und damit nicht nebenwirkungsfrei, andere wirken eher dadurch, dass sie glatt in ein traditionelles Erklärungsmodell passen und Patient und Familie daran glauben. Nach mehreren Jahren als Arzt im ländlichen Porto Novo und einigen Studien bin ich sicher, dass über der Hälfte aller vorkommenden Pflanzen, wahrscheinlich fast allen eine mehr oder weniger klar definierte Heilwirkung zugeschrieben wird.

Einige mit kontrollierbarer Wirkung verwenden wir bis heute in der ärztlichen Praxis. Kopfdampfbäder mit Eukalyptusblättern bei grippalen Infekten, Papayamilch statt Zugsalbe bei Furunkeln und Papayasamen zur Behandlung bei Wurminfektionen sind gute Beispiele. Vor anderen haben wir das Fürchten gelernt. So war es auf dem Land üblich, die Wehen mit traditionellen Tees anzuregen. Als die Frauen in der Stadt sich daran gewöhnten, im Krankenhaus zu entbinden und der moderne Glaube ans „Viel nützt viel" eingesetzt hatte, nahmen sie kurz vor dem Weg ins Krankenhaus eine massive Überdosis. In der

ka-g-117 Foto: gr

Folge kamen nicht wenige Kinder nach einer vernichtenden Dauerkontraktion im Taxi oder in der Notaufahme tot zur Welt.

Andere Pflanzen schmecken gut als Tee wie Minze *(Hortalã)*, Eisenkraut *(Lúcialima)* oder Zitronengras *(Gingipe)*.

Die **Wiederaufforstung** wurde bereits vor der Unabhängigkeit begonnen und genoss danach hohe politische Priorität. Im **Hochland** und in den Gebirgsregionen oberhalb der Wolkengrenze glaubt man sich in mediterrane Zonen versetzt. Mit der Pflanzung von Sträuchern und Bäumen in Trockenzonen und Hochlagen soll zum einen die Bodenerosion gemindert und zum anderen der Wasserhaushalt der Inseln verbessert werden. Bevorzugt verwendet man für die höheren Regionen Baumarten wie die Kanarenkiefer *(Pinus canariensis)*, Mimosen *(Prosopis juliflora)*, Parkinsonien, Zypressen, Akazien und stellenweise den schnellwachsenden Eukalyptus. Viele der Bäume und Federbuschpflanzen sind auf das Leben in Nebelwäldern spezialisiert.

In den tieferen Lagen eignen sich trockenresistente Sträucher und Bäume, die ein Abtragen des sandigen Bodens durch Wind und heftige Regengüssen verhindern sollen. Im Nordwesten von Boa Vista wurden sie zur Befestigung von Wanderdünen gepflanzt.

Aloe vera

Auffällig ist, dass Straßen in Cabo Verde oft von einer Art „Begleitgrün" begrenzt sind. Es handelt sich bei den in Reih und Glied gepflanzten Gewächsen um die Aloe vera (oder auch Curaçao-Aloe), die zu manchen Zeiten sehr schön erblüht. Sieht man eine Aloe-Pflanze das erste Mal und ist nicht gerade Biologe oder Botaniker, glaubt man, die Aloe gehört zu den Kakteengewächsen. Das Gewächs gehört jedoch zu den **sukkulenten Liliengewächsen** und kann längere Zeit in ihren Blättern Wasser speichern. Deshalb haben sich Aloen in sehr trockenen Gegenden Ostasiens, Afrikas, Südamerikas, Spaniens und auch in Cabo Verde verbreitet, wo sie trotz flachem Wurzelwerk viele Wochen ohne Regen auskommen können. Schneidet man ein Aloe-Blatt ab, schließt sich die verletzte Stelle innerhalb weniger Stunden. Die Pflanze heilt ihre Wunde selber. Von den über 300 Aloe-Arten, die auf der Welt wachsen und alle ihren Ursprung auf dem afrikanischen Kontinent haben, ist insbesondere die Aloe vera medizinisch wertvoll. Die Aloe-Polysaccharide wirken in ganz spezieller Weise auf das menschliche Immunsystem. Afrikanische Medizinmänner und die Heilkundigen Japans haben sich die **Heilwirkungen der Aloe** schon lange nutzbar gemacht.

Selbstverständlich stimuliert eine exotische Heilpflanze mit langer Tradition den Wissensdurst und die Fantasie europäischer Naturheiler auf der Suche nach dem Sanften. Die Leute im Inselinneren sind da weniger esoterisch. Sie verwenden Aloe Vera als Wurmmittel und Schuppenshampoo. Der fürchterlich bittere Saft, auf die Brustwarze geschmiert, überzeugt auch den trinkfreudigsten Säugling, dass es Zeit sei abzustillen ...

Allein in den 1980er Jahren wurden fast 3 Mio. Bäume und Sträucher rund 50 verschiedener Arten auf den Inseln gepflanzt; bis heute ist das Ausmaß der Aufforstungsaktionen enorm. Auf Maio wird das Köhlern wieder praktiziert und auch Inseln wie São Vicente können ihre Bäckereien wieder mit eigenem Brennholz versorgen.

Einige Pflanzenarten haben die Geschichte Cabo Verdes bestimmt:

Färberflechten, kreol: *urzela (Rocella tinctoria),* hatten vom Altertum bis zum Ende des 19. Jahrhunderts enormen Wert. Die unscheinbare Flechte wachst auf von der Salzgischt befeuchteten Felsen, wo sie in abenteuerlicher Kletterei geerntet wurde. Die Flechten wurden in einer stinkenden Brühe zusammen mit Ziegenurin in Erdgruben vergoren und anschließend zu bläulich-schwarzen Klumpen eingetrocknet. Einer der daraus gewonnenen Farbstoffe ist das jedem Schüler bekannte Lackmus. Das europäische Zentrum des Handels mit Flechten-Farbstoff war Marseille, wovon sich der Name des Inhaltsstoffes, des **Orcein** ableitet, auf dem alle Farbvarianten letztlich basieren. Wie vom Lackmus bekannt, erscheinen die Farbstoffe rot oder blau, je nach dem pH-Wert bzw. der Art der Verarbeitung im Färbeprozess. Von Marseille ging die **Orseille-Paste** nach Lion, wo Handwerker die sündhaft teure, dem Adel vorbehaltene leuchtend rote **Orseille-Seide** herstellten. Rote Stoffe strahlten Reichtum und Macht aus – nicht zuletzt ein Grund, weshalb sich die Kirchen dem Brauch anschlossen und die Tradition an die kommunistischen Parteien weitergaben. Vor allem aus Holland kennt man die einfachere blaue Variante der Färberei mit Flechtenfarbstoffen als Arbeitskleidung.

Färberflechten kommen an allen Meeren vor, doch die besonders ergiebige *Rocella tinctoria* ist auf die makkaronesischen Inseln, Azoren, Madeira, Kanaren und Cabo Verde beschränkt. So nimmt es nicht Wunder, dass wenige Jahre nach der Entdeckung Händler von den Kanaren Exportverträge schlossen und die Inseln nach Flechten absuchten. Mitte des 19. Jahrhunderts waren die Bestände durch Übersammeln dezimiert. Nach einer kurzen Phase der Konkurrenz verdrängten die synthetischen Anilin-Farbstoffe von Bayer um 1910 die Färberflechte endgültig vom Markt.

Purgiernüsse, kreol: *purgeira (Jatropha curcas)* wachsen an einem bis 3 m hohen Ölsamenstrauch. Gegenüber Trockenheit und kargem Boden ist der Strauch extrem widerstandsfähig, bis zum Siegeszug der Mineralöle wurde er in großen Plantagen als Exportkultur angebaut. Das aus den mandelartigen Früchten gepresste Öl (kreol: *ol' de pulga)* diente in Portugal zur Straßenbeleuchtung und in England, in der Zeit der Dampfmaschinen, als Schmier- und Reinigungsöl. Gefiltert und gereinigt könnte man es als Treibstoff für Dieselmotoren verwenden. In der Tradition Cabo Verdes diente es bis in die 1960er als Beleuchtungs- und Schmieröl und für die lokale Herstellung von Seifen und Kerzen. In der traditionellen Medizin hat es ähnlich durchschlagende Wirkung wie die Produkte des verwandten

Rizinusstrauches. Vergiftungen kommen vor, wenn Kinder die Kerne mit essbaren Nüssen verwechseln. Auf Santo Antão und Santiago entdeckt man auf fast jeder Wanderung einige der selten gewordenen Sträucher.

Eine hübsche, hervorragend bebilderte Broschüre zu den endemischen Pflanzen Cabo Verdes ist leider nicht mehr im Druck, steht aber vollständig im Internet: www.iwoe.de/pflanzenweltweit/kapverdeframe.html.

Fauna

Zwischen den Inseln und dem afrikanischen Festland gab es niemals eine Landbrücke. So konnten sich nur diejenigen Tierarten entwickeln, die ihren Weg über das Wasser oder durch die Luft nach Cabo Verde fanden, also vor allem Vögel und Insekten. Derart isolierte Inseln sind extrem artenarm.

Aus der Geschichte der **naturkundlichen Forschungen** gibt es erste Dokumente des deutschen Naturwissenschaftlers *J.G. Förster,* der Cabo Verde 1772 auf einer Expedition von *James Cook* besuchte. Nur 20 Jahre später beschrieb der Portugiese *J. Silva Feijo* den mittlerweile ausgestorbenen Riesenskink *Macroscinus coctei.* 1832 studierte *Charles Darwin* auf Santiago die Fauna und Flora sowie die Geologie der Inseln. In jüngster Zeit wurden umfassende Untersuchungen und Forschungen in verschiedenen Projekten auf den Inseln unternommen. Weitreichende Arbeiten unternahm auch der Wissenschaftler *Wolfram Lobin* vom Botanischen Institut der Universität in Bonn (siehe „Literatur"). Einige Studien zur Fauna, speziell zur Vogel- und Insektenwelt sowie zur endemischen Flora sind bereits erfolgt bzw. befinden sich noch im Stadium der Erfassung.

Außer Fledermäusen gibt es keine einheimischen **Säugetiere.** Es heißt, dass nur eine Fledermausart, das Graue Großohr, ein natürliches Vorkommen auf den Inseln hat. Hingegen wurde die Grüne Meerkatze *(Cercopithecus aethiops sabaeus),* die nur auf Santiago in kleiner Zahl vertreten ist, aus Westafrika eingeführt. Sie fand bereits in Dokumenten aus dem 18. Jahrhundert Erwähnung, und man findet sie bis heute wild am Monte Graçiosa bei Tarrafal de Santiago. Außerdem leben wilde Kaninchen auf den Inseln, und natürlich wurden mit den Schiffsladungen auch Mäuse und Ratten eingeschleppt.

Es gibt zwar keine Schlangen auf Cabo Verde, dafür aber andere interessante **Reptilien** in bemerkenswerter Artenvielfalt. Das trockenheiße Klima und die steinige Landschaft bieten einer Vielzahl von kleineren, teils bunten **Echsen** Heimat, die man im felsigen Gelände beobachten kann. Vielleicht haben Sie in ihrem Quartier auch das Glück, einen der scheuen kleinen **Geckos** an der Wand zu sehen oder zumindest seine hellen Ruftöne zu hören. Geckos ernähren sich von Insekten wie Fliegen und Spinnen und sind gern gesehene Mitbewohner.

An saisonalen Wasserläufen und in Sumpfbereichen oder an Wasserzisternen hört man nachts das laute Quaken der **Frösche.** Früher wurden an Wasserspeichern auch Kröten und kleine Fische *(Guppies; gambusia)* zur Dezimierung der Mücken eingesetzt, sind aber durch oberflächliche Abschließung der Brunnen im Bestand zurückgegangen.

Zu den schönsten **Insekten** der Inseln zählen die vielen Arten der **Schmetterlinge,** darunter Ritterfalter *(Papilionidae),* Schwalbenschwänze, Monarchen *(Danaidae),* Bläulinge *(Lycaenidae),* Weißlinge *(Pieridae),* Augenfalter *(Satyridae)* sowie der auch bei uns beheimatete Distelfalter. Mit etwas Beobachtungsgabe sieht man zur Blütezeit teilweise handtellergroße Exemplare herumschwirren. An Wasser- und Sumpfstellen wird man leicht buntgefärbte, rote und blaue **Großlibellen** entdecken.

Ungeheuer vielfältig ist die Welt der **Gliedertiere, Käfer und Spinnen.** Der Spinnenforscher *Prof. Günter Schmidt* zählt Cabo Verde zu den weltweit interessantesten Spinnenreservaten. So kennt man bereits über 100 verschiedene Arten, von denen fast die Hälfte endemisch ist. Santo Antão ist die artenreichste Insel. Die auffälligste Art ist die Zebraspinne *(Argiope),* die mehrere Meter große Netze spannt. Sehr schön gelb-schwarz gezeichnet ist die relativ große Bananenspinne. Die meisten dieser Spinnenarten sind so scheu, dass man sie nie zu sehen bekommt. Auch die seltenen und in kleiner Zahl vorkommenden giftigen Arten, darunter die Braune Witwe, können dem Menschen nicht gefährlich werden.

Auch die **Käferfauna** mit rund 500 Arten, davon ein Drittel endemisch, ist bemerkenswert.

Ein besonders auffälliger **Gliederfüßler,** der bis zu 20 cm lange **Skolopender (Hundertfüßler),** kann für den Menschen unangenehm werden. In der Regel verkriecht sich das schnelle, scheue Tier unter Steinen oder in Abflussrohren, so dass man einem lebenden Exemplar äußerst selten begegnet. Fühlt sich der Skolopender bedroht, dann überträgt er ein skorpionartiges Gift, das starke Schmerzen verursacht.

Anophelen, die Überträgermücken der Malaria, sind in Cabo Verde größtenteils zoophil. Die Weibchen nehmen ihre Blutmahlzeit lieber an Tieren als an Menschen, weshalb die endemische Malaria nur noch im Süden von Santiago in kleinen Fallzahlen vorkommt. Überträgermücken für Dengue-Fieber und Gelbfieber sind ständig vorhanden, doch kam es seit dem Eintritt der Sa-

Gefährliche Tiere

Als kleine Inselökologie kann Cabo Verde keine Schlangen haben. **Skorpione** *(lagrão)* gibt es auf Santiago. **Physalis physalis** (engl.: *Portuguese Man of War* oder *Bluebottle,* kreol: *água viva),* ein stark nesselndes Meerestier, kann die Badenden im Frühjahr ärgern. Auch die Begegnung mit einem **Hundertfüßler** *(centopeia)* an Land kann schmerzhaft sein. Letztlich ist nach der Häufigkeit der Verletzungen, die man als Arzt zu sehen bekommt, der **Seeigel** das gefährlichste Tier. Es gibt nur wenige davon, aber viele Menschen, die barfuß in den Pfützen am Meer herumstrauchen.

heldürre nicht mehr zu Epidemien. Insgesamt sind die Mückenpopulationen sehr von der Dürre bedrängt, so dass man selten von Mücken geärgert wird und sie für die öffentliche Gesundheitspflege in ihrer Bedeutung zurückgegangen sind.

Die Vögel Cabo Verdes

von *Sabine Hille*

Auch wenn es ein erster Blick über die karge Landschaft nicht vermuten lässt, kann man viele verschiedene Vögel entdecken. Bislang konnten um die 160 Vogelarten auf dem Archipel beobachtet werden. Man muss aber schon ein wenig Geduld aufbringen, bevor man mit faszinierenden Beobachtungen belohnt wird. Interessanterweise sind die meisten Arten **Zug- und Gastvögel** aus fernen Ländern. Sind diese auf der Durchreise und auf dem Weg zwischen südlichen Überwinterungsplätzen und nördlichen Brutgebieten, halten sie sich meist nur kurze Zeit, also Tage bis Monate zwischen September und April, auf dem Archipel auf. Der Nordostpassat begünstigt das Abdriften mancher Zugvögel von ihren Zugrouten entlang des afrikanischen Kontinents und erklärt das Auftreten auf dem abseits der Routen liegenden Archipel. Im Gegensatz dazu stehen 48 Arten, die auf den Kapverden brüten und als Standvögel nie wegziehen und daher ganzjährig anzutreffen sind. Inseln wie die Kapverden sind Zentren der Artenbildung und gelten als „hotspots" der Biodiversität, an denen sich **endemische Arten** bilden. Zu den Endemiten zählen vier Arten: der Kapverdenrohrsänger *(Acrocephalus brevipennis)*, die Razolerche *(Alauda razae)*, der Alexandersegler *(Apus alexandri)* und der Kapverdensperling *(Passer iagoensis)*. Daneben findet man zehn endemische Unterarten, wie z.B. den Kapverdenmilan *(Milvus milvus fasciicauda)*, den Kapverdenpurpurreiher *(Ardea purpurea bournei)*, oder die zwei Turmfalkenunterarten *(Falco tinnunculus alexandi* und *Falco tinnunculus neglectus)*.

Brutvögel

Wir unterscheiden bei den Brutvögeln zwischen den Land- und Meeresvögeln. Unter den **Landvögeln** finden wir Arten, die an trockene Lebensräume wie Wüste oder Dornbuschsavanne angepasst sind so z.B. der Rennvogel *(Cursorius cursor)*, vier Lerchenarten und der Wüstenrabe *(Corvus ruficollis)*. In den feuchteren Gebieten des Trockenfeldbaus und der Bewässerungsplantagen leben der Graukopfliest *(Halycon leucocephala)*, der Wellenastrild *(Estrilda astrild)*, die melodisch singende Mönchsgrasmücke *(Sylvia atricapilla)*, und der Kapverdenrohrsänger *(Acrocephalus brevipennis)*. Die Brutzeit der meisten Vogelarten setzt direkt nach den ersten Regenfällen im Herbst ein. Wenn die Niederschläge ausreichen, sind Zweitbruten keine Ausnahme. Fällt die Regenzeit aus, kann es mehrere Jahre hintereinander zum Brutausfall kom-

Brauntölpel

men. **„Passarinha"** nennen die Einheimischen den **Graukopfliest,** jenen auffallenden blauen Verwandten des Eisvogels, dessen langer roter Schnabel kontrastvoll leuchtet. Er ernährt sich von Skinken, also kleinen Reptilien, Mäusen und Grashüpfern, die er von einer Ansitzwarte aus mit pfeilschnellem Flug mit dem Schnabel am Boden fängt. *Charles Darwin* hatte den Graukopflest auf seiner Expedition im Jahre 1832 bereits als häufigen Vogel auf Santiago beschrieben. Heute ist er auf Brava, Fogo und Santiago beschränkt. Sein nächstes Verbreitungsgebiet liegt, wie auch das der Lerchen und des auf allen Inseln auffälligen Wüstenraben, auf dem afrikanischen Kontinent. Zu den typischen Kulturfolgern zählen die **Spatzen.** Bei genauerem Hinsehen kann man den Kapverdensperling *(Passer iagoensis),* die kleine endemische Art mit dem weißen Streifen über dem Auge, von dem eingeschleppten Weiden- *(Passer hispaniolensis)* und Haussperling *(Passer domesticus)* unterscheiden.

Die Besonderheit der endemischen Vogelarten wertschätzend, reicht man sich den Kapverdenrohrsänger täglich von Hand zu Hand, abgebildet auf der 1000-ECV-Banknote. Auf Santiago sind 200 bis 300 Brutpaare von ihm zu finden, und jüngst wurde auf São Nicolau eine zweite, sehr kleine Population entdeckt.

Greifvögel haben ihren Verbreitungsschwerpunkt nur noch auf Santo Antão und Santiago, wo Mäusebussard und

Wanderfalke in abgelegenen Bergregionen brüten. Neben den beiden endemischen Turmfalkenformen, die auf allen Inseln anzutreffen sind, sind Fischadler und Schmutzgeier nur auf einzelnen Inseln vertreten. Die Fischadler haben die besten Nachwuchsraten auf den nördlichen Inseln, insbesondere auf den unbewohnten Inseln. Ei- und Jungvogelentnahme sowie indirekte Störungen der Gelege durch den Menschen sind hier noch gering. Die letzten Individuen des **Kapverdenmilans** sind mittlerweile nur noch auf Boa Vista und Maio zu finden, wo sie sporadisch auftauchen, um von saisonalen Massenerscheinungen großer Heuschrecken zu profitieren. Sein letztes Brutvorkommen wurde vor Jahrzehnten auf Santo Antão nachgewiesen. Um das „leise" Verschwinden des Kapverdenmilans zu verhindern, ist 2001 in internationaler Zusammenarbeit ein Schutzprogramm umgesetzt worden. Nach jahrelangem Studium der Verhaltensweisen ist es gelungen, einige Tiere für ein Nachzuchtprogramm zu fangen. Für den Schutz der Art auf den Kapverdischen Inseln werden Bestandsentwicklung und Überlebensstrategien des Kapverdenmilans weiterhin erforscht. Alle Beobachtungen von Milanen sind für das Artenschutzprogramm wesentliche Datenpunkte und können der Autorin gemeldet werden (S.Hille@klivv.oeaw.ac.at). Der Vogel steht als trauriges Sinnbild für die Gefährdung der endemischen Inselformen.

Die meisten **Meeresvögel** brüten in Kolonien in den seezugewandten Kliffs der bewohnten und unbewohnten Inseln, so z.B. vier Sturmtaucher- und zwei Sturmvogelarten, der langschwänzige Rotschnabeltropikvogel *(Phaethon*

ka-h-125 Foto: hi

ka-b-124 Foto: bö

aethereus), Brauntölpel *(Sula leucogaster)* und Prachtfregattvogel *(Fregata magnificens)*. Auch im Gebirge des Binnenlands, z.B. in der Kraterregion Fogos, finden Sturmtaucher noch sichere Bruthöhlen. In den Steilhängen kann man im Frühjahr nachts ihre eigenartigen Schreie hören, die sie während der Paarungszeit beim Ein- und Ausfliegen aus ihren Höhlen von sich geben. Tagsüber jagen sie weit draußen auf dem Meer. **Sturmtaucher, Sturmvogel** und **Brauntölpel** erscheinen aus der Entfernung als wendige, abwechselnd schwarz-weiß wirkende Vögel, die dicht über dem Wasser fliegen. Am besten lassen sie sich vom Schiff aus beobachten. Auffällig erscheint das Fehlen der für Küstenregionen des Festlandes typischen Brutkolonien von Möwen und Seeschwalben. Auf der unbewohnten Insel Santa Lucia, vor der menschlichen Besiedlung eine große Brutkolonie, verhindern verwilderte Hauskatzen in großer Zahl die erneute Etablierung von Seevögeln.

Die kapverdianische Population des größeren **Prachtfregattvogels** besteht aus weniger als fünf Brutpaaren. Bei den alten Männchen kann man eine rote Kehle erkennen, die zum Balzen sackförmig aufgeblasen wird. Das nächste Verbreitungsgebiet dieses eleganten Meeresvogels sind die tropischen und subtropischen Atlantik- und Pazifikküsten Amerikas.

Ganz links: Turmfalke (endemisch);
links: Graukopfliest

Zugvögel

Zugvögel kann man hervorragend an Salinen wie z.B. bei Pedra de Lume (Sal) und anderen Stillgewässern wie an der Rª do Rabil (Boa Vista) oder an der Kläranlage nahe Mindelo (São Vicente) beobachten. Die meist langbeinigen **Wattvögel** wie Stelzenläufer *(Himantopus himantopus)*, Löffler *(Platalea leucorodia)*, Flussuferläufer *(Actitis hypoleucos)* sowie verschiedene **Regenpfeifer, Reiher-** und **Strandläuferarten** suchen hier im feuchten Substrat nach Nahrung und bauen Fettreserven auf, die sie für den langen Zugweg benötigen. Als seltene Gäste kann man den von Amerika kommenden Amerikanischen Goldregenpfeifer *(Pluvialis dominica)* oder den von Afrika stammenden Zimtroller entdecken *(Eurystomus glaucurus)*. Im Küstenbereich und über Brackwasserflächen tauchen Seeschwalben im Sturzflug kopfüber ins Wasser. Vier Arten sind regelmäßig auf dem **Durchzug** oder als Überwinterer zu sehen. Steinwälzer *(Arenaria interpres)*, Regenbrachvogel *(Numenius phaeopus)* und Seidenreiher *(Egretta garzetta)* gehen an den vom Meer regelmäßig überspülten Felsen der Nahrungssuche nach. **Am Strand** dagegen huschen Sanderlinge *(Calidris alba)* im Trippelschritt hinter den zurücklaufenden Wellen. Sie picken nach freigespülten Kleininsekten. Manchmal verirren sich auch junge Dreizehenmöwen *(Larus tridactyla)* oder Lachmöwen *(Larus ridibunda)* auf die Kapverdischen Inseln. Mehrere hundert **Kuhreiher** *(Bubulcus ibis)* versammeln sich abends regelmäßig in traditionellen Schlafbäumen.

Ein Spaziergang in der Abenddämmerung in Sao Filipe (Fogo) und in Praia in Hafennähe (Santiago) kann daher zum besonderen Erlebnis werden. In den Büschen findet man die bei uns heimischen **Singvögel,** wie z.B. Trauschnäpper *(Ficedula hypoleuca),* Schafstelze *(Motacilla flava)* oder Steinschmätzer *(Oenanthe oenanthe).* Das geschulte Auge kann im Binnenland der Inseln weitere europäische Gäste entdecken, wie z.B. den Wiedehopf *(Upupa epops)* oder den Bienenfresser *(Merops apiaster).* Im Frühjahr wird man sich über vereinzelte Rauch- und Mehlschwalben *(Hirundo rustica, Delichon urbica)* als Vorboten des europäischen Sommers freuen, die wenig später in Europa ihre Nester bauen werden.

Gefährdung

Seit der Besiedlung des Archipels durch den Menschen werden die Vogelbestände durch die **Entnahme von Eiern und Jungvögeln** aus den Brutkolonien dezimiert. Folglich sind die heutigen Standorte der Seevogelkolonien nur noch auf schwer zugängliche Küstenbereiche beschränkt, zu denen sich die Fischer dennoch vom Meer aus Zugang verschaffen. Mit der wachsenden Bevölkerung geht eine Besorgnis erregende Abnahme der Seevögel einher. Bei systematischen Zählungen der Seevogelkolonien durch Mitarbeiter des Biodiversitätszentrums auf Boa Vista wurde festgestellt, dass einige Kolonien nur geringen bis keinen Nachwuchs haben, da Küken bzw. Eier vollständig aus den Kolonien entwendet werden. Auf Cural Velho z.B. sind Prachtfregattvogel, Brauntölpel und Sturmtaucher von der massiven Eliminierung betroffen. Der Fortbestand der Seevogelkolonien wird ohne den **Schutz der Brutplätze** vor dem Menschen langfristig nicht gewährleistet sein, da die Populationen mit geringem Nachwuchs überaltern werden. Der Rückgang betrifft nicht nur die Seevogelarten. Nach der Roten Liste galten 1996 insgesamt 47% der Vögel Cabo Verdes als gefährdet.

Auch die drastische Entwicklung beim **Kapverdenmilan** ist u.a. auf die direkte Verfolgung durch den Menschen zurückzuführen, der ihn als Hühnerdieb nicht wertschätzt. Da geeignete Beutetiere in der Landschaft immer schwerer zugänglich sind, erbeuten Milane und Turmfalken auch Hühnerküken, die im Freiland gehalten werden.

Die **Razolerche** brütet nach neuesten Untersuchungen mit nur noch ca. 100 Individuen auf der unbewohnten Insel Razo, ihrem einzigen Brutplatz auf der Welt. Mit ihrem langer Schnabel, den sie verwendet, um unterirdische Knollen freizugraben, ist sie an Wasser- und Nahrungsknappheit außergewöhnlich angepasst. Die Insel Razo unterliegt daher einem hohen Schutzstatus und darf nicht betreten werden. Der seltene endemische **Kapverdenpurpurreiher** ist nur auf der dicht bevölkerten Insel Santiago anzutreffen. Wegen direkter Verfolgung und dem Fällen seiner Brutbäume sind nunmehr weniger als zehn Paare existent. Die Brutpaare verteilen sich auf drei Bäume, zwei Mahagoniebäume *(Khaya senegalensis)* nahe der Ortschaft Banana und auf einen Kapokbaum nahe Assomada.

Ein erster Schritt zum Schutz der Rasolerche und der Seevogelkolonien ist durch die Erklärung von **Schutzzonen,** der die unbewohnten Inseln umfasst, bereits erreicht. Der jüngst errichtete Nationalpark berücksichtigt neben den Gebieten der seltenen und gefährdeten Vogelarten auch andere Tiergruppen sowie botanische Aspekte. Die Überwachung der Kolonien kann so entsprechend intensiviert werden, damit das endgültige Verschwinden einiger Arten auf den Kapverden vielleicht noch verhindert werden kann.

Der Urlauber auf Cabo Verde kann täglich so viele Eindrücke sammeln und sich bewusst sein, dass das Beobachten der seltenen Inselformen und Gastvögel zu den besonders wertvollen Erlebnissen auf den Inseln zählt.

Jedes menschliche Verhalten, das eine Störung der Brutgebiete und einzelnen Neststandorte darstellen könnte, ist im Hinblick auf die hohe Gefährdung absolut zu unterlassen. Das Betreten der geschützten, unbewohnten Inseln wie z.B. Cural Velho oder Razo ist zudem behördlich verboten und in keinem Fall zu raten.

Ein Heft über die Vögel der Kapverden in portugiesischer Sprache mit für ihre Bestimmung geeigneten Abbildungen kann an den Verkaufsständen der PROMEX erworben werden.

Weiterführende Literatur

- *Bannerman, D. A. & Bannerman W. M.* (1968): History of the birds of the Cape Verde Islands. Edinburgh, Oliver & Boyd.
- *Donald, P. F., de Ponte, M., Pitta Groz, M. J., Taylor, R., Wells C., Marlow, T. & Hille, S. M.* (subm.): Status of the Cape Verde Cane Warbler Acrocephalus brevipennis on São Nicolau, with notes on song, breeding behaviour and threats. Bird Conservation International.
- *Donald, P. F., De Ponte M., Pitta Groz, M. & Taylor, R.* (2003): Status, ecology, behaviour and conservation of Razo Lark Alauda razae. Bird Conservation International. 13: 13–28.
- *Donald, P. F., de L. Brooke, M., Bolton M. R., Taylor R., Wells, C., Marlow T. & Hille, S. M.* (subm.): Status of Raso Lark Alauda razae in 2003, with further notes on behaviour, ecology and conservation. Bird Conservation International.
- *Hazevoet, C. J.* (1995): The Birds of the Cape Verde Islands. B.O.U. Checklist No. 13. B.O.U., Tring.
- *Hille, S.* (1998): Zur Situation der Milane Milvus milvus fasciicauda (Hartert, 1914) auf den Kapverdischen Inseln, Journal für Ornithologie 139: 73–75.
- *Hille, S. & Thiollay, J. M.* (2000): The imminent extinction of the Kites Milvus milvus fasciicauda and Milvus m. migrans on the Cape Verde islands. Bird Conservation International 10: 361–369.
- *Hille, S. M., Nesje, M. & Segelbacher, G.* (2003): Genetic structure of kestrel populations and colonization of the Cape Verde archipelago. Molecular Ecology (2003) 12: 2145–2151.
- *Hille, S. & Winkler H.* (2000): Ecomorphology of island populations of the Kestrel Falco tinnunculus on Cape Verde. Raptors at Risk. Proceedings of the fifth World Conference on Birds of Prey and Owls in Midrand, Hancock Wildlife Nature Books, Blaine (WA), 729–736.
- *Leyens, T. & Lobin W.* (1996): „Primeira Lista Vermelha de Cabo Verde." Courir Forschungsinstitut Senckenberg 193: 140.

Landwirtschaftliche Nutztiere

Siedler brachten Nutztiere mit, allen voran die **Ziegen,** die sich zur Weidung auf den vegetationsarmen Flächen am besten eignen. Die genügsamen Tiere leben nach einem Regen auf Monate ohne zu trinken, und auch in extremer

Trockenheit am Tope de Coroa suchen sie nur zweimal wöchentlich eine Quelle auf. Dennoch lässt sich mit ihnen Milch, Käse und Fleisch produzieren. Groteskerweise war es ein Entwicklungsprojekt zur „Verbesserung lokaler Rassen", das die Ziegen von Santo Antão durch importierte Tiere aus Spanien mit Bruzellose infiziert hat. Die Situation scheint inzwischen wieder unter Kontrolle.

Schafe stellen höhere Ansprüche an die Weideflächen, weshalb sie im Barlavento ähnlich selten sind wie **Rinder,** die aus portugiesisch-holländisch-senegalesischen Kreuzungen entstanden. In jüngerer Zeit kamen englische und nordamerikanische Arten hinzu.

ka-f-127 Foto: fu

Noch sieht man viele der kleinen schwarzen lokalen **Schweine,** teils mit schweinchenrosa Flecken aus der Kreuzung mit modernen Hochleistungsrassen. Wenn Schweine noch frei durch die Vororte streunen, dann tun sie dies illegal. Stallhaltung ist Pflicht, aber nicht leicht zu kontrollieren, wo sich die Bevölkerung nicht beschwert. Am Ortsrand stehen reihenweise gemauerte Schweineboxen und häufig sieht man Frauen mit Eimern voll häuslicher Abfälle auf dem Kopf zur Fütterung gehen. Die Armen in der Stadt verkaufen ihre Schweine zur Schlachtung und behalten nur wenig für die Familie zurück. Bei der Landbevölkerung ist die Hausschlachtung ein wichtiger Teil des sozialen Netzwerks. Man gibt den Familienmitgliedern, Freunden und Nachbarn einen Teil ab und erwartet ein Gegengeschenk, wenn sie schlachten. Der Austausch von Lebensmitteln bestätigt die gegenseitige Unterstützung - eine Art informeller Sozialversicherung. An **Geflügel** werden vorwiegend Hühner, die auf keinem Gehöft fehlen, aber auch Enten, Gänse und Truthühner gehalten. Auf Santiago und São Vicente gibt es auch moderne **Massentierhaltung** von Schweinen und Hühnern.

Esel und Maultiere übernehmen den Transport abseits der Straßen. Pferdenarren halten sich schöne kleine **Araberpferde** und messen bei jeder traditionellen Kirchweih ihre Kräfte im Galopprennen.

In der **Hunde- und Katzenhaltung** zeigt sich die enorme Breite der Le-

ka-b-129 Foto: bö

bensumstände ihrer Besitzer. Die Skala reicht vom frisch schampoonierten Schoßhündchen über stramme Rottweiler bis zu sterbenskranken reudigen Streunern. Die vorherrschende Hunderasse sind mittelgroße schlanke Glatthaarhunde mit einem unendlichen Vertrauen in den Menschen. Die Gefahren durch streunende Hunde zu begrenzen, ist Aufgabe der Stadtverwaltungen.

Die marinen Lebensräume

Die Lebensräume im Meer rund um Cabo Verde sind gekennzeichnet von **Arten- und Fischreichtum.** Das kühlere Wasser des Kanarenstroms mischt sich mit dem im Sommer herangeführten warmen Wasser des äquatorialen Guinea-Golfs, so dass die Meeresfauna eine einzigartige **Koexistenz von Kalt- und Warmwassertieren** darstellt. Eine weitere Besonderheit ist, dass die Fische in diesen Gewässern außerordentlich groß werden können. Der Reichtum an Fischen und Meerestieren dient den Bewohnern als wichtige Nahrungs- und Einkommensquelle, und zahlreiche Projekte befassen sich mit der Förderung der Fischereimaßnahmen. Für Touristen bieten sich hervorragende Re-

Maultiere bewegen die Presse in einer Grogue-Destillieranlage

viere zum Sporttauchen und für die Sportfischerei.

Eine gute und reichhaltige **Nahrungsquelle** bieten Thunfische, die in Schwärmen saisonal die kapverdianischen Gewässer durchziehen, aber auch Brassen, Makrelen, Muränen (in allen Farben und Größen), Tintenfische, Krebse und zahlreiche Schnecken- und Muschelarten. Immer noch gibt es sehr viele Langusten rund um die Inseln, darunter den endemischen Tiefwasserlobster *(Palinurus charlestoni)*. Sie sind vor allem nachts aktiv, während sie sich tagsüber unter Überhängen oder in Felsspalten zurückziehen. Fischereiprojekte versuchen, den Abfang der Tiere zu regeln, und es gibt Schutzzeiten für Langusten.

Reich an Formen und Farben sind **tropische Fischarten:** Papageienfische, Schnapper, Husarenfische, Pfeilhechte, Spitzkopfkugelfische, Igelfische, Drückerfische, Husarenfische, Drachenköpfe, Schweinsfische, Lippfische, Pfeifenfische, Korallenfische (Chaetodon-Arten), Falterfische, Westafrikanische Kaiserfische oder die herrlich blauen Ostatlantischen Doktorfische. Schwärme von metallisch schimmernden Sardinen und gelb gestreiften Brassen, silbrige und rote Trompetenfische durchziehen das Meer, und feuerrote Soldatenfische halten sich in Spalten und Grotten auf. Unter den Barscharten gibt es Zacken-, Juwelen- und Riffbarsche, Großaugenbarsche und Kardinalbarsche. Unübersehbar sind die Aktivitäten der fliegenden Fische, die manchmal auch an Bord von kleineren Schiffen springen. Daneben gibt es Goldbrassen, Rötlinge, Meeräschen und Seehechte.

Marine Kleintiere wie Krebse (rund 150 Arten), Krabben, bunte Seesterne, Seegurken, Seeigel und eine Vielzahl an Muscheln und Schnecken bevölkern Felsen und sandigen Grund. Auf Felsen wachsen Kolonien schwarzer Korallen, auch Feuerkorallen, Schwämme und leuchtend gelbe Krustenanemonen.

Der Atlantik ist hier auch reich an **Hochseefischen** wie Barrakudas, Segelfischen, Yellowfin-Thunfischen, Stachelmakrelen, Blue Marlins, großen Stachel- oder Teufelsrochen (Manta) bis zu 3 m Spannweite, Delphine und verschiedene Haiarten wie Tiger-, Hammer- und Grauhai. Diese großen Arten sind vor allem im tiefen Gewässer oder auch vor Steilküsten (z.B. rund um Fogo) zu sichten. In der Meeresstraße zwischen São Vicente und Santo Antão kann man mit etwas Glück von der Fähre aus Delphine beobachten.

Wale ziehen regelmäßig durch kapverdianische Gewässer, darunter Buckel-, Schwert-, Pott- und Grauwale. Die gigantischen Buckelwale haben sich bis ins 20. Jahrhundert in kapverdianischen Gewässern fleißig vermehrt, weshalb amerikanische und europäische Walflotten regelmäßig hierher kamen. In jüngerer Zeit weiß man wenig über ihre Häufigkeit, ihr Verhalten und ihre Probleme in diesem Raum. Siehe auch „Walbeobachtung“ im Kapitel „Sport und Freizeit“.

Meeresschildkröten sind besonders bedroht und damit ein wichtiges Thema des Naturschutzes. Vor allem auf den Inseln Boa Vista und Maio legen die grünen Meeresschildkröten, darunter die Spezies der Unechten Karettschildkröte *(Caretta caretta)*, ihre Eier ab.

Naturschutz

Natürliche Ökosysteme kleiner, arider Inseln sind äußerst verletzlich. Schon in den ersten Jahrzehnten der Besiedlung sind zahlreiche Arten und lokale Systeme verdrängt worden durch den Eingriff des Menschen, unterstützt von importierten Nutztieren, Schädlingen und Pflanzenarten. Es entstanden neue **Humanökosysteme,** die in der kurzen Nutzungszeit von nur 500 Jahren, im Norden gar nur 250 Jahren, nie wirklich stabil geworden sind und die natürlichen Reserven, Wasser, Boden, Vegetationsdecke, rasch erschöpften. Wie in fast allen Kolonien trugen ferngelenkte Entscheidungen aus mit grandioser Unwissenheit über sozial-ökologische Zusammenhänge geschlagenen Ministerien bei zu **ökologieschädlichen Nutzungsformen.** Der intelligenten Anpassung einer agrarischen Gesellschaft auf sich ändernde Bedingungen waren im Kolonialsystem enge Grenzen gesetzt, da nicht die Interessen der Bevölkerung, sondern die der Aufkäufer von Exportprodukten im Vordergrund standen. So waren auch die Kapverdischen Inseln der ökologischen Zerstörung ausgesetzt durch ausgedehnte **Monokulturen** an ungeeigneten Standorten (s.a. Geschichte der Weinmonokultur von Santo Antão im 18. Jh.) und einer importierten Agrarverfassung. Wind- und Wassererosion, Überweidung, Bearbeitung extremer Hanglagen und die nicht nachhaltige Entnahme von Brennholz sind die bedauerlichen Erscheinungsformen.

Die extreme **Trockenheit** seit 1968 verschärfte die Situation weiter, ließ die helfende Hand der Bauern vermissen und führte zur raschen Verstädterung und einer wachsenden Flut von Müll aus Importprodukten.

Die Folgen sind u.a. **Gefährdung endemischer Pflanzen- und Tierarten.** Viele Arten stehen auf der Roten Liste und verfügen nur noch über kleine Populationen und Verbreitungsgebiete. In großen Gebieten wurde die Vegetationsdecke zerstört, und die Wind- und Wassererosion ließ steinige Flächen zurück, fast ohne Boden. Am eindrucksvollsten sind die seit den 1940er Jahren nahezu brachliegenden Höhenlagen der östlichen Halbinsel von São Nicolau. Breite Maultierwege und dicht an dicht stehende Ruinen zeugen von intensiver landwirtschaftlicher Nutzung vor weniger als 100 Jahren, wo heute nur noch Staub und Geröll vorzufinden sind. Am besten studiert sind die Ökosysteme höher liegenden Zonen von Fogo und die Auswirkungen ihrer Zerstörung auf tiefer liegende landwirtschaftliche Flächen. Die Natur selbst hat keine ernst zu nehmende Regenerationskraft mehr. Im Langzeitversuch auf eingezäunten Flächen kehren weder alte Arten zurück, noch lässt die Degradation des Bodens nach.

Selbst die neu geschaffenen, für das Auge so erfreulichen Wälder der **Wiederaufforstung** sind ökologisch nicht unbedenklich. Bis heute wurde nur mit importierten Arten gearbeitet, wodurch einheimische Arten und von ihnen abhängige Pflanzen und Tiere verdrängt wurden. Erst in den letzten Jahren hat man begonnen, die Eignung einheimischer Arten für die Wiederaufforstung zu prüfen.

Die größte Gefahr für Strände und Dünen ist die boomende **Bauwirtschaft.** Der Sand großer Strände wird, wenn er nicht geschützt wird, binnen weniger Monate in die Städte abgefahren. Es gilt, Kompromisse zu finden zwischen den kurzfristigen Interessen der lokalen Bevölkerungen und der Wirtschaft und dem langfristigen Interesse der gesamten Menschheit an nachhaltigen, lebensfreundlichen Ökosystemen.

Aspekte des Natur- und Umweltschutzes gewannen mit der Unabhängigkeit zunehmende Bedeutung in den Programmen der Regierungen. Per Gesetz wurden Grundlagen einer Nationalen Umweltpolitik festgelegt, die Artenschutzerklärungen, Wasser- und Bodenschutz, Instrumente der Umweltpolitik etc. umfassen. Ein erstes Ergebnis ist die Errichtung des im Jahr 2003 eingeweihten **Parque natural do Fogo,** der mit den höheren Lagen der Insel eines der ökologisch interessantesten, gleichzeitig aber bedrohtesten Gebiete der Kap-

202_046sw Foto: re

verden umfasst. Das in Zusammenarbeit mit der GTZ realisierte Projekt hat sich zum Ziel gesetzt, die weitere Degradation der natürlichen Ressourcen zu verhindern, um die Sicherung der ökonomischen und sozialen Lebensbedingungen sowie die Befriedigung der unmittelbaren und langfristigen Bedürfnisse der lokalen menschlichen Bevölkerung zu gewährleisten. Die Vorarbeiten des nationalen landwirtschaftlichen Forschungsinstituts INIDA werden andernorts erwähnt.

Als **nationale Naturreservate** wurden die Inseln Santa Luzia, Branco, Razo, Ilheus Rombos, Ilheu do Curral Velho und das Ilheu do Baluarte deklariert. Das Gebiet um den Pico da Antónia auf Santiago und die Berge von Maroços auf Santo Antão werden zurzeit als Höhen-Naturparks ausgewiesen, Schutzmaßnahmen laufen an.

Auf den flachen Ostinseln läuft im Rahmen des von der EU finanzierten Programms „NATURA 2000" seit 1999 ein Projekt zur Errichtung von **Schutzgebieten im Küstenbereich,** als dessen Ergebnis 2003 große Landschaftsschutzgebiete an ökologisch wertvollen Stränden ausgewiesen wurden.

Meeresschildkröten sind zum Symboltier des Naturschutzes in Cabo Verde geworden. Fleisch und Eier waren und bleiben Nahrungsmittel, Panzer lassen sich als geschmackloses Souvenir an Denkabstinente verkaufen. Seit langem ist die Jagd verboten, nationale Schutzzonen zur Eiablage sind ausgewiesen. Auch kontrolliert der Zoll in Europa aus Cabo Verde kommende Reisende gezielt auf Schildkrötenprodukte. Obwohl die Strafen sowohl für den einheimischen Fischer wie für den europäischen Käufer hart sind, ist dem Frevel noch kein Ende gesetzt.

Meeresschildkröte – die Tiere wurden noch vor wenigen Jahren bejagt (Foto: 1986)

Der zunehmende **Tourismus** verschärft bestehende Probleme und schafft neue. Er wird als Haupteinnahmequelle der Zukunft gesehen, und der Ausbau der Infrastruktur erfolgt rasch. Auf Sal und Boa Vista treten Aspekte der Wasserversorgung und der ungeklärten Einleitung von Abwässern ins Meer in den Vordergrund. Raumordnungs- und Nutzungskonflikte entstehen zwischen dem Erholungs- und Bewegungsbedürfnis der Touristen, den wirtschaftlichen Interessen ausländischer und einheimischer Unternehmer und dem Schutz der Natur. Anpflanzungsmaßnahmen zur Stabilisierung von Dünen und Offroad-Touren mit Geländewagen und Catwheels schließen sich gegenseitig genauso aus wie die Nutzung der Strände zum Baden und zur ungestörten Eiablage von Schildkröten.

Der Schutz der Natur bedarf der **Sensibilität aller Seiten:** der Naturschützer und Wissenschaftler, der Bewohner und ihrer politischen Vertretung, der Bau- und Tourismusindustrie und nicht zuletzt der Reisenden. Der Staat und die Gemeinden müssen befähigt werden, beschlossene Schutzmaßnahmen und ihre Effekte konsequent zu überwachen.

Geschichte

Cabo Verde ist entstanden und wurde über 500 Jahre gefördert, genutzt, missbraucht und vernachlässigt im Interesse anderer Nationen. Die Geschicke des kleines Landes waren nie zu trennen von der Geschichte dreier Kontinente und des Atlantiks, der sie verbindet. Über die Jahrhunderte waren die Inseln Zentrum des Jahrtausend-Verbrechens des transatlantischen Sklavenhandels, Versteck und Opfer von Piraten wie *Sir Francis Drake* und *Jaques Cassart,* Exil für politische Häftlinge aus Portugal und den Kolonien, Unterschlupf für Juden und andere Verfolgte, Kohlebunkerstation und Relaisstation von Transatlantikkabeln des British Empire, trauriger Schauplatz von Dürre, Hungersnöten und Armut.

Entscheidend für Entwicklung und Besiedlung war die **geostrategische Lage,** ökonomisch und militärisch: ein Trampolin für den großen Sprung zu weltweiter Macht und globalem Reichtum, mitten im Atlantik an dessen schmalster Stelle, auf halbem Weg zwischen Europa und Südamerika und auf dem Weg zum Indischen Ozean, ein Drehkreuz der Schifffahrts- und Fluglinien.

Hinter all den Ereignissen der großen atlantischen Geschichte geraten die historischen Leistungen Cabo Verdes leicht ins Abseits: die Geburt einer völlig neuen, **kreolischen Kultur,** Sprache und Musik, eines Volks mit enormem Überlebenswillen und Schaffenskraft auf den Inseln und in hunderttausendfacher Emigration; Vorreiter in der blockfreien Bewegung zur Unabhängigkeit Afrikas und geistige Väter einer der modernsten Verfassungen in einer der wenigen stabilen pluralistischen Demokratien der Region.

Nach der Entdeckungsgeschichte gehen wir im Folgenden ein auf die Sklaverei und den Sklavenhandel als Motoren der frühen Entwicklung von Santiago, Fogo und Maio. Einige Sätze zur Geschichte der Landwirtschaft müssen eingeflochten werden, da landwirtschaftliche Exporte die Entwicklung der Inseln São Nicolau und Santo Antão geprägt haben und in ihnen die Sklaverei nie eine nennenswerte wirtschaftshistorische Rolle spielte.

Abschließend versuchen wir, Vorgänge zu durchleuchten, die zur Unabhängigkeit und zur heutigen Realität Cabo Verdes als demokratischem Rechtsstaat geführt haben.

Den Sonderfall der auf der industriellen Revolution Englands basierenden Geschichte São Vicentes handeln wir nicht hier, sondern im Kapitel zu dieser Insel ab.

Frühe Zeit

Von den ersten europäischen Entdeckern wurde Cabo Verde als völlig unbewohnt beschrieben. Es gibt weder archäologische Funde noch Berichte oder Beweise über eine Besiedlung vor Ankunft der Portugiesen im Jahr 1456. Auf São Nicolau finden sich auffällige Muster an einem Fels namens **Rocha scribida,** von denen manche meinen, es handle sich um frühhistorische

Schriftzeichen. Wer Winderosionen in Südfrankreich kennt, zweifelt daran. Artefakte an einem Felsbrocken bei Janela auf Santo Antão gleichen schon eher Schriftzeichen, die aber genauso wenig entschlüsselt oder datiert sind.

Phönizier sind im Altertum nach Madeira und zu den Azoren gesegelt. Warum nicht bis Cabo Verde?

Westafrikanische Seefahrer waren den Europäern im Mittelalter technologisch ebenbürtig und konnten weite Reisen entlang der Guineaküste unternehmen. Wenn Stürme und Strömungen regelmäßig Kokosnüsse, ganze Dattelpalmen und Einbäume, Zugvögel und schließlich ein Schiffchen voll europäischer „Entdecker" an die Strände Cabo Verdes geworfen haben, warum nicht auch die geschickten westafrikanischen Seeleute? Haben Sie vielleicht schon regelmäßig Salz in Pedra de Lume geerntet?

Auf den Inseln selbst gibt es bis heute weder den Nachweis für das Vorkommen von Menschen auf Cabo Verde vor 1456, noch ist die Abwesenheit eines Beweises ein Beweis für Abwesenheit. Als Artefakte, die dafür sprechen, dass die Inseln westafrikanischen Seefahrern nicht nur bekannt waren, sondern zur Salzgewinnung angefahren wurden, werden „Karten aus der Universität Timbuktu aus dem 11. Jahrhundert" genannt, auf denen westlich der afrikanischen Atlantikküste „Salzinseln" verzeichnet sind. Die Literaturangaben sind aber nicht nachvollziehbar. Somit ist alles Spekulation, die zu historischer Forschung wie zu munteren Stammtischdiskussionen anregt.

Die Zeit der Entdeckungen

Aufbruch entlang der Küsten Westafrikas

Das 15. Jahrhundert war die Zeit der großen Entdeckungsreisen. Das Abendland machte sich auf zu neuen Ufern, den Handel auszuweiten und seine naturwissenschaftlichen und geographischen Erkenntnisse zu erweitern. Die Interessen erstreckten sich gleichzeitig nach Süden und nach Osten. Bis zur Entdeckung Amerikas stammte der größte Teil des in Europa zirkulierenden Goldes aus Westafrika, insbesondere aus dem Mali- und später dem Songhai-Reich. Islamische Händler kontrollierten den Transsahara-Handel von Gold und Sklaven nach Norden und Salz nach Süden. Auch aus dem Indienhandel mit Gewürzen und Stoffen erhoffte man sich astronomische Gewinne, doch die Türken belagerten den Landweg am östlichen Mittelmeer und die arabischen Zölle waren hoch. Ein eigener, christlich kontrollierter Zugang zu Gold, Sklaven und Gewürzen, ein Seeweg nach Westafrika und Indien sollte gefunden werden.

Vorreiter dieser Bestrebungen war **Heinrich der Seefahrer** (1394–1460), Pionier der portugiesischen Entdeckungsfahrten und damit der kolonialen Tradition Portugals. Seit 1416 koordinierte Prinz *Infante Dom Afonso Henrique* Eroberungszüge und Handelsreisen, nahm aber an keiner der Entdeckungsfahrten selbst teil. Er war Begründer des Mitte des 15. Jahrhunderts in Lissabon eingerichteten Lehrstuhls für Astronavigation und Kartographie und errichtete die berühmte Seefahrtsschule und Sternwarte von Sagres. Seine Interessen galten dem Handel mit Gold und Pfeffer, der Seefahrt, Wissenschaft und Kultur und der Zurückdrängung des Islam in genau diesen Bereichen. Sie standen in unmittelbarem Einklang mit den Interessen des Königshauses, insbesondere seines Bruders, *Infante D. Pedro,* König von Portugal von 1439–1446, und den verbündeten „katholischen Königen", die Eroberungsfeldzüge gegen das islamische Maurenreich in Spanien führten.

Heinrichs Karriere begann mit der Eroberung der nordafrikanischen, islamischen Stadt Ceuta (1415). Weitere Entdeckungsfahrten führten nach Madeira (1418), auf die Azoren (1431) und zum Kap Bojador in Mauretanien (1434). Ab 1441 dehnten sich die ausgesandten Reisen an die westafrikanische Küste bis zum Golf von Guinea aus. 1444 war das „Grüne Kap" (port.: Cabo Verde) beim heutigen Dakar in Senegal erreicht. Prinz Heinrich war dem Ziel, zu den Goldbergwerken der „Goldküste" vorzudringen und das arabische Handelsmonopol durch die Sahara zu brechen, einen entscheidenden Schritt näher gekommen. Um den Rhythmus der Machtausweitung zu beschleunigen, wurden Kapitäne anderer Länder, vorwiegend Spanier, Venezianer und Genuesen, unter Vertrag genommen.

Die Entdeckung Cabo Verdes

Die Geschichte der Entdeckung der Inseln kennt verschiedene Versionen. Der Venezianer **Aloisio Cadamosto,** der im Jahre **1456** im Auftrag Heinrichs des Seefahrers aufbrach, um den Gambia-Fluss zu erkunden, schreibt in seinem Buch „Navigazioni", er sei durch einen Sturm auf die offene See getrieben worden, wo die Besatzung am dritten Tag, dem 25. Juli 1456, eine Insel erblickte. Diese Insel sei völlig unbewohnt gewesen, und die Seeleute hätten sie mit dem Ruf „Buena Vista" begrüßt. Das schrieb er 1463, reichlich spät, nachdem bereits 1460 die Entdeckung Cabo Verdes dem Genueser Kapitän **António da Noli** urkundlich zugesprochen worden war. Er hatte die flache große Insel „Buena Vista" nach dem Schutzheiligen der Genueser Seefahrer Sam Cristovão genannt.

Cadamosto beschreibt auch die Inseln Sal und Maio, an denen er vorbeigesegelt sei, bevor er auf dem heutigen Santiago an Land ging, das er nach dem Tagesheiligen Isola de San Iacomo (Hl. Jakob) benannte. Hier haben sich seine Schiffe mit Salz, Wasser, Fisch und Schildkröten versorgt, um nach Gambia weiter zu reisen. Bei seiner Rückkehr im gleichen Jahr habe er Prinz Heinrich von seiner zufälligen Begegnung mit den Inseln, die auf keiner Karte verzeichnet waren, berichtet. Dennoch gibt es erhebliche Unstimmigkeiten in den verspäteten Berichten Cadamostos, so dass sie von ernsthaften Historikern angezweifelt werden.

Heinrich betraute den Genueser Kapitän und Forschungsreisenden **António da Noli** im April 1460 mit der ge-

Blick auf Cidade Velha/Santiago

naueren Erforschung. Heinrich musste also zu dieser Zeit von der Existenz der Inseln gewusst haben, was die Berichte Cadamostos möglicherweise bestätigt. Da Noli und sein Bruder *Bartolomeo* erreichten mit ihren Schiffen am **1. Mai 1460** die Insel Maio, der sie Mayaes nannten. Außerdem betraten sie als erste Europäer Fogo, benannten sie Sam Jacobe e Felipe, sowie Sal, Boa Vista und Santiago. Im Auftrag Heinrichs fahrend, beanspruchte Da Noli die Inseln für die portugiesische Krone. Als er seinem Auftraggeber Bericht erstatten wollte, war Prinz Heinrich verstorben, und die fünf Inseln wurden Prinz Ferdinand von Portugal mit allen Rechten und Einkünften übereignet. In dieser **Schenkungsurkunde aus dem Jahr 1460** fanden die Inseln Cabo Verdes **erstmals schriftliche Erwähnung.** António da Noli bekam die größte Insel, Santiago, als Lehen zugesprochen und lebte dort bis zu seinem Tod.

Neben Cadamosto und Da Noli wird **Diego Gomes** genannt, der Anspruch auf die Entdeckung Cabo Verdes erhob. Er habe die Inseln gleichzeitig mit Da Noli betreten, sei aber auf der Rückfahrt auf die Azoren abgetrieben worden und deshalb erst nach Da Noli in Portugal eingetroffen. Da er der einzige portugiesische Kapitän unter den Entdeckern war, gab es Phasen der portugiesischen Geschichtsschreibung, die ihn in den Vordergrund spülten.

Nach dem Tod Heinrichs führte Prinz **Ferdinand von Portugal** die Arbeit fort.

Große Entdeckungs- und Forschungsreisende

Christoph Kolumbus (1450–1506)

Der Genuese Christoph Columbus versuchte, in westlicher Richtung über den Atlantik eine neue Route in den Orient zu finden: Er entdeckte im Jahre 1492 Amerika. Auf seiner dritten Atlantikreise unter spanischer Flagge sollte er entlang des afrikanischen Kontinents bis auf die Höhe von Sierra Leone vordringen, um dann westwärts zu segeln. Diese Reise führte Columbus am 27. Juni 1498 zu den Inseln Sal und Boa Vista. Er ankerte im Hafen von Sal Rei, wo ihn der Portugiese Diogo Afonso, der Neffe Prinz Heinrich des Seefahrers und Entdecker einiger Inseln des Archipels, in Empfang nahm. Zu dieser Zeit gab es auf Boa Vista schon einige Bewohner, die vom Handel mit Salz und gepökeltem Fleisch lebten. Nach drei Tagen segelte Columbus weiter nach Ribeira Grande (heute Cidade Velha) auf der Insel Santiago. Am 4. Juli 1498 schließlich brach er nach Westen über den Atlantik auf. Bei seiner Abreise vermerkte er im Tagebuch, dass man „den Inseln einen falschen Namen gegeben hat, da sie so trocken sind und man nichts Grünes entdecken kann, so dass ich mich nicht länger hier aufhalten möchte".

Vasco da Gama (1460–1524)

Der Portugiese Vasco da Gama war der erste Seefahrer, der das Kap der Guten Hoffnung in den Jahren 1488 und 1497 auf seinem Weg nach Indien umsegelte. Von Portugal aus landete er 1497 mit seinen Segelschiffen erst auf den Kanaren und dann auf den Inseln Cabo Verdes. Die Schiffe vereinbarten dort einen Treffpunkt, falls sie sich durch Nebel oder schlechtes Wetter aus den Augen verlieren sollten. So geschah es dann auch und am 22. Juli 1497 trafen sich die Schiffe der Segelflotte an der Insel Sal wieder. Am 27. Juli ankerten Sie auf Santiago, wo sie von einer kleinen Siedlergemeinde empfangen wurden. Da Gamas Mannschaft nahm Reparaturen an den Schiffen vor und füllten die Vorräte an Bord wieder auf, so dass sie eine Woche später, am 3. August, wieder Segel setzen konnten und am 22. November das Kap der Guten Hoffnung umrundeten. An Weihnachten hielten Sie sich an der Küste Südafrikas auf, die bis heute den ihr damals verliehenen Namen *Natal* (port. für Weihnachten) trägt. Nach rund einem Jahr seit ihrer Abreise erreichten die Schiffe Indien am 20. Mai 1498. Dort blieben sie ein weiteres Jahr und landeten auf ihrer Rückreise vermutlich im Mai 1499 ebenfalls auf den Kapverdischen Inseln an. Zu dieser Zeit hatte Da Gama bereits 55 Männer seiner Crew aufgrund von Krankheiten verloren, die restlichen 63 Seeleute waren nicht mehr in der Lage, alle vier Schiffe zu steuern. Daraufhin wurden zwei der Schiffe in den Gewässern vor Cabo Verde verbrannt, damit sie nicht in die Hände der Spanier fielen, die beiden anderen Schiffe erreichten Mitte 1499 die Azoren und schließlich Portugal. Vasco da Gama wurde wegen dieser und späterer erfolgreicher Reisen im April 1524 von den Portugiesen zum Vizekönig von Indien ernannt. Er starb im Dezember des gleichen Jahres.

Charles Darwin (1809–1882)

Der namhafte Biologe, Evolutionsforscher und Autor des Buchs „The Origin of Species" (1859) besuchte Cabo Verde auf seiner Weltreise mit dem Schiff *Beagle*. Er machte sich am 27. Dezember 1831 von England aus auf den Weg und kehrte erst 1836 nach Plymouth zurück. Sein Ziel war das Studium geologischer Formationen sowie die Sammlung und Aufzeichnung verschiedener Arten aus Flora und Fauna, die ihn schließlich zu seiner berühmten Evolutionstheorie veranlassten. Nach einem kurzen Stop auf den Kanarischen Inseln segelte er weiter nach Cabo Verde und erreichte am 15. Januar 1832 die Insel Santiago. Sein erster Eindruck in seinen Tagebuchaufzeichnungen: „Santiago ist ein so miserabler Ort, dass meine erste Ankunft in einem tropischen Land nichts mit dem gemein hat, was andere als Schönheiten der Tropen beschrieben". Charles Darwin studierte 23 Tage lang die Vogel- und Pflanzenwelt der Insel, die geologischen Strukturen und das marine Leben. Als er Santiago am 8. Februar 1832 wieder verließ, war er gemäß seinem Tagebuch restlos begeistert von dem, was er dort vorgefunden hatte.

Cabo Verde war demnach die erste Station auf dieser historischen Reise Charles Darwins, wo er auch auf dem Rückweg im Jahr 1836 noch einmal kurze Zwischenstation machte.

● **Literatur:** *Darwin, Charles* u.a., The Voyage of the Beagle: Charles Darwin's Journal of Researches. Penguin Books 2003

Er beauftragte dabei den Seefahrer **Diego Afonso** mit der weiteren Erkundung. Die neu beschriebenen Inseln erhielten die Namen der jeweiligen Tagesheiligen: São Nicolau (6. Dezember 1461), Santa Luzia (13. Dezember 1461), Santo António (17. Januar 1462), São Vicente (22. Januar 1462), außerdem die Inselchen Razo und Branco. Der gesamte Archipel wurde **1468 erstmals auf einer Landkarte** abgebildet.

Tordesilhas: Neuordnung der Welt

Mit der Entdeckung Amerikas begannen eindringliche diplomatische Bemühungen in Europa. Die Kontrahenten Spanien und Portugal steckten, unter Vermittlung des Papstes, ihre Reviere ab. Zuvor sollten die Kanaren den Spaniern und alles, was südlich davon entdeckt werden sollte, den Portugiesen gehören.

Im **Vertrag von Tordesilhas (1494)** vereinbarten sie eine neue Grenzlinie. Diese zieht „370 léguas" westlich von Cabo Verde vom Nordpol zum Südpol durch den Atlantik und Lateinamerika. Was westlich davon liegt, sollte den Spaniern gehören, während östlich davon der Einflussbereich der Portugiesen lag. Die Linie erlangte immense historische Bedeutung, indem die afrikanischen Küsten und Brasilien portugiesisch und die anderen Regionen Mittel- und Südamerikas spanisch kolonisiert wurden.

Ferdinand von Aragon und Isabella von Kastilien verfügten zu dieser Zeit über **enorme Geldmittel,** um ihre kolonialen Pläne umzusetzen. Erfolgreich führten sie Krieg gegen die muselmanischen Mauren von Córdoba, Granada und Malaga und übernahmen deren wissenschaftliche Ergebnisse wie das vom Mathematiker und Astronomen **Abu'l-Maslama** erfundene **Astrolabium,** das die große Seefahrt und moderne Kartographie erst ermöglichte.

1492, im Jahr der „Entdeckung" Amerikas, musste der letzte Maurenkönig von Granada ins Exil nach Marokko fliehen. Die vom Papst als „Los Reyes Católicos" geadelte Dynastie führte die **Inquisition** ein und errichtete einen fundamentalistischen Gottesstaat nicht gekannter Brutalität. Erst brannten Hunderttausende arabischer Bücher jedweden Inhalts, dann die Menschen. Auch Portugal bereicherte sich an den Flüchtlingen, die massenhaft über die Grenze kamen. Den vertriebenen Juden war Religions- und Siedlungsfreiheit versprochen worden, doch als sie im Land waren, wandte auch Portugal die Inquisition mit voller Härte an und bedrohte jeden Nicht-Christen mit dem Tod. Muslime und Juden wurden als „Neu-Christen" beim geringsten Verdacht enteignet und zu Staatssklaven erklärt.

Im Jahre **1497** lief **Vasco da Gama** auf seiner Reise nach Indien die Insel Santiago an. Begleitet wurde er von den Schiffen des **Bartolomeo Diaz,** dem ersten Europäer, der das Kap der Guten Hoffnung umrundete. Der Portugiese **Pedro Alvares Cabral** wollte 1500 wie seine Vorgänger den Weg um das Kap der Guten Hoffnung nehmen, ankerte vor Cabo Verde und traf dann aber am 22. April unverhofft auf die Küste Brasiliens. Im Jahre 1519 brach der Portugiese *Fernando de Magalhaes* (deutsch: **Magellan**) im Dienste Spaniens zu einer ersten Weltumsegelung auf. Er bereiste Patagonien, die nach ihm benannte Magellanstraße und die Philippinen, wo er den Tod fand. Eines seiner Schiffe setzte die Weltumsegelung fort und erreichte 1522 Santiago.

Berühmt wie kaum ein anderer wurde Kapitän **James Cook,** der auf seiner zweiten Reise mit dem Schiff *Resolution* im Jahre 1772 im Hafen von Praia ankerte, um sich mit Proviant zu versorgen. Diese Reise führte ihn in die Antarktis, nach Neuseeland und in den Pazifischen Ozean.

Frühe Besiedlung

Als **erste Siedlung** ist die winzige Garnison von einem Dutzend Soldaten anzusehen, die beim zweiten Besuch de Nolis **im Jahre 1461 auf Santiago** zurückgelassen wurden. Drei Jahre später, in denen sie keiner weiteren Menschenseele begegnet, aber alle noch am Leben waren, folgten die ersten Zivilpersonen. Sie dürfen sich auf ihre Fahne schreiben, die **erste europäische Überseekolonie im subsaharischen Afrika und der späteren Dritten Welt** gegründet zu haben. Das Kolonialsystem, das die Geschichte schon begleitet hat von *Alexander dem Großen* über das Römische Reich bis Irland und Island im Mittelalter, war auf dem Sprung über die Weltmeere und in die Neuzeit.

Vergleichsweise rasch folgten Siedlungen auf den anderen Inseln. Die zweite Insel muss **Maio** gewesen sein. Dorthin schickte man halbnomadische Hirtensklaven um große Herden von Ziegen, Rindern und wilden Eseln zu züchten. Sie müssen dort spätestens ab 1490 permanent gelebt haben, wie aus der 1504 verabschiedeten Steuergesetzgebung für die Tierzucht auf Maio zu schließen ist. Die dritte besiedelte Insel wird **Boa Vista** gewesen sein, wohin spätestens 1498 Leprakranke deportiert wurden.

Die offizielle Geschichtsschreibung sieht das anders und versteht die Ansiedlung dieser Menschen als nicht erwähnenswert. Sie nennt **Fogo** als zweite besiedelte Insel, wohin im Jahr 1500 freie Bürger mit Rang und Namen zogen. **Brava** folgte erst 1573 und war im Gegensatz zu Santiago, Fogo und Maio nie in den Sklavenhandel oder Zulieferfunktionen involviert.

Aus der ersten kleinen Garnison mit einem Dutzend Soldaten in **Rª Grande,** dem heutigen Cidade Velha auf Santiago, entstand ein Dörfchen. 1472 erhielten die Bürger das Recht, Sklaven zu halten. 1510 wurden 160 Siedler und 30 Sklaven auf Santiago gezählt. Für ein Jahrhundert sollte der Sklavenhandel zum Motor spektakulärer Entwicklung Santiagos und des portugiesischen Weltreichs werden. 1533 erhielt Rª Grande Stadtrecht und hatte 1550 bereits 500 feste Häuser. 1564 sicherte sich der König direkten Zugriff auf die Pfründe, indem er Santiago seiner unmittelbaren Verwaltung unterstellte. Bis 1580 verschob sich das Bevölkerungsverhältnis auf 2000 Freie zu 14.000 Sklaven, von denen die meisten schnell weiter über den Atlantik verschleppt wurden. 1587 wurde der erste Gouverneur ins Land geschickt.

Eine besondere Rolle spielten die **Degredados, Exilportugiesen,** die für ihre Strafzeit auf die Inseln deportiert wurden. Diebe, Kirchenräuber, Mörder, Alkoholiker, Desertierte, Landstreicher, Prostituierte, vor allem aber politisch und religiös Unerwünschte kamen so ins Land. Das kolonialistische Portugal entledigte sich auf diese Art ungeliebter Bürger bis 1974, schickte sie zur Zwangsarbeit, in Gefängnisse und später in das Konzentrationslager von Tarrafal auf Santiago. Im 17. Jahrhundert wurden auch weibliche Degredados geschickt mit dem dezidierten Auftrag, die portugiesischen Gene zu stärken.

Politisch und religiös Verfolgten diente Cabo Verde sowohl als Exil als auch als Ort der Verbannung. **Juden** haben eine lange Geschichte in Cabo Verde und nahmen prägenden Einfluss. Schon in den ersten Jahren, nachdem 1476 durch die Heirat des portugiesischen Königs mit einer spanischen Prinzessin die Judenverfolgung auf Portugal ausgeweitet wurde und die Juden zu „Neuen Christen" gemacht wurden, flohen viele vor der Inquisition auf die Inseln und fanden Mittel und Wege zur Ansiedlung. Nicht wenige wurden von der Inquisition hierher verbannt und von den Behörden von Rª Grande (Santiago) in ein Ghetto gesteckt. Ihren Glauben konnten sie bis ins 17. Jahrhundert nicht offen ausüben.

Um 1820 flohen portugiesische und französische Juden nach Santo Antão und spielten teilweise als Kaufleute und

12080014sw Foto: re

Grundbesitzer eine bedeutende Rolle. Das große grüne Handelshaus „Casa Marçal" in Rª Grande befindet sich seit dieser Zeit im Besitz der Familie *Marçal* als beeindruckendstes Baudenkmal. Zwischen 1850 und 1880 folgten Juden aus Marokko. Sie siedelten sich vorwiegend in Bao Vista an, worauf wir im entsprechenden Inselkapitel eingehen.

Heute gibt es keine jüdische Kongregation mehr. In Praia und Cidade Velha in Brava, Boa Vista und auf Santo Antão findet man Gräber mit jüdische Namen, teilweise in Hebräisch beschriftet: *Benros, Ben O'Liel, Cohen, Lobo, Lopes, Marçal, Mendez, Cardoso, Levy* u.a. Ein Dorf auf Santo Antão trägt noch den Namen Sinagoga.

Sklavenhandel und Sklaverei in Cabo Verde

Sklavenhandel

Das Sklavenschiff

Sechshundert Neger tauschte ich ein
Spottwohlfeil am Senegalflusse.
Das Fleisch ist hart, die Sehnen sind stramm
Wie Eisen vom besten Gusse.
Ich hab zum Tausche Branntwein,
Glasperlen und Stahlzeug gegeben;
Gewinne daran achthundert Prozent,
Bleibt mir die Hälfte am Leben.
Bleiben mir Neger dreihundert nur
Im Hafen von Rio Janeiro,
Zahlt dort mir hundert Dukaten per Stück
Das Haus Gonzales Perreiro
Verschone ihr Leben um Christi Will'n,
Der für uns alle gestorben!
Denn bleiben mir nicht dreihundert Stück,
So ist mein Geschäft verdorben.

Heinrich Heine

Ausbesserungsarbeiten in der Kirche N.S. do Rosário in Cidade Velha

Cabo Verde war von den Kolonialisten dazu auserkoren, ein **feudal-sklavenhaltendes Pflanzersystem** zu errichten und neben seiner Funktion als Relaisstation für die Schiffahrt **vor allem Rohrzucker** und daraus hergestellten **Rum** zu exportieren. Um das Jahrtausendverbrechen der **Versklavung afrikanischer Bevölkerungen** nicht als Verfehlung skrupelloser Kapitäne und Siedler misszuverstehen, sondern es als planmäßiges Ergebnis staatlicher und religiöser Politik zu erkennen, ist ein Abstecher in die Geschichte des Zuckers unausweichlich (siehe Exkurs auf der nächsten Seite).

Schon 1466 hatte sich Portugal das ausschließliche Recht zur Vermarktung von Sklaven an der Küste von Senegambia bis Guinea vorbehalten. In den ersten 50 Jahren sollte der Strom der Sklaven ein tröpfelndes Rinnsal bleiben im Vergleich mit dem reißenden Strom, der in den nachfolgenden Jahrhunderten über Cabo Verde nach Süd- und Nordamerika führte. Ein Jahrzehnt nach der Entdeckung Amerikas schwoll der Zug der Geschundenen auf Zigtausende pro Monat an und sollte **Ribeira Grande,** das heutige **Cidade Velha,** für ein Jahrhundert zum wichtigsten **Zwischenhandelshafen im Sklavenhandel** machen. Zweifellos war es das Lieblingskind des portugiesischen Finanzministers. In der Rangliste der Steuereinnahmen folgte Rª Grande auf Platz 2 unmittelbar nach Lissabon und füllte die Tresore. Lissabon war zu dieser Zeit die reichste Stadt Europas.

Die Sklaven wurden in drei Hauptkategorien unterteilt:

Eine kurze Geschichte des Zuckers

Aus Papua-Neuguinea kommend, fand das Zuckerrohr über Ost-Asien, Indien und Persien um das Jahr 700 seinen Weg an die Ost- und Südküsten des Mittelmeers. Europäische Kreuzfahrer lernten es um 1100 erstmals in **Tripolis** kennen. Der Export nach Europa begann, wo Zucker als in Apotheken verkauftes Medikament maximale Gewinne brachte. Auf **Zypern,** später in **Sizilien,** wurden große Pflanzungen mit schwarzen Sklaven betrieben, die von nordafrikanischen Sklavenhändlern herangeschafft wurden. *Heinrich der Seefahrer* sandte eine Delegation nach Sizilien, um das einträgliche Geschäft zu studieren und führte es danach in der Algarve ein. Zur Zeit der Entdeckung Cabo Verdes waren rund 10% der Bevölkerung der Algarve afrikanische Sklaven.

Nach **Cabo Verde** war **Brasilien** die nächste, unvergleichlich größere Station des **feudalen, Sklaven haltenden Pflanzersystems.** Die Sklavenhaltung auf Zuckerplantagen zeichnete sich durch besondere Brutalität aus, mit der wenige Aufseher eine große Zahl von Sklaven zu schwerster körperlicher Arbeit presste. In den frühen agro-industriellen Komplexen erfolgten die Bestellung der Felder und der Transport der Rohrbündel nur ausnahmsweise mit Tieranspannung. Selbst Zuckerpressen wurden manuell betrieben.

Sklaven von Afrika nach Lateinamerika, Zucker aus Lateinamerika nach Europa und Waffen, Schnaps und Industriekleinwaren von Europa nach Afrika waren die Hauptumschlagsgüter im **„Dreieckshandel".**

Um sich die Dimensionen der Rohrzuckerproduktion in seiner Verquickung mit der Sklaverei zu verdeutlichen, führe man sich vor Augen, dass alleine auf **Jamaika** über 200.000 Sklaven auf Zuckerplantagen arbeiteten. In **Brasilien** waren es Millionen, auf einen Weißen kamen bis zu 2000 schwarze Sklaven. Die brasilianische Zuckerproduktion stand unter vorwiegend holländischer Kontrolle.

Alleine von **Liverpool** aus waren gut 1000 Sklavenschiffe unterwegs. Während Liverpool heute ein großes, hervorragend organisiertes Sklaverei-Museum besitzt, ist sich Europa seiner historischen Verantwortung in Cidade Velha bis heute nicht wirklich bewusst geworden.

Um 1800 wandelte sich das Bild. Der Apotheker *Sigismund Marggraf* hatte den Zucker in der Rübe schon 50 Jahre früher als gleichwertig beschrieben, doch erst 1806 tauchte ein politisches Motiv zur massiven Unterstützung der Rübenzuckerproduktion auf. **Napoleon** blockierte Importe aus dem britischen und britisch kontrollierten Kolonialreich mit der Kontinentalsperre. Die Länder Mitteleuropas wurden, bei rasch steigendem Konsum, binnen weniger Jahrzehnte zu Exporteuren von Zucker. Preisverfall, Rückgang der Exporte und die Mechanisierung der Landwirtschaft führen zur Beendigung der Sklaverei und zur Verelendung in den Anbaugebieten von Rohrzucker.

Aus der Schutzzollpolitik europäischer Länder hat sich bis heute kein gleichberechtigtes Verhältnis zwischen Rohr und Rübe, Nord und Süd, entwickelt. Die **Zuckermarktordnung der EU** fördert einige, vorwiegend kleine AKP-Staaten und benachteiligt dabei insgesamt das Rohr. Doch selbst die Kritiker des komplexen Regelwerks raten von einer radikalen Abschaffung ab, weil andernfalls einige wenige Großproduzenten das Rennen machen würden und die Kleinen auf der Strecke blieben.

1. Bocais (als Unwissende oder Sprachlose zu übersetzen) hießen die Frischimportierten, die sich noch nicht in Kreol mitteilen konnten.

2. Ladinos, mit den Pflichten, ihrer Rechtlosigkeit und den häufigsten Arbeiten vertraute Menschen, die Kreol sprachen.

3. Naturais, in Cabo Verde geborene Sklaven. Diese wurden nur in Hungerszeiten in den internationalen Handel gegeben, da sie zumeist anspruchsvollere Arbeiten wie das Weben erlernt hatten.

Im 16. Jahrhundert waren die Freien Cabo Verdes fast alle in irgendeiner Weise mit dem Sklavenhandel beschäftigt. Die Landwirtschaft Santiagos produzierte Schiffsproviant und Baumwolle. Die Baumwolle wurde in für damalige Zeiten sehr feine Fäden gesponnen und aufwendig zu den traditionellen Tüchern von Santiago verarbeitet. Aus Maio kamen Ziegen, Kühe und Esel in großer Zahl. Santiago wurde zu einem belebten Verproviantierungs- und Umschlagplatz jedweder Art von Waren.

Nach einem Jahrhundert war die Blütezeit Rª Grandes bereits beendet. 1580 kam Portugal unter **spanische Besetzung** (bis 1640), und die portugiesische Beamtenschaft ging zum „Dienst nach Vorschrift" über, so dass auch ohne offenen Boykott nichts mehr funktionierte. Teils schleusten sie die Sklavenschiffe gegen private Beteiligungen am „spanischen" Zoll vorbei. Die Holländer besetzten Pernambuco in Brasilien und übernahmen die Rolle des Spitzenreiters im Handel mit Sklaven, Rum und Zucker. Zudem hatte Lissabon den Bogen überspannt und so hohe Zölle gefordert, dass es für die anderen Nationen interessant wurde, mit schnelleren Schiffen ohne Zwischenstopp den Atlantik zu überqueren.

Cabo Verde in der Wirtschaftsflaute und unter spanischer Herrschaft wurde zu einer leichten Beute holländischer, französischer und britischer Freibeuter.

Portugal und Santiago hatten ab spätestens 1640 nur noch eine untergeordnete Rolle im Sklavenhandel zu spielen.

221_427sw Foto: re

Pelourinho (Pranger) in Cidade Velha

Dennoch war Rª Grande noch immer reich genug, um die Begehrlichkeiten der **Piraten** zu schüren. Die Kolonialregierung wurde 1614 nach Praia verlegt: Zum einen lag Rª Grande offen zum Meer und konnte von seinen tief liegenden Bastionen die Piratenschiffe nur im letzten Moment mit Kugeln belegen. Der schutzlosen Bevölkerung blieb im Verteidigungsfall nichts, als zu fliehen. Zum anderen war es voller Moskitos und die Malaria war Dauergast. Praia hingegen, wie eine natürliche Fluchtburg auf einem felsigen Plateau gelegen, konnte mit seinen Kanonen die Piratenschiffe gebührend empfangen und ein städtisches Areal verteidigen. Auch war und ist es sehr viel trockener. Offiziell blieb Rª Grande aber weiterhin der Sitz der Regierung, und es entstanden groteske Situationen. So sollte ein neuer Gouverneur in Rª Grande ins Amt eingeführt werden. Es gab aber weder einen Versammlungsraum noch irgend jemanden, der die Zeremonie hätte vollziehen können.

Das für Piraten offene Einfallstor Rª Grande sollte 1712 durch den Bau einer Festung oberhalb der Stadt geschlossen werden. Die Hauptstadt zog dennoch, jetzt ganz offiziell, **1731** nach **Praia.**

Im **18. Jahrhundert** setzte sich der **wirtschaftliche Niedergang** fort. Kriege in Europa und Amerika brachten einen Handelsrückgang mit sich. König *Johann V. von Portugal* (1706–1750) konzentrierte sich weitgehend auf Brasilien, während Cabo Verde seine Bedeutung für die Kolonialregierung verlor. Der einstige Reichtum der Inseln, der so viele Piraten angelockt hatte, reichte nicht mehr aus, um die Bewohner zu ernähren. 1815 verbot das postnapoleonische Europa auf dem Wiener Kongress den Sklavenhandel auf der nördlichen Halbkugel. Französischer, preußischer und österreichischer Rübenzucker hatte die Schlacht gegen den Rohrzucker gewonnen, die Sklaven auf den Zuckerplantagen waren im Wert gefallen. Das verelendete Portugal hatte dafür, dass es von Napoleon besetzt worden war, Reparationsleistungen in Form von Alkohol an England zu zahlen (die Geburtsstunde des Portweins) und konnte sein Kolonialreich kaum mehr selbst kontrollieren. Das zur Wirtschaftsmacht heranreifende Brasilien nutzte die Chance des post-napoleonischen Machtvakuums und wurde 1822 als Königreich unabhängig.

Die Kontrolle des Sklavenhandels durch englische Kriegsschiffe erhöhte die Preise an der westafrikanischen Küste, ganz zur Freude korrupter Engländer in Sierra Leone, die weiterhin um die 10.000 Sklaven jährlich über Kuba nach Brasilien exportierten. Erst 1872 beendeten die Engländer endgültig den Sklavenhandel in ihrem Einflussbereich.

Historiker schätzen die Zahl der aus Afrika verschleppten Menschen während der 350-jährigen Geschichte des transatlantischen Sklavenhandels auf **40 Millionen,** von denen mehr als ein Drittel den Transport nicht überlebte. Die Aufzeichnungen der Kapitäne von Sklavenschiffen, Ladelisten und Volkszählungen auf Sklaven haltenden Inseln bieten eine erstaunlich präzise Grundlage für solche Schätzungen. Wenig bekannt ist, dass die Zahl der in das heutige Staatsgebiet der USA verschleppten Sklaven im Vergleich zu Mittel- und Südamerika klein war. Der Anteil lag sicher nicht über 5%. Bei aller Brutalität waren die Bedingungen in einem Punkt fundamental verschieden. Die nordamerikanischen Sklavenbesitzer förderten den Kinderreichtum ihrer Sklavinnen. „Good Breeders" brachten bessere Preise, so dass die Nachfrage nach wenigen Generationen hauptsächlich mit im Land geborenen Sklaven befriedigt wurde. In Lateinamerika hingegen waren die Arbeits- und Lebensbedingungen derart schlecht, dass Kinder kaum überlebten und zu Tode geschunde Sklaven schnell durch Nachschub aus Afrika ersetzt wurden.

Sklaverei in Cabo Verde

Die Sklaverei in der ältesten kreolischen Kultur, Cabo Verde, unterschied sich erheblich von den in Nord- und Südamerika praktizierten Formen. Durch die Kreolisierung der frühen Zeit waren Familien aus Freien und Sklaven entstanden in einer gemeinsamen Kultur. Hierdurch wurde die **Sklaverei in sich selbst limitierend.** Die wichtigsten Faktoren hierfür mögen gewesen sein:

• Zyklische Subsistenzkrisen
In den Dürrekatastrophen wurden die Sklaven von den Besitzern an Sklavenschiffe verkauft oder sie verhungerten.

• Generationenfolge
Der Status der Kinder richtete sich nach dem der Mutter. War sie Sklavin, dann waren alle ihre Kinder auch Sklaven. Somit hatten freie Männer mit ihrer/ihren Slavenfrau/en nur versklavte Kinder. Nur durch die Freilassung war die Fortsetzung des landwirtschaftlichen oder sonstigen Familienbetriebes möglich.

• Maurische Tradition
Einflussreiche Neubürger waren „Neue Christen" oder anderweitig Verfolgte aus den maurischen Gebieten. Sie kamen aus einem vergleichsweise toleranten Staat mit geregeltem Zusammenleben ethnischer und religiöser Minderheiten und kannten Sklaverei in anderer Form, in welcher der Sklave niemals völlig entrechtet war und nach der Freilassung in hohe Ämter aufsteigen konnte. Im Islam der Zeit wurde die Freilassung eines Sklaven als ehrende Tat verstanden.

• Jesuiten
Die Jesuiten als einzige nennenswerte religiöse Gruppierung, welche die Sklaverei konsequent abgelehnt hat, unterstützten ab 1650 den Brauch der Besitzer, die Familie testamentarisch freizugeben.

• Flucht und Widerstand
Mit jeder Katastrophe, ob Piratenüberfall, Brand oder Dürre, flohen die Bewohner in die Serra de Malagueta. Sklaven und Häftlinge hatten nicht das geringste Motiv, zurückzukehren und gründeten verschworene Gruppen mit Gemeinschaftseigentum, christlicher Laienpredigt und einem schlauen Verhaltenskodex, der sie davor schützte, erneut als Sklaven eingefangen zu werden. Sie ernährten sich aus halbnomadischer Landwirtschaft, Fischfang und mit Überfällen auf Gutshöfe.

• Liebe und Anstand
Wenn wir, vermutlich zu Recht, annehmen, dass nicht wenige Väter ihre Sklavenfrauen und -kinder entgegen aller Doktrin geliebt haben, dann erscheint ein weiteres, nicht unwichtiges Motiv.

Mit der Aufgabe, Gesetze zur Abschaffung der Sklaverei vorzubereiten, drängen die Engländer Portugal zur Einrichtung einer „Comissão mista", eines mit Rechtsfachleuten beider Nationen besetzten Rates, der 1843 seine Arbeit in Boa Vista aufnimmt (Einzelheiten im Kapitel zu Boa Vista).

1853 kommt es zum **Sklavenaufstand auf Santiago.** Nur unter massika-s-146 Foto: st

ven Anstrengungen können die Kolonialisten die Kontrolle zurückgewinnen. Sie suchen zur Abschreckung drei „Rädelsführer" und lassen Sie in Praia exekutieren, wobei aus jedem Kirchsprengel mehrere Sklaven zusehen müssen, um ihren Leidensgenossen berichten zu können. Zu dieser Zeit gab es rund 15.000 Sklaven auf Santiago. 1858, als die von der „Comissão mista" vorbereiteten Gesetze zur Abschaffung endlich verabschiedet werden, war die Zahl der Sklaven in Cabo Verde auf 3699 zurückgegangen.

Am 29. April **1878,** nach Ablauf von 20 Arbeitsjahren, welche die verbliebenen Sklaven ihren Herren noch abzuleisten hatten, ist die **Sklaverei in ganz Cabo Verde beendet.**

Auf den Inseln des Barlavento, mit Ausnahme von Boa Vista, hat die Sklaverei nie eine bestimmende Rolle gespielt. Die landwirtschaftlichen Grundbesitzer hatten mit der Teilpacht eine für sie effizientere Wirtschaftsform eingeführt. 1780, fast 100 Jahre vor dem Ende der Sklaverei in Cabo Verde, wurde sie auf Santo Antão durch königlichen Erlass *(Carta régia)* beendet. Ein humanitäres Motiv kann, muss aber

Salz: früher eine der wenigen Einnahmequellen des Landes

nicht dahinter vermutet werden. Es lebten zu dieser Zeit noch neun ältere Sklaven auf der Insel.

Vom Großgrundbesitz zum Kleinbauerntum

Das Bodenrecht wurde über 500 Jahre von Portugal bestimmt, was die Bevölkerung daran hinderte, sich selbst ein den Bedingungen angepasstes Rechtssystem zu geben. Niedrige Produktivität, Vorteile für massiv gesundheits- und ökologieschädliche Produkte (Grogue) und eine andauernde Polarisierung in wohlhabende Landbesitzer und völlig verarmte Pächter und landlose Bauern waren und sind die Folge.

Die in der Tradition des Mittelalters erfolgenden Landschenkungen durch die Krone an Adlige *(morgados)* und den Klerus *(capelas)* blieben bis ins 19. Jahrhundert hinein gültig. Im Sotavento bildete der mit Sklavenarbeit betriebene Gutshof die Wiege der kreolischen Kultur und Gesellschaft und war bis zur Abschaffung der Sklaverei nicht völlig verschwunden. Im Barlavento hingegen, das erst im 18. Jahrhundert stärker besiedelt wurde, vergaben die feudalen Grundbesitzer das Land von Anfang an fast ausschließlich im **Teilpachtsystem.** Dieses beherrscht das Bild bis heute, insbesondere auf den Zuckerrohrpflanzungen. Der Pächter hat die Terrassen zu reparieren, das Land zu bestellen und die Hälfte der Ernte *(meia)* an den Besitzer abzuliefern. Auch wenn durch Erbteilungen und Unterverpachtung die Parzellen immer kleiner geworden waren, hat dies wenig am Verhalten der Landbesitzer verändert. Manche regieren ihre relativ winzigen Flächen noch heute, als wären sie lateinamerikanische Großgrundbesitzer. Nicht selten verlangten sie von den Pächtern zusätzliche Frondienste, erwarteten, dass diese auch das Saatgut stellten und bestanden auch dann auf ihrer Hälfte, wenn dies den sicheren Tod der Pächterfamilie bedeutete. Lebensmittel hatten die Pächter in den Läden der Besitzer zu Wucherpreisen zu kaufen in einer Art Trustsystem. In Hungerjahren konzentrierte sich der Landbesitz in den Händen von Wenigen. Sie kauften den hungernden Kleinbauern für einen Sack Mais oder ein paar Kekse ihre Felder ab und gaben ihnen anschließen das Land zur Pacht. Diese, im 19. Jahrhundert gefestigte **kleinfeudale Agrarstruktur** lebt bis heute fort.

Wo die Söhne von Landbesitzern im 19. und 20. Jahrhundert in unerschlossene Täler zogen, hat sich **Kleinbauernwirtschaft** entwickelt. Sie bearbeiten ihr Land als Familienbetrieb und kaufen nur wenig fremde Arbeitskraft hinzu. Ein Beispiel hierfür ist Alto Mira auf Santo Antão. Heute erkennt man die Kleinbauernwirtschaft daran, dass in diesen Gegenden mehr Gemüse und Obst angebaut wird. Die wenigsten können sich eine Zuckerpresse *(trapiche)* leisten und müssen den *trapicheiro* entlohnen. Da man im Familienbetrieb wenig auf die investierten Arbeitsstunden schaut und sich im Gemüsebau die Arbeitsspitzen besser über das Jahr verteilen, ist das für sie günstiger.

Mit einer **Agrarreform** wollte die PAICV-Regierung Anfang der 1980er

Jahre Ländereien von nicht am Ort wohnenden oder emigrierten Besitzern *(absentistas)* mit Entschädigung enteignen und auf 99 Jahre an die Pächter geben. Keiner sollte mehr als 1 ha bewässertes und 5 ha nicht bewässertes Land behalten. Der Slogan war: „A terra a quem a trabalha!" (Das Land für diejenigen, die es bearbeiten!) Der politische Ansatz war weit entfernt von einer sozialistischen Enteignung und wurde auch von westlichen Entwicklungsorganisationen gestützt. Pilotprojekte waren positiv verlaufen. Trotzdem gelang es, den Plan als kommunistisches Machwerk zu diffamieren und dagegen aufzustacheln. Die Luft für die PAICV war zu dieser Zeit dünn geworden durch erste Korruptonsskandale, in der Sache inkompetente, aber machtverliebte Funktionäre und ineffiziente Informationspolitik. Die Arbeiter an den staatlichen Baustellen warteten seit einem Vierteljahr auf ihre Lohnzahlungen, die Händler konnten und wollten keine Lebensmittel mehr auf Kredit geben und die Stimmung war zum Schneiden. Ich hatte damals das Pech, der einzige Arzt auf Santo Antão zu sein und bin entsprechend herumgekommen. Es hat erstaunt, mit welcher Überzeugung selbst die begünstigten Pächter sich gegen die Reform aussprachen, ohne ihren Inhalt verstanden zu haben.

Am **31. August 1981** kam es bei Coculi zur Entladung. Eine **aufgebrachte Landbevölkerung demonstrierte** vor eilig aus Santiago herangeschafften Wehrpflichtigen, völlig ungeeignet für polizeiliche Aufgaben. Als diese angegriffen wurden, erging ein Schießbefehl. Ein Toter und zwei Schwerverletzte lagen am Boden. In der folgenden Nacht wurden Gefangene gemacht unter den „Rädelsführern", die in einer Schule von Rª Grande misshandelt und gedemütigt wurden. Der Prozess, den ich mit eigenen Augen und Ohren in Ponta do Sol verfolgen konnte, war ein politischer Prozess vor einem Militärgericht, in dem sich der Ankläger bis zum Vorwurf des versuchten Staatsstreichs vergaloppierte. Die später vom umsichtigen Staatspräsidenten *Aristides Pereira* erlassenen Amnestien konnten die Situation nicht mehr retten. Die PAICV hatte ihre Kreativität und Unbefangenheit verloren und verkrustete. Als neun Jahre später die ersten demokratischen Wahlen folgten, konnte sie auf Santo Antão kein einziges Mandat gewinnen. Die Verletztheiten sind bis heute nicht ausgestanden und spielen noch immer eine Rolle im Wahlkampf, teils auf der Basis eines grotesk verzerrten Bildes der damaligen Vorkommnisse (siehe *Almeida, Germano,* „O dia das calças roladas").

Die Reform trat in veränderter Form 1983 in Kraft und änderte nicht viel. Für die anstehende Modernisierung der Agrarverfassung war der 31. August das Ende. 1993 hat die MPD-Regierung die Reform rückgängig gemacht, so dass die wenigen verteilten Ländereien zurück an die Großgrundbesitzer gegeben wurden. Im Grunde traut sich keine Partei mehr an das Thema, und die kleinfeudale rückständige Agrarverfassung besteht weiter. Geändert hat sich der politische Stellenwert. Man hat erkannt, dass sich die Verhältnisse im bewässerten Landbau nur minimal geändert haben. Und der Trockenfeldbau? Der macht seinem Namen leider alle Ehre. Er liegt trocken und produziert für die Ernährungssicherung bedeutungslose Mengen. Durch die Verstädterung und die Entwicklung anderer Sektoren geht die Bedeutung der Landwirtschaft beständig zurück, und die Agrarreform wirkt in der Rückschau fast wie ein Streit um des Kaisers Bart.

Späte Besiedlung und Entwicklung

Die **Inseln des Barlavento** beginnen erst 250 Jahre nach Santiago die kapverdianischen Geschichtsbücher zu füllen. Boa Vista schert etwas aus, indem es bereits ab 1620 zur Saline der Engländer wurde, doch nach **Santo Antão** und **São Nicolau** kommen erst im späten 17. und stärker noch im 18. und 19. Jahrhundert die Siedler. Größtenteils sind es Söhne kreolischer Familien aus Santiago und Fogo, die mit Frau und Kindern, Abhängigen und einigen Sklaven sich aufmachten zur **„Sekundärkolonisation"** im Norden. Teils treibt sie die beginnende Landknappheit, teils locken Steuererleichterungen im Rahmen der staatlichen Siedlungspolitik. Hinzu stoßen **Portugiesen aus Nordportugal und Madeira.** Ein unmittelbar afrikanisches Element besitzt diese Phase der Kolonisierung nicht, so dass eine deutlich vom Sotavento verschiedene, kreolisch dominierte und mediterran stark beeinflusste Kultur entsteht.

Die Geschichte der gebirgigen Inseln des Nordens wird von **landwirtschaftlichen Leitprodukten** geprägt (zur Beschreibung der Pflanzen siehe im Kapitel zur Flora).

Urzeleiros nannte man die Männer, die in verwegener Kletterei die **Färberflechte Rocella tinctoria** aus den von der Salzgischt überzogenen Felsen kratzten. Ortsnamen erinnern bis heute daran. Das Produkt, aus dem sehr wertvolle **Indigofarbstoffe** hergestellt wurden, ging vom 15. Jahrhundert bis etwa 1910 in großen Mengen nach Europa.

Purgiernüsse wurden wegen des daraus gepressten Öls massenhaft als Exportkultur gezogen bis es durch Mineralöle verdrängt wurde.

Wein für den Export wurde in einer besonders dümmlich rücksichtslosen Phase der Privatisierung der Kolonien unter der **Companhia Grã Pará e Maranhão** im 18. Jahrhundert angebaut. Details über die sozial und ökologisch verheerenden Folgen finden sich im Kapitel zu Santo Antão. Heute ist kapverdianischer Wein ein exotisches Produkt, das nur auf Fogo hergestellt wird.

Kaffee war ein Produkt, das spät die Geschicke der Inseln beeinflusste. Erst 1790 wurden die ersten Versuche auf Sao Nicolau gemacht, und nachdem diese sehr erfolgreich waren, entstanden auch in den Bergen von Santo Antão und Fogo Pflanzungen. Die Qualität war so gut, dass für diesen Kaffee im 19. Jahrhundert die höchsten Preise in Lissabon gezahlt wurden.

Bananen als Exportfrucht verließen erst in den 1930er Jahren die Inseln, nachdem sie als von Amerika ausgehende Mode auch in Europa attraktiv wurden. Zuvor war schneller Kühltransport zu teuer, und die geringe Nachfrage wurde von Madeira und den Kanaren gedeckt.

Zuckerrohr war immer ein wichtiges Produkt. Nach der Zeit der Sklavenschiffe auf Santiago jedoch verlor es seine Bedeutung als Exportprodukt völlig. Importzucker ist billig, aus dem lokalen Rohr wird ausschließlich Schnaps gebrannt. Er kann sich auf dem Binnenmarkt nur behaupten, weil internationale Konkurrenz durch Zölle klein gehalten wird.

Die Besiedlung der nördlichen Inseln profitierte vom Export landwirtschaftlicher Produkte nur langsam. Subsistenzkrisen mit schrecklichen **Hungerkatastrophen** wurden von Jahrhundert zu Jahrhundert häufiger. Um dem Hunger zu entgehen, wurden sie bei regionalen Katastrophen auf andere Inseln gebracht und über öffentliche Bauarbeiten ernährt. Bei landesweiten Katastrophen hingegen schaute die kolonialistische Regierung weitestgehend untätig zu, wie Zehntausende in wenigen Monaten verhungerten.

Auch die **Hafenstadt Mindelo,** trotz ihrer völlig anderen Geschichte, basierend auf dem britischen Kohlehandel seit 1850 und ab 1876 auf den Transatlantik-Telegrafiekabeln, war von der Katastrophe betroffen und hatte Böses zu erleiden. Kurz vor dem Zweiten Weltkrieg durfte die Stadt noch einmal aufatmen und fiel danach in die Agonie eines Hafens von nur noch lokaler Bedeutung zurück, bis ihr die Suez-Krise eine zweite Atempause erlaubte.

Während der wirtschaftlichen Blüte der Inseln, als der Handel mit Sklaven florierte, hatte **Portugal nichts in das Land investiert.** Zur Zeit der Dampfschifffahrt war es schon nicht mehr Herr seiner eigenen Wirtschaft, sondern ein Anhängsel des britischen Imperiums. Cabo Verde schien in die Bedeutungslosigkeit abzusinken. Auch ein Versuch um 1900, den Zuckerrohr- und Kaffeeanbau zu steigern, gelang nicht. Die geringen Exporte aus Salz, Bananen, Kaffee, Purgiernüssen und dem Fischfang brachten nicht die erhofften Erträge.

Wann immer Cabo Verde für einige Zeit einen Vorteil hatte gegenüber seinen Konkurrenten, ging das Spiel binnen weniger Jahrzehnte verloren wegen der kolonialen Abhängigkeit von einem Land, das selbst nicht unabhängig, sondern verarmt war. Die hohen Kosten der Lebenshaltung und Produktion weitab von den Märkten, auf Inseln, wo jeder Schluck Wasser aus der Entsalzungsanlage kommt, ließ jede Chance zwischen den Fingern zerrinnen. Am Ende der Kolonialzeit existierten nur wenige kleine Betriebe, in denen Fischkonserven, Getränke, Grogue, Teigwaren, Zigaretten sowie Puzzolana-Zement und Möbel hergestellt wurden – andere verarbeitende Industrie war nicht vorhanden. Nur noch 10% des Landes waren als Ackerland nutzbar, weitere 6% als Weideland.

Landbevölkerung
(vermutlich in den 1950er Jahren)

Unter dem Druck des wachsenden Nationalismus ernannte Portugal seine afrikanischen Kolonien **1951** zur **Überseeprovinz.** Wie so häufig in der Politik *Salazars* war dies nicht mehr als pompöse Spiegelfechterei. Es bestand weiterhin ein „Ministério das Colónias", die Geldscheine blieben überschrieben mit „Colónia de Cabo Verde". Als sich massiver Widerstand in den großen Kolonien regte und im Jahr 1961 über 20 afrikanische Länder ihre Unabhängigkeit erlangten, wurde den Kapverdianern pro forma portugiesische Bürgerrechte erteilt. Auch bekamen sie etwas bessere Möglichkeiten, eine höhere Schulbildung zu erreichen. Man brauchte sie als „indirect rule", als Verwalter und Beamte in den anderen Kolonien. Wie meist in der Geschichte, geht manipulative Bildungspolitik nach hinten los. Der Studierende lernt in der Schule nicht nur fachliche Inhalte, sondern auch das politische System kennen, und es bedrückt ihn. So verwundert es nicht, dass die einflussreichen Nationalisten, welche die portugiesisch-sprachigen afrikanischen Länder in die Unabhängigkeit begleiteten, in Mindelo, Bissau, Luanda oder Laurenço Marques die Schulbank gedrückt und in Portugal studiert haben. Statt die angebotenen Krümel kleiner Privilegien anzunehmen, fragten Sie nach ihren Rechten.

Dank der Öffentlichkeitsarbeit *Amilcar Cabrals* (siehe entsprechenden Ex-

postal_SV-campo

kurs) gelang es Portugal in den auf 1958 folgenden Dürrejahren nicht mehr, das Elend Cabo Verdes vor der Welt zu verstecken. Die Caetano-Regierung, Nachfolger Salazars, sah sich gezwungen, das Leiden durch Arbeitsprogramme zu dämpfen, so dass der massenhafte Hungertod vermieden werden konnte.

Es sei deutlich betont, dass immer eine große Kluft klaffte zwischen der Politik Portugals und dem Verhalten einer nicht geringen Zahl **solidarischer Portugiesen,** die in Cabo Verde arbeiteten. Es gab Soldatenfrauen, die befreundete kapverdianische Familien so wie unsere durchfütterten *(Lucete Fortes).* Es gab Verwalter und Offiziere, die kapverdianische Jugendliche im Widerstand vor dem Zugriff der politischen Polizei PIDE (s.u.) warnten. Es gab Militärärzte, die sich weigerten, termingerecht nach Portugal zurückzukehren, weil sie auf der Höhe einer Epidemie die Menschen, denen sie sich verpflichtet fühlten, nicht verlassen wollten. Es gab Millionen Portugiesen, die das Kolonialsystem und den Faschismus ablehnten und als einzige europäische Nation ihre politische Zukunft gemeinsam mit den Widerstandsbewegungen in den Kolonien gestalteten.

Beziehungen zu Guinea-Bissau

Geschichtlich betrachtet standen sich die beiden Länder Cabo Verde und Guinea-Bissau immer sehr nahe. So stammte ein Großteil der von der westafrikanischen Küste verschleppten Sklaven aus diesem Land. Auch wurde Guinea-Bissau über mehr als zwei Jahrhunderte, von 1650 bis 1878, **von Cabo Verde aus verwaltet.** Bissau war sehr früh als kreolische Stadt entstanden, so dass sich auch Kultur und Sprache stark ähneln und man sich reibungslos versteht. Über die Unabhängigkeit hinaus waren viele Kapverdianer in der Verwaltung tätig. In den letzten Jahren vor der Unabhängigkeit entstand in den beiden Staaten eine **gemeinsame Freiheitsbewegung,** die in der Partei **PAIGC** *(Partido Africano de Independência de Guinea-Bissau e Cabo Verde)* ihren Ausdruck fand. Ziel der PAIGC war es, die beiden unter portugiesischer Kolonialherrschaft stehenden Länder zu einer staatlichen Einheit zu verbinden. Es folgte ein erfolgreicher bewaffneter Befreiungskampf in Guinea-Bissau, der beide Länder in die Unabhängigkeit führte. Der stellvertretende Parteivorsitzende **Luis Cabral,** wurde erster Präsident von Guinea-Bissau. Die binationale Unabhängigkeitspartei PAIGC stand unter der Leitung der Staatschefs beider Länder, *Aristides Pereira* als Generalsekretär in Cabo Verde, *Luis Cabral* als Stellvertreter in Guinea-Bissau. So regierte eine Partei in zwei Ländern.

Zur Vereinigung der Länder sollte es nicht kommen, da **Nino Vieira** sich am 14. November 1980 an die Macht putschte und Luis Cabral absetzte. Da der Name der PAIGC in Guinea-Bissau einen guten Klang hatte, behielt Vieira ihn bei. Am nächstfolgenden Todestag *Amilcar Cabrals,* dem 20. Januar 1981, trugen die kapverdianischen Genossen ihren Traum von einer gemeinsamen

Partei und einem gemeinsamen Staat zu Grabe und gründete die eigenständige **PAICV** *(Partido Africano da Independência de Cabo Verde).*

Nach Freilassung des unter Hausarrest gestellten Luis Cabral im Januar 1982 verringerten sich die Spannungen, und im gleichen Jahr fanden Versöhnungsgespräche in Moçambique statt. Inzwischen hat sich das Verhältnis normalisiert. Es bestehen gutnachbarschaftliche Beziehungen, der kulturelle Austausch wird beiderseit gefördert.

Der Weg zur Unabhängigkeit

Der kapverdianische Nationalismus, der zur Unabhängigkeit führte, hat tiefere Wurzeln. Im 19. Jahrhundert entstand eine bürgerliche Oppositionsbewegung. Sie ging über den schon lange bestehenden Protest der Sklaven und Pächter hinaus und forderte bürgerliche Grundfreiheiten im Sinne der Französischen Revolution und eine unabhängige Republik. Die königstreuen Großgrundbesitzer und Verwalter bekämpften sie heftig, Lissabon schickte mehrmals Kanonenboote.

Am **5. Oktober 1910** wurde in **Portugal** die **Republik** ausgerufen. Allen freien Einwohnern Cabo Verdes, denen aufgrund ihres Bildungsstandes, ihrer Erziehung, ihrer finanziellen Position und anderer Kriterien die Rechte als portugiesische Staatsangehörige zugebilligt werden konnten, gab die erste Republik Portugals 1914 das **portugiesische Bürgerrecht.** Sie wurden zu **„Assimilados“,** denen Zugang zu öffentlicher Bildung und Reisefreiheit sowie soziale und politische Gleichstellung mit Portugiesen gewährt war. Selbst während des Salazar-Regimes wurde dieser Status beibehalten, denn er war hilfreich für das Regime und wurde vorwiegend genutzt, um Kapverdianer in den anderen Kolonien als Verwalter und Offiziere einsetzen zu können.

Nach 16 Jahren bereits waren die bürgerlichen Freiheiten der Republik wieder aufgehoben, und **Costa de Gomes** schwang sich zum Diktator auf. Nach einem Zwischenspiel folgte **António de Oliveira Salazar,** der ab 1932 die Situation der Ausbeutung und Unterdrückung auf den Inseln weiter verschärfte, in Tarrafal de Santiago ein Konzentrationslager für politische Gefangene aus Portugal, Angola und Cabo Verde einrichtete. Sein am meisten gefürchtetes Instrument war die **politische Polizei PIDE,** ein Abklatsch der Gestapo. Im Gegensatz zu England und Frankreich, die einen großen Teil ihrer Kolonien ohne Krieg entließen, weil es zum einen nicht mehr dem Verständnis von Demokratie entsprach und zum anderen die wirtschaftliche Zusammenarbeit mit freien Staaten mehr versprach, widersetzte sich das faschistische Portugal heftig dieser Idee. Portugal hatte keine Produkte von Wert, insbesondere keine Industrieprodukte in die Kolonien zu verkaufen. Es lebte von den Erzeugnissen, Steuern und Zöllen aus diesen Ländern, und die Faschisten verknüpften darüber hinaus ihre politische und militaristische Ehre mit dem Erhalt des Kolonialismus.

Ab 1950 bildete sich ein starkes **antikoloniales Bewusstsein** heraus, in dem

Amilcar Lopes Cabral

(12. Sept. 1924 bis 20. Jan. 1973)

Amilcar Cabral war national wie international die legendäre Symbolfigur des Befreiungskampfes gegen Portugal.

Als Sohn des Caboverdeaners *Juvenal Cabral* und seiner Frau *Iva Pinhel Evora* wurde Amilcar Cabral am 12. September 1924 in Bafata/Guinea-Bissau geboren. Seine Eltern schickten Amilcar zur Ausbildung auf die damals einzige Sekundarschule in Mindelo, São Vicente.

Im Alter von 21 Jahren bekam er ein Stipendium und ging an das Landwirtschaftsinstitut der Universität in Lissabon. 1950 schloss er seine Studien erfolgreich ab. Schon in den frühen 50er Jahren hielt er in Lissabon Kontakte mit revolutionären Intellektuellen anderer afrikanischer Kolonien und war Mitbegründer des dortigen „Centro de Estudos Africanos" (Zentrum für afrikanische Studien). Bis 1963, als dieses Zentrum von der Geheimpolizei geschlossen wurde, konnten sich hier afrikanische Studenten aus den fünf portugiesischen Kolonien treffen, unter ihnen all jene, die später zu den bekanntesten politischen und kulturellen Figuren ihrer jeweiligen Herkunftsländer gehörten. Neben Amilcar Cabral waren dies u.a. *Agostinho Neto, Mario Pinto de Andrade* und *Marcelino dos Santos.*

Während seiner Zeit in Lissabon heiratete Cabral die Portugiesin *Maria Helena Rodrigues,* die ihrerseits revolutionäre Ideen verfolgte. Mit seiner vollendeten Ausbildung begann Cabral 1950 beim kolonialen Landwirtschaftsdienst zu arbeiten. Von 1952 bis 1954 unternahm er ausgedehnte Reisen nach Guinea, um vor Ort seine agrarwissenschaftlichen Erkenntnisse in die Praxis umzusetzen. Er sammelte dort aber auch detailliertes Wissen über das Land und dessen Volk, das ihm bei der Gründung der PAIGC, der nationalrevolutionären Partei, zur Seite stehen sollte. Erste Ansätze einer nationalistischen Bewegung fanden 1954 statt. Kurz darauf gründete Cabral mit seinen revolutionären Freunden die MAC *(Movimento Anti-Colonialista).* Schließlich fand am 19. September 1956 ein geheimes Treffen in Bissau statt, an dem sich Amilcar Cabral, sein Halbbruder *Luís Cabral, Aristides Pereira, Rafael Barbosa* und zwei weitere Verbündete beteiligten, um die PAICG zu gründen. Cabral musste nach Angola zurückkehren, um dort Arbeiten mit einer privaten Zuckerfabrik fortzuführen. Im Dezember 1956 trafen sich Cabral, Agostinho Neto und andere Angolaner ebenfalls im geheimen, um die „Movimento Popular de Libertaçao da Angola" zu gründen. Die geheimen Organisationen wurden fortgesetzt und mobilisierten die Arbeiter von Bissau. Am 3. August 1959 wurde ein nationalistisch orientierter Streik der Hafenarbeiter ausgerufen, der mit harten kolonialen Repressionen beantwortet wurde, während Cabral in Angola beschäftigt war. Cabral kehrte nach Bissau zurück und änderte die Taktik, indem er einen langen, bewaffneten Kampf vorbereitete, der Guinea-Bissau und Cabo Verde in die Unabhängigkeit bringen sollte. 1960 verließ Cabral Bissau heimlich, um die Parteienbildung fortzusetzen und die FRAIN in Tunis zu gründen, die dann später durch die CONCP ersetzt wurde. Diese Organisationen bildeten ein Bündnis der verschiedenen portugiesischen Kolonien in Afrika in ihrem Befreiungskampf. Im selben Jahr veröffentlichte er in London unter dem Pseudonym „Abel Djassi" eine Schrift über portugiesische Kolonien in Afrika.

Nach 1963 begann die PAIGC ihren Kampf, der zehn Jahre andauerte. 1965 veröffentlichte Cabral sein Dokument „As palavras da Ordem", das Richtlinien für die Partei in ihrem revolutionären Kampf enthielt. 1968 und 1969 wurde die Komission der Menschenrechte der UN kontaktiert und über das Leid der Völker in Cabo Verde und Guinea unter portugiesischem Regime informiert. 1970 veröffentlichte Cabral sein Buch „Le pouvoir des armes" (Die Macht der Waffen) in Frankreich. Auf einer Pressekonferenz in Stockholm klagte Cabral über die Hungersituation in Cabo Verde und die kontinuierliche Untätigkeit des portugiesischen Regimes in dieser Angelegenheit.

1973 erklärte sich die Partei schließlich als Regierung eines unabhängigen Guinea-Bissau. Die andauernden Kriege in Afrika erschöpften das Regime in Lissabon finanziell und politisch. Als im April 1974 das Caetano Regime in Lissabon fiel, beendete dies den Faschismus in Portugal und die koloniale Präsenz in Afrika.

In einem fehlgeschlagenen Anschlag auf die PAICG wurde Cabral am 20. Januar 1973 ermordet, so dass er die Erfolge seines langjährigen Kampfes, die sich schon wenige Monate danach einstellten, nicht mehr miterleben konnte.

In die Geschichte ist Cabral eingegangen als führender Theoretiker und Praktiker der Bewegung der Blockfreien auf ihrem Weg zur Befreiung Afrikas. Zu Lebzeiten und posthum erhielt er internationale Auszeichnungen wie die Julie-Curie-Medaille, Ehrendoktortitel der Lincoln University und der Sowjetischen Wissenschaftsakademie. Das World Peace Council ehrte ihn für beispielhaften Einsatz gegen Kolonialismus und Imperialismus. In mehreren Ländern wurden Schulen, Bibliotheken und Institute nach ihm benannt. In Cabo Verde trägt der internationale Flughafen seinen Namen und die größte Straße fast jeden Orts ebenso.

Sein Todestag, der 20. Januar, ist Nationalfeiertag.

Ilha – Insel

Gedicht von Amilcar Cabral, „Praia", Cabo Verde, 1945
(Übersetzung: *Pitt Reitmaier*)

Du lebst – schlafende Mutter –
nackt und vergessen,
trocken,
von den Winden gegeißelt,
beim Klang der Musik ohne Melodie
der Wasser, die uns umfangen.

Insel:
Deine Berge und Deine Täler
ließen die Zeit vorübergleiten
und verharrten in der Welt Deiner Träume
– den Träumen Deiner Kinder –
während sie es in den Wind hinausschrien,
zu den Vögeln, die da frei vorüberfliegen,
Dein Sehnen!

Insel:
Rote Erdhügel ohne Ende
– hartes Land –
steile Felsen, die den Horizont verdecken,
aber unser Sehnen im Himmelsrund behalten.

Amilcar_Conakry

Nationalbewusstsein und das Zugehörigkeitsgefühl zum afrikanischen Kontinent die Kulturphilosophie beherrschten, und aus dem die Kämpfer für die Unabhängigkeit des Landes hervorgingen. Mit **Gründung der PAICG** am 19. September **1956,** der afrikanischen Unabhängigkeitspartei von Guinea-Bissau und Cabo Verde, kam es erstmals zum **organisierten Widerstand** gegen die Portugiesen. Diese Freiheitsbewegung gründete sich im benachbarten Guinea-Bissau unter **Amilcar Cabral,** dessen Bruder *Luis Cabral* und *Aristides Maria Pereira.* Ziel der Partei war Befreiung und Zusammenschluss beider Länder und damit verbundene wirtschaftliche Unabhängigkeit. Portugal lehnte jedoch Verhandlungen mit der PAICG ab, so dass sich ihre politischen Aktivitäten im Untergrund und bei geheimen Treffen abspielten. Trotzdem konnte die Partei ihren Einfluss und ihr Ansehen im Inland wie im Ausland stärken.

1962, nachdem ein Lohnstreik der Hafenarbeiter von Pidjiguiti (Hafen von Bissau) im Blut ertränkt worden war, ging die Unabhängigkeitsbewegung zum **bewaffneten Befreiungskampf** in Guinea-Bissau über. Nur dort wurde er mit militärischen Mitteln geführt, Cabo Verde selbst blieb von blutigen Auseinandersetzungen weitgehend verschont. Allerdings waren zahlreiche Kapverdianer nach Guinea-Bissau gekommen, um sich aktiv an diesem Guerillakrieg zu beteiligen. Er wurde zu einem der längsten Befreiungskämpfe Afrikas.

Auf Cabo Verde folgten in den nächsten Jahren einige **Aufstände** gegen die Kolonialbehörden, darunter der Bauernaufstand auf Santo Antão und ein Streik der Hafenarbeiter in Mindelo. Als das portugiesische Staatsoberhaupt *Salazar* 1968 starb, gab es statt der befohlenen Staatstrauer Freudenkundgebungen, die die Kolonialisten mit Massenverhaftungen beantworteten.

Die Führer Cabral und Pereira waren schon 1960 in das Guinea-Bissau benachbarte Guinea (Hauptstadt: Conacry) geflohen, wo sie ihr politisches Hauptquartier unterhielten. Am **20. Januar 1973** überfielen Angehörige der Marine der PAICV, in Zusammenarbeit mit der politischen Geheimpolizei Portugals, PIDE, und in indirektem Auftrag des portugiesischen Generals *Spínola* das Gebäude, um Cabral und Pereira gefangen zu nehmen. Cabral, der bewaffnet war, widersetzte sich und wurde erschossen, während Pereira auf einem Boot verschleppt wurde. Die Truppen des guineischen Präsidenten *Sekou Touré* schickten ein Schnellboot, das Pereira befreite. Die Pläne Spínolas, die Armee der PAIGC entlang einer ethnischen Trennlinie zwischen Kapverdianern und Guineern zu spalten, waren für einen Moment aufgegangen. Einige unzufriedene Angehörige der unbedeutenden Marine, die lange Zeit in Gewahrsam der PIDE gewesen waren, hatten sich für den Mord instrumentalisieren lassen. Politisch und militärisch jedoch hatte der Plan einen völlig anderen als den erhofften Effekt. Die PAICV verstärkte ihre militärischen Aktionen derart, dass binnen Monaten die Luftüberlegenheit der Kolonialisten beendet und der größte Teil des Landes frei von portugiesischen Truppen war. Pereira rief am **23. September 1973** einseitig die **Unabhängigkeit Guinea-Bissaus** aus. Die portugiesische Regierung stand in den Kolonien militärisch mit dem Rücken zur Wand und im eigenen Land vor einer immer besser organisierten Mauer des Widerstands. Auch hatten mehrere europäische Regierungen gewechselt und ihre zuvor reichlich fließende finanzielle Unterstützung eingefroren. In dieser Situation setzte Spínola auf politische und psychologische Kriegführung. Cabo Verde und den anderen Kolonien wurde formal am 1. Januar 1973 die innere Autonomie gegeben – regionale Gesetzgebung, regionale Steuererhebung und regionale Haushaltsführung. Allein, die PIDE folterte weiter, die Gefangenen aus den Konzentrationslagern wurden nicht entlassen. Am **25. April 1974** beendete die **„Nelkenrevolution"** in Lissabon die 42-jährige traurige Karriere von Salazar und seinen Nachfolgern. Doch die lokalen Militärs in Cabo Verde wollten sich noch nicht geschlagen geben und hofften auf eine Wende rückwärts. So blieben die Gefangenen in Tarrafal, bis sie in einer spontanen Demonstration am 1. Mai von der Bevölkerung dort abgeholt wurden. Die neuen Machthaber in Portugal waren sich einig bezüglich der

Amilcar Cabral im Büro der PAIGC in Conakry (Guinea)

Unabhängigkeit der anderen Kolonien, doch Cabo Verde sollte weiter diskutiert werden. In Geheimdiplomatie waren Versprechungen an die NATO und USA gemacht worden, Cabo Verde als Stützpunkt mit Radar-Stationen zur Verfügung zu stellen. In Cabo Verde sollten weiterhin Rekruten auf die Fahne Portugals vereidigt werden, und Portugal schickte einen neuen „Governador". Dies und ähnliche Provokationen schufen eine zuvor nicht gekannte anti-portugiesische Haltung der Bevölkerung. Im Dezember 1974 endlich unterschrieb Portugal eine Vereinbarung zu einer **PAICV-Übergangsregierung**. *Pedro Pires* und Pereira führten schwierigste Verhandlungen in Lissabon, Algier und London, in denen sie sich u.a. mit *Mario Soares* auseinanderzusetzen hatten, der gegen die Unabhängigkeit Cabo Verdes war und vorschlug, Cabo Verde als autonome Region bei Portugal zu behalten – mit NATO-Radar. Die geostrategischen Interessen in dieser Phase des Kalten Krieges konzentrierten sich jedoch über dem nördlichen Polarmeer. Der Zentralatlantik war wenig interessant, und die USA standen in der Endphase des Vietnamkrieges und hatten andere Sorgen als das winzige Cabo Verde. So hielten sich die interessierten Weltmächte zurück, und mit Hilfe algerischer Völkerrechtler, die enorme Erfahrung aus den Unabhängigkeitsverhandlungen ihres Landes mitbrachten, gelang es den Verhandlungsführern, das historische „window of opportunity" zur Unabhängigkeit im richtigen Moment zu öffnen. Eine **erste Abstimmung zur nationalen Volksversammlung** am **30. Juni 1975** bestätigte die Kandidaten der **PAICG** mit 92% der Stimmen, mehr als 80% der Kapverdianer waren zur Wahl gekommen. Somit erhielt die Partei alle Mandate der Nationalversammlung und war als **Einheitspartei** bestätigt.

Unabhängige Republik Cabo Verde

Am **5. Juli 1975** erklärte die República de Cabo Verde ihre **Unabhängigkeit.** Die Herrschaft über die älteste afrikanische Kolonie, die über fünf Jahrhunderte angedauert hatte, war beendet.

Erster Staatspräsident wurde **Aristides Pereira,** der Generalsekretär der PAIGC und Nachfolger Cabrals. Als Ministerpräsident wurde Pedro Pires ernannt. Im selben Jahr wurde Cabo Verde in die UNO aufgenommen.

Am 5. September **1980** wurde die **erste Verfassung** verabschiedet. 1981 wurden alle Artikel über einen eventuellen Zusammenschluss mit Guinea-Bissau gestrichen. Die PAIGC, und ab dem 20. Januar **1981** die kapverdianische **PAICV,** hielt als einzige **Regierungspartei** die Macht.

Die Partei vereinte drei größere Strömungen und Gruppierungen in sich, die sich vorwiegend aus der Biographie der Mitglieder ergaben:

Nationalisten und Demokraten, die in Cabo Verde für die Unabhängigkeit geworben und sich der portugiesischen Regierung widersetzt hatten. Einige von ihnen hatten sieben Jahre im Konzentrationslager gesessen. Diese Gruppe verschwand als erste aus den Regierungsämtern, teils wegen fehlender fachlicher Kompetenz, vermutlich aber mehr, weil sie mit den straff organisierten ehemaligen Militärs nur schwer zusammenarbeiten konnten.

Die **Träger des studentischen Protests** und des politischen Widerstands in Lissabon waren nach dem Ende des Studiums nach Cabo Verde gekommen, um den Neuaufbau voranzutreiben. Sie wurden schon 1978/79 als „Trotzkisten" diffamiert und mit teils wenig demokratischen Mitteln zur Aufgabe ihrer Ämter bewegt. Im Bild, das sich die Solidaritätsbewegungen und demokratischen Regierungen von der PAICV machten, zogen die ersten düsteren Wolken auf.

Militärisch, diplomatisch und administrativ hocherfahrene **Rückkehrer aus dem Kolonialkrieg** setzten sich schon in den Verhandlungen um die Unabhängigkeit an die Spitze und hielten die Fäden in der Hand. Ihre Trümpfe waren straffe Organisation, weltweite Beziehungen und diplomatische Schläue.

„Dies ist das Land, welches wir erbten. Wir haben kein anderes." Dieser Ausspruch Pereiras wurde zum geflügelten Wort. Die junge Republik stand vor einer schweren Aufgabe. Die Kolonialisten hatten die Tresore leer zurückgelassen. Die Jobs in der Kolonialverwaltung und -armee fielen weg. Häfen und Flughäfen hatten kaum Einnahmen. Und die Dürre war schlimmer als je zuvor. Die PAIGC musste betteln gehen, wo immer sie konnte, um eine Hungerkatastrophe zu verhindern, besser gesagt, um sie nicht bis zum Massensterben gedeihen zu lassen. Bei aller Tragik gibt es verrückte Geschichten aus diesen Tagen. So reise ein junges Parteimitglied zu *Sekou Touré*. Dieser empfing ihn am Vormittag und hieß ihn nach kurzer Audienz am Nachmittag zurückzukommen. In der Erwartung, vertröstet zu werden, kam er wieder und erhielt ein Köfferchen voll Dollarnoten; ohne Anschreiben, ohne Quittung, bar in die Hand. Sekou Touré hatte sein eigenes Weltbild, und in diesem war das Vertrauen in Banküberweisungen gleich Null. Präsident *Julius Nyerere* von Tansania legte auch einen Beitrag in die Waagschale mit dem Hinweis: Wenn Tansania als das ärmste Land der Welt bereit ist, seinen Beitrag zu leisten für die letzte befreite Kolonie Afrikas, dann sollen dies die reichen Nationen auch tun – oder sich schämen.

Die Arbeitslosigkeit war auf 60% gestiegen. Wichtige Infrastruktur war nicht nur verrottet, sie fehlte. Um die eingehende Unterstützung möglichst effektiv zu nutzen und in der Erfahrung, dass die Verteilung von Lebensmitteln oder Bezahlung in Lebensmitteln (sog. Food-for-Work-Programs) gegen Grundprinzipien der Menschlichkeit und der Ökonomie verstoßen, wurden diese verboten. Es kostete die Entwicklungshilfeorganisationen einiges an Zeit und Geduld bis sie einsahen, dass die kapverdanische Praxis weitaus humaner und produktiver war: Bis heute wird **Nahrungsmittelhilfe** nicht verteilt, sondern **„konvertiert".** Sie gelangt in den (ehemals nur staatlichen, inzwischen gemischten) Großhandel, und der Erlös wird vom Staat für Arbeitsprogramme verwendet. Diese werden „FAIMO" genannt, *Frentes de alta intensidade de mão de obra;* für deutsche Ohren klingt die Übersetzung „Arbeitsfront mit hohem Beschäftigungsgrad" nicht so erfreulich.

In den ersten Jahren verstand sich die Partei als „Befreiungsbewegung an der Macht", und innerhalb der Partei fanden lebhafte Debatten und Flügelkämpfe statt. Jeweils nach fünf Jahren erfolgten Neuwahlen. *Aristides Pereira* wurde 1981 und 1986 mit über 90% der Stimmen im Amt bestätigt. Es wäre falsch, die PAIGC/PAICV in diesen Jahren gleichzusetzen mit einer „kommunistischen" Einheitspartei stalinistischer Prägung. Richtig ist, dass es erhebliche Mängel im Demokratieverständnis dieser Gruppierung gab. In allen schwierigen Entscheidungen jedoch, von den Verhandlungen um militärische Ausrüstungen im Kolonialkrieg über die Verhandlungen zur Unabhängigkeit bis zur Entwicklungszusammenarbeit mit allen Ländern, ließ sich die PAIGC/PAICV nie für einen Block vereinnahmen, insbesondere nicht für den sowjetischen.

Staatspräsident *Pereira* hatte das Land über 15 Jahre lang in die neue Freiheit geführt und bekräftigte: „Wir sind weder für den Osten noch für den Westen, aber für Cabo Verde". Ministerpräsident *Pires* ergänzte: „Der Weg wird dialektisch sein: Man darf weder die Wirklichkeit noch die Wahrheit noch den Irrtum fürchten." Auf diesen Grundlagen

221_023sw Foto: re

und mit dem unnachahmbaren Pragmatismus der kapverdianischen Kultur gelang es auf Cabo Verde, ein **Klima des sozialen Friedens,** der Stabilität und der Sicherheit zu schaffen.

Demokratisierung und Reformpolitik

Aufgrund der politischen Stabilität des Landes, des wirtschaftlichen Pragmatismus und der Einhaltung der Grund- und Freiheitsrechte unter der Regierung Pereira genoss das Land internationales Ansehen. Cabo Verde war ein Beispiel dafür, dass Einparteiensysteme nicht unbedingt mit Diktaturen gleichzusetzen sind. Mit den Ereignissen in Osteuropa 1989 verstärkte die Opposition ihre Forderung nach Einführung eines Mehrparteiensystems. Akademische Kreise und die katholische Kirche brachten sich massiv ein in die Kritik. Dem Druck gab die Nationalversammlung im September 1990 mit einer Verfassungsänderung statt. Im selben Jahr wurde die **Demokratisierungsbewegung (MPD)** gegründet. Die in der Emigration seit langem aktive **Unabhängige und Demokratische Union Cabo Verdes (UCID)** konnte im Land aktiv werden. Bei den **ersten Mehrparteien-Wahlen** im Januar **1991** erlitt die PAICV eine beschämende Niederlage. Die MPD konnte 78% der Stimmen und 56 von 79 Parlamentssitzen auf sich vereinigen. Der MPD-Kandidat **António Mascarenhas Monteiro** wurde mit 73,5% zum **Staatspräsidenten** gewählt. Angesichts des vernichtenden Ergebnisses übergab die PAICV die Regierungsmacht vorzeitig an die MPD.

Parlamentsgebäude in Praia

Hatte die PAICV eine Politik der afrikanischen Einheit und des „kleinen Mannes" verfolgt, in der Ernährungssicherung, Infrastruktur, Bildung und präventive Gesundheitsfürsorge an vorderster Stelle standen, so setzte sich die **MPD-Regierung** nun eine Liberalisierung der Wirtschaft, die Kürzung der Staatsausgaben sowie die Förderung von Privatinvestitionen in der Fischerei, im Tourismus und in der Dienstleistungsindustrie zum Ziel. Weltwährungsfond, Weltbank und die katholische Kirche wurden nicht müde, die neoliberale Politik zu loben. Viele nationalistische Bürger, insbesondere Emigranten, sahen sich hingegen gedemütigt durch eine Politik, in der portugiesische Medien, Firmen und Politiker neuen Einfluss auf den Inseln gewannen. Selbst für viele Mitglieder der MPD und ihre kapverdianische Identität war der Austausch der Staatssymbole (Wappen, Fahne und Nationalhymne) zu viel des Guten. In der Gesundheitspolitik widmete sich die MPD vorrangig der Privatisierung der kurativen Medizin und vernachlässigte die präventive Medizin derart, dass in diesem Land, das über Jahre eine fast vollständige Impfabdeckung gehabt hatte, wieder Masern- und Polioepidemien auftraten. Zu den heute allgemein anerkannten Leistungen der MPD Regierung zählt die administrative Dezentralisierung und Schaffung von autarken Landkreisen.

Zeittafel

1415	Beginn der Erkundung der afrikanischen Westküste durch die Portugiesen. Heinrich der Seefahrer (1394–1460) wertet Berichte portugiesischer Seeleute und arabischer Händler aus.
1419–56	Die von Heinrich dem Seefahrer ausgesandte Flotte erreicht Madeira, die Azoren und Cabo Verde.
1440	Beginn des portugiesischen Sklavenhandels in die Algarve.
1456	Der Venezianer Aloísio Cadamosto und der Portugiese Diego Gomes entdecken (vermutlich) Cabo Verde, berichten aber erst Jahre später davon in schriftlicher Form.
1460	Der Genuese António de Noli entdeckt Cabo Verde erneut, es wird erstmals urkundlich erwähnt und ihm Santiago zum Lehen gegeben. Das heutige Maio nannte er Mayães (weil er die Insel am 1. Mai erreichte), das heutige Fogo nannte er „Sam Jacobe e Filipe". Heinrich der Seefahrer stirbt.
1461	Erste Garnison in Rª Grande (Santiago). Diogo Afonso landet auf São Nicolau und Santa Luzia.
1462	Am 17. Januar landet Diogo Afonso auf Santo Antão, am 22. Januar auf São Vicente.
1466	Ein königlicher Freibrief gewährt den Siedlern das Recht, mit afrikanischen Sklaven und Waren von der Küste zu handeln. Franziskaner kommen auf die Inseln.
1468	Vertrag für den Export von Färberflechten (kreol:Urzella)
1472	Der freie Handel mit Küstengütern wird für die Siedler eingeschränkt. Das Monopol hierfür erhält Fernão Gomes.
1473	Am 9. April wird Rodrigo Afonso Capitão von Santiago.
1475 –1600	Zeit des großen Sklavenhandels der Portugiesen mit der Guinea-Küste.
1476	Der spanische Admiral Carlos de Valera überfällt Santiago mit 25 Schiffen und nimmt António De Noli gefangen. Als Folge verspricht De Noli seine Loyalität dem spanischen Königreich.
1483	Französische Segelschiffe erreichen Cabo Verde.
1490	Erste Besiedlung von Maio.
1491	Höhepunkt der Spanischen Inquisition. Der portugiesische König João II schickt Hunderte Juden nach São Tomé, Guinea und Cabo Verde. Die Juden waren so zahlreich, dass in dieser Zeit der Begriff „Portugiese" oft mit „Jude" gleichgesetzt wurde.
1495	Bau der ältesten erhaltenen Kirche, Nossa Senhora do Rosário, in Rª Grande auf Santiago.
1497	Vasco da Gama macht Halt auf Sal und Santiago, von wo er nach Indien aufbricht. António De Noli stirbt.
1498	Christoph Kolumbus erreicht am 27. Juni auf seiner dritten Transatlantik-Reise die Inseln Boa Vista, Fogo und Santiago. In Ra Grande lässt er seine Leute nicht von Bord gehen, weil die Menschen dort, auf der Höhe der Trockenzeit, einen kranken Eindruck auf ihn machen.
1504	Sklaven aus São Tomé werden nach Cabo Verde gebracht.
1533	Die katholische Kirche errichtet ein Bistum in Rª Grande (Santiago).
1542	Raubüberfall auf Rª Grande durch französische Piraten.

1545	Erweiterte Besiedlung von Fogo und Brava durch João da Fonseca.
1548	Frühe Besiedlung von Santo Antão durch ein System von Landeignern.
1550	Francisco da Cruz wird der erste Bischof, postiert in Rª Grande auf Santiago. Es wird von 14.000 Sklaven auf den Inseln berichtet.
1556	Beginn des Baus der Kathedrale von Rª Grande/Santiago.
1564	Bericht über einen Ausbruch des Fogo-Vulkans.
1578	Überfall, Plünderung und völlige Zerstörung der Hauptstadt Rª Grande durch englische Piraten unter dem Kommando von Sir Francis Drake.
1580–83	Erste Berichte über eine ausgedehnte Dürre und Hungersnot auf den Inseln.
1580 –1640	Das spanische Königshaus regiert in Portugal. Cabo Verde als wichtigster Umschlagplatz für Sklaven wird regelmäßig durch Niederländer und Engländer bedroht.
1583	Plünderung durch den Portugiesen Emanuel Serradas im Auftrag von Dom António, welcher mit der spanischen Regierung nicht einverstanden war. Kein anderer Pirat machte je mehr Beute, da die Bevölkerung nicht gewarnt war. Die Piraten bleiben einen Monat vor Ort und nehmen auch die Kanonen der Befestigungen mit. Nur der Goldschmied, der das Kirchengold einschmelzen musste, wurde später öffentlich gehängt. Später wird der Überfall in der portugiesischen Geschichtsschreibung zumeist übersehen.
1585	Plünderung von Praia, Santa Catarina und Rª Grande durch Sir Francis Drake.
1590	Die Spanier bauen das Fort von São Filipe über Rª Grande.
1598	Engländer und Niederländer überfallen Cabo Verde, speziell Maio. Flämische Piraten greifen Santiago an.
1601	Juden erhalten das Recht zur Siedlung und zum Handel mit der Küste unter Autorität des Königs.
1613	Ausbruch des Pico de Fogo.
1620	Auf königliche Anordnung werden portugiesische weibliche Sträflinge nach Cabo Verde gebracht, um die „Bildung von Mulatten zu verhindern".
1650–70	Ca. 7500 Sklaven werden jährlich nach Brasilien „exportiert" bzw. 150.000 in diesem Zeitraum.
1652	Sitz der Regierung und des Bischofs wird von Cidade Velha nach Praia verlegt; Praia wird Haupthafen.
1655	Niederländer überfallen São Filipe auf Fogo.
1680	Gewaltiger Ausbruch des Pico de Fogo veranlasst eine Flüchtlingswelle nach Brava.
1705	Erste Indigo-Fabrik wird eingerichtet.
1712	Überfall und Plünderung von Cidade Velha durch den Franzosen Jaques Cassart mit zwölf Schiffen. Der überwiegende Teil der Einwohner verlässt die Stadt und zieht in die geschütztere Bucht von Praia.
1730	38.000 Bewohnern auf den Inseln gezählt.
1734	Auf der menschenleeren Insel São Vicente wird ein kleines Fort errichtet, um Piraten den Porto Grande nicht weiter als Rückzugshafen zur Verfügung zu stellen.
1790	Erster Anbau von Kaffeepflanzen auf São Nicolau. Erstbesiedlung von São Vicente.
1798	Franzosen überfallen Brava, an dessen Hafen die Walfangschiffe aus New England/USA Halt machten.

19. Jh.	Europäische Nationen beginnen mit der Abschaffung des Sklavenhandels.
1800–20	Wirtschaftsflaute wegen der napoleonischen Kriege und er Besetzung Portugals durch französische Truppen. Gleichzeitig anhaltende Dürre bringt verheerende Hungersnöte.
1802–82	Mindestens 2400 Sträflinge aus Portugal werden auf den Inseln abgesetzt.
1815	Der Wiener Kongress beschließt das Ende des Sklavenhandels auf der nördlichen Erdhalbkugel.
1817	Erste offentliche Grundschule in Praia.
1820	Die portugiesischen Juden haben die Inseln weitgehend verlassen und sind den Befreiungskriegen gefolgt.
1832	Charles Darwin erreicht Cabo Verde an Bord der „Beagle" und unternimmt dreiwöchige Studien der Flora, Fauna und Geologie.
1834	Abschaffung der Sklaverei in britischen Kolonien.
1838	Per königlichem Dekret soll Mindelo als neue Hauptstadt auf São Vicente entstehen.
1843-45	Gemischte Komission zur Erarbeitung eines Anglo-portugiesischer Vertrag zur Abschaffung des Sklavenhandels in allen Übersee-Kolonien, Erlaubnis zum Einsatz bewaffneter Kontroll-Schiffe gegen den Sklavenhandel
1846	Gelbfieber-Epedemie auf Boa Vista. Die Tochter des britischen Unterhändlers, Júlia Pettingal, stirbt.
1850	John Rendall baut eine Kohlebunkerstation am Porto Grande/São Vicente. Noch im gleichen Jahr folgen andere britische Kohlenhändler. In wenigen Jahrzehnten entsteht der historische Stadtkern von Mindelo.
1855–58	Mehrjährigen Cholera-Epedemien fallen 20.000 Menschen zum Opfer.
1858	Die Gesetze zur Abschaffung der Sklaverei in Cabo Verde werden ratifiziert. Sie treten nach einer Übergangsfrist von 20 Jahren (1878) in Kraft. Praia und Mindelo erhalten Stadtrecht.
1866	Gründung einer höheren Schule auf São Nicolau. Einführung der Steuer auf Grogue in Santo Antão.
1871	Kaffeepflanzen werden auf Santo Antão eingeführt.
1874	Installierung der ersten Relaisstation für Transatlantik-Telegrafenkabel in der Bucht vor Mindelo.
1875	Sklavenbefreiung in den amerikanischen Südstaaten. Miller & Nephew und Cory Brothers & Co fusionieren zur beherrschenden Kohlehandelsgesellschaft Miller & Cory im Zentralatlantik.
1876	Erste nichtamtliche Zeitung
1878	Offizielles Ende der Sklaverei auf Cabo Verde.
1879	Guinea-Bissau erstmals eine eigene Kolonialverwaltung.
1886	Bau des Leuchtturms von Janela auf Santo Antão.
1888	Etwas 2000 Schiffe bunkern im Hafen von Mindelo Kohle und Wasser.
1892	Cabo Verde wird „autonomer Distrikt".
1899	Erstmals Zwangsarbeiter nach São Tomé und Angola verschickt.
1902–22	24.000 Hungernde werden als Zwangsarbeiter nach São Tomé geschickt. Auswanderungswellen führen ca. 20.000 Kapverdianer in die Emigration nach New England/USA.
1912	Erste Veröffentlichung der Zeitung „a Voz de Cabo Verde".
1914	Verschlechterung der wirtschaftlichen Situation infolge des Ersten Weltkriegs.
1924	Amilcar Cabral am 12. September geboren.

ka-p-157 Foto: pi

1932	António Salazar putscht sich in Portugal an die Macht.
1936	Die erste Ausgabe der Zeitschrift „Claridade“ wird in Cabo Verde veröffentlicht.
1941	Etwa 5000 portugiesische Soldaten werden nach Cabo Verde verlegt. In den folgenden zwei Jahren sterben etwa 20.000 Bewohner an Hunger, weitere 20.000 werden als Zwangsarbeiter nach São Tomé entsandt.
1943	Das Schiff „Matilde“ verlässt Brava in Richtung Amerika und wird nie wieder gesehen.
1945	Internationaler ziviler Flughafen auf der Insel Sal.
1949	Errichtung der Strafkolonie (KZ) in Tarrafal, Santiago, für politische Gefangene aus den Kolonien.
1950–70	Weitere 34.000 Kapverdianer gehen teils mit Arbeitsverträgen, teils als Zwangsarbeiter „nach Süden“.
1951	Cabo Verde wird offiziell von einer Kolonie zur portugiesischen „Überseeprovinz“. Ausbruch des Fogo-Vulkans.
1956	Am 19. September formiert sich die Partei PAIGC in Bissau.
1961	Portugiesische Bürgerrechte für Kapverdianer mit nachgewiesener Bildung und Besitz.
1970	Infolge schrecklicher Dürrejahre emigrieren sehr viele Bewohner in die USA und nach Westeuropa. Frankreich und Portugal leisten erhebliche finanzielle Subventionen zur Förderung der Fischerei. Um die Hungersnöte zu lindern, liefern Japan und Frankreich Nahrungsmittel.
1972	Große Demonstration in Praia gegen die Kolonialregierung.
1973	Amilcar Cabral, der Führer der Unabhängigkeitsbewegung Cabo Verdes und Guinea-Bissaus, wird in Conakry ermordet.

24. Sept.	Einseitige Unabhängigkeitserklärung Guinea-Bissaus nach umfassenden Geländegewinnen durch die Befreiungsarmee.
1974	25. April: „Nelkenrevolution" in Portugal: Das faschistische Regime wird abgelöst. Am 1. Mai Befreiung der politischen Häftlinge aus dem Konzentrationslager von Tarrafal.
1975	5. Juli: Unabhängigkeit der República de Cabo Verde. Eintritt in die UNO.
1976	Aristides Maria Pereira, der Generalsekretär der PAIGC, wird zum Präsidenten gewählt.
1976	1. Juli: Bank, Flughafen, Fluggesellschaft, Schifffahrt und Häfen verstaatlicht.
1980	7. Oktober: Verfassung verabschiedet, in der die PAIGC als einzige Regierungspartei benannt wird.
1981	Nach dem Putsch in Guinea-Bissau zerbricht das Bündnis mit Cabo Verde. Die PAIGC in Cabo Verde wird in PAICV umbenannt und die auf eine Vereinigung mit Guinea Bissau zielenden Artikel der Verfassung gestrichen.
31. Aug.	Konfrontation mit protestierender Landbevölkerung auf Santo Antão gegen die geplante Agrarreform.
1982	Abkommen über den Bau der Schiffswerft CABNAVE in São Vicente zwischen Kapverdianern, Portugiesen und Niederländern geschlossen.
1983	Am 1. Januar tritt das Gesetz zur Agrarreform in Kraft.
1985	Erste Einrichtung einer kapverdianischen Botschaft in Deutschland.
1986	Außenminister Silvino da Luz als erster Staatsgast in der Bundesrepublik
1987	Im Juli treffen Vertreter Südafrikas, Angolas, Kubas und der Vereinigten Staaten auf der Insel Sal zusammen. Einzelheiten für den Entwurf eines Friedensabkommens für das südwestliche Afrika werden ausgearbeitet.
1989	Cabo Verde lehnt ab, Industriemüll aus Europa, USA und Australien zwischenzulagern und verzichtet dadurch auf 65 Mio. US$.
1990	Im April gibt die PAICV die Zustimmung für Neuwahlen. Am 6. Oktober wird ein Gesetz zur Zulassung mehrerer Parteinen verabschiedet. Im November gibt die neue Partei MPD ihr politisches Programm bekannt.
1991	Am 13. Januar gewinnt die MPD die Neuwahlen mit 56 Sitzen. Premierminister wird Carlos Veiga, neuer Präsident António Monteiro. Am 15. Dezember gewinnt die MPD bei Bezirkswahlen in zehn von 14 Gemeinden; in São Vicente gewinnt ein unabhängiger Kandidat.
1992	Emigranten erhalten das Recht, sich an nationalen Wahlen zu beteiligen. Die MPD stellt ihre neue Privatisierungs-Politik vor. Am 24. Juli wird die alte Staatsflagge durch eine neue ersetzt.
1992–93	Cabo Verde ist nichtständiges Mitglied des Weltsicherheitsrates.
1995	MPD in der Regierung bestätigt.
1996	Cabo Verde nimmt erstmals an den Olympischen Spielen (Atlanta) teil.
2001	Die PAICV hat sich zu einer Partei mit sozialdemokratischem Profil gewandelt und gewinnt die Mehrheit in der Assembleia Nacional mit wenigen Stimmen Vorsprung zurück. Premierminister José Maria Neves, studierter Verwaltungsfachmann, setzt auf Modernisierung von Staat und Wirtschaft, schlankere Administration und Dialog mit der Opposition.
2002–03	Mindelo ist Kulturhauptstadt der portugiesischsprachigen Länder.
2004	Cesaria Évora erhält für das Album „Voz D'Amor" den Grammy in der Kategorie „Best Contemporary Wold Music Album".

Ende 1993 kam es zur Spaltung der MPD, in deren Folge 30 Parteimitglieder die Wiederwahl von Carlos Veiga zum Anlass nahmen, die MPD zu verlassen. Sie schlossen sich **Eurico Monteiro** und dem ehemaligen Außenminister **Jorge Carlos Fonseca** an und gründeten die **PCD,** welche daraufhin zu einem wichtigen Gegenspieler der Regierung werden sollte.

Die Nationalratswahlen im Dezember 1995 bestätigten die MPD. Damit war die **liberale Reformpolitik** der Regierung gestärkt und die Privatisierungen konnten beschleunigt weitergeführt werden.

In den **Wahlen zur Assembleia Nacional** vom Januar **2001** unterlag die MPD sehr knapp der PAICV. Diese hatte sich nach der Niederlage von ihren opportunistischen Elementen gereinigt. Es war nicht mehr vorteilhaft, in dieser Partei zu sein. Ihr Programm trägt heute ein sozialdemokratisches Profil. **Pedro Pires** wurde Präsident und beschränkt sich somit auf Aufgaben als Repräsentant und moralische Instanz. Die tägliche Politik wird von **José Maria Neves** geleitet, einem dynamischen Verwaltungsfachmann. Er führt seine Regierung mit elf Fachministern und 4 Staatssekretären, von denen fünf Frauen sind. Das Parlament wurde etwas verkleinert, die Verwaltung verschlankt. Die Demokratie in Cabo Verde, wo die Reise eines Abgeordneten in die Hauptstadt in aller Regel einen Flug und Hotelkosten impliziert, ist vergleichsweise teuer für das kleine Land.

Die nächsten Wahlen zur Assembleia Nacional finden im Januar 2006 statt.

Die Wirtschaftspolitik der letzten 13 Jahren hat zum Wachstum beigetragen und einige internationale Investoren angelockt. Die Allgemeinheit hat davon profitiert, jedoch sehr ungleichmäßig, und der Abstand zwischen Arm und Reich vergrößert sich weiter. Laut UNDP leben unverändert 40% der Bevölkerung unter der Armutsgrenze.

02240061sw Foto: re

Politik

Regierung, Parlament und Justiz

Staatspräsident der **República de Cabo Verde,** abgekürzt C.V., ist seit dem 22. März 2001 **Pedro Verona Rodrigues Pires (PAICV).**

Regierungsoberhaupt ist seit Februar 2001 Premierminister **José Maria Pereira Neves (PAICV).**

Die **Regierung** besteht aus zwölf Ministern und vier Staatssekretären, die vom Premierminister aus den Mitgliedern der Nationalversammlung vorgeschlagen werden. Kabinettsumbildungen sind vergleichsweise häufig.

Laut Verfassung ist Cabo Verde eine **parlamentarische Demokratie.** Die erste Verfassung in der Geschichte der neuen Republik Cabo Verde wurde am 5. September 1980 verabschiedet. In ihr wurde Cabo Verde als „souveräne, demokratische, einheitliche, anti-kolonialistische und anti-imperialistische" Republik definiert. Die Verfassung beinhaltet Rechte und Pflichten der Staatsbürger, auch derer, die im Ausland leben, z.B. Meinungs-, Religions-, Demonstrationsfreiheit und Recht auf medizinische Versorgung, Ausbildung usw. Sie erklärt die Todesstrafe sowie lebenslange Haft für abgeschafft. 1991 erfolgte eine Verfassungsänderung weg vom System der Einheitspartei zu einem Mehrparteiensystem.

Die **Nationalversammlung** *(Assembleia Nacional)* wird vom Volk in freier und gleicher Wahl für jeweils fünf Jahre gewählt, zuletzt am 14. Januar 2001. Ebenso wird der Präsident für eine 5-Jahres-Periode direkt gewählt, zuletzt am 11. Februar 2001. Der Premierminister wird von der Nationalversammlung nominiert und vom Präsidenten ernannt. Das **Wahlrecht** gilt weltweit für alle Kapverdianer ab 18 Jahren, einschließlich der Emigranten.

Die **Aufteilung der Kompetenzen** zwischen Präsident, Nationalversammlung, Regierung und Gerichtshof wird in der Verfassung geregelt.

Die **Nationalversammlung** bildet das oberste Organ des Staates und vertritt das Volk Cabo Verdes durch die Abgeordneten. Sie entscheidet über grundsätzliche Fragen der Innen- und Außenpolitik und legt die wirtschaftlichen, politischen, sozialen und kulturellen Richtlinien fest. Im ersten Halbjahr 2004 bestand die Nationalversammlung aus 31 Abgeordneten der MPD, 45 der PAICV, einem der PCD und zwei der PTS. Die Auslandsgemeinden sind durch jeweils zwei Abgeordnete vertreten für die Regionen Afrika, Amerika und Europa.

Der **Staatspräsident** repräsentiert Cabo Verde innerhalb und außerhalb des Landes, ist das Oberhaupt des Militärs und verantwortlich für die Einheit der Nation, die Integrität der Region, die nationale Unabhängigkeit. Er überwacht die Einhaltung der Verfassung und internationale Verhandlungen.

Der **Premierminister** ist Oberhaupt der Regierung und Exekutive und wird auf der Grundlage der nationalen Wahlen und der Vorschläge der Nationalversammlung vom Präsidenten der Republik ernannt. Er ernennt die vom Premierminister nominierten Minister und Staatssekretäre. Hierauf wird von der Regierung das detaillierte Regierungsprogramm ausgearbeitet. Dieses Programm wird vom Ministerkabinett geprüft und muss die Zustimmung der Nationalversammlung finden.

Die Regierung kontrolliert die **Polizei,** welche die Verantwortung für die Aufrechterhaltung von Recht und Gesetz trägt.

Die **Justiz** und Rechtsprechung in privaten und öffentlichen Konflikten erfolgt durch unabhängige Gerichte nach dem geltenden Gesetz. Die Gerichtsbarkeit ist unterteilt in Oberstes Gericht, Rechnungshof, Militärgericht, Finanzgericht (Steuern und Zölle) und Familien- und Arbeitsgericht.

Der **Sitz der Regierung** und der Nationalversammlung ist die **Hauptstadt Praia.** Die Verwaltung der Inseln ist aufgeteilt in **16 Landkreise** oder **concelhos:** Bezirke, die eine gesamte Insel umfassen, sind Boa Vista, Brava, Fogo, Maio, Sal, São Nicolau, São Vicente. Santiago gliedert sich in die Verwaltungsbezirke Calheta de São Miguel, Praia, Santa Catarina, Santa Cruz, São Domingos und Tarrafal. Santo Antão wird unterteilt in Paúl, Porto Novo und Ribeira Grande. In Gemeinderatswahlen *(Eleições autárcicas)* werden der Oberbürgermeister *(Presidente da Câmara)* und der Gemeinderat gewählt.

Nationalflagge

Dargestellt ist ein **Kreis von goldenen Sternen auf blauem Hintergrund.** Das obere blaue Feld symbolisiert den Himmel über dem Archipel, während das untere blaue Feld die unendliche Weite des Meeres rund um die Inseln darstellt. Die weißen Streifen stehen für den Frieden, der mittlere rote Streifen symbolisiert den Kampf für Freiheit. Zehn goldene Sterne stehen für die neun bewohnten Inseln sowie für die Diaspora des kapverdianischen Volkes.

Von der Unabhängigkeit 1975 bis ins Jahr 1992 war die Staatsflagge Cabo Verdes unter der PAICG/PAICV-Regierung rot, gelb und grün, verwendete also Farben, die auch in anderen Flaggen unabhängiger afrikanischer Staaten vorkommen. Rot stand für das im Kampf vergossene Blut, Gelb für die Ernte sowohl an Nahrung als auch symbolisch für Fortschritt, Grün für das Wachstum der Natur, das die Inseln so sehr benötigen, der schwarze Stern als Symbol panafrikanischer Einheit. Mit dem Sieg der MPD 1991 wurde im August 1992 die Staatsflagge geändert. Nach Lesart der damaligen Opposition kopiert die neue Flagge die seemännische Signalflagge für „YES", was an Wahlkampfslogans der MPD erinnert, und nähert sich durch die Sterne auf blauem Grund der Fahne der Europäischen Union an. Diese Art von Flaggentausch provozierte 1992 heftige Anti-MPD-Demonstrationen in Praia.

Mitgliedschaften

Cabo Verde ist **Mitglied regionaler und internationaler Organisationen:** u.a. OAU (Organisation für afrikanische Einheit), ECOWAS (westafrikanische

Wirtschaftsgemeinschaft), CPLP (Gemeinschaft portugiesischsprachiger Staaten), CILSS (interstaatliches Komitee für die Bekämpfung der Trockenheit im Sahel), AKP/Lomé-Abkommen (Afrikanische Charta der Rechte der Menschen und Völker), UNO (und Unterorganisationen), UN-Menschenrechtskonventionen (gegen Rassendiskriminierung, Diskriminierung der Frau, Zwangsarbeit; für Recht auf Kollektivverhandlungen), INTELSAT, INTERPOL.

Politische Parteien

- **MPD** *(Movimento Para a Democracia)*, gegründet 1990.
- **PAICV** *(Partido Africano da Independência de Cabo Verde)*, gegründet 1981, zuvor (seit 1956) PAICG.
- **PCD** *(Partido da Convergência Democrática)*, gegründet 1994 als Ergebnis der Spaltung der MPD.
- **UCID** *(União Caboverdiana Independente e Democrática)*, gegründet 1975 von Emigranten in den USA und Portugal, dazwischen eingestellt, seit 1992 wieder aktiv.
- **PSD** *(Partido Socialista Democrático)*, gegründet 1992.
- **PTS** *(Partido do Trabalho e da Solidariedade)*, gegründet 1998 mit Schwerpunkt in São Vicente.

Außenpolitik

Nach dem politischen Bekenntnis des Landes und angesichts seiner kargen Ressourcen ist Cabo Verde auf gute Außenbeziehungen mit vielfältigen Kooperationspartnern angewiesen. Die Politik war seit der Unabhängigkeit auf

ka-b-162 Foto: bö

Neutralität bedacht, was dem von Auslandshilfe abhängigen Land ungeachtet der politischen Ausrichtung eine Unterstützung sowohl von westlicher als auch östlicher Seite ermöglichte. Junge Leute gingen zum Studium in verschiedenste Länder des politischen Ostens und Westens. Konsequent wurden trotz massiven Drucks, jetzt aus dem Osten, die Errichtung von militärischen Stützpunkten abgelehnt. Die militärisch und wirtschaftlich geostrategische Lage Cabo Verdes, von maximaler Bedeutung bis in die 1970er Jahre, ging mit der Erfindung des Langstreckenfunks, der Transkontinentalraketen, AWACS und Nachrichtensatelliten schrittweise zurück und spielt heute keine spürbare Rolle mehr. Auch ist man sich seiner Größe bewusst. Präsident *Pedro Pires* pflegt dies so auszudrücken: „Wir sind das Gras unter den Füßen kämpfender Elefanten."

Die Regierungen des unabhängigen Cabo Verde betrieben eine nach allen Seiten offene Außenpolitik und betrachteten die Erweiterung der diplomatischen Beziehungen insbesondere mit Ländern, in denen Emigranten leben, als wichtigen Bestandteil ihrer Politik. Die Außenministerin trägt heute den Namen „Ministra dos Negócios Estrangeiros, Cooperação e Comunidades", woraus hervorgeht, dass der internationalen Entwicklungszusammenarbeit und den Emigrantengemeinden im Ausland ähnliche Bedeutung zugemessen wird wie den klassischen Aufgaben eines Außenministeriums.

Präsidentenpalast in Praia

Ohne falsche Bescheidenheit betrieb Cabo Verde immer eine sehr aktive Außenpolitik. Bald nach der Unabhängigkeit wurden die Beziehungen zum ehemaligen Mutterland Portugal wieder aufgenommen.

Eine Sonderrolle in der Außenpolitik spielte die **Beziehung zu Südafrika.** Die unabhängigen afrikanischen Staaten verweigerten dem Apartheidsystem Überflug- und Landungsrechte. In Absprache mit der OUA gestattete Cabo Verde Zwischenstopps auf dem Weg nach Europa und Nordamerika.

Dank dieser Kontakte spielte Cabo Verde **innerhalb der OAU** eine bedeutende **Vermittlerrolle,** und das Land war mehrmals Austragungsort internationaler Verhandlungen, vor allem im Zuge der militärischen Auseinandersetzungen im südlichen Afrika: Im Jahre 1984 fanden auf Cabo Verde die ersten Gespräche zwischen dem von den Südafrikanern entsandten Generalverwalter für Namibia und Vertretern der Widerstandsbewegung SWAPO statt. Auch bei Verträgen zwischen Südafrika und Moçambique bzw. Angola und bei Gesprächen zwischen Südafrika, Angola und Kuba über die Unabhängigkeit Namibias hatte Cabo Verde eine Vermittlerposition.

1985 wurde mit *António Rodrigues Pires* der erste Botschafter Cabo Verdes in Deutschland akkreditiert. Ein Jahr darauf kam Außenminister *Silvino da Luz* als erster Staatsgast nach Deutschland. Er sprach mit Emigranten in Hamburg über ihre Probleme und außerdem über die Einrichtung von weiteren Honorarkonsulaten.

Ein Paradestück kapverdianischer Außenpolitik war die Bearbeitung der Anträge einer Firmengruppe, die toxischen Industriemüll aus Europa, USA und Australien auf Santa Luzia lagern wollte. Man trieb die Verhandlungen bis zur Unterschriftsreife und überreichte dann die gesammelten Informationen den zuständigen Behörden der betroffenen Staaten und den Vereinten Nationen. Cabo Verde hat damit auf über 60 Mio. US$ (und unabwägbare Spätfolgen) verzichtet und sich diplomatisch einen guten Namen gemacht.

Cabo Verde unterhält sehr enge Beziehungen zu den anderen **lusophonen** (Portugiesisch sprechenden) **Staaten** Portugal, Brasilien, Guinea-Bissau, Angola, Moçambique und São Tomé e Principe. Die Inseln waren Gastgeber des CPLP-Gipfeltreffens im Juli 1998. Die Kooperation mit diesen Staaten nimmt vor allem im kulturellen Bereich eine Sonderstellung ein. Im September 1998 unterzeichnete Cabo Verde ein Kooperationsabkommen mit Portugal, das die Bereiche soziale Sicherheit und Ausbildung betrifft. **2002/2003** war **Mindelo Kulturhauptstadt der lusophonen Länder.**

Cabo Verde wird als ein **Land des Dialogs, des Friedens und der Rechtsstaatlichkeit** anerkannt.

Wirtschaft

Die portugiesischen Kolonialherren bemühten sich nie, mehr zu tun, als ihnen nützlich sein konnte. Nur in den letzten Jahren suchte man das größte Elend zu verhindern, um die internationalen Anklagen durch *Amilcar Cabral* Lügen zu strafen. So waren im Jahr der Unabhängigkeit 1975 keinerlei infrastrukturellen Voraussetzungen für eine eigenständige Wirtschaft vorhanden. Die Hauptstadt Praia besaß keinen funktionierenden Hafen. Ein Großteil der Bevölkerung war arbeitslos, die Mehrheit Analphabeten, und es mangelte an qualifizierter Ausbildung.

Die Inseln waren abhängig von ausländischer Unterstützung. Die Bevölkerung kann sich nicht aus eigener Produktion ernähren, **90% der Nahrungsmittel müssen eingeführt werden.**

Erstaunlicherweise weist die Volkswirtschaft trotz eines Import-Export-Verhältnisses von 90 zu 10 eine ausgeglichene Zahlungsbilanz auf. Devisen kommen vor allem aus den Geldsendungen der Emigranten, aber auch aus Flughafen- und Hafengebühren und neuerdings aus dem Tourismus. Auch die konvertierte Nahrungsmittelhilfe und andere Einnahmen aus der internationalen Entwicklungszusammenarbeit spielen eine Rolle. Privatisierungen zu Gunsten ausländischer Firmen wie die der Telecom sind eher fragwürdige Einnahmen, die langfristig Verluste und verpasste Chancen der Entwicklung für das Land nach sich ziehen können. Die politische Unabhängigkeit hat wenig geändert an der wirtschaftlichen **Abhängigkeit von anderen Staaten und den Emigrantengemeinden.** Ohne Devisen von außen gäbe es kaum Nahrungsmittel, weder Häfen noch Entsalzungsanlagen, es würden keine Wälder aufgeforstet und keine Krankenhäuser versorgt.

Die **wirtschaftlichen Schwerpunkte der Regierung** sind heute: Verbesserung der Nahrungsmittelproduktion und der Wasser- und Energieversorgung; Bodenschutz und Wiederaufforstung; Verringerung der Arbeitslosigkeit und Landflucht; Situation der Emigranten; Ausweitung von internationalen, marktorientierten Handelsbeziehungen als Devisenbringer; Tourismus und touristische Infrastruktur.

Erwerbstätigkeit

Rund 40% der Aktiven sind in der Landwirtschaft einschließlich Fischerei und Forstwirtschaft tätig, rund 30% im Handel, 25% finden im Dienstleistungssektor Beschäftigung, während die Industrie nur rund 5% Arbeit gibt.

Die **Arbeitslosigkeit** gehört zu den permanenten Problemen des Landes, rund **25%** der aktiven Altersgruppe haben keinen Arbeitsplatz. Die Grenzen zwischen formaler Arbeit, Arbeit im informalen Sektor, Mitarbeit im Familienbetrieb, offener und versteckter Arbeitslosigkeit sind allerdings fließend. Berücksichtigt man die **Unterbeschäftigung,** sind bis zu 50% der arbeitsfähigen Bevölkerung Cabo Verdes ohne regelmäßige Arbeit, denn auch die Tätigkeit in der Landwirtschaft ist zu einem

ka-s-166 Foto: st

großen Teil von Regenfällen abhängig. Auf manchen Inseln herrscht Jugendarbeitslosigkeit von mehr als 70%. Die Erwerbsquote der Frauen liegt wesentlich niedriger als die der Männer. Zum einen sind sie im informalen Sektor aktiver, zum anderen sind sie schneller Opfer von Arbeitslosigkeit. Frauen, die sich für Beruf und Karriere entscheiden, wird nichts in den Weg gelegt. So hat z.B. die Fluggesellschaft TACV Frauen in führenden Positionen und auch als Pilotin im Einsatz.

In den letzten zehn Jahren wurden die **Arbeitsbeschaffungsprogramme** des Staates zunehmend durch **Programme zur Armutsbekämpfung** ersetzt. Über Kleinkredite, Weiterbildung von Kleinunternehmern, Beratung zur Firmengründung und Steuervergünstigungen sollen *micro-empresas,* ein portugiesisches Wort für die „Ich-AG", gefördert werden. Die Finanzierung der Programme erfolgt aus dem Nationalen Entwicklungsfond, der sich großteils aus der konvertierten Nahrungsmittelhilfe und Finanzhilfe der Entwicklungszusammenarbeit speist.

Landwirtschaft

Das **kultivierte Land** bedeckt etwa 40.000 ha oder rund **10% der Gesamtfläche Cabo Verdes.** Dieser geringe Anteil ist begründet in der Oberflächenbeschaffenheit der Inseln mit Gebirgen und wüstenhaften Landstrichen. Nur etwa **3000 ha** sind **bewässertes Kulturland.** Davon entfällt der größte Teil auf Zuckerrohrplantagen. Die Anbauflächen konzentrieren sich hauptsächlich auf die Inseln, die über einige Wasserreserven verfügen, vor allem Santiago, Santo Antão, São Nicolau und Fogo.

Die Landwirtschaft ist **markorientiert,** und auch kleinste Mengen Grünes werden verkauft. Subsistenzwirtschaft spielt eine untergeordnete Rolle, seit 95% des Grundnahrungsmittels Mais für Mensch und Tier importiert werden muss. Die Aufteilung des Landes von Generation zu Generation hat dazu geführt, dass heute etwa 54% der Betriebe kleiner als 1 ha sind, nur 3% größer als 5 ha. Zur Ungleichheit des Besitzes kommt eine Übernutzung von kultivierbarem Land durch Monokulturen. Die Landwirtschaft ist durch die geographischen Begebenheiten so stark limitiert, dass sie nur etwa **7% des Bruttoinlandsprodukts (BIP)** erwirtschaftet.

Im Durchschnitt produziert Kap Verde nur 10% seines jährlichen Nahrungsmittelbedarfs, und es besteht wenig Aussicht auf Änderung. Bis in die 1960er Jahre konnte sich Kap Verde außerhalb der Dürrejahre selbst ernähren und exportierte landwirtschaftliche Produkte.

Wichtigste Ziele, die mit ausländischer Unterstützung angestrebt werden, sind die **optimale Nutzung der kargen Wasserressourcen** und die **Einführung neuer Anbaumethoden.** Dazu gehören auch Aufforstung und Kampf gegen die Erosion mit Talverbauungen und Hangterrassierungen. Langfristig sollen die Städte sich aus Entsalzungsanlagen versorgen und das Quellwasser der Landwirtschaft überlassen. Künstliche Bewässerung auf vulkanischen Böden ermöglicht mehrere Ernten im Jahr. Tröpfchen-Bewässerung kann zu erheblichen Produktionsausweitungen führen.

Auf **landwirtschaftlichen Versuchsanstalten** werden den Bauern neue Landbaumethoden demonstriert, darunter die Auswahl und Einführung ertragsintensiver Kulturen, neuer Gemüsesorten, die der Trockenheit widerste-

Terrassenkulturen auf Santo Antão

hen und kurze Vegetationszeiten haben, sowie geeignete Pflanzenschutzmethoden. Federführend ist das seit 1978 existierende *Instituto Nacional Investigacão Agraria (INIA),* ein nationales Institut für Landwirtschaftsforschung, das auch über Labors verfügt.

Landwirtschaftliche Nutzpflanzen

Mangels ausreichendem Regen wird in Cabo Verde **Bewässerungsfeldbau in Terrassenkultur** betrieben. Obwohl diese kosten- und arbeitsaufwendige Methode sehr begrenzt und auch nur in den Hanglagen feuchter Täler möglich ist, spielt sie in der Landwirtschaft die wichtigste Rolle. Das System der kleinen Wasserkanäle *(levadas)* ist uralt und beinhaltet außer der Technik ein ausgefeiltes Regelwerk zur Verteilung des Wassers nach Stunden. Entwickelt während Dürreperioden in Äthiopien, erlaubte es der Königin von Saba die Schaffung ihres Reichs. Mit den islamischen Mauren gelangte es auf die iberische Halbinsel und von dort über Madeira nach Cabo Verde.

Auf etwa der Hälfte der bewässerten Flächen wächst **Zuckerrohr** (zur Geschichte des Zuckerrohrs vgl. den ent-

ka-j-171 Foto: ja

sprechenden Exkurs). Das Zuckerrohr wird direkt vor Ort zu weißem Rum *(Grogue)* verarbeitet. Die traditionellen, von Eseln, Maultieren oder Ochsen betrieben **Pressen** *(Trapiche)* werden zunehmend von motorgetriebenen Pressen abgelöst, die die Rohrstängel entsaften.

Neben Zuckerrohr werden vor allem **Bananen** gepflanzt. Einige Bananenplantagen auf Santiago exportieren nach Portugal.

Mischpflanzung von Mais und Bohnen

Zunehmend wurde in zahlreichen Projekten eine **Diversifikation** der Anbauprodukte angestrebt, um die Bevölkerung mit Frischgemüse zu versorgen. So sieht man heute in bewässerten Tallagen liebevoll gepflegte Beete, auf denen Karotten, Tomaten, Zwiebeln und Weißkohl, Kürbisse, Melonen, Gurken und Paprika angebaut werden.

Ein sehr wichtiges Grundnahrungsmittel ist **Maniok,** der vorwiegend auf bewässertem Gebiet gepflanzt wird. Es wachsen bis zu 3 m hohe Sträucher mit gefingerten Blättern heran, deren längliche Wurzelknollen, z.T. mehrere Kilogramm schwer, geerntet werden. Nach dem Kochen hat Maniok einen kartoffelähnlichen Geschmack. Andere Stärkelieferanten sind **Süßkartoffeln** und die europäische **Kartoffel,** die auch im Trockenfeldbau gedeihen kann.

In feuchteren Tälern wachsen **tropische Fruchtbäume,** darunter Mangos, Papayas, Brotfrüchte, Guaven, Feigen, Maracujas, Zitronen, Orangen sowie Dattel- und Kokospalmen. In kühleren Hochlagen findet man auch **Äpfel** und **Weintrauben.**

Tabak wird für den Eigenbedarf angebaut (Schnupftabak, Frauen rauchen Pfeife).

Der **Trockenfeldbau** nimmt 90% der bebaubaren Fläche ein und gibt erst ab 300 mm Jahresniederschlag in höheren Lagen eine Chance auf Ernte.

In schattigen und hohen Luvlagen zwischen 500 und 1000 m Höhe trifft man **Kaffeeplantagen.** Den besten Ein-

Mais und Bohnen – eine intelligente Symbiose

Sementeira em Pó – Aussäen in den Staub ist die Antwort der Bauern auf widrige Umstände im Trockenfeldbau. Sie reinigen den staubtrockenen Boden von Steinen und heben Trichter von einer Armlänge Durchmesser aus. In den Grund der Pflanzgruben legen sie jeweils drei Maiskörner und eine Bohne und decken diese mit einem schweren Stein ab. So ist das Saatgut vor den Krähen geschützt und der Tau bringt es nicht zum Keimen. Die Felder warten über Wochen und Monate auf Regen. Kommt er und hat er den Boden gut durchfeuchtet, dann haben die Pflanzgruben das Wasser zum Saatgut gelenkt und die Erosion aufgehalten. Die Bauern heben die Steine an nur einem Tag ab, und wie durch ein Wunder sprießen gleichzeitig auf allen Hängen junge Maispflanzen.

Primeira Monda – zwölf Tage, nachdem die Pflänzchen aus dem Boden gekommen sind, reißt der Bauer das Unkraut aus und häufelt *(mondar)* die umgebende Erde um den Wurzelbereich an, um ihn vor Wind und Trockenheit zu schützen.

Segunda Monda – weitere 25 Tage später haben die Maispflanzen fast ihre endgültige Höhe erreicht. Die Bohne bedankt sich für die Rankhilfe, indem sie Stickstoff an den Boden abgibt. Der Mais gedeiht dank des natürlichen Düngers kräftiger. Es wird ein zweites Mal angehäufelt und gejätet.

Colheita – nach 100 Tagen, wenn es noch mindestens ein zweites Mal geregnet hat, werden die reifen Maiskolben geerntet. Das Maisstroh lässt der Bauer stehen und holt es nur nach Bedarf nach. Auf dem Feld verrottet es weniger schnell als am Haus und lockt keine Mäuse an.

Cachupa – das ist der letzte Schritt im schlauen Zusammenspiel zweier Pflanzen mit dem Menschen. Während dem Mais das schwefelhaltige Methionin im Eiweiß fehlt, haben die Bohnen mehr als genug davon, aber es fehlt Lysin und Tryptophan. Das Eiweiß jeder der Pflanzen hat nur eine biologische Wertigkeit von 50–60% im Vergleich zu tierischem Eiweiß. Zusammen gekocht gleicht eines den Mangel des anderen aus, und es werden fast 100% daraus. Die Hausfrau wirft einen Fisch in den Topf und die Wertigkeit steigt auf 123%. Wer kennt schon die Theorie, nach der die biologische Wertigkeit von vorwiegend pflanzlichem Eiweiß in Gemischen auf über 100% steigen kann? Cachupa-Köchinnen sicher nicht, doch sie machen es, Tag für Tag.

druck gewinnt man in Paúl im Aufstieg über Ribeirãozinho zum Pico da Cruz. Ende des 18. Jahrhunderts war Kaffee aus Cabo Verde ein Exportprodukt, heute ist die geringe Erntemenge für den Eigenbedarf bestimmt. Besonders gefragt, aber nur schwer zu bekommen, ist Fogo-Kaffee.

In der Caldeira von Fogo gibt es in geringem Ausmaß **Weinanbau.** Die Reben wachsen in kleinen Kuhlen der schwarzen Vulkanasche und ziehen ihre Feuchtigkeit aus Tau und Nebel.

Die **Aussaat** erfolgt gegen Juli in Gruppen, die aus nachbarschaftlichen Hilfsgemeinschaften oder bezahlten Arbeitern gebildet werden. Die Felder werden von Unkraut und Steinen befreit und gegen Erosion gesichert. Fällt der Niederschlag aus oder ist er zu schwach, dann geht die Saat nicht auf oder die Jungpflanzen vertrocknen vollständig, was drei- bis viermal in fünf Jahren der Fall ist.

Kongobohnen (Straucherbsen) sind sehr trockenresistent und geben auch dann noch eine Ernte, wenn der umgebende Mais vertrocknet.

Fischerei

Fisch stellt für die Bevölkerung die **wichtigste tierische Eiweißquelle** dar. Der Fang wird nach der Anlandung im Hafen verkauft oder von Aluguers über die Insel verteilt, mancherorts auch eingesalzen und in der Sonne getrocknet *(peixe seco)*.

Die **Fischbestände** sind mehr als ausreichend für den Bedarf des Landes. Dennoch täuscht man sich, wenn man meint, das Land sei unendlich reich an Fisch. Außerhalb der Uferzone senkt sich der Meeresboden zumeist steil ab, so dass die handwerkliche Fischerei am Meeresgrund und mit Netzen auf einen schmalen Ring rund um jede Insel eingeschränkt bleibt. Von den schätzungsweise 45.000 Tonnen, die aus den **735.265 km² Fischereigewässern** ohne Schaden für die Natur jährlich entnommen werden könnten, werden bisher etwa 10.000 Tonnen genutzt und tragen zu rund **4% zum BIP** bei.

Gefischt wird das ganze Jahr über, doch während der **Fischfangsaison von April bis Oktober/November** ist der Ertrag erheblich höher als im restlichen Jahr. In stürmischen Wintermonaten ist das Fischen mit kleinen Booten oft völlig unmöglich. Das bis in die 1980er Jahre üblich Fischen mit Dynamit sowie der Fang von Meeressäugern und Schildkröten sind verboten. Der **Langustenfang** darf nur von Kapverdianern ausgeübt werden und unterliegt einer Schonzeit von Juli bis September, da die Bestände bereits sehr zurückgegangen sind. Noch wird der Ertrag auf etwa 80 Tonnen pro Jahr geschätzt.

Der **handwerkliche Fischfang** mit kleinen hölzernen Ruderbooten mit Außenbordmotor ist mit härtester Arbeit verbunden und der Fisch entsprechend teuer. Etwa **6000 Fischer** setzen sich tagtäglich dem riskanten Tanz auf dem Atlantik aus, jedes Jahr kostet er mehrere Bootsmannschaften das Leben. Die Entwicklungszusammenarbeit, darunter die deutsche GTZ auf Fogo, trägt durch Ausstattungen, Schulung, Kreditsysteme, Vermarktung in Gebirgsgegenden u.a.m. zur Verbesserung der handwerklichen einheimischen Fischerei bei.

Für den **Thunfischfang** (22.000 Tonnen wären möglich) wird schwerere Technologie verlangt, so dass Cabo Verde nur schwer gegen Nationen mit entwickelter Industrie antreten kann. Eine kleine Flotte einheimischer Kutter beliefert die Interbase im Hafen von Mindelo, die über Kühlhäuser und Gefrieranlagen für den Export verfügt.

Exporte aus dem Fischfang könnten die kapverdianische Wirtschaft beleben. Die existierenden Konservenfabriken für Thunfisch in São Nicolau, Sal, Boa Vista und Santiago sind jedoch veraltet und die meisten geschlossen. Der Export von Thunfisch in Dosen nach Italien war Ende der 1960er wegen Veränderungen des Konsumverhaltens der Italiener (Hähnchenwelle) zusammengebrochen, und in der Zeit vor und nach der Unabhängigkeit folgten keine weiteren Investitionen.

Dennoch findet kapverdianischer Fisch in großen Mengen seinen Weg auf die Märkte Europas. Nahezu machtlos ist der kleine Staat gegen **Raubfang** durch ungebetene Ausländer. Legal operieren Fangflotten verschiedener Länder in kapverdischen Gewässern. Unter ihnen die EU-Nationen. Cabo Verde hat 1990 ein **Fischereiabkommen** mit der EU unterzeichnet, das die Zahl der legal in kapverdischen Gewässern arbeitenden Fangschiffe und die Fangmengen regelt. Es sieht auch Unterstützung für das Land im Ausbau seiner Fischerei, v.a. für Laboratorien, Überwachungsinstrumente und Ausbildung, vor. Das bis Juni 2005 verlängerte Protokoll erlaubt 117 europäischen Fangschiffen den Fang von Thunfisch sowie eine Flotte von 630 BRT zum Fang am Meeresboden. Genutzt wird das Abkommen vorwiegend von spanischen Schiffen. Hierfür erhält Cabo Verde jährlich 400.000 Euro für die Fischereirechte und 280.000 Euro für **Ausbildung, Modernisierung und Qualitätssicherung,** die die wichtigsten Vorbedingungen sind, um Cabo Verde durch den erneuten Export von Fertigwaren und nicht nur durch Verkauf von Rechten an der Nutzung seiner Fischgründe besser zu beteiligen. Fachleute der EU hatten 1999 die Fangflotten, Kühlhäuser, Fabriken und Laboratorien kontrolliert und wegen massiver Mängel den Import kapverdianischer Fischwaren in die EU gestoppt. Dies hatte nicht nur die Schließung veralteter Fabriken zur Folge, sondern auch eine Reihe wesentlicher Verbesserungen. Doch der Prozess hat erst begonnen, und es wird noch großer Anstrengungen bedürfen, bis von Cabo Verde exportierte Produkte nicht mehr hinter den von ausländischen Flotten in Cabo Verde gefangenen Mengen verschwinden.

Lebende **Langusten** werden von Sal aus per Flugzeug nach Europa exportiert. Die Tiere werden in Palmeira in einer Art Fachspedition mit Meereswasserbecken zum Flug vorbereitet.

Literaturempfehlung

- An den Ständen der PROMEX und in den Büchereien wird der **Fotoband „Peixes de Cabo Verde“** angeboten

Bodenschätze

Cabo Verde ist **arm an Rohstoffen.** In der Vergangenheit wurde in industriellem Maßstab **Meersalz** in den Salinen von Sal, Boa Vista und Maio gewonnen und in die französischen und belgischen Kolonien sowie nach Südamerika exportiert. Vor der allgemeinen Einführung der Kühltechnik versorgten sich auch Schiffe mit dem „weißen Gold", um Nahrungsmittel haltbar zu machen. Doch zunehmende Konkurrenz und der abflauende Transatlantik-Schiffsverkehr dämmten den Export ein. Die Salzgewinnung belief sich 1983 noch auf 10.000 Tonnen und sank bis 1986 auf 5000 Tonnen. Danach wurde die Produktion wegen schlechter Exportaussichten und Überalterung der Anlagen fast völlig eingestellt. In den kleinen Läden begegnet man noch den 20-kg-Säcken mit grobem Salz zum Pökeln.

Auf den östlichen Inseln wird in geringem Umfang **Kalk** für die Bauindustrie gewonnen. Um eine Zementindustrie aufzubauen sind der lokale Markt zu klein und die Energiekosten zu hoch. Versuche, einheimischen **Gips** mit Sonnenenergie zu brennen und als Baumaterial einzuführen, hatten keine bleibende Wirkung.

In Porto Novo auf Santo Antão wurde über Tage **Puzzolana** (Trass) abgebaut und in feinstes Pulver zermahlen, das als Zuschlag zum Zement die Qualität des Betons verbessert, insbesondere für Unterwasserbauten. Da die Kanaren einer der Hauptlieferanten in der Region sind und ihren Zement bereits mit Puzzolana vermischt liefern, steht die Fabrik zumeist still. So taugt Puzzolana zu wenig mehr als zum alle fünf Jahre aufgewärmten Wahlkampfthema.

In Kreisen der Entwicklungstheoretiker ist man sich darüber einig, dass in unserer Zeit drei wesentliche Faktoren die Entwicklung afrikanischer Länder begünstigen: 1. die Abwesenheit von Bodenschätzen, 2. ein hoher Bildungsstand der Frauen, 3. die Abwesenheit von ethnischen Konflikten. Somit stehen die Chancen für Cabo Verde exzellent, und es ist erklärt, warum das Wirtschaftswachstum hier stabiler und rascher ist als sonstwo in Afrika.

Dieses Land

Lied von *Césaria Évora*

Komm, das kleine Mindelo
kennen zu lernen
Komm unser Land zu genießen
Komm ins Paradies der Verliebten
von dem unsere Dichter
voller Liebe singen
in unsterblichen, kreolischen Versen.

Wer Mindelo nicht kennt,
kennt Cabo Verde nicht.

Genieße die Gastfreundschaft
dieses unvergleichlich offenen Volks.

Wir haben keine Reichtümer.
Wir haben kein Gold
und keine Diamenten.
Aber wir haben den Frieden Gottes,
Den es sonst auf der Welt nicht gibt
Komm, dieses Land kennen zu lernen.

Energiewirtschaft

Gas und Holz sind die beiden wichtigsten Energiequellen zum Kochen. Auf dem Land liegt das **Holz** statistisch nach wie vor vorn, in der Stadt ist es fast ausschließlich Flüssiggas. Die Bezeichnung „Holz" *(lenha)* ist allerdings sehr schmeichelhaft für die bestenfalls daumenstarken Ästchen, die nach stundenlanger Suche auf dem Kopf nach Hause balanciert werden. Auf ländlichen Straßen begegnet man Pickups, die bis übers Dach mit solchen Bündeln in die Städte ziehen. Die ländliche Bevölkerung ist gezwungen, alles was erreichbar ist, zu verkaufen. Der Druck auf die Ökologie, insbesondere auf die Federbuschvegetation mittlerer Höhenlagen, durch diese Art Brennholzwirtschaft ist enorm. Die Wälder, insbesondere die Neuaufforstungen weden jedoch respektiert. Hierfür sorgen Forstwächter, von außen nicht durch eine Uniform zu erkennen, sondern in der Gegend verwurzelte Menschen, die ihre Rundgänge machen und schon von weitem wissen, wessen Ziege sich im Wald „verirrt" hat. Dank der Erfolge der Wiederaufforstung ist die offizielle Brennholzwirtschaft wieder erstarkt – und sie ist nachhaltig. Erstaunlicherweise hat das trockene São Vicente inzwischen genügend Wald, um seine Bäckereien mit Energie zu versorgen. Auch Maio war erfolgreich in der Wiederaufforstung und verschifft beachtliche Mengen Holz nach Praia. Hier gibt es auch Köhlereien, in denen Holzkohle für Grillrestaurants und Privatkunden gebrannt wird. Im Sotavento sieht man noch häufig kleine Kohleherde zum Kaffeekochen ähnlich den in Afrika und im arabischen Raum verwendeten.

Flüssiggas kam noch in den 1980ern in Einzelflaschen gefüllt aus Portugal und deckte nicht die Hälfte des Bedarfs. Als „Sr. Doutor" musste ich mir zwei Verträge bei verschiedenen Firmen zulegen in der Hoffnung, dass einer im richtigen Moment Gas vorrätig hat. Durchschnittsbürger konnten sich das nicht leisten und kochten vorwiegend mit Petroleum. Das Problem fand ein Ende durch den Bau einer Gas-Abfüllanlage in Praia, und inzwischen kann man jederzeit so viele Flaschen kaufen wie man möchte. Ein großer Vorteil des Flüssiggases gegenüber Petroleum ist die Sicherheit. Durch die Petroleumkocher sahen wir früher häufig schreckliche Verbrennungen.

Die **Stromversorgung** der Inseln ist in den letzten Jahren deutlich zuverlässiger geworden. Dennoch ist sie weit davon entfernt, problemfrei zu sein. 1982 wurden die Elektrizitätwerke von den Stadtverwaltungen abgetrennt und die **Electra** gegründet, die ihr Geschäft inzwischen sehr gut im Griff hat. Jeder zahlt seinen Strom pünktlich, bar am Schalter, oder er sitzt wenige Tage später im Dunkeln. Doch auch den brav zahlenden Bürgern passiert dies nicht selten. **Stromausfälle** sind an der Tagesordnung. Hat man Glück und es handelt sich lediglich um eine chronische Überlastung des Netzes, dann weiß man schon im Voraus, das montags Bela Vista, am Dienstag Ribeirinha, am Mittwoch ... vom Netz genommen wird. Schlimmer wird es, wenn die ganze Stadt ohne Strom bleibt. Dann kann man den Inhalt der Tiefkühltruhe nicht einfach zur Schwägerin ins nächste Viertel fahren. Fällt er für mehr als 24 Stunden aus, sind die Verluste enorm, und es handelt sich zumeist um einen schwereren Schaden für mehrere Tage oder Wochen, wenn Ersatzteile aus Europa eingeflogen werden müssen. Hotels und Krankenhäuser helfen sich mit Notstromanlagen. Besonders peinlich sind Stromausfälle dort, wo auch die Wasserversorgung von der Elektrizität abhängt.

Einen enormen Entwicklungsschub hat die **ländliche Elektrifizierung** gebracht. Für den Haushalt ist es angenehm, wenn man Strom hat, doch nicht unabdingbar. Für das Handwerk, den Handel, die Verwaltung, die Abendschulen und andere Einrichtungen aber ist es heute unabdingbar. Diese sind weniger gezwungen, in die Stadt abzuwandern. Auch Schüler lernen mit elektrischem Licht besser.

Das Hauptproblem der Energieversorgung sind die **Kosten.** Cabo Verde muss alle Erdölprodukte fertig raffiniert einführen und dies in vergleichsweise kleinen Mengen. Die Abhängigkeit Cabo Verdes von importiertem Erdöl wird besonders deutlich, wenn man bedenkt, dass selbst die Meerwasserentsalzungsanlagen mit Diesel betrieben werden. Trotzdem gab es in São Vicente in den letzten Jahren keinen längerfristigen Ausfall des Wasserwerks.

Cabo Verde reexportiert Treib- und Schmierstoffe an Schiffe und Flugzeuge, die auf den Inseln landen. Diese Ölexporte wurden vom Internationalen Währungsfond auf 55% der gesamten Exporte geschätzt.

Mehrere Projekte haben sich am Thema **alternative Energie** versucht. Die meisten haben sich die Zähne daran ausgebissen. Konstanter Wind und 350 Sonnentage im Jahr bieten auf den ersten Blick ideale Voraussetzungen. Doch noch ist die in gemäßigten Zonen entwickelte Technik den Bedingungen nur ausnahmsweise gewachsen. Salzluft und feinster Staub dringen bis in die letzten Ritzen, verseifen Schmierstoffe, korrodieren Stahl, lassen Aluminiumteile zu Pulver zerfallen und vibrieren Halterungen in Wochen durch, die anderswo 50 Jahre halten. Hinzu kommt, dass das parallele Einspeisen von aus Windenergie erzeugtem Strom in kleine Netzwerke nach wie vor nicht vollständig beherrscht wird. So stehen viele der Windgeneratoren still. Als trauriges Monument der Windenergie liegt auf Maio oberhalb der Stadt ein großer Generator spanischer Produktion am Boden, der die ersten vier Wochen nicht überlebte. Doch technische Herausforderungen sind auch in Cabo Verde dazu da, gelöst zu werden und eine gute Schule für die Techniker. Wer es hier schafft, kann sich mit seiner Technologie anderswo sicher fühlen.

Infrastruktur

Verschiedene Ursachen tragen dazu bei, dass die Infrastruktur der Inseln nach wie vor **unzureichend** ist. Die historischen Ursachen haben wir dargelegt. Die Zersplitterung des Landes hat zur Folge, dass Transport aufwendig

248_445sw Foto: re

251_027sw Foto: re

und teuer ist, genauso wie das Telekommunikationsnetz. Daran hängen die Entfaltung eines Binnenmarktes, die Verteilung der Güter und nicht zuletzt der Tourismus. Das hochgebirgige Relief treibt die Kosten für den Ausbau der Verkehrsinfrastruktur mit Straßen und Flughäfen in die Höhe, wenn es ihn nicht ganz verbietet.

Häfen

Der **größte Wirtschaftshafen** liegt in Mindelo auf **São Vicente.** Er bietet Schiffen mit großem Tiefgang Anlegemöglichkeiten. Umbauten in den 1990er Jahren haben ein Containerterminal, einen gesonderten Hafen für die industrielle Fischerei, einen weiteren für die handwerkliche Fischerei und einen Fährhafen hinzugefügt, so dass der Hafen den Bedürfnissen entspricht und gegebenenfalls erweitert werden kann.

Die **Hauptstadt Praia** bekam erst 1986 einen modernen Hafen, der unter einem Fels gefangen schon heute unter Raumnot leidet.

Der Hafen von **Palmeira auf Sal** ist klein, aber er wird seiner Aufgabe zur Versorgung der Insel mit Gütern und des Flughafens mit Treibstoff gerecht.

Nur diese drei Häfen dürfen als Eintrittshäfen vom Ausland aus angesteuert werden.

São Vicente – links: Schuhschaft-Näherei; rechts: auf dem Fischmarkt

Auch die anderen Inseln besitzen Häfen, außer in São Nicolau alle erweiterungs- oder renovierungsbedürftig.

Flughäfen

Der **internationale Flughafen Aeroporto Internacional Amilcar Cabral** (Code **SID**) mit einem jährlichen Passagieraufkommen von rund 400.000 Personen befindet sich **auf Sal.** Er hat enorme Entwicklungsschübe hinter sich gebracht und kann heute als zeitgemäß gelten. Ein Drittel aller Landungen entfällt auf Frachtlinien von Europa und Lateinamerika.

Der **Flughafen in Praia, Francisco Mendes** (Code **RAI**), hat ein neues Teminal bekommen und soll Anfang 2005 für internationale Langstreckenflüge geöffnet werden. Bisher landen dort Maschinen aus dem Inland und Westafrika.

Der **Flughafen in São Vicente** (Code **VXE**) wird seit Jahren immer wieder erweitert. Der größte Sprung nach vorn war die Landebahnbeleuchtung auf verlängerter Piste seit 2002.

Die Landebahnen auf den anderen Inseln sind unbeleuchtet und können nur im Tagflug bedient werden.

Die kleinen Flughäfen von Brava und Santo Antão sind aus den Verkehr genommen worden.

Nach einem im März 2004 unterzeichneten Vertrag werden Sal, Boa Vista, São Vicente und Praia für internationale Charterflüge geöffnet werden.

252_301sw Foto: re

Industrie

Produktives Gewerbe und Industrie erbringen nur rund **7% des BIP** und beschäftigen etwa 5% der arbeitsfähigen Bevölkerung. Der Sektor besteht aus Anlagen für die Herstellung von Fischkonserven, Textilien, Schuhhalbfertigwaren, Teigwaren, Pharmazeutika und Baustoffen, Rum, Bier und Softdrinks. Der produktive Sektor ist aufgrund des begrenzten Marktes und des Mangels an natürlichen Ressourcen schwach entwickelt. Dabei nimmt das Holz verarbeitende Gewerbe (Tischlereien) einen hohen Stellenwert ein. Alle Fertigungsbetriebe sind von importiertem Rohmaterial abhängig.

Es gibt derzeit etwa **120 kleine und mittlere,** vorwiegend private **Industrieunternehmen.** Die meisten vormals im Staatsbesitz befindlichen Großbetriebe wurden privatisiert. Die Industrieunternehmen konzentrieren sich in Praia und Mindelo.

Die Regierung glaubt, dass die geographische Situation, das Potenzial an ausgebildeten Arbeitskräften und niedrige Lohnkosten Cabo Verde für die Leichtindustrie prädestinieren und mehr ausländische Betriebe anlocken werden. Die **Exporte aus Cabo Verde** gehen zu fast 80% nach Portugal und zu 15% in die USA und sind insgesamt noch wenig bedeutend.

Hafen von São Vicente

Dienstleistungen

Der Dienstleistungssektor, im Wesentlichen mit durch Entwicklungszusammenarbeit und Emigrantengeldern aus dem Ausland finanzierten Investitionen, hält einen Anteil von **70% am BIP** und beschäftigt rund ein Viertel der Arbeitskräfte. Dazu gehören Handel, Transport (u.a. auch der Flughafen in Sal), öffentliche Arbeiten sowie der Tourismus.

Tourismus

Ganzjährig Sonne, herrliche Strände und Berge, ideale Wassersportbedingungen, Denkmäler von welthistorischem Rang und freundliche Menschen – kein Wunder, dass die Regierung den Tourismus zum **größten wirtschaftlichen Hoffnungsträger des Landes** auserkoren hat.

Im Rahmen der wirtschaftlichen Liberalisierung wurde beschlossen, die Aktivitäten im Tourismus vorwiegend dem privaten Sektor zu überlassen. Die Entwicklung soll mit privaten Investitionen jedweder Nationalität gekoppelt und mit einem infrastrukturellen Rahmenprogramm zu Energieversorgung, Sanitäreinrichtungen, Transportwesen usw. synchronisiert werden. Zur Beratung und Implementierung wurde eine staatseigene Firma namens **PROMEX** gegründet.

Die Zahl der einreisenden Ausländer stieg in den 1990er Jahren jährlich um etwa 10% auf 134.000 im Jahr 2001. Als Folge des Attentats in New York vom 11. September 2002 stagnierten die Einreisen im Jahr 2003, scheinen aber für 2004 wieder zuzunehmen.

Die für den **Strandtourismus** bevorzugten Inseln Sal, Boa Vista und Maio konzentrieren **80%** der 725.000 registrierten Übernachtungen durch Ausländer auf sich, wobei allein auf Sal 71% fallen. Die typischen Inseln des **Bergtourismus** erhalten nur **10%** und sind entsprechend ruhig. Der Tourismus trägt mit gut 6 Millionen Euro bereits zu **10% zum BIP** (2002) bei und wird als wichtiger Pfeiler für Wirtschaftswachstum im Strategischen Tourismusentwicklungsplan benannt. Er zielt auf die Bereitstellung der nötigen Infrastruktur, vor allem Wasser, Elektrizität, Müllentsorgung und Transportkapazität, um bis 2015 die Kapazität auf ca. 37.000 Betten zu erweitern. In den vergangenen Jahren wurden zahlreiche neue Hotels eröffnet. Weitere sind im Bau. Die Erweiterung einiger Flughäfen (Santiago, São Vicente und Boa Vista) und ihre Anfang 2004 vertraglich vereinbarte Öffnung für den Charterverkehr werden den Aufschwung beschleunigen und zumindest Boa Vista zu einer Phase kometenhaften Anstiegs verhelfen.

Aus Italien kommen die meisten Reisenden (33% der Einreisen), gefolgt von Portugiesen (27%), Deutschen (13%) und Franzosen (9%). Jeweils 2% holländische und US-amerikanische Staatsangehörige sind vorwiegend Emigranten kapverdianischer Kultur. Die größte Auslastung der touristischen Kapazitäten liegt in den Sommermonaten Juli bis September, um Weihnachten, zur Zeit des Karnevals und des Musikfests im August auf São Vicente. In diesen Monaten kommen auch die meisten Emigranten zu Besuch auf die Inseln.

Reiseveranstalter bewerben Cabo Verde vorwiegend mit Blick auf den Strandtourismus („5 Stunden Flug, 350 Tage Sonnenschein") und schwelgen in Hochglanzexotik, in der kaffeebraune Köche an weißen Stränden Langusten servieren und die Welt noch in Ordnung scheint. Schroffe Küsten, im Hang klebende Dörfchen und der majestätische Vulkankegel von Fogo locken die Wanderer, während das historische und kulturelle Angebot noch wenig unterstrichen wird, vermutlich weil es noch kaum nicht-portugiesische Literatur dazu gibt.

Nach dem Strategischen Entwicklungsplan Tourismus soll kein billiger Massentourismus geschaffen werden, sondern **Qualitätstourismus** in guten Hotels auf den Strandinseln und in Privatpensionen auf den Wanderinseln. Auch soll sich der Tourismusbetrieb an wenigen Orten konzentrieren, um die Investionen zu nutzen und die Natur an anderen Orten zu schonen. So wurden beispielsweise auf Boa Vista 14 Natur- und Landschaftsschutzgebiete und die Kleinstadt Sal Rei und der Strand Praia da Chave für größere Hotelbauten ausgewiesen, während andere große Strände aus den Bauplänen herausgenommen wurden. Noch wirken die vergleichsweise hohen Anreisekosten bei geringem bierzeltartigem Unterhaltungsangebot auf Massentouristen abschreckend. Cabo Verde verspricht sich damit längerfristige Entwicklung mit besser geschützten Arbeitsplätzen und nachhaltigeren Einnahmen.

Im **Strandtourismus** kommt durch den Bau von Hotels schnelles Geld ins

Land. Im Dauerbetrieb jedoch fließen **mindestens 65% der Touristengelder,** so schätzen Schweizer Experten, **zurück ins Herkunftsland des Kapitals.** Und der größte Teil der Investoren kommt aus dem Ausland.

Die **Gefahr,** dass einheimische Kultur z.T. zur folkloristischen Vorführung für Touristen wird, ist sicher gegeben, ferner gesellt sich zu Sonne, Strand und Sand ein viertes „S" – Sex. Männliche und erstaunlich häufig auch weibliche Sextouristen sind auf Sal schon heute unübersehbar. Der Wandertourismus hat geringere und sehr viel positivere wirtschaftliche, soziale und ökologische Auswirkungen. Der größte Teil der Investitionen erfolgt durch einheimische Mittelständler und spart den ländlichen Raum nicht aus. Bisher zieht er auch keine Prostitutions-, Drogen- und sonstige Kriminalität nach sich. Auch ist man sich im Parlament sehr bewusst über den Wert einer Resourcen schonenden und erhaltenden Umweltpolitik – auch wenn das Umweltbewusstsein der Bevölkerung noch einiger Entwicklung bedarf.

Staatshaushalt und Finanzen

Nach der Unabhängigkeit wuchs die Wirtschaft von 1975 bis 1980 jährlich um rund 11% an. In den folgenden zehn Jahren ging diese Entwicklung auf 7% pro Jahr zurück, verursacht durch die verschlechterte landwirtschaftliche Situation, reduzierte Einkommen aus dem Hafen- und internationalen Flughafenbetrieb und den Rückgang der ausländischen Unterstützung. 1990 fiel das Wirtschaftswachstum sogar auf nur 2,4%, um 1995 immerhin wieder 4,7% zu erreichen. Im anschließenden Zeitraum bis 2001 wurden 3% bis 7,9% erreicht.

Viele Jahre konnte die Regierung der PAICV das Budget ausgeglichen halten, die Ausgaben wurden durch die Einnahmen gedeckt. Die Investitionen mussten allerdings weitgehend aus externen Quellen (90% davon Geschenke) finanziert werden.

Die MPD-Regierung konnte die Investitionsausgaben durch einen massiven Anstieg der Entwicklungshilfeleistungen steigern. **Geschenke** erbrachten zwischen 1993 und 1997 im Durchschnitt **37% der Staatseinnahmen.** Die Ausweitung der staatlichen Investitionen führte zu einer Verringerung der Währungsreserven und vergrößerte das Budgetdefizit von 6% des BIP im Jahr 1991 auf 16% im Jahr 1996. Um dieses Defizit zu verringern, hat die Regierung zusätzliche Importrestriktionen, Quoten und Zollerhöhungen eingeführt, die das Budgetdefizit im Jahr 1997 auf 15% des BIP senkten. Die **Inlandsverschuldung** betrug im letzten Jahr der MPD-Regierung (2000) 160% des BIP. Die EU initiierte schon 1997 einen Trust Fund zusammen mit verschiedenen Geberländern, unter ihnen Österreich, die Schweiz, Schweden und Holland. Dieser zeigte nach eigener Einschätzung in Evaluierungsberichten der EU „beschränkte Wirkung" und brachte die Inlandsverschuldung bis 2002 auf 140% zurück.

Mit der **Bindung des Cape Verde Escudo an den portugiesischen Escudo** im Juli 1998, der wiederum an den Euro gebunden ist, hat sich die Regierung noch größere Budgetdisziplin verordnet. **Geldwertstabilität** gegenüber der Euro-Zone ist für Cabo Verde von höchster Bedeutung, da Emigranten nur dann größere Summen auf die kapverdianischen Banken überweisen, wenn es seinen Wert behält und eventuell leicht höhere Zinsen bringt.

Die **Inflationsrate,** die 1997 noch mit 8,6% ausgewiesen war, reduzierte sich im Rahmen der geschilderten Maßnahmen auf 3% in 2001.

Aufgrund der mehrfach genannten Problematik fehlender Ressourcen des Landes ergibt sich ein sehr geringes **Bruttoinlandsprodukt (BIP;** im Jahr 2000 1219 US$ p.P.). Im Vergleich zu anderen armen Ländern ist zu bedenken, dass Cabo Verde eine extrem monetäre Wirtschaft besitzt und die Subsistenzwirtschaft eine untergeordnete Rolle spielt. Jeder Eimer Wasser in der Stadt, nahezu alle Grundnahrungsmittel wollen mit Geld bezahlt sein und fließen ein ins BIP. Die Armut ist ähnlich ausgeprägt wie in anderen Ländern mit einem nur halb so hohen BIP.

Das überaus geringe durchschnittliches Pro-Kopf-Einkommen beeinflusst eine **niedrige Spar- und Investitionstätigkeit.** Sich ein wenig Geld auf die Seite zu legen, ist für die Mehrzahl der Bewohner nicht möglich. Investitionen sind daher in erster Linie von außen finanziert, sei es durch Emigranten oder durch Projekte.

Die **Auslandsschulden** Cabo Verdes sind von 21 Mio. Dollar im Jahr 1980 auf 344 Mio. Dollar im Jahr 2001 angestiegen. Zumeist handelt es sich um langfristige Kredite, davon ein Großteil zu sehr günstigen Konditionen. Schon 1997 hatte die EU eine Reduzierung des Schuldenstandes gewährt, um das Strukturanpassungsprogramm der Regierung zu unterstützen. Die Arabische Bank für Wirtschaftliche Entwicklung in Afrika gewährte einen Schuldenerlass von 13 Mio. US$. Gleichzeitig mit der Auslandsschuld wuchs auch die Inlandsverschuldung der Regierung (s.o.), so dass beides zusammen etwa den Gegenwert des BIP umfasst.

Mit der Bindung der Landeswährung an den portugiesischen Escudo hat die Regierung auch die meisten Restriktionen für Devisentransfers aufgehoben. Seit August 1998 können die Einwohner Fremdwährungskonten ohne Zustimmung der Zentralbank eröffnen und 1000 US$ für Reisen ins Ausland erhalten. Die **Liberalisierung der Devisenkontrollen** erleichtert auch den Zahlungsverkehr zwischen den Einwohnern und den Emigranten im Ausland.

Handel

Die meisten **Exporte** (Volumen insgesamt: **27 Mio. US$)** gingen 2001 nach Portugal, gefolgt von den USA, Spanien, Frankreich, Deutschland und den Niederlanden. Exportiert werden vor allem Fisch und Fischprodukte, daneben Bananen, Schuhhalbfertigwaren und Textilien.

Die **Importe** beliefen sich 2001 auf **218 Mio. US$** und kamen vorwiegend aus Portugal, daneben aus anderen EU-Ländern, den USA, Japan und westafrikanischen Staaten. Importiert werden rund 90% der Nahrungsmittel sowie Treibstoffe, Maschinen, Apparate, Kraftfahrzeuge, Handwerksausrüstung, Bau- und Rohstoffe und industriell hergestellte Konsumgüter für den täglichen Bedarf (Textilien etc.). Dabei ist Wert und Volumen der Importe in den letzten Jahren stetig gestiegen.

„Unsichtbare Einnahmen" wie ausländische Unterstützungen und die Emigrantenüberweisungen helfen, dieses **Handelsbilanzdefizit** zu verringern. So kamen 2001 rund 95 Mio. US$ Devisen durch Emigranten ins Land, die Entwicklungshilfezahlungen liegen ein Drittel niedriger.

Im Inland entwickelt sich **kaum ein Binnenmarkt,** da die nötige Kauf- bzw. Investitionskraft der Bevölkerung gering ist. Landeseigene Produkte sind, bedingt durch Zwischenhandel, ungleichmäßige Verteilung über die Inseln, Transportkosten und Zentralisierung auf Märkten, in manchen Gegenden überteuert oder gar nicht zu erhalten.

Produktivität

Die wirtschaftliche Produktivität des Landes ist **sehr gering.** Die Landwirtschaft ist fast ausschließlich Handarbeit, auch für die Fischerei oder handwerkliche Berufe gibt es kaum Maschinen und technische Hilfsmittel. Einige Manufakturen verfügen über Produktionsmaschinen, doch sind auch hier die Produktionszahlen nicht besonders hoch. Es fehlt an Geld für moderne Geräte, Ersatzteile und auch für die entsprechende Ausbildung.

ka-b-181 Foto: bö

Markt in Praia/Santiago

Privatisierung

Das **seit 1992** laufende Privatisierungsprogramm ist der Eckstein der Politik der wirtschaftlichen Liberalisierung, die im November 1997 beschleunigt wurde, als das Parlament das Privatisierungsgesetz von 1992 änderte. Ausländische Betriebe sind willkommen und genießen Steuer- und Zollerleichterungen. Seit 1990 wurden gut 20 größere Staatsunternehmen in Privatunternehmen umgewandelt. Unter dem Druck der Weltbank wurden die Verfahren beschleunigt durchgezogen, obwohl bekannt ist, dass Privatisierungen in Mikrogesellschaften leicht in Monopolbildungen mit exorbitanten Preisen enden. So wurde 1995 die Telefongesellschaft Cabo Verde Telecom zu großen Teilen an die portugiesische Telecom verkauft, als diese selbst noch Staatsbetrieb war. Der Vertrag schließt weitere Konkurrenten für 25 Jahre vom kapverdianischen Markt aus. 1997 stiegen Partner aus Angola und Portugal bei der Energiegesellschaft Enacol ein. Beide Vorgänge wurden breit diskutiert und als Ausverkauf des Landes heftig kritisiert. Nach dem Wahlsieg der PAICV 2001 hat sich der Rhythmus der Privatisierungen verlangsamt. Die sehr diffizile Privatisierung der Luftfahrtgesellschaft TACV wurde ausgesetzt und soll erst 2004/2005 unter neuen Konditionen stattfinden.

Der Verkauf von Staatseigentum an vorwiegend portugiesische Investoren und die Übernahme der größeren Hotels durch ausländische Investoren schafft neue Möglichkeiten und neue Abhängigkeiten. Die aktuelle Politik versucht Gegengewichte zu schaffen, indem auch kapverdianische Investitionen, nicht zuletzt durch die Emigrantengemeinde, gefördert werden.

Entwicklungszusammenarbeit

Viele kleine Leute
an vielen kleinen Orten,
die viele kleine Dinge tun,
werden das Angesicht der Welt verändern!
(afrikan. Sprichwort)

Cabo Verde weist sowohl für eine ausreichende Selbstversorgung als auch für die Schaffung von Infrastruktur extrem ungünstige Voraussetzungen auf. Vorrangiges Ziel der Regierungen war daher von Anfang an der **Kampf gegen Hunger und Armut:** durch Ernährungssicherung, integrierte ländliche Entwicklung, Förderung des Gesundheits- und Bildungswesens, Erwachsenenalphabetisierung, Wiederaufforstung, Erosionsschutz.

Seit seiner Existenz hält das Land an **Nationalen Entwicklungsplänen** im Fünfjahresrhythmus fest. In diese werden alle eigenfinanzierten wie aus der Entwicklungszusammenarbeit finanzierten Programme und Investitionen eingestellt, so dass sich ein koordiniertes Gesamtbild ergibt. Die Regierung hält trotz der Abhängigkeit vom Ausland das Steuer bei den Investitionen in der eigenen Hand.

Auch nach dem Regierungswechsel von 2001 liegen die Schwerpunkte auf der Entwicklung des privaten Sektors, auf der Armutsbekämpfung und Berufsausbildungsprogrammen sowie der Verwaltungsreform und Reformen des Erziehungs- und Gesundheitswesens.

Formen der Entwicklungszusammenarbeit

Wer mit offenen Augen durch Cabo Verde reist, wird an Trinkwasserhochbehältern, Schulen und Krankenhäusern Aufschriften begegnen, aus denen hervorgeht, dass diese mit ausländischer Hilfe gebaut wurden. Man begegnet Fahrzeugen, die den Namen internationaler Organisationen tragen wie FNUAP, UN, OMS, GTZ, LuxDevelopment, um nur einige zu nennen. Und eventuell trinkt man auch mal einen Kaffee mit einem „Entwicklungshelfer".

Entwicklungszusammenarbeit kennt ganz verschiedene, für den Reisenden vermutlich verwirrende Formen, und wir wollen uns bemühen, etwas Ordnung hineinzubringen, bevor wir ins Detail einzelner Projekte gehen.

Wird in den Medien über Entwicklungshilfe berichtet, dann erscheint nicht selten das stereotype Bild des jungen Arztes, der sich um ein mangelernährtes Kleinkind kümmert. Der winzige Ausschnitt beherrscht die Wahrnehmung der Öffentlichkeit. Er rührt das Herz, aber inhaltlich verdeckt er mehr als er erläutert – und er ist ein Beispiel für zu spät einsetzende Hilfe.

Zwei Drittel des Finanzvolumens für internationale Entwicklungszusammenarbeit fließen in die **finanzielle Zusammenarbeit.** In den meisten Fällen sind dies Kredite zu besonderen Konditionen für große Aufgaben wie dem Bau von Häfen, Eisenbahnen, Staudämmen oder der Renovierung eines ganzen Netzwerks von Gesundheitseinrichtungen. Der ältere Begriff „Finanzhilfe" ist etwas in Misskredit gekommen, nachdem Länder wie die Bundesrepublik mehr Geld aus dem Schuldendienst der armen Länder einnehmen, als sie an „Entwicklungshilfe" ausgeben. Nur von den ämsten Ländern wird keine Rückzahlung verlangt. Ein jüngeres, für Cabo Verde wichtiges Beispiel war die Schaffung eines Trust Fund durch die EU und einer Reihe europäischer Länder. In den 1990er Jahren hatte der Staat hohe Inlandsschulden angehäuft, welche die Geldwertstabilität bedrohten. Die unterstützenden Länder zahlten in den Fund ein, und aus den Zinsen werden im Verlauf von 20 Jahren die Inlandsschulden vermindert. Dies ermöglichte ein anderes beispielhaftes Projekt der finanziellen Zusammenarbeit: Portugal akzeptierte, dass in der Vorbereitungszeit der Euro-Einführung der kapverdianische Escudo auf einen festen Wechselkurs zum portugiesischen Escudo festgelegt wurde und damit in ein festes Wechselverhältnis zum Euro kam. Für Portugal war dies ein riskantes Unternehmen, denn in Cabo Verde war die Inflationsrate auf fast 9% geklettert. Für Cabo Verde war das Andocken an den Euro eine der wichtigsten Entscheidungen des Jahrzehnts.

Die nächste große Form der Entwicklungszusammenarbeit ist die **technische Zusammenarbeit.** In Programmen und Projekten werden definierte Ziele verfolgt, die von der Stärkung eines ganzen Sektors wie beispielsweise der Bildung bis hin zu winzigen Zielen reichen wie die Sicherstellung der Trinkwasserversorgung für ein paar abgelegene Häuser. In Cabo Verde tummelt sich eine breite Vielfalt internationaler Agenturen der Technischen Zusammenarbeit. Der bekannteste Name ist vermutlich der der Deutschen Gesellschaft für Technische Zusammenarbeit GTZ, ein Beispiel einer **staatseigenen Entwicklungsagentur.** Die meisten Industriestaaten haben die Planung und Durchführung von Entwicklungsprojekten aus ihren Ministerien ausgegliedert und hierfür staatseigene Firmen gegründert. Diese konkurrieren mit einer Vielzahl großer und kleiner, teils hochspezialisierter **privater Beraterfirmen** wie LuxDevelopment und nicht-profitorientierter **nichtstaatlicher Organisatonen (NGO)** wie die Entwicklungsagenturen der Kirchen.

ka-g-185 Foto: gr

Ponta do Sol: Mais wird entladen

In der **bilateralen Zusammenarbeit** tritt ein Staat einem anderen Staat gegenüber. Kein „Geber"-staat wird ohne einen Antrag von seiten des „Empfänger"-staates aktiv. Nach diplomatischen Vorbereitungen kommt ein Staatssekretär nach Praia und verhandelt mit dem dortigen Staatssekretär über die Oberziele und den Finanzrahmen für die nächsten zwei bis fünf Jahre. Am Ende steht ein zwischenstaatliches Abkommen. Das zuständige Ministerium des Geberlandes formuliert anschließend Projektvorschläge und schreibt diese aus. Innerhalb der EU muss EU-weit ausgeschreiben werden, so dass die staatlichen und privaten Agenturen Angebote abgeben können. Die GTZ, um beim Beispiel zu bleiben, wird nicht vom Bundesministerium für Wirtschaftliche Zusammenarbeit (BMZ) beauftragt, sondern sie muss auf eine Ausschreibung antworten – und sie kann sie gegen andere Anbieter verlieren.

Agenturen, die für staatliche Zusammenschlüsse oder die Vereinten Nationen aktiv werden, betreiben **multilaterale Zusammenarbeit.** Das nächstliegende Beispiel ist die **Europäische Union.** Sie unterhält ein Büro auf der Achada de Santo António, wo verschiedenste Projekte der Ernährungssicherung, Infrastrukturverbesserung oder zur Unterstützung eines Sektors wie der Gesundheit begleitet werden. Innerhalb des Staatenbundes sprechen sich die

Ministerpräsidenten und Fachminister ab, wenn es um große Projekte oder Programme geht oder, salopp gesagt, „legen zusammen" bis das notwendige Budget gedeckt ist.

Mit dem Wachsen der EU geht die bilaterale zu Gunsten der multilateralen Zusammenarbeit zurück. Auch konzentrieren sich die einzelnen EU-Staaten in der bilateralen Zusammenarbeit auf weniger Empfängerländer, um Verwaltungskosten zu senken und die landesspezifische Kompetenz zu stärken. So hat die Bundesrepublik Deutschland Cabo Verde von ihrer Liste der bevorzugten Partnerländer gestrichen und wird bis Mitte des Jahrzehnts aus Cabo Verde verschwinden. Luxemburg mit seiner aktiven kapverdianischen Emigrantengemeinde ist entsprechend heftiger eingestiegen.

Nicht weit von der EU, ebenfalls auf der Achada de Santo António, findet man die **UN-Organisationen.** Bekannte Beispiele sind die Weltgesundheitsorganisation (port.: *Organisação Mundial da Saúde,* OMS) oder die UNICEF (United Nations Children Emergency Fund) und UNESCO (United Nations Educational, Scientific and Cultural Organization). Ihre Aufgabe besteht darin, die Mitgliedsländer zu beraten. Die Weltgesundheitsorganisation koordiniert weltweite Expertengruppen, Fachlaboratorien, Dokumentationszentren und Bibliotheken, um internationale Richtlinien zu erarbeiten oder den Staaten im Falle einer dringlichen Frage wie einer Epidemie beistehen zu können. Bei den UN-Organisationen liegt der Schwerpunkt auf der intellektuellen Beratungsleistung. Für das Umsetzen ist der Mitgliedsstaat zuständig.

So vielfältig wie die Organisationen sind auch die Güter und Dienstleistungen, die erbracht werden. Der beschriebene Arzt ist ein Beispiel für **personelle Zusammenarbeit.** In der technischen Zusammenarbeit werden etwa 6% für ausländisches Personal ausgegeben. Der Rest geht in **Infrastruktur, Ausstattungen, Fahrzeuge, Nahrungsmittelhilfe** und ein wachsender Anteil in **IEC** (Information, Education, Communication). Etwa 36.000 der 45.000 Tonnen Getreide, die Cabo Verde pro Jahr benötigt, kommen als Nahrungsmittelhilfe ins Land. Amerika liefert meist selbst, die EU ebenfalls, während bilaterale Geber und Japan das Geld zur Verfügung stellen, so dass die Regierung kaufen kann, wo und wann sie will. Dieser Mix ist überlebensnotwendig, denn wenn auch nur eine Großlieferung sich verspätet, steht die Krise ins Haus und der Staat muss einige Millionen in Devisen verfügbar haben, um unverzüglich reagieren zu können.

Nicht zu vernachlässigen sind Aufwendungen für **Aus- und Weiterbildung.** Ein Teil davon fällt in den Ländern an, ein anderer in den „Geberländern", wo Stipendien und spezielle Aufbaustudiengänge für Tausende von Studenten durch den Staat und private Organisationen finanziert werden.

Koordinierung

Die Vielfalt der Entwicklungszusammenarbeit zu koordinieren ist keine einfache Aufgabe. Das kleine Cabo Verde schlägt sich hierbei besser als die meisten großen afrikanischen Staaten. Die Außenministerin hat ihre eigene Abteilung für Kooperation, bei der die Fäden zusammenlaufen. Ein wichtiges Instrument ist der mit allen Planungsabteilungen der Fachministerien abgesprochene **Fünfjahres-Entwicklungsplan.** Für die ausgewiesenen Einzelprogramme und -projekte werden dann die vielfältigen Organisationen angefragt, ob sie sich beteiligen können. So sollen Doppelungen vermieden und eine harmonische Entwicklung der verschiedenen Sektoren und Inseln sichergestellt werden. Die internationalen Organisationen schätzen Cabo Verde als **verlässlichen Partner** ein, der aus der Zusammenarbeit überdurchschnittlichen Nutzen zieht.

Als weiteres Instrument werden **Master-Pläne** erstelllt, in denen die langfristige Entwicklung eines Sektors vorgezeichnet wird. Nach meiner Erfahrung als Koordinator der strategischen Planung medizinischer Versorgung ist die Planung in einem so kleinen Land nicht einfacher, sondern eher schwieriger, weil auch winzige isolierte Bevölkerungen zu berücksichtigen sind. Round-Table-Gespräche mit den verschiedenen beteiligten Organisationen dienen der Absprache vor und während der Durchführung.

Erfahrungen

Cabo Verde konnte in den ersten Jahren nur dank ausländischer Unterstützung eine wirtschaftliche Katastrophe und den massenhaften Hunger verhindern und lag deshalb auf dem zweithöchsten Niveau aller Empfängerländer (1996 noch 310 US$ per capita). Nach der Verelendung großer Bevölkerungsschichten im ehemaligen Ostblock und unter den aktuellen Sparzwängen der westlichen Regierungen sind die Budgets nicht nur vom Süden in den Osten geleitet worden, sondern insgesamt geschrumpft. Die letzten Zahlen (2001) weisen noch eine Unterstützung von etwa 180 US$ pro Kopf und Jahr aus.

Die Entwicklungszusammenarbeit selbst entwickelt sich ständig weiter. **In den 1970ern,** schon während der Übergangsregierung, waren viele kleine Organisationen mit Fachpersonal vor Ort. Es fehlten einheimische Fachleute, Ingenieure, Lehrer, Ärzte und andere, um alle Inseln abdecken zu können. Etwas größere Projekte wie das mit schwedischer Unterstützung aufgebaute **PMI/PF (Mutter-Kind-Vorsorge und Familienplanung)** waren in der Lage, die Politik bis heute zu prägen. Die Norweger gründeten in São Vicente das **ISEC MAR,** eine Schifffahrtschule, aus der eine Ingenieursschule mit verschiedenen Fachrichtungen guter Qualität geworden ist. Mit seinem kleinen, aber feinen Projekt kümmerte sich ein italienischer Kollege von *Roy Follerau* um die Lepra. Damals waren noch über 1000 Kranke registriert. Heute sind es keine zehn mehr!

Die **1980er** waren von **„Integrierten ländlichen Entwicklungsprojekten"** bestimmt. In Cabo Verde wurden die Partnerschaften nach Inseln verteilt. Fogo und Brava arbeiteten mit der deutschen GTZ, Santo Antão mit den

236_924sw Foto: re

Holländern, São Nicolau mit den Franzosen, Santiago einige Zeit mit den Amerikanern und das kleine Maio mit dem ebenso winzigen Weltfriedensdienst aus Berlin. In kurzer Zeit konnten viele wichtige Infrastrukturen geschaffen werden, die Bevölkerung hatte Arbeit in den Programmen, und doch war das Modell nicht ideal. Auf Fogo hatten die deutschen Planer die Fäden so straff in der Hand, dass die Kapverdianer kaum zum Zuge kamen – und auch schwer einsahen, weshalb ein Planungsbüro übernehmen sollte, was sonstwo auf der Welt von einem Bürgermeister mit Stadträten unter demokratischer Kontrolle erledigt wird. Auf Santo Antão wechselte das Personal so häufig, dass kaum eine kontinuierliche Linie gefunden werden konnte.

In großen Einzelprojekten haben sich in ganz Afrika die Chinesen hervorgetan, die das Parlaments- *(assembleia nacional)* und das große Regierungsgebäude *(palácio do governo)* gebaut haben. Sie haben es nicht nur finanziert, sie haben es mit chinesischen Arbeitern gebaut, die auf der Baustelle wohnten und ihre Kohlsuppe kochten. Einige sind in Cabo Verde geblieben und bildeten die Keimzelle des munter sprießenden chinesischen Handels. Die Sowjets haben Häfen gebaut, die DDR die Polizei ausgebildet, die Amerikaner in Tarrafal eine landwirtschaftliche Station

Das Krankenhaus von Ribeira Grande: in Zusammenarbeit mit Luxemburg renoviert

betrieben. Holland und Portugal stiegen mit ins Boot zum Bau der Werft in São Vicente.

Ende der 1980er war die Zeit der personellen Zusammenarbeit weitgehend beendet. Die Zahl einheimischer Ärzte war von einem guten Dutzend zur Zeit der Unabhängigkeit auf über 100 angewachsen. Nur die sowjetischen und kubanischen Fachärzte bildeten noch eine größere Gruppe. Einige sind geblieben. In den letzten Jahren waren junge Ärzte und Ökonomen nach dem Studium für längere Zeit arbeitslos.

In den 1990er Jahren wurden aus den integrierten Projekten Programme zur Entwicklung der lokalen Verwaltungen und gemeindeeigener Organisationen. **Community Participation** und **Dezentralisierung** stand im Vordergrund. Ökonomen, Verwaltungsfachleute, Curriculumplaner, Städteplaner und Sozialwissenschaftler trugen bei zur Gemeindeentwicklung. In der Schaffung moderner Infrastruktur wurde Luxemburg zu einem der wichtigsten Partner. England widmete sich dem Hafen von São Vicente. Im Widerspruch zur offiziellen Politik und zur tatsächlich stattfindenden Dezentralisierung zu Gunsten der Rathäuser auf den Inseln entstand ein zentralisierter Planungsapparat um den Finanzminister *Gualberto de Rosário,* der den Fachministerien und Bürgermeistern auf dem Weg der Zuteilung von Kooperationsprojekten strikte Vorgaben machte. Diese Politik wurde von den Wählern nicht honoriert.

Aus den letzten Jahren seien nur einige, teils noch aktive Projekte genannt, die dem Besucher eventuell ins Auge stechen:

- **FNUAP (UNFDP):** Reproduktive Gesundheit (Mutter-Kind-Gesundheitsvorsorge, Familienplanung, AIDS-Prävention)
- **UNICEF:** Wasserprojekte, diverse Gesundheitsprogramme
- **EU:** Städtische Gesundheit in Praia, Abwassersystem von Praia, regionale Entwicklung Santiago Nord, Straße Porto Novo – Tubarão – Janela
- **Deutschland:** Berufsbildung, Reproduktive Gesundheit, Naturschutz, Berg-Tourismus
- **Luxemburg:** Schulen, Internate, Gesundheitseinrichtungen
- **Österreich:** Glasfaserkabel, regionale Entwicklung Santa Cruz
- **Spanien:** Restaurierung der Baudenkmäler in Cidade Velha außer der Zé Catedral
- **Portugal:** Restaurierung der Zé Catedral und einiger Baudenkmäler in Mindelo

Entwicklungszusammenarbeit hatte immer ein doppeltes Gesicht und nutzte und schadete den Empfängern und Gebern gleichermaßen. Die Geber schauen nur zu oft auf ihren kurzfristigen Vorteil in der Öffnung von Märkten, der Subventionierung der eigenen Industrie durch indirekte Investitionshilfen und raschen Mittelrückfluss. Auch die Mehrheitsbeschaffung für internationale Gremien und die Ausweitung von Machtblöcken und Ideologien spielen eine Rolle. Die Nehmer lassen sich mitunter zu überhöhten Krediten und ungeeigneter Technologie überreden. Andere überlassen Ausländern das gesamte Management für die Projektlaufzeit und anschließend geht kaum etwas weiter. All diese Schwächen gibt es, und man muss sie kritisieren. Sie sind jedoch kein Spezifikum der Entwicklungszusammenarbeit, sondern schlechtes Management, persönliches Versagen oder gar Korruption, wie sie in anderen Wirtschaftszweigen nicht weniger häufig vorkommen. Die Kunst liegt in Kontrolle und Förderung des inhaltlich und ethisch Korrekten. Es nutzt wenig, sich einige Beispiele, gut oder schlecht, herauszupicken, um auf diesen eine allgemeine Einschätzung aufzubauen. Sicher sind Gelder für einen Schlachthof in den Sand gesetzt, wenn dieser als Neubauruine in der Landschaft steht, weil er falsch und am Bedarf vorbei geplant wurde. Doch gleichzeitig wurden Gesundheitsprogramme unterstützt, ohne die 1000 Säuglinge pro Jahr allein in Cabo Verde sterben würden.

Aus Beispielen soll man lernen, in Zukunft besser zu arbeiten – und viele tun es. Der jugendliche Entwicklungshelfer früherer Jahrzehnte, voller Elan und guten Willens, ist ein Auslaufmodell. Ein kritischer Geist und guter Wille sind gut und nützlich, genügen aber keineswegs, um kompetent in einer fremden Kultur arbeiten zu können. Heute werden in der Entwicklungszusammenarbeit fast nur noch langjährig berufserfahrene mehrsprachige Fachleute mit spezifischen Aufbaustudien gesucht.

In den **Human Development Reports** der UNDP hat sich Cabo Verde bis zum Jahr 2003 auf **Platz 103 von 175 Ländern** vorgearbeitet. In diesen Index gehen nicht nur ökonomische Kennziffern ein, sondern auch Entwicklungskriterien wie der Zugang zu Bildung, Recht und Grundversorgung. Wer die Entwicklung über Jahrzehnte verfolgt hat, den stimmt dies zufrieden. Und doch zieht ein Stirnrunzeln auf, wenn man hört, dass das wackelige Gleichgewicht einigen Organisationen als Argument zum Rückzug dient.

Bevölkerung

Wir mögen mit verschiedenen Schiffen angekommen sein, doch wir sitzen alle im selben Boot.

Viele Gesichter, ein Volk

Mit Erstaunen und nicht selten naiver Belustigung entdecken Reisende in Cabo Verde die **genetische Vielfalt** der Nation. Dunkelhäutige Kinder mit blondem Schopf und wasserblauen Augen, irisch sommersprossige Gesichter mit indischem, glatt-blauschwarzem Haar, dunkelhäutige Männer mit klassisch iberischen Zügen und einer Drahtbürste von Moustache, weiße, braune, dunkelbraune Gesichter, schlanke und untersetzte Frauen mit Anklängen an alle Völker rund um den Atlantik, diesem bunten Mosaik begegnet man in einer kapverdianischen Stadt binnen weniger Minuten.

Irgendein portugiesischer Demograph in *Salazars* Zeiten hat sich ein hilflos rassistisch vereinfachtes Schema zurechtgelegt und 70% Mischlinge *(mestiços)*, 29% *africanos* und 1% Weiße *(brancos)* gezählt und wird mit fleißiger Einfalt bis heute abgeschrieben. Kann ein „Mischling" oder ein „Weißer" kein Afrikaner sein? Genauso wenig wie ein „Deutscher", der nicht blond, blauäugig und lederbehost auftritt? Diskussion, die man besser auf dem Scherbenhaufen der Geschichte verrotten lässt.

Der Ursprung der kreolischen Kultur und Nation

Humangenetiker können vorrechnen, dass auch die „schwarze" Bevölkerung der USA etwa zu gleichen Teilen Gene aus Afrika und Europa in sich trägt. Sexuellen Missbrauch und Zwang, Prostitution und Vorteilnahme durch sexuelle Dienste gab und gibt es in allen Gesellschaften, in denen eine besser gestellte Mehrheit unterdrückten Minderheiten begegnet. Das erklärt genetische Vermischung, nicht jedoch die **Kreolisierung** einer Gesellschaft, die Schaffung einer eigenen, neuen Kultur.

Fussnote: Der hier verwendete **Begriff Minderheit (minority)** bezieht sich nicht auf die zahlenmäßige Stärke einer Gruppe, sondern auf ihren Rechtsstatus. Der Minderheit werden Rechte vorenthalten und sie werden unter Kontrolle gestellt, ähnlich Minderjährigen *(minors)*. Eine Minderheit kann somit zahlenmäßig gleich groß oder größer sein als die Mehrheit.

Der wichtigste **Unterschied zwischen Vermischung und Kreolisierung** besteht darin, dass Mehrheit und Minderheit gemeinsame, kreolische Familien gegründet haben. Die Freien, anfangs nur Europäer, lebten mit einer oder mehreren Sklavinnen zusammen und hatten gemeinsame Kinder, die nicht in einer Sklavensiedlung, sondern in und am Haus des Besitzers aufwuchsen. Von diesen Kindern leitet sich das **Wort Crioulo** ab, eine Verkleinerungsform von **cria,** was so viel bedeutet wie Kleinvieh und Nutztiere aller Art, die in und um das Haus gehalten werden. Der Hausherr, der zumeist auch ein Hofherr war, hatte aus dieser, nicht selten **polygamen Familienkonstruktion** diverse Vorteile. Durch seine Sklaven-Frauen und eine große Zahl von Kindern standen ihm nicht nur Arbeitskräfte für die Landwirtschaft zur Verfügung, sondern diese gehörten zur Familie und waren sichtbar verschieden von den gehandelten Sklaven. Man konnte sie unbeaufsichtigt im Handelskontor und auf den Schiffen beschäftigen ohne Gefahr, dass sie sich mit den Neuankömmlingen solidarisieren würden.

Der Historiker *Basil Davidson* weist nach, dass der antiafrikanische **Rassismus** um etwa 60 bis 100 Jahre jünger ist als die Versklavung von Afrikanern nach Portugal, Madeira, Cabo Verde und in die Neue Welt. Noch bestanden mächtige Königshäuser in Afrika, denen die Europäer militärisch vor Ort nicht gewachsen waren. Sklaven wurden nicht geraubt, sondern gekauft im Rahmen von Handelsverträgen zwischen den Königshäusern Afrikas und Europas. Davidson erzählt hierzu eine interessante Geschichte: Zwei Neffen des Mali von Kongo sollten auf Einladung der englischen Königin zum Studium nach Kent reisen. Noch begegnete man sich mit Respekt auf gleicher Augenhöhe. Der Kapitän des Sklavenschiffs, auf dem sie mitfuhren, sah das anders und verkaufte die beiden in Jamaika. Daraufhin blockierte der Mali von Kongo den Handel mit Europa. Die englische Königin schickte Diplomaten mit ihrem schnellsten Schiff an den Hof des Mali, von dort nach Jamaika, um die jungen Männer wenige Wochen später in einem Empfang bei Hofe aufzunehmen. Nach zwei Jahren Blockade öffnete der Mali den Markt erneut. Aus späteren Dokumenten geht hervor, dass die beiden ihr Studium erfolgreich abschlossen und bei Hofe ein- und ausgingen. Auch findet sich ein Hinweis, dass sie sehr galant und gerne gesehen waren, vor allem bei den Hofdamen ...

Im Zeitfenster zwischen dem Beginn der transatlantischen Sklaverei und dem antiafrikanischen Rassismus als staatlicher und religiöser Doktrin, das von 1460 bis höchstens 1540 reicht, entstanden **kreolische Kulturen.** Nach Cabo Verde folgten Handelsstationen rund um den afrikanischen Kontinent von Bissau über Freetown, Sierra Leone, Luanda, Moçambique, Kilwa und Mombasa. Erneut von Cabo Verde aus gelangten sie auf die Inseln der Karibik und nach Brasilien. Da die Portugiesen die ersten waren, waren sie stärker beteiligt als die später folgenden Kolonialmächte. Aber auch die Franzosen haben kreolisiert, u.a. in Lousiana. Die Spanier hingegen standen in der Tradition der Inquisition und waren schneller bei einer rassistischen Doktrin. Sie kreolisierten nicht, sondern erließen ein Sklavenhandelsgesetz, nach dem das Zusammenleben verboten war und männliche und weibliche Sklaven in gleicher Zahl eingekauft werden sollten. Die Engländer und Holländer kamen später.

Zu **Beginn des Formungsprozesses** der Kultur waren nur wenige Besitzer mit einer freien Frau verheiratet und hatten daneben Kinder mit Sklavinnen im Interesse der Firma, ihrer selbst oder aus Zuneigung. Die überwiegende Mehrheit lebte nur mit versklavten afrikanischen Frauen.

Da in Cabo Verde zu dieser Zeit **nur Santiago** (und in winziger Zahl Fogo) mit Europäern besiedelt war, stand die Wiege der kreolischen Gesellschaft de facto auf Santiago. Hier waren die **Vorbedingungen** zur Entstehung einer kreolischen Kultur und Sprache über lange Zeit gegeben: 1. Abwesenheit oder fehlende Kontrolle einer rassistischen Doktrin; 2. bunt zusammengewürfelte Minderheiten mit so großer Sprachvielfalt, dass sie sich untereinan-

223_638sw Foto: re

Forte San Filipe in Cidade Velha/Santiago

Land und Leute

der nicht verstanden und nur über Sprachbrocken ihrer Herren verständigen konnten; 3. Isolation, die verhinderte, dass die entstehende Kultur und Sprache sofort assimiliert wurden.

Für den Soziologen interessant ist das Phänomen, dass die ausschließliche Beziehung mit Sklavinnen den Besitzer **ohne freie Kinder** ließ. Bei allen kurzfristigen Vorteilen für ihn und seinen Betrieb war der Fortbestand des Betriebs, seine Ausweitung und die Versorgung im Alter nicht zu sichern. Auch dem menschlichen Bedürfnis, sich in einen bleibenden historischen Kontext, in eine Familie zu integrieren, widersprach dies. Ein Ausweg bestand nur in der **Freilassung,** und die Besitzer-Väter fanden Wege, sie durchzusetzen.

Leider ist bisher viel zu wenig Literatur zum **Selbstverständnis der frühen Siedler** aufgearbeitet. Was dachten die Siedler, Deportierten und Seeleute in der Zeit der kapverdianischen Kreolisierung? Was bestimmte ihre Träume und Hoffnungen? Was fühlten sie? Bekannt ist, dass ein großer Teil **„Neue Christen"** waren. So nannte die Inquisition die zum Christentum gezwungenen sefardischen Juden (hebr. *Sefarad* = Spanien) und maurischen Muslime. Aus Spanien wurden im Jahr 1492 300.000, nach anderen Quellen 800.000 Juden binnen drei Monaten verbannt, von denen schätzungsweise ein Drittel nach Portugal floh. Diese Menschen kamen aus einer 750-jährigen Tradition des vergleichsweise toleranten maurischen Vielvölker- und Vielreligionenstaats und hatten zum Teil ein hohes Bildungsniveau. Selbst die Tradition der Skaverei, die sie mitbrachten, hatte wenig gemein mit dem völlig menschenverachtenden Umgang, der sich im transatlantischen Sklavenhandel ausbildete. Ein maurischer Sklave wurde als Mensch gesehen, hatte einige Rechte, die er auch gegenüber seinem Herrn einklagen konnte. Freilassungen waren häufig

ka-b-200 Foto: bö

Jugendliche beim Ouri-Spiel

und ehrten den ehemaligen Besitzer in der Gesellschaft und vor Gott. Es sind einige Beispiele ehemaliger Sklaven belegt, die nach Freilassung in kurzer Zeit in hohe staatliche Ämter aufstiegen, was folgern lässt, dass sie zuvor nicht nur die Zuckermühle getreten haben.

Ein Hauch davon mag sich erhalten haben im Brauch, in Cabo Verde verbleibende Sklaven binnen sechs Monaten Religionsunterricht zu geben und sie zu taufen.

Inwieweit war es möglich, der zunehmend rassistischen Staats- und Kirchendoktrin zu entgehen? Die Mächtigen und Reichen konnten es sich leisten, der Diskriminierung ihrer afrikanischstämmigen Verwandtschaft ungestraft zu widersprechen. Für die Armen mag es schwieriger gewesen sein, Liebe und Respekt offen zu zeigen. Gab es sie deshalb nicht?

Die gerne verbreitete Meinung, das portugiesische Kolonialsystem sei nicht rassistisch gewesen, ist schlechte Geschichtsklitterung. Spätestens seit dem Jahr 1500 waren koloniale Obrigkeit und Kirche zutiefst besorgt über die Tatsache, dass hier ein Mischvolk von *mulatos* heranwuchs und noch dazu eines, das sich in seiner vielfarbigen Eleganz gefiel. Die faktische Polygamie, lockere Moral und das Zusammenleben der Rassen wurden als die Sünden verstanden, für die Cabo Verde mit verheerenden Dürren, Piratenüberfällen und Epidemien gestraft wurde. Doch die kreolische Kultur war bereits stärker als die eilig eingeleiteten Gegenmaßnahmen. Wie wirksam ist ein Gesetz, wenn es sich der Grundbesitzer *Baltazar Correia* (verstorben 1548) erlauben kann, seine riesigen Ländereien testamentarisch an seine kreolischen Söhne zu vermachen? Wie glaubhaft ist ein Dekret, wenn der Gouverneur in der ersten Kirchenbank zwischen seiner afrikanischen Frau und den gemeinsamen Kindern sitzt, die er wie frei und ehelich behandelt? Wie glaubhaft ist die Moralpredigt, wenn der katholische Priester *Nicolau* aus Rª Grande sich tagtäglich als Frauenheld profiliert und entgegen des Zölibats 54 (bekannte) Kinder hinterlässt? Wie sündig ist die Polygamie, wenn der Richter und Vorsitzende des Christlichen Ordens, *Dr. José da Costa Ribeiro,* mit sechs Sklavinnen lebt, die er am Ende seiner Mission alle mit nach Lissabon nimmt? Und die weißen Frauen, die man aus den Gefängnissen Portugals schiffladungsweise herangeschafft hatte, um noch mehr *mulatos* zu verhindern, was geschah mit ihnen? Sie waren aus der Unterschicht und für die weißen Siedler wenig attraktiv, so dass sie sich kreolische Partner suchten und genau das taten, was sie verhindern sollten – sie brachten mulatos auf die Welt.

Aus der Tatsache, dass die rassistischen Eingriffe in eine kreolische Kultur letztlich nie dauerhaft funktionierten, lässt sich nicht schließen, dass es sie nicht gegeben hätte. Bis 1961 durften auch in Mindelo nur die Weißen auf dem erhöhten Podest der Praça Nova wandeln, während die Schwarzen unten zu bleiben hatten. Selbstverständlich waren einige der armen „Schwarzen" deutlich hellhäutiger als viele der reichen „Weißen". Das tat dem Prinzip keinen Abbruch.

Die **Jesuiten** kamen den antirassistischen Bedürfnissen der kreolischen Gesellschaft entgegen und halfen, sie zu stabilisieren. Sie widersprachen der kirchlichen und weltlichen Ideologie ihrer Zeit diametral in einem Ansatz, der viele Elemente moderner Menschenrechtsdiskussion vorwegnahm. Ihre Politik entschärfte die in Familien unerträglichen sozialen Kontraste einer Sklaven haltenden Gesellschaft. In ihren Schulen, von denen sie mehrere in Cabo Verde gründeten, saßen freie und unfreie, weiße und dunkelhäutige Kinder und lernten gemeinsam lesen und schreiben. Sie setzten durch, dass alle Sklaven an den Messen teilnehmen konnten. Und das kreolische Zusammenleben ohne Rassismus muss ihnen gefallen haben. Der berühmte Jesuitenpater *António Vieira* schrieb 1652 in sein Kap-Verde-Tagebuch: „Sie sind schwarz, doch das ist auch alles, worin sie sich von Europäern unterscheiden. (...) Es gibt hier Pfarrer und Domherrn, so schwarz wie Pech; aber sie sind so ernsthaft, so glaubwürdig, so gelehrt, so gute Musiker, so zurückhaltend und so wohlerzogen, dass die (Pfarrer), die wir in unseren Kathedralen haben, vor Neid erblassen können." Unter dem Einfluss der Jesuiten wurde die **testamentarische Freilassung** zum gängigen Brauch auf Santiago. Ihr wagten sich weder Staat noch Kirche zu widersetzen.

Die Badios von Santiago

Der Name „Badio" leitet sich wahrscheinlich ab vom portugiesischen „baldio". „Tereno baldio" ist aufgelassenes, ungenutztes Land weitab der Zivilisation. Die Badios stehen in der Tradition eines **„Volks von Flüchtlingen".** Sklaven und Gefangene, Verelendete und wer sonst noch ein Motiv zum Weglaufen sah, nutzten die Gelegenheiten von Piratenangriffen, Hunger und Dürre, ums ins Inselinnere zu fliehen. Sie bildeten dort Gemeinschaften mit einem ausgeklügelten System von Fluchtwegen und Verhaltensweisen, die davor schützten, von Soldaten oder Sklavenfängern wieder eingefangen zu werden. Sie blieben beim christlichen Glauben, da ihnen aber die Kirchen verwehrt waren, hielten sie den Gottesdienst unter freiem Himmel ab. Laienprediger aus ihrer eigenen Mitte schienen ihnen glaubwürdiger als europäische Profi-Priester, die Teil des Systems des Sklavenhandels waren.

Mit dem Ende der Sklaverei wurde die Kultur zur allgemeinen Kultur auf der Insel, und die gestandenen Einheimischen nannten sich mit einem gewissen Stolz alle Badios.

Die Kapverdianer wurden in der Kolonialzeit gelehrt, dass Afrika keine Geschichte vor der „Entdeckung" habe, und begannen, nach ihrer Identität zu suchen. Junge Intellektuelle beschäftigten sich ab den 30er Jahren des 20. Jahrhunderts verstärkt mit der Kultur der Badios. Unterdrückt von der politischen und benachteiligt von der wirtschaftlichen Struktur, aber frei in ihrer Identität, wurden die Badios und ihre Musik zu einem Symbol kapverdianischer Rechtmäßigkeit und Echtheit.

Die Badios sind bis heute der Kern der Bevölkerung Santiagos. Sie haben viele Elemente afrikanischer Kultur in die kreolische hinübergerettet und sehr bewusst bewahrt: Sklaven- und Pächterrebellionen umgaben sie mit einem Mythos, der zwischen Verachtung und Bewunderung schwankte. Die portugiesischen Autoritäten gingen soweit, ihnen den „afrikanisch primitiven" Batuco (Musik- und Tanzform) zu verbieten. In Unwissenheit über ihre eigenen Wurzeln, haben sie das „Colá São João" gleich mit verboten, obwohl die Figuren, der Rhythmus, die Pfeifen und Trommeln aus Portugal stammen und auch die Choreographie zu früheren Zeiten bereits in Portugal heimisch war. Die Identität der Badios drückt sich in ihrer Musiktradition aus, in Batuco, Finançon, Funana und Tabanca (s.a. „Kunst und Kultur/Musik").

Die Gruppe der **„Rebelados"** steht am stärksten in dieser Tradition. Als *Salazar* als moderner Vertreter der Staatsreligion alle Kapverdianer unter eine katholische Liturgie pressen wollte, rebellierten sie und verließen die Kirchen. Anfang der 1990er bin ich zufällig, frühmorgens in der Serra de Malagueta, auf eine Versammlung von Rebelados getroffen. Sie feierten ihr höchstes religiöses Fest in einer aus Stroh gebauten dreiteiligen Kirche. In ihren Traditionen lebt der Geist der verschworenen Flüchtlingsgemeinden weiter. Sie essen, trinken und schlafen nicht in Häusern von Nicht-Rebelados aus Angst, betrunken gemacht und gefangen zu werden. Sie bebauen ihre Felder gemeinsam und bauen jedem jungen Paar gemeinsam ein Haus. Sie gingen nicht in die modernen Gesundheitsdienste, bevor sie Opfer einer Polio-Epidemie wurden und ihre Einstellung änderten. Auch im religiösen Fest lebt die alte Kultur des Versteckens weiter. Erst am Nachmittag vor dem Fest bestimmt der Ältestenrat den Ort. In der Nacht werden Strohbündel zusammengetragen, und die Männer bauen die Kirche, die am Ende des Festes verbrannt wird. Als Exot ohne Beziehung zu Regierung und Kirche wurde ich freundlich aufgenommen, bewirtet und eingeladen, mich dem Zug vom Gebirge hinunter ins Tal von Principal anzuschließen, wo das Feiern weiterging.

Im Kampf um die Unabhängigkeit waren Badios und Rebelados eine große Unterstützung des „homi grandi", des „großen Mannes", wie sie *Amilcar Cabral* hochachtungsvoll titulierten.

Die Sampadjudos im Rest des Archipels

Erst dank der Arbeitsprogramme in Hungersjahren lernten die Badios Menschen von den anderen Inseln in größerer Zahl kennen und nennen sie bis heute **„Sampadjudo".** Mitunter hört man, dies sei eine Verballhornung von „são para ajudar", sprich „sie kamen, um zu helfen". Die Arbeitsprogramme waren sprachlich zu Hilfsprogrammen *(ajuda)* geschönt worden. Die Hungernden, insbesondere von São Nicolau, kamen nach Santiago zum Straßenbau, wo es noch etwas zu essen gab. Wahrscheinlicher ist, dass ein Verwalter dieser Programme, *Sr. Sampajo Ajuda,* seinen Namen für sie gegeben hat. Sei es, wie es will: Ein Kapverdianer, der kein Badio spricht, ist und bleibt ein Sampadjudo.

Demographie

Historische Demographie

An **kleinen Inselstaaten** mit bekannter Entdeckungsgeschichte wie Island und Cabo Verde pflegen Demographen die Prinzipien ihrer Wissenschaft zu vermitteln. Zwar können die Kapverdianer nicht wie die Isländer den ersten Bürger mit Namen benennen und die Entwicklung der Bevölkerung haarfein über 1200 Jahre verfolgen, aber der Name der ersten Besitzer und regelmäßige Zählungen über 550 Jahre sind noch immer eine ungewöhnlich gute Basis. Unter den Beispielen historischer Demographie finden sich andere **Sklaven haltende Staaten,** in denen das Zählen der Bevölkerung Teil der Kontrolle über die Sklaven und der auf den Besitz von Sklaven geforderten Steuern war.

In den Jahren vor der Entdeckung Amerikas und dem Untergang des Maurenreiches in Spanien (1492) wuchs die Bevölkerung nur sehr langsam. Aus dem Dutzend Soldaten, die ab 1460 die Stellung in Ribeira Grande halten sollten, waren bis 1510 erst 190 Bewohner geworden, davon 30 Sklaven. Trotz des boomenden Sklavenhandels lebten auch 1580 nur etwa 2000 Freie mit 14.000 Sklaven auf den Inseln. Es sollte noch bis etwa 1800 dauern, bis 50.000 Einwohner erreicht waren.

Wie aus der oberen Graphik rechts zu entnehmen, nahmen die **Hungersnöte** von Jahrhundert zu Jahrhundert in ihrer Häufigkeit und in der Zahl der Opfer stetig zu. Die schlimmsten fanden im 20. Jahrhundert statt, zu Zeiten, in denen Portugal technisch durchaus in der Lage gewesen wäre, das kleine Cabo Verde mit damals weniger als 200.000 Einwohnern zu ernähren. Stattdessen wurde das Problem vor anderen Staaten mit humanitärem Anspruch vertuscht und versteckt. Es wäre sicher nicht schwierig gewesen, Hilfe zu organisieren, wenn sie die Kolonialisten schon nicht selbst geben wollten, gab es doch schon die Erfahrung aus den Hungersjahren von 1830–32, in denen die Amerikaner 13 (!) Schiffe mit Lebensmitteln geschickt hatten. Stattdessen wurden mit ungeahntem Zynismus kleine Haushaltsposten verabschiedet – um die Friedhöfe zu erweitern. Allein die Hungersnot um 1940 führte zum Tod von ca. 30.000 Kapverdianern.

1950 gleicht die **Alterspyramide** (siehe rechts, untere Graphik) der eines jungen Industrielandes. Die Kinder der 1940er waren zum größten Teil verhungert, die über 50-Jährigen ebenso. Verfolgt man die Altersgruppen über die folgenden Jahrzehnte, dann zeigt sich, dass es die am stärksten vom Hunger betroffenen Jahrgänge waren, die später emigriert sind – die der 1940er und 1950er Jahre. Zurück bleibt eine Gesellschaft, in der die heute 55- bis 65-Jährigen fast völlig fehlen. So nimmt es nicht Wunder, dass 44% der Einwohner unter 15 Jahre alt sind. Das Durchschnittsalter ist eines der niedrigsten in der Welt: 17,4 Jahre (2000). Und es erstaunt auch kaum einen denkenden Menschen, dass diese Gesellschaft zurzeit noch schnell wächst, obwohl die Familienplanung Erfolge zeigt. Die Mütter von morgen sind geboren, während die Alten verhungert oder emigriert sind. Es

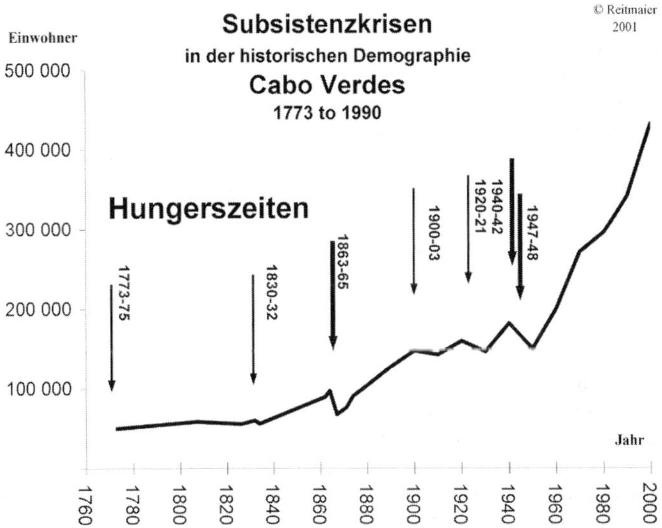
Subsistenzkrisen
in der historischen Demographie
Cabo Verdes
1773 to 1990
© Reitmaier 2001
Einwohner
500 000
400 000
300 000
200 000
100 000
Hungerszeiten
1773-75
1830-32
1863-65
1900-03
1920-21
1940-42
1947-48
Jahr
1760
1780
1800
1820
1840
1860
1880
1900
1920
1940
1960
1980
2000

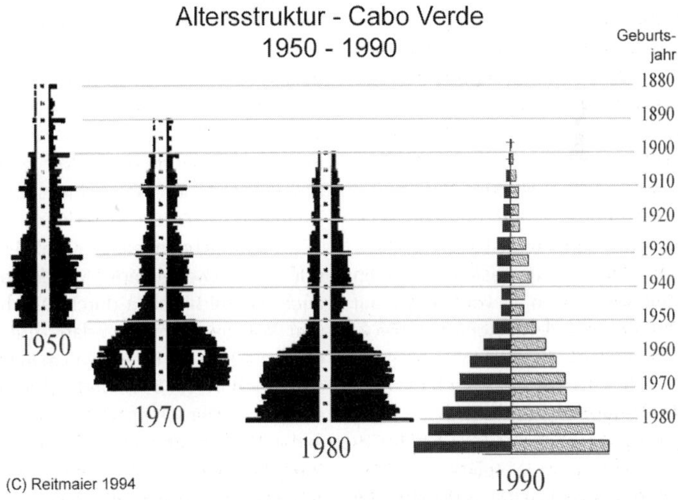
Altersstruktur - Cabo Verde
1950 - 1990
Geburts-
jahr
1880
1890
1900
1910
1920
1930
1940
1950
1960
1970
1980
M
F
1950
1970
1980
1990
(C) Reitmaier 1994

wäre schrecklich und für den Aufbau der Gesellschaft völlig ungesund, wenn das **Bevölkerungswachstum** rasch auf Null zurückginge. Um das zu erreichen, müsste entweder die Lebenserwartung katastrophal zurückgehen oder es dürften fast keine Kinder mehr auf die Welt kommen. Auch wenn ab sofort alle Mädchen in Cabo Verde in ihrem Leben nur 2,1 Lebendgeburten hätten (was zum Erhalt einer Gesellschaft der anzustrebende Wert ist), würde die Bevölkerung für 15 Jahre weiter in einem Rhythmus von 1,7% pro Jahr wachsen. Sie tut es derzeit (Zählung 2000) noch mit 2,4%. Der **Rückgang der Geburten** ist selbst in absoluten Zahlen beeindruckend. Wir haben auf Santo Antão nur noch halb so viele Geburten wie in den 1980er Jahren. Die Zahl der Lebendgeburten pro Frauenleben ist eine Kennziffer, die um mehrere Jahre hinter der Realität herhinkt. Sie lag für die Jahre 1995–2000 bei 4,8 Kindern auf dem Land und 3,4 in den Städten. Auf 1000 Einwohner werden 27 Kinder pro Jahr geboren, 5,1 Personen versterben.

Seltsamerweise werden die aus der Geschichte sich ergebenden Zusammenhänge zwischen dem Hunger des 20. Jahrhunderts und dem Bevölkerungswachstum der Ist-Zeit in Cabo Verde von unvorbelasteten Gästen leichter verstanden als von einigen auf Geburtenkontrolle geeichten Entwicklungspolitikern.

Aktuelle Demographie

Der durchschnittliche Haushalt in Cabo Verde hat 4,6 Mitglieder. In den Städten des Barlavento dominiert die Nuklearfamilie: Mama, Papa, zwei Kinder. In den Armenvierteln von Praia und auf dem Land hingegen ist die Mehrgenerationenfamilie noch üblich.

Wie im Kapitel zur kapverdianischen Familie ausgeführt wird, kennen kreolische Kulturen eine Vielzahl verschiedener Formen des Zusammenlebens von Mann und Frau. 54% der Erwachsenen bezeichnen sich als ledig, 24% leben mit einem Partner, ohne verheiratet zu sein *(união de facto),* 16% sind verheiratet. 3% sind geschieden. In älteren Statistiken steht zu lesen, dass etwas mehr als die Hälfte der Verheirateten nicht mit ihrem Ehepartner zusammenlebt. Neuere Angaben fehlen. Die Badio heiraten deutlich häufiger in jungen Jahren als die Sampadjudo, die das gerne verschieben bis die Kinder groß sind.

Die als Indikatoren für den **Gesundheitszustand** oft herangezogene **Säuglingssterblichkeitsrate** ist in den ersten zehn Jahren der Unabhängigkeit rasch gefallen: auf Santo Antão von 130/1000 Lebendgeburten (1970–75) auf 32 in 1983. Im Sotavento war die Entwicklung langsamer. In den 1990er Jahren, unter geänderter Gesundheitspolitik, stagnierte sie. Zurzeit liegt sie bei etwa 27/1000. Nachdem einige Krankheiten erfolgreich „weggeimpft" wurden und auch die Sterblichkeit durch Diarrhoe und Mangelernährung relativ gut im Griff ist, treten die Folgen von mangelndem Geburtsgewicht und Qualitätsmängeln in der Geburtshilfe deutlicher in den Vordergrund. Die **Lebenserwartung** stieg ähnlich beeindruckend um 15 Jahre in den ersten zehn Jahren nach

Cabo Verde – Bevölkerung nach Inseln und Landkreisen

Insel/Concelho	Hauptort	Gesamt	Männer	Frauen
Cabo Verde		**434.812**	**210.569**	**224.243**
Santo Antão		**47.124**	**24.396**	**22.728**
Rª Grande	Vila da Rª Grande	21.560	11.084	10.476
Paúl	Vila das Pombas	8325	4485	3840
Porto Novo	Vila do Porto Novo	17.239	8827	8412
São Vicente/ São Vicente	Mindelo	**67.844**	**33.656**	**34.188**
São Nicolau/ São Nicolau	Vila da Rª Brava	**13.536**	**6721**	**6815**
Sal/Sal	Espargos	**14.792**	**7867**	**6925**
Boa Vista/Boa Vista	Sal Rei	**4193**	**2206**	**1987**
Maio/Maio	Vila do Maio	**6742**	**3143**	**3599**
Santiago		**236.352**	**111.140**	**125.212**
Tarrafal	Vila de Tarrafal	18.059	8047	10.012
Santa Catarina	Assomada	49.970	22.814	27.156
Santa Cruz	Pedra Badejo	32.822	15.502	17.320
Praia	Praia	106.052	51.158	54.894
São Domingos	São Domingos	13.296	6418	6878
São Miguel	Calheta de São Miguel	16.153	7201	8952
Fogo/Fogo		**37.409**	**18.020**	**19.389**
Mosteiros	Mosteiros	9479	4531	4948
São Filipe	São Filipe	27.930	13.489	14.441
Brava/Brava	Nova Sintra	**6820**	**3420**	**3400**

Zählung 2000

238_209-w Foto: re

der Unabhängigkeit. Da meinte so mancher, dass wenn das so weitergehe, die Kapverdianer ewig leben müssten. Sie stieg inzwischen auf 71,6 Jahre für die Frauen und 65,8 für die Männer. Der gute Grogue ...

Die **Verstädterung** ist rasant. 54% der Kapverdianer leben heute in Städten (2000). Es ist zum einen der **Anreiz der Stadt,** die Hoffung auf einen Job, die besseren Bildungschancen und auch der höhere Unterhaltungswert der Stadt für Jugendliche, der anzieht. Zum andern treibt die Dürre in die **Landflucht.** Für ehemalige Bauernfamilien im Trockenfeldbau gibt es dort nichts mehr zu tun. Hinzu kommt eine rasche **ländliche Urbanisierung.** Die Familien geben das Haus auf dem abgelegenen Hügel auf und ziehen an die Straße. Sie pendeln in die Stadt, um zu arbeiten, um zu handeln, um zur Schule zu gehen. Sie wohnen weiter im ländlichen Raum, aber sie leben ein städtisches Leben mit neuen Möglichkeiten. Ihr Verhalten und ihre Gesundheitsrisiken unterscheiden sich kaum von denen der Städter. Einige der Inseln, Brava, Boa Vista, São Nicolau und Santo Antão, stagnieren in ihrer Bevölkerungsentwicklung seit Jahrzehnten. São Nicolau hat bis heute die Eiwohnerzahlen von

ka-f-208 Foto: fu

1939 nicht wieder erreicht. Boa Vista hat heute nur halb so viel Bevölkerung wie 1844. Dafür wachsen Sal, Praia und Mindelo und auch die Sekundärzentren, allen voran Assomada. **Gut die Hälfte der Bevölkerung wohnt auf Santiago.**

Emigration

In der Einleitung haben wir geschrieben, dass man den kapverdianischen Schmetterling nicht wirklich zu erkennen vermag, so lange man nur auf die Inseln schaut. Zu den **434.625 Einwohnern** (2000) kommen große Auslandsgemeinden hinzu. Was ein Kapverdianer ist, weiß nur der Kapverdianer selbst. An der Hautfarbe, am Pass, an der Sprache kann man ihn nicht erkennen. Bei den Nachfahren von Kapverdianern in Lissabon haben wir oft gehört, dass sie sich selbst als Portugiesen verstehen. Andere sind vehement der Meinung, Kapverdianer zu sein, auch wenn sie einen Pass der EU haben. Die Zahl der sich als Kapverdianer verstehenden Menschen **im Ausland** wird auf mindestens **700.000** geschätzt. Damit gibt es rund 1,2 Millionen Kapverdianer auf der Welt.

Wann man den Beginn der kapverdianischen Emigration ansetzt, ist eine Frage der Definition. Muss ein Mensch freiwillig seinen Wohn- und Arbeitsort wechseln, um ein Emigrant zu sein? Ist nicht auch ein Sklave, der von seiner Familie getrennt und aus seiner Kultur heraus verschleppt wird, ein Emigrierender? Wie fließend sind die Übergänge zwischen einem Sklaven, der wegen der Dürre verkauft wurde, und einem, der aus „freier" Entscheidung dem Verhungern entging? Die Verhungernden von Maio haben den Unterschied kaum gesehen, als sie in die Sklavenschiffe nach Barbados stiegen. Denn es gab keinen Unterschied. Die Freien hatten sich in die Sklaverei verkauft, um einen Platz zu ergattern. Sie wurden auf Barbados gegen Zuckerrohrmelasse eingetauscht, aus der in Boston Schnaps gebrannt wurde. Und in den letzten Tagen des Kolonialismus – wo war der Unterschied zwischen dem Zwangsarbeiter und dem, der mit knurrendem Magen einen Arbeitsvertrag unterschrieb für Plantagenarbeit in São Tomé? 50% des Lohns sollte er verbrauchen dürfen, 50% sollten auf ein Sparkonto fließen und ihm nach Rückkehr in Cabo Verde ausbezahlt werden. Freier Transport hin und zurück. Zigtausende haben 1974 auf den Rücktransport gewartet. Er kam bis heute nicht, genauso wenig wie die zweite Hälfte des Lohns. Auf eigene Faust sind sie geflohen bis in die Slums von Lissabon, als „Portugiesen" mit portugiesischen Arbeitspapieren aus der „Província". Jahre später hat man sie nach einem Pass gefragt und ihnen keinen gegeben, sondern an die Botschaft Cabo Verdes verwiesen mitsamt ihren Kindern, die nie kapverdianischen Boden betreten hatten. Aus Kontrakt- und Zwangsarbeiterfamilien wurden „Illegale", während die „Legalität" der Umstände, unter denen ihre Odyssee be-

Musik als verbindendes Element im transnationalen Leben

gann, kaum je zur Debatte stand. Glücklicherweise hat der moderne portugiesische Staat die Frage des Zwangs oder vermeinlicher Selbstbestimmung nicht allzu lange gestellt und in den 1990ern die meisten legalisiert; die EU war vergleichsweise großzügig in der Finanzierung von Wohnraum für die Slumbewohner.

Kapverdianische Historiker gehen ähnlich pragmatisch vor und sparen sich den zynischen Luxus der Unterscheidung, so dass der Beginn der Emigration und der kapverdianischen Diaspora mit dem Ursprung der Nation zusammenfällt.

Die Verbreitung der kreolischen Kultur durch den Verkauf von Sklaven, die in Cabo Verde heimisch waren, ist bisher nicht genauer untersucht.

Sehr genaue Angaben hingegen gibt es über die Zahl der nach **São Tomé** und in andere Kolonien verbrachten Landarbeiter. 1863 gab die portugiesische Regierung die Anordnung, mindestens 1000 Frauen und Männer nach São Tomé zur Zwangsarbeit auf Kakao- und Kaffeeplantagen zu schicken. Die Entsendung erreichte in den 1940er Jahren ihren Höhepunkt und endete erst kurz vor der Unabhängigkeit, 1973.

Zwischen 1825 und 1875 legten rund 100 **Walfangschiffe** jährlich an den Inseln an, um sich mit Material, Lebensmitteln und Arbeitskräften zu versorgen. Junge Fischer aus Brava, an den Tanz im Bug winziger Boote gewohnt, heuerten als Walfänger an. Mit ein paar Habseligkeiten und vielen Träumen im Gepäck kamen sie in die Häfen New Englands. Nordamerika suchte tüchtige und billige Arbeitskräfte. In der ersten Zeit kamen etwa 100 Kapverdianer jährlich. Später stieg ihre Zahl stark an und erfasste auch die Söhne wohlhabenderer Familien. Doch machte der Fortschritt auch um die Walindustrie keinen Bogen. Dampfgetriebene Spezialschiffe mit großen Harpunen verdrängten die Segelschiffe und Ruderboote und den tollkühnen Harpunier im Bug. Einige Kapverdianer ergriffen die Chance, kauften alte Walschoner und machten daraus **Cargo- und Passagierschiffe,** die mit Fracht, Post und Auswanderern zwischen Cabo Verde und den USA pendelten. So siedelten sich die Auswanderer um die Walfanghäfen New Bedford, Boston und Providence an und fanden Arbeit in der aufstrebenden **Textilindustrie** oder bei der **Pacific Railways.**

Zu Beginn des 20. Jahrhunderts verstärkten Dürreperioden den Druck zur Emigration. 1922 jedoch untersagten **restriktive Immigrationsgesetze** Farbigen die Einwanderung in die USA. Es führte zur **Trennung transnationaler Familien** für 44 Jahre. Die in Amerika lebenden Familienmitglieder, in der Angst nicht wieder einreisen zu können, trauten sich nicht mehr, auf Besuch zu kommen. Als die USA 1966 die Gesetze lockerten, folgte eine Nachzugswelle.

In den Jahren, in denen die Tür nach Nordamerika geschlossen war, war

Das Museumsschiff „Ernestina"
(siehe nächste Seite)

auch die Emigration nach Europa schwierig. Es blieben nur die portugiesischen Kolonien und Dakar (Senegal), wo seit Beginn des 20. Jahrhunderts der Hafen ausgebaut wurde.

Anfang der 1950er Jahre begann die **Auswanderung nach Europa.** Einige Matrosen gelangten nach Rotterdam in den Niederlanden, fanden vergleichsweise gute Verhältnisse vor und vermittelten weitere Familienmitglieder. Wer in der Binnenschifffahrt Arbeit fand, verdiente weniger als auf hoher See, konnte aber die Familie nachziehen lassen und niederländische Bürgerrechte bekommen. 1968 öffnete Portugal die Grenzen für kapverdianische „Ersatzgastarbeiter", nachdem Millionen junger Portugiesen dem Ruf nach Gastarbeitern aus Mitteleuropa gefolgt waren. Bis heute ist Paris die zweitgrößte portugiesische Stadt, gemessen an der Zahl portugiesischer Einwohner. Eine große Zahl Jugendlicher floh als Gastarbeiter vor dem damals dreijährigen Wehrdienst in der faschistischen Kolonialarmee, mit deren Zielen die wenigsten einverstanden waren. Die „Ersatzgastarbeiter" aus Cabo Verde blieben zum Teil nur kurze Zeit bei den ihnen zugedachten Aufgaben als ungebildete Bauarbeiter auf staatlichen Großbaustellen. Sie schlossen sich dem Zug der portugiesischen Jugend an und wan-

Das Museumsschiff „Ernestina“

Im Hafen von New Bedford liegt das Museumsschiff „Ernestina“. Das Schiff selbst, Ausstellungsgegenstände und multimediale Erklärungen lassen den Besucher eintauchen in die spannende Geschichte der Entdeckungen im Polareis und der Seefahrt zwischen den USA und Cabo Verde.

1894	Stapellauf in Essex, Massachusetts für die Fischerfamilie Morrissey unter dem gleichen Namen.
1905	Verkauft nach Neu-Schottland.
1914	Verkauft nach Neu-Fundland.
1926	Erste Eismeer-Expedition.
1931	Eismeer-Expedition im Auftrag des Smithonian Institute.
1940	Kommt dem Nordpol bis auf 600 Meilen nahe.
1941–45	Aufklärungs- und Versorgungsschiff der Navy in der Arktis.
1947	Weitgehende Zerstörung durch einen Brand in New York.
1948	Der Kapverdianer Henriques Mendes kauft den Schoner und tauft ihn „Ernestina“.
1949	Erste Reise von Cabo Verde nach Amerika mit Passagieren und Fracht.
1950	Zweite Reise mit 11 Passagieren und 14 Seeleuten.
1951	Ernestina verliert in schwerstem Sturm zwischen Santiago und Fogo den Hauptmast. Henrique wird um ein Haar erschlagen.
1953	Ohne Motor und ohne Funk gerät das Schiff 100 Meilen vor der amerikanischen Küste für 14 Tage in die Flaute, bevor ein Hurrikan es fast versenkt.
1958	Ankunft in Praia mit der Glocke für die Kirche St. Laurenço, einem 2½-t-Lkw und freilaufenden Hühnern auf Deck.
1965	Letzte Reise zwischen CV und USA.
1965–70	Kleiner Frachtverkehr zwischen São Vicente, São Nicolau und Santo Antão. Henriques Mendes stirbt 90-jährig.
1972–80	Verschiedene Versuche, die altersschwache „Ernestina“ zu retten und zurück in die USA zu überführen.
1982	Cabo Verde schenkt dem amerikanischen Volk das renovierte Schiff. Mit gemischt besetzter Mannschaft segelt es ein letztes Mal von Mindelo nach New Bedford. Als segelndes Museum kehrt „Ernestina“ zurück ins Eismeer.
1991	Von Massachusetts unter Denkmalschutz gestellt.
1996	Erster Preis für Museumspädagogik.
1999	„Ernestina“ geht ins Internet: **www.Ernestina.org.**

derten weiter nach Paris und Rotterdam, wo sie auf die Unterstützung durch Familie und Landsleute rechnen konnten. In Luxemburg taten sich neue Möglichkeiten auf, nachdem Reifenindustrie und internationale Behörden angesiedelt wurden, um zu verhindern, dass das kleine Land durch den Verlust seiner Bergbauindustrie auf den Stand eines strukturschwachen Agrarlandes abrutscht. Was als Notprogramm gedacht war, führte zum kometenhaften Aufstieg der heute reichsten Nation der EU, in der mehr als die Hälfte der Arbeitsplätze mit Nicht-Luxemburgern besetzt ist. Die Kapverdianer bilden dort eine sehr selbstbewusste, gut integrierte Minderheit.

Den **Wohlhabenderen** hatte Portugal eine **Karriere** als Verwalter oder Techniker **im portugiesischen Kolonialreich** zugedacht. Begünstigte Familien und Großgrundbesitzer schickten ihre Kinder auf Schulen und Universitäten nach Portugal. Die faschistische Strategie, unbedingte Gefolgschaft im Kontrast zwischen fachlicher Bildung und politischer Verdummung, zwischen Bedrohung und Privilegien zu entwickeln, schlug fehl. Anstatt als Portugiesen zweiter Klasse „his master's voice" in den Kolonien abzugeben, verbündeten sich die Studenten und jungen Akademiker mit nationalistischen Bewegungen ihrer Heimatländer und den antifaschistischen Kräften Portugals und spielten eine Schlüsselrolle beim Sturz der Diktatur am 25. April 1974.

Insgesamt verließen zwischen 1900 und 1973 über 267.000 Menschen das Land. Während 180.000 freiwillig auswanderten, wurden 87.000 zwangsrekrutiert. Die zahlenmäßig bei weitem **größte Gruppe von Emigranten** aus Cabo Verde lebt heute **in den Vereinigten Staaten.** Die sich (noch) als Kapverdianer identifizierende Gemeinschaft wird auf rund 350.000 Menschen geschätzt. Weitere rund 400.000 Kapverdianer leben in Europa, Südamerika und Afrika.

In Europa konzentrieren sich die Kapverdianer noch heute entsprechend der Wirtschaftszweige, die ihre Immigration befördert hatte. In **Portugal** leben schätzungsweise **70.000**, die meisten in Lissabon in allen sozialen Klassen, von vielen Slumbewohnern bis hin zum Universitätsprofessor. Die zahlenmäßig größten Gruppen jedoch arbeiten in der Bauindustrie und im Restaurantgewerbe. Auch in Setubal und an der Algarve leben größere Gruppen.

Ähnlich ist die Beschäftigungslage in **Frankreich (über 30.000),** während in **Holland (über 28.000),** der Hafen von Rotterdam der Hauptanziehungspunkt war und bleibt. Das kleine **Luxemburg** beherbergt die relativ zur Gesamtbevölkerung mit Abstand stärkste kapverdianische Gemeinde von ca. **14.000** Menschen. Belgien, Deutschland, Norwegen, die Schweiz und Schweden haben nur kleine Gruppen von wenigen Hundert bis Tausend.

Besondere Formen der Frauen-Emigration haben sich in **Italien** entwickelt. Hier besteht in der städtischen Oberschicht noch der Brauch, Hausangestellte für Jahrzehnte in die Familie aufzunehmen. So geben seit langem kapverdianische Frauen ihre eigenen Kinder in die Obhut der Eltern oder Tanten und übernehmen die Verantwortung für Haushalt und Kinder wohlhabender Italiener. Einige von ihnen werden mit großem Respekt behandelt und bleiben auch im Alter der Gastfamilie eng verbunden und gesichert. Das Extrem in entgegengesetzter Richtung ist der Handel mit kapverdianischen Frauen, die unter Drogen und Zwang gestellt der Prostitution nachgehen müssen. Mit der Konzentration der Menschenhändler auf die Länder der ehemaligen Sowjetunion ist der Druck geringer geworden, doch sind die Zahlen bekannt werdender Fälle noch immer erschreckend. Als Arzt begegnet man Frauen, die als psychische und körperliche Wracks mittellos zurückkommen und sich trotz des Entgegenkommens ihrer Familien und ländlichen Gemeinden nur selten reintegrieren können.

Ein in der Reiseliteratur immer wieder begierig aufgenommenes Thema ist der durch die Emigration erzeugte **„Frauenüberschuss"** auf den Inseln. Von Dörfern ohne Männer ist die Rede, von 40% allein erziehenden Müttern und hübschen Mädchen ohne Chance auf einen Partner, so sie sich nicht den nächsten bierbäuchigen Touristen greifen. Die Fantasien der Autoren und Leser schlagen Blasen, während die nüchternen Ziffern blasse Langeweile verbreiten: Cabo Verde hat ein demographisches Geschlechterverhältnis Weib-

251_606sw Foto: re

lich zu Männlich von 51,9% zu 48,1% im Jahr 2000 (Bundesrepublik Deutschland 51,2% zu 48,8%) Seit Jahrzehnten hält die **weibliche Emigration** nahezu Schritt mit der männlichen. Ein wesentlicher Unterschied besteht nur im Alter bei der ersten Ausreise. Die emigrierenden Frauen sind jünger als die Männer.

Viele Kapverdianer arbeiten als **Seeleute** auf allen Weltmeeren ohne dauerhaft zu emigrieren. Auch wenn die Löhne bei Billigflaggen im Zweitregister armselig sind, so reicht es immerhin, um die Familie zu ernähren und die Kinder auf die weiterführenden Schulen zu schicken.

Für die Entwicklung eines Landes wie Cabo Verde ist die Emigration gleichzeitig Segen und Fluch. Sie bringt den Familien Geld und dem Land etwa 25% des Bruttosozialprodukts. Und sie entzieht dem Land eine positive Selektion junger Menschen mit überdurchschnittlicher Initiative und hohem Bildungsgrad. Wie die meisten armen Länder, leidet auch Cabo Verde unter der Nicht-Rückkehr und Abwanderung akademischer Eliten *(brain drain)*. Die Zahl kapverdianischer Ärzte alleine in Lissabon ist weitaus höher als auf den Inseln.

Seit der Unabhängigkeit unterstützen die Regierungen die Interessen der Emigranten und ihrer Familien in vielfacher Weise:

- Eine rigorose Politik der **Geldwertstabilität** ist die wichtigste Unterstützung. Der im Kurs 1:1 zum portugiesischen Escudo eingeführte kapverdianische Escudo hatte nach 25 Jahren den doppelten Wert und war somit weitaus stabiler als die portugiesische Währung. Heute steht der kapverdianische Escudo in festem Wechselkurs mit dem Euro, wodurch der Wert der Spareinlagen der Emigranten gesichert ist.
- Die **doppelte Staatsangehörigkeit** ist nach kapverdianischem Recht erlaubt und gibt den Familien die Möglichkeit, alle Angebote der Integration im Ausland für sich und ihre Kinder nutzen zu können, ohne Rechte in Cabo Verde aufgeben zu müssen. Damit kommt das Recht einem der wichtigsten Wünsche qualifizierter Emigranten entgegen, denen unverständlich bleibt, weshalb die Gesetzgebung der EU-Länder ihnen entweder die völlig Integration (unter Verlust der Staatsangehörigkeit im Mutterland) oder eine Status des ewigen Ausländers angedeihen lässt. Ihre Vorstellung ist, in mehr als einer Kultur kompetent leben zu können und den Mittelpunkt ihres Lebens je nach wirtschaftlichen oder privaten Motiven mehrmals verlegen zu können, genauso wie den ihrer Kinder. Sie leben in transnationalen Familien.
- Das **Wahlrecht der Emigranten** wurde 1991 eingeführt. Abgeordnete verteten die Kontinente: zwei für Amerika, zwei für Europa und zwei für Afrika und den Rest der Welt.
- **Selbstvertretungsorganisationen der Gemeinden im Ausland** werden unterstützt und stehen im Kontakt mit den Botschaften und je nach Interesse und Problemen den verschiedensten gesellschaftlichen Einrichtungen im Land. In den Slums von Lissabon, aus denen glücklicherweise seit dem Eintritt in die EU zunehmend Einfachwohnviertel werden, stellen die Kapverdianer häufig die Gemeindevertreter. Sozial und politisch sind sie weitaus besser organisiert und stabiler als die armen Portugiesen, die wegen vielfältiger sozialer Probleme in die gleiche Wohnsituation abgeglitten sind. Zu Studienzwecken habe ich für einige Monate in einem dieser Viertel gewohnt und gearbeitet und war anfangs erstaunt, dass portugiesische Kinder dort nicht selten Kreol sprachen. Sie lebten von der Solidarität kapverdianischer Familien, bei denen es regelmäßig etwas zu essen und Aufmerksamkeit gab, was zu Hause nicht geboten wurde. Die kapverdianischen Gemein-

Terreiro in Vila Ribeira Brava/São Nicolau

schaften kapseln sich nicht ab und organisieren in ihren Vierteln erstaunlich starke Bewohnerkomissionen, Kulturgruppen, Sportvereine, spontane und offizielle Kindergärten und Kinderhorte mit Hausaufgabenbetreuung und weitere Glieder eine Kette, die es den Kindern der nächsten Generation erlauben, den Schritt aus dem Slum hinaus in ein normales Leben zu tun.

Die emotionalen Bande, die transnationale Familien und ihre atlantische Kultur insgesamt zusammenhalten, spiegeln sich in dem Wörtchen **Sodad'** (port.: *saudades).* Heimweh schwingt in ihm, aber es ist kein Heimweh nach einem festen Ort. Es ist ein großes Gefühl des Sehnens, so umfassend wie der Flügelschlag des kapverdianischen Schmetterlings über den gesamten Atlantik. Es ist ein Sehnen in die Vergangenheit, nach den Orten der Kindheit, nach den Eltern, den Freunden, den Partnern und einer Familie, die über die Welt verstreut lebt. Hoffnung auf Rückkehr verquickt sich mit Fernweh und dem Wunsch, sich wieder zu treffen, eine Zukunft zu träumen, in der man zusammenbleiben kann, zurückfällt in altes Glück auf neuen Pfaden. Kinder fühlen Sodad' nach der Mutter, die sie wenige Wochen nach der Geburt zuletzt gesehen haben, bevor sie nach Italien ging. Eltern fühlen Sodad' nach Söhnen, die vor 20 Jahren nach Lissabon gingen und seither nicht geschrieben haben.

Das Bild der Emigration ist in der kapverdianischen Wahrnehmung ins Positive verzerrt. Gesehen werden die erfolgreichen Emigranten, die ihre Familien regelmäßig besuchen können und Koffer voller Geschenke mitbringen. In Kleidung und Auftreten drückt sich ihr Erfolg aus. Wer mag es jemandem, der in harter Arbeit sein Geld verdient, verdenken, dass er zu Hause auf sich stolz ist, wenn im Ausland schon kaum einer seine Leistungen anerkennt? Die vielen, die gingen und von denen man nie wieder gehört hat, sie sieht man nicht.

Gesellschaft und Familie

Familienstrukturen

Kreolische Gesellschaften zeichnen sich aus durch die vielfältigen Formen des Zusammenlebens zwischen den Gechlechtern. Die historische Urform des Zusammenlebens des Besitzers mit seinen Sklavinnen in einer Zeit, als noch kein antiafrikanischer Rassismus als Staats- und Religionsdoktrin dies tabuisierte, ist im Kapitel zum Ursprung der kreolischen Kultur und der Nation dargelegt. Da eine Heirat in dieser Kombination von der Kirche nicht geduldet wurde, entwickelten sich andere Bewertungen in der Gesellschaft. Ersparen wir uns die Aufzählung der zahlreichen Beispiele, in denen katholische Priester mit überreichem Kindersegen an der Aufweichung der Regeln der katholischen Kirche mitgewirkt haben, und beschränken wir uns auf die Darstellung der wichtigsten Formen:

- Der **besuchende Vater** *(pai de visita)* ist vermutlich den historischen Urformen am nächsten. Auch heute leben viele Frauen im Haus der Eltern oder alleine, und ihr Partner kommt in mehr oder weniger regelmäßigen

Abständen und bleibt über Nacht. Es sind nicht nur die Umstände wie in der Beziehung mit einem Seemann, sondern es ist eine anerkannte Form. Solange die Partner nicht in der Lage sind, eigenen Wohnraum zu finanzieren, bleibt kaum eine andere Wahl. Wir kennen aber auch Beispiele, wo im Falle schwerer Krankheit der Eltern oder eines der Partner bessere Versorgungsmöglichkeiten im Hause der Eltern gegeben waren und die Partner sich entscheiden, ihr festes Zusammenleben gegen eine Besuchsbeziehung zu tauschen.

Unverändert häufig haben Mädchen ihr erstes Kind sehr früh. Stammt es aus einer dauerhaften Beziehung, dann folgen Jahre der Freundschaft und Partnerschaft vom Typ „besuchender Vater", bis beide ihre Ausbildung abgeschlossen und sich ökonomisch vollwertige Positionen erarbeit haben.

- Eine besondere Form des besuchenden Vaters ist die **„Tio-Beziehung"**, in der Karibik als „sugar-daddy" bekannt. Sie verbindet junge Frauen mit meist sehr viel älteren Herren. Die Übergänge zur Prostitution mögen fließend sein, doch macht man es sich zu einfach, es nur so verstehen zu wollen. Wir beobachten in unserer Nachbarschaft Tio-Beziehungen in Familien ohne jede Nähe zum Milieu. Der alte Herr kommt auf Besuch oder holt seine Partnerin ab, unterhält sich mit deren Eltern, grüßt weitere Nachbarn, und jeder weiß Bescheid. Wie in afrikanischen Beziehungsgeflechten fließen etwas Geld oder Geschenke, die die junge Frau für ihre Schulbildung und den kleinen Luxus verwendet. Für sie ist es eine ausschließliche Beziehung und für manchen „Tio" auch.
- Die häufigste Form ist die **De-facto-Beziehung.** Ein Paar lebt ohne Trauschein unter einem Dach, und wenn alles gut geht, dann hält dies für ein Leben. Die Gesetzgebung in Cabo Verde hat sich diesem Brauch angeschlossen und stellt die De-facto-Beziehung nach drei Jahren der Ehe gleich.
- Die **bürgerliche und kirchliche Ehe** ist die seltenste aller Formen. Nur 16% der Erwachsenen sind verheiratet. Mit Ausnahme sehr religiöser Familien von Santiago und der reichen Oberschicht, deren Töchter und Söhne auch in jungen Jahren heiraten, ist die Ehe in Cabo Verde eher etwas für die reiferen Jahrgänge. Erst wird in harter Eigenleistung ein Häuschen gebaut, die Kinder in sauberer Schuluniform aufs Gymnasium geschickt, ein Laden eröffnet oder der Traum von der Emigration verwirklicht, bevor man zum Traualtar schreitet.

In einer Zeit, als nur die Freien und Reichen heiraten konnten, entstand an der breiten Basis der sozialen Pyramide **neben der Ehekonvention die weitaus häufigere Companheira-Konvention.** Sie kennt keine Zeremonie, sondern gründet sich in Schwangerschaft und gemeinsamen Kindern. Die Armen sprechen über ihre Partner als ihre „pai de fijdi" und „mãe de fidji", was so viel bedeutet wie Kindesvater und Kindesmutter. Historisch mag sich diese Beziehungsform aus den Regeln des Sklavenhandels ableiten, die, wenn auch sehr viel später, im Sklavenhandelsrecht „Codigo negro" festgeschrieben wurden. Paare sollten, so lange sie Kinder unter sieben Jahren hatten, nicht getrennt verkauft werden, um nicht das Überleben der Kinder als künftige Produktivkraft zu gefährden.

Polygamie wie auf dem westafrikanischen Kontinent gibt es in Cabo Verde nicht. Auch wenn der eine oder andere Mann in einer Familie de facto und in einer anderen als *pai de visita* auftritt, so ist doch keine Situation gegeben, wo er unter einem Dach oder auf einem Grundstück mit mehreren Frauen rechtmäßig zusammenleben würde. Von der Polygamie der ersten Sklavenhalter ist heute nicht mehr übrig geblieben als eine allgemeine Toleranz in moralischen Fragen.

Die Formen der Beziehungen können sich mehrmals im Leben ändern. Ob Beziehungen in Cabo Verde heute noch wesentlich weniger stabil sind als in Europa, sei dahingestellt. In Europa wird weniger als je zuvor geheiratet. In Frankreich werden mehr „uneheliche" als „eheliche" Kinder geboren, über ein Drittel der Ehen in Deutschland werden geschieden. Völlig anders ist, dass die „Lebensabschnittspartnerschaft" in der kapverdianischen Kultur eine seit Jahrhunderten gelebte Normalität darstellt. So hatten Frauen und Männer immer Kinder aus mehreren Beziehungen, und fast jeder hat eine große Zahl von Geschwistern, die teils aus der Beziehung der Eltern *(irmão de mãe e pai)* hervorgegangen oder Halbgeschwister sind *(irmão de pai* oder *irmão de mãe).*

Kinder

Der **Kinderreichtum** ist ein weiteres demographisches Lieblingsthema der Journalisten. Mit 4,6 Kindern pro Frauenleben auf dem Land und 3,4 in der Stadt ist er nicht so üppig wie häufig beschrieben – und diese Zahlen basieren auf zehn Jahre alten Daten.

Familienplanung wurde in Cabo Verde seit den 1980er Jahren gut aufgenommen. Die Inseln Santiago und Santo Antão hinken dem regionalen Durchschnitt hinterher, doch auch hier folgt der Fortschritt dem rasch wachsenden Bildungsstand der jungen Frauen. Schwangerschaftsabbruch in den ersten drei Schwangerschaftsmonaten ist erlaubt, trotz heftigen Widerstands der katholischen Kirche. Die Zahl der registrierten Schwangerschaftsabbrüche in São Vicente entspricht zwei Drittel der Lebendgeburten. Geht man davon aus, dass in einer katholischen Gesellschaft die Zahl der Abtreibungen üblicherweise in der gleichen Größenordnung liegt wie die der Lebendgeburten, dann erklärt sich auch hieraus der schnelle Rückgang der Müttersterblichkeit, denn die im Krankenhaus vorgenommenen Unterbrechungen sind sicher.

Kinder bedeuteten auf Cabo Verde lange Zeit Glück, Reichtum und eine Absicherung bei Krankheit und im Alter. Mit zunehmendem Bildungsniveau erlangen die mit Kindern verbundenen Kosten erhöhte Aufmerksamkeit, ein Argument, das heute nicht nur in reichen, sondern auch in armen Gesellschaften zu den stärksten gehört, die zur Familienplanung motivieren.

Kinder werden von allen geliebt, und sie wachsen unbeschwert **in der Gemeinschaft** heran, nicht nur in der Großfamilie, sondern auch in der Dorfgemeinschaft: Spielt ein Kind abseits der Familie, so wird es beschützt und versorgt. Jeder fühlt sich verantwortlich, gibt ihm zu essen und bringt es nach Hause zurück, wenn es nötig ist. Kinderlose Frauen wie Männer werden bemitleidet.

Etwa 5% der Kinder wohnen nicht in der eigenen Kernfamilie. Der **Austausch von Kindern** *(child lending)* innerhalb der Großfamilie und zwischen befreundeten Familien überbrückt nicht nur schwierige Phasen. Er ist auch Ausdruck des Beziehungsgeflechts und festigt die Verpflichtungen zur Solidarität zwischen den Familien. Afrikani-

251_809sw Foto: re

Erste Kommunion

sche Gesellschaften pflegen das child lending genauso wie in der Karibik, so dass sich hierin vermutlich eine afrikanische Tradition erhalten hat.

Soziales Engagement für Kinder in Krisen oder dauerhaften Notsituationen hat in Cabo Verde, insbesondere in São Vicente, eine lange Tradition. Waisen im europäischen Sinn werden in der erweiterten Familie abgefangen. In einer unserer Studien zur Müttersterblichkeit hatten wir 273 Kinder identifiziert, die ihre Mutter verloren hatten. Ein gutes Drittel wohnte ohne den Vater, und doch sind nur zwei in einer sozialen Institution vorstellig geworden. Die Kinder zeigten nach dem Tod der Mutter überdurchschnittlich gute Gewichtsentwicklung und Betreuung. Europäischen Gebern und adoptionswilligen Paaren ist schwer zu vermitteln, dass ihre liebste Zielgruppe, die Waisen, nur ausnahmsweise einen wirklichen Bedarf darstellen. Fürchterlich schlecht geht es hingegen den „Sozialwaisen", Kindern lebender Eltern, die wegen Alkoholmissbrauchs, Trennung und psychischer Verelendung ihren elterlichen Aufgaben nicht nachkommen (können). Hier besteht ein enormer Bedarf nach „Fördern und Fordern", keinesfalls nach leicht erreichbaren Geschenken und einem Leben in vorübergehendem Luxus, den später kein nach Arbeit suchender Jugendlicher je wird aufrechterhalten können. Es gibt auch ein Zuviel an Hilfe, das die Wiedereingliederung in die gesellschaftliche Norm nach Ablauf einer Krise verhindert.

Rollenverteilung

Die **traditionellen Kompetenzen von Mann und Frau** auf dem Land sind klar: Die Frau ist allein verantwortlich für den Haushalt, für Kochen, Waschen, Wasserholen und für die Erziehung der Kinder. Die Hauptlast dieser Arbeiten im Haus und deren Delegation liegt bei ihr. Sie entscheidet über die Gestaltung des Wohnbereichs. Der Mann dagegen muss die finanzielle Versorgung gewährleisten. Er arbeitet auf dem Feld, in der Fischerei, beim Bau oder in anderen

Bereichen. Wenn die Möglichkeit besteht, wird die Frau durch Tätigkeiten außerhalb des Hauses den Erwerb ergänzen, sei es durch Lohnarbeit, Handarbeiten, Straßenverkauf oder was sonst noch Geld verspricht. In armen wie in reichen Familien sind beide Geschlechter gewohnt, voll zu arbeiten. Arme Familien, die früher in afrikanische Länder emigriert sind, berichten häufig, dass dies ihr wichtigster Vorteil war. Während die dortigen Männer eher gewohnt waren, die Arbeit ihrer Frauen zu managen, als selbst zu rackern, haben sie beide sich voll ins Zeug gelegt. Kam dann noch die Kenntnis hinzu, wie man aus Zuckerrohr Rum brennt, waren sie gemachte Leute.

Die **Gleichstellung von Frau und Mann** ist in der Verfassung verankert, und auch im Alltag werden Frauen geachtet. Gewalt gegen Frauen kommt bedauerlicherweise vor wie in anderen Gesellschaften, wird aber weder in der öffentlichen Meinung noch bei Polizei oder vor den Gerichten kleingeredet. Für gebildete Frauen besteht kein merklicher Unterschied zum modernen Europa. Sie haben ähnlichen Zugang zu politischen Ämtern und zu Leitungsfunktionen in der Wirtschaft und gegenüber ihren europäischen Schwestern den Vorteil, leichter jemanden zu finden, der die Hausarbeit übernimmt. Für die armen Frauen hingegen sieht es weniger rosig aus. Für sie ist es deutlich schwerer, an gleichwertige Arbeit zu kommen, weshalb sie sehr viel stärker im informalen Sektor beschäftigt sind. Da Mädchen üblicherweise mit besseren Schulnoten abschließen als junge Männer, werden sie bei der Vergabe staatlicher Stipendien häufiger berücksichtigt als ihrer Zahl entspräche.

Rassistische Diskriminierung ist der kapverdianischen Kultur fremd, obwohl oder weil in der Vergangenheit die Klassen- und Rassenstrukturen eine große Rolle gespielt haben und bis zur Unabhängigkeit die (dunkleren) Kapverdianer schlechter bezahlt wurden als die (weißen) Portugiesen. Für uns war immer interessant zu beobachten, dass in Cabo Verde lebende Kinder sehr spät beginnen, Hautfarben wahrzunehmen. Hatten beispielsweise Patienten an der Tür geklopft, dann konnten Sie sich erinnern, ob es Männer oder Frauen waren, auch dick oder dünn, groß oder klein, alt oder jung waren Attribute, die sie zuordnen konnten. Nur auf die Frage „Hell oder dunkel?" kam ein entwaffnendes „Weiß ich nicht."

Ein Rest des Problems mag noch zum spielerischen Umgang mit dem Thema reizen. Gerne nennt man sich scherzhaft „Branco" oder „Pretinha". Als die südafrikanischen Jumbo-Jets begannen, auf Sal zwischenzulanden, nannten die kapverdianischen Arbeiter ihr Wohnviertel scherzhaft Pretoria (schwarz = *preto*).

Gesundheitswesen

Gesundheitsstand

Wenn man bedenkt, dass Cabo Verde zur Zeit der Unabhängigkeit eine **Säuglingssterblichkeitsrate** von 108 (pro 1000 Lebendgeburten) hatte und sich in 25 Jahren herunterarbeitet hat auf Werte um 27, dann ist das respektabel und der Beweis für die Wirksamkeit gemeindenaher, auf **Prävention** und **peripherer Grundversorgung** bauender Primary-Health-Care-Strategien. Ich selbst habe im Landkreis Porto Novo, dem ärmsten Landkreis mit den schwierigsten Verkehrsverhältnissen, miterlebt, wie man in sieben Jahren die Säuglingssterblichkeit von weit über 100 auf 32 senken, die **Lepra** vollständig, **Tuberkulose** weitgehend und auch **Mangelernährung** gut in den Griff bekommen kann.

In der Analyse der **Müttersterblichkeit** jedoch, bei der die Qualität der Notfallmedizin stärker eingeht, zeigen sich deutliche Schwächen des Systems sowohl bei den Familien und Gemeinden, die sich mitunter sehr schwer tun mit der Entscheidung professionellen Rat zu suchen, als auch bei der Organisation der Dienste und dem Management in den peripheren und zentralen Diensten.

Ein ungelöstes Problem der öffentlichen Gesundheitspflege sind die massenhafte Produktion und der Konsum des einheimischen Rums, des Grogue. **Alkoholismus** bei Männern und Frauen ist häufig und hat enorme medizinische und soziale Auswirkungen auf die Betroffenen und die Folgegeneration. Der Erhalt der Privilegien der Großgrundbesitzer und Schnapsbrenner ist wie zu *Bismarcks* Zeiten nicht nur mit der Produktion, sondern auch mit dem Konsum von Alkohol verbunden.

Im Prinzip garantieren Verfassung und „lei de base" jedem vollständigen Zugang zu den Diensten – und im Vergleich mit anderen Entwicklungsländern klappt das auch: Im harten Notfall bleibt keiner auf der Hospitaltreppe liegen, weil er die anstehende Operation oder Pflege im Krankenhaus nicht bezahlen könnte. Hierin unterscheidet sich Cabo Verde deutlich vom afrikanischen Kontinent. Auch nimmt das **Menschenrecht auf Gesundheit und Solidarität** in der Kultur einen hohen Stellenwert ein.

Finanzierung

Zur Finanzierung werden alle typischen Quellen genutzt. Hauptquelle ist der **Staatshaushalt:** Aus dem Verkauf von Nahrungsmittelhilfe, welche eine der Grundsäulen der Staatsfinanzierung darstellt, stammt auch ein guter Teil der Mittel des Gesundheitsministeriums. Steuern spielen in Cabo Verde wie in den meisten Inselstaaten eine geringere Rolle als der Zoll. Erhebliche Werte werden durch den bewusst hoch gehaltenen Wechselkurs abgeschöpft, wodurch die Emigrantenfamilien einen Teil der Kaufkraft an den Staat (und an die Großhändler und Importeure) abtreten. Aus dem Staatshaushalt fließen etwa 9% in den Gesundheitssektor.

Das **Instituto Nacional de Previdência Social INPS** ist eine Pflichtversicherungskasse aller Arbeitenden im formalen Sektor nach ähnlichen Solidaritäts- und Subsidiaritätsprinzipien wie die gesetzlichen Krankenkasse Deutschlands. Abgedeckt werden 26% der Bevölkerung (Versicherte und Angehörige), die einen Teil der Behandlungs- und Medikamentenkosten ersetzt bekommen. Von den Beamten wird ein Gehaltsabzug einbehalten. Entsprechend dem unterschiedlichen Entwicklungsstand der Inseln variiert die Abdeckung massiv zwischen den Inseln (Sal über 90%, Landkreise im Inselinneren von Santiago unter 10%). Im regionalen Vergleich jedoch kann man sagen, dass es kein Land in Westafrika gibt, das auch nur entfernt an die Leistungen des INPS herankäme!

Out-of-pocket-Zahlungen spielen seit Anfang der 1990er Jahre eine zunehmende Rolle, und man kann davon ausgehen, dass sie 50% der staatlichen Ausgaben erreicht, wenn nicht überschritten haben. Zum einen wurden Gebühren eingeführt, die für Arme durchaus nicht immer leicht zu tragen sind. Zum anderen fließt der breitere Strom der Medikamente nicht mehr durch die preisgünstigen Staatsapotheken, sondern durch die Privatapotheken, und somit geht die preisgünstige, ehemals Gratisversorgung der Armen mit Generica stetig zurück. Als dritter Faktor ist die Privatisierung und Kommerzialisierung der Medizin zu sehen, wobei inzwischen die Mehrzahl der Ärzte „moonlighting"-Privatpraxen neben ihrer Tätigkeit im öffentlichen Gesundheitswesen betreiben, ein System, das wir aus Portugal genau kennen und dem man kein gutes Zeugnis ausstellen kann, befördert es doch zu leicht Vermischungen privatwirtschaftlicher Interessen mit beruflichen Entscheidungen im öffentlichen Dienst. Die zur Grundversorgung in den 1980ern aufgebaute Arzneimittelmanufaktur wurde privatisiert und muss heute knallhartes Pharmamarketing betreiben.

Abschließend muss man hier dem viel zitierten Argument des letzten Gesundheitsministers der MPD entgegentreten, der nicht müde wurde zu berichten, dass der Durchschnittskapverdianer dreimal mehr für Alkoholika und Zigaretten ausgibt als für die Gesundheit. Recht hatte er, doch rechtfertigt dies nicht die Aufgabe des Solidaritätsprinzips und die unkritische Anhebung von out-of-pocket-Zahlungen beispielsweise für allein erziehende Mütter, die weder rauchen noch trinken.

Im Prinzip springt für die ganz Armen das **Sozialamt** ein, auch für einen notwendigen Transport zwischen Inseln oder nach Portugal. Die Mittel sind beschränkt, und die politische Unterstützung der Ämter ist rückgängig sowohl im Lande als auch durch internationale Geber.

Strukturen

Die **Zentralhospitäler in Praia und Mindelo** bieten die wichtigsten fachärztlichen Abteilungen, Chirurgie, Gynäkologie und Geburtshilfe, Pädiatrie, Innere, HNO, Oftalmologie, Estomatologie, Imagologie (Röntgen, Ultraschall und andere bildgebende Verfahren), Zentrallabor, Krankengymnastik etc. und leider nur in Praia auch die Psychiatrie. Beide besitzen eine Krankenpflegeschule. Unterspezialisierungen existieren nur in der Kardiologie, nicht jedoch in Fächern wie Neurochirurgie, Onkologie oder Nephrologie.

Die **Regionalhospitäler** entsprechen dem, was in größeren Ländern die Distriktkrankenhäuser sind. Sie bieten die stationäre Grundversorgung auf gutem allgemeinmedizinischem Niveau und zumeist Pädiatrie, Chirurgie, Gynäkologie und Geburtshilfe. Bisher hat nur **Rª Grande** ein regelmäßig operierendes Krankenhaus; die anderen sind nach Definition der Weltgesundheitsorganisation keine Krankenhäuser, da sie diese Fähigkeit noch nicht vollständig erlangt haben.

Gesundheitszentren (Centros de Saúde) bieten ambulante und stationäre Versorgung auf nicht operierendem, allgemeinmedizinischem Niveau, immer mit mindestens einem Arzt besetzt. Die größeren haben ein klinisches Labor, eine Röntgenabteilung und einige Betten. *Centros de Saúde Reprodutiva* (früher PMI/PF/PAV – Mutter-und-Kind-Vorsorgeprogramm / Familienplanung / Erweitertes Impfprogramm) gibt es als gesonderte Einrichtungen in Praia und Mindelo. Die Zentren sind wichtig für Qualitätssicherung, Logistik und Weiterbildung. So können die Dienste in der Peripherie in der Erbringung von Präventivleistungen wie Schwangerenvorsorge und Kindervorsorge einschließlich Impfprogramm unterstützt werden.

Postos Sanitários sind mit mindestens einer Schwester/einem Pfleger besetzte Einrichtungen in der Peripherie.

Unidades Sanitárias de Base (Dorfgesundheitsposten) dienen insbesondere der Gesundheitserziehung und der präventiven Arbeit. Die *Agentes Sanitários* sind seit Ende der 1970er Jahre in den Distrikten ausgebildet worden (4 bis 8 Wochen) und übernehmen je nach Neigung und Fähigkeit auch Aufgaben der Kindervorsorge, die haushaltsnahe Betreuung chronisch Kranker (TB etc.) und Erste Hilfe. Einige haben sich gut in die Sozialarbeit eingefunden.

Nichtregierungsgebundene Organisationen im Gesundheitssektor spielen eine zunehmende Rolle, vor allem im Bereich Familien- und reproduktive Gesundheit. Die **Frauenorganisation OMCV, Morabi** und das IPPF-Mitglied **VerdeFam** sind die Erfahrensten. Nur diese Organisationen arbeiten teilweise mit Freiwilligen. Freiwilligenarbeit hat keine starke Tradition in Cabo Verde.

Portugal erbringt für die portugiesischsprachigen Länder Afrikas (PALOP) Leistungen der Quartärebene (entspricht in Mitteleuropa den Universitäten und Fachkliniken) nach vertraglichen Vereinbarungen. Der ambulante Teil dieser Versorgung für durchschnittlich 200 Patienten pro Jahr kostet allerdings ein Drittel des Budgets des kapverdianischen Gesundheitsministeriums und zeigt die Schwierigkeit auf, Prioritäten zu setzen, z.B. die Versorgung Schwerstkranker weniger schnell zu entwickeln als die Prävention im Mutter-Kind-Bereich oder die Behandlung der Tuberkulösen vor Ort.

Die **Organisation der Dienste** ist verbesserungswürdig. Die Aufsplitterung der Verwaltungseinheiten *(concelhos)* in immer mehr und kleinere Landkreise, in den 1990er Jahren aus wahltaktischen Gründen gefördert, hat die Zahl unvollständiger Distrikte hochgetrieben, welche zu klein sind, um jemals sinnvoll ein operierendes Hospital unterhalten zu können. Damit sinken die Entwicklungschancen der Gesundheitszentren statt zu steigen. Weniger erfahrene Geberländer hat dies nicht davon abgehalten, massiv in solche Gesundheitszentren zu investieren mit dem Ergebnis, dass diese nicht richtig ins Laufen kommen können. Hier müssen vorab politische Hausaufgaben erledigt werden.

Personelle Ausstattung

Im internationalen Vergleich mit wirtschaftlich ähnlich gestellten Ländern sind die Dienste personell nicht schlecht ausgestattet. Die Zahl einheimischer Ärzte, allesamt im Ausland ausgebildet, ist in den letzten 25 Jahren von gut 30 auf über 170 gestiegen, verstärkt durch eine nicht unerhebliche Zahl ausländischer Kollegen, die es vorgezogen haben, nach einer Zeit als Entwicklungshelfer zu den Bedingungen einheimischer Ärzte weiterzuarbeiten und somit auch sprachlich kompetent und langfristig planbar sind.

Technische Ausstattung

Technische Ausstattungen finden ihren Weg in die zentralen und peripheren Einrichtungen vorwiegend als Investitionen durch ausländische Geber. Im Rückblick war es meist leichter für Cabo Verde an Ausstattungen zu kommen als an ein funktionierendes Wartungssystem. Lebenszeit, Produktivität, Qualität und Sicherheit der Ausstattungen schwinden deshalb schnell. Wie überall bringt auch in Cabo Verde ein Mehr an Ausstattung nur dann eine Leistungssteigerung, wenn Management und Wartung gewährleistet sind.

Krankentransport und -verlegung

Der **Krankentransport** vom Haushalt oder Unfallort zur Erstversorgung ist in Ländern, in denen ein guter Teil der Bevölkerung außerhalb des Einzugsbereichs von Fahrstraßen wohnt und wo es noch kein eindeutiges Adresssystem gibt, von eingeschränktem Wert. Geschwindigkeit zählt mehr als Qualität des Transports. Der am Ende der Straße übernachtende Pritschenwagen mit einer einfachen Trage kann im Vergleich zu einem in der Stadt stationierten Krankenwagen durchaus die angepasstere und zuverlässigere Lösung sein.

So wurde in den letzten Jahren vorwiegend der **Sekundärtransport** zur Verlegung von einer peripheren Einrichtung ins Krankenhaus entwickelt. Hier ist von besonderer Bedeutung, dass die peripheren Einrichtungen ein funktionstüchtiges Fahrzeug rund um die Uhr verfügbar haben. Für mindestens ein Gesundheitszentrum pro Landkreis klappt das auch, wobei vorwiegend auf Fahrzeuge des Ministeriums zurückgegriffen wird, für die vorab Versicherung, Treibstoff, Wartung und Ersatzteile in den lokalen Budgets eingestellt sind. Die vielen geschenkten und gestifteten gebrauchten Ambulanzen sind zumeist nach wenigen Monaten verschlissen oder haben sich die Reifen platt gestanden, ohne jemals eingesetzt worden zu sein. Es fehlt an Mitteln und Planungssicherheit wie bei anderen (zumeist nicht von den Gesundheitsdiensten, sondern von politischer Stelle akzeptierten) Geschenken mit Folgekosten.

Zur **Verlegung zwischen den Inseln** werden die Linientransporte genutzt, sowohl Flugzeuge als auch Schiffe. Die Kosten müssen von den Familien getragen werden, wenn nicht extreme Bedürftigkeit bescheinigt wird und die sozialen Dienste einspringen können. Für den einzelnen Notfall organisierte Sondertransporte sind sehr selten und beschränken sich fast völlig auf das Recht des Arztes von Porto Novo, den für internationale Rettungsaktionen bereitgehaltenen Schlepper aus dem Hafen von Mindelo rufen zu können. Der Preis entspricht etwa drei Monatsgehältern eines Bauarbeiters.

Zusammenfassend hat Cabo Verde im innerafrikanischen Vergleich hervorragende, im Vergleich mit anderen kreolischen Gesellschaften (Karibik) mittlere bis gute Gesundheitsindikatoren aufzuweisen.

Die **räumliche Ausdehnung des Netzwerks ist abgeschlossen** und das Land steht in der schwierigen ersten Phase der **Qualitätssteigerung.** Als wesentliche Voraussetzung hierzu sind eine Regionalreform, die Leistungsfähigkeit des Gesundheitsministeriums und das Management auf allen Ebenen zu fördern, um die vergleichsweise gute personelle Ausstattung wirksamer werden zu lassen.

Bildungswesen

Aprendam da vida, do povo, dos livros, aprendam com a experiência dos outros. Mas nunca parem de aprender. (Lerne vom Leben, von den Leuten, von Büchern, von den Erfahrungen anderer. Aber höre niemals auf zu lernen.)

Amilcar Lopes Cabral

Schon im Jahre **1866** entstand auf São Nicolau ein Priesterseminar mit angeschlossener weltlicher Schule. Auf diesem **ersten Seminar-Gymnasium Afrikas** wurden viele Missionare und Lehrer ausgebildet. Dennoch gab es im Jahr 1913 85% Analphabeten. Erst nach der Schulreform von 1917 und der anschließenden Verlegung des Gymnasiums nach São Vicente hatten auch weniger begünstigte Kapverdianer Zugang zu diesem Bildungsweg. Besonders diejenigen, die ins Ausland auswandern wollten, waren interessiert daran, lesen und schreiben zu lernen.

Insgesamt haben die **Portugiesen** während der Kolonialzeit, besonders unter der Regierung *Salazars* (1928–1968), die Einrichtung eines Schulwesens sehr einseitig gefördert. Die Kapazitäten im Gymnasialzweig waren vergleichsweise groß im Gegensatz zur **vernachlässigten Grundbildung.** Das kapverdianische Bildungswesen sollte Leitungskader für die anderen Kolonien ausbilden und nicht die allgemeine Bevölkerung. So war bis zur Unabhängigkeit immenser Nachholbedarf entstanden und das Bildungssystem Cabo Verdes vor große Herausforderungen gestellt. Nach 1975 wurde systematisch ein Bildungswesen mit differenzierter Ausbildung in Primär- und Sekundarschulen, Berufsschulen, Erwachsenenbildung und Alphabetisierungskampagnen aufgebaut. Darüber hinaus gibt es eigene Institute zur Lehrerausbildung sowie für Berufe in Wirtschaft, Industrie und Gesundheitswesen.

In São Vicente gab es schon zur Kolonialzeit einen **Kindergarten,** die Casa de Criança, während in der Hauptstadt Praia erst 1975 der erste Kindergarten eröffnet wurde. Die Vorschulerziehung wuchs zu einem flächendeckenden Angebot bis in die hintersten Landgemeinden für Kinder zwischen vier und sechs Jahren. Der Besuch der Kindergärten ist freiwillig, die Einrichtungen werden sehr gut angenommen. Allen voran sollen die bezuschussten Kindergartenplätze den Kindern bedürftiger Eltern zur Verfügung stehen. Im gemeinsamen Spiel lernen die Kinder gegenseitigen Respekt und werden von den Betreuern auf die Grundschule vorbereitet. So wie in den Grundschulen wird auch hier eine Mittagsmahlzeit zur Verfügung gestellt. Die Kindergärten in Cabo Verde sind teils staatlich, teils privat und werden von den Sozialämtern, dem Roten Kreuz und anderen sozialen Vereinen betrieben.

ka-p-223 Foto: pi

Es besteht die sechsjährige **allgemeine Schulpflicht für Kinder ab 7 Jahren.** Das Schuljahr reicht von Oktober bis Juni. Mit massiver Unterstützung aus der Entwicklungszusammenarbeit wurde ein flächendeckendes Schulsystem geschaffen. In den Jahren der Schulpflicht ist der **Schulbesuch kostenlos.** Danach werden nicht allzu hohe Gebühren erhoben. Die Kinder tragen Schuluniformen, um die sozialen Unterschiede weniger herauszustreichen und in jüngster Zeit auch, um den aus Europa überschwappenden Wettstreit um Markenkleidung zu dämpfen. Die Eltern müssen für Schulmaterial wie Bücher, Papier und Stifte aufkommen. Die **Einschulungsrate** der schulpflichtigen Kinder ist enorm **hoch** und liegt bei etwa 97% für beide Geschlechter. In der Abwesenheit von Spezialschulen für Schwerbehinderte ist dies eine vollständige Beschulung. Dank der Erfolge der Familienplanung sind die Zahlen der Erstklässler bereits rückläufig. Noch kann man dies nicht in kleinere Klassengrößen umsetzen, da bei den Älteren noch viel Nachholbedarf besteht.

Unterrichtet werden Portugiesisch als erste und Französisch als zweite Fremdsprache, Sozialkunde, Physik, Biologie, Mathematik, Kunsterziehung, Musik und Sport. Allerdings wird in den ersten beiden Jahren noch viel in Crioulo unterrichtet, so dass die Kinder nicht vom ersten Tag an nur mit einer Fremdsprache konfrontiert werden.

Schule in Cidade Velha/Santiago

Die auf die Primarschule aufbauende **Sekundarstufe** dient der Vorbereitung für das Gymnasium *(Liceu)*; ein guter Abschluss ist dafür die Zugangsvoraussetzung. Unterrichtet werden die oben genannten Fächer sowie Geschichte, Geographie und Englisch als dritte Fremdsprache.

Das **Gymnasium** dauert sechs Jahre (gesamt zwölf), der Abschluss berechtigt zum Besuch von Hochschulen (auch international).

Wer das Gymnasium nicht besucht, hat die Möglichkeit, auf ein Berufliches Gymnasium *(escola técnica)* zu gehen, das sich an die sechste Klasse der Grundschule anschließt und in ebenfalls weiteren sechs Jahren zum Fachabitur führt. Die Unterrichtsinhalte sind praxisnah und beziehen sich u.a. auf Bau, Elektrik, öffentliche Verwaltung und Handel.

Für die **Ausbildung zum Primarschullehrer** gibt es in Cabo Verde spezielle Lehranstalten. An eine dreijährige allgemeine Ausbildung schließt sich eine zweijährige praktische Vorbereitung an. Ebenso gibt es weiterführende Seminare für angehende Lehrer des Sekundarbereiches, die Fächerschwerpunkte beinhalten. Im Jahre 1995 erfolgte eine Schulreform, die vor allem einen praxisnäheren Unterricht, auch in der Lehrerausbildung, zum Ziel hatte.

Auf allen Inseln gibt es ein Gymnasium, auf den größeren auch berufsbildende Fachgymnasien. Auf São Vicente und Santiago befinden sich die Institute zur Lehrerausbildung und Krankenpflegeschulen. Santiago hat auch ein Priesterseminar. Außerdem gibt es Institute zur Schulung von Beamten, Verwaltungsangehörigen sowie Seeleuten.

Das Instituto Pedagógico zur Lehrerausbildung war die Keimzelle höherer Ausbildungen im Land. Aus der Seefahrtsschule in Mindelo und dem Polytechnikum in Praia sind Ingenieursschulen geworden. Mit dem **Institut Piaget** in Praia und dem **IESIG** in Mindelo wurden die **ersten Universitäten** gegründet, an denen man Sozialwissenschaften, Geowissenschaften u.a.m. studieren kann. Diese Inititativen kommen zur rechten Zeit, da die Stipendien für ein Auslandsstudium rückläufig sind. Zum einen fällt der ehemalige Ostblock fast völlig aus, zum anderen spart der Westen im Bildungswesen - und somit an seiner eigenen Zukunft.

In der **Alphabetisierung** wurden große Anstrengungen unternommen. 1975 lag die Analphabetenrate noch bei rund 65%, 1980 bei 53% und heute unter 20%, wobei in der Altersgruppe von 10 bis 20 Jahren nur etwa 5% nicht lesen und schreiben können.

Erwachsenenbildung hat einen hohen Stellenwert in Cabo Verde. In einem interessanten politischen Wandel hat sich Cabo Verde von einer Philosophie der „Alpabetisierung" verabschiedet. Reduzierte, mit welchen Zielen und Mitteln auch immer begründete Lehrpläne wurden abgeschafft zugunsten eines durchgängigen, exakt an den Ansprüchen der allgemeinen Schule orientierten Curriculums, das in erwachsenengerechter Form vermittelt wird. Damit kann jeder Erwachsene seine Schulbildung nachholen oder ergänzen; das System führt bis zur Hochschulreife. Wir haben Bekannte, die als Erwachsene Analphabeten waren und inzwischen studieren. Auch wurde von älteren Mitarbeitern, die mit sehr schwachen Schulabschlüssen im Staatsdienst arbeiteten, verlangt, dass sie den heute geforderten Mindestabschluss nachholen. Entgegen ursprünglicher Vermutungen haben sich viele Frauen über diese Entscheidung gefreut, denn über die Verpflichtung ersparten sie sich die leidige Diskussion, ob sie als Mütter und Hausfrauen abends in die Schule gehen könnten. Sie mussten.

Medien

Für ein Volk, das zu mehr als zwei Dritteln im Ausland lebt, sind die Kommunikationsmittel Post, Telefon und besonders die Medien (Radio, TV, Zeitungen, Internet) ungemein wichtig, um den Informationsfluss über alle Inseln bis zu den Emigrantengemeinden zu sichern.

Radio

Das Radio ist das **gebräuchlichste Kommunikationsmittel,** das alle Bewohner verbindet. Die Hörerquote liegt bei über 80%. Noch aus dem letzten Winkel ertönt ein Radio. Die Sender bringen gute Musik, national und international, dazwischen regionale Informationssendungen in Portugiesisch und Crioulo und stündlich aktuelle Nachrichten. Die Sendestudios befinden sich in Mindelo und Sal, der Hauptsender in Praia. Mehrere Sender sind über das Internet zu hören. Die Emigrantengemeinden in Holland, Luxemburg, USA und Portugal haben ihre eigenen Sendestudios bzw. Sendezeiten bei öffentlichen Sendern.

Fernsehen

Der **Siegeszug** des Fernsehens hat die Dörfer erreicht. Außer dem kapverdianischen Programm werden auch portugiesische Programme der RTP, französische von France Inter und Senegal empfangen.

In den ärmeren Vierteln wird das Fernsehgerät **Gemeingut,** d.h. zu interessanten Sendungen finden sich Nachbarn und Freunde ein. Nicht selten beobachtet man, dass sich eine kleine Schar von Zuschauern um das Hausfenster gruppiert, um einen Blick auf Nachrichten, Sport oder Telenovela zu erhaschen. Ist man zu Besuch bei einer Familie, läuft meist im Hintergrund der Fernseher.

1997 fusionierten der von der Regierung kontrollierte Radiosender Voz de São Vicente und der staatliche Rundfunk- und Fernsehsender Radio Televisão de Cabo Verde zum gemeinsamen Sender **Radio Televisão Caboverdiana (RTC).** Seit 1995 werden in Kooperation mit dem portugiesischen Sender RTPI und Canal France Internacional rund um die Uhr Radio- und Fernsehprogramme in Portugiesisch und Kreol ausgestrahlt.

Nachmittags gibt es Programme für Kinder, am Abend dann Erwachsenenprogramm: aktuelle Nachrichten, internationale Spielfilme, meist aus Portugal, Amerika oder Brasilien, eigene Informationssendungen mit regionalen Berichten, Sport- und Musikbeiträge.

Abends, zur besten Sendezeit, sind die Straßen wie leergefegt, wenn die brasilianische **telenovela** ausgestrahlt wird. Die emotionsreichen Familien- und Gemeindedramen laufen in monatelanger Fortsetzung. Manche sind sehr geschickt mit Themen der Gesundheits- und Sozialerziehung angereichert. Das vor dem Bildschirm Erlebte ist mitreißender Gesprächsstoff für den kommenden Tag. Meist werden, im Bus oder an der Wasserstelle, die neuesten Wendungen des Dramas so engagiert kritisiert oder verteidigt, dass Realität und Fiktion ineinander verschwimmen. Es soll schon vorgekommen sein, dass einer über den Tod des Herrn X geweint hat, der doch nur aus der Serie geschieden war ...

Das Fernsehstudio Cabo Verdes befindet sich auf der Insel Santiago und produziert eigene Sendungen in Portugiesisch und Crioulo.

Wer über ein Fernsehgerät verfügt, hat oft auch einen Videorecorder. Filme werden von Verwandten aus dem Ausland mitgebracht und in großem Umfang untereinander getauscht.

Diverse **größere Hotels** bieten **Satellitenfernsehen** an.

Kinos gibt es u.a. in Praia, Assomada, São Filipe, Mindelo, Paúl (Santo Antão); meist werden portugiesische, brasilianische oder amerikanische Filme gezeigt.

Zeitungen

Presseartikel finden nur in den Städten Absatz und erscheinen ausschließlich in portugiesischer Sprache. **Tageszeitungen gibt es** auf Cabo Verde **nicht.** Die Zeitungen sind zwar sind eng mit den großen Parteien verknüpft, doch ist die Pressefreiheit gewährleistet, und Journalisten können öffentlich Kritik aussprechen.

Die bis 1998 größte Zeitung des Landes, das 1993 gegründete und zweimal wöchentlich erscheinende *Novo Jornal Cabo Verde* (Auflage ca. 5000 Stück), und die offizielle Nachrichtenagentur Cabopress wurden im Zuge von Umstrukturierungsmaßnahmen seitens der Regierung im Februar 1998 eingestellt bzw. geschlossen. Im April 1998 wurde das neue **staatliche Verlagshaus Inforpress** gegründet.

Regierungsblätter sind die wöchentlich erscheinenden *Boletim Informativo* (Auflage ca. 1500) und *Boletim Oficial da República de Cabo Verde*. Wöchentlich einmal erscheint die der PAICV nahe stehende Wochenzeitung *A Semana*. Daneben gibt es das auf São Vicente publizierte unabhängige Monatsmagazin *Agaviva* Stück und das katholische Monatsmagazin *Terra Nova*. Außerdem werden das vierteljährliche Kulturmagazin *Raízes,* das vom Centro de Promoção Turistica herausgegebene Wirtschaftsmagazin *Contacto* sowie das jährliche Wirtschaftsmagazin *Perspectiva* publiziert.

Für Touristen und sonstige Reisende bietet die in etwa vierteljährlich erscheinende Zeitschrift *Fragata,* die an Bord der TACV-Flugzeuge kostenlos ausliegt, interessante Landesinformationen und Inselbeschreibungen – in Hochglanz und Farbe.

Internet

Das Internet kam 1996 nach Cabo Verde. Die Anbindungen über Modem sind schwach, doch über ISDN stabil. Demnächst soll DSL eingeführt werden.

Kein anderes Kommunikationsmedium trifft so haarfein die Bedürfnisse der kapverdianischen Kultur wie das Internet. Für transnationale Familien schwindet der Abstand zwischen ihren Mitgliedern. Während Briefe zwei Wochen dauern und veraltet sind, bevor sie ankommen, Fax und Telefon viel zu teuer sind, um in Ruhe zu kommunizieren, fliegen die Mails mehrmals täglich hin und her. Angereichert um Bild und Ton, vermitteln sie ein sinnenhaftes Erleben aktueller privater Nachrichten. Hausaufgaben in Englisch werden in Boston nachgesehen, Spickzettel für Französisch in Paris gefertigt, und dann kommt die Rund-Mail vom Neugeborenen, wenige Stunden nach der Geburt mit einem Kreischer im Hintergrund.

Musik spielt die große Rolle in den Foren und Rundsendungen.

Internet-Cafés werden rasch mehr, in jeder Kleinstadt finden sich welche.

Die Gemeinde der Kap-Verde-Liebhaber hat sich das Internet nicht weniger rasch erobert. Zu jedem touristischen Angebot gibt es mindestens eine Seite (siehe auch im reisepraktischen Teil und im Anhang). Spezialisten bieten präzise und aktuelle Informationen zu ihrem Fachgebiet, und selbst komplexe Studien können vollständig heruntergeladen werden. Da die Schar der Interessierten vergleichsweise klein ist, lernen sie sich auch auf diesem Weg rasch untereinander kennen und können Korrespondenz bewältigen.

Portale bringen alles bunt gemischt und unbewertet auf der Jagd nach Mouseklicks; in manchen Foren ist es nicht einfach, seriöse Informationen aus einer Flut von Blödeleien und Hickhack zu filtern.

Religion

Staat und katholische Kirche waren in Portugal über Jahrhunderte untrennbar verknüpft. Die Inquisition verlängerte die Politik des Handelskrieges gegen den Islam und das Judentum ins Spirituelle, und sie versorgte die kolonialistischen Abenteuer mit den notwendigen Geldern und Arbeitskräften. Religiös begründeter Rassismus wurde zur missionarischen Rechtfertigung für Sklavenhandel und weltweite Eroberungen.

So nimmt es nicht Wunder, dass der römisch-katholischen Kirche auch in Cabo Verde ein Monopol eingeräumt wurde bis zur Ausrufung der Republik am 5. Oktober 1910. Erst danach konnten sich andere Religionsgruppen ungestraft etablieren, und die Kirche gab administrative Aufgaben (Standesamt und Einwohnermeldeamt) an den Staat ab.

Die katholische Missionierung der Inseln begann mit der Ankunft der **Franziskaner** im Jahre 1466. Eine wesentliche Aufgabe bestand darin, Sklaven nach ihrer Ankunft zu taufen und dadurch ihren Wert zu erhöhen. 1604 begann die Mission durch die Jesuiten, deren Bedeutung für die Stabilisierung der kreolischen Gesellschaft im Kapitel zum Ursprung der kreolischen Kultur

251_802sw Foto: re

und Nation eingehender erläutert wird. 1941 nahm der Heilig-Geist-Orden seine Tätigkeit auf. Die heute bestimmende Kraft ist der italienisch dominierte **Kapuzinerorden,** der seit 1946 im Cabo Verde vertreten ist. Den Charakter einer Missionskirche mit weitaus mehr Priestern aus Südeuropa und Indien als Kapverdianern wussten diese Organisationen bis heute zu erhalten.

Erst nach dem Tode *Salazars* setzten auch in der katholischen Kirche Bestrebungen zur Selbstständigkeit und Lockerung der Bevormundung aus Südeuropa ein. **1975** wurde der **erste kapverdianische Bischof** geweiht, *Dom Paulino Evora* aus Boa Vista. Zu dieser Zeit gab es zehn Kapverdianer unter den rund 50 Priestern. Im Februar 2004 wurde ein weiterer Bischof in São Vicente eingesetzt.

Zur Feier des 500. Jahrestages des Katholizismus auf Cabo Verde besuchte Papst *Johannes Paul II.* die Inseln im Januar 1990, woran eine 100-ECV-Gedenkmünze erinnert, die noch heute im Umlauf ist, obwohl sie die alten Staatssymbole der ersten Republik trägt. Bei Sammlern steigert das ihre Beliebtheit.

Politisch und gesellschaftlich will die katholische Kirche seit jeher den als unmoralisch verstandenen kreolischen Beziehungsformen entgegentreten. Die Erfolge halten sich seit 550 Jahren in engen Grenzen, und die Priester sehen in den Kapverdianern liebe Menschen mit einer wesentlichen Schwäche: Sie können das sechste Gebot nicht ehren.

Für den sonntäglichen **Kirchgang** nimmt die Landbevölkerung stundenlange Fußmärsche auf sich. Korrekte Kleidung unterstreicht das soziale Ereignis mit willkommener Abwechslung zum Alltag. Stadt und Land, entfernte Familienangehörige und Nachbarn finden zueinander.

Der konservative Ernst der katholischen Kirche verbindet sich mit kreolischer Fröhlichkeit und Lebenslust, die Kirchweihen *(festas de romaria)* werden feucht-fröhlich gefeiert.

In der innigen Verquickung mit dem Staat blieb die Kirche bis ins 20. Jahrhundert die treibende Kraft im **Bildungssektor.** Nach mehreren Schulgründungen der frühen Besiedlungszeit und dem Convento de São Francisco in Rª Grande (siehe Kapitel zu Cidade Velha) folgten Seminarschulen, die den Katechismus um moderne weltliche und humanistische Inhalte erweiterten, auch Schüler aus Guinea-Bissau hatten und zur formenden Kraft einer eigenen, kapverdianisch-kreolischen Bewegung von Intellektuellen wurden. Dies gilt für die 1850 von Bischof *Moniz* eröffnete Schule auf Brava genauso wie für das 1876 in Vila de Ribeira Brava (São Nicolau) gegründete Seminar. Unter den politisch und ökonomisch instabilen Bedingungen der ersten portugiesischen Republik wurde aus dem Seminar ein Gymnasium, das von den Faschisten später geschlossen und als Gefangenenunterkunft für politische Gegner aus Portugal genutzt wurde.

Der **Protestantismus** in Cabo Verde ist ein kulturelles Erbe der Auswanderung nach Neu-England, das sich der Verbote durch die Kolonialregierung erst nach der Ausrufung der Republik in Portugal erwehren konnte. So wurde

João José Diaz sofort verhaftet, als er 1901 die erste Kirche der protestantischen Nazarener auf Brava eröffnete. Das Verbot hat die Protestanten in ihrer Gesinnung bestärkt; Diaz publizierte eines der ersten Bücher in kreolischer Sprache. So entstand eine Glaubensgemeinschaft, die der politischen und ideologischen Abhängigkeit von Portugal kritisch gegenüberstand. Als Diaz 1936 nach Amerika zurückkehrte, kam Reverend *Howard* nach Cabo Verde, um dessen Arbeit fortzusetzen. Die **Nazarener** erfreuen sich großer Beliebtheit, da sie mit regen Gemeindetätigkeiten und einer sehr volksnahen und weltoffenen Art junge Leute leichter ansprechen als die südeuropäischen Priester der katholischen Kirche. Ihre Messen werden in oft unscheinbaren Häusern und Kirchen gefeiert, aus denen lautstarker und fröhlicher Gesang zu hören ist. Der Protestantismus wurde dem Volk niemals aufgedrängt, die Mitgliedschaft in der vom Staat unabhängigen Kirche war frei von opportunistischen Motiven.

Die Kapverdianer in der amerikanischen Emigration sind seit über 100 Jahren stark in den **Baptistischen Kirchen** von Massachusetts vertreten, mit denen die einheimischen Kirchen zusammenarbeiten.

In den letzten Jahren haben selbst die **Mormonen** Cabo Verde „entdeckt"; man sieht junge Amerikaner in Zweiergruppe in dunkler Hose mit frisch gebügeltem weißem Hemd, Namensschildchen und Krawatte von Haus zu Haus gehen – mit erstaunlich guten brasilianischen Sprachkenntnissen.

Afrikanische **Naturreligionen** sind in das als katholisch verstandene Brauchtum eingegangen. So werden beispielsweise verstorbene Säuglinge nicht von den Eltern, sondern von einer Kindergruppe auf den Friedhof gebracht und begraben. So soll verhindert werden, dass die Hexe, die das Kind gefressen hat, die Familie erneut ausfindig macht und sich ein nächstes Opfer sucht. Dies ist wie die noch häufig beachteten Muttermilchtabus pan-afrikanisches Brauchtum, das in kreolische Gesellschaften auch der Karibik und Brasiliens Eingang gefunden hat und Familien, die sich selbst als portugiesisch verstehen, nicht ausspart.

Etwa **80%** der Bevölkerung sind **katholisch** und **10% Protestanten,** von denen gut die Hälfte zu den Nazarenern gehören. Die übrigen Menschen bekennen sich zu anderen Religionen (Anglikaner, Mormonen, Zeugen Jehovas, Baha'i etc.).

In den Tempeln des **„Racionalismo Cristão"** wird regelmäßig mit den Geistern Verstorbener gesprochen, auch wenn das nicht immer reibungslos klappt. Vor wenigen Jahren gelang vor gut gefülltem Auditorium ein Direktinterview mit den Geistern verstorbener Fischer, die im offenen Ruderboot von Santiago abgetrieben wurden. Glücklicherweise war das Schicksal gnädiger, und sie riefen wenige Tage später überglücklich aus Brasilien an, wohin sie der Ozean getragen hatte. Die Mitgliedschaft in Sekten ist zumeist nicht exklusiv, so dass sich die Menschen bei den Volkszählungen als Katholiken identifizieren.

Kunst und Kultur

Die Wurzeln der Kultur

Die **kreolische Kultur** mit eigener Sprache, Musik und Literatur folgt den historischen Ursprüngen der Gesellschaft. Insbesondere die starke und formenreiche Kultur der Badios im Inneren Santiagos blieb den Kolonialherren und auch der Oberschicht im Barlavento verborgen. Erst im 20. Jahrhundert begann die nationalistische Bewegung an der Interpretation des Kreolischen als minderwertiger Ausgabe portugiesischer Tradition mit schändlich-primitiven afrikanischen Elementen zu zweifeln, sie zu studieren. Das Literaturjournal **„Claridade"** wurde zum Forum der Beschäftigung mit der eigenen Tradition und zur Bühne junger Kunst in selbstbewusster kreolischer Identität.

Das **Streben nach Autonomie,** so meinte die intellektuelle nationalistische Bewegung, sei ohne Kenntnis und Aufwertung, ohne Neubelebung der kreolischen Kultur weder möglich noch wünschenswert. Um die afrikanischen Wurzeln der vom faschistischen Kolonialstaat verfolgten „revolutionären" Strömung zum Ausdruck zu bringen, kleideten sich die Künstler und Intellektuellen mit afrikanischen Gewändern und Haartrachten. Unübersehbar sind die afrikanischen Ursprünge in den Musikrichtungen und Tänzen Santiagos. Aber auch im Alltag der anderen Inseln, in der im Hackbau betriebenen Landwirtschaft, im Gebrauch von Mörsern und Kalebassen, in der Art, wie Lasten auf dem Kopf und Kinder auf dem Rücken getragen werden, sind sie präsent.

ka-n-228 Foto: na

Korbflechter

Kunsthandwerk

Das Kunsthandwerk, Gebrauchs- wie dekoratives Kunsthandwerk, greift auf Formen und Traditionen der prägenden

ka-j-230 Foto: ja

Kontinente zurück. Weber- und Töpferarbeiten ohne Drehscheibe zeigen deutlich afrikanischen Einfluss, während Stickereien und Häkelarbeiten eindeutig portugiesischen Vorbildern zuzuordnen sind.

Auf einigen Inseln gibt es Handwerkskooperativen, in denen getöpfert, gemalt, gesponnen, gewebt, gehäkelt oder geflochten wird. Das bedeutendste **Handwerks- und Ausstellungszentrum** ist das **Centro Nacional de Artesanato in Mindelo** auf São Vicente und einen Besuch wert. Es wurde 1975 gegründet und untersteht dem Kulturministerium. Hier werden alte Traditionen und Techniken wiederbelebt und gefördert. Dem Museum und Verkaufsraum ist eine Handwerksschule angeschlossen. Hergestellt und angeboten werden besonders **Wandteppiche mit farbenfrohen Alltagsmotiven,** die viel Arbeit und Können erfordern und ihren Preis wert sind. Für diese Webarbeiten wird

Pôtes und Bintos
auf dem Markt von Assomada

auf traditionelle Art Schaf- und Baumwolle ausgekämmt, gesponnen und gefärbt. Anschließend wird die Wolle auf Webstühlen zu Bändern oder Teppichen verarbeitet. Etwa zwei Monate dauert die Fertigstellung eines größeren Wandbehanges. Im Museum finden sich auch Webereien nach altem traditionellem Muster in den Farben Weiß und Indigoblau. Daneben gibt es verschiedene Gemälde, traditionelle Gebrauchsgegenstände, Töpferwaren, Batik, Holzschnitzarbeiten, Stickereien, Decken und Spitzen oder aus Stroh, Muscheln oder Kokosnüssen gefertigte Zierobjekte. Das Artisanat arbeitet eng mit Handwerkskooperativen auf anderen Inseln zusammen und bestückt auch Ausstellungen in Übersee.

Auf Boa Vista, Sal, São Vicente, Maio und Santiago werden schöne **Keramik und Töpferwaren hergestellt.** In den Werkstätten sind Besucher gerne gesehen. Neben den großen bauchigen Wassertöpfen *(pote),* die noch heute in jedem armen Haushalt stehen, findet man kunstvoll verzierte Vasen und dekorative Tonplastiken. Viele Motive der Verzierungen sind den oftmals historischen Webermotiven aus Santiago entlehnt.

Zum Gebrauchshandwerk zählen ebenfalls die in alter Tradition aus Schilf oder getrockneten Palmblättern geflochtenen **Körbe,** darunter die Balai, flache Körbe zum Ausputzen von Reis oder Mais. Meist wird dezentral auf dem Dorf in kleinen Höfen gearbeitet, oft nur auf Bestellung. Sehr selten geworden sind die Hersteller der großen **Holzmörser,** die in keinem Haushalt fehlen dürfen.

In ruhigen Stunden werden **Baumwolldeckchen** für die *sala de visita,* das Besucherzimmer, das zumindest in Andeutungen in jedem kapverdianischen Haushalt erwartet wird, gehäkelt.

Als Repräsentanten **moderner kreolischer Malerei** sind *Manuel Figueira, Tchalé Figueira, Barros-Gizzi, Leão Lopes, Maria-Luisa Queirós, Maria Alice Fernandes, Kiki Lima* und *David Levy Lima* über Cabo Verde hinaus bekannt.

Panos aus Baumwolle

Afrikanische Sklaven brachten die Kunst des Webens aus ihren Dörfern an der Guinea-Küste nach Cabo Verde. Die sog. Panos, gewebte rechteckige Tücher, die als Kleidungsstücke dienten, wurden zu einem Symbol der Afrikanisierung der Inseln. In guten Jahren produzierten die Baumwollfelder Fogos und Santiagos genug Rohstoff, um die Textilien für den lokalen Markt zu weben und auch zu exportieren.

Wie in Afrika war Weben Männersache, während die Frauen die Baumwolle sammelten und vorbereiteten. Traditionell wurden die Panos mit blauer Indigo-Farbe gefärbt.

Panos wurden im 16. und 17. Jh. als Tauschmittel im Sklavenhandel eingesetzt, im 18. Jh. dann von den Portugiesen verboten, damit der Sklavenhandel über Lissabon laufen sollte. Amerikanische und englische Händler allerdings erwarben die Textilien ungeachtet des Verbotes weiter, um sie an der Westküste Afrikas gegen Sklaven einzutauschen. Einige schöne alte Panos sind im Artisanat von Mindelo ausgestellt.

Musik – die Seele Cabo Verdes

In Zusammenarbeit mit
Stefan Birenheide (www.sodade.de)

Wer die Musik eines Landes nicht kennt, kennt seine Menschen nicht.

Die Liebe der Kapverdianer für die Musik ist unendlich und nicht wegzudenken aus ihrem Alltag. Was Essen und Trinken für den Körper ist, bedeutet Musik für die Seele. **Von Musik kann niemand leben, aber mit Musik lebt es sich leichter,** scheint die Devise zu sein. Denn wenn auch der tägliche Existenzkampf noch so groß ist, es wird ausgelassen und fröhlich gefeiert, getanzt, gesungen und musiziert. Musik verbindet die unterschiedlichsten sozialen Schichten und Generationen. Die kleinsten Kinder ahmen schon Tanzschritte nach oder singen im Chor, wenn sie barfüßig von der Schule nach Hause laufen. Ein Radio gehört in jedes Haus und Auto, und wenn es noch so blechern kreischt, Hauptsache es ist laut. Auch die Emigranten fern der Heimat bleiben ihrer Musik treu. Sie symbolisiert ihnen die Zusammengehorigkeit im neuen Land. Oft hält die Liebe zur Musik länger an als die Verbundenheit zur kreolischen Sprache. Dort, wo eine größere Gruppe Kapverdianer eine neue Heimat findet, öffnen schon bald Clubs mit „ihrer" Musik.

Musiker in Cabo Verde zu erleben, die sich spontan zu einer geselligen Runde formieren und in ihren Klängen aufgehen, ist ein Glücksfall. Im Grunde braucht es keinen Anlass, jede gute Stimmung ist Grund genug. Wer einmal dabei war, wenn Kapverdianer zu vorgerückter Stunde die Gitarren hervorholen und eine improvisierte Session beginnen, spürt schnell, dass die Musiker so in ihre Lieder eintauchen, dass alles rundherum völlig vergessen scheint. Das ist dann die echte, die wahre Musik der Inseln.

Musik hat Tradition und ist Brauchtum. Da gibt es beispielsweise die Serenata, wo einige Musikanten am Fenster ein Ständchen spielen, sei es einem künftigen Paar in der Nacht vor ihrer Hochzeit, einem lieben Menschen zum Geburtstag, als Dankeschön oder einfach als nette Geste.

Feste und Feiern ohne Musik sind nicht denkbar. Gäste sind immer willkommen. In ländlichen, ärmeren Regionen wird am überschwänglichsten gefeiert. Kleine Musikgruppen aus Familie, Freunden und Nachbarn bilden sich spontan. Man singt, tanzt und spielt nicht selten die ganze Nacht hindurch. Neben diesen spontanen Festas gibt es unzählige Anlässe, um zu musizieren.

Jede Insel hat ihre eigenen Tänze und Feste, jedes Fest seine eigenen Lieder und Melodien. Lokale Musikgruppen spielen bei allen größeren Anlässen, bei Eröffnungen, im Wahlkampf oder am Tag der Kirchweih. Musikalische Höhepunkte sind die **Musik-Festivals von Baia das Gatas** auf São Vicente und **Praia de Gamboa** in Praia. Zur **Zeit des Karnevals** lassen mitreißende Rhythmen, Tänze und Ausgelassenheit alle Sorgen vergessen.

Hauptsächlich **Gitarren, Geigen und Trommeln** werden gespielt, je nach

Musikform auch spezielle Begleitinstrumente. Blasinstrumente sind selten, außer bei offiziellen Anlässen oder im Karneval.

Die **Lieder** der Inseln sind ein wahres Füllhorn an Themen: Mal erzählen sie in getragenen Balladen von der Vergeblichkeit des Seins oder betrauern eine verlorene Liebe, mal intonieren sie mit an Zigeunermusik erinnernden Geigeninstrumentals oder mit nach Salonjazz klingenden Pianosoli zarte Melodien. Melancholische und historische Elemente wie das harte Leben auf den Inseln, der ausbleibende Regen, Unbill der Natur, Kampf gegen die Unterdrückung durch Sklaverei und Kolonialmacht, Emigration und Herzenskummer sind genauso enthalten wie positive Gedanken über die Hoffnung auf bessere Lebensumstände, das Lachen der Kinder oder eine gute Ernte. Vor allem aber verblüfft die Leichtigkeit und Eleganz, mit der Gesang, Rhythmus und Instrumente verschmelzen.

Im Laufe ihrer bewegten Geschichte haben Kapverdianer ihre **ganz einzigartige Musik** geschaffen. Woher stammt diese Musik, aus Afrika, Europa oder Lateinamerika? Wohl von diesen drei Erdteilen. Die Verschmelzung afrikanischer und europäischer Traditionen hat kreolische Mythen geschaffen, die sich mit nichts vergleichen lassen und auf die die Kapverdianer besonders stolz sind. Verschiedenste Einflüsse ergaben eine Komposition aus Musikformen, in der sich portugiesische Sprache, Dichtung, Lieder und Musikinstrumente genauso finden wie afrikanische und brasilianische Rhythmik. Doch wird es immer offen bleiben, wer wen beeinflusst hat. Wie selbstbewusst die Menschen mit ihrer Musik umgehen, zeigte sich in der Kolonialzeit, in der afrikanische Elemente der Musik verboten wurden. Sie wurden letztlich zum Symbol der Befreiung.

So verschieden die Geschichte des Sotavento und des Barlavento verlaufen ist, so verschieden ist auch ihre Musik.

Im **Barlavento** wird wird vorwiegend auf der Violine *(Rabeca),* zehn- oder sechssaitiger Gitarre und dem *Cavaquinho* (einem kleinen viersaitigen Instrument ähnlich der Ukulele) gespielt, Instrumenten, die Portugal und Europa verwandt sind. Die Musiker legen mehr Gewicht auf Melodie als auf Rhythmus, der Gesang und die Harmonien sind denen Portugals ähnlich. Die wichtigsten kreolischen Musikrichtungen sind Morna und Coladera. Europäische Siedler des 19. Jahrhunderts brachten Mazurka, Walzer, Marsch und Cotradança mit, die teils sehr nahe dem Original, teils in kreolischer Abwandlung Eingang in die Tradition fanden. Populäre Bands mit elektronischen Instrumenten modernisieren sie ohne sie zu verlassen.

Auf **Santiago und Fogo** steht die Musik dem afrikanischen Ursprung näher und spiegelt die Kultur einer breiten Palette afrikanischer Traditionen wider. In Batuco, Finaçon, Funana und Tabanca übertrifft der Rhythmus die Melodie, es gibt Ruf- und Antwortstrukturen, viele Wiederholungen, einfache Harmonien und einen offenen, lauten Gesang ohne Vibrato. Auch die Tänze stehen Afrika und der Karibik näher als Europa, insbesondere der Batuco. Anders als die literarischen Morna-Texte sind die afrikanischen Lieder oft spontan improvisiert. Die Interpreten erzählen Geschichten mit sozialen Hintergründen und von dem, was die Leute auf den Dörfern bewegt. Jeder der Anwesenden beteiligt sich mit Singen, Klatschen und Tanzen. Anstelle von Saiteninstrumenten wird Batuco auf Trommeln gespielt, die zwischen den Knien gehalten und mit der flachen Hand geschlagen werden.

Morna und Coladera sind die meistverbreiteten Musikformen auf allen Inseln. Von der **Morna** sagt man, sie drücke das Innerste der kapverdianischen Seele aus, sie sei die **charakteristischste Musikrichtung Cabo Verdes** und musikalischer Ausdruck nationaler Kultur. Nirgends zeigen sich die Gefühle der Kapverdianer, ihre Sehnsucht, Sorgen und Träume mehr als in der Morna, die zugleich Gedicht, Ballade und Lied ist. Die Geschichte der Inseln mit Existenzkampf, Emigration, Hunger und Dürre bringt es mit sich, dass viele Melodien Cabo Verdes sehr melancholisch sind. Die Melodien und gefühlvollen Texte der Morna sind voller *Tristeza,* **Schwermut,** und *Saudade,* der ewigen Sehnsucht, und *Nostalgia,* der großen Heimatverbundenheit. Ein wenig wehmütig muten diese meist in Crioulo gesungenen Lieder an mit lyrischen, balladenhaften Texten.

Morna wird in mittlerem Tempo von einem Solo-Vokalisten gesungen, begleitet von Saiteninstrumenten wie Violine, der gitarrenähnlichen Violão, Viola und dem Cavaquinho. Eine harmonische Struktur, häufig wechselnde Akkorde, die verschlungene Melodieführung und die besondere Rhythmik des Cavaquinho-Spiels sind ihre unverwechselbaren Charakteristika. Man sagt, dass die Morna Gitarren weinen lasse. So bringt die Morna das große Leid vergessener Generationen des 19. und 20. Jahrhunderts zum Ausdruck in einem nahezu hoffnungslosen Kampf gegen Hunger und Elend.

Über den **Ursprung der Morna** gibt es verschiedene Ansichten. So soll diese Musikrichtung Mitte des 19. Jahrhunderts in Boa Vista entstanden sein. Der berühmte Komponist und Nationaldichter *Eugénio Tavares* aus Brava komponierte zwischen 1870 und 1890 seine Mornas auf einer portugiesischen Gitarre. Er liebte den Fado und war ein großer Anhänger der portugiesischen Ultra-Romantik. So erklärt es sich vielleicht, dass die Morna oft mit dem Fado verglichen wird, jedoch ohne dessen schwere und dramatisch melodischen Elemente. Andere Theorien vermuten den Ursprung der Morna in einer afrikanischen Musikrichtung aus Angola, die Lundum genannt wird, oder stellen Verbindungen mit dem brasilianischen Liedgut der Modinha und dem argentinischen Tango her. In ihrer Vokalart, den Instrumenten und der Harmonie hat die Morna sicherlich eher europäischen als afrikanischen Charakter. Die neuzeitliche Morna entstand etwa um 1930 auf São Vicente, vor allem mit Melodien und Texten aus der Feder des Komponisten *B. Leza*. Seine Nichte, *Césaria Évora,* hob die Morna auf die Weltbühne (s.u.).

Interpreten wie *Luis Rendall, Luis Morais, Bau* und andere beliebte Musiker

Cabo Verdes haben sich der Morna zugewandt und ein umfangreiches Repertoire an bekannten Liedern geschaffen.

Doch gibt es auch die andere Form des Spielens und Singens, das „tcha bai, tcha acontece" (etwa: Es wird schon etwas dabei herauskommen), die **Improvisation,** eine Virtuosität, eine besondere Harmonie und die zum Anlass passenden Texte.

Die **Coladeira** ist heute eine Musikrichtung mit fröhlichen, bewegten Tanzliedern, die von Gitarren, Mandolinen und Geigen begleitet werden. Bei modernen Musikgruppen werden die akustischen von elektronischen Instrumenten und Schlagzeug abgelöst. Viel schwungvolle Rhythmik und Melodie geben der Musik die **Alegria,** in der sich, im Gegensatz zur schwermütigen Morna, **Lebensfreude und Ausgelassenheit** der Menschen ausdrücken und die die Tanzböden von Cabo Verde bis in die über die Welt verstreuten Emigrantengemeinden beherrschen. Ihre Popularität liegt in der Beschwingtheit, die förmlich zum Tanzen einlädt, sei es als Paar-, Gruppen- oder Reihentanz. Die eher einfachen Texte und Refrains, aktuell und positiv gestimmt, manchmal satirisch und humorvoll, fordern zum Mitsingen und -klatschen auf.

In Alt-Kreolisch bedeutet *colá* laut sprechen oder laut singen und bezeichnet den Wechselgesang, den die Frauen in improvisierten Strophen bei der Coladeira, der Colá und der Tabanca zu aktuellen Themen anstimmen. Noch heute drohen sich Frauen bei Meinungsverschiedenheiten spaßeshalber an: „Um tá coláb na coladeira!" (Ich werde über dich in der Coladeira singen!) Die Improvisation im Wechselgesang ist nur noch auf privaten Festen im kleinen Kreis zu beobachten.

Colá São João bezeichnet einen fröhlichen rituellen Tanz auf den traditionellen Johannisfesten. Die Choreographie und Musik des **Colá** sind von Insel zu Insel leicht verschieden festgelegt, doch immer geht der „Admiral" *(almirante)* mit Seemannsuniform voran, begleitet von infernalisch lauten Trommeln in scharfem Rhythmus. Ihm zur Seite tanzt der „Steuermann" *(navegador)* in einem Schiffsmodell. Der Rumpf ist in der Mitte offen. Der Träger steigt hinein und hängt sich das Schiffchen an einem Schulterriemen um den Leib, so dass es mit verblüffender Ähnlichkeit die Bewegungen eines Schiffs in schwerem Sturm nachahmt. „Frèt p'êss nêv'zim!", „Frèt p'êss nêv'zim!" (Fahrgeld für dieses Schiffchen!) rufen sie laut und bitten um Spenden. Wenn ein paar Escudos in der Tasche klingeln, hält der Admiral den Zug an, grenzt mit einem hölzernen Schwert einen Tanzplatz ab, und zwei Frauen springen in die Runde, tanzen sich in Laune und singen improvisierte Strophen zu aktuellen Themen in einer Art Ruf- und Antwortdarbietung. Mit stampfenden Schritten tanzen sie auseinander, aufeinander zu, erneut auseinander, um endlich mit erhobenem Arm in die Luft zu springen und sich mit den vorgestreckten Bäuchen zu berühren *(umbigada).* Rasches Fingerschnippen ähnelt dem Klang von Kastagnetten. Der ganze Körper muss im Rhythmus des Partners schwingen, der Zusammenstoß soll exakt harmonieren, nicht zu kräftig und nicht zu leicht sein. Steigt die Stimmung, kommen zwei weitere Frauen dazu und tanzen über Kreuz, und die Trommler überbieten sich selbst. Die Gäste hängen sich Rosenkränze aus Popcorn *(pipocas)*, grünen Kaffeebohnen und Kleingebäck um.

Mit der Arroganz und Dummheit kolonialer Macht wurde das Colá São João im 20. Jahrhundert als „afrikanisch", „primitiv" und „unanständig" verboten, genauso wie Batuco und Finaçon. Dabei ist es im 18. Jahrhundert in Portugal entstanden: Rhythmus, Fingerschnippen und Grundschritte stammen aus der maurischen Tradition und überlebten in der Kultur iberischer Zigeuner und des Flamenco. Die vor die Brust geklemmten kleinen Trommeln mit Ziegenfell und geraden Schlegeln aus Feigenholz dienten im ländlichen Nordportugal zum Vertreiben von Hexen und Geistern. Die Figuren sind der Zunfttradition der Epoche entlehnt. Allenfalls die umbigadas haben eine afrikanische Wurzel. Doch auch diese kam über Portugal nach Cabo Verde. Sie wurde aufgenommen im Rahmen der mit Staunen von den Lissaboner Bürgern beobachteten und bei Hof nachgeahmten *festas dos pretos* (Feste der Schwarzen) und exotisch brasilianischer Feste mit Verkleidung. So erklärt sich, weshalb die Colá im spät besiedelten Barlavento und kaum im Sotavento an-

ka-j-235 Foto: ja

zutreffen ist. Auf Brava wurde es traditionell ohne umbigadas getanzt. Auch die meisten der Hexen und Geister, der *Bjons* und *Gongongs,* die nächtens über Santo Antão fliegen und die Kinder in Schrecken versetzen, entstammen der iberischen Mythologie. Nachdem die Verbote der Lächerlichkeit preisgegeben sind, macht es den Jungen wie den Alten um so mehr Spaß, die Tradition hemmungslos auszuleben.

Unter allen musikalischen Ausdrucksformen Cabo Verdes hat der **Batuco** *(Batuque, Batuko)* die größte Ähnlichkeit mit traditioneller Musik des afrikanischen Festlandes. Es handelt sich um eine Musik- und Tanzform mit ganz rhythmischer Struktur und dem für Afrika so typischen Zuruf-Antwort-Sprechgesang. Der Batuco wird vorwiegend von Frauen in den ländlichen Badio-Gemeinden Santiagos ausgeübt. Eine Gruppe von Frauen sitzt im Halbkreis. Auf Trommeln, stoffgefüllten Plastiksäcken oder den über die Knie gerollten Panos schlagen sie einen kontrastierenden Rhythmus, so dass eine Art Polyrhythmik entsteht. Lautstärke und Schnelligkeit steigern sich. Ein Mitglied fungiert als Anführer und stimmt die restlichen Mitglieder, die den Chor bilden, zu einem Zuruf-Antwort-Gesang ein. Die Lieder beinhalten eine breite Palette an Themen, sind aber gewöhnlich beschränkt auf einige wenige Sätze, die sich wiederholen. Es gibt spontan improvisierten Batuco oder feste Melodien und Texte. Dann springt eine Tänzerin auf, tritt in die Mitte des Halbkreises, bewegt sich zunächst langsam zur Musik und steigert sich mit wachsendem Rhythmus in immer schnellere, energische Hüftbewegungen, genannt *Chabgta,* bis zur Erschöpfung. Um ihre Hüften ist ein schmales Pano gelegt, das den stakkatoartigen Hüfttanz unterstreicht. Aus den Reihen der Zuschauer kann sich ein Gast zur Tänzerin gesellen, sie eine Weile tanzend begleiten und ihr dann einen kleinen Obolus zustecken. Am Ende jedes Liedes sucht die Frau eine neue Tänzerin aus, indem sie ihr das Pano umlegt.

Es gibt unterschiedliche Ansichten über die **Herkunft des Batuco.** Eine besagt, dass er ursprünglich dazu diente, den Gästen der Kolonialherren eine Auswahl von Sklavinnen für sinnliche Freuden darzubieten und ihnen mit dem Tanz die Auswahl zu erleichtern. Eine andere Theorie behauptet, dass die Frauen den Batuco als ein Mittel verstanden, die Trennung von ihrem Mann, sei es durch Tod, Emigration oder eine neue Partnerin, besser zu verkraften. Wieder andere sagen, dass die Badio-Frauen tanzen, um sich von Kummer zu befreien und dass eine Nacht Gesang und Tanz bis zum frühen Morgen inneren Frieden und Glück verschaffe. Schon jungen Mädchen wurde der Tanz gelehrt, und es gibt beim Batuco keinerlei Altersbegrenzung.

Die Musikform des **Finaçon** steht dem Batuco sehr nahe und wird auch von vielen Batuco-Gruppen beherrscht. Beide Formen sind eine Tradition der Badios von Santiago, haben einen Anführer und eine trommelnde Frauengruppe. Der größte Unterschied besteht darin, dass es beim Finaçon keinen Tanz gibt. Es handelt sich hier um eine eher lyrische Musikform, bei der ein oder zwei Vokalisten in einer Art Sprechgesang aktuelle Geschichten erzählen, während die Gruppe eine trommelnde, polyrhythmische Begleitung bildet. Der Rhythmus kann sehr intensiv oder auch ganz sachte sein, so dass man den Finaçon-Interpreten gut verstehen kann. Gute Finaçon-Sänger benutzen oft Parabeln, um aktuelle Begebenheiten humorvoll oder satirisch zu umschreiben. Auf diese Weise fungieren sie als mündliche Geschichtenüberlieferer und halten die Erinnerung an besondere Ereignisse, interessante Familien und Leute am Leben. So manches Mal endet der Finaçon mit Fröhlichkeit und Gelächter in einer Art Gesangsduell. Finaçon ist übrigens auch der Name einer der beliebtesten Funana-Bands Cabo Verdes, was nicht zur Verwechslung führen sollte.

Traditionell spielen Batuco- und Finaçon-Gruppen auch bei religiösen Festlichkeiten, bei Taufen und beim „Abschied der Junggesellen" in der Nacht vor der Hochzeit. Moderne Gemeindefeste und die Wahlkämpfe sind eine weitere Gelegenheit, die Gruppen live zu erleben.

Auch der **Funana** ist eine typische Musik der Badios. Schnelles Tempo, rein instrumental oder mit Gesang, ein vielschichtiger, galoppierender Rhythmus, auf den die Zuschauer klatschend mit einstimmen, sind seine besonderen Merkmale. Insgesamt klingt diese Musik mitreißend und hat sehr afrikanischen Charakter.

In seiner traditionellen Form wird der Funana auf der *Gaita,* einer zweireihigen Akkordeonart gespielt. Begleitet wird dieses Instrument von einem selbst gemachten Schlaginstrument, das man *Ferrinho* oder *Ferro* nennt. Leicht erkennt man ein Funana-Ensemble an diesem Metallstück, das auf der Schulter balanciert wird und auf dem der Musikant mit einem Messer kratzt. Die bekannteste Funana-Band heißt Ferro Gaita.

Obwohl Funana oft spontan vor Ort improvisiert wird, gibt es ein großes Repertoire an feststehenden Texten und Melodien. Zu den Themen gehören nostalgische Erinnerungen an eine Reise, Mangel an Regen, Leid mit Frauen und Schwierigkeiten des Lebenserhaltes. Einige Lieder beziehen sich auch auf zeitgemäße Themen wie AIDS oder regionale Politik.

Zu Funana tanzen die Paare sehr eng, vergleichbar dem Lambada, was erotisch wirkt und bei jungen Leuten in Discos entsprechend beliebt ist.

Während der Unabhängigkeitsbewegung begannen mehr und mehr junge Musiker aus Santiago, Interesse an Funana zu finden und gründeten **Bands,** wobei sie Gaita und Ferrinho durch Keyboards, Gitarren und Schlagzeug ersetzten. Die kirchlichen Autoritäten protestierten mehrfach gegen den aufreizenden Tanzstil des Funana, die politische Polizei gegen die nationalistischen Texte, und in den 1970er Jahren gab es vielfache Zensur. Mit der Unabhängigkeit wurde die moderne Musik der Badio zum Symbol kapverdianischer Eigenständigkeit.

Eine neue Stufe der Qualität erreichte die Band **Bulimundo,** die mit anderen

ka-f-238 Foto: fu

Gruppen den Funana weit über die Inseln hinaus und in allen Bevölkerungsschichten populär machten. Repertoires wurden von traditionellen Akustik-Gruppen entliehen und aufgearbeitet. Aus Bulimundo bildete sich in den 1980er Jahren die Gruppe Finaçon, die auch international Erfolg errang und eine der wenigen kapverdianischen Gruppen war, die schon damals von einer großen Plattenfirma auf den Markt gebracht wurde.

Tabanca ist ein Tanz, der das Vorwärtsschreiten symbolisieren soll und beim Marschieren getanzt wird. Er wird mit Trommeln und Schellen gespielt und verquickt afrikanische Traditionen mit Formen von Zunft-Umzügen *(irmandades)* im Portugal des 18. Jahrhunderts. In Praia treten auch Batuco-Ensembles auf. Auch die Tabanca war bis zur Unabhängigkeit verboten.

Eine alte Tradition in Fogo ist der **Pilão,** eine Musikform, die dem Batuco ähnlich ist. Diese Musik begleitet die Vorbereitung eines Festessens, wenn der Mais in großen Holzmörsern gestampft wird – *Pilão* ist das Wort für Mörser.

Die kapverdianische Musik gelangte nur schwer zu internationaler Popularität. Dies lag in erster Linie daran, dass

Trommler auf Santo Antão

keine Geldmittel für Plattenaufnahmen vorhanden waren. So mussten die Künstler ihre Musik in Europa oder den USA auf eigene Kosten und meist in nur sehr kleinen Auflagen aufzeichnen lassen. Es waren Mornas und Coladeras, die das Publikum im In- und Ausland am meisten faszinierten. Interpreten wie **Bana** und die Gruppe **Voz di Cabo Verde** machten in den 1960er Jahren als erstes auf sich aufmerksam. Natürlich sorgten auch die Emigranten-Gemeinschaften in den USA und Europa für eine Verbreitung der Musik. Im Folgenden werden einige der Musiker vorgestellt, die heute zu den bekanntesten gehören.

Césaria Évora

Césaria Évora wurde zur Botschafterin kapverdianischer Musik und ist weltweit populär. Die 1941 in Mindelo, São Vicente, geborene Sängerin begann mit 17 Jahren zu singen. Ihr Vater spielte Violine und war der Cousin eines der größten Komponisten Cabo Verdes, *B. Leza,* der starb, als Césaria sieben Jahre alt war. Viele Jahre wurde ihr musikalisches Talent nicht ernst genommen. Bei ihren ersten Auftritten in Bars und Hafenkneipen bezahlte man ihr 25 Escudos pro Lied. Meist zog sie auf der Bühne ihre Schuhe aus, was ihr den Spitznamen „Barfuß-Diva" einbrachte. Erst 1986 wurde sie von der kapverdianischen Frauenorganisation ausgewählt und zu Plattenaufnahmen nach Portugal geschickt. Dort traf sie den Sänger *Bana,* der ihr Talent erkannte. Die Plattenfirmen lehnten jedoch ab. Sie unternahm eine erste Tournee in die USA. In Frankreich, wo ihr Erfolg stieg, bekam sie 1988 im Alter von 47 Jahren ihren ersten Plattenvertrag. Ihren internationalen Durchbruch schaffte sie mit dem vierten Album „Miss Perfumado", das sich alleine in Frankreich über 200.000 Mal verkaufte. Bis heute hat sie neun Studioalben und einige Compilations veröffentlicht.

Césaria wird von den Medien „Königin der Morna", „Stimme der Kapverden", „Schwarze Madonna" oder „Bessie Smith der Tropen" genannt. Unzweifelhaft ist sie zur **Spitzeninterpretin Cabo Verdes** geworden. Mit ihrer warmen, tiefen und sanften Stimme besingt sie Leid und Freud des Inseldaseins. Ihr Lied „Sodade", der Emigration gewidmet, ist die bekannteste Morna Cabo Verdes. Sie singt die Kompositionen des Meisters B. Leza ebenso wie die in Musik umgesetzte Lyrik eines der größten Poeten des Landes, *Eugénio Tavares.* Im Februar 2004 erhielt sie für ihr letztes Studioalbum „Voz d'amor" den **Grammy,** die höchste Musikauszeichnung der Welt, in der Kategorie „Bestes zeitgenössisches Weltmusikalbum".

Die inzwischen über 60-jährige Dame hat die Musik Cabo Verdes ins internationale Rampenlicht gerückt. Heute wie damals zieht sie auf der Bühne mitunter ihre Schuhe beim Singen aus, sei es aus Solidarität mit den barfüßigen Menschen ihrer Heimat, sei es aus Bequemlichkeit, als Zeichen der Unabhängigkeit oder als Markenzeichen.

Wenn hinter jedem berühmten Mann eine überzeugende Frau steht, dann gilt dies für Césaria Évora umgekehrt. **Manel d'Novas** war Autor und Komponist vieler ihrer Lieder und vieler durch andere Interpreten bekannt gewordener Melodien und Texte. 1938 in Rª Grande/Santo Antão geboren, begleitete er musikalisch unendlich feinfühlig den Aufbruch in eine neue Identität und Schaffenskraft Cabo Verdes (siehe auch Bibliographie im Anhang).

CDs von Césaria Evora:
Studioalben
- La Diva aux pieds nus (Lusafrica, 1988)
- Distino di Belita (Lusafrica, 1990)
- Mar Azul (Lusafrica, 1991)
- Miss Perfumado (Lusafrica, 1992)
- Cesaria (Lusafrica, 1995)
- Cabo Verde (Tropical Music, 1997)
- Café Atlantico (Tropical Music, 1999)
- São Vicente di longe (Lusafrica, 2001)
- Voz d'amor (Lusafrica, 2003)

(Alle Studioalben jetzt auch bei Tropical Music mit deutschen Übersetzungen der Liedtexte!)

Compilations
- Sodade (Lusafrica, 1994)
- Best of (Lusafrica, 1998)
- Anthology – Mornas & Coladeras (Lusafrica, 2002)

Teofilo Chantre

Leider wird in westlichen Medien oftmals nur über Césaria Évora geschrieben, wenn es um kapverdianische Musik geht. Es gibt jedoch zahlreiche Musiker, die Césaria mindestens ebenbürtig sind, z.B. *Teofilo Chantre*. Er hat bis heute vier Studioalben veröffentlicht und komponiert auch für andere Musiker, z.B. für Césaria Évora. 1992 findet man zum ersten Mal drei seiner Songs auf einem ihrer Alben („Miss Perfumado").

Teofilo Chantre wurde 1964 auf São Nicolau geboren, seine Kindheit verbrachte er in der Hafenstadt Mindelo auf São Vicente. 1977 gingen er und seine Familie nach Paris (heute leben dort ca. 15.000 Kapverdianer), wo er sich selbst das Gitarrespielen beibrachte und anfing zu komponieren, vor allem Mornas und Coladeiras. Seine Musik wurde durch brasilianische Musik beeinflusst, besonders durch den Bossa Nova, aber auch die europäische Salonmusik, Valses, Mazurka, afrikanische Rhythmen und Jazz prägten ihn und seine Musik. Seine Vorbilder waren die brasilianischen Sänger *Caetano Veloso* und *Gilberto Gil,* seine Texte verbinden kreolische Poesie und brasilianische Zitate. Gitarre, Cavaquinho, Geige und Piano unterstreichen seine Songs.

1993 veröffentlichte Teofilo Chantre sein erstes Album („Terra & Cretcheu"). Heute tritt er nicht nur in Paris vor kapverdianischen Anhängern auf, sondern auch auf internationalen Bühnen. In Deutschland war er u.a. im Rahmen der WDR-5-Veranstaltung „Matinee der Liedersänger" in Bochum und auf dem Stimmenfestival in Lörrach zu Gast.

CDs von Teofilo Chantre:
- Terra & Cretcheu (Lusafrica, 1993)
- Di Alma (Lusafrica, 1997)
- Rodatempo (Lusafrica/Tropical Music, 2000)
- Live ... (Lusafrica, 2002)
- Azulando (Lusafrica, 2004)

Bana

Andriano Gonçalves, alias *Bana,* wurde 1932 in Mindelo geboren und ist einer der bekanntesten und international erfolgreichsten Künstler Cabo Verdes. Sein musikalischer Lehrer war der Komponist B. Leza. Bana nahm seine erste Platte 1962 in Dakar auf, bis heute hat er mehr als 30 Platten und CDs veröffentlicht und in diversen Filmen mitgewirkt. Die Tradition kapverdianischer Musik wurde durch ihn stark geprägt. Obwohl er viele Jahre in Frankreich, Holland und Portugal verbracht hat, blieb er seiner Heimat immer verbunden und singt mit seiner tiefen, resonanten Stimme vorwiegend Mornas und Coladeiras, die Geschichten der Inseln erzählen. Seine legendäre Gruppe Voz de Cabo Verde, die als erste die kapverdianische Musik in Afrika und Europa bekannt machte, hat die noch heute in Morna und Coladera gültige Balance zwischen traditionellen Rhythmen und modernen elektronischen Musikinstrumenten geschaffen. Vor wenigen Jahren kehrte Bana wieder ganz zurück nach Mindelo, eröffnete einen Night-Club und ist dort neben anderen kapverdianischen Musikern von Zeit zu Zeit zu hören. Sein letztes Album „Livro infinito“ erschien 1998.

Boy Gé Mendes

Boy Gé Mendes wurde 1952 in der senegalischen Hauptstadt Dakar geboren und wuchs dort in der kapverdianischen Community auf, wo er nicht nur mit Morna und Coladeira in Berührung kam, sondern auch mit der Musik von Mali, Guinea und anderen westafrikanischen Ländern. Seine ersten musikalischen Erfahrungen hatte er so auch mit Rock, Rhythm & Blues, und kubanischer Musik, Musikrichtungen, die zu jener Zeit in Westafrika äußerst populär waren. 1967 gründete Mendes seine erste Band namens „Beryls“, die zahlreiche Konzerte im Senegal gab. Ende der 1960er Jahre lebte er zwei Jahre in Frankreich, dann wieder im Senegal, und 1976 ging er erneut nach Frankreich, wo er mit *Manu Lima, Luis Silva* und seinem Bruder *Jean-Claude* die „Cabo Verde Show“ gründete, eine der populärsten kapverdianischen Musikgruppen aller Zeiten. Die Band verließ er später und gründete dann noch nacheinander zwei weitere Gruppen: „Mendes and Mendes“ und „O'asah“. Sein erstes Soloalbum „Di Oro“ mit dem unvergesslichen Lied „Terra Crêtcheu“ erschien 1996. Die Musik von Boy Gé Mendes ist sehr vielfältig und vereinigt kapverdische Melodien mit senegalischen, brasilianischen und nordamerikanischen Elementen.

CDs von Boy Gé Mendes:

- Di Oro (Lusafrica, 1996, zusammen mit Manu Lima)
- Lagoa (Lusafrica, 1997)
- Noite de Morabeza (Lusafrica, 1999)

Simentera

Mário Lúcio de Sousa, der Kopf von Simentera, kam 1991 nach Beendigung seines Jurastudiums in Kuba nach Cabo Verde zurück, wo er zu einem Konzert eingeladen wurde. Dort ärgerte er sich darüber, dass die Instrumente nur den Hintergrund der Musik bildeten. Das wollte er ändern und so gründete er, geprägt durch in einigen Gruppen gesammelte Musikerfahrung vor seinem Studium, Simentera. Dabei besann sich de Sousa auf die afrikanischen Wurzeln der Kapverdianer, die von den Portugiesen bewusst unterdrückt wurden. Instrumente wie Djembe, Triangel, Tamburine oder die kubanische Clave wurden eingeführt, beim Rhythmus Schwerpunkte auf Batuco oder Tabanca gesetzt. Aber auch Portugal und Südamerika spielten bei der Entstehung der kapverdianischen Kultur eine große Rolle, was man besonders gut auf dem vierten Studioalbum „Tr'adictional" hören kann: Dort spielen nicht nur afrikanische Gastmusiker wie der Senegalese *Toure Kunda,* sondern auch die portugiesischen Jazz-Avantgardisten *Maria João* und *Mario Laginha* sowie *Paulinho da Viola* aus Brasilien. Simentera ist heute eine der bekanntesten Gruppen des Archipels. Die zehn Musiker gehören zu den wenigen Künstlern, die auf den Inseln geblieben sind und nicht im Exil leben. In Cabo Verde kann man von Musik allein nicht leben, und so gehen die Bandmitglieder tagsüber ihrer normalen Arbeit nach.

Zwei Mitglieder von Simentera haben zusammen mit anderen Musikern in Praia auf dem Plateau das **„5al da Música"** eröffnet, wo fast jeden Abend kapverdianische Musiker auftreten.

Terezinha Araújo, eine der Sängerinnen von Simentera, hat 2004 ihr erstes Soloalbum „Nôs Riqueza" (Malagueta Music) veröffentlicht, auf dem sie Lieder aus Cabo Verde, Angola und Guinea-Bissau – Lebensstationen ihrer Familie – vorstellt, außerdem zwei bisher unveröffentlichte Stücke ihres 1992 verstorbenen Vaters *José Araújo.*

CDs von Simentera:

- Raiz (Lusafrica/Sunny Moon, 1995)
- Barro e Voz (Mélodie/Indigo, 1997)
- Cabo Verde en Serenata (Piranha/EFA, 2000)
- Tr'adictional (Mélodie/Indigo, 2003)

Weitere interessante Interpreten sind u.a.: *Maria Alice, Bau, Amandio Cabral, Cabo Verde Show, Cordas do Sol, Fantcha, Ferro Gaita, Finaçon, Jean-Claude Gomes, Vasco Martins, Mendes Brothers, Luis Morais, Celina Pereira, Tito Paris, Saozinha, Sara Tavares, Os Tubarões, Ildo Lobo, Paulino Vieira.*

Zouk – die moderne Musik Cabo Verdes

Ohne Frage: Die traditionelle Musik ist vor allem bei älteren Kapverdianern sowie Ausländern beliebt und wird von der internationalen Musikkritik stets hoch gelobt. Den jungen Kapverdianern sollte man damit nicht unbedingt kommen – sie lieben Zouk, moderne Popmusik, die aus Synthesizerklängen, Schlagzeug, Bass und E-Gitarre gemacht wird. Zouk begegnet einem auf dem Archipel fast immer und überall: im Radio und TV, im Taxi, auf der Straße, in den Bars und Discos, am Strand.

Zouk entstand Anfang der 1980er Jahre auf den französischen **Karibikinseln Guadeloupe und Martinique** unter zahlreichen afrikanischen, karibischen und französischen Einflüssen. Mitte der 1980er Jahre machte die Band **Kassav** diese Musik über die Karibik hinaus bekannt. Seitdem hat sich Zouk als neues Genre der Popmusik in vielen Staaten West- und Zentralafrikas sowie in Südamerika und der Karibik etabliert.

Die bekannteste Zouk-Band Cabo Verdes ist die in Rotterdam lebende Gruppe **Splash,** die 1990 gegründet wurde und in den ersten Jahren ihres Bestehens ausschließlich auf Festivals und zu ähnlichen Anlässen auftrat. Erst 1996 wurde die erste CD „Simplicidade" veröffentlicht. Auch die Musik von Splash enthält traditionelle kapverdianische Musikstile wie Morna, Coladeira oder Funana, ist aber vor allem für Elemente wie Zouk, Reggae und Salsa bekannt. Die Gruppe darf bei keinem größeren Musikfestival fehlen. Einige der aus neun Leuten bestehenden Band spielten bereits in den 1980ern in einer der ersten populären Zoukbands Cabo Verdes namens **Livity.**

Die Splash-Musiker **Djoy Delgado,** gefragter Komponist und Keyboarder Cabo Verdes, **Grace Évora,** Schlagzeuger und auch mit Soloalben erfolgreich (letztes Werk „Aventura", RB Records, 2003), der Gitarrist **Johnny Fonseca** sowie die Sängerin **Dina Medina** sind auch bei zahlreichen anderen Produktionen mit von der Partie.

Leider kann man die moderne Musik hier zu Lande nicht kaufen. Die nächsten Musikladen gibt es dort, wo viele Kapverdeaner leben, z.B. in Luxemburg und Rotterdam.

ka-c-247 Foto: sc

CDs von Splash:

- Simplicidade (RB Records, 1996)
- Nha Terra K'Tchuva (RB Records, 1988)
- Africana - The Best of Splash (RB Records, 1999)
- Contradição (RB Records, 2001)

Weitere interessante Interpreten sind u.a.: *Calu Bana, Beto Dias, Cabo-X, Calú di Brava, Zé Carlos, Gil, Eunice, Kino Cabral, Heavy H, Isidora, Nhone Lima, Marizia, Phillip Monteiro, Jorge Neto, Yvone Paris, Roger, Stacy, Suzanna, X-Treme.*

Nachtleben

Mindelo (São Vicente) und **Praia** (Santiago) sind die **musikalischen Zentren Cabo Verdes.** Hier existiert ein „städtisches" Nachtleben mit zahlreichen Bars, Nachtlokalen und modernen Diskotheken, auch während der Woche. Aber auch auf den anderen Inseln muss man am Wochenende nicht zu Hause bleiben, denn in den größeren Orten ist dann auch etwas los.

In den **Diskotheken,** die oft erst ab 23 Uhr öffnen, tanzt man hauptsächlich zu Zouk, aber auch populäre brasilianische und westliche Musik ist zu hören. Ab und zu treten in den „Boites" (kreol. = Disco) Gruppen mit kapverdianischer Musik auf.

Auf dem Land werden die Disco-Nächte auf den Flachdächern von Häusern oder größeren Terrassen abgehalten, besonders an Festtagen. **Kapverdianische Nächte sind lang!**

Musikfestivals

In Cabo Verde gibt es zahlreiche Musikfestivals und diverse Feste, auf denen Livemusik nicht zu kurz kommt. Die drei wichtigsten Festivals seien hier genannt:

Baía das Gatas: Seit Beginn der 1980er Jahre finden sich auf São Vicente jedes Jahr im August Tausende Musikbegeisterter von allen Inseln ein, um auf der Freilichtbühne am Strand Baía das Gatas kapverdianische wie auch internationale Musikgruppen vom afrikanischen Kontinent, aus Europa, den USA oder Südamerika zu hören. Auch zahlreiche Touristen werden von diesem Musikfest angezogen, auf dem vor allem traditionelle, aber auch moderne Musik zu hören ist.

Strandfestival Santa Maria: Jedes Jahr im September verwandelt sich der Strand von Santa Maria auf Sal in ein riesiges Openair-Festival, wenn vor allem Zouk-Künstler ihre neuesten Hits zum Besten geben.

Festival de Praia da Gamboa: Das größte Festival Santiagos findet jährlich im Mai in der Hauptstadt Praia am Strand Praia da Gamboa statt. Die besten modernen Gruppen aus Santiago und dem „Rest Cabo Verdes", aus Angola und Brasilien sind vertreten.

Musikläden

In den größeren Städten gibt es Musikläden, die eine Auswahl an CDs mit kapverdianischer Musik anbieten, z.B.:

- **Tropical Dance:**
São Vicente, Mindelo, Rua Lisboa, Mercado Municipal (Markthalle), Tel. 2312318
Sal, Espargos, Rua do Ospital, Tel. 2412292
Sal, Santa Maria
- **Sons d'Africa:**
Santiago, Praia, Fazenda, Tel. 2614181
Fogo, São Filipe, Rua Telecom, Tel. 2811086

- **Cabo Music Distribuidora:**
São Vicente, Mindelo, Tel. 2324950
Schräg gegenüber dem Palast
- **Außerdem:**
Santiago, Praia, Sucupira-Markt
Santiago, Praia, Cape Disco, Fazenda, Tel. 2618010
Santo Antão, Ribeira Grande, Cabo Music

CD-Compilations

Empfehlenswerte CD-Compilations verschiedener Interpreten sind:

- **The Soul of Cape Verde,** Tropical Music, 1996 (deutsche Infos und Liedtextauszüge)
- **The Spirit of Cape Verde,** Tropical Music, 1998 (deutsche Infos und Liedtextauszüge)
- **Cape Verde**, Putumayo World Music, 1999 (ausführliche Informationen zu jedem Künstler in Englisch)
- **Cap-Vert – Un Archipel de Musiques,** Ocora – Radio France, 1999 (Vorstellung der Musikstile Cabo Verdes mit ausführlichen Informationen in engl., frz. und port. Sprache)
- **The Music of Cape Verde,** Arc Music, 2002 (deutsche Infos zu den Künstlern)

Musik im Internet

Wichtige Homepages zur kapverdianischen Musik sind:

Plattenfirmen/Labels:
- **Tropical Music** (Marburg)
www.tropical-music.com/
- **Lusafrica**
www.lusafrica.com/
- **Sons d'Africa**
www.sonsdafricapt.com/index.php
- **Malagueta Music** (Berlin)
www.malagueta-music.com/

Kapverdianische Musiker:
- **Césaria Évora,** www.cesaria-evora.com/
- **Tito Paris**
www.titoparis.artistes.universalmusic.fr/
- **Vasco Martins,** www.vasco-martins.com/
- **Cordas do Sol,** www.cordasdosol.com/
- **Sara Tavares,** www.saratavares.com/
- **Gil Semedo,** www.gilsemedo.com/
- **Suzanna,** www.suzannaonline.com/

Allgemeine Homepages/
Sonstiges zur kapverdianischen Musik:
- **www.cvmusicworld.com/**
Englischsprachige Homepage mit vielen Lebensläufen und News
- **www.sodade.de**
Deutschsprachige Homepage mit umfangreichen Infos über Cabo Verde, Schwerpunkt Musik
- **www.festivalbaiadasgatas.cv/**
Festival „Baía das Gatas"
- **www.zoukstation.com/**
Seite über ZOUK

Literatur

Die ersten Gedichte in Crioulo tauchten um 1890 im Druck auf und nahmen ihren Ausgang von São Nicolau, dem damaligen kulturellen Zentrum.

Mit dem **Nativismus** begann zwischen 1910 und 1926 eine erste Epoche reger literarischer Aktivität. Unter dem Druck der Zensur und des politischen Überwachungsstaates waren die Autoren immer mehr gezwungen, ihre Kritik und ihr neues kreolisches Selbstbewusstsein in Metaphern mit Girlanden klassischer portugiesischer Dichtkunst zu kleiden. **Eugénio Tavares** und *Pedro Cardoso,* der sich selbst „Afro" nannte, bekannten sich zu panafrikanischen Ideen. Tavares' Gedichte sind als Liedtexte in zahlreiche Mornas eingeflossen.

Die neue Identität der Intellektuellen und Künstler, die „Caboverdianidade", fand ihren literarischen Niederschlag in der in nur neun Heften zwischen 1936 und 1969 erschienenen **Zeitschrift „Claridade"** (dt. Helle, Licht). Die Mitbegründer mit klingenden Namen wie *Baltasar Lopes Da Silva, Jorge Barbosa* und *Manuel Lopes* haben in ihren Werken einen Fundus klassisch kapverdianischer Literatur geschaffen, der die Nachfolgegenerationen stark beeinflusst hat. Heute stehen die ehrenvoll als „Claridosos" bezeichneten Autoren regelmäßig auf dem Stundenplan der Gymnasiasten.

Neben die Claridade trat in den 1950ern die **„Africanidade"**, eine Literatengruppe mit direkterem, politischerem Tenor, welche die Claridosos als zu zurückhaltend, zu europäisch, als zu wenig authentisch kritisierte. Einer ihrer Vorreiter war *Ovidio Martins* (siehe Gedicht am Anfang dieses Buches), der durch Folterungen der portugiesischen Geheimpolizei schwerhörig wurde. Der Gruppe stand auch *Amilcar Cabral* nahe, der seinen Wunsch nach einem politisch gerechten Cabo Verde u.a. in einem Gedichtband zum Ausdruck brachte.

Nach der Unabhängigkeit erschien 1977 die literarische Zeitschrift „Raizes" (dt. Wurzeln).

Die Prosa Cabo Verdes ist zumeist in portugiesischer Sprache verfasst, während die Lyrik vorwiegend in Crioulo niedergeschrieben wurde und wird. Zahlreiche Gedichtbände sind erschienen. Wer im Internet surft, findet immer wieder Gedichte von Laienautoren, die (teils ins Englische übersetzt) in der Mehrzahl von Emigranten stammen. Auch sie sind Ausdruck der weltweiten Caboverdianidade und Saudade.

Die klassischen Werke kapverdianischer Literatur sind meist nur antiquarisch zu bekommen, da dem Markt entsprechend die Auflagen sehr klein waren und Neuauflagen nur nach langen Pausen erscheinen. Die Interessierten kaufen Literatur ähnlich wie Obst auf dem Markt: Man nimmt mit, was zur Zeit verfügbar ist, auch wenn es nicht unbedingt das war, was man gesucht hatte. Entweder die Bücher beginnen einen dann doch zu interessieren oder man hat einen Grundstock, um durch Tausch dem näher zu kommen, was man suchte.

In deutscher Sprache sind erschienen:

- **Almeida, Germano,** Das Testament des Herrn Napumoceno. Erzählung aus Cabo Verde. 173 Seiten, Fischer-TB-Verlag, Frankfurt, 1997, ISBN 3-59613-847-7. Dieses Buch wurde auch verfilmt.
- **Ahrens, Helga** und **Ammann, Margret** (Hrsg.), Kapverdische Erzählungen. Auswahl von Erzählungen, die einen Eindruck von der kapverdianischen Realität, wie sie in literarischen Texten verarbeitet wurde, vermitteln. 238 Seiten, IKO-Verlag für Interkulturelle Kommunikation, Pf 90 09 65, 60449 Frankfurt, 1994, ISBN 3-88939-257-1.

Theater

Beim Publikum erfreuen sich Theateraufführungen zunehmender Beliebtheit, so dass im Sommer **in Mindelo** bereits ein **Theaterfestival** stattfindet. Die Themen der Aufführungen sind so vielfältig wie das Leben auf den Inseln. Die meisten der Stücke sind von jungen Leuten selbst geschrieben und ein Ausdruck ihrer Interessen, Sorgen und Freuden oder eine Botschaft, die sie übermitteln wollen. Während die Literatur eine Domäne des Bildungsbürgertums ist, sprechen die sehr lebensnahen

Baltasar Lopes da Silva (1907–1998)

Da Silva, bekannter unter seinem Namen Lopes, ist einer der bedeutendsten kapverdianischen Schriftsteller. Er wurde am 23. April 1907 in Ribeira Brava auf der Insel São Nicolau geboren und unterrichtete später in Lissabon, wo er an der Universität auch Auszeichnungen erhielt. In den 30er Jahren kehrte er nach Cabo Verde zurück und arbeitete am Gymnasium in São Vicente, wo er bis 1972 Direktor war.

Baltasar Lopes da Silva war einer der Mitbegründer der literarischen Zeitschrift „Claridade". Er wurde zu einer tragenden Figur in der Entwicklung der modernen Literatur Cabo Verdes. Er verfasste Gedichte, Essays, Kurzgeschichten und Romane, die teilweise auch unter dem Pseudonym *Osvaldo Alcantara* erschienen. Einer seiner bekannten Romane, „Chiquinho", erschien 1947 als eines der ersten Prosawerke des lusophonen Afrika und handelt von der Emigration. Als Novum verfasste Lopes sein Buch in kreolischer Sprache. Mit der Publikation „O dialecto crioulo de Cabo Verde" (1957) trieb er die Bewegung, Kriolu als eigene Sprache zu legitimieren, weiter voran. Obwohl ihm 1940 eine Fakultätsstelle an der Universität von Lissabon angeboten wurde, entschied sich Baltasar Lopes, in seiner Heimat Cabo Verde zu bleiben.

Er starb am 28. Mai 1998 und wurde auf dem Friedhof von Mindelo begraben.

Jorge Barbosa (1902–1971)

Dieser Schriftsteller, gebürtig aus Santiago, war ebenso wie Baltasar Lopes Mitbegründer der literarischen Claridade-Bewegung, und in seiner ersten Gedichte-Sammlung „Arquipelago", die bereits ein Jahr vor Erscheinen der Zeitschrift veröffentlicht wurde, setzte er viele soziale und kulturelle Akzente der modernen kapverdianischen Literatur. Er beschrieb darin die ganze Tragödie des Archipels: Den Wunsch zu gehen, während man gezwungen ist, zu bleiben – und den Wunsch zu bleiben, während man gezwungen ist, zu gehen.

Barbosa verbrachte viele Zeit seines Lebens in Mindelo, wo ihm zu Ehren eine Schule seinen Namen trägt. Er nimmt eine besondere Rolle in der Geschichte der kapverdianischen Literatur ein, da er als erster Poet mit der klassischen Tradition brach und die harte Wirklichkeit des Lebens auf den Inseln be- bzw. umschrieb. Seine Gedichte waren der Anfang nationaler Lyrik und schafften die kulturelle Basis des Nationalismus der folgenden Jahre.

Barbosa starb im Alter von 69 Jahren in Lissabon, seine sterblichen Überreste wurden 1975 nach der Unabhängigkeit nach Praia überführt. Sein Grab ziert die Inschrift: „Homenagen de Povo Cabo-Verdiano, Ao Poeta do Arquipelago".

ka-g-99 Foto: gr

Theaterstücke alle Bevölkerungs- und Altersschichten und insbesondere die Jugend an.

Große Aufmerksamkeit auf der Bühne zieht die Gruppe **Juventude em Marcha** aus Santo Antão auf sich. Sie greifen traditionelle Themen der Insel auf und verarbeiten sie, teils subtil, teils als donnerndes Bauerntheater zu Erfolgsstücken. Für die Städter sind die alten Erzählungen, Geistergeschichten um Hexen und traditionelle Medizin schon weitab ihrer Realität - meinen sie. Juventude em Marcha belehrt sie eines Besseren.

Feste – soziales Ereignis und Ausdruck von Freude

Die Leute der Inseln lieben ihre Feste und wissen zu feiern. Anlässe gibt es viele, und dann bleibt keine Hüfte still und kein Fuß neben dem anderen. **„Wer singt, verscheucht seine Sorgen"**, sagt ein kapverdianisches Sprichwort. Doch sie sind mehr als reine Vergnügung, mehr als reine Heiterkeit und Ausgelassenheit. Sie festigen und bestätigen soziale Bande und geben der Gemeinschaft die Kraft und Gelassenheit, sich mit der nicht nur gnädigen Wirklichkeit auseinanderzusetzen.

Familienfeste finden nicht so isoliert statt wie in industrialisierten Gesellschaften. Um dem Anspruch, die ganze Nachbarschaft und auf dem Land die ganze Gemeinde einladen zu können, werden Feste gerne zusammengelegt. **Taufen** finden für eine ganze Gruppe von Säuglingen statt, und auch bei **Hochzeiten** verabreden sich befreundete Paare gerne auf ein gemeinsames und entsprechend heftiges Fest. Die beste Stimmung herrscht, wenn ein älteres Paar als Krönung eines gemeinsamen Lebens vor den **Traualter** tritt, umgeben von einer Schar von Kindern und Enkeln. Das ist der Anlass, um einmal im Leben die ganze Familie aus der Emigration zusammen zu trommeln, tagelang zu feiern, zu lachen, zu essen, zu trinken, zu tanzen und zu musizieren, um Jahrzehnte der Trennung zu verarbeiten. Dafür lohnt es sich, Jahre zu sparen. Bei den Badios hilft die Nachbarschaft kräftig beim Sparen, und entsprechend wird aus Familienfesten häufig ein Fest des ganzen Dorfes.

In der Nacht des siebten Lebenstages eines Neugeborenen laden die Eltern Freunde und Nachbarn zum **Guarda Cabeça** ein. In dieser Nacht liegt das Kind nie alleine, sondern ruht im Schoße der Familie. Sein Kopf *(cabeça)* wird schützend (*guardar* = schützen) in der Hand gehalten. Die alte Vorstellung ist, dass vagabundierende Hexen in der siebten Nacht versuchen, das Kind zu fressen, und sie beginnen damit an der Fontanelle. Um Mitternacht wird ein Heidenspektakel gemacht, um mögliche Hexen zu vertreiben. Der reale Hintergrund war lange Zeit der typischerweise um den siebten Tag zum Tode führende Nabeltetanus. Dank guter Impfabdeckungen ist Guarda Cabeça als harmloser Spaß im Brauchtum verblieben.

Nur die **besten Kleider** und das **beste Essen** sind gut genug für Familienfeste, auch wenn es den letzten Escudo kostet. An diesen Tagen will man sich nicht arm fühlen. Während die Sampadjudos einen schmucklosen Anzug bevorzugen, bringen die Badios ihre Lebensfreude und -kraft auch in extravagantem modernem Dress und schwerem Goldschmuck zum Ausdruck. Kinder haben viel Freude an den Festen, versuchen mitzusingen und mitzutanzen und werden integriert, sobald sie laufen gelernt haben. Wer zufällig in ein Familienfest platzt, findet sich zumeist überrascht mit einem übervollen Teller in der einen und einem Glas in der anderen Hand wieder.

Der Beginn der Familienfeiern läuft nach einem festgelegten Zeremoniell ab. Ein langer Tisch wird vorbereitet mit den Kuchen in der Mitte, Teller mit Käsestückchen, Wurststückchen, Oliven, Getränkeflaschen und bunten Verzierungen darum gruppiert. Erst wenn der Tisch übervoll garniert ist und die Hausherrin dazu auffordert, versammeln sich die Gäste. Dann muss der geschmückte Tisch mit den Gästen aus allen Richtungen fotografiert werden, bevor das Geburtstagskind, Kommunionskind oder das Brautpaar das große Messer im Kuchen versenkt. Wenn das Fest auf Hochtouren ist, werden übervolle Essensteller herumgereicht, einmal, mehrmals, auch für mehrere Tage.

Nationalfeiertage, Weihnachten und Neujahr, Karneval, Ostern usw. sind Feste, die auf allen Inseln gleichermaßen gefeiert werden. Sternsinger, **Canta Reis,** ziehen am Neujahrstag und nicht erst zu Drei Könige von Haus zu Haus. Meist erwachsene Musikanten spielen und singen. Auf ein spezielles Lied werden sie hereingebeten und bewirtet. Daneben aber hat jede Insel und jeder Kirchenbezirk sein Fest am Tag des Schutzpatrons, das durch die Prozesson zu Ehren von São João, Santo António, Santa Cruz, Santa Catarina, Nossa Senhora da Luz etc. pp. offiziell eröffnet wird. Der weltliche Teil des Festes aber macht sich selbstständig, und schon Tage vorher entstehen Buden aus Stangen und improvisierten Zeltplanen aus zusammengenähten Maissäcken. Hier kann man Büchsenpyramiden einwerfen, Glücksräder drehen oder würfeln. In kleinen Buden verkauft man Bier aus der Kühltruhe, während in wenig größeren sich die Gäste bei Cachupa und *Canja* (Suppe) drängen. Für die Besucher von Nachbarinseln werden Sonderfähren eingesetzt, die Aluguers fahren die ganze Nacht bis in die letzten Dörfer, und so trifft sich jeder mit jedem. Wochenlang haben die Trommler geübt, ihre Trommeln gespannt, um in scharfem Rhythmus, begleitet von Pfeifen, durch den Ort zu ziehen. Wo sie auftauchen, wird die Colá getanzt (siehe Colá São João im Kapitel zur Musik).

Erst in den letzten Jahrzehnten überschneiden sich die Formen des Nordens und des Südens auf den traditionellen Festen. Die afrikanisch geprägten **Batuco, Tabanca** und **Funana** waren in Santo Antão und São Nicolau unbekannt; sieht man sie im Norden, darf man auch heute noch vermuten, dass einige Badios die Gruppe anleiten. Tabancas werden bis heute nur in Santiago ab Mai gefeiert. Das Wort hat ein Bedeutungsfeld wie das im islamischen Afrika gebräuchliche „Umma“: Fest,

Gemeinschaft, Dorf, Solidarität. Die kostümierten Teilnehmer spielen fröhlich auf Trommeln und Hörnern.

Ein richtiges traditionelles Fest bedarf eines **Pferderennens.** Und das ist eine überaus professionelle Veranstaltung. Die zierlichen Araberpferdchen kommen per Schiff von allen Inseln angereist, begleitet von Pferdenarren, deren Leib und Seele im Rhythmus der Pferdebeinchen schwingt. Da wird gestriegelt und gewiegelt, gefüttert und massiert und tagelang gefachsimpelt.

Man hat begonnen, den Wert ländlicher Tradition wiederzuentdecken; in Porto Novo, bei São João, wird eine Art **Freilichtmuseum** eingerichtet mit traditionellen strohgedeckten Häuschen, zwischen denen am Festtag ein Paar Stiere seine Runden am *Trapiche* (Zuckerpresse) dreht.

Nho São Filipe wird am 1. Mai in Fogo gefeiert und ist eines der ältesten Feste im Land. Die Feierlichkeiten werden auch *Bandeiras* (Fahnen) genannt, weil diese zum traditionellen Symbol des Festes wurden (siehe bei Fogo).

São João (Johannes der Täufer) ist ein besonders fleißiger Schutzheiliger, der auf allen Inseln anzutreffen ist (s.a. Colá São João im Kapitel zur Musik.)

In **Brava** werden Votivgeschenke an einen Mast gebunden und zurückgelassen.

Karneval ist so richtig nach kreolischem Geschmack. Die bekanntesten Beispiele kreolischen Karnevals, Rio de Janeiro, Baía, Kariben und Louisiana, begeistern weltweit mit ihren farbenfrohen glitzernden Tanzgruppen und Motivwagen. Cabo Verde macht seiner Rolle als kreolischer Ursprungsnation alle Ehre mit einem Karneval, der natürlich kleiner ist, aber sonst in nichts dem der brasilianischen Metropolen nachsteht. Jung und Alt, Arm und Reich feiern Tage und Nächte in bunten Kostümen mit heiterer Musik. Aufwendige **Paraden und Umzüge** werden weit im Voraus geplant und geprobt. Am Fa-

ka-f-251 Foto: fu

Impression aus dem Karneval

schingswochenende ziehen sie probeweise durch die Vorstädte. Kinder und Jugendliche organisieren ihre eigenen kleinen Umzüge mit wildem Trommeln auf Kanistern und Blechbüchsen in Verkleidungen, in denen man jede Menge eigener Fantasie erkennt und nur selten eine industrielle Vorgabe.

Am schönsten und größten ist der Karneval von **Mindelo.** Das beste Ereignis der letzten Jahre war die **mitternächtliche Samba-Parade** durch die Altstadt von Mindelo. Die Menschen flanieren schon Stunden zuvor in den verrücktesten Kostümen auf und ab und machen die Wartezeit zu einem nicht weniger interessanten Spektakel. Jeder will sehen und gesehen werden. Endlich kündigen Signalraketen über dem alten Zollgebäude die Ankunft der Tänzer an, und die Rua Lisboa gehört ihnen. In glitzernden Kostümen mit ausladendem Federschmuck tanzen alle Generationen. Vor allem die männlichen Zuschauer machen die Augen etwas weiter auf, wenn Vortänzerinnen in knappen Kostümen über vibrierenden Hüften die Stimmung anheizen. Gruppen junger Tänzerinnen und Tänzer flirren mit leichten Schritten die Straßen hinauf und hinunter. Die Älteren, Menschen bis weit über 70, lassen ihren Schmuck gemessenen Schrittes harmonisch schwingen. Musik- und Trommlergruppen geben den munteren Rhythmus vor und alle singen mit. Da es kühl ist und sich wegen der Taschendiebe keiner traut, viel Geld mitzunehmen, fließt wenig Alkohol und die Stimmung bleibt ausgelassen und fröhlich bis in die frühen Morgenstunden.

Der große **Umzug durch die Innenstadt** folgt am Dienstagnachmittag, an dem jeder alleine oder in Gruppe teilnehmen kann. Auf überdimensionalen Festwagen tanzen Faschingsprinzessinnen in Pfauenfedern. Auch die Sambaschulen sind wieder dabei. Motivwagen greifen nur selten Politisches auf und legen mehr Wert auf Ästhetik. Da der Zug riesengroß und die Altstadt winzigklein ist, zieht er gleich zweimal durch.

Quartiere und Flüge in dieser Zeit muss man langfristig vorbuchen. Der Termin folgt dem kirchlichen Kalender und ist somit auf der ganzen Welt gleich.

ka-f-254 Foto: fu

Die Inseln Cabo Verdes

ka-b-255 Foto: bö

ka-f-255 Foto: fu

Im fruchtbaren
Ribeira do Paúl auf Santo Antão

Baia das Gatas/São Vicente

Transport von Grogue-Fässern

Sal

Sal ist keine Liebe auf den ersten Blick. Beim Landeanflug auf die Insel schweift das Auge über eine **flache braune Mondlandschaft.** Der Wind aus immer gleicher Richtung beugt die spärliche Vegetation und weht bunte Plastiktüten über das ausgebrannte, in Jahrmillionen flach gebügelte Land. „Das ödeste Eiland, auf dem je eine Linienmaschine gelandet ist" (Geo, 1978); „rund um das Rollfeld des Flughafens von Sal erwartet uns eine Geröllwüste, staubiger als der Mond, trockener als Fuerte" (Surf, 9/1998); „hier landet jeder, der aus Übersee einfliegt, und jeder erlebt den gleichen Horror vacui beim Anblick des tellerflachen, kahlen Inselleibes, der nichts auf der Haut hat als Salz, Sand und Sonne – aber all das im Überfluß" (Geo 2/1998) – so wird dieser Fleck Sahara mitten im tiefblauen Atlantik beschrieben. Aber wir können Sie beruhigen: Sal ist nicht Cabo Verde, Sal ist nur der Anfang.

Name und Form der Insel passen perfekt zu den wichtigsten historischen Funktionen der Insel. Sie heißt Sal (port. = Salz) nach den eventuell schon vor der Entdeckung durch die Portugiesen von westafrikanischen Seefahrern genutzten natürlichen **Salinen.** Sie hat die Form eines riesigen Flugzeugträgers, lang gestreckt, flach mit nur wenigen kleinen Vulkanschloten als Aufbauten, wo Antennen und Radarschirme ihren Platz finden. 30 km Nord-Süd-Ausdehnung und 12 km Breite in West-Ost-

Am Strand von Santa Maria

Richtung und 216 km^2 Fläche bieten den idealen Standpunkt für den internationalen **Flughafen Amilcar Cabral,** die Verbindungstür Cabo Verdes zur Welt.

In Sal kommt man an, um möglichst rasch weiterzufliegen und die reizvolleren Inseln zu erkunden. In Sal bleibt man, wenn man als Windsurfer, Taucher oder Sonnenanbeter sein Eldorado an den riesigen hellen Stränden gefunden hat. Von November bis Juni hält ein kräftiger Passatwind die Segel stramm gefüllt, lässt die bunte Meute vor dem Horizont dahinfliegen und hebt die Kitesurfer hoch in den Himmel.

Die **Sonne** scheint **an 350 Tagen im Jahr,** Schatten gibt es nur, wenn man ihn selbst mitbringt.

Santa Maria, ein bis in die 1970er Jahre winziges Dörfchen von Salinenarbeitern, Fischern und Hirten am endlosen Sandstrand, mausert sich zur synthetischen Touristenstadt, der bisher einzigen im Land. Und es herrscht Goldgräberstimmung an einem Ort, den vor 20 Jahren kaum ein Reisebüro zu nennen wusste und wo heute mehr als 50% aller Übernachtungen der Tourismusbranche in Cabo Verde anfällt.

Die großen Goldgräber bauen Luxushotels mit Süßwasserpools und Hunderten von Betten. Die kleinen Goldgräber verwandeln verschlafene Hinterhöfe in Cafés, Boutiquen, Töpfereien und Internetcafés. Und die ganz kleinen Goldgräber mit von Wind und Salz zer-

250_912sw Foto: re

zaustem Blondschopf verdienen sich ihre Semesterferien in lieblos an den Strand geklatschten Containern unter den weltweit gleichen Wimpeln des internationalen Windsurf-Business. Kurz: Santa Maria boomt.

Geschichte

Die Kapitäne *Diego Gomes* und *António da Noli,* unterwegs im Dienste der portugiesischen Krone, sichteten die Insel **1460.** Sie nannten sie zunächst Llana oder Plana (flach). Erst nach der Entdeckung der Salinen von Pedra de Lume wurde ihr Name in Sal (Salz) geändert. Sal war unbewohnt und diente bis zum 17. Jahrhundert als Weideland. Erst als der Bedarf an Salz und Nutztieren stieg, weitete sich die Besiedlung durch Sklaven von der benachbarten Insel Boa Vista her aus. Salz war nicht nur ein wertvoller Rohstoff. Es diente den Schiffen auch als Ballast. Die Kolonialregierung schenkte Sal nur wenig Aufmerksamkeit, die Bewohner fristeten ihr Dasein in ärmlichen Verhältnissen.

Im Jahre 1720 gelangte der englische Kapitän *Roberts* nach Sal und Boa Vista auf der Suche nach Fleisch und Salz, Proviant für eine Reise in die Karibik. Er beschrieb eine Ansiedlung von Fischerhütten in Palmeira, einige Hirten weideten ihre Ziegen. Sonst sei er kaum Menschen begegnet.

Der heutige Ort **Santa Maria** wurde **1830** von *Manuel António Martins* **gegründet,** der die natürlichen Salinen modernisierte und die Konkurrenten auf der Insel Maio ausstach. Teilweise wurde noch mit Sklaven gearbeitet. Mehr als **30.000 Tonnen Salz** passierten jährlich das Dock in Santa Maria. Bis 1887 wurde das Salz hauptsächlich nach Brasilien verschifft. Doch als Brasilien die Einfuhrzölle für Salz erhöhte, um die eigene Salzindustrie zu unterstützen, gab es auf Sal einen ersten wirtschaftlichen Einbruch. 1903 schlossen sich die Salzhändler von Santa Maria mit einer französischen Salzfirma zusammen. Doch die ging schon 1907 bankrott. Bald darauf, im Jahre 1914, gingen die Unternehmer von Sal eine Kooperation mit einer deutschen Firma ein. Als auch dieses Projekt scheiterte, mussten viele Arbeit auf anderen Inseln suchen. Die Zurückbleibenden bestritten ihren Lebensunterhalt durch den Export von Pökelfisch nach São Tomé und auf die anderen Inseln. 1927 blühte der Salzexport in den Belgisch-Kongo unter portugiesischer Regie auf. Santa Maria erwachte wieder zum Leben. Die harte, ungesunde Arbeit wurde zuletzt von portugiesischen politischen Sträflingen verrichtet. Seit 1984 dienen die Salinen nur noch der Eigenproduktion.

1930 gründeten Portugiesen eine **Thunfischfabrik** in Santa Maria. Die in Dosen gefüllten Fische wurden nach Italien, Portugal und in die USA exportiert. Als Italien Mitte der 1960er Jahre plötzlich eine Hähnchenwelle erlebte, die den Thunfischkonsum weitgehend ersetzte, war die Fabrik nahe dem Ruin. In den 1990ern brachte die Umstellung auf Verpackungs- und Hygieneverordnungen der EU große Probleme und das Aus für einige Fabriken. Die Thunfischindustrie in Sal jedoch konnte sich dank der hervorragenden Qualität behaupten; in der Rua 15 de Agosto neben den Hotel Odjo d'Água wird weiterhin Thunfisch in Dosen gefüllt.

1939 wollten sich die faschistischen Achsenmächte den militärisch-geostrategischen Vorteil Cabo Verdes für den Zweiten Weltkrieg sichern. Die italienische Regierung unter *Mussolini* unterstützte Portugal beim **Bau eines internationalen Flughafens** auf Sal, nicht zuletzt um eine vom französischen Kolonialgebiet unabhängige Möglichkeit zum Auftanken der Flugzeuge auf den Routen nach Südamerika zu besitzen. Für die zivile Luftfahrt wurde er nach Kriegsende 1949 fertig gestellt.

Nach der Unabhängigkeit wurde der Flughafen in **Aeroporto International Amilcar Cabral** umbenannt. Er war der einzige im subsaharischen Afrika, der dem Apartheidregime Südafrikas Überflug und Zwischenlandung gestattete. Für das junge Cabo Verde bedeutete dies regelmäßige Flugverbindungen nach New York, Frankfurt, Amsterdam und dringend benötigte Devisen.

Bis heute ist der Flughafen eine wichtige internationale Drehscheibe. Zwei Start- und Landebahnen, moderne Flugsicherungsanlagen, eine eigene Stromversorgung, Wasserversorgung durch die Entsalzungsanlage in Palmeira und Runway-Beleuchtung ermöglichen einen reibungslosen Flugverkehr bei Tag und Nacht von der kleinsten einmotorigen Maschine bis zu den größten Flugzeugen der Welt, den Antonovs, die man regelmäßig auf Sal zum Auftanken sieht. Außer der nationalen Airline TACV landet ein gutes Dutzend internationaler Passagier-Airlines planmäßig auf Sal, teils als Endstation, teils zum Austausch von Besatzungen.

1967 baute der belgische Industrielle *Vynckier* ein kleines **Gästehaus am Strand von Santa Maria.** Der Bau der **Pousada Morabeza** nach 1974 wurde notwendig, um Besatzungen der südafrikanischen Fluglinie SAA unterzubringen. Das Morabeza wuchs zum Hotel, der **internationale Tourismus** nahm seinen Anfang. 1986 baute die kapverdische Regierung das Bungalowhotel Belorizonte. Die Infrastruktur, Strom, Wasser, Hafen und Flughafen wurden systematisch verbessert, und 1989 folgte ein weiterer Hotelneubau durch die russische Fluggesellschaft Aeroflot, die ebenfalls Quartiere für ihre Crews brauchte bei Flügen von Moskau nach Buenos Aires. Mit dem Untergang der Sowjetunion wechselte das Hotel Besitzer und Namen: Aus Aeroflot wurde Albatróz. Die MPD-Regierung der 1990er Jahre lockte Investoren mit großzügigen Anreizen. Vorwiegend italienische Hotelketten folgten dem Ruf mit Komplettanlagen, die Luxus „all inclusive" verkaufen, was Restaurant-, Taxi- und Barbesitzer nicht nur glücklich stimmt, wenn für die Gäste alles vom Bett übers Essen und Trinken bis zum Busausflug und Mietfahrrad in Europa organisiert und abgerechnet wird. Auf der größten Baustelle des Landes, in **Ponta Preta** bei Santa Maria, ensteht zurzeit ein **2000-Betten-Hotel** der TUI, von dem man sich ein entwicklungsfreundlicheres Konzept erhofft auf dem offensichtlich unvermeidlichen Weg in den Massen-Strandtourismus.

03150008sw Foto: re

Informationen zur Insel

Sal ist die **flachste und sonnenreichste Insel. Windreichtum und Wasserarmut** geben der Vegetation kaum eine Chance. Doch der erste Eindruck täuscht: Sal war früher durchaus in der Lage, seine Bevölkerung mit landwirtschaftlichen Produkten zu versorgen. Nördlich von Espargos liegt die weite, abflussfreie **Senke der Terra Boa** (Gutes Land), die mit nur einem Regenguss pro Jahr eine Ernte ermöglicht.

Die **Demographie** Sals spiegelt die Sonderstellung der Insel als Flughafen- und Tourismusresort in rasanter Entwicklung wieder. In wenig mehr als 10 Jahren hat sich die Bevölkerung durch Zuwanderung von Arbeitskräften verdoppelt. Die heute 18.000 Menschen sind extrem jung. Nur 3% sind älter als 40 Jahre. Sie sind extrem aktiv, und sie haben Arbeit. 92% sind von der Sozialversicherung erfasst (zum Vergleich: Inselinneres von Santiago unter 10%). Und es gibt, im Gegensatz zu dem – so häufig übertrieben dargestellten – Frauenüberschuss des Landes, auf Sal einen deutlichen Männerüberschuss.

Außerhalb der wenigen Ortschaften ist die Insel **nahezu unbewohnt.** Gelbe und braune Farben dominieren den Inselrücken, aus dem sich nur im Norden vulkanische Hügel erheben und im höchsten Punkt, dem **Monte Grande (403 m),** sowie dem **Monte Leste (263 m)** „gipfeln". Geologisch interessant sind ehemalige Strandlinien und Brandungshöhlen an den Vulkankegeln, aus denen man erkennen kann, dass die östlichen Inseln in früheren Zeiten wesentlich tiefer lagen. Auch sind diese die ältesten Inseln des Archipels, erkennbar an den fast vollständig von der Erosion abgetragenen und eingeebneten vulkanischen Strukturen. Im Tertiär war genügend Zeit zur Ablagerung mariner Sedimente. Mit der Anhebung der Inseln gelangten diese an die Oberfläche, so dass man auf Sal, Boa Vista und Maio nicht nur vulkanisches Gestein, sondern auch große Mengen Kalk und Gips findet.

Cistanche phelypaea –
der „Spargel" von Espargos

Den **Norden** Sals umgeben **steile Felsenküsten,** denen kleine Riffe und winzige Felsinseln vorgelagert sind. Diese Region ist von breiten Muldentälern wie der Terra Boa durchzogen, während sich der **Süden flach und horizontal** erstreckt und Regenwasser in weiten Sandbuchten versickern lässt.

Die **spärliche Wildvegetation** beschränkt sich hauptsächlich auf einjährige Arten, darunter die Sonnenwende, Salbei und eine Reihe von Gräsern, daneben auch die verholzende endemische Wolfsmilch *(Euphorbia tuceyana)*. Auffallend sind die bis zu 40 cm hohen gelben, wunderschönen Kerzenblüten *(Cistanche phelypaea)*, die ganz ohne Blattwerk unvermittelt aus dem Sand wachsen. Die öde Wüstenlandschaft ist von ein paar Akazien und Palmen durchsetzt, die der beständige Wind nach Südwesten beugt. Zum Schutz vor Wasserverdunstung und Ziegenfraß muss jeder junge Baum durch ein altes Ölfass oder durchbrochenes Mauerwerk geschützt werden, um gedeihen zu können.

Vila dos Espargos

In der Mitte der Insel, rund 3 km nordöstlich des Flughafens, liegt die **größte Stadt der Insel,** Vila dos Espargos, benannt nach den wie Spargel aus dem Sand sprießenden gelben Blüten der Wüstenpflanze **Cistanche phelypaea.** Sie hat kein eigenes Blattwerk und kämpft sich doch erfolgreich durch den Sand, indem sie Wurzeln und Reste anderer Pflanzen nutzt – sicherlich keine schlechte Namenswahl als Symbol für die trotz aller Unbillen der Natur tapfer überlebende Gemeinde. Und wie die Cistanchen schießen auch die Einwohnerzahlen in die Höhe dank Flughafen und Tourismus.

Die etwa **8000 Einwohner** leben, wie alle Flughafengemeinden, ein internationales Leben. Der Flughafen gibt den Rhythmus vor, selbst die kleinsten Dinge des Alltags folgen ihm. Man lebt zugleich in der Kleinstadt und im Vorort einer fiktiven Großstadt, die aus allen Flughäfen rund um den Atlantik besteht. Fällt der Dollar, dann kauft man Windeln in Boston, steigt er wieder, bringt man sie aus München mit.

Die typischen ebenerdigen Häuschen mit Ziegeldach sind in 15 Jahren fast vollständig verschwunden und nur noch im Norden, in **Preguiça,** zu finden. Mehrstöckige Betonbauten beherrschen das Bild, durchsetzt mit Läden und Restaurants; im Osten, in **Hortalã,** finden sich die aufwendigeren Wohnhäuser der Besserverdienenden.

Über allem trohnt der **Monte Curral** mit Parabolantennen für den zivilen Richtfunk und einem neuen Radarturm.

Das **Hotel Atlântico,** ein modernes, gut geführtes Pavillonhotel am Ortseingang, verkörpert die Geschichte **Espargos'.** Mit der Unabhängigkeit stand die aus Fertigteilen zusammengeschraubte portugiesische Offizierskaserne plötzlich leer und das Hotel zog ein. Zwar hatten die Herren Offiziere zum Abschied Waschbecken zerschlagen und die elektrische Anlage abgefackelt, dennoch waren die großen Zimmer mit eigenem Bad das Beste, was die Insel zu

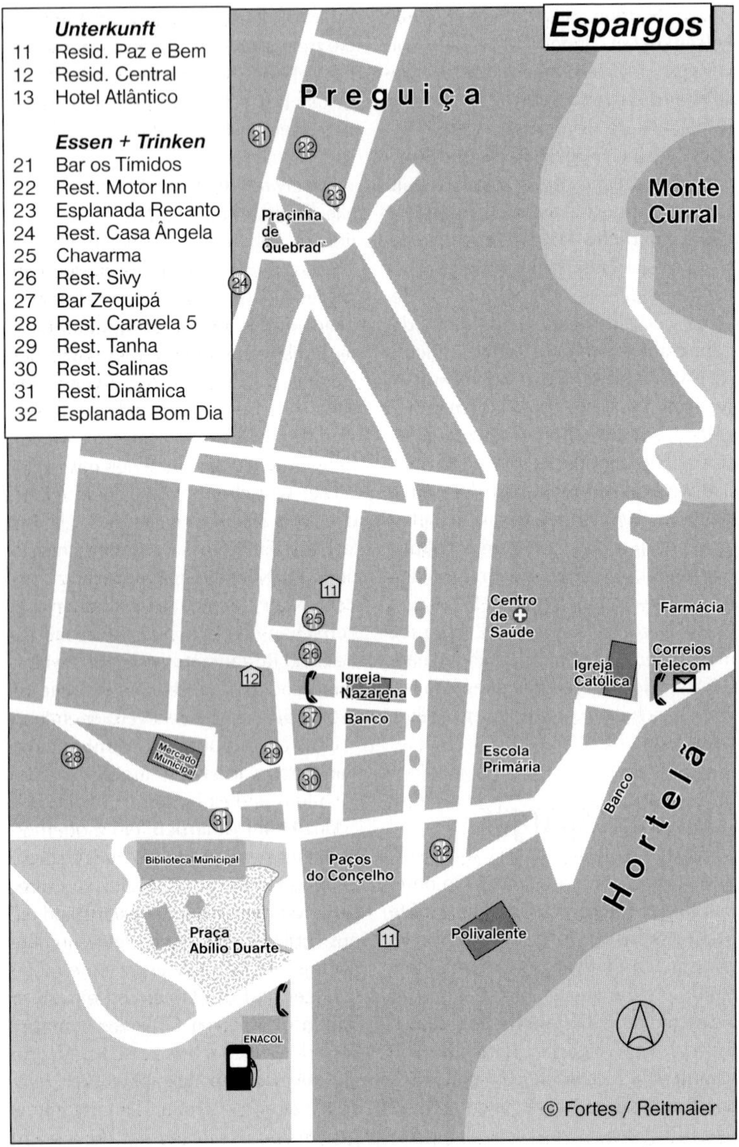
Espargos
Unterkunft
11 Resid. Paz e Bem
12 Resid. Central
13 Hotel Atlântico
Essen + Trinken
21 Bar os Tímidos
22 Rest. Motor Inn
23 Esplanada Recanto
24 Rest. Casa Ângela
25 Chavarma
26 Rest. Sivy
27 Bar Zequipá
28 Rest. Caravela 5
29 Rest. Tanha
30 Rest. Salinas
31 Rest. Dinâmica
32 Esplanada Bom Dia
Preguiça
Monte Curral
Praçinha de Quebrad
Centro de Saúde
Farmácia
Correios Telecom
Igreja Católica
Igreja Nazarena
Banco
Escola Primária
Mercado Municipal
Biblioteca Municipal
Paços do Conçelho
Praça Abílio Duarte
Polivalente
Banco
Hortelã
ENACOL
© Fortes / Reitmaier

bieten hatte. Bei meinem ersten Aufenthalt im Atlântico, 1981, bekam ich eines der „guten" Zimmer, in dem weder Waschbecken noch Duschtasse zerbrochen waren. Im Eimer daneben stand Wasser, das Schloss wurde durch einen Besenstiel ersetzt, und pünktlich zum Abendessen fand sich ein Kätzchen ein. Es kam und ging erhobenen Hauptes durch das Loch in der Tür, das ein Stiefel hinterlassen hatte. Und doch erschien dies wie selbstverständlich, denn zur Zeit der Unabhängigkeit lebten in Espargos nur wenige besser. Ungewöhnlich ist, wie sich im Atlântico das Neue aus dem Alten entwickeln konnte. Nur das Empfangsgebäude mit Restaurant und die Küche sind neu. Ansonsten hat sich die Litanei des globalen Standardtourismus mit Air Condition, TV, Telefon and Frigobar Einzug in der alten Bausubstanz durchgesetzt. Bei Renovierungsarbeiten erkennt man noch die alten Stahlgerippe der Fertigbauteile als Armierung im Beton.

Die Gasthäuser Espargos' dienen hauptsächlich Durchreisenden. Sie sind darauf vorbereitet, zu ungewöhnlichen Zeiten zu wecken und ein Taxi zum Flughafen zu besorgen, so man es rechtzeitig und verständlich, am besten schriftlich, anmeldet.

Für den Touristen, der auf Sal bleibt, erscheint Espargos als Versorgungs- und Verwaltungszentrum. Hier ist der Sitz des Bürgermeisters, der Stadtbibliothek, der Hauptpost und der Banken. Die Geschäfte verkaufen zu landesüblichen Preisen ohne Touristenaufschlag. Ein Gesundheitszentrum und eine Apotheke sorgen für das Wohlergehen.

Von der Hauptkreuzung am Ortseingang, neben dem Landratsamt Paços do Concelho, starten die Sammeltaxis zum Flughafen, nach Santa Maria und Palmeira.

Pedra de Lume

Pedra de Lume (feuriges Gestein) ist eine natürliche, ehemals industriell genutze **Saline im Krater des gleichnamigen niedrigen Vulkans.** Der Name bezeichnet auch das kleine Dorf der Salzarbeiter, wo heute nur noch wenige Fischer wohnen.

Die Einsturzcaldeira misst etwa 900 Meter im Durchmesser, ihr Boden liegt unterhalb des Meeresspiegels. Da das umgebende Gestein porös ist, kann Meerwasser einsickern und verdunsten und das Salz erscheint als schneeweiß gleißende Schicht auf der Oberfläche.

Die natürlichen Salinen der östlichen Inseln wurden eventuell schon vor der Entdeckung durch die Portugiesen von westafrikanischen Seefahrern genutzt – zumindest lässt sich dies mit etwas Fantasie aus arabischen Karten des 11. Jahrhunderts schließen, auf denen Salzinseln westlich der senegalesischen Küste verzeichnet sind. Andere sprechen von Phöniziern und verlegen die Fantasien noch weiter zurück. Einen Beweis gibt es nicht.

In der Zeit des Sklavenhandels wurde das Salz vorwiegend für den Eigenbedarf und zum Pökeln von Schiffsproviant verwendet. Mit der Ausweitung des Kolonialsystems in die tropischen, extrem salzarmen Regionen Afrikas und dem wachsenden Schiffsverkehr via Cabo Verde stieg die Nachfrage nach Salzexporten.

Nachdem **1833** entdeckt wurde, dass sich im Untergrund von Pedra de Lume **auch Steinsalz** angelagert hat, begann die industrielle Nutzung. Windräder trieben Pumpen an, mit denen Meerwasser beschleunigt durch die Salzlager geleitet und als angereicherte Sole an die Oberfläche zur Verdunstung gebracht wurde. Nach etwa zwei Monaten bereits konnten respektable Mengen Salz geerntet werden.

Als erster entwickelte der Portugiese **Manuel António Martins** den **Salzhandel** auf Sal ähnlich vorbestehender Aktivitäten auf Maio und Boa Vista. Den schwierigen Transport vom Krater zum Hafen bewältigte man mit Lasttieren. Später wurde der Tunnel unterhalb des Kraterrandes gegraben. Im Jahre 1919 kauften ein Geschäftsmann aus Santa Maria und eine französische Salzhandelsgesellschaft die Saline von den Erben Martins'. Sie beschäftigten zur Blütezeit mehrere hundert Arbeiter, die Tag für Tag das neu kristallisierte Salz zusammenkratzten. Eine technische Errungenschaft war **1922** der Bau einer 1100 m langen **Seilbahn,** die in der Lage war, 25 Tonnen Salz pro Stunde abzutransportieren. Noch heute ist ihr morsches Gebälk zu besichtigen. Schüttelsiebe und Förderbänder zerkleinerten das Salz bevor es in Säcke abgefüllt wurde. In der Bucht von Pedra de Lume warteten Stahlbarken auf die Ware und brachten sie zu größeren Schiffe auf Reede. Zu den Exportzielen zählten vor allem französische und belgische Kolonialgebiete in Afrika, wie Niger, Zaire, Zentralafrika und Tschad, aber auch Guinea-Bissau und Brasilien. Mitte des 20. Jahrhunderts ließen zunehmende Konkurrenz (Südafrika, Namibia, Algerien) und fortschrittlichere Konservierungsmethoden die Salzpreise auf weniger als die Hälfte fallen. So wurde die Salzgewinnung seit den 1970er Jahren nach und nach verringert und schließlich im Jahre 1984 bis auf eine minimale Eigenproduktion ganz eingestellt.

Mit der **Aufgabe der Saline** zerfielen der Ort Pedra de Lume, die Seilbahn, die Arbeitunterkünfte und die Lagerhallen zur filmreifen **Geisterstadt.** Vor wenigen Jahren noch fühlte man sich wie in „High Noon" im Staub des einsamen, sonnendurchglühten Kirchplatzes. Heute hat man eher den Eindruck, ein Filmmuseum zu besichtigen. Ein italienischer Tourismusunternehmer hat Ort und Saline gekauft, den Weg entlang der Seilbahn herrichten lassen, so dass man ohne Mühe in den Krater gelangt. Unmittelbar neben der ehemaligen Verladestation kann man sich in der Sole gesund baden – oder sollte man sagen auf der Sole, denn sie ist so konzentriert, dass der Oberkörper halb aus dem Wasser schaut.

Durstig durch den Verlust von Körperwasser im Salz, von Sonne und Wind, findet man rasch seinen Weg zurück in das **typisch italienische Aus-**

Pedra de Lume – Saline im Krater

flugsrestaurant Cadamosto mit lang gestreckten Tischen für muntere Grüppchen mediterraner Urlauber und einer dazu passenden Speisekarte.

Palmeira

Das ehemalige Fischerdorf Palmeira ist zur Technikzentrale der Insel geworden. 1983 wurde hier die **Meerwasser-Entsalzungsanlage** (Umkehrosmose) gebaut, die Espargos und den Flughafen mit Trinkwasser versorgt. Der **Hafen** wurde von der UdSSR geplant und 1986 eingeweiht. Am 140 m langen Kai können Schiffe bis zu 600 BRT anlegen im regionalen Schiffsverkehr und um Kerosin zu liefern, das durch Pipelines zum Flughafen gelangt. In der **Langusten-Farm** warten die Tiere auf ihr Flugzeug, das sie in wenigen Stunden in Europas Feinschmeckerlokale bringt. Segler aus aller Herren Ländern beleben die Bucht, die in Ruhe versinkt, solange kein Schiff zu entladen ist. Die Ortschaft wirkt von Jahr zu Jahr aufgeräumter. Die kleinen Blechhütten werden nach Westen verdrängt von ansehnlichen einstöckigen Häusern und angelegten Plätzen. Ihre Bewohner leben vom Hafen, der lokalen Industrie und vom Fischfang.

Kurz vor dem Ortseingang biegt eine Piste nach Süden zur Bucht **Baía da Fontana** mit Sandstrand ab. Nach Norden, an der Küste entlang, führt die Piste nach etwa 5 km zur **Buracona,** in de-

247_443sw Foto: re

ren natürlichem Pool sich das Meer bricht. Für Taucher sind die Höhlen und unterseeischen Blöcke faszinierend. Nur ein paar Meter entfernt durchbricht ein ovales Loch die Felsdecke, das **Olho Azul** (Blaues Auge). Zwischen 11 und 13 Uhr bricht sich das Sonnenlicht im Meerwasser und bringt es zu intensivem, türkisblauem Leuchten (bitte Warnmarkierungen beachten!)

In den menschenleeren Norden zweigt südlich von Buracona eine Piste östlich ab zum Monte Leste und zur Ruine des Leuchtturms Farol de Fiura.

Baden in den Buchten des Nordens kann lebensgefährlich sein!

Santa Maria

Der kleine Ort Santa Maria im Süden der Insel ist Nutznießer und Opfer des Stereotyps vom Urlaub im Süden. Um kilometerlange weiße Strände, den türkisblauen, glasklaren Atlantik und tiefblauen Himmel auf die Platte zu bannen, braucht man weder die Geduld eines Landschaftsfotografen noch ein paar gnädige Bäume, die Uferautobahn und Marmorschleifereien verdecken. **Sand, Himmel und Meer** können hier nicht anders. Zu Uferautobahn und Fabriken hat es nie gereicht, und statt Bäumen kriechen salzliebende Pflänz-

250_917sw Foto: re

chen am Boden. Sand, Himmel und Meer im Überfluss und die ehemals vernichtende „flagelo do vento leste" (Geißel des Ostwinds) erlebten binnen weniger Jahre eine völlige Umkehr der Werte. Was Hunderttausende umgebracht oder vertrieben hatte, lockt plötzlich Hunderttausende aus dem industrialisierten Norden. Und kein Ort entspricht den Erwartungen nach Sand, Himmel und Meer so eindeutig – und so ausschließlich – wie Santa Maria.

Eine Viertelstunde genügt, um 16 km autobahnähnlicher Straße vom Flughafen nach Santa Maria zu überbrücken. Nach den ersten Metern passiert man ein großes, mit einer hohen Mauer umgebenes Gelände, in dem sich ein Flachbau versteckt. Dies ist der **Präsidentenpalast,** dessen Aufgabe offiziell darin besteht, ab und an den Präsidenten zu beherbergen. **Aristides Pereira** hatte ihn für Wichtigeres bauen lassen. Er genoss das Vertrauen gegensätzlicher Parteien und organisierte hier Ende der 1980er Jahre geheimdiplomatische Verhandlungen zwischen südafrikanischen, angolanischen, moçambiquanischen, amerikanischen und kubanischen Delegationen, die zur Deeskalation der Bürgerkriege und zur Beendigung der Apartheidspolitik in Südafrika beitrugen.

Die Straße schwingt sich hinab zur Westküste und begleitet die Feriensiedlung **Aldeamento Turístico da Murdeira.** Hier kauft sich ein Häuschen, wen es regelmäßig an Sand, Sonne und Meer zieht und wer Cabo Verde lieber in europäischer Gesellschaft in den eigenen vier Wänden und hinter einem gut bewachten Mäuerchen genießt.

Santa Maria – Surfer am Strand

Kein Strand oder Baum entlang der Straße. Einige zerfetzte Dattelpalmen ziehen hinter den Weidemauern ehemaliger Oasen vorbei. Verirrte Plastiktüten fliegen auf und fangen sich an rostigen Zäunen. Nichts als Nichts und ausgedörrtes Land bis zum Horizont, regelmäßig von Telefonmasten zerteilt. Einsam zeugt die **Kapelle Fátima** von der Existenz von Menschen, die man in der flimmernden Mittagshitze nirgends erkennt. In der Zeit der Siesta erinnert das **ehemalige Fischer- und Salinenarbeiterdorf Santa Maria** mit seinen fast **3000 Einwohnern** noch an alte Zeiten. Einstöckige Häuserzeilen, in Pastell getüncht, ziehen sich in mehreren Straßen parallel zum Strand. Doch schon sind sie durchbrochen durch höhere moderne Bauten, in denen Pensionen, Selbstbedienungsläden, Internetcafés und Andenkenshops untergekommen sind. Hölzerne **Windpumpen** vor dem Hotel Morabeza und das schön renovierte **Wäghaus an der Mole** erinnern an die Zeiten des Salzhandels. Auf Schienen kamen die mit Segeln unterstützten Loren an und wurden gewogen bevor ihr Inhalt im Bauch der Schiffe verschwand. Heute dient die Mole den Fischern als Anlegestelle, wo man ihnen täglich beim Anlanden des Fangs, beim Putzen des Fischs und beim Reparieren der Netze zusehen kann. Am späten Nachmittag erwacht das Dorf, lebt ei-

1 Igreja do Nazareno
2 Igreja Católica
3 Praça Leitão
4 Mercado Municipal

Unterkunft

11 Hotel Sobrado
12 Casa Amarela
13 Hotel Central
14 Hotel da Luz
15 Resid. Nha Terra
16 Resid. Alternativa
17 Resid. Relax
18 Hotel Morabeza
19 Hotel Les Alizés
20 Hotel Belorizonte
21 Resid. Mar e l´Eau
22 Hotel Albatróz
23 Aparthotel Stª Maria Beach
24 Aparthotel Léme Bedj
25 Hotel Odju di Água

Essen + Trinken

31 Gelateria
32 Disco Pirata
33 Rest. Macau China
34 Bar Lourdes
35 Rest. Katoy
36 Rest. Caverna
37 Rest. Americo's
38 Rest. Vulcão d'Fogo
39 Rest. Pescador
40 Bar Relax
41 Rest. Ceu Azul
42 Rest. Rosymar
43 Esplanada Mateus
44 Cultural Café
45 Café Kreol
46 Rest. Atlantis
47 Rest. Funaná
48 Rest. Chêtcheu
49 Bar Grill Blue Fish

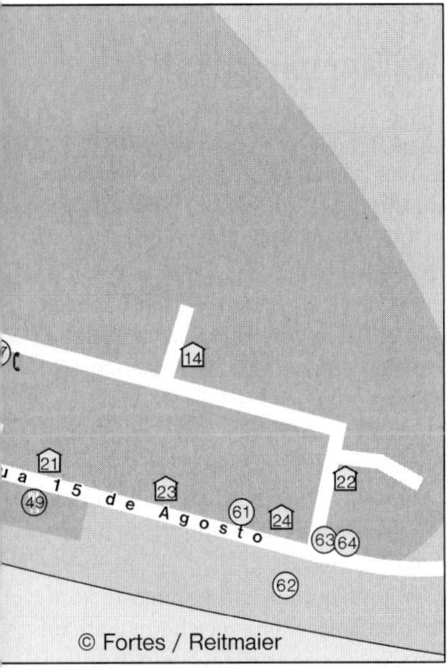

51 Banco
52 Farmácia
53 Cybercafé
54 TOUR CVTS
55 Caixa Económica
56 Cento Artesanato
57 Correios POST
58 SURF Club Mistral
59 DIVE Scubateam
60 DIVE Stingray
61 TOUR Planeta
62 SURF Planet Leme Bedj
63 SURF Fun Systems
64 SURF Angulo

nen noch immer ruhigen Rhythmus. Die Zeiten des absoluten Mangels sind vorrüber, und wer nicht im Tourismus arbeitet, findet sein Ein- und Auskommen in der blühenden Bauindustrie.

Direkt hinter dem Ort beginnt der **weite, feinsandige Strand, 100 bis 200 m breit,** wüstenhaft und ohne jeden Schatten. 8 km erstreckt er sich bis zur Südwestspitze der Insel nahe dem Leuchtturm. Vor den großen Hotels vermögen die Gäste ihn nur locker zu bevölkern. Wenige hundert Meter abseits wirkt er einsam wie immer. Die **Hotels** liegen hinter Glaswänden und Hecken vor dem Wind geschützt. Nur **Windsurf- und Tauchschulen** krabbeln bis fast in die Brandung.

Wer keinen Sport treibt, wer dem Stereotyp von Sand, Meer und Himmel nicht völlig ergeben ist, wird sich auf **Müßiggang** einstellen müssen. Ausflüge auf der Insel beschränken sich auf einen Rundgang an den Salinen von Pedra de Lume, eine Stunde „watching a ship roll in" am Hafen von Palmeira, einen Streifzug durch den Hauptort Espargos und die Beobachtung faszinierender Lichterspiele im Wasser von Buracona – das war's. Keine Baudenkmäler, keine Schluchten und Berge im Hinterland. Santa Maria ist Sand, Meer und Himmel im Überfluss und sonst nichts.

Wandern kann man, stundenlang, entlang der Strände und auf die Hügel und sich den perfekten Sonnenbrand holen, so man nicht bestens vorsorgt. Solange man genügend Wasser dabeihat, sind die Wege verzeihend, denn man kann sich nicht verlaufen.

Selbst das **Nachtleben** müssen die Touristen selbst mitbringen. Nachtschwärmer werden von den bunten Lichtern der Hoteldiscos und der zur Zeit beherrschenden **Disco Pirata** angelockt. Fehlen die Gäste, dann schläft alles ein.

Und gerade wegen diesen Einschränkungen ist Santa Maria das **Eldorado der Wassersportler!** Das klare Wasser mit 22–26°C lädt ständig zum Baden. Faul am Strand zu liegen ist schon schwieriger, denn außerhalb der Sommerferien bläst der Nord-Ost-Wind kräftig und treibt Wellen und Sand vor sich her. Dann ziehen sich die Gemütlichen an den geschützten Pool zurück, die Unermüdlichen sausen weiter und weiter über die Glattwasserpisten. Wer nicht selbst taucht oder fischt, hat seinen Spaß, Taucher und Fischer an der Pier zu beobachten. Noch ist Platz am Meer für jeden.

Die großen Hotels erstrecken sich in einer langen Geraden entlang der Bucht nach Westen, ähnlich weit wie sich das Dorf nach Osten ausdehnt. Doch schon greifen neue Straßen mit Laternen weiter hinaus in die Wüste bis **Algodoeiro** (port. = Baumwollfeld), und auch im Osten wächst Beton aus dem Sand.

Die ökologisch fragwürdigen Seiten des Tourismus sind an Land stärker zu spüren. Buggies und Motorräder zerpflügen sinnlos die Salinen, die Strandläufern und Reihern als Rückzugsgebiete gedient hatten. Das Umweltbewusstsein sowohl der kapverdianischen Bevölkerung als auch der Unternehmer und Gäste scheint erst im Erwachen.

Strände und Wasserverhältnisse

Das beste an Sal sind seine Strände; **das ganze Jahr über ist Badesaison. Kilometerlange, goldgelbe, feinsandige, schattenlose Strände** breiten sich in beide Richtungen des Ortes aus. Außer einigen salzliebenden Wüstenpflanzen gibt es kaum Vegetation, keine Palmen, keinen Strauch. Das Landschaftsbild nach Westen wird belebt von größeren **Dünen** bei **Algodoeiro.** Im Osten brechen sich die Wellen wütend an der zunehmend **felsigen Küste** in Richtung der **Serra Negra** (deutsch: Schwarzwald).

Wassersportler und Badegäste kommen in Santa Maria gleichermaßen auf ihre Kosten, wenn auch nicht immer gleichzeitig. Freuen sich die einen über einen strammen Passat, der sie durch die Wellen powern lässt, dann sehen sich die Strandgäste genötigt, den Windschutz am Hotelpool aufzusuchen, um nicht selbst zur Wanderdüne zu werden. Lässt der Wind hingegen nach – was im Sommer regelmäßig geschieht –, dann können sich auch Anfänger auf dem Brett versuchen, und die Badegäste räkeln sich genüsslich am Strand.

Das über dem hellen Sand **azurblaue, kristallklare Wasser** hat eine nahezu konstante Temperatur zwischen 22° und 26°C und in der Bucht von Santa Maria nur geringe Strömung, so dass auch weniger geübte Schwimmer ihren Weg zurück an Land finden. Je näher man jedoch der **Ponta do Sinó** oder der **Ponta do Léme Bedje** kommt, um so stärker und unberechenbarer werden die **Strömungen.** Ein vor wenigen Jahren in den Sand getriebener moderner Zweimaster mag als Warnung dienen.

Sport und Aktivitäten

Geübte **Windsurfer, Kitesurfer, Taucher und Sportangler** werden exzellent bedient von diesem Revier. Für den Anfänger jedoch können Wind und Strömung zu heftig sein. Die Gäste scheinen dies zu wissen, so dass Santa Maria ein Treffpunkt für die Freaks der Weltklasse geworden ist. Die besten **Surfspots** liegen zwischen der **Ponta do Léme Bedje** und den Hotels mit leicht ablandigem Wind von links. Hinter der Ponta do Léme Bedje, an der weit geschwungenen **Costa da Fragata,** ist der Wind noch etwas stärker und auflandig von links. Weshalb Fremdsprachen wenig zugeneigte Zungen dem Fregattvogel seine Küste sogar auf den Karten streitig zu machen suchen und sie sensationslüstern in „sharkbay" umbenennen, bleibt rätselhaft.

Auch wenn sich in Santa Maria an den wenigen felsigen Stellen sehr schön **schnorcheln und tauchen** lässt, ziehen die Erfahreneren die **nördliche Inselhälfte** mit ihren Felsen, Grotten und Buchten vor. Die in den Hotels von Santa Maria untergebrachten Tauchstationen sowie die modern ausgestattete Tauchschule in Murdeira sind hierauf vorbereitet und fahren zu Spots rund um die Insel.

Tennis und **Bogenschießen** werden angeboten, man kann sich auch ein **Mountainbike** leihen und die Insel erkunden.

Lärmende Strandbuggies und Quad-Motorräder sausen durch die Salinen und Dünen in der naiven Ansicht, Wüste sei ohnehin ökologisch wertloses Gelände und bestenfalls als kommunaler Sandkasten für kindliche Gemüter zu gebrauchen.

Hinweise auf Sport-, Tauch- und Surfstationen finden Sie im Kapitel „Sport/Praktische Tipps A–Z" und im Stadtplan.

Praktische Infos

Ankunft und Weiterreise

Der **internationale Flughafen Amilcar Cabral** liegt im Zentrum der Insel, südlich des Hauptorts Espargos.

Wenn Sie auf Sal bleiben, treffen Sie unmittelbar nach der Zollkontrolle auf ihren Abholer, oder Sie nehmen ein Taxi. Wenn Sie am nächsten Morgen bereits weiterfliegen, werden Sie vermutlich lieber im nahen und preisgünstigen Espargos übernachten wollen (Taxifahrt tagsüber 200, nachts 300 ECV). Für einen Strandurlaub geht es wahrscheinlich gleich weiter nach Santa Maria (Taxifahrt am Tag 700, nachts 1000 ECV).

Wenn Sie sofort auf andere Inseln weiterfliegen, folgen Sie der Haupthalle bis zu ihrem südlichen Ende. Dort finden Sie die Abflughalle für die nationalen Flüge, wo Sie sofort einchecken sollten, auch wenn der Abflugtermin noch ein paar Stunden auf sich warten lässt. Die TACV bemüht sich, möglichst alle Passagiere am Tag der Ankunft auf die Inseln zu verteilen, doch bereitet dies Schwierigkeiten, wenn auch nur ein internationales Flugzeug sich verspätet oder eine Maschine ausfällt. Flugplanänderungen sind somit häufig, und es kann auch vorkommen, dass Sie früher als erwartet eine Fluggelegenheit finden. Sollte noch kein Check-In stattfinden, dann lassen Sie **ihren Anschlussflug und alle weiteren Flüge im TACV-Büro in der Haupthalle bestätigen.** Wie in den meisten nicht-europäischen Ländern **müssen Flüge rückbestätigt werden,** auch wenn im Ticket bereits ein OK vermerkt ist.

In der Haupthalle finden Sie alles vom Geldwechsel über den Friseursalon zum Restaurant bis zu den Andenkenläden. Im Laden der Telecom können Sie auch ins Ausland **telefonieren,** eine Telefonkarte kaufen oder in Ihren E-Mails blättern.

Da Sie an den Flughäfen der anderen Inseln keine Banken vorfinden, sollten Sie noch in Sal **Geld wechseln.**

Für den internationalen Rückflug bieten die großen Hotels in Santa Maria den **Check-In im Hotel** an.

- **Flughafen:** Tel. 2411309.

Fluggesellschaften

- **TACV,** Flughafen, Tel. 2411268.
- **TAP,** Flughafen, Tel. 2411195, Fax 2411387.
- **Aeroflot,** Flughafen, Tel. 2421301.
- **South African Airways,** Flughafen, Tel. 2413695.

Ein neuer internationaler Flughafen auf Santiago wird nicht vor 2005 in Betrieb gehen.

Flugverbindungen zu anderen Inseln

(Änderungen vorbehalten, auch kurzfristig)

- **Santiago – São Vicente:** mehrmals täglich
- **Boa Vista – São Nicolau:** fast täglich
- **Fogo:** einmal wöchentlich direkt, täglich über Santiago
- **Maio:** nur via Santiago
- Flüge aus Sal haben nicht immer Anschluss an die Fähre nach Santo Antão am selben Tag (Zwischenübernachtung!).

Fährverbindungen, Segelboote

- Zwischen Sal und den anderen Inseln gibt es nur **unregelmäßige Fährverbindungen,** deren Priorität nicht der Passagier-, sondern der Frachtverkehr ist, so dass sich die Fahrpläne nach der Fracht richten. Auskünfte bei: Arca Verde, São Vicente, Tel. 2314979, Fax 2312055.
- Der **Hafen in Palmeira** ist der offizielle und beste **Landeplatz für Segler** mit der Möglichkeit, Wasser, Diesel und Lebensmittel aufzunehmen. Neuankömmlinge melden sich sofort bei der Hafenpolizei und beim Zoll am Flughafen. Boot nicht unbewacht lassen! Auch in der Bucht von Santa Maria können Segelboote ankern.

Reisen auf der Insel

Die Nord-Süd-Achse von Espargos über den Flughafen nach Santa Maria ist vierspurig ausgebaut. Die anderen Straßen sind kopfsteingepflastert.

Aluguers/Taxis/Busse

- **Am Flughafen** steht nach Ankunft der Flugzeuge eine Reihe von Taxis und Aluguers bereit für Fahrten nach Espargos (3 km, 5 Minuten) und Santa Maria (18 km, ca. 30 Minuten, ca. 1000 ECV).
- Zwischen 7 und 18 Uhr verkehrt etwa stündlich auch ein **Kleinbus von Espargos nach Santa Maria.**
- Von und zu internationalen Ankünften und Abflügen verkehren **Transferbusse der größeren Hotels.**
- Weitere **Aluguer-/Taxi-Stationen** finden sich in Espargos gegenüber dem Hotel Atlantico und in Santa Maria neben dem Restaurant Soleil.
- Für die **Anmietung eines Taxis oder Aluguers** von Espargos nach Pedra de Lume rechnen Sie etwa mit 500 ECV (einfache Strecke, Abholung evtl. vereinbaren). Nachts erfolgt ein Zuschlag von etwa 30%.
- Eine **Inselrundfahrt** (ca. 6 Stunden) kostet rund 7000 ECV.

Typischer kapverdianischer Gemischtwarenladen

Autoverleih

Für die Pisten im Osten, Westen und Norden abseits der Hauptstrecke ist ein **Geländewagen** geeignet. Die Preise beginnen bei 5000 ECV pro Tag (Hinterlegung ab 10.000 ECV). Sie können sich an folgende **Autovermietungen** wenden:

- **Alucar,** im Hotel Morabeza, Santa Maria, Tel. 2421187, Fax 421187, E-Mail: alucarslrc@cvtelecom.cv.
- **Salcar- Buggy,** Santa Maria, Tel. 2421840.
- **Hifacar,** Santa Maria, Tel. 2421651.
- **Mendes & Mendes,** im Hotel Atlântico, Espargos, Tel./Fax 2411503.
- **Melicar,** Espargos, Tel. 2411666.
- Die großen Hotels am Strand von Santa Maria vermieten Fahrräder und kleine Motorräder.

Unterkunft

Auf Sal gibt es **Unterkünfte verschiedenster Kategorien in Santa Maria und Espargos.** Quartiere in **Espargos** sind günstiger, 2 km vom Flughafen und somit ideal zum Zwischenübernachten. Santa Maria liegt am riesigen Sandstrand 16 km vom Flughafen und 18 km von Espargos. Die europäische Enklave der internationalen Hotels der gehobenen Preiskategorie liegt am westlichen Strandabschnitt, während die kleineren, internationalen und kapverdianischen Hotels und Pensionen im östlichen Strandabschnitt oder wenige Querstraßen davon entfernt im Ort angesiedelt sind. Pensionen der unteren Preisklassen können einfach sein, doch in aller Regel sind auch sie mit modernen Materialien re-

Sal

ka-s-271 Foto: st

noviert und blitzsauber. **Reservierung** ist sinnvoll und zu Ferienzeiten unabdingbar. Die großen Hotels werden über Reiseveranstalter weitaus günstiger angeboten als vor Ort. Clubhotels halten selbst organisiert Reisende ab, indem sie offiziell sehr hohe Preise ausweisen und ihren Clubgästen große Nachlässe einräumen.

Santa Maria

● **Hotel Crioula**
Tel. 2421615, Fax 2421379
E-Mail: crioulahotel@cvtelecom.cv
Italienisches Luxushotel am Ost-Strand, 15 Min. vom Ort, mit großem Pool, botanischem Garten, mehreren Restaurants, Bars und Schönheitsfarm. DZ ab ca. 12.000 ECV.

● **Hotel Bravo-Club, Villa do Farol**
Tel. 2421725, Fax 2421730
E-Mail: bravofarol@cvtelecom.cv
Italienisches Luxushotel am Ost-Strand, 15 Min. vom Ort, mit großem Swimmingpool, DZ ab ca. 12.000 ECV.

● **Hotel Djadsal Holiday Club**
C.P. 29. Santa Maria, Sal
Tel. 2421170, Fax 2421070
E-Mail: djadsal.hotel@cvtelecom.cv
Italienische „Holiday Village" am Ost-Strand, 10 Min. vom Ort, in marokkanischem Stil mit Club-Charakter. 205 Zimmer mit Bad oder Du/WC, Ventilator, Telefon, Balkon oder Veranda. Superior-Zimmer mit Klimaanlage und TV. Restaurant im Hotel und am Strand, italienische und kapverdianische Küche; mehrere Bars. Riesiger Meerwasser-Swimmingpool mit großem Kinderbereich; Amphitheater für Folklore, Disco; Tauchen (Blueway Dive Center Djadsal), Fischen, Windsurfen, Tischtennis, Bogenschießen, Verleih von Fahrrädern und Suzuki-Jeeps. Auch für Kongresse vorbereitet. DZ ab ca. 10.000 ECV.

● **Hotel Belorizonte und Hotel Novorizonte**
C.P. 63, Santa Maria, Sal
Tel. Belorizonte 2421045
Tel. Novorizonte 2421080
Fax 2421210
E-Mail: barceloasos.res@cvtelecom.cv
Zwei Bungalowhotels der Mittelklasse im Besitz der spanischen Gruppe Barceló-Oasis am Ost-Strand, 10 Min. vom Ort. Holzbungalows in einer weitläufigen schattigen Gartenanlage, jedes mit Veranda, Deckenventilator, TV, Telefon, Bad oder Du/WC. In den Superior-Zimmern für bis zu vierköpfige Familien auch Klimaanlage. Restaurant und Bar, beide mit Terrasse zum Süßwasser-Swimmingpool, internationale und kapverdianische Küche. DZ ab ca. 9000 ECV inkl. Frühstück und Transfer.

● **Hotel Morabeza**
C.P. 33, Santa Maria, Sal
Tel. 2421111, 2421020, Fax 2421005
E-Mail: info@hotelmorabeza.com
www.hotelmorabeza.com
Am Strand von Santa Maria, 5 Min. vom Ort, unweit der Piers; sehr erfahrenes kapverdianisches Oberklassehotel mit 140 Zimmern (DZ/EZ/Apartments) in vier Gebäudetrakten, ausgestattet mit TV, Ventilator, Bad oder Du/WC, Veranda oder Balkon; Restaurant/Bars im Hotel, Imbiss am Strand; Meerwasser-Swimmingpool; Diskothek. Windsurfen, Tauchen, Fischen, Trimaran-Fahrten, Fahrrad-Verleih, kleine Motorräder, Tennis, Minigolf, Billard, Bogenschießen. Das Hotel der erfahrenen Kap-Verde-Fans mit besonders guten Musikabenden und lokalem Reisebüro im Hause. DZ ca. 8000 ECV.

● **Hotel Odjo d'Agua**
Tel. 2421400, 2421430
E-Mail: odjodagua@cvtelecom.cv
Schöne Lage auf einer Klippe, direkt in der Bucht am Ort, strandnah, im Stil einer Hacienda, insgesamt 18 Einheiten (teils mit Kitchenette und Wohnzimmer), Veranda und Meerblick, Du/WC, Ventilator, Telefon, TV. Gutes Restaurant und Bar, Süßwasserpool; Babysitterservice auf Anfrage gegen Gebühr. DZ ab 9000 ECV (Frühstück 1000 ECV).

● **Hotel Albatróz**
C.P. 49, Santa Maria
Tel. 2421300, Fax 2421302
2 Min. vom Strand im Ort, 54 Zimmer mit Meerblick, TV, Telefon, Du/WC und kleinem Balkon; Restaurant, Bar, Meerwasser-Swimmingpool, Tennisplatz, Gartenanlage; DZ ab 6000 ECV.

● **Hotel Sobrado**
C.P. 25 Santa Maria
Tel. 2421720, Fax 2421715
E-Mail: hotelsobrado@cvtelecom.cv

8 Min. vom Strand, am Ortseingang, 25 Zimmer mit Du/WC, TV, Telefon, Balkon, Restaurant, Bar, Aufenthaltsräume.

● **Pensao Les Alizés**
C.P. 74, Santa Maria
Tel. 2421436, Fax 2421008
E-Mail: lesalizes@cvtelecom.cv
Kleine hotelähnliche Pension im Ort in der ersten Parallele vom Strand 50 m vom diesem entfernt, 10 freundliche Zimmer mit Du/WC, TV, Minibar, Balkon, Frühstück auf der Terrasse mit Meerblick.

● **Appart Hotel Léme Bedje** (altes Schiffsruder)
Santa Maria, Tel. 2421146
E-Mail: info@lemebedje.com
www.lemebedje.com
Modernes kleines Strandhotel, unmittelbar an der Plante-Windsurf-Station und vorwiegend von Surfern belegt.

● **Hotel da Luz**
C.P. 19, Santa Maria, Sal
Tel. 2421138, Fax 2421088
E-Mail: pousadadaluz@cvtelecom.cv
Familiär geführtes Hotel im Ort, 5 Min. vom Strand; 35 zweckmäßig eingerichtete Zimmer mit Du/WC; Restaurant und Bar, Fernsehraum, Telefon; empfehlenswerte Alternative zu den großen Strandhotels, sehr freundlicher Empfang und Betreuung, gute Küche; DZ ab ca. 5500 ECV inkl. Frühstück.

● **Residencial Nha Terra**
Santa Maria, Sal, Tel. 2421109, Fax 2421534
Sehr hübsches, freundliches Gästehaus 3 Min. vom Strand, Zimmer mit Du/WC; DZ ab 4000 ECV.

● **Residencial Santa Maria**
Santa Maria, Tel. 2421450, Fax 2411522
Im Ort, 2 Min. vom Strand, kleines Gästehaus mit 16 Zimmern. Einfach ausgestattete Zimmer mit Du/WC, Ventilator, Balkon; Restaurant, Bar, Terrasse. Gegen Gebühr kann der Swimmingpool des Hotels Albatróz benützt werden.

● **Hotel Central**
Rua das Salinas, Santa Maria, Sal
Tel. 2421503, 2421510, Fax 2421530
E-Mail: centralhotel@cvtelecom.cv
Im Ort, 2 Min. vom Strand, moderne, kleine Anlage mit 26 Zimmern auf 3 Etagen, Dachterrasse mit Restaurant. Einfache Zimmerausstattung mit Du/WC, Klimaanlage, Telefon. Gegen Gebühr kann der Swimmingpool im Hotel Albatróz mitbenutzt werden (ca. 150 m). Zum Strand rund 5 Minuten.

● **Residencial Alternativa**
Rua Amilcar Cabral, Santa Maria, Sal
Tel. 2421216, Fax 2421165
Einfache und preisgünstige Pension mit 9 Zimmern mit WC, DZ ab ca. 2500 ECV.

● **Boarding House Sakaroulè**
C.P. 40, Santa Maria
Tel./Fax 2421682, Handy 9926820
E-Mail: sakaroule@cvtelecom.cv
Einfache und preisgünstige Pension (Du/WC) unter italienisch-französischer Leitung.

Ferienwohnungen:

● **Ilha do Sol – Apartamentos Turisticos**
Tanquinho, Santa Maria
Tel. 2421043, Fax 2421633
E-Mail: apt.ilhadosol@cvtelecom.cv
Neue Ferienwohnungen zu vermieten und zu verkaufen.

Privatzimmer werden angeboten, oft für Gäste, die länger bleiben wollen. Fragen Sie in Läden und Pensionen.

Vila dos Espargos

● **Hotel Atlântico**
C.P. 74, Rua Amilcar Cabral
Tel. 2411210, Fax 2411522
Im Zentrum von Espargos, 2 km vom Flughafen, 18 km vom Strand von Santa Maria, 81 Zimmer mit Du/WC, Telefon, Ventilator, Balkon; Restaurant, Bar. DZ ab ca. 3000 ECV.

● **Residencial Central**
C.P. 27, Rua 5 de Julho
Tel. 2411102, 2411113, Fax 2411610,
E-Mail: ccentral@cvtelecom.cv
Einfaches, sauberes Gästehaus, 15 Zimmer zum Innenhof mit Du/WC, Telefon; Restaurant. DZ ab ca. 2500 ECV.

● **Pousada Paz et Bem**
C.P. 161, Rua Jorge Barbosa
Tel. 2411782, Fax 2411790
E-Mail: pensaopazbem@cvtelecom.cv
Modernes Gästehaus, geführt von Franziskaner-Schwestern, 9 Zimmer mit WC; Bar. Einfache Ausstattung, sehr freundliche und familiäre Atmosphäre. DZ ca. 1800 ECV.

•Casa Angela
Rua B. Leza, Espargos, Sal, Tel. 2411327
Pension am Ortsrand, familiär, DZ ab ca. 2500 ECV.

Internet:
•www.caboverde.com/ilhas/ysal-it.htm
Die Webpage zeigt einige Unterkünfte mit Fotografien und Beschreibung in Italienisch oder Portugiesisch.

Restaurants

Hotels und die meisten der Pensionen verfügen über ein Restaurant. In den gehobenen Strandhotels isst man in der Regel teuer und international. Daneben gibt es in Santa Maria und Espargos Restaurants und Bars mit einheimischer Küche. Dort bewegen sich die Preise auf lokalem Niveau. Fischgerichte gehören zu den besten Angeboten.

Santa Maria

•Americo's Bar
Gegenüber der Kirche; Tel. 2421011.
•Blue Fish – Bar Pizza Grill
Tel. 2421281; auf das italienische Publikum abgestimmtes Grillrestaurant mit gutem Fischgrill.
•Casa Amarela
Handy 9941512; „Ristorante italiano di Anna e Roberto Romano".
•Cretcheu
Am Strand zwischen dem Ort und der Einfahrt zum Hotel Morabeza; Tel. 2421266. Sehr gut, nicht ganz billig.
•Esplanada Mateus
Tel. 2421313, Fax 2421255; Bar und Restaurant, mehrmals wöchentlich Livemusik, Karte für die verschiedensten Geldbeutel.
•Funaná
Tel. 2421238; großes luftiges Strandrestaurant nahe dem Hotel Belorizonte. Inzwischen schon ein „alteingesessener" deutsch-kapverdianischer Familienbetrieb mit gekonnt aufgewerteter Küche Santiagos, Livemusik und Tanzdarbietungen im reich dekorierten, strohgedeckten Hallenbau.
•Lomba Branca
Tel. 2421516, Rua 1° de maio, auch Bäckerei.
•Mar et l'eau,
Tel. 2421298; kleines Restaurant, nicht weit vom Strand mit traditioneller, guter kapverdianischer Küche.
•O Piscador
Tel. 2421010, 2421102; Fischrestaurant in Santa Maria. Spezialität *Serra* (großer Raubfisch) und *Arroz de Mariscos* (Reis mit Meeresfrüchten). Vorbestellen, vor allem, wenn Sie Langusten möchten!
•Pôr do Sol
(Piano-)Bar mit Terrasse im Freien.
•Pasteleria Relax
Kleine Snack-Bar in der Ortsmitte.
•Porto Novo
Spanische Küche; gut, gehobene Preisklasse.
•Vulcão do Fogo
Gegenüber der Esplanada in der Rua de Independência; preiswert.
•Wind-Pub
R. Amilcar Cabral, Santa Maria, Tel. 2421375; Jugendtreff, Snackbar und Tanzcafé, Internetcafé.

Vila dos Espargos

•Salinas
Tel. 2411799; vom Aluguer-Parkplatz aus an der Hauptstraße Richtung Ortsmitte. Grill-Spezialitäten; sehr gut.
•Dinamica
Gerichte vom Holzkohlengrill, u.a. Thunfisch, Hühnchen, Langusten; es gibt nicht immer alles, aber das, was es gibt, schmeckt hervorragend. Am Ortseingang (vom Flughafen kommend) die erste Querstraße links nach der Hauptkreuzung beim Hotel Atlântico.
•Aquarios
Tel. 2411281.
•Esplanada Bom Dia
Tel. 2411400; auf einem Platz gegenüber dem Hotel Atlântico; nettes Straßencafé mit Snacks.
•Arcada
Nahe Hotel Atlântico, Bar, Kaffee, Snacks.

Santa Maria –
der alte Kai zur Salzverladung

Palmeira

• Da Romano
Tel./Fax 2412230; Restaurante/Pizzeria/Spaghetteria, auch mit gehobener italienischer Küche und Weinen.

Pedra de Lume

• Cadamosto
Tel./Fax 2412210; großes Ausflugsrestaurant mit typisch italienischer Küche in der Nähe der ehemaligen Salzverladestation in Pedra de Lume.

Nachtclubs, Diskotheken

Die Szene der Clubs und Diskotheken ist noch in raschem Wandel. Zurzeit ist die Disco Pirata am Ortseingang der Hit. Einheimische, Wassersportler und Gäste besuchen auch fleißig die Discos der großen Hotels.

Reisebüros und organisierte Touren

Die großen Hotels und die unten genannten Reisebüros organisieren Touren und Ausflüge rund um die Insel (halbtägige Rundfahrt ab ca. 1000 ECV) und Bootsausflüge nach Boa Vista (ab ca. 7500 ECV aufwärts). Eintägige Ausflüge auf andere Inseln, teils mit Kleinflugzeugen, bieten einer kurzes Abenteuer, aber keinen hinreichenden Eindruck von der besuchten Insel.

• Cabetur
Flughafen Sal, Tel. 2411545, Fax 2411098
Flüge, Mietwagen, Unterkünfte, Ausflüge, Boots-Touren, für alle Inseln.

• Somitur
Manuel António Lopes Pires
C.P. 147 Rua 5 de Junho, Espargos, Sal
Tel. 2411580, 2412302, Fax 2411590

Sal

203_533sw Foto: re

Flüge, Mietwagen, Unterkünfte, Ausflüge, Boots-Touren.

- **CVTS**

Flughafen Sal, Tel. 2411524, Fax 2411523
E-Mail: cvtsaerosal@cvtelecom.cv
Büro in Santa Maria, Rua 1 de Junho
Tel. 2421220, 2421260, Fax 2421224
E-Mail: cvtssal@mail.cvtelecom.cv
Flüge, Mietwagen, Unterkünfte, Ausflüge, Boots-Touren, für alle Inseln.

- **Agência Nacional de Viagens**

Rua 5 de Julho, Tel. 2411349; Fähr- und Schiffsverbindungen.

Geld, Banken

Neu ankommende Gäste dürfen wir auf **Hinweise im Kapitel „Finanzen und Geld"** verweisen.

Währen die Hauptbanken sich in Espargos befinden, haben Santa Maria und der Flughafen Filialen. Hotels tauschen Devisen, mitunter zu ungünstigerem Kurs. Am Flughafen gibt es eine Wechselstube. Banken sind von 8 bis 15 Uhr geöffnet, am Flughafen auch länger bei Ankunft internationaler Flüge.

- **BCA – Banco Comercial do Atlântico**

Espargos, Alto Igreja, Tel. 2411332, Fax 2411472; Santa Maria, Rua 1 de Junho am Ortseingang, Tel. 2422432, Fax, 2421830.

- **Caixa Económica**

Espargos, Rua Jorge Barbosa, Tel. 2412608, Fax 2413380; Santa Maria, Tel. 2421620.

Post und Telefon

- **CTT Espargos,** Tel. 2411189.
- **CTT Santa Maria,** Tel. 2421200.
- Postschalter auch im Flughafengebäude.
- Kartentelefone in allen Orten. Siehe auch Kapitel „Telekommunikation".

Notfall

- **Gesundheitszentrum**

Espargos, Tel. 2411130 (24-Stunden-Dienst); Santa Maria, Tel. 2421194.

- **Apotheke** in Espargos.
- **Polizei,** Tel. 2411132, in Santa Maria, Espargos und Palmeira.
- **Notruf: Tel. 132.**

Einkaufen

- Es gibt mehrere **kleine Supermärkte** und Souvernir-Shops in den Orten.
- Im **Duty-Free-Shop** (für Ausreisende) **im Flughafen** werden CDs mit kapverdianischer Musik, Parfums, Tabakwaren und Alkoholika (auch Grogue) gegen Devisen verkauft.
- **CD-Shop Tropical Dance** nahe des Hotels Morabeza.

Souvenirs

Hübsche **Töpfereiwaren** werden in der **Manufaktur in Santa Maria** an der Hauptstraße hergestellt. Fliegende Händler vom Kontinent verkaufen afrikanische Batikwaren und Schnitzereien, u.a. das Spiel Oril. Kapverdianische kunsthandwerkliche Produkte guter Qualität sind auf Sal kaum zu finden.

Feste

- **Februar:** Karneval (Faschingsdienstag).
- **19. März:** Fest des S. José in Palmeira.
- **3. Mai:** Feier zu Ehren von Sta. Cruz.
- **Juni/Juli:** Feste zu Ehren der Heiligen Santo António, S. João und S. Pedro; gefeiert wird in Pedra do Lume, Alto S. João und Hortela.
- **15. August:** Fest zu Ehren Sra. do Piedade in Pedra do Lume.
- **15. September:** Gemeindefest (Inselfest).

Boa Vista

Sahara im Atlantik: Schon im Anflug fällt auf, dass sich hier zwei Giganten begegnen – durch die Fester links grüßt der unendliche Atlantik, durch die Fenster rechts schweift der Blick über Wüstenlandschaften bis zum Horizont, über weite Felder sichelförmiger Wanderdünen, Oasen mit struppigen Dattelpalmen und einige kleine Zeugenberge. Wüste und Atlantik finden zusammen in endlosen Sandstränden.

Boa Vista befindet sich mitten im Umschwung. Aus der von der Dürre gepeinigten Insel mit nur minimalen Entwicklungschancen in der Viehzucht und Fischerei und beständig abwandernder Bevölkerung wird binnen des laufenden Jahrzehnts ein Eldorado des italienischen Strandtourismus werden mit der kompletten Palette von der winzigen Osteria mit drei Tischen bis zum Clubhotel mit 850 Betten. Meer, Sonne und Sand locken Gäste und Investoren. Eine Trauminsel, die auch dann noch Weite, Ruhe und Einsamkeit ausstrahlen wird, wenn sich die Hotels zu füllen beginnen. Sobald der Flughafen für den internationalen Verkehr ausgebaut sein wird, steht zu erwarten, dass Boa Vista der Nachbarinsel Sal den Rang ablaufen wird sowohl bei den Badegästen als auch bei den Wassersportlern.

Geschichte

Mehrere Kapitäne behaupten, Boa Vista als erste kapverdische Insel entdeckt zu haben. *Cadamostos* Matrosen sollen die Insel nach einem schweren Sturm als „Buena Vista" (schöner Anblick) be-

223_545sw Foto: re

Praia de Carlota

jubelt haben. Ganz amtlich im Auftrag *Heinrichs des Seefahrers* nahm am 14. Mai **1460** der Genuese **António de Noli** die Insel für Portugal in Besitz. Der nach dem Heiligen der Seeleute seiner Heimatstadt gewählte Name São Cristovão konnte sich allerdings nicht durchsetzen.

Ähnlich wie Maio wurde die Insel sehr früh mit Hirtensklaven besiedelt, die im Auftrag des Lehnsherrn massenhaft Häute und Talg und auch Schlachtvieh als Schiffsproviant für Rª Grande (Santiago) lieferten. Als **Christoph Kolumbus** 1498 auf seiner dritten Amerikareise hier Halt machte, traf er auch auf eine Lepra-Siedlung; man war damals der Meinung, Lepra mit dem schleimig dicken Blut von Schildkröten heilen zu können.

Die offizielle Geschichtsschreibung verlegt den Termin der ersten Besiedlung gut 150 Jahre weiter, als freie und gesunde Bürger im **Salz** und **Fleischhandel** ein Motiv sahen, nach Boa Vista zu ziehen. Hauptabnehmer ab etwa 1620 waren englische Kapitäne, die den im Bauch jedes historischen Großseglers ruhenden Ballast von Wackersteinen gegen Salz austauschten und einen nicht zu verachtenden Zusatzgewinn machten. Englische Händler siedelten sich an und produzierten das Salz mit Sklavenarbeit. Die erste Ortschaft der Insel, Povação Velha, wurde gegründet. So avancierte Boa Vista zur wirtschaftlich und politisch wichtigsten Insel nach Santiago. Selbstverständlich lockte der neue Reichtum mehrmals Piraten an. Schon 1643 raubten sie Povação da Estância, wie der Ort damals hieß, aus. Zur Beginn des 18. Jahrhunderts wurde Porto Inglês (deutsch: englischer Hafen), das heutige Sal Rei, zum Hauptort der Insel, und der Salzhandel blühte bis zur ersten Hälfte des 19. Jahrhunderts. 1818 wurde die Stadt von Piraten dem Erdboden gleichgemacht und anschließend eine Bastion auf dem Ilhéu de Sal Rei errichtet, deren Kanonen bis heute im Sand liegen.

1843 wurde die Insel Sitz der **portugiesisch-britischen Kommission zur Abschaffung der Sklaverei,** was weder die britischen noch die portugiesischen Landbesitzer und Salzfabrikanten davon abhielt, die Sklaverei auf Boa Vista bis zum letzten Tag beizubehalten. Eine gemischte Komission war notwendig, um die politische Hohheit der Portugiesen mit der wirtschaftlich dominierenden Kraft Englands in Übereinstimmung zu bringen, und sie befand sich auf Boa Vista als der wirtschaftlich wichtigsten kapverdischen Insel der Zeit. In Sierra Leone und Luanda wirkten ähnliche Komissionen, die in der Eindämmung des Schmuggels mit Sklaven offensichtlich eine prominentere Rolle spielten als die Komission auf Boa Vista, die sich in flagranti beim Schmuggel mit großen Mengen Trockenfrüchten aus Afrika erwischen ließ.

1845 wurde ein Unglücksjahr für Boa Vista – und beendete seine Vorrangstellung auf dem Archipel. Es war ein Hungerjahr, und das Elend grassierte, als das englische Dampfschiff „Eclair" einlief. Einige Mannschaften waren auf der Reise fieberhaft verstorben, andere lagen sterbenskrank mit schwärzlichem Erbrechen und Blutungen an Bord. Dennoch verhängten die beiden Ärzte, *Dr. Kenny* aus England und *Dr. Almeida* aus Portugal, keine Quarantäne, sondern ließen die Leichen und deren Besitz auf der Insel Sal Rei begraben. Ihre Kojen würden über Bord geworfen. Wie zu erwarten, gruben die Verelendeten die Habseligkeiten der Seeleute schon in der nächsten Nacht aus und fischten auch die Matratzen aus dem Meer. Als Wochen später die **Gelbfieberepidemie** die ersten Todesfälle for-

Tückische Riffe

Das Leben der Insel wurde von **Schiffstragödien** geprägt. Für viele Schiffe im Laufe der Jahrhunderte mag Boa Vista das erste Land gewesen sein, das sie nach Monaten sichteten. Aber die Küsten der Insel haben viele Schiffe auf Grund laufen lassen. Die tückischen Riffe und Strömungen entlang der Nord- und Ostküste und heftiger Wind, der außerdem durch Staub die Sicht erschwerte, wurden ihnen zum Verhängnis. Der Monte Negro im Osten, eine eisenhaltige Felsformation, wurde oft für magnetisch gehalten und dafür verantwortlich gemacht, dass so mancher Kompass an der Küste durchdrehte. Der Name bezeichnet die schwarze Lava, die hier zutage tritt. Ein Leuchtturm steht an dieser Stelle und markiert den äußersten östlichen Punkt des Archipels, der dem afrikanischen Kontinent am nächsten liegt. Die Bewohner, die unter Hunger und Dürre litten, stürzten sich hoffnungsvoll auf die Wracks und suchten nach Verpflegung und Gütern. Andere ließen sich für die Versorgung der Schiffbrüchigen gut bezahlen. Ungezählte Schiffswracks liegen im Norden und Osten in Küstennähe auf Grund. Am 10. August 1779 segelte hier auch Kapitän *James Cook* auf seiner dritten und letzten Reise in die Südsee mit seinem Schiff „Resolution" vorbei und kam einem der Riffe so nahe, dass er der Kentergefahr nach mehrstündigem Kampf nur knapp entging. 1787 strandete dann der englische Frachter „Hartwell" an einem Riff im Nordosten Boa Vistas, das heute den gleichen Namen trägt. Eine der größten Tragödien ereignete sich 1863, als das Schiff „Cicilia" auf Grund lief und 72 Menschen zu Tode kamen.

derte, meinte man, wenigstens die Opfer zu Schuldigen erklären zu dürfen. Dass Gelbfieber ausschließlich durch Mücken übertragen wird, war damals noch nicht bekannt. Die Epidemie raffte die armen Hungernden, die an den Wasserstellen in Kontakt mit den Mücken kamen, in Windeseile dahin, die Bevölkerung ging von 7000 Seelen zurück auf 2700.

Auch unter der wohlhabenden Bevölkerung gab es einige wenige Opfer, unter ihnen die 20-jährige **Julia Maria Pettingall,** Tocher von *Charles Pettingall,* dem Vorsitzenden Richter der „Gemischten Komission zur Abschaffung der Sklaverei". Der behandelnde Arzt vertrat später die Meinung, sie sei wohl weniger am Gelbfieber als an seiner Behandlung gestorben – und man wagt ihm nicht zu widersprechen, wenn man liest, mit welch drastischen Aderlässen Schwerstkranke zu dieser Zeit geschwächt wurden.

Die Epidemie veränderte nicht nur Gesellschaft und Ökonomie der Insel. Auch die Komission beendete danach ihre Arbeit. Die von ihr erarbeiteten Gesetze wurden erst 1858 verabschiedet und traten mit der auf 20 Jahre vorgesehenen Verzögerung im Jahr 1878 in Kraft, auch auf Boa Vista. Anders in São Vicente, São Nicolau und Santo Antão. Der Kohlehandel der Briten schrie nach billigen Arbeitskräften und jeder, der schaufeln konnte, wurde gebraucht. So wurde dort das Inkrafttreten vorgezogen auf die Jahre 1857 bis 1859.

Eine der schillernden Persönlichkeiten in der Geschichte des Barlavento ist **John Rendall,** ein britischer Händler und Konsul, der in Sal Rei ein Geschäftshaus besaß und von dem berichtet wird, dass er heftig in den Schmuggel involviert war und auch die Steuererklärungen gegenüber der portugiesischen Obrigkeit nicht besonders liebte. Er floh 1845 vor der Gelbfieberepidemie nach São Vicente und lernte so den Porto Grande und die ersten Anfänge der Kohlehandels kennen. 1850 kehrte er dem ausgebluteten, aber wohlgeordneten Sal Rei den Rücken und zog in das elende, winzige Mindelo, um die erste Kohleverladestation zu bauen. Er wird uns im Kapitel zu São Vicente erneut begegnen.

1872 ließ sich die aus Marokko stammende **jüdische Familie Ben O'Liel** in Sal Rei nieder und verhalf dem Handel der Insel zu neuem Aufschwung, nachdem sämtliche Engländer dem Ruf der Kohle nach Mindelo gefolgt waren. Weitere jüdische Handelshäuser sollten folgen und sind, größtenteils in Ruinen, am Nordende der Praça bis heute zu finden.

Doch die Dürre nahm zu in der zweiten Hälfte des 19. Jahrhunderts und brachte selbst für die drastisch verkleinerte Bevölkerung neue Existenznöte. Pedra de Lume auf Sal hatte Boa Vista den Rang im Salzhandel abgelaufen, und die Viehzucht ging zurück. Der Export von **Purgier- und Rizinusöl** und der Handel mit **Baumwolle** und **Urzela** konnten den gewünschten Ausgleich

Rabil – Kirche São Roque (1806)

nicht schaffen. Lediglich die **Kalkbrennerei** und die Verarbeitung der reichlichen **Tonvorkommen** brachten noch nennenswertes Geld in die Kassen. An der Praia da Chave baute *Ben O'Liel* die Ziegelei **Fábrica da Chave,** die auf alle Inseln, nicht zuletzt in das im Kohlehandel boomende Mindelo, und nach Europa lieferte. Schwere Maschinen, Portale der Brennöfen und der Fabrikschlot stehen einsam im Sand als Zeugen der Dampfmaschinenzeit des 19. Jahrhunderts. Für den Feldbrand von Kalk und Tonprodukten wurden binnen weniger Jahre die fast die ganze Insel bedeckenden Tarrafes *(Tamarix senegalensis)* mitsamt der Wurzeln verbrannt; das mannshohe Strauchwerk wich Dünenfeldern. Die Wüstenbildung vollzog sich in kürzester Zeit, die Salinen wurden unter Flugsand begraben. Zeitgenössische Berichte klagen, dass im ehemals „königlichen" Salz von Sal Rei mehr Kalk und Sand als Salz seien. Die rund **4000 Bewohner im Jahre 1900** reduzierten sich in den Dürrekatastrophen des 20. Jahrhunderts auf 2500. Boa Vista hatte einmal mehr im Interesse anderer Nationen seine Ressourcen binnen weniger Jahrzehnte verspielt – ein Vorgang, den es in der kapverdianischen Geschichte an vielen Orten und wiederholt zu beobachten gibt.

Bekannte Söhne der Insel sind **Aristides Pereira,** Präsident der ersten Republik, und **Germando Almeida,** zeitgenössischer Schriftsteller.

Boa Vista ist mit dem Tourismus in eine neue beschleunigte Runde fremdbestimmter Entwicklung eingetreten. Hof-

Boa Vista

223_321sw Foto: re

fen wir mit dem Sarkasmus *Germano Almeidas,* dass wenn schon die heutige Kultur der Insel zu unvermeidbarem Untergang verdammt ist, jedem Einwohner wenigstens sieben Handbreit Grund und Boden verbleiben, um sich begraben zu lassen ...

Informationen zur Insel

Boa Vista ist die östlichste Insel. Sie gehört zur Gruppe der Barlavento-Inseln. 50 km Luftlinie trennen sie von Sal und nur 455 km vom afrikanischen Kontinent. Mit **620 km²** Fläche ist sie (nach Santiago und Santo Antão) die drittgrößte Insel; sie dehnt sich rund 31 km von Nord nach Süd und 29 km von Ost nach West aus.

Das Landschaftsbild ist geprägt von abwechselnden Abschnitten von **Sand-, Geröll- und Gebirgswüste,** nur selten durchbrochen von Dattelpalmhainen und Galeriewäldern entlang der Ribeiras. Flugsand häuft sich hinter jedem Hindernis zu kleinen und großen Dünen und muss ständig aus den Dörfern herausgeschafft werden.

Weite Ebenen über dem für die östlichen Inseln typischen Kalksockel prägen die Landschaft. Sie werden nur selten unterbrochen von niedrigen Gebirgsketten und in 180 Millionen Jahren weitgehend abgetragenen Vulkanschloten. Jüngere Vulkane fehlen. An den harten Basaltsäulen des **Pico Santo Antónío (379 m)** wie am Plateau der **Rocha d'Estância (354 m)** hat sich die Erosion die Zähne ausgebissen und wird noch ein paar Millionen Jahre zulegen müssen, um auch sie einzuebnen. Die höchste Erhebung ist der **Monte Estância (387 m)** im Südosten. Die Hügel Boa Vistas sind von Geröll und Schotter bedeckt. Um wesentliche Steigungsregen zu provozieren oder um Nebelwälder zu unterhalten, sind die Berge zu niedrig, so dass sich die durchschnittlichen Niederschläge auf etwa 100 mm pro Jahr beschränken. Ackerbau ist nur in den weiten Tälern möglich, wo sich das Grundwasser für mehrere Monate staut oder dank tonigen Untergrunds in den Bachbetten gehalten wird. Im Tal der **Ribeira do Norte** konnten sich drei Dörfer ansiedeln: João Galego, Fundo de Figueiras und Cabeço dos Tarafes. Nahe dieser Orte gibt es zahlreiche Höhlen in den Berghängen und wie ein Wunder inmitten der völlig trockenen Landschaft den einzigen ganzjährig Wasser führenden Natursee Cabo Verdes, das **Oi d'Água,** eine Stunde zu Fuß westlich von Cabeço dos Tarafes. In einigen der am Talgrund liegenden Oasen mit dichter stehenden Kokos- und Dattelpalmen drehen sich Windräder und unterhalten bewässerten Gartenbau, keinesfalls genügend, um auch nur den Eigenbedarf der Insel zu decken.

Für das europäische Auge bleibt im ersten Moment unverständlich, wie sich Tausende von Ziegen und Kühen sowie freilaufende Pferde und Esel in der kargen Landschaft ernähren können. Alleine die Zementsäcke und Papierreste können nicht für den erstaunlich guten Ernährungszustand und prall gefülle Euter verantwortlich sein. Die Reste der Vegetation, Stroh und Heu, nehmen nach dem Abtrocknen die silbergraue Farbe der flimmernden Luft an und sind aus der Entfernung so wenig zu sehen wie die sich blattlos in die Luft reckenden Purgiernusssträucher.

Östlich von Estância Baixo dehnt sich ein weites Dünenfeld, die **Wüste Viana.** Hat man auf einem Spaziergang die gewohnten Landmarken aus dem Blick verloren, und hat der beständige Nord-Ost-Wind die Spuren verweht, dann verflüchtigt sich schnell die Orientierung des Ungeübten in den ewig gleich scheinenden Dünen, und es folgt eine halbes Stündchen Sahara-Erfahrung. Mit Palmwedelhecken und Steinmauern sowie durch Wiederaufforstung werden die Dünen befestigt und das Versanden der Orte reduziert. In den **Dattelhainen** findet man neben der Dattelpalme vom Kontinent *(Phoenix phoenix)* auch die kleinere, ruppigere endemische *Phoenix atlantica. Phoenix dactylifera* wächst mit bis zu sechs Stämmen aus einem gemeinsamen Zentrum und schafft schattige Ruheplätze für die Ziegen. Daneben findet man strauchige Wolfsmilchgewächse und zahlreiche Gräserarten.

Rund um die Insel reihen sich **55 km feinsandige, weiße Strände,** im Süd- und Nordosten mit locker eingestreuten Kokospalmen, teils von Felsen und Höhlen durchbrochen und ansonsten schattenlos.

Kleine Inseln und Klippen, darunter das etwas größere **Ilhéu de Sal Rei,** sind als Vogelschutz- und Landschaftsschutzgebiete ausgewiesen. Kliffs, flach ansteigende Strände und wechselnde Strömungen erklären, weshalb Boa Vista für die Schifffahrt als mit Abstand schwierigste Küstenregion gilt.

Die meisten der rund 4000 Bewohner der Insel konzentrieren sich auf den **Hauptort Sal Rei** und die zweitgrößte Siedlung Rabil. Sie leben vorwiegend vom Tourismus und der Bauindustrie, während in den kleinen Dörfern Viehzucht und Emigration die wesentliche Rolle spielen. Der Fischfang mit kleinen Booten, auf handwerklichem Niveau, versorgt nicht mehr als die Insel selbst. Die Thunfischfabrik in Sal Rei bleibt (vorerst) geschlossen.

Trinkwasser auf Boa Vista ist **rar und teuer,** denn es kommt zu 100% aus industriellen **Entsalzungsanlagen.** Die öffentliche Anlage in **Sal Rei** versorgt das städtische Netz und über Tankwagen alle umliegenden Dörfer. Die großen Hotels betreiben eigene Anlagen zur Entsalzung und Stromgewinnung. Aus Kläranlagen gewinnen sie das Wasser für Grünanlagen und Gärten.

Nach der Ankunft auf dem Flughafen Rabil geht es im Aluguer auf einer 10 km langen Kopfsteinpflasterstraße durch Dünenlandschaft entlang eines der Dattelhaine zum Hauptort Sal Rei.

Sal Rei

Der **Hauptort der Insel** ist in wenigen Jahren wieder auf rund **2500 Einwohner** angewachsen, nachdem sich kleinere und ein großes Hotel angesiedelt haben. Ein neuer Hafen, die öffentlichen Einrichtungen, die örtliche Verwaltung und der schon zuvor hier konzen-

03210002sw Foto: re

trierte Handel machten Sal Rei zum Hauptentwicklungspol nach der Unabhängigkeit. Der Name hat seinen Ursprung in der Reklame für das einst hier gewonnene Salz. Es war so viel sauberer, so „königlich“, dass es als „Sal Rei“ beworben wurde. Die Stadt ist im Grunde eine englische Gründung, weshalb sie zuerst „Porto Inglês“ hieß. Nach dem Abzug der Engländer in der zweiten Hälfte des 19. Jahrhunderts verstärkten zweistöckige **jüdische Handelshäuser** die Stadt. Nördlich der **katholischen Kirche Santa Isabel** am zentralen Platz „Largo de Santa Isabel“ kann man sie, wenn auch zurzeit noch in erbärmlichem Zustand, bewundern. Nahe dem Hafen reckt das alte **Zollgebäude** *(alfândega velha)* seine Dachsparren baufällig in den Himmel. Der Putz blättert allenthalben. Pastellfarben getünchte einstöckige Häuschen, eng gedrängt, mischen sich zwischen die wenigen größeren Gebäude entlang schmaler Altstadtgassen. So gibt es vieles zu renovieren, doch Sal Rei hat die Substanz, um zu einem schmucken mediterranen Tourismusstädtchen heranwachsen zu können.

Altes Handelshaus in Sal Rei

In der Architektur der Stadt spiegelt sich ihr Leben. Die Zeiten der erdrü-

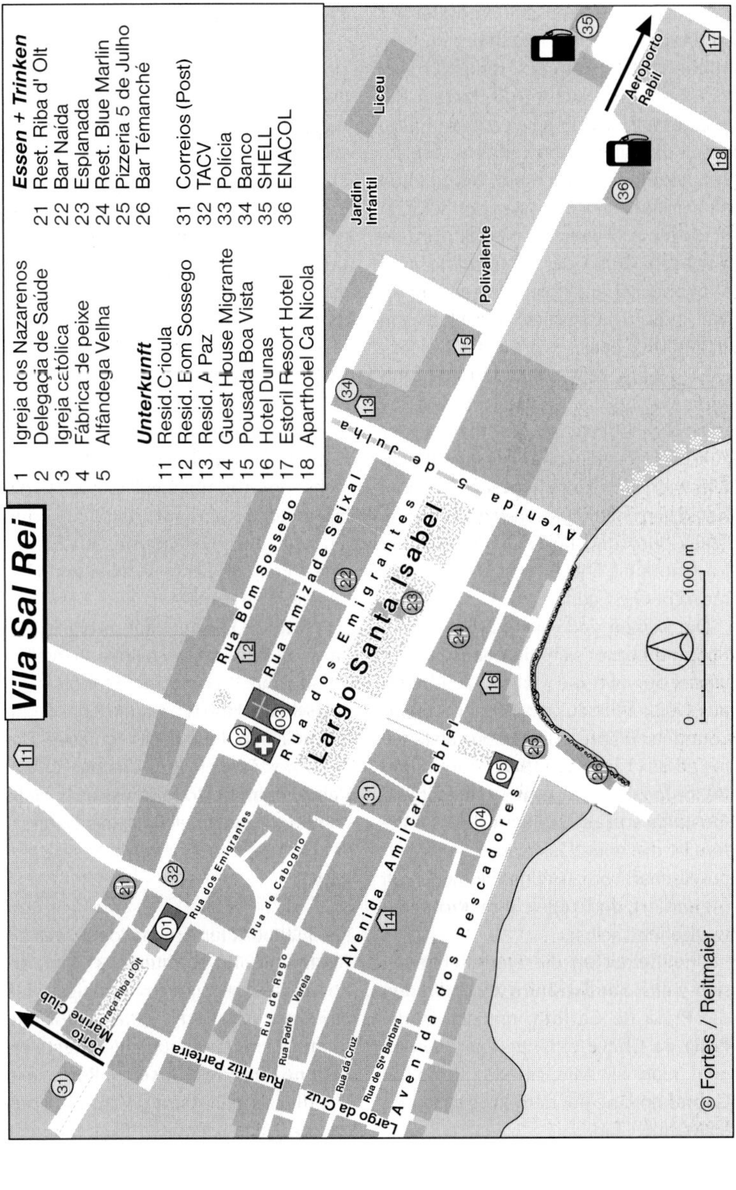
Vila Sal Rei
1 Igreja dos Nazarenos
2 Delegação de Saúde
3 Igreja católica
4 Fábrica de peixe
5 Alfândega Velha
Unterkunft
11 Resid. Crioula
12 Resid. Bom Sossego
13 Resid. A Paz
14 Guest House Migrante
15 Pousada Boa Vista
16 Hotel Dunas
17 Estoril Resort Hotel
18 Aparthotel Ca Nicola
Essen + Trinken
21 Rest. Riba d' Olt
22 Bar Naída
23 Esplanada
24 Rest. Blue Marlin
25 Pizzeria 5 de Julho
26 Bar Témanché
31 Correios (Post)
32 TACV
33 Polícia
34 Banco
35 SHELL
36 ENACOL
Largo Santa Isabel
Rua Bom Sossego
Rua Amizade Seixal
Rua dos Emigrantes
Avenida 5 de Julho
Avenida Amilcar Cabral
Avenida dos Pescadores
Rua de Cabogno
Rua de Rego
Rua Padre Varela
Rua da Cruz
Rua de Stª Barbara
Largo da Cruz
Rua Titiz Parteira
Praça Riba d'Olt
Porto Marine Club
Aeroporto Rabil
Liceu
Jardin Infantil
Polivalente
0
1000 m
© Fortes / Reitmaier

ckenden Subsistenzkrise, von Hunger und zwangsweiser Emigration, sind vorüber. Vieles läuft noch ruhig vor sich hin. Fischer breiten ihre Netze zur Reparatur aus, Kinder spielen in den Gassen. Kreolische Handwerker und italienische Kleinunternehmer unterhalten sich gestenreich. Im Osten der Stadt, in schachbrettartigen Neubauvierteln wachsen Pensionen, Geschäfte und Wohnhäuser aus dem salzigen Grund. Nur in der Mittagshitze verfällt alles in flimmernde Stille.

Mit einem kleinen **Spaziergang** rund um den Largo de Santa Isabel und auf den Hügel im Norden, überragt von der Antenne der Telecom, überschaut man alle wichtigen Einrichtungen: Kirchen, Bank, Geschäfte, Gesundheitszentrum, TACV-Büro und Post. Gegenüber der Post lärmt die Entsalzungsanlage aus israelischer Fertigung.

Die Salinen sind versandet. An ihrem Südrand breitet sich ein neues Elendsviertel aus, wo die vielen Bauarbeiter aus Guinea-Bissau und Santiago unterkommen. Während junge, instabile Familien aus Cabo Verde die städtischen Behörden mit einer neuen Qualität und Quantität sozialer Probleme konfrontieren, ist die reine Gastarbeiter-Männergesellschaft vom Kontinent in sich straff organisiert und regelt ihre Probleme weitgehend selbst.

Unmittelbar an die Stadt schließen sich weite **Sandstrände** an: im Süden die **Praia de Carlota,** die sich in die **Praia da Chave** verlängert, im Norden geht man 20 Min. an der **Praia de Cabral** entlang auf dem Weg zum Hotel Marine Club.

Inselrundfahrten

Boa Vista bietet nicht nur weite Strände, sondern auch interessante Orte im Inselinneren und mehrere Dörfer und Oasen, die einen Besuch lohnen. Die **Pflasterstraßen** sind vergleichsweise gut, doch die **Staubstraßen und Pisten** sind in so schlechtem Zustand, dass man einen Geländerwagen benötigt und nur sehr langsam vorankommt. Mietwagenunternehmer bieten teilweise Ausflugsfahrten an, was für Einzelreisende und Paare eine preisgünstige Alternative darstellt. Mit Sammeltaxis kommt man auf Boa Vista bisher noch nicht herum. Es empfiehlt sich auch, die Inselrundfahrt auf zwei Tage zu verteilen und das schlechteste Stück zwischen Praia de Santa Mónica und Curral Velho auszusparen:

Westliche Hälfte: Rabil, Estância Velha und Deserto Viana, Povação Velha, Varandinha, Praia de Santa Mónica.

Östliche Hälfte: Campo da Serra, João Galego, Fundo das Figueiras, Cabeço dos Tarafes, São Vicente, Curral Velho, Praia de João Barrosa, Ervatão und retour. Eventuell Praia das Gatas.

Rabil

Rabil (altport. für: Fregattvogel) war bis Anfang des 19. Jahrhunderts Hauptort Boa Vistas. Heute ist es ein ruhiges kleines Dorf, dessen Hauptattraktion die stämmig am Boden ruhende **älteste erhaltene Kirche der Insel, S. Roque,** ist, die 1801 erbaut wurde. Vom Dorf aus hat man einen schönen Blick hinunter auf die fruchtbaren Oasen am Grunde der Ribeira do Rabil. In der **Töpferschule** *(Escola de Olaria)* am südlichen Ortsausgang weisen alte Pressen noch auf die handwerkliche Fertigung von Dachziegeln hin. Heute werden Vasen und Amphoren, große traditionelle Wasserkrüge *(pôte)* und durchlöcherte Töpfe für das Dämpfen von Kuschkusch hergestellt. Im Design behält man gleichzeitig die kapverdianische Tradition bei und passt sich den Erwartungen der italienischen Kundschaft an. Das Angebot ist nicht groß, lohnt aber immer einen Besuch. Sollte die Werkstatt geschlossen sein (es gibt keine festen Öffnungszeiten), dann informieren die Nachbarn die in der Nähe wohnenden Mitarbeiter, die Ihnen nach wenigen Minuten die Räume öffnen.

Der Ausflug nach Rabil lässt sich mit einer schönen Strandwanderung kombinieren (siehe unten).

Povação Velha

Povação Velha (deutsch: alte Siedlung) entstand als erste freie Siedlung zu Beginn des Salzhandels. Von den Stränden aus ist der Ort nicht zu sehen. Er besitzt einen hervorragenden Aussichtspunkt, die **Rocha Estânçia** (354 m), von der aus man das Meer bis hin nach São Nicolau und Maio überblickt. Die Lage gab Schutz vor Piratenüberfällen oder zumindest die Chance, sich rechtzeitig in den Bergen zu verstecken. Drei Reihen kleiner Häuschen, eine Bar und zwei Läden drängen sich im Tal, während die frei auf einen Vorsprung platzierte Kirche der Mutter Maria aus dem frühen 19. Jahrhundert die Landschaft nach Süden überblickt.

Die meisten Besucher durchfahren den Ort auf ihrem Weg zu den Stränden von **Santa Mónica** und **Varandinha,** die sich zum Faulenzen am Strand genauso wie für ewige Strandwanderungen eignen, zum Schwimmen aber zumeist zu heftige Strömungen haben.

Man erreicht Povação Velha von Sal Rei in etwa 35 Min. Nur am späten Vormittag verkehren Sammelfahrten, so dass die meisten Gäste ein Fahrzeug mieten oder Ausflugsfahrten nutzen.

Curral Velho

Curral Velho (deutsch: altes Weidegatter) besteht heute aus wenigen halbverfallenen Häusern auf einem Kalksockel hinter dem weiten Strand von Praia de Curral Velho, der nahe der Lagune mit Dattelpalmen bewachsen ist. Die Straße von Povação Velha nach Curral Velho ist steinig und selbst für Geländewagen in so elendem Zustand, dass man diesen Ort besser durch die weite Ebene von Norte aus anfährt. Die Staubstraße führt an der **Oase von São Vicente** vorbei, wo Gemüse gezogen wird und ein großer Mandelbaum und ein winziger Baobab die Wüste unterbrechen. Im Osten schließt sich der **Strand von João Barrosa** an, wo in Sommernächten bis zu 2000 Schildkröten zur Eiablage an Land kommen.

Norte

Im Osten der Insel liegen drei Ortschaften in der Weite der Rª do Norte: **João**

Galego, Fundo das Figueiras und **Cabeço dos Tarafes.** Dank der konzentrierten Siedlungsform sind diese seit langem mit Telefon, Elektrizität und Schulen versorgt und dank der Emigration vergleichsweise wohlhabend und propper.

Kurz vor Fundo das Figueiras zweigt eine beschilderte Piste nach **Praia das Gatas** (deutsch: Strand der Katzenhaie) ab. Ähnlich wie die gleichnamige Bucht in São Vicente, ist sie durch vorgelagerte Riffs von der Brandung abgeschirmt. Einige Fischer nutzen die aufgelassenen Gebäude als Unterkunft und breiten ihren Fisch zum Trocknen aus. Delphine kommen nah ans Land, weiter draußen nisten Seevögel an felsigen Küsten und auf vorgelagerten Inselchen.

Das **Oi d'Água** ist der **einzige ganzjährig Wasser führende Natursee Cabo Verdes** – und dies mitten in der trockensten Gebirgswüste. Am Fuß einer Felswand gräbt sich zur Regenzeit der Wasserfall ein tiefes Auffangbecken (3,7 m), dessen Inhalt in den trockenen Monaten zurückgeht, aber durch Quellen teilweise erhalten bleibt. In einer Stunde erst leichten Fußwegs auf einer Staubstraße, später durch das Flussbett der Rª do Olho do Mar, erreicht man das kleine Naturwunder von Cabeço dos Tarafes aus.

Bofareira

Das kleine Dorf liegt im Gegensatz zu Norte wirklich im Norden der Insel, etwa eine halbe Stunde vom Strand und von der Stadt durch weite, sanft an- und absteigende Wüstenlandschaften getrennt. Mehrere Versuche, den Ort direkt durch eine Straße von Sal Rei aus anzubinden, haben zwar nie zum Erfolg geführt, aber einige Straßenabschnitte und eine Trasse hinterlassen, auf der man in 2½ Stunden leichter Wanderung ohne Orientierungsprobleme ein Stückchen Wüste kennen lernen kann.

Spaziergänge und Wanderungen

Spaziergang Kapelle N.S. Fátima und historische Gräber

● Ca. 1 Stunde, feste Sandalen, Orientierung einfach.

Ausgangspunkt ist der höher gelegene Ortsteil Riba d'Olt im Norden von Sal Rei. Über die lange gepflasterte Gerade oder entlang der Praia de Cabral nähert man sich dem Hotel Marine Club. Unmittelbar vor der Einfahrt liegen rechter Hand einige historische Gräber. Im ältesten der Gräber ruht *Julia Maria Pettingall*. Die anderen Gräber beherbergen Mitglieder der Familie *Ben'Oliel* und gaben dem Gräberfeld den Namen „Judenfriedhof" (siehe „Geschichte").

Das Hotel Marine Club hat einen Fußweg entlang der Klippen gebaut, so dass man bequem am Meer dem Spazierweg folgen kann, ohne durch den Gästebereich zu gehen. Er beginnt am

Fábrica da Chave

Eingang des Restaurants. Nach etwa 15 Min. ist die Kapelle erreicht. Der Rundweg um die etwa **130 m hohe Rochinha** (kleiner Fels mit netter Aussicht) führt durch eine ehemalige Müllkippe und ist somit wenig empfehlenswert.

Wanderung Fábrica da Chave, Rabil

- Streckenwanderung, ca. 3 Stunden, feste Sandalen, Orientierung einfach.

Ausgangspunkt ist das Hotel Estoril Beach Resort. Der lange Strand und die großen Dünenfelder südlich der Stadt bis zur **ehemaligen Ziegelei** Fábrica da Chave stehen unter Naturschutz, um die Dünenlandschaft und seltene **Vögel an der Lagune** im Mündungsbereich der Rª Grande (die weiter flussaufwärts Rª de Rabil heißt) zu schützen. Südlich am Strand entlang sind schnell das Restaurant Tartuga Beach und zwei Surfstationen erreicht, die den Eingang zum Naturschutzgebiet markieren. Kurz danach beginnen die höheren Dünen. 2,8 km weiter ist die Lagune erreicht, die man leicht verfehlt, wenn man nicht ab und an etwas am Strand aufsteigt. Die Dünen auf der Halbinsel von Portinho, ummittelbar bevor man die Fábrica de Chave erreicht, sind zumeist fest,

223_331sw Foto: re

so dass man sie leicht erklimmt und den Blick aufs türkisgrüne Meer und das Ilhéu de Sal Rei genießt. Weiter im Süden erheben sich wie Trutzburgen der Moderne die italienischen Großhotels (2004 noch im Bau) für den Massentourismus.

Über die Zufahrtstraße des Hotels Parque das Dunas erreicht man in einer weiteren ½ Stunde Rabil. Zwei kleine Restaurants, Rückfahrt mit Aluguer.

Wanderung Leuchtturm Ponta do Sol, Wrack der „Cabo Santa Maria“

● Rundwanderung, ca. 6 Std., 20 km, Wanderstiefel, Orientierung mit Karte und Kompass, mind. 4 l Wasserreserve pro Person.

Ausgangspunkt ist der höher gelegene Ortsteil Riba d'Olt im Norden von Sal Rei. Über die lange gepflasterte Gerade nähert man sich dem Hotel Marine Club und biegt etwa 200 m davor nach Osten auf die breite Zufahrtsstraße zum neuen Friedhof ab. Von dort aus führt ein Feldweg ständig weiter bergauf zu den alten Müllhalden, die sich in ihrer Scheußlichkeit immer mehr steigern bis der Pass erreicht ist und man in das inzwischen als Naturschutzgebiet ausgewiesene Gebiet eintritt. Für die Bergbegeisterten ist der **Pico Vígia** ein netter Ausflug mit dem besten Rundblick der Insel. Der Leuchtturm sitzt über dem Steilabbruch. Während man staunend auf die in der Tiefe brüllende Brandung und die Riffe schaut, finden sich zumeist Rotschnabeltropikvögel *(Phaethon aethereus)* mit langen Schwänzen ein, um ihr Flugkünste im Aufwind zu zeigen. Wüstenraben beschweren sich heftig über jeden Eindringling.

Auf dem Rückweg, ab der Supermüllhalde Curral Preto, sieht man das Wrack der „Cabo Santa Maria“ in der Ferne an der **Praia do Sobrado** liegen. Der Abstieg frei durchs steinige Gelände ist unangenehm, so dass man einer nach Süden ziehenden Zufahrt zu fast am Strand liegenden Kalksteinbrüchen folgt. Kurz nachdem die Lava-Hochflächen verlassen sind und man sich in sandigem Gelände befindet, kann man weglos zum Strand absteigen.

Die **„Cabo Santa Maria“** war ein moderner spanischer Frachter, der am 15. März 1968 wegen eines Navigationsfehlers strandete. Sie hatte Autos, Getränke, Melonen, Kork und Käse an Bord. Obwohl nicht leck geschlagen, wurden keine Versuche zum Freischleppen unternommen, sondern das Schiff relativ rasch aufgegeben. Noch sieht man Reste der Winden am Strand, mit denen über eine Seilbahn Fracht und Ausrüstungen geborgen wurden.

An der alten Weidemauer oberhalb des Strandes findet sich ein **Schild,** von dem aus man die größtenteils **unter Sand verborgene Straße** entdeckt. Sie wurde gepflastert, um schwerere Ausrüstungsgegenstände abtransportieren zu können. Nach dem Überschreiten des Kamms sieht man Sal Rei am Hori-

Wrack der „Cabo Santa Maria“

zont, geht durch einen Hain einheimischer Dattelpalmen und gelangt so an die alte Straße Rabil – Sal Rei, der man nördlich folgt.

In Gegenrichtung begangen, wird die versandete Straße zum Wrack hin und zurück zu einem gut dreistündigen Ausflug.

Strände und Wasserverhältnisse

Boa Vista hat die **größten und schönsten Strände Cabo Verdes.** Einige werden dezidiert zu Badestränden deklariert und von Hotels umgeben werden, während andere, abgelegene Strände der Natur erhalten und geschützt bleiben sollen.

Dank des ablandigen Windes und der schützenden Dünen sind die Strände im Westen besser zum Baden geeignet. Die von der Stadt leicht zu Fuß zu erreichende **Praia de Carlota** (im nördlichen Abschnitt auch **Praia de Estoril** genannt) ist nur minimal touristisch erschlossen mit zwei Strandrestaurants, einer Surf- und einer Tauchstation.

Sie verlängert sich bei der aufgelassenen Ziegelei Fábrica da Chave in die **Praia da Chave,** an der zurzeit eines, in naher Zukunft drei Großhotels fast 2000 Betten anbieten und für gemäßigten Massenbetrieb sorgen werden.

03160031sw Foto: re

Noch sieht man über kilometerweite Strecken keine Menschenseele. Von den südlichen Stränden sind **Praia da Varandinha** mit einem Aussichtsplateau, Kalkfelsen und -höhlen und die unendlich weite **Praia de Santa Mónica** die beeindruckendsten. Hinweis: Am Leuchtturm der Varandinha befinden sich zwei Fischadlernester. Sollten Sie sie besetzt vorfinden, halten Sie 500 m Abstand.

Die **Praia do Curral Velho** ist im landnahen Teil locker mit Schatten spendenden Dattelpalmen bewachsen. Doch nicht nur die Touristen suchen den Schatten, sondern auch Ziegen und stachelige Kletten, so dass eine derbere Unterlage angebracht ist. Das **Ilhéu de Curral Velho** ist für Touristen tabu. Hier brüten Hunderte von Brauntölpeln und die letzten Exemplare des extrem selten gewordenen Fregattvogels mit schlanken schwarzen Flügeln von bis zu 2,5 m Spannweite. Nach Osten schließt sich der Schildkrötenstrand **Praia de João Barossa** an.

Im Norden hat das Wrack der **„Cabo Santa Maria"** der Vielzahl langer Strände zwischen den felsigen Halbinseln einen neuen Namen gegeben. Für lange Strandwanderungen sind sie ideal.

Sport und Aktivitäten

Windsurfen

Fortgeschrittene Windsurfer finden auf Boa Vista **ideale Bedingungen.** Zwischen November und April bläst der Nordostpassat stetig und kräftig in die Segel. Für Könner bis zum Profi bieten sich Spots mit Flachwasserpisten bei kräftigem exakt ablandigem Wind wie an der **Praia Carlota.** An den vor der **Praia de Cabral** gelegenen Riffen brechen sich über masthohe Wellen, so dass der Urlaubssurfer sich besser darauf beschränkt, den Profis zuzuschauen. Für Anfänger eignet sich die teils stehtiefe Bucht, zumal das in Lee gelegene Inselchen Ilheu de Sal Rei vor der Dünung schützt und den Unerfahrenen rettet, so er nicht mehr an Land zurückfindet. Meist ist der Wind jedoch zu stark für Anfänger, so dass man schon sicher auf dem Brett stehen sollte, bevor man sich entscheidet, in Boa Vista zu surfen. Auch am Strand von Santa Mónica im Süden sieht man Urlauber auf dem Surbrett, während der Osten den Cracks vorbehalten bleibt.

Zur einzigen (2004) Surfstation auf Boa Vista siehe Kapitel „Wassersport".

Tauchen

Boa Vista als große Insel mit langer Küstenlinie und vorgelagerten Inselchen bietet eine große Zahl schöner Tauchplätze für alle Könnerstufen. Es gibt nur eine vergleichsweise junge Tauchbasis, doch sie ist personell und materiell gut ausgestattet und kümmert sich intensiv und sachkundig um ihre Gäste.

Genaueres zu den Tauchplätzen und zur Basis im Kapitel „Tauchen".

Wandern

Vermutlich gibt es noch mehr Menschen, die es wie wir nicht allzu lange am Strand aushalten, ohne anzufangen den Strand abzulaufen. Boa Vista hat uns bisher bei jedem Aufenthalt dazu verführt, mal „um das nächste Kap" zu schauen und dann noch ein Kap und noch eins ... und so ein Tagespensum von 30 oder 40 Kilometern einzusammeln. Im Inselinneren ermöglichen die steil aus der flachen Landschaft ragenden kleinen Zeugenberge faszinierende Fernblicke, zwischen den Dörfern bieten sich heiße, aber dank des flachen Terrains nicht übermäßig anstrengende Streckenwanderungen durch die Wüste. Wir planen deshalb noch für 2004 die Herausgabe einer Wander- und Freizeitkarte, auf der die reizvollsten Wege exakt verzeichnet sein werden.

Ultramarathon

Seit einigen Jahren wird **Anfang November** ein Ultramarathon auf Boa Vista ausgetragen. In zwei Tagen sind **150 km** auf losem sandigem und steinigem Untergrund mit etwas Gepäck zurückzulegen. Zu dem Ereignis findet sich jedesmal eine eingeschworene Gemeinde von Teilnehmern und Beobachtern ein.

- **Infos in Italien:** Tel. 0039 335354958
Fax 0039 02 96457364
E-Mail: dagarut@libero.it
- **Infos in Cabo Verde:** Tel. 00238/2511373
E-Mail: scaramellipier@cvtelecom.cv

Praktische Infos

An- und Weiterreise

Mit dem Flugzeug

Werktäglich geht ein Flug von und nach Sal (ca. 15 Minuten Flugzeit), am Wochenende täglich zwei Flüge. Freitags Flug von und nach Praia. Boa Vista ist bevorzugtes Ziel der Airtaxis der Cabo Verde Express.

Nach Ankunft stehen Aluguers bereit (nach Sal Rei ca. 500 ECV).

- **Flughafen in Rabil**
6 km südlich von Sal Rei, Tel. 2511415.
- **Büro der Fluggesellschaft TACV**
Tel. 2511186; vom Hauptplatz in Sal Rei aus in Richtung Post.

Mit dem Schiff

- **Hafen in Sal Rei.** Wöchentlich **Fährverbindung** aus Praia (10 Stunden Überfahrt; ca. 1500 ECV), gelegentlich aus Sal (rund 4 Stunden, ca. 800 ECV). Verbindungen und Preise jeweils an den Häfen. Bei starkem Wind müssen die Überfahrten ausfallen, da der Hafen nicht ausreichend geschützt ist. Auskunft bei: Arca Verde, Praia, Tel. 2615497, Fax 2615496.
- **Tagesausflüge mit Motor-Katamaran** ab Santa Maria nach Boa Vista im Hotel Morabeza zu buchen. Wenn Plätze frei sind, werden ausnahmsweise auch Passagiere von und nach Boa Vista befördert, was nicht billiger kommt als ein Flug.
- **Segel-Yachten** können am Hafen von Sal Rei anlegen, die Ankunft sollte wegen des Riffs in Hafennähe bei Tageslicht erfolgen. Versorgungsgüter sind teurer als in São Vicente oder Praia.

Transportmittel und Straßen

- Es gibt **gepflasterte Straßenverbindungen** von Sal Rei über Rabil nach Povação Velha und von Sal Rei nach Norte; die anderen **Pisten** sind ungepflastert. Bei starkem Wind können auf allen Straßen Sandverwehungen auftreten, so dass ein Allradfahrzeug von Vorteil ist.

- Transportmöglichkeiten auf Boa Vista sind rar. Es gibt **nur wenige öffentliche Aluguers,** und diese kommen frühmorgens vom Land und fahren am späten Vormittag zurück. Aluguers Richtung Norte sind selten.
- Die **private Anmietung eines Aluguers** kostet den zehnfachen Preis vom Sammelverkehr für die jeweilige Strecke; Abholung für die Rückfahrt vorher vereinbaren. Peisbeispiel: Sal Rei – Santa Mónica Hin- und Rückfahrt 4500 ECV, Inselrundfahrt 10.000 ECV.
- **Fahrräder** können beim Hotel Estoril Beach Resort gemietet werden; pro Stunde ist mit ca. 250 ECV zu rechnen.

Autovermietung

- **AluCar** *(Sr. Morena),* Handy 9919204.
- **Mendes e Mendes**
Tel. 2511145; bei der Pousada Boa Vista.
- **Cabauto,** Tel. 2511540.

Unterkunft

Boa Vista bietet eine breite Palette von Unterkünften in **Sal Rei** für alle Geschmäcker und Geldbeutel. Das Preisniveau liegt höher als landesüblich (vergleichbar dem in Südeuropa).

- **Hotel Dunas**
Rua Amílcar Cabral, Tel. 2511225
Fax 2511384, E-Mail: dunas@bwscv.com
Am Hafen in Sal Rei; 17 Zimmer, Du/WC, Telefon, TV, Frigobar, Ventilator; DZ ab ca. 10.500 ECV. Restaurant, Bar. Am Strandrestaurant Tartuga Beach benutzen Gäste des Hotel Dunas Sonnenschirme und Liegen kostenfrei.
- **Hotel Marine Club**
Praia da Cruz Village, Sal Rei
Tel. 2511285, Fax 2511390
E-Mail: marineclub@cvtelecom.cv
www.marineclubBoa Vista.com
Das Clubhotel wechselt in den Besitz der italienischen Hotelkette Alpitour und soll zur Sommersaison 2004 renoviert wieder in Betrieb gehen. Schöne Strandlage am Hang in der Bucht Praia da Cruz, ca. 20 Min. zu Fuß von Sal Rei. Die aus Stein gebauten Bungalows integrieren sich gut in die Landschaft; 14 Zimmer und 20 Apartments mit 2–3 Betten, Küche und Veranda; alle Zimmer mit Telefon, TV, Ventilator, Bad oder Du/WC (vor der Renovierung). Restaurant/Bar, Terrasse mit Meerblick. Meerwasser-Swimmingpool mit Kinderbecken; schöner Sandstrand.
- **Hotel Estoril Beach-Resort**
Sal Rei, Tel. 2511082, Fax 2511046
E-Mail: info@estorilbeachresort.com
www.estorilbeachresort.com
200 m zum Strand. Gemütliches Hotel in rustikaler Steinbauweise; sehr angenehme italienische Leitung; 22 Zimmer mit Du/WC, Ventilator; außerdem Bar, Restaurant, diverse Sportmöglichkeiten gegen Gebühr. DZ ab ca. 8000 ECV einschließlich Frühstück. Demnächst auch Apartments mit Wohnraum und Küche.
- **Guest House Migrante Lodge**
Sal Rei, Tel. 2511143, Fax 2511143
E-Mail: info@migrante-lodge.com
www.migrante-lodge.com
Italienische Pension der Oberklasse mit 5 Zimmern in schön renoviertem Altstadthaus. DZ mit Du/WC, Telefon, Ventilator; Restaurant, Bar, Innenhof. DZ ab ca. 8000 ECV.
- **Pousada Boa Vista**
Sal Rei, Tel. 2511145, Fax 2511423
Kapverdianische Pension mit viel Erfahrung, ca. 200 m vom Strand. 34 geräumige DZ und 6 EZ mit Du/WC, Telefon, Ventilator; Restaurant, Bar, Dachterrasse. Wassersport, Mietautos und Ausflüge können an der Rezeption gebucht werden. DZ ca. 5300 ECV.
- **Residencial A Paz**
Sal Rei, Handy 9918663
E-Mail: info@a-paz.com, www.a-paz.com
Im Ortszentrum, 500 m zu den Stränden; von kapverdianisch-italienischem Ehepaar professionell betriebene, sehr angenehme neue Pension mit großzügigen Räumen; Dachterrasse. 9 Zimmer mit Du/WC, Ventilator, DZ ab 3300 ECV inkl. Frühstück.
- **Residencial Criola**
Sal Rei, Tel. 2511786
Bei den ehemaligen Salinen, 500 m zu den Stränden; italienische Pension, Zimmer mit Du/WC, Ventilator; DZ ab 3300 ECV.

• **Residencial Sal Rei**
Sal Rei, Tel. 2511224
Zimmer mit Du/WC, Ventilator; DZ ab 3300 ECV.

• **Residencial Bom Sossego**
Tel. 2511155; hinter der Kirche
7 Zimmer, Du/WC (teils am Flur), Ventilator; DZ ab ca. 2200 ECV, mit eigenem Bad ab 2500 ECV; preisgünstiger Aluguer-Dienst.

• **Residencial Boa Esperança**
Rua Tavares d'Almeida, Sal Rei
Tel. 2511170, 2511380
Am Hauptplatz, der Eingang liegt rückwärtig; 7 einfache Zimmer, Restaurant; preiswerte Alternative; DZ ab ca. 2000 ECV.

• **Privatapartment,** geräumig, preiswert – an der Shell-Tankstelle bei *Sr. Lota* nachfragen.

• **Hinweis: Wasser und Strom können von Zeit zu Zeit ausfallen**.

Restaurants, Bars

Boa Vista bietet eine rasch **wachsende Auswahl italienischer und kapverdianischer Restaurants** mit guten und preiswerten Gerichten. Restaurants von Clubhotels sind in der Regel den Gästen vorbehalten, indem sehr hohe Preise ausgewiesen werden, auf die die Clubgäste 50% und mehr Nachlass erhalten. Wer kapverdianische Hausmannskost sucht, wird in Bars und Lokalen fündig. Besonders empfehlenswert sind Fisch und Meeresfrüchte. Langusten sind nicht immer vorrätig. Frischer Ziegenkäse ist eine Spezialität der Insel.

• **Blue Marlin**
Kleine Osteria italiana am Hauptplatz, Tel. 2511099; z.Z. beste italienische Küche am Platz. Vorbestellung unabdingbar.

• **Restaurant Hotel Dunas**
Preise und Speisekarte sind auf Touristen abgestimmt.

• **Esplanada/Pizzeria 5 de Julho**
Am alten Hafen. Italienisches Restaurant mit großem Außenbereich, gute italienische Küche zu angemessenen Preisen; häufig kapverdianische Live-Musik.

• **Esplanada Municipal**
Auf dem Hauptplatz; gut gemachte Schnellküche.

• **Restaurante Riba d'Olt**
Im Ortsteil Riba d'Olt (auf dem Hügel); makrobiotische Küche.

• **Bar Naida**
Am Hauptplatz in Sal Rei; Frühstück, Mittag- und Abendessen; gut, preiswert und kapverdianisch. Vorbestellung empfohlen.

• **Bar Maresia**
Avenida Amilcar Cabral, Sal Rei; kapverdianisch, von Touristen wenig besucht.

• **Bar/Restaurant Rosalita**
Avenida Rosalita; gute Langusten; der Besitzer spricht auch Deutsch.

• **Bar Boa Esperança**
Einfach kapverdianisch, von Touristen wenig besucht.

• **Témanché**
Am alten Hafen; preiswerte Schnellküche.

• **In Rabil** gibt es Essen auf Vorbestellung im **Sodade di Nha Terra** (Tel. 2511048). Besitzer *Amando Almeida Marques* war Chefkoch eines Basler Luxushotels, was man schmeckt!

Nachtleben

• **Bar Cabana**
Sal Rei; Discobetrieb und Filmprojektionen einmal pro Woche, Tanz ab 22.30 Uhr.

• **Discotheca Meio da Arreia**
Sal Rei, an der Straße Richtung Flughafen; z.Z. meistbesuchte Disco, Fr, Sa ab 23 Uhr.

• **Discotheca Cabrer**
(Deutsch wenig respektvoll: Ziegenstall.) Am Flughafen; italienische Investition mit 2000 Plätzen, Go-Kart-Verleih. Bisher war die Disco nie gefüllt.

• **Esplanada/Pizzeria 5 de Julho**
Am alten Hafen; dreimal wöchentlich kapverdianische Live-Musik.

Bank

• **Banco Comercial do Atlântico**
Tel. 2511182, am Hauptplatz Sal Rei, Mo bis Fr 8–15 Uhr. Kreditkarten werden akzeptiert, doch fallen 2% Gebühr + 10 Euro für ein Telefonat nach Lissabon an.

Post

- **CTT,** Tel. 2511122; am Nordende der Stadt, Mo bis Fr 8–15.
- **C.V. Telecom,** Tel. 2511103, auch Auslandstelefonate.

Notfall

- **Arzt und Krankenpfleger in Sal Rei** im **Gesundheitszentrum** am Hauptplatz, Tel. 2511167.

Polizei

- Avenida de 5 de Julho, Tel. 2511132.

Einkaufen

Neuer **städtischer Markt** *(Mercado municipal)* am Hauptplatz. Diverse **kleine Geschäfte** in Sal Rei. Obst und Gemüse werden teilweise eingeflogen, was sich in den Preisen niederschlägt. Reisende, die erst nach Ladenschluss von ihren Ausflügen zurückkehren, finden das Wichtigste zum Essen und Trinken auch in der **Shell-Tankstelle** am Ortseingang bis 22.00 Uhr.

03130008sw Foto: re

Kapelle N.S. da Fátima

Feste

- **1. Januar:** Neujahrsfest mit Discos und Kundgebungen.
- **6. Januar:** Zum Fest der Heiligen Drei Könige besuchen Musikgruppen die Häuser und spielen traditionelle Musik.
- **Februar:** Karneval; am Faschingsdienstag herrscht buntes Treiben.
- **3. Mai:** Fest von Santa Cruz, Messe und Prozession mit Trommeln und Pfeifen, man gedenkt auch der Sklavenbefreiung.
- **8. Mai:** Fest S. Roque in Povação Velha mit Messe, Prozession und Tanz.
- **12. Mai:** Fest zu Ehren Cruz nho Lolo mit Ziegenwettstreit und Prozession nahe Estância Baixo.
- **13. Juni:** Fest des Heiligen António; Pilgerung zur Wallfahrtskapelle in der Nähe des Felsens von Santo António.
- **4. Juli:** Hauptfest der Insel zu Ehren der Schutzheiligen von Boa Vista, Santa Isabel. Es ist das größte Fest auf Boa Vista. Besucher von anderen Inseln kommen zu diesem Anlass auf die Insel.
- **24. Juli:** Fest zu Ehren São João Baptistas mit Prozession in Fundo das Figueiras.
- **15. August:** Fest zu Ehren Nossa Senhora da Piedade in João Galego.
- **19. August:** Rabil feiert das S. Roque-Fest.
- **August:** Musikfest am Strand von Santa Cruz.
- **8. Dezember:** Fest in Povação Velha.

Maio

Auf Maio scheint die Zeit still zu stehen. Während auf Sal und Boa Vista dank des Flughafens und des Strandtourismus neue Geschäftigkeit eingezogen ist, löst Maio noch immer alle Versprechen auf **Einsamkeit** ein. Die Landschaften wirken auf den ersten Blick wüstenhaft flach, vegetationsarm, monoton. Auf den zweiten Blick jedoch, auf Fahrten mit dem Mietwagen ins Inselinnere, auf weiten Wanderungen am Meer und durch die Hügelketten, zeigt Maio eine ungeahnte **Vielfalt an Landschaften.** Zieht man mit im ruhigen Trott der Ziegen und Rinder durch lockeres Buschwerk, dann schweifen die Gedanken in die weiten Dornbuschebenen des Sahel. Beschwerlich führt der Schritt im Flugsand auf große Dünen und, vorbei an Gruppen einheimischer Palmen, weiter an gleißende Strände, deren Ende am Horizont nur zu ahnen ist. Die heiße Mittagsluft flimmert in den Salzwiesen des Nordens, die unberührte Stille wird nur durchbrochen von einem Stier, der wachsam den Kopf hebt, dessen dunkler Körper aber im gedrungenen Buschwerk salzliebender Pflanzen verborgen bleibt. In von Kalkfelsen begleiteten Tälern erheben sich riesige Kokospalmen, in den trockenen Bachbetten weiden tagsüber Esel, und nachts ruhen sich hier große Gruppen von Perlhühnern aus von ihren Zügen durch die Akazienwälder.

Ausgewitterte **Vulkanschlote** erheben sich als schroffe Spitzen über die Ebene, verbunden durch ein zentrales **Hügelland,** wo nur vereinzelt ein Purgiernussstrauch oder Feigenbaum überlebt.

Die Menschen rücken zusammen in kleinen Dörfern, in denen nur selten ein Fremder übernachtet, von jedermann freundlich begrüßt und von den Kindern neugierig beäugt.

Maio ist eine Liebe auf den zweiten Blick, ein Trumpf des Unspektakulären in der Hand der Nachdenklichen, der Leseratten, der Wüsten- und Strandwanderer.

Geschichte

Am 1. Mai **1460** von **António de Noli** im Auftrag *Heinrichs des Seefahrers* entdeckt, erhielt die Insel ihren Namen. Großes hatte man nicht vor mit der flachen Insel in unmittelbarer Nähe der weitaus attraktiveren Insel Santiago. So schickte der König lediglich einige **Esel, Ziegen und Rinder** und setzte einen Lehnsherr ein. Mit vertraglicher Präzision wurde schon 1504 festgelegt, dass er ¼ des Wertes der Häute und ein Zehntel des Wertes des Talgs an den König abzuführen hatte, und so jemand beim Schwarzschlachten erwischt wurde, war der neunfache Wert des Schlachttiers fällig. Somit gut geschützt, vermehrten sich die Tiere schnell, und jährlich wurden Tausende von Tieren als Proviant für die Sklavenschiffe nach Ribeira Grande, dem heutigen Cidade Velha, auf Santiago gebracht. Feste Bauten als Zeugen einer tiefer greifenden Entwicklung dieser ersten Phase der Entwicklungsgeschichte Maios gibt es nicht. Die wenigen Bewohner waren halbnomadisch lebende Hirtensklaven im Besitz der Großgrundbesitzer von Santiago, die mit den Tieren zogen und sie mit dem Lasso einfingen.

Mit dem Niedergang des Sklavenhandels auf Santiago in der ersten Hälfte des 17. Jahrhunderts infolge der Besetzung Portugals durch Spanien (1580 bis 1640) und durch häufige Piratenüberfälle verlor Maio seine Bedeutung als Weidegrund. Die wenigen verbliebenen Einwohner wurden sesshaft in einer ersten festen Ansieldung am Monte Penoso, im Umfeld der damals strohgedeckten Kapelle da Nossa Senhoroa do Rosário mit Fluchtmöglichkeiten in die Berge. Neben der Subsistenzwirtschaft bauten sie **Baumwolle** an, die an die Weber nach Santiago verkauft wurde, um aus ihr die klassischen schwarzweißen Tücher zu weben, die an der afrikanischen Küste begehrt waren. Die Gemeinde erhielt erste Anerkennung durch die Entsendung eines Priesters nach **Penoso** im Jahr 1677.

Das 18. Jahrhundert brachte keine guten Neuigkeiten für die Einwohner von Maio, die unter dem Druck der Piratenüberfälle vorübergehend in den Süden nach Casas Velhas zogen, später nach Penoso zurückkehrten. Unverändert waren, in der Sprache der portugiesischen Herren, „die meisten Eingeborenen so schwarz wie auf Santiago, wobei es auch einige Mulatten und ganz wenige Weiße" gab, gleichzusetzen mit Sklaven, Freigelassenen und Besitzern. Um 1770 herum, als die **Compania Grão Pará e Maranhão** das Monopol auf den portugiesischen Sklavenhandel bekam, zogen die Preise an, die Sklaven wurden nach Lateinamerika verkauft. Als sich 1773 bis 1775 eine

Dürre zur Hungerkatastrophe auswuchs, tauchten englische und französische Schiffe an der Küste auf, und freie Bürger verkauften sich in die Sklaverei, um nicht zu verhungern. Die Baumwollfarmen verschwanden.

Mit dem Aufblühen kolonialer Siedlungen und intensiven Kolonialhandels in Afrika, der Unabhängigkeit Brasiliens, durch die andere Nationen die Möglichkeit zum Handel mit diesem riesigen Land bekamen, und den schnell wachsenden Transportmöglichkeiten durch die Dampfschifffahrt kam den östlichen Inseln plötzlich neue Bedeutung als Salzlieferanten zu. Die **große natürliche Saline** im Südwesten wurde zum Schauplatz wilder Verteilungskämpfe, wenn nach der Überschwemmung durch die aus dem Süden einschlagenden Brecher im August bis zum nächsten Mai das meiste Wasser verdunstet war und die Ernte begann. Dank der regulierenden Kraft des Rechts enstanden die brav in Rechtecke geteilten modernen Salinen in Privatbesitz. Einige wenige Familien mit wohlklingenden Namen rissen den Handel an sich und füllten jährlich Hunderte von Schiffen. Englische Firmen versuchten, sich endgültig zu installieren und die Insel zu übernehmen; die Siedlung im Südwesten wurde zum **Porto Inglês.** Nachdem die Engländer versucht hatten, die portugiesische Staatsgewalt mit Waffengewalt zu vertreiben, bekamen sie ein kleines Fort mit acht Kanonen an den Strand gesetzt und mussten wieder ihre Salzsteuer bezahlen.

Der **Salzhandel** kehrte in geordnete portugiesische Bahnen zurück, und der Besitzer des am Kirchplatz noch heute zu bewundernden klassischen einstöckigen Sobrado, **Luis António Cardoso,** baute eine 160 m lange **Landungsbrücke aus Zedernholz.** Die Reste findet man noch heute wenige Meter nördlich des modernen Hafens. Was nicht auf den Köpfen von Frauen transportiert wurde, zogen Maultiere an den Hafen, die mit Heu aus Argentinien gefüttert wurden. Die Gewinne waren astronomisch für das halbe Dutzend, das etwas zu gewinnen hatte, für die Herren mit den klingenden Titeln eines Konsuls von Österreich, Brasilien, Belgien, der Hansestädte, von Dänemark, Russland und Norwegen. Doch der Boom dauerte kaum 40 Jahre.

Für Maio kam der **Zusammenbruch** im Jahr 1885 in Form des weitaus potenteren Konkurrenten in Pedra de Lume auf der Insel Sal – und auch der konnte sich nur noch weitere 50 Jahre halten, bis die Fortschritte im Salzbergbau und die Eisenbahn dazu führten, dass die Weltmärkte mit billigem Salz überschwemmt wurden und handwerklich gewonnenes Meersalz seine Konkurrenzfähigkeit verlor. So beeindruckend die internationale Karriere der auf einem kleinen Eiland im Atlantik ansäßigen Unternehmer war, so fragwürdig bleibt der Versuch, von einem goldenen Zeitalter des Salzhandels berichten zu wollen. Sklaven und Arme plagten sich bis zur Erschöpfung ohne jeden Gewinn. Noch im Jahr 1911, drei Jahrzehnte nach Beendigung der Sklaverei, berichtet der Landrat von Maio in seinem Jahresbericht vom Elend und der Ausbeutung der Salzarbeiter, die gezwungen sind, als Pächter im Salz zu arbeiten. Sie wurden nicht mit Geld, sondern in frech überteuerten Lebensmitteln entlohnt und erhielten so wenig mehr als die Hälfte des ihnen zustehenden Anteils.

Maio war und blieb der elende **Hinterhof Santiagos,** zuerst bevölkert von Sklaven, dann von Armen und Entrechteten, die hierher verbannt wurden, und von nur ganz wenigen Reicheren, welche die Situation unkontrolliert auszunutzen verstanden. Noch 1856, als die **Sklaverei** auf Santo Antão bereits seit fast 80 Jahren beendet war und in Santiago schnell zurückging, lebten auf Maio 406 Sklaven und 118 Besitzer. Während die Herren Konsule 20 bis 40 Sklaven hielten, verteilte sich der Rest auf kleine Betriebe. 1858 war das Jahr, in dem das Ende der Sklaverei Gesetz wurde. Noch weitere 20 Jahre sollten die Sklaven ihren Herren dienen, bevor sie endgültig frei sein sollten. Nur wenige erlebten das Ende der Übergangsfrist, denn allein in den folgenden zwölf Jahren starben 117 an Cholera, Pocken und den Folgen des Elends.

Bis ins Jahr 1917 wurde Maio von Praia aus verwaltet, bis es als letzte Insel zu einem selbstständigen Landkreis *(Concelho)* wurde. Mit den Dürren der 1940er Jahre und der großen Saheldürre seit 1968 waren viele Einwohner zur **Emigration** gezwungen, und die meisten Familien leben heute teilweise auf Maio, teilweise in Praia.

Maio ist unverändert arm. In Kenntnis der Geschichte gewinnt man trotz aller Bescheidenheit der heutigen Situation den Eindruck, dass Maio mehr als andere Inseln **durch die Unabhängigkeit gewonnen** hat. Am Tage der Unabhängigkeit, am 5. Juli 1975, gab es nur eine Schule bis zur 4. Klasse. Heute hat jedes Dorf seine sechsjährige Grundschule, und in Vila do Maio gehen die Kinder aufs Gymnasium bis zur 10. Klasse. Wo ein Pfleger die Insel versorgte, arbeiten heute ein halbes Dutzend und ein Arzt, und demnächst wird der Grundstein für ein kleines Krankenhaus gelegt werden. Alle Dörfer sind elektrifiziert, per Telefon erreichbar, und in den nächsten Jahren wird auch die letzte Lücke im Straßennetz geschlossen werden. Und auch wenn der Tourismus bisher nur ganz leise und angenehm ruhig eingesetzt hat, so hat Maio doch die Chance auf eine eigenständige, Erfolg versprechende Entwicklung.

Vila do Maio

Die **meisten Bewohner** leben im Hauptort Vila do Maio im Südwesten der Insel direkt am Meer. Im Zentrum des ruhigen Städtchens befindet sich ein zentraler Platz, umgeben von Kirche, Hotel, Bank, Markt und ein paar Kneipen. Auf dem **Kirchplatz,** dem Praça, trifft man sich wochenends und abends zum Plausch. Treppen führen hinauf zur 1872 erbauten weißen **Barock-Kirche** mit ihren mächtigen Türmen. In der Nähe des Hafens liegt ein **weiter Sandstrand,** auf dem die Fischerboote anlanden. Von der einstigen Blüte der Stadt kündet heute noch das alte kanonenbestückte **Fort** aus dem 18. Jahrhundert, das die Bucht vor der

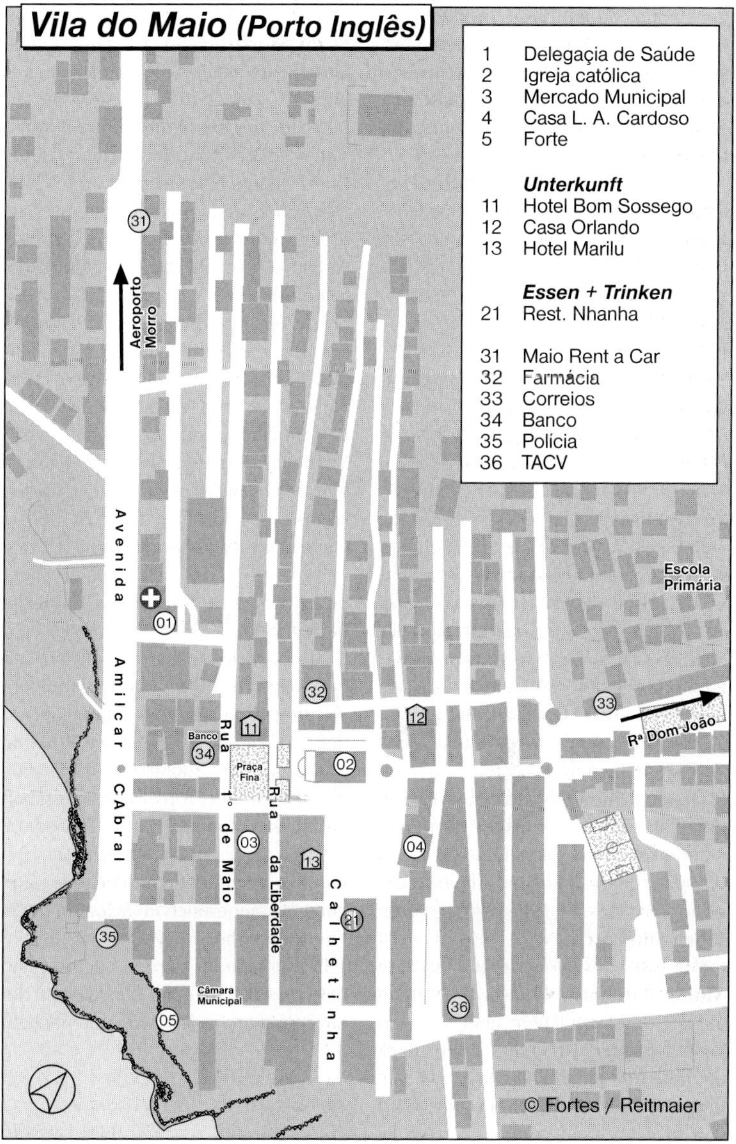
Vila do Maio (Porto Inglês)
1 Delegaçia de Saúde
2 Igreja católica
3 Mercado Municipal
4 Casa L. A. Cardoso
5 Forte
Unterkunft
11 Hotel Bom Sossego
12 Casa Orlando
13 Hotel Marilu
Essen + Trinken
21 Rest. Nhanha
31 Maio Rent a Car
32 Farmácia
33 Correios
34 Banco
35 Polícia
36 TACV
Aeroporto Morro
Avenida Amilcar CAbral
Escola Primária
Rª Dom João
Banco
Praça Fina
Rua 1° de Maio
Rua da Liberdade
Calhetinha
Câmara Municipal
© Fortes / Reitmaier

Besetzung durch die Engländer bewahrt hat. Die Ruhe der kleinen Stadt mit ihren bunt bemalten Häusern, geraden und sauberen Straßen speist sich aus der malerischen Szenerie eines beschaulichen Alltags.

Die Weite der Strände und des Hinterlandes laden ein zu langen Spaziergängen in alle Richtungen.

Inselrundfahrt

Von Vila do Maio geht die Fahrt **entlang der flachen Westküste.** Gen Norden liegen meerwärts auf Höhe des Flughafens die weitgehend stillgelegten Salinen. Sie erstrecken sich 5 km die Küste entlang.

Nach dem Abzweig zum Flughafen sieht man bereits das einzige Strandhotel der Insel einsam am Strand liegen, das Bela-Vista. Kurz darauf folgt der nächste Ort an der Küste, **Morro,** der zu beiden Seiten der Landstraße liegt. In einer kleinen Handwerks-Kooperative wird getöpfert. Lassen Sie sich das **Artesanato** von den Leuten zeigen. In Richtung Küste geht es hinab durch einen Palmenhain ans Meer zu einem wunderschönen Strand. Das von einem Europäer gebaute Feriendorf wurde geschlossen. Das Tal hieß schon vorher **Ribeira do Porco.**

Von Morro aus besteigt man den **Monte Batalha** (294 m) in 2 Stunden auf teils beschwerlichem, aber sicherem Weg; es öffnet sich ein schöner Blick auf die Insel und die Nachbarinsel Santiago. Eine andere Wanderung führt von Morro entlang der Küste zum Fischerdorf Calheta oder durch die **Ribeira do Morro,** in der die geologische Geschichte mit den ältesten Böden des Archipels zutage tritt.

Weiter auf der Straße nach Norden liegt 3 km nach Morro das Dorf **Calheta** zwischen Hauptstraße und Küste. Der grüne Akazienwald, der mit viel Mühe aufgeforstet wurde, erfreut das Auge nach so viel ausgedörrtem Land. In Köhlereien wird Holzkohle für Praia produziert, im Unterholz verstecken sich große Rudel von Perlhühnern. Das Dorf selbst lebt vom Fischfang und der Emigration. Der Weg durch den Ort endet am Meer, von wo aus man weite Strandspaziergänge in beide Richtungen unternehmen kann. Nach Norden kommt man in einer guten Stunde in weite Dünenfelder und Salzwiesen, hinter denen sich der etwas kleinere, aber besonders nette **Strand von Calhetinha** versteckt.

Die nächste Ansiedlung im Norden ist **Morrinho.** Pisten in nordwestlicher Richtung führen in hohe Dünen und zu dem einsamen, wilden Strand **Praia de Santana.** Die Salzwiesen sind eine ganz besondere, topfebene Landschaft mit dunklen salzliebenden Büschen unter dem strahlend blauen Himmel. Einige Kühe streifen durch die Dünen, Ziegen entspannen sich im Schatten der in Gruppen stehenden Palmen.

Die Strände im Norden der Insel sind mit Vorsicht zu genießen wegen der Strömungen. In den Monaten nach ei-

Praia Gonçalo

nem Regen können die Sandwege nicht befahren werden. Sie liegen auf einer dünnen Salzschicht, fest genug für Fußgänger, aber tückisch für Fahrzeuge, die sich bis über die Achsen in metertiefen Salzschlick eingraben und erst Wochen später geborgen werden können.

Ponta Cais, die Nordspitze mit vorgelagerten Riffen, war der Untergang vieler Schiffe. Lieder besingen die Strandung von Walen.

Zurück auf der Hauptstraße erreicht man wenig später die Siedlung **Cascabulho,** wo eine Piste in den äußersten Norden Maios, zum traumhaften, von Kalkfelsen durchbrochenen Sandstrand **Praia de Galeão,** abzweigt. Der gelbe Sandstrand in der 6 km weiten Bucht ist gesäumt von herrlichen Dünen. Hier legen **Meeresschildkröten** ihre Eier ab. Auch wenn sich das Umweltbewusstsein langsam schärft, sammeln noch immer einige Fischerjungen die (noch nicht einmal besonders wohlschmeckenden) Eier ein und verarbeiten Panzer zu Souvenirs. Eine Ausfuhr dieser Produkte ist dank des Artenschutzabkommens nicht möglich, aber der Schutz für die Tiere müsste erheblich verschärft werden, um sie vor der Ausrottung zu bewahren. Schwimmen im Meer ist an diesem Strand wegen der Brandung und den vielen Felsen fast nirgends möglich, doch macht es viel Spaß, in den natürlichen Pools zu planschen und vom Schatten einer Höhle aus auf die Weite des Atlantiks zu schauen.

ka-j-295 Foto: ja

ka-j-294 Foto: ja

Menschen in Cascabulho

Zwischen Cascabulho und Pedro Vaz durchquert man dichte Wälder. Ein Schotterweg führt zum einsamen Strand von **Praia Gonçalo.** Hier wendet sich die Straße nach Süden über einen kleinen Pass und trifft wenig später auf die Kapelle N.S. do Rosário unterhalb des höchsten Berges der Insel, des **Monte Penoso** (deutsch: der mühsame Berg). Der macht seinem Namen alle Ehre, denn man stolpert weite Strecken fast weglos hinauf, um über die Weite der völlig leblosen muldenförmigen Ebene hinüberzuschauen zum **Monte Batalha** und den in der Ferne erscheinenden Bergen von Santiago.

Das Kirchlein N.S. do Rosário erinnert an die älteste permanente Siedlung. Auch im 18. Jahrhundert sind die Bewohner des Südens vor Piratenüberfällen hierher geflohen.

Etwa 4 km südlich von Pedro Vaz, in der Ansiedlung **Alcatraz,** widmen sich die Bewohner der Ziegenhaltung.

Weiter führt die Straße, vorbei am **Monte Branco** (weißer Berg), nach Süden und tritt über einen kleinen Pass ein in die zentrale Hochebene. Man meint sein eigenes Herz schlagen zu hören, so still kann es hier sein. Kein Vogelzwitschern durchbricht das Schweigen der in der Hitze flirrenden Luft. Bei **Ribeira Seca** trifft die Ringstraße auf die größere Straße nach **Ribeira João,** einer Taloase am Ende der gleichnamigen Ribeira. Ein Fußweg führt in zehn Minuten zu einem schönen Strand mit herrlich klarem Wasser.

Auf der Fahrt in Richtung Stadt zweigt nach **Ribeira da Horta** eine Stichstraße ab nach **Barreiro.** Das Dorf verteilt sich auf zwei Felskämme. Folgt man dem dazwischen liegenden Tal, dann kann man in einem schönen Spaziergang durch den grünen Talgrund zum Meer gelangen und von dort zurück zum südlichen Ortsteil Ramarela.

Weitere schöne Strände breiten sich südlich der Hauptstraße bei Lagoa und Praia Preta aus. Dazwischen liegt der geisterhafte Ort **Casas Velhas,** dessen Häuser im 19. Jahrhundert nach einer Epidemie aufgegeben wurden.

Strände und Wasserverhältnisse

Einsame Strände säumen die Küste. **An der Westküste** zieht sich von Vila do Maio im Süden vorbei an Morro bis nach Calheta ein kilometerlanger Sandstrand; ebenso von der Stadt aus in Richtung Osten bis Lagoa sowie im Nordosten und Osten. Ein Teil des feinen Sandes kommt mit dem Wind aus der Sahara herüber. Hinter dem Strandstreifen geht die Küste unvermittelt in Geröll über.

In unmittelbarer Nähe von Vila do Maio ist ein recht schöner großer Strand bequem zu Fuß erreichbar. Herrliche Strände findet man auch **in Ponta Preta** etwas südlich von Vila do Maio.

Die Strände sind flach. Vorsicht bei starker Brandung und Strömungen! Es gibt **keinerlei Infrastruktur** oder sonstige Einrichtungen an den Stränden. Alles, was man braucht (Schatten, Sonnenschutz, Getränke), ist mitzubringen. Auch Wassersport ist nur mit eigener Ausrüstung möglich.

Praktische Infos

An- und Weiterreise

Mit dem Flugzeug

- **Flugverbindungen** bestehen fünfmal die Woche **von und nach Praia,** Flugzeit ca. 20 Minuten.
- Der **Flughafen** von Maio befindet sich 3 km nördlich des Hauptorts Vila do Maio.
- **TACV-Büro** siehe Stadtplan; Tel. 2551256.

Fährverbindung/Segelboote

- Wöchentliche **Fährverbindung zwischen Praia/Santiago und Maio.** Die Fahrzeit beträgt ca. 2½ Stunden, die Anlagestelle ist in Vila do Maio. Auskunft: Arca Verde, Praia, Tel. 2614597, Fax 2615496.
- Lande- und Ankerplatz für **Segelboote** am **Hafen von Vila do Maio.** Segler können sich hier mit dem Nötigsten versorgen.

Transportmittel

- Wer gebucht hat, wird von **Fahrzeugen der Quartiere am Flughafen** erwartet. Ansonsten kommt in der Regel ein **öffentliches Aluguer** zur Ankunft des Flugzeuges, um die Fluggäste in die Stadt zu bringen. Für die Rückfahrt zum Flughafen verabredet man sich mit seinem Quartier.
- **Sammeltaxis** bringen die Passagiere vom Flughafen zu den Unterkünften. Für den (zu-

meist sehr frühen) Rückflug bitten Sie Ihren Wirt, die Abholung zu organisieren.

Für Fahrten ins Inselinnere sind Sammeltaxis wenig geeignet, denn sie kommen am frühen Morgen aus allen Dörfern in die Stadt und fahren gegen Mittag zurück aufs Land. Somit kommt man erst spät los und hat keine Garantie für die Rückfahrt, auch wenn zumeist gegen Abend noch ein Fahrzeug aus den größeren Dörfern sich auf den Weg in die Stadt macht.

Für Abhol- und Bringdienste berechnen die Sammeltaxis etwa das Zehnfache des Fahrpreises im Sammelverkehr bzw. 6000 ECV pro Tag.

Mietwagen

- Die Autovermietung **Maio Rent a Car** an der Avenida Amilcar Cabral bietet gute Allrad-Fahrzeuge zu fairen Preisen (3500 bis 5500 ECV/24 Std.), Tel. 2557100. Buchung auch im Hotel Bela Vista, Tel. 2551717.

Unterkunft

- **Hotel Bela Vista**
Tel. 2561355
E-Mail: belavista@terra.es
Das neue Strandhotel in spanischem Besitz liegt etwa 6 km nördlich der Stadt beim Dorf Morro an einem riesigen Sandstrand. Jeder der 24 blitzsauberen Doppelbungalows mit Klimaanlage, TV, Telefon und eigenem Bad bietet reichlich Platz für ein Paar und kann mit bis zu 4 Personen bewohnt werden. Restaurant, Bar, Meerwasserschwimmbad, Tennisplatz und Autovermietung helfen die Zeit angenehm zu vertreiben. DZ 5100 ECV.
- **Hotel Marilu**
C.P. 48, Vila do Maio
Tel. 2551198, Fax 2551347
Im Zentrum rechts von der Kirche; 10 Zimmer mit Du/WC; Fernsehraum, Terrasse, Restaurant. Freundlicher Empfang, sauber. DZ ca. 2600 ECV.

251_436sw Foto: re

●Residencial Bom Sossego
C.P. 34, Vila do Maio
Tel. 2551365, Fax 2551327
Nahe Hauptplatz und Kirche; 16 Zimmer mit Du/WC; Bar und Restaurant. Modernes, sauberes kleines Hotel mit freundlichem Personal, gutes Essen. DZ ca. 2600 ECV, Sonderpreise für Dauergäste.

●Casa Orlando Spencer
Tel. 2551820
Ferienwohnung in der Ortsmitte, am nördlichen Teil des Kirchplatzes; preisgünstig, auch für Dauergäste.

Restaurants

●Es gibt nur wenige Restaurants auf Maio. Am besten isst man **in den Hotels Marilu** und **Bom Sossego.** Gegenüber dem Marilu ist eine Bar, auf der anderen Seite ein kleines Restaurant. Ein guter Treffpunkt ist die **Piletcha Bar.**

●Am Abend und nachts ist es eher ruhig im Ort.

Bank

●Banco de Comercial do Atlântico
Tel. 2551148; auf dem Hauptplatz; vormittags geöffnet.

Post und Telefon

●**CTT und öffentliches Telefon,** Tel. 2551189, auf dem Hügel oberhalb der Stadt; Mo bis Fr 8–12 und 14–18 Uhr.

●**Kartentelefone** an mehreren Stellen in der Stadt und auf den Dörfern.

Notfall

●Kleines **Gesundheitszentrum** an der Uferpromenade in Vila do Maio; Tel. 2551130.

●Pflegerposten in Calheta und Pedro Vaz.

Polizei

●Vila do Maio, am südlichen Ende der Uferpromenade; Tel. 2551132.

Einkaufen

●**Gemischtwarenläden** mit örtlichem Angebot.

●**Kleiner Markt in Vila do Maio** mit Inselprodukten (Fisch, Ziegenkäse, Obst soweit vorhanden).

Feste

●**3. Mai:** Fest zu Ehren von Santa Cruz, Gemeindefest von Maio.

●**19. Juni:** Fest São José.

●**24.–26. Juni:** Fest zu Ehren von São João.

●**26. Juli:** Fest Nha Santa Ana.

●**21. November:** Fest Cristo Rei.

Die Feste werden fast immer von Tänzen wie Tabanca und Batuco begleitet und auch vom Tanz der Geige, dem Rabeca. Auf sehr traditionelle Weise werden die Hochzeiten gefeiert, an deren Vorbereitung sich viele aus der Gemeinde beteiligen.

Santiago

Santiago ist die Hauptinsel des Archipels. Sie übertrifft nicht nur bezüglich der Fläche (991 km^2) die anderen Inseln, sondern sie beherbergt auch mehr als die Hälfte der Bevölkerung des Landes. Von den 230.000 Einwohnern leben bereits mehr als 105.000 in der **Hauptstadt Praia** im trockenen Südosten der Insel. Die Stadt wächst rasant und zieht als Wirtschaftszentrum und Regierungssitz Menschen aus dem Inselinneren und von anderen Inseln an. Die etwas Wohlhabenderen kommen in Vorstadtsiedlungen unter, deren gedrängte vielstöckige Betonarchitektur an das moderne Portugal erinnert. Die Armen folgen ihren ländlichen Gewohnheiten und überziehen die Steilhänge mit Favela-ähnlichen Einfachstsiedlungen.

Die Oberflächengestalt Santiagos wird bestimmt durch zwei vulkanische Gebirgsstöcke und dazwischen liegende Hochflächen *(Achadas)*. Im Zentrum dominiert ein Gebirge mit der Gipfelpyramide des **Pico d'Antónia (1394 m),** der höchsten der Insel. Von Praia aus sieht man ihn wie eine Haifischflosse aus den Wolken ragen. Im Norden erstreckt sich die Barriere der **Serra Malagueta (1063 m)** von der West- zur Ostküste. Bis zum Bau einer Straße in den 1980ern erschwerte sie den Zugang zur nördlichen Halbinsel erheblich. Die Serra Malagueta fällt nach Norden sanfter ab und läuft aus in der Halbinsel mit der Stadt Tarrafal. Rings um die höheren Gebirge erheben sich zahlreiche kleine Kegel- und Tafelberge. Die **Aufforstungen** um diesen Gebirgszug, die schon aus kolonialen Zeiten datieren, wuchsen inzwischen zu richtigen Wäldern mit Unterholz heran.

Die charkteristische Landschaftsform Santiagos sind aber die **Achadas,** nur unmerklich ansteigende Lavaebenen, aus denen die Erosion tafelförmige Berge mit steilen Begrenzungen herausgetrennt hat. Zwischen den beiden Gebirgsstöcken breitet sich wie eine grüne Hängematte eine solche Ebene aus, in der die Stadt Assomada liegt. Auf der Achada Falcão ist sie mit Vulkankegeln durchsetzt. So ist das **Zentrum der Insel** feuchter, grüner und vegetationsreicher mit Sträuchern, Akazien, Tamarisken, Euphorbien und wilden Feigenbäumen.

In das Bergland bis hinauf nach Norden schneiden sich eine Reihe von **Trockentälern (Ribeiras)** ein, die zur Küste hinabführen. Sie ermöglichen zum Teil Bewässerungsfeldbau. Sehr fruchtbar sind die nach Osten hinausziehende Ribeira de Santa Cruz und Ribeira dos Flamengos, die nach Calheta de São Miguel bzw. nach Pedra Badejo hinabführen. Nach Westen hinaus zieht die Ribeira Grande, wo die Besiedlung Cabo Verdes ihren Ausgang nahm.

Der Süden nahe Praia und die nördliche Halbinsel um den Monte Graçiosa herum werden fast ausnahmslos von bräunlich vertrockneten Achadas bestimmt. Einige jüngere Eruptionskegel und alte verwitterte Vulkanschlote lockern aber auch diese Landschaft auf.

Santiago ist mit Abstand die **landwirtschaftlich produktivste Insel.** Zum einen sind die Berge hoch genug, um Niederschläge aus den Passatwolken zu provozieren und Nebelwälder zu erhalten, zum anderen erreichen die tropischen Platzregen im Sommer die Insel doch deutlich häufiger als die nördlichen Inseln. Die Hälfte der kultivierten Flächen des Archipels befindet sich auf dieser Insel. Im Bewässerungsfeldbau dominieren Zuckerrohr, Bananen und die verschiedensten Gemüse- und Obstpflanzungen, im Trockenland hauptsächlich Mais und Bohnen.

Die **dichte Besiedlung** Santiagos gründet heute auf zwei Faktoren: den relativ guten landwirtschaftlichen Möglichkeiten und dem Sog der Hauptstadt.

Administrativ gliedert sich die Insel in **sechs Landkreise (Concelhos):** Praia, São Domingos, Santa Catarina (Hauptort Assomada), Santa Cruz (Hauptort Pedra Badejo), Calheta de São Miguel und Tarrafal.

Afrikanische Kultur und Tradition haben Santiago stärker geprägt als jede andere Insel. Als erster und wichtigster Handelsplatz im transkontinentalen Sklavenhandel waren Cidade Velha und die gesamte Insel früher, länger und intensiver in Kontakt mit dem afrikanischen Festland und seinen Kulturen. So sind die „Badios" aus Santiago dunkelhäutiger als die „Sampadjudos" der anderen Inseln. Musik und Tänze wie Batuco und Funana lassen die afrikanischen Wurzeln deutlich sicht- und hörbar werden.

Dennoch wäre es falsch, Santiago auf ein häufig zitiertes „Africa light" verkürzen zu wollen. In der kreolischen Kultur, deren Wiege Santiago ist, haben sich die afrikanischen Elemente mit mediterraner Kultur und dem Katholizismus als Staatsreligion getroffen. Humane Prinzipien aus maurischer Tradition und der Doktrin der Jesuiten sowie aufgeklärte feudale Prinzipien aus der Feder des *Marques de Pombal, Napoleons* und Königin *Victorias von England* waren genauso bestimmend wie die bürgerliche republikanische Bewegung Portugals und eine internationale, antifaschistisch sozialkritische Strömung, die 1974 gleichermaßen zur Unabhängigkeit des Landes und zur Ablösung des faschistischen Regimes in Portugal geführt haben. Als **originär kreolische Gesellschaft,** als stärkste europäische Kolonialsiedlung, Bischofssitz und als politisches Zentrum sowohl der portugiesischen Herrschaft wie auch des Widerstands stand Santiago immer im Mittelpunkt und reagierte zumeist selbstbewusst mit farbenfroher Kreativität. Wenn es denn eines Slogans für diese Insel bedarf, dann keinesfalls „Africa light", sondern „Crioulo fortissimo".

Geschichte

Die Geschichte Cabo Verdes ist in erster Linie die Geschichte Santiagos. Über die ersten 250 Jahre, in der Zeit der Entstehung kreolischer Familien und kreolischer Kultur, als Zentrum des Sklavenhandels und einer mit Sklaven betriebenen feudalen Landwirtschaft, war nur Santiago in bestimmendem Maß besiedelt. Im Kapitel zur Geschichte der Inseln haben wir versucht, die wesentlichen Entwicklungen dieser Zeit darzulegen.

Nach einer Verwüstung der damaligen Hauptstadt Ribeira Grande im Jahre 1712 durch den französischen Piraten *Jaques Cassart* gewann **Praia** an Bedeutung. Trotz der mehr hilflosen als planmäßigen Versuche von 1838, die Hauptstadt nach Mindelo zu verlegen, behielt Praia bis heute seine Dominanz. 1769 wurde es zur Vila und erlangte 1858 mit damals rund 4000 Einwohnern das Stadtrecht *(Cidade).* Kleine dörfliche Gemeinschaften und starker Kollektivgeist vertrugen sich gut mit den gesellschaftlichen Idealen der neuen PAIGC im Kampf um die Unabhängikeit und später als Regierung, die auf Santiago ihre stärkste Bastion errichten konnte.

Santiago war im 20. Jahrhundert massiv benachteiligt gegenüber den anderen Inseln, hatte weitaus weniger Schulen, Straßen und Gesundheitseinrichtungen. Die Hauptstadt hatte noch nicht einmal einen Hafen mit einem richtigen Kran, der auch nur einen Klein-Lkw hätte an Land hieven können. Die Badios wurden vom Regime rassistisch diskriminiert und aktiv behindert, da man in ihnen den politischen Gegner sah. Diese **Benachteiligung** hat bis heute ihre Auswirkungen und konnte trotz großer Anstrengungen nicht völlig ausgeglichen werden. Da zudem die Ärmsten der Armen vor der Dürre nach Praia flüchteten, konzentrierten sich hier die Probleme in unerträglichem Maß. Es kam zu einer Umkehrung der Gesundheitsindikatoren. Üblicherweise liegt die Säuglingssterblichkeit im ländlichen Raum höher als in der Stadt. In Praia erreichte sie noch in den 1990er Jahren das Doppelte des Landesdurchschnitts.

ka-b-298 Foto: bö

Praia

Praia ist die **Hauptstadt Cabo Verdes** und liegt im Südosten von Santiago. Als Zentrum von Regierung und Verwaltung erfuhren Praia und die Insel Santiago seit 1975 einen enormen Entwicklungsschub. Etwa alle 15 Jahre verdoppelte sich die Einwohnerzahl der Stadt, heute leben in Praia rund **105.000 Menschen.** Weitere 10.000 kommen täglich als Pendler in die Stadt.

Die schachbrettartig angelegte **Altstadt** Praias liegt **auf einem flachen marinen Felsplateau** rund 40 m über dem Meer. Außerhalb dieser natürlichen Bastion ziehen sich neuere Stadtteile in alle Richtungen.

Praia gilt nicht als Touristenstadt und bemüht sich auch wenig, eine zu werden. In den Hotels trifft man vorwiegend Geschäftsleute, Parlamentarier von anderen Inseln, Teilnehmer von Kongressen und Lehrgängen und internationale Berater. Die europäischen Touristen zieht es mehr aufs Land, an die Strände und in die Einsamkeit der Gebirge. Lebt und arbeitet man länger in Cabo Verde, dann beginnt man dies anders zu sehen und ist ab und an froh, der kleinbürgerlichen Enge peripherer Städtchen, wo jeder jeden kennt, zu entkommen. Praia ist unter der Woche

Blick auf das Plateau von Praia

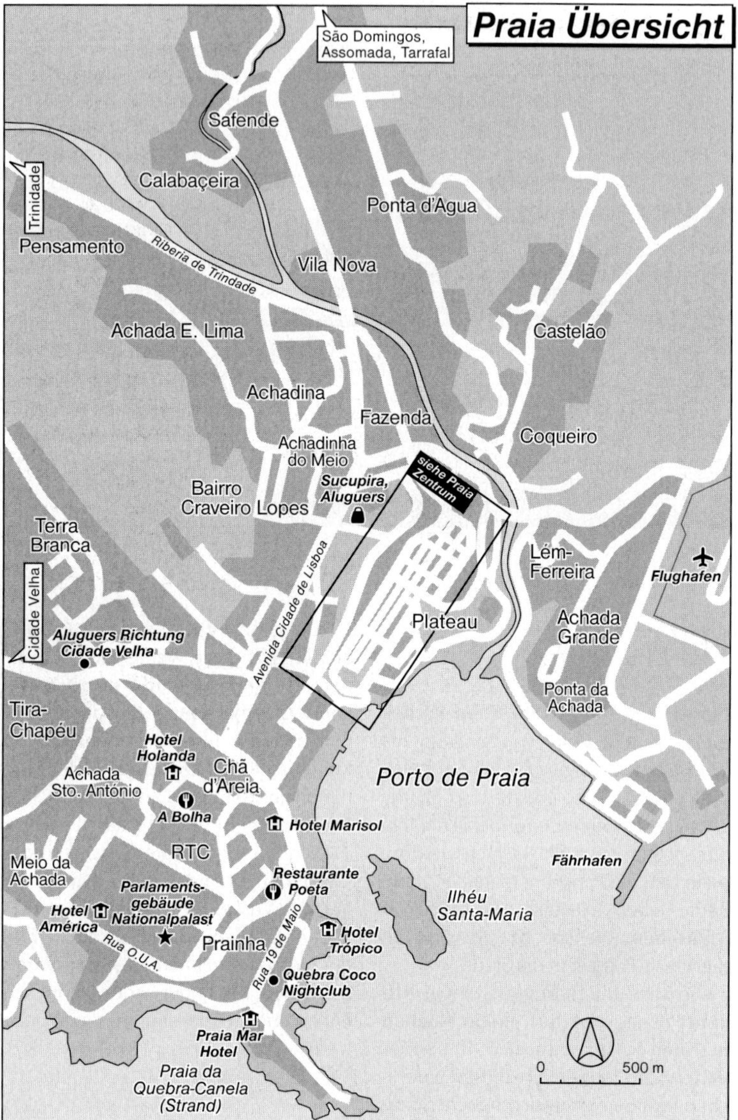
Praia Übersicht
São Domingos, Assomada, Tarrafal
Safende
Trinidade
Calabaçeira
Ponta d'Agua
Pensamento
Riberia de Trindade
Vila Nova
Achada E. Lima
Castelão
Achadina
Fazenda
Coqueiro
Achadinha do Meio
siehe Praia Zentrum
Bairro Craveiro Lopes
Sucupira, Aluguers
Terra Branca
Lém-Ferreira
Flughafen
Cidade Velha
Avenida Cidade de Lisboa
Plateau
Achada Grande
Aluguers Richtung Cidade Velha
Ponta da Achada
Tira-Chapéu
Hotel Holanda
Achada Sto. António
Chã d'Areia
Porto de Praia
A Bolha
Hotel Marisol
RTC
Meio da Achada
Fährhafen
Restaurante Poeta
Parlaments-gebäude
Ilhéu Santa-Maria
Hotel América
Nationalpalast
Rua 19 de Maio
Hotel Trópico
Rua O.U.A.
Prainha
Quebra Coco Nightclub
Praia Mar Hotel
Praia da Quebra-Canela (Strand)
0
500 m

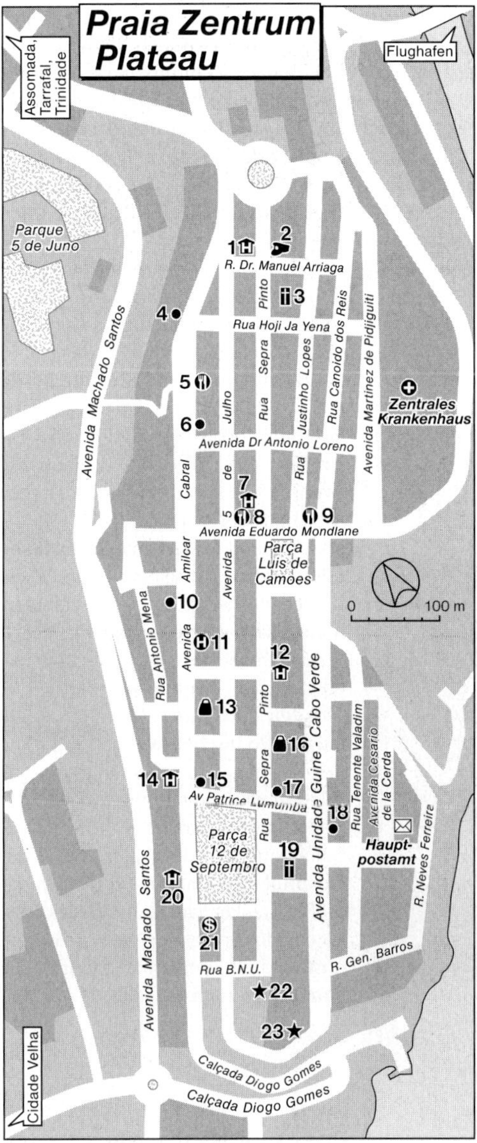

🏨	1	Residencial Paraíso
	2	Polizei
	3	Kirche Nazarena
•	4	Air Senegal
	5	Casa de Pasto Amelia
•	6	CVTS/ Fährbüro
🏨	7	Residencial Anjos
	8	Lanchonete Acquarium
	9	Flor de Lys
•	10	TAP Air Portugal
	11	Busstop Flughafen
🏨	12	Hotel Felicidade
	13	Markt
🏨	14	Residencial Solmar
•	15	TACV
	16	Tropical Dance Musikladen CD-Shop
•	17	Cabetur
•	18	Centre Culturel Français
	19	Kath. Kirche
🏨	20	Residencial Sol Atlántico
$	21	Bank
★	22	Palácio da República (Präsidentenpalast)
★	23	Diego Gomes Statue

quirlig, stickig, laut und heiß, ist anonyme Großstadt im Taumel wirtschaftlicher und politischer Ränkespiele, ist völlig unromantische Realität und voller Leben mit krassem Gegensatz zwischen Arm und Reich. Kurz: Praia ist faszinierend.

Bei Einkäufen und Behördengängen geht man entlang an schönen Fassaden aus der portugiesischen Kolonialzeit, betritt Gebäude mit historischer Bedeutung, saust im Taxi an der Hafenbucht entlang und verliert sich auf der Suche nach einer Adresse in den Vorstädten.

Auf dem **Plateau,** das nur ca. 500 m lang und 300 m breit ist, befinden sich Firmen, Geschäfte, Konsulate, Banken, einige Pensionen, Bars und Kneipen eingesprengt zwischen Behörden und Ministerien. Zentrum dieses ältesten Stadtteils ist der **Praça 12 do Setembro,** an dem sich die große **Kirche Nossa Senhora da Graça,** der Justizpalast und das historische Bankgebäude befinden. Hier wurde 1975 die Republik Cabo Verde ausgerufen.

In der Nähe, an der Avenida Amilcar Cabral, die sich über das ganze Plateau zieht, findet man die Banco Comércio do Atlántico. Dahinter folgt der von einer Mauer umgebene **zentrale Markt** Praias, auf dem täglich Frischwaren und Fisch angeboten werden. Parallel zur Avenida Amilcar Cabral verläuft die Avenida 5 de Julho, eine weitere belebte Hauptstraße mit einer Reihe von Geschäften und Restaurants. Das **Museo Ethnográfico** hat seine Pforten wegen wirtschaftlicher Probleme geschlossen, hoffentlich nur vorübergehend.

Zunehmend werden die kleinen ebenerdigen Wohnhäuser von Geschäften und Büros verdrängt. Keine tausend Menschen wohnen noch auf dem Plateau, und am Sonntagmorgen ist es genauso menschenleer wie das Frankfurter Bankenviertel.

Im Nordosten des Plateaus liegt das **Hospital Agostinho Neto** (HAN), das größte Krankenhaus Cabo Verdes.

Im Südosten befindet sich das Hauptpostamt (mit Sondermarkenbüro). Die Straße endet am befestigten Altstadt-

231_745sw Foto: re

Jesus mit Kraushaarperücke

rand, der kanonenbestückten **Bateria,** von wo man einen schönen Blick über die Bucht hat. Südlich davon liegt der **Präsidentenpalast.** Das wie ein Kastell wirkende beflaggte Gebäude war während der Kolonialzeit Sitz der portugiesischen Gouverneure. Ein portugiesischer Obelisk weist einmal mehr auf die Gnade der „Entdeckung" hin.

Spaziert man vom Plateau in südwestlicher Richtung die Rampe hinunter, dann betritt man den **Stadtteil Cha d'Areia** (flaches Sandland). Früher war hier der Hafen; einige Hallen, das alte Zollhaus und Überreste des Schlachthauses zeugen noch davon. Die **Praia da Gamboa** mit ihrer Freilichtbühne ist alljährlich der Schauplatz des größten Musikfestivals der Insel. Gegenüber dröhnt das Elektrizitätswerk, einst am Stadtrand gebaut und von der Geschichte überholt. Baden ist hier noch nicht empfehlenswert, weil der Sand in der Nähe ehemaliger Schlachtereien für bis zu 50 Jahre Anthrax-Sporen enthält. Er wird beim geplanten Umbau in eine städtische Badezone ausgetauscht werden. Auf dem Balkon des Hotels Marisol schlürft man seinen Kaffee mit Blick aufs Meer und die Insel **Ilheu de Santa Maria,** bekannter als „Lazareto". Dies war der einzige Ort, den die Matrosen von unter Quarantäne gestellten Schiffen betreten durften – für vierzig Tage, „quarenta dias", was den Ursprung des Worts Quarantäne erklärt.

Weiter in Richtung des weithin sichtbaren Leuchtturms betritt man den **Stadtteil Prainha.** Hier befinden sich die meisten diplomatischen Auslandsvertretungen, das Nobelwohnviertel mit schönen, von blühenden Büschen und Zäunen umgebenen Villen. Während das Hotel Trópico von außen mehr an einen Hochsicherheitstrakt erinnert, liegen die Bungalows des Praia-Mar locker verteilt auf der Halbinsel. **Prainha,** ein beliebter kleiner und sicherer Sandstrand, liegt dazwischen. Der Spaziergang muss nicht mit dem Blick vom **Leuchtturm** aufs Meer enden. Weiter am Meer entlang folgt **Quebra Canela** (deutsch: Knochenbrecher), der städtische Strand, an dem man sich nach der Arbeit oder am Wochenende trifft.

Oberhalb von Prainha wird der **Stadtteil Achada de Santo António** weithin sichtbar vom großen, aus Stahlbeton und Glas errichtete **Parlamentsgebäude** Cabo Verdes beherrscht. Es war ein Geschenk Chinas an die neue Republik und indirekt der Beginn des chinesischen Einzelhandels auf den Inseln. Irgendwo im Kleingedruckten gab es einen Paragraphen, der den **Chinesen** die Ansiedlung als Händler erlaubte. Chinesische Entwicklungszusammenarbeit war immer schon anders. Es wurden kaum kapverdianische Arbeiter beschäftigt, auf der Baustelle wohnten vielmehr Hunderte von chinesischen Arbeitern in engen Bretterbuden, zogen Kohl und Karnickel auf der Baustelle und beschleunigten die Fertigstellung durch Abend- und Wochenendschichten. Als das Parlament und der Regierungspalast in Várzea eröffnet waren, blieben einige da und verkauften chinesisches Süßgebäck für Pfennigbeträge aus dem Aluminiumtopf. Es ist erstaunlich, wie hieraus binnen 20 Jahren große Handelshäuser geworden sind.

Achada de Santo António ist ein lebhaftes Universalviertel mit Markt, Bars, Kneipen und Nachtclubs. Am Ende der Rampe, die zum Viertel aufsteigt, liegt das beliebte Restaurant Poeta mit Blick über die Bucht.

In **Várzea,** unterhalb des Plateaus, lädt der **Mercado de Sucupira** zu einer Visite ein. Bei einem Bummel durch den groß angelegten Markt taucht man ein in einen afrikanischen Basar: Die bunte Vielfalt, die Waren, die Marktfrauen, das lebendige Treiben auf dem Marktplatz im Freien sollten Sie nicht versäumen. Angeboten werden Tongefäße, Korbwaren, Kleidung, Haushaltsgeräte, Musik, Plastik- und Kunsthandwerksgegenstände, einfach alles vom Knopf bis zum Fernseher. Viele der Waren sind westafrikanischen Ursprungs, andere aus Europa und Asien. Der Markt hat eine komplette Infrastruktur an Imbiss-Ständen, und wer sich und seiner Verdauung traut, kann hier die verschiedensten Gerichte probieren.

Nahe des Sucupira befindet sich der zentrale **Aluguer-Sammelplatz** für alle Fahrten ins Inselinnere mit Ausnahme von Cidade Velha; Aluguers nach Cidade Velha starten bei der Rotunda da Terra Branca.

Praia ist eine afrikanische Großstadt und selbstverständlich nicht frei von **Kriminalität.** Diebe, alte *(piratas)* und junge *(piratinhas),* suchen ihre Chance auf den Märkten, bei den Hotels und an den Stränden. Heftiger geht es nachts zur Sache, wenn unerfahrene Touristen meinen, sie könnten von der Disco zu Fuß nach Hause gehen. Nehmen Sie nur das Nötigste mit; lassen Sie die Originale Ihrer Papiere im Hotelsafe, und machen Sie sich nicht freiwillig zur Karikatur der gefundenen Gelegenheit mit am Hals baumelnder Digitalkamera und kurzem Höschen über bleichen Beinchen.

Cidade Velha

Ein hoch interessanter **Tagesausflug** führt in die ehemalige Hauptstadt Cabo Verdes, Cidade Velha, das zu seiner Blütezeit **Ribeira Grande** hieß, was Anlass gibt zu Verwechslungen mit der auf Santo Antão gelegenen modernen Stadt gleichen Namens. Historisch interessierten Lesern empfehlen wir, vor dem Besuch des Ortes Literatur zur Geschichte des Landes zu konsultieren, um das Gesehene in vollem Umfang genießen zu können. Die UNESCO ordnet Cidade Velha ins **Weltkulturerbe** ein dank seiner Schlüsselrolle bei der „Entdeckung" und Kolonisierung Amerikas, Afrikas und des Fernen Ostens und in der Entwicklung des transkontinentalen Sklavenhandels.

Die **Anfahrt (15 km)** erfolgt mit dem Taxi (1000 ECV einfach) oder dem Aluguer ab dem Kreisverkehr *(rotunda)* von Terra Branca (50 ECV).

Anfangs zieht die Straße recht beengt zwischen dem Industrieviertel von Terra Branca und den Neubauvierteln von Palmarejo aus der Stadt. Am Stadtrand linker Hand liegt die neue Universität Institut Piaget. Rechter Hand, nicht zu übersehen und noch weniger zu überriechen, schwelt die Mülldeponie vor sich hin. Hat man diesen weniger angenehmen Abschnitt hinter sich gebracht, schlängelt sich die Straße durch die weitgehend trockene Küstenlandschaft, vorbei am Ort São Martinho Grande, bevor sie aufsteigt zur Achada da Forte, von der aus das **Fort Real São Filipe** über die historisch bedeutende Bucht wacht. Es empfiehlt sich, den Besuch der Stadt mit der Übersicht am Fort zu beginnen, so dass man den Taxifahrer bittet, einen zum Fort zu bringen bzw. das Sammeltaxi am

Abzweig zu Fort verlässt und etwa 300 m zu Fuss bis zum Eingang des Forts zurücklegt.

Zieht man es vor, gleich in den Ort zu fahren, steigt man am besten in der Ortsmitte aus und reiht dann in einem historischen Spaziergang die erhaltenen Monumente entsprechend den Zeiträumen ihrer Entstehung auf. In der folgenden Beschreibung folgen wir dieser Logik.

Historischer Spaziergang

Der beherrschende Motor der frühen Entwicklung von Ribeira Grande war der transkontinentale Sklavenhandel von der Westküste Afrikas nach Nord- und Südamerika.

Am 1520 errichteten **Pelourinho (Pranger)** wurden über Jahrhunderte Sklaven verkauft. Das heute inmitten des Ortes malerisch unter Palmen stehende Monument mit achteckigem Sockel und spiraliger gedrehter Säule entspricht weitgehend einem in Lissabon stehenden Exemplar. Das einfachere Original hatte einen quadratischen Grundriss.

Durchquert man vom Pranger aus den Talgrund und wendet sich unmittelbar nach der Ufermauer rechts, dann erreicht man die **Rua Banana.** Die Reihe kleiner Häuschen lag in den 1980er Jahren in Ruinen und wurde im Rahmen eines UNESCO-Projekts wissenschaftlich dokumentiert, abgetragen und mit den Originalsteinen exakt wieder aufgebaut. Die Häuser sind das beste Zeugnis ursprünglich einfachster Kolonialarchitektur der ersten Jahre, bevor Gold und Waren aus den Kolonien reichlich flossen. Der Grundriss mit einem das Haus durchquerenden Korridor und rechts und links jeweils einem Zimmerchen stammt aus dem mittelalterlichen Portugal. Gekocht und gearbeitet wurde vorwiegend auf der Straße vor und im Hof hinter dem Haus. Arme Bauernhäuser in den Gebirgsregionen Portugals genauso wie in Cabo Verde haben diese Form bis heute beibehalten. In der Rua Banana mag *Vasco da Gama* 1497 empfangen worden sein, als er auf seiner Entdeckungsfahrt nach Indien Station in Ribeira Grande machte. *Christoph Columbus* hingegen, der ein Jahr später auf seiner dritten Reise nach Amerika in der Bucht ankerte, verbot seinen Matrosen von Bord zu gehen, weil die Bewohner einen so schrecklich kranken Eindruck auf ihn machten, dass er um die Gesundheit seiner Mannschaft fürchtete.

Wendet man sich am nördlichen Ende der Rua Banana nach links und steigt einige Treppen empor, so steht man vor der **Kirche Nossa Senhora do Rosário.** Gegebenenfalls gewährt die in der gleichen Straße wenige Meter meerwärts wohnende Küsterin Einlass gegen einen bescheidenen Obolus. *Vasco da Gama* konnte hier noch nicht um göttlichen Beistand bitten, doch der Grundstein des einfachen ziegelgedeckten Hallenbaus war bereits gelegt (1495). Somit ist Nossa Senhora do Rosário der älteste koloniale Kirchenbau der Welt und die älteste je im subsaharischen Afrika errichtete (nicht-koptische) Kirche. Dank des Gittergewölbes der Taufkapelle und des massigen Taufbeckens aus Alabaster zählt der Bau zu den historisch wertvollsten Baudenkmälern in dem nach König *Manuel* benannten **manuelinisch-gotischen Stil.** Die Abschlusssteine im Gittergewölbe tragen aus der arabischen Zeit der iberischen Halbinsel übernommene knotenförmig verschlungene Pflanzenmotive. Sie haben Ähnlichkeit mit denen im Kloster von Jenonimos in Lissabon. Bei Prozessionen wird die Jesus-Figur mit einer Perücke aus dichtem krausem Naturhaar geschmückt.

Vom Portal zum Altar zieht sich eine Reihe von Sarkophagdeckeln, unter denen Klerus und Adlige des 15. bis 18. Jahrhunderts beerdigt liegen. Auf dem erhöhten Altarpodest ausgelegte Grabsteine wurden bei einer gründlichen Renovierung im Jahr 2003 vom Vorplatz in die Kirche verlegt. Die meisten der aus portugiesischem Hartkalk gehauenen Steine sind bis heute lesbar. **Sir Francis Drake** hat die Kirche im Jahr 1585 besucht. Als vornehmster Pirat der britischen Geschichte, von der Königin in den Adelsstand erhoben, konnte er nicht umhin, den Altarschmuck und die Glocke mitgehen zu lassen.

Talaufwärts weisen Schilder den Weg zum Convento de São Francisco. Der Aufstieg beginnt an einer mit Grünspan überzogenen **Kupferhaube,** die den sichtbaren Oberteil eines großen Kupferkessels zur Destillation des Grogue bildet. Die dahinter stehende, mit Maultieren oder Ochsen betriebene **Zuckerpresse** *(trapiche)* enspricht keinesfalls der historischen Tradition. Solange der weiße Rum ausschließlich aus Zuckerrohr hergestellt wurde, waren die Trapiche als massive Holzkonstruktion ausgeführt, die während der Ernte mehrmals umgesetzt wurden. Ortsfeste Trapiche aus Beton wie das gezeigte Exemplar tauchten nur dort auf, wo das Zuckerrohr über weitere Strecken transportiert werden konnte oder die Straßenanbindung wichtiger wurde wegen des anzuliefernden Zuckers aus dem Sack. Interessierte Besucher können eine nicht besonders einladende „moderne" **Produktion** in Betrieb sehen, wenn sie dem Taleinschnitt unterhalb des Convento folgen. Befeuert wird mit Altöl und Lkw-Reifen, statt des Zuckerrohrs wird vorwiegend importierter Zucker verwendet.

Zurück zur Historie und dem **Convento de São Francisco.** Im Rahmen beispiellosen wirtschaftlichen Aufstiegs durch den Menschenhandel erhält Ribeira Grande 1533 das Stadtrecht, zählt 1550 bereits 500 Häuser und bringt die zweithöchsten Steuereinnahmen in den portugiesischen Staatssäckel, direkt nach dem unvergleichlich größeren Lissabon. Doch das Leben in Ribeira Grande ist gefährlich. Die tropische Malaria und Epidemien fordern einen hohen Blutzoll. Piraten bedrohen die Sicherheit der von keiner Mauer gesicherten Stadt, und sowohl die Sklaven wie die aus Portugal verbannten Häftlinge haben nichts Besseres vor, als bei jeder Gelegenheit in die Berge zu fliehen und ihr Überleben als verschworene Gemeinschaften durch Überfälle auf Gutshöfe zu bestreiten. Als Ursache von Gefahren und Elend erkennt der von der Inquisition geordnete fundamentalistische Gottesstaat das „sündige" Leben einer kreolischen Gesellschaft. Nicht genug, dass die Familiengründung weißer Männer mit schwarzen Sklavinnen auf den Segen der Kirche verzich-

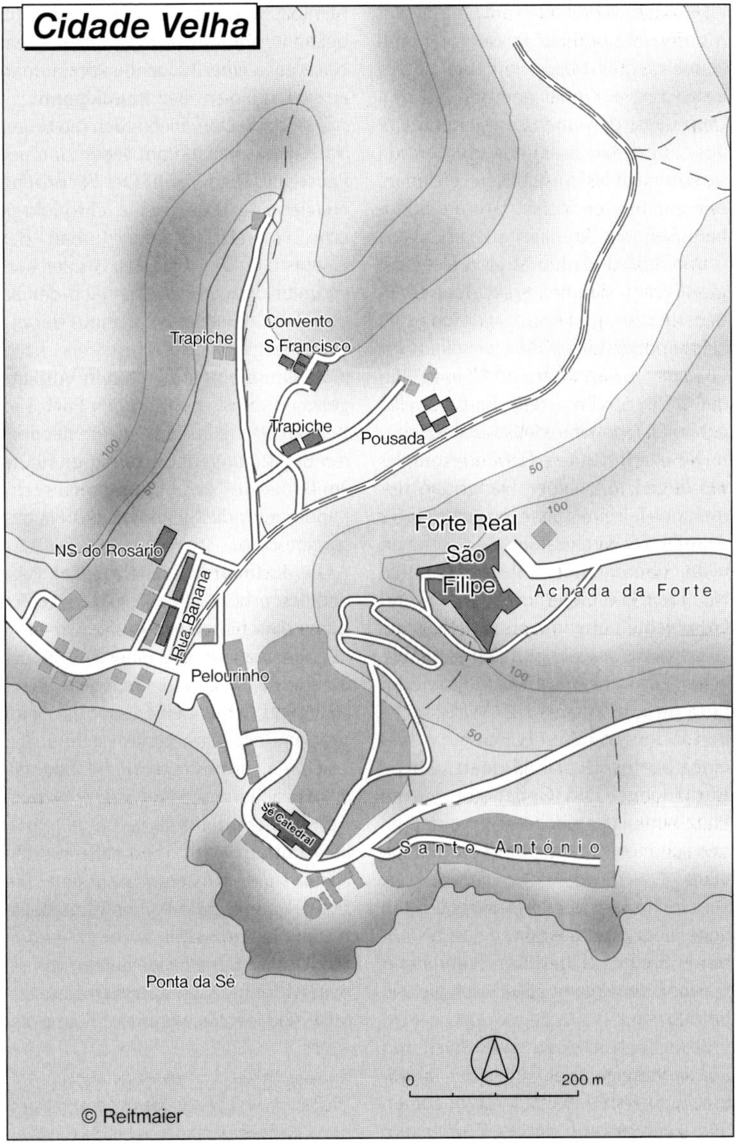
Cidade Velha
Convento
S Francisco
Trapiche
Trapiche
Pousada
100
50
50
100
Forte Real
São
Filipe
Achada da Forte
NS do Rosário
Rua Banana
Pelourinho
100
50
Sé Catedral
Santo António
Ponta da Sé
0
200 m
© Reitmaier

tet – sie verzichtet auch auf Gebote zur Monogamie und zur Rassentrennung. *Forros de São Tiago,* von den Vätern freigelassene Kinder gemischtrassigen Ursprungs, gewinnen zunehmend Einfluss auf den Handel und werden, da sie sich nicht als Portugiesen verstehen, zum politischen Risiko. Um die Sündhaftigkeit des kreolischen Lebens zu verhindern und den strafenden Gott günstiger zu stimmen, sollte neue Glaubensstrenge gepredigt werden. Die hierzu notwendigen Priester sollten vor Ort ausgebildet werden im 1642 von der Großgrundbesitzerin *Joana Coelha* gebauten Convento de São Francisco.

Die Überreste des Gebäudekomplexes liegen auf halber Hanghöhe der rechten Talseite. Bis zum Jahr 2002 wurde die Kirchenruine als offener, nicht überdachter Kuhstall genutzt. Nachdem die meterhohen Dung- und Erdschichten abgetragen waren, stellte eine neue Überdachung den ursprünglichen Eindruck des Gebäudes wieder her. Ausgrabungen der Wirtschafts- und Wohngebäude ergänzen das Bild einer bis ins 19. Jahrhundert aktiven Ausbildungs- und Gebetsstätte. Vom Platz hinter der Kirche hat meinen einen schönen Blick auf das Fort und die Stadt.

Tiefer im Tal, ebenfalls auf der rechten Seite, liegt die **Pousada,** ein in historischen Steinhäuschen untergebrachter Gasthof, der Anfang 2004 noch nicht in Betrieb war.

Besucher, die es zu einem weiteren Spaziergang gelüstet, folgen der Talsohle bergauf inmitten von Mangobäumen und Feldern, auf denen Zuckerrohr, Maniok, Süßkartoffeln und aus Europa bekannte Gemüse angebaut werden. Nach etwa einer ½ Stunde kommt man an einen großen alten **Kapokbaum.**

Zurück im Dorf, bieten sich die Läden oder die Esplanada am Meer zu einer Pause mit Getränk an. Der historische Spaziergang findet seine chronologische Fortsetzung, indem man der Hauptstraße bergauf folgt. An der Kurve unter dem Eingangsbereich der Sé Catedral, am letzten Wohnhaus der die Straße begleitenden Häuserzeile, kann man darum bitten, durch den Vorplatz gelassen zu werden, um ins **Fort São Braz** zu gelangen. Dies ist eine der älteren Befestigungen, die mit ihren heute am Boden vor sich hinrostenden sechs Kanonen für die Sicherheit des Hafens sorgen sollte.

Die **Kathedrale Sé Catedral** liegt deutlich erhöht über dem Meer. Der große einschiffige Hallenbau war 1555 begonnen worden, zu einer Zeit, als die Stadt Ribeira Grande in voller Blüte stand und sich mit einer über der Stadt prunkenden Kathedrale schmücken und ihren Fortbestand durch Gottgefälligkeit sichern wollte. Mit enormem Aufwand wurden Kalksteine aus Maio und Portugal herangeschafft für die Portal- und Fenstereinfassungen, die Mauerkanten und filigranen Innenausbauten. Die massiven Mauern wurden aus lokalen Basaltbruchsteinen mit einem Mörtel aus gebranntem Kalk aus Maio und lokal gewonnener Puzzolana

Links: Kapokbaum im Tal des Ribeira Grande; rechts: Sé Catedral

235_503sw Foto: re

221_408sw Foto: re

und schwarzem Lavasand zusammengefügt.

Entsprechend dem Wandel der Liturgie im 17. Jahrhundert mussten die Baupläne während der Bauzeit verändert und ein heute noch erkennbares großes Fenster im Osten gebrochen werden. **Erst 1693** war der Bau **vollendet,** und Klerus, portugiesische und einheimische Bürger fanden sich zur Messe ein, streng getrennt durch die Gitter der noch heute erkennbaren Lettner. Vollendet zu einer Zeit, als Cidade Velha bereits als ungesund und trotz des Forts als kaum zu schützender riskanter Hafen galt, spielte der Bau nur kurz die zugedachte Rolle einer imposanten hauptstädtischen Kathedrale. Über die Innenausstattung ist wenig bekannt, es ist aber anzunehmen, dass der politische und wirtschaftliche Niedergang der Stadt keine besonders reiche Dekoration erlaubten. Bis ins 19. Jahrhundert wurde die Kathedrale trotz fortschreitenden Zerfalls genutzt. Da die Gesetzgebungen nur mit jahrhundertelanger Verzögerung an den Umzug der Hauptstadt nach Praia angepasst wurden, mussten neue Gouverneure und Bischöfe auch dann noch in Ribeira Grande ins Amt eingeführt werden, als dieses bereits vom politischen Bildschirm verschwunden war und nur noch als das abgelegene Dörfchen Cidade Velha existierte. Die Kathedrale fiel in **Ruinen.** Bei den aktuellen Restaurierungen fanden sich keine Veränderungen am Mauerwerk, die die These stützen würden, dass ein Großbrand die Kathedrale auf einen Schlag und unwiederbringlich zerstört hätte. 1844 wird sie noch als „uma bonita igreja", „eine schöne Kirche", beschrieben. 1875 stellte das Bauamt von Praia einen Antrag auf Überlassung der Kathedrale als Steinbruch, der vom Bischof abgelehnt wurde. Das scheint aber kaum gestört zu haben, denn massenhaft wurden behauene Kalksteine in die Stadt geschafft und sind dort in Bauten aus dieser Zeit überall zu finden. Das heutige Bild der reichlich um die Ruine aufgeschichteten Kalksteine täuscht. Die meisten wurden 1922 von der nicht mehr existierenden Kirche São Pedro hierher geschafft.

Zurzeit (2004) wird die Ruine in Kooperation mit der portugiesischen Entwicklungszusammenarbeit fachkundig saniert. Bei der **Restaurierung** werden die ursprünglichen Techniken des Bruchstein-Kalkmörtel-Mauerwerks verwendet und ein Höchstmaß historischer Authentizität angestrebt. In der ersten Phase wurden die brüchigen, teilweise bereits eingestürzten Mauern gesichert und der weitere Verfall verhindert. In einer zweiten Phase (voraussichtlich bis 2005) werden der Innenraum und der Bereich der ehemaligen Eingangstreppe neugestaltet werden, so dass sie nicht nur für Besucher attraktiv und zugänglich werden, sondern auch für öffentliche Anlässe und als Open-Air-Theater. Der Ruinen-Charakter wird dadurch unterstrichen, dass der Blick durchs Kirchenschiff hindurch aufs Meer offen bleibt.

Hangaufwärts schließen sich mehrere Reihen kleiner Häuschen an. Sie stehen auf den Ruinen der alten Stadt.

Wer den Aufstieg zum Fort Real São Filipe zu Fuß wagt (ca. 20 Min.), folgt dem gepflasterten Weg, der seinen Anfang vom Chor der Kathedrale nimmt. An der folgenden Weggabelung hält man sich links, gelangt auf einen Serpentinenweg und schließlich eine steil ansteigende Treppe.

Das **Fort Real São Filipe** liegt etwa 120 m über dem Meer. Es wurde 1590 als Fluchtburg und Artillerie-Stützpunkt errichtet. Portugal war für 60 Jahre von der politischen Landkarte verschwunden und von 1580 bis 1640 spanisch besetzt. Das Fort sollte die Stadt nicht nur vor Überfällen durch Piraten schützen, sondern auch die Übernahme Cabo Verdes durch die immer begehrlichere englische und französische Kolonialmacht verhindern. Insbesondere England hatte sich zum perfekten Manager des Sklavenhandels gemacht und beherrschte die Meere. Zudem hatte die spanische Krone nur wenig Vertrauen in die portugiesischen Beamten in Cabo Verde, hatte aber nicht genügend eigenes Personal, um sie zu ersetzen.

Die aus Bruchsteinen und Lehm zusammengefügten Rampen und Bastionen sind rasch verfallen. Nach einem verheerenden Überfall durch den Portugiesen *D. António* im Jahr 1612 ließ die spanische Krone meerseitig mit Kalk verstärkte Mauern hochziehen. Dennoch verfiel die Anlage weitestgehend. Der Angriff des französischen Freibeuters *Jaques Cassart* 1712 war ein letzter Anlass, um lautstark über den miserablen Zustand des Forts und der Stadt zu klagen und halbherzig zu investieren. Der Umzug der Hauptstadt nach Praia wurde dadurch nicht mehr verhindert. Zum 400-jährigen Jubiläum der „Entdeckung" Cabo Verdes ließ die portugiesische Regierung die Befestigungsanlage 1960 wiederaufbauen, jedoch historisch nicht völlig korrekt.

Die mit gusseisernen Kanonen aus späteren Epochen bestückte Bastion im Süden verschafft einen beeindruckenden Ausblick über Stadt und Meer.

Auf der Hochebene im Eingangsbereich findet sich ein kleines Informationszentrum mit frischen Getränken und nur spärlichem Informationsmaterial. Eintritt: 100 ECV.

Von Praia nach Tarrafal

- **73 km ohne Abstecher**

Die Straße führt nordwärts aus Praia hinaus (Beschilderung nach São Domingos, Assomada und Tarrafal). Hinter den letzten Ausläufern der Stadt breitet sich eine schöne Landschaft mit bewirtschafteten Feldern, Akazienhainen und Hügeln aus. Etwa 12 km nach Praia biegt die Straße zur Ostküste ab. Die gut ausgebaute Straße führt hinab in das grüne Tal von São Domingos und durchquert große Bananen-Plantagen auf von Steinmauern begrenzten Feldern, Obstbaum- und Zuckerrohrpflanzungen. Die erste größere Ortschaft ist **São Domingos** (315 m), eine der ältesten Siedlungen der Insel. In der Pousada Bela Vista (siehe „Unterkunft" am Ende des Kapitels) kann man essen.

Am Ortsende zweigt die Fahrstraße nach **Rui Vaz** und zum **Naturpark Serra do Pico d'Antónia** ab. Vorbei an Bohnen- und Maisfeldern geht es zwischen steilen Klippen und Felsformationen bergauf bis in die hoch gelegene kleine Ansiedlung. Hier liegt die **Quinta da Montanha,** eine moderne Pension mit Restaurant, die Speisen aus der eigenen Landwirtschaft zubereitet und geführte Wanderungen in den Naturpark anbietet. Die Straße endet auf dem Gipfel des **Monte Xota** (1050 m, Antenne). Der Blick reicht über Bergland bis zum **höchsten Gipfel der Insel,** dem **Pico d'Antónia (1394 m),** dessen Spitze oft nebelverhangen ist. Der Aufstieg dorthin ist alpinistisch anspruchsvoll und birgt einige Orientierungsprobleme.

Die Hauptstrecke nach Tarrafal verläuft von São Domingos aus weiter zum Dorf João Teves. Ein interessanter Abstecher führt unmittelbar vor der Stahlbrücke links nach **São Jorge dos Orgãos** auf 320 m Höhe. Die hohen Felsen, die wie Orgelpfeifen anmuten, gaben dem Oberlauf des Tals und dem Ort seinen Namen. Hier wird dank einer Quelle das fruchtbare Land bewässert. Kaffee, Maniok, Bananen, Papaya und Gemüse gedeihen. In São Jorge dos Orgãos liegt die **landwirtschaftliche Versuchsanstalt INIDA** *(Instituto Nacional de Investigacao Agrãria),* deren Büro nahe der Kirche (sofern es geöffnet hat) gutes Infomaterial über Flora und Fauna Cabo Verdes anbietet. Auch der Botanische Garten ganz in der Nähe gehört zur INIDA. Hier werden endemische Pflanzen untersucht und vom Aussterben bedrohte Arten geschützt. Außerdem entwickelt die Station Bewässerungstechniken, untersucht verschiedene Methoden der Schädlingsbekämpfung und versucht, neue Nutzpflanzen heimisch zu machen. Wenn es Sie interessiert, bekommen Sie vielleicht auf Anfrage eine kleine Führung. Spaziergänge, eventuell auch eine Wanderung bis an den Fuß des von Antennten überragten Monte Xota, führen durch üppige tropische Vegetation.

Die Straße führt weiter, nun über die Brücke von João Teves, zum Dorf **Picos,** dessen mächtige Kirchtürme mit dem dunklen Vulkangestein des dahinter sich erhebenden bizarren Felsens kontrastieren.

Assomada (540 m)

• **40 km von Praia,** ca. 1 Stunde auf direktem Weg, Aluguer-Verbindungen.

Der Verwaltungssitz des Bezirkes Santa Catarina mit ca. **60.000 Einwohnern** zieht sich nach Westen bis zum Meer hin und umfasst die Oberläufe der Ribeira dos Picos und Ribeira de Santa Cruz. Die Region galt lange als die **Kornkammer Cabo Verdes.** Zu allen Seiten des Ortes senken sich Kerbtäler hinab, deren Hänge mit Terrassenkulturen genutzt werden. In den Talgründen wird Bewässerungsfeldbau betrieben. Doch auch die fruchtbaren Höhenregionen der Umgebung auf dieser relativ wasserreichen Insel leiden in Trockenjahren unter Wassermangel.

229_748sw Foto: re

Wie an der Bausubstanz noch zu erkennen, war Assomada bis zur Unabhängigkeit eine vorwiegend rurale Stadt, hatte seinen großen Markt und einige wenige Verwaltungsgebäude, aber es wohnte kaum jemand hier. Dies hat sich grundlegend gewandelt, heute bestimmen große, moderne Wohnbauten das Bild. Assomada ist die am schnellsten wachsende, erfolgreiche junge Regionalstadt des Landes.

Für Besucher ist weiterhin der große, afrikanisch anmutende **Markt** die Attraktion an jedem Mittwoch und Samstag. Landestypische Lebensmittel, Textilien aller Art, Körbe, Möbel, Haushaltswaren bis hin zu lebenden Hühnern und Schweinen werden angeboten. Aluguers halten in unmittelbarer Nähe.

Abstecher in die Ribeira dos Engenhos

Wo, aus Praia kommend, die ersten Häuser von Assomada beginnen, zweigt eine Straße ab und zieht in Serpentinen hinunter in das Tal von Engenhos, der ältesten großflächigen bewässerten Landwirtschaft und Rum-Produktion des Landes. Im letzten Teil des Abstiegs durchquert man **Fonte Lima,** einen Ort, der für seine **Töpferwaren** bekannt ist. Ohne Töpferscheibe formen Frauen die großen Wasserkrüge *(pôte),* indem sie beständig um das Werkstück herumlaufen. Im weiteren Verlauf bis **Chão de Tanque** nimmt man Einblick in die Bewässerungsanlagen und Zuckerrohrfelder. Weiter durch die Wüste bis ins Fischerdorf **Rincão** zu hoppeln lohnt kaum, denn der Ort bietet keine touristische Attraktion oder Badegelegenheiten. Vor 20 Jahren war hier ein Massensterben zu bedauern, nachdem eine Metalltonne voll Methylalkohol angeschwemmt worden war, den die Leute für Grogue hielten – Rückschlüsse auf Qualitätsansprüche bezüglich des Grogue seien dem Leser überlassen ...

Hinter Assomada verläuft die Hauptroute Richtung Tarrafal auf der Hochebene und erreicht die Kapelle von **Santa Catarina.** Sie verspricht einen hübschen Blick in die **Ribeira de Boa Entrada.** Bei **Poilão de Boa Entrada,** tief im Tal, imponiert ein jahrhundertealter **Kapokbaum** mit mächtigen Brettwurzeln, der mit seinen 40 m der höchste und wahrscheinlich älteste Baum Cabo Verdes ist. Man gelangt zu ihm entweder über einen Seitenweg ab **Nhagar** oder von der Kapelle aus bergab gehend. Sie erreichen den Standort nur zu Fuß – die „Straße" gleicht einem ausgewaschenen Bachbett.

Auf der **Achada Falcão,** inmitten von Feldern, steht das Haus, in dem *Amilcar Cabral* seine Kindheit verbrachte. Die Hauptstraße schwingt sich von der breiten Achada Falcão hinüber auf die Achada Além. Bei Fundura spaltet sich die alte Staubstraße nach Figueira das Naus ab, und die neue Straße beginnt ihren Serpentinenaufstieg zur Serra de Malagueta.

Abstecher nach Ribeira da Barca

Zwischen Achada Além und Fundura gabelt sich die Straße, und eine vergleichsweise große Pflasterstraße zieht hinunter an die Küste nach Ribeira da Barca (ca. 6 km), einem **Fischerort mit kleinem Strand.** Im Ort können Sie auch eine Kleinigkeit essen. Sehenswert ist die **Grota d'Aguas Belas** nahe **Achada Leite.** Von Ribeira Barca führt eine

Piste südwärts nach Achada Leite (6 km). Nahe einer baumbestandenen kleinen Oase liegt diese **Felshöhle** mit Strand, durch deren Öffnung im Dach Licht hereinflutet.

Die Hauptstraße windet sich in Serpentinen die **Serra da Malagueta** hinauf. Der Name Malagueta stammt von dem scharfen, Pepperoni-ähnlichen Gewürz, das auch unter dem Namen „Piri-Piri“ bekannt ist. In der Serra de Malagueta gibt es weitläufige Möglichkeiten zu wandern. Unten beschreiben wir eine Wanderung über Figueira das Naus mit Bademöglichkeit unter Palmen am dunklen Strand von **Ribeira Prata.**

In **Chão Bom** endet der Abstieg der Straße, und nach Durchqueren zieht eine lange Gerade direkt zum Kirchplatz von Tarrafal. Etwa auf halber Strecke geht die Straße durch das **ehemalige Konzentrationslager Colonia Penal de Tarrafal.** Von 1937 an wurden hier Portugiesen, Angolaner, Kapverdianer und andere, die sich gegen das faschistische Regime in Portugal und für die Freiheit ihrer Länder aussprachen, in Haft genommen. Bis zu 300 Häftlinge gleichzeitig wurden unter schlimmsten Bedingungen zusammengepfercht und von der politischen Polizei, die systematisch folterte, malträtiert. Erst im Mai 1975, sechs Tage nach der „Nelken-Revolution“ in Portugal, holte die Bevölkerung in einer Massendemonstration die Gefangenen ab. Der Leiter der Anstalt, den es fast eine Woche gekostet hatte, die neue Situation zu verstehen, versuchte sich angesichts der anrollenden Menschenmenge bei den Gefangenen lieb Kind zu machen. Man strafte ihn durch konsequente Missachtung, indem man ihn unbehelligt zurück nach Portugal ziehen ließ.

Wanderung
Serra de Malagueta – Figueira das Naus – Ribeira Prata – Chão Bom

● **Streckenwanderung:** 4–5 Std., einfache Orientierung, sehr schöne Badegelegenheit.

Ausgangspunkt ist der Ort Serra de Malagueta, etwa 500 m nördlich des Passes. Hier zieht eine kleine Fahrstraße ins Tal, die rasch zum Fußweg wird, der auf nahezu gleich bleibender Höhe in westlicher Richtung einer nie fertig gebauten, weithin sichtbaren Straßentrasse folgt. Dadurch ist der Weg nicht zu verfehlen. Erst am Ende der Trasse gibt es die Wahl zwischen mehreren Ziegenwegen, und man folgt dem leicht ansteigenden immer nach Westen. So trifft man auf die ersten Häuser und die **alte Staubstraße Fundura – Figueira das Naus.** Um in den Ortskern zu gelangen, folgt man ihr bergab. In den Läden findet man kühle Getränke und Kleinigkeiten zu essen. Weiter auf der nur noch mit Mühen befahrbaren, aber als Wanderweg idealen Straße gelangt man in einer guten Stunde hinunter nach **Ribeira Prata** (dt.: silberner Strand), einem Emigranten- und Viehzüchterdorf an einem **weiten, mit Palmen bestandenen Strand.** Wäre er verkehrstechnisch besser angebunden, könnte er leicht Tarrafal den Rang ablaufen. Im Ort gibt es zwei kleine Läden.

Auf dem weiteren Weg Richtung **Chão Bom,** vermutlich am späten Nachmittag nach einem ausgiebigen Bad, erkennt man am silbrigen Glanz des Meeres und der Palmblätter gegen die tief stehende Sonne, wie der Ort zu seinem Namen gekommen sein mag.

Ein Begehen in Gegenrichtung ist wenig empfehlenswert, da sich die Orientierung im Bereich von Figueira das Naus dann schwieriger gestaltet.

Markt in Vila Tarrafal

ka-c-305 Foto: sc

Vila Tarrafal

Eine Bucht mit Palmen und Sandstrand, ein schöner kleiner Fischerhafen und die herrlichen Berge in der Umgebung – das ist es, was Tarrafal **touristisch interessant** macht. Das klare ruhige Wasser der windgeschützten Bucht eignet sich hervorragend zum Baden, die Tauchgründe der Umgebung sind voller Fische. An Sommerwochenenden ist Hochbetrieb, wenn ganz Tarrafal und viele Gäste aus Praia kommen. Es ist einer der wenigen Strände Cabo Verdes, an dem **Palmen Schatten** spenden. Der öffentliche Strand geht über in die Bungalowanlage des Hotels Baía Verde.

Die Stadt Tarrafal an der Nordspitze Santiagos ist Verwaltungshauptstadt des gleichnamigen Bezirks mit etwa **18.000 Einwohnern.** Die Bewohner leben vom Fischfang, der Landwirtschaft, der Emigration und zunehmend vom Tourismus. Die Siedlung liegt auf einer kleinen Hochebene über dem Steilufer, von dem man über einige Treppen zum Strand gelangt. Über dem Ort thront der **Monte Graciosa** (645 m), ein von der Erosion weitgehend freigelegter Vulkanschlot. Im Westen weist er hoch am Hang wohlerhaltene Brandungshöhlen auf, aus denen sich erkennen lässt, dass er zu früheren Zeiten weitaus tiefer im Meer lag. Im Zentrum des Or-

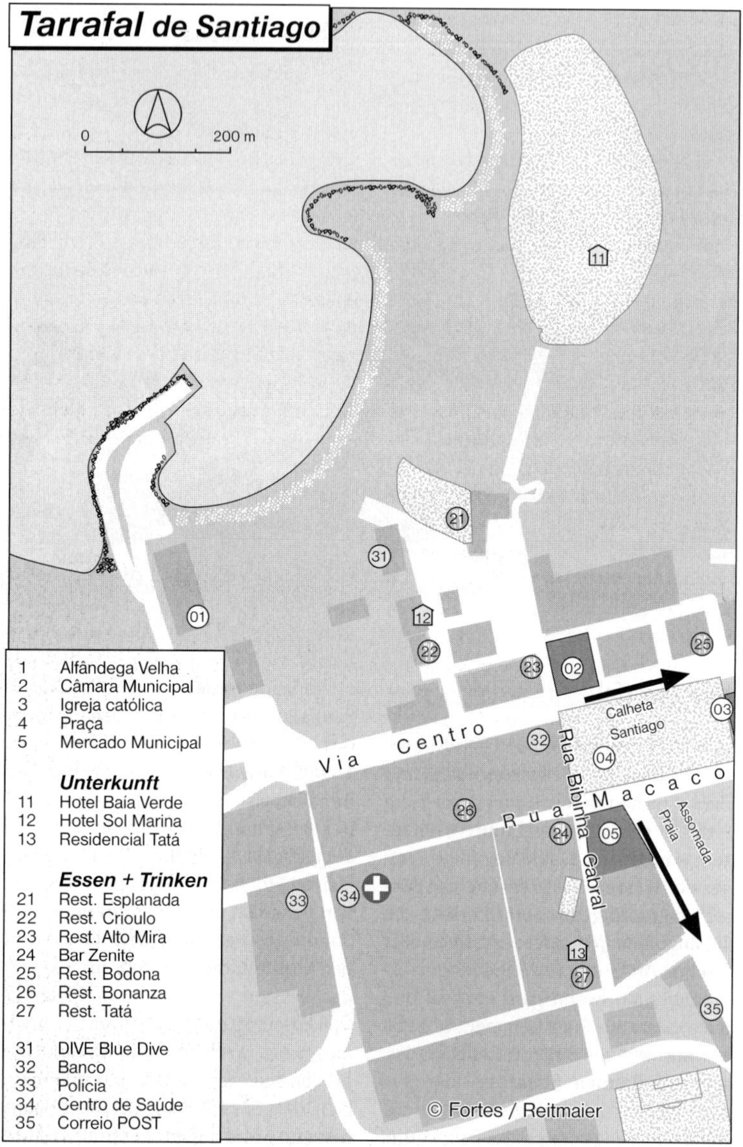
Tarrafal de Santiago
0
200 m
Via Centro
Rua Macaco
Rua Bibinha Cabral
Calheta Santiago
Assomada Praia
1 Alfândega Velha
2 Câmara Municipal
3 Igreja católica
4 Praça
5 Mercado Municipal
Unterkunft
11 Hotel Baía Verde
12 Hotel Sol Marina
13 Residencial Tatá
Essen + Trinken
21 Rest. Esplanada
22 Rest. Crioulo
23 Rest. Alto Mira
24 Bar Zenite
25 Rest. Bodona
26 Rest. Bonanza
27 Rest. Tatá
31 DIVE Blue Dive
32 Banco
33 Polícia
34 Centro de Saúde
35 Correio POST
© Fortes / Reitmaier

tes liegt vor der alten Kirche mit mächtiger Barockfassade der **Kirchplatz** mit dem **Markt,** auf dem einmal wöchentlich Produkte aus der Umgebung feilgeboten werden.

Der sonst ruhige Alltag wird unterbrochen durch die **Ankunft der Fischer.** Die Verkäuferinnen nehmen den Fang entgegen, Privatleute kaufen direkt ab Boot, und alle gemeinsam schleppen die Boote an Land. Oft bringen sie neben kleineren Fischen, Makrelen, Sardellen, Barschen, Muränen und anderen Meerestieren auch große Thunfische mit, die gleich vor Ort zerlegt werden. Taucher erlegen noch immer große Langusten. Der Großteil des Fangs geht auf den Markt nach Praia, wo Fisch weitaus teurer ist als auf den anderen Inseln. Einiges landet in den Hotelrestaurants oder im Dorf, wo man sich in jahrhundertelanger Tradition perfekt auf die Zubereitung versteht.

Nach Norden hin wird die Bucht von Tarrafal durch die **Landzunge Ponta Preta** begrenzt, wo ein Leuchtturm den Schiffen den Weg weist. Der Weg dorthin ist schwierig und schwer zu finden und keinesfalls ein Ausflug in Badeschläppchen!

In Tarrafal stehen mehrere Hotels und Pensionen zur Auswahl. An sportlichen Aktivitäten werden Tauchen und Hochseefischen angeboten.

Von Tarrafal an der Ostküste nach Praia

- Rechnen Sie für die **80 km** lange Strecke ca. 2½ Stunden reine Fahrzeit.

Zunächst führt die Fahrt durch eine kahle, wüstenhafte Landschaft, bergauf und bergab, von einer Ribeira zur nächsten. Gelegentlich passiert man eine kleine Ortschaft, fruchtbare, oasenhafte Täler und schroffe, bizarre Inselberge. Ab Porto Formoso windet sich die Straße in engen Serpentinen die Küste entlang, die Brandung an den Fel-

ka-b-302 Foto: bö

Leuchtturm von Prainha

sen ist eindrucksvoll. Auf einer Anhöhe über dem Meer liegt die kleine Distriktstadt **Calheta de São Miguel.** Aluguers fahren Richtung Assomada, Tarrafal und Praia sowie in die größeren Ribeiras, Ribeira de Flamengo und Ribeira do Principal. Im Ort gibt es zwei Pensionen.

Ab Calheta wird die Landschaft zunehmend grün, weite Bananenplantagen, Zuckerrohrfelder und Obstbäume weisen auf die rege **Landwirtschaft** in dieser Region hin. Weiter Richtung Praia fährt man vorüber an der Mündung der fruchtbaren Täler der Ribeira de Flamengos und der Ribeira de Salto.

In der **Ribeira de Santa Cruz** begegnet man der ersten großen Bananenplantage, einst ausschließlich für den Export angelegt. Wenig später ist der Hauptort des gleichnamigen Concelho (33.000 Einwohner), **Pedra Badejo,** erreicht. Der Ort hieß bis zur Unabhängigkeit Santiago Major, und bis heute ist „Santiago" gebräuchlich. Nach einer fragwürdigen Phase großer Vorführprojekte der staatlichen österreichischen Entwicklungszusammenarbeit, aus der noch die Ruine eines sinnlosen Schlachthofgebäudes bei Santa Cruz zu finden ist, stieg Pedra Badejo 1983 ein in eine beispielhafte Städtepartnerschaft mit der österreichischen Stadt Leibnitz, in deren Rahmen Projekte in Tischlerei, Metall- und Textilverarbeitung, Fischerei, Gesundheit u.a.m. durchgeführt werden.

Am Hafen kann man im großzügig renovierten Restaurant Falucho essen gehen.

Die zwei kleinen **Lagunen** östlich der Stadt sind interessante Vogelbiotope. Eine Querspange verbindet die Küstenstraße ab Pedra Badejo mit der Hauptstraße Praia – Assomada durch das Tal von Lavada das Orgãos.

Hinter Pedra Badejo verlässt unsere Route das Meer. Kurz vor Milho Branco zweigt Richtung Küste eine Piste ab zum Hafenort **Praia Baixo.** Dort steht ein schönes Hotel, der Strand ist gepflegt, und weiter im Tal spenden Palmen Schatten. An Sommersonntagen ist allgemeiner Badebetrieb mit Gästen aus Praia.

Die Hauptstraße über Milho Branco führt direkt zurück nach Praia (Pedra Badejo – Praia ca. 1 Stunde Fahrt).

Strände und Wasserverhältnisse

Praia besitzt mehrere **stadtnahe Strände,** von denen **Prainha** und **Quebra Canela** die besten sind. Letzteren erreicht man vom Hotel Praia Mar in wenigen Minuten zu Fuß nach Westen gehend.

Ein **besonders schöner** (und deshalb der meistbesuchte) **Strand** liegt **in der Bucht von Tarrafal.**

Ribeira da Prata bietet einen riesigen Sandstrand mit Palmen und ist wenig besucht, da vom Verkehr noch nicht erschlossen.

Praia Baixo und **São Francisco** sind während der Woche Oasen völliger Ruhe und bieten sich dank der komfortablen Unterkunft auch für anspruchsvolle Strandurlauber an.

Reiseplanung Santiago

Nachdem Praia nicht den Ruf einer Touristenstadt genießt, kommen die meisten Reisenden nur kurz, zu kurz auf die Insel, die in der Summe mehr Vielfalt zu bieten hat als andere Inseln.

Eine Woche ist sehr, sehr kurz, um nach Priorität gestaffelt das Interessanteste einplanen zu können:

- einen Tag in **Cidade Velha,** um das Kulturerbe der atlantischen Nationen kennen zu lernen; da man in Cabo Verde nicht durch fertig aufbereitete „Sehenswürdigkeiten" geht, sondern sich am besten vor Ort kundig macht und die Baudenkmäler selbst entdeckt, ist ein ganzer Tag angemessen;
- einen Tag in **Praia;**
- zwei Tage **Rundfahrt** über die Insel;
- einen Tag **Wandern in der Serra de Malagueta;** noch gibt es keine wandertaugliche Karte und nur allgemeine Wanderführertexte; abseits der beschriebenen Wege empfiehlt es sich, mit Führer zu wandern; lokale Reisebüros bieten geführte Wanderungen an (siehe „Reisebüros");
- **Wassersport, Baden, Tauchen, Schnorcheln;** noch gibt es keine Windsurfstationen und auch keinen gesicherten Transport für selbst mitgebrachte Boards.

Praktische Infos

Anreise mit dem Flugzeug

- Der **Flughafen Francisco Mendes** (Tel. 2616912, 2614163) befindet sich auf der im Nordosten Praias gelegenen Achada Grande (2 km zum Stadtzentrum). Hier kommen internationale Flüge vom afrikanischen Kontinent an sowie Inlandsflüge. 2005 soll der neu ausgebaute Flughafen von Praia Flüge auch von und nach Europa einbinden. Es gibt keine Bank/Geldwechsel. Außerhalb befindet sich eine Snackbar.

Internationale Verbindungen

- Mehrmals wöchentlich mit Air Senegal oder TACV **nach Dakar/Senegal.**

Zwischen den Inseln

- Der Flughafen Praia ist (zusammen mit Sal) ein wichtiges Drehkreuz im Flugverkehr zwischen den Inseln. Es bestehen täglich (mehrere) Verbindungen **nach Sal, São Vicente,** mehrmals wöchentlich nach **Fogo, Maio, Boa Vista** und nach **São Nicolau** via São Vicente.

Weitere Informationen im Kapitel „Reisen im Land".

Fluggesellschaften

- **TACV Cabo Verde Airlines**
Praia, Rua Serpa Pinto, Praia, Tel. 2616457, 2617538, Fax 2615905, Mo bis Fr 8–12 und 14.30–18 Uhr, Sa 8–11.30 Uhr; Santa Catarina, Assomada, Tel. 2651122; in Tarrafal gibt es kein TACV-Büro.
- **Air Senegal**
Av. Amilcar Cabral, Praia, Tel. 2617529, Fax 2615483.
- **TAP Air Portugal**
Chã d'Areia, Praia, Tel. 2615826.

Fährverbindungen

Fährverbindungen mit den anderen Inseln sind unregelmäßig und **folgen der Logik des Gütertransports.** In letzter Zeit recht zuverlässig verkehrt die Fähre am **Freitag von Praia nach Fogo und Brava und am Montag zurück.**

Erkundigen Sie sich vor Ort bei den **Agenturen:**

- **Arca Verde**
Av. 5 de Julho, C.P. 41, Praia, Tel. 2615497, 2615498, Fax 2615496.
- **Agência Nacional de Viagens**
Rua Serpa Pinto, Praia, Tel. 2603100, Fax 2612162.

Mit dem Segelschiff

Praia hat einen hervorragenden Naturhafen. Die geschützte Bucht von **Tarrafal** im Nordwesten Santiagos bietet sich ebenso zum Ankern an. Diesel erhält man an beiden Orten, während Lebensmittel und Ausrüstungsgegenstände nur in Praia zu suchen sind.

Reisen auf der Insel

Auf Santiago können Sie sich problemlos **im Aluguer oder Mietwagen** fortbewegen. Die Insel verfügt über ein **gut ausgebautes Verkehrsnetz** mit Asphaltstraßen, kopfsteingepflasterten Straßen und einigen Staubstraßen. Für die Pisten zur Westküste empfiehlt sich ein Geländewagen.

Taxis, Busse, Aluguers

- **Innerhalb Praias** verkehren **Busse** mit festen Preisen und festen Haltestellen in alle Stadtviertel. **Taxis** können Sie überall in der Stadt anhalten. Preis für Stadtfahrten ca. 180 ECV. Die **Anmietung eines Taxis** für einen ganzen Tag kostet 7000–8000 ECV. Der Fahrer erhält üblicherweise ein Gratis-Essen und -getränk.
- **Aluguers verbinden die Orte der Inseln untereinander.** Am häufigsten befahren ist die Route Praia - Assomada. Assomada - Tarrafal ist weniger stark frequentiert, doch es bestehen mehrmals täglich Verbindungen. Auch die Route an der Ostküste wird mehrmals täglich befahren.

Haltestellen für Aluguers in Praia liegen am Sucupira-Markt. Die Fahrzeuge nach Cidade Velha gehen ab von der Rotunda in Terra Branca. Die Fahrzeuge fahren erst definitiv auf die Strecke, wenn sie voll sind. Vorher zirkulieren sie durch die Straßen der Stadt bis genügend Kunden gefunden sind. Das kann dauern.

Autoverleih

- **Alucar**

Chã de Areia, Praia, Tel. 2615801, Fax 2614900, E-Mail: alucarstrc@cvtelecom.cv.

235_314sw Foto: re

- **Autobraza**
Vila Nova, Praia, Tel. 2631814, Fax 2631824.
- **CLASSIC-Autorental**
Praia, Tel./Fax 2615558.
- **Ferreira Cars**
Praia, Tel. 2616949.
- **SOCIARPA Lda.** de Santos Paiva
Praia, Av. Amilcar Cabral, Tel. 2615790, Fax 2612791.

Reservierung ist generell empfehlenswert. Die Preise beginnen bei 4500 ECV/Tag. Anmietung und Abgabe nur werktags! Miete und ab 300 Euro Kaution werden in cash over the counter bezahlt. Keine Kreditkarten.

- Wenn Sie sich **in Tarrafal** ein Fahrzeug mieten wollen, erkundigen Sie sich in Ihrem Quartier oder im Hotel Baia Verde.

Unterkunft

Unterkünfte aller Kategorien finden Sie in Praia und in der Bucht von Tarrafal, Ferienhäuser in São Francisco, hotelähnliche und einfachste Pensionen in allen Distriktstädten und in Praia Baixo.

Die gehobeneren Hotels von Praia liegen außerhalb des Plateaus. In den zentral gelegenen Unterkünften Praias kann es nachts immer etwas laut sein. Während der Hochsaison, d.h. in Ferienzeiten wie Ostern, Juli/August oder Weihnachten, sollten Sie Ihr Quartier unbedingt vorbuchen. Dies ist bei den kleinen Pensionen wegen der Sprachprobleme nicht immer einfach. Buchen über E-Mail ist noch nicht üblich. Hotels sind bei Buchung über Veranstalter weitaus billiger. Alle verlangen Bezahlung in cash over the counter.

Die folgende Liste beginnt mit der teuersten Unterkunft.

Praia

- **Hotel Trópico**
C.P. 413, Praia, Santiago
Tel. 2614200, Fax 2615225
E-Mail: hotel.tropico@cvtelecom.cv
Im vornehmeren Teil von Praia auf einem Felsvorsprung über dem Meer. 47 komfortable Zimmer mit Bad oder Du/WC, Klimaanlage, TV, Radio; Restaurant, Bar, verschiedene Konferenzräume; Meerwasser-Pool mit großer Sonnenterrasse; kleiner Sandstrand in unmittelbarer Nähe, ca. 15 Minuten ins Zentrum von Praia; DZ ab 12.000 ECV.
- **Hotel Barceló Oasis Praia Mar**
C.P. 75, Praia, Santiago
Tel. 2614153, 2614355, Fax 2612972
In der besten Gegend, dem Stadtteil Prainha, beim Leuchtturm gelegenes Hotel der gehobenen Kategorie. Direkt vor dem Hotel die kleine Strandbucht Prainha und ein paar Meter weiter der Strand Quebra-Canela. 30 Zimmer und 16 Bungalows, ausgestattet mit Du/WC, Radio, Telefon, Klimaanlage und Balkon. Die Hotelgebäude, Restaurant und Bar gruppieren sich um einen Meerwasser-Swimmingpool; außerdem Diskothek, Tennis-Hartplatz. Das Hotel ist behindertengerecht ausgestattet. DZ ab 7000 ECV.
- **Hotel Marisol**
C.P. 129, Chã de Areia, Praia
Tel. 2613460, Fax 2612535
E-Mail: mago@marisol.cv
Mittelklassehotel an der Hauptstraße Richtung Prainha; 20 zweckmäßig eingerichtete Zimmer mit Du/WC, Klimaanlage; Restaurant, Bar mit Terrasse und Meeresblick, Eisdiele und Läden. Das Restaurant im Hotel ist bekannt für seine gute Küche. DZ ab ca. 5500 ECV.
- **Hotel América**
Achada de Santo António, Praia
Tel. 2621431, 2616250, Fax 2616252
Modernes, einfaches, gutes Hotel in ruhiger Lage auf einem Hochplateau im Stadtteil Achada de Santo António unweit vom Strand von Prainha. 19 geräumige, zweckmäßig eingerichtete Zimmer mit Du/WC, Klimaanlage, TV, Telefon. Restaurant und Bar mit Dachterrasse, Diskothek. DZ ab ca. 5500 ECV.
- **Hotel Luar**
C.P. 88, Terra Branca, Praia
Tel. 2615947, Fax 2616038
Mittelklassehotel in Terra Branca; 27 Zimmer mit Du/WC, TV, Telefon, Klimaanlage oder Ventilator; Restaurant, Bar, Terrasse mit Snack-Bar; DZ ab 5000 ECV inkl. Frühstück.

Bucht von Tarrafal

- **Hotel Felicidade**
C.P. 154, Rua Serpa Pinto, Praia
Tel. 2615585, Fax 2611289
E-Mail: felicidade@cvtelecom.cv
Zentral auf dem Plateau gelegen; 24 Zimmer mit Du/WC; Dachgarten-Restaurant; DZ ca. 4500 ECV.
- **Residencial Praia Maria**
Av. 5 de Julho Plateau, Praia, Tel. 2618580
Geräumige Zimmer mit AC, Frigobar, TV und allem sonstigen Komfort; DZ ab 5600 ECV.
- **Residencial Solimar**
Prainha, Praia, Tel. 2618549
Komfortzimmer mit Du/WC; DZ ab 4500 ECV.
- **Residencial Anjos**
R. Serpa Pinto, Praia
Tel. 2614178, Fax 2615701
Zentrale Lage in der Altstadt auf dem Plateau; 15 Zimmer mit Du/WC, verschiedene Zimmerkategorien, etwas hellhörig; freundlicher Empfang; DZ ab ca. 3000 ECV.
- **Aparthotel Holanda**
Achada de Santo António, Praia
Tel. 2612293, Fax 2623710
Familiäres Hotel im belebten Stadtviertel Achada de Santo António; Zimmer z.T. mit eigenem Bad; die Besitzer, ein kapverdianischer Bildhauer und seine holländische Frau, sprechen Holländisch, Deutsch und Englisch und sorgen für das Wohl der Gäste; DZ ab ca. 3000 ECV, mit Frühstück +500 ECV.
- **Residencial Sol Atlantico**
Av. Amilcar Cabral, Praia, Tel./Fax 2612872
Direkt am Hauptplatz; 10 einfache und saubere Zimmer; die Pension ist von außen nicht als solche gekennzeichnet; DZ ca. 2000 ECV.
- **Residencial Paraiso**
Rua Serpa Pinto, Praia, Tel. 2613539
Am Nordende des Plateaus gelegene, kleine, einfache und sehr billige Pension.
- **Residencial Rosymar**
Tel. 2616345
Kleine, zentral gelegene Pension; einfach, sauber und freundlich.

Naturpark Serra do Pico da Antónia

- **Quinta da Montanha**
Rui Vaz, Santiago, Tel. 2685002, 9924013
E-Mail: quintamontanha@cvtelecom.cv
Bevorzugtes Wanderer-Quartier am Eingang zum Naturpark in Rui Vaz. Ausflüge und Höhenwanderungen in den Waldgebieten und geführter Aufstieg zum Pico da Antónia. Komfortable Zimmer mit eigenem Bad, Balkon; gutes Restaurant mit Speisen aus großer eigener Landwirtschaft, Sonntagsbuffet. DZ ab 4500 ECV.

Assomada

- **Residencial Asa Branca**
Tel. 2652372, an der Straße Praia - Tarrafal gelegen; einfache Zimmer, gutes Essen.
- **Pensão Paris 2000** und **Pensão Crioula**
Einfache Zimmer.

Tarrafal

- **Baía Verde**
Tarrafal, Santiago, Tel. 2661128, Fax 2661414
Die Bungalow-Anlage liegt direkt am Sandstrand der Bucht von Tarrafal inmitten eines Palmenhaines; 34 verschieden große Bungalows (auch Studios für 4–6 Personen) mit zweckmäßiger Einrichtung, Du/WC (nicht überall Warmwasser), Telefon, TV, kleiner Terrasse, teilweise Klimaanlage; außerdem stehen den Gästen Bar, Restaurant sowie eine kleine Diskothek zur Verfügung; DZ ca. 3500–4500 ECV.
- **Hotel Tarrafal**
C.P. 50, Vila Tarrafal, Santiago
Tel. 2661785, Fax 2661787
An der Strandbucht von Tarrafal; 20 Zimmer mit Klimaanlage, Bad oder Du/WC, TV, Telefon, teilweise mit kleinem Balkon; Restaurant, Bar und kleiner Süßwasserpool; Tauchmöglichkeiten über das Blue Adventure Dive Center; DZ ab ca. 7000 ECV.
- **Hotel Sol Marina**
Tel. 2661219, Fax 2662251
Rosa Gebäude in der Nähe der Bungalows Baia Verde; kleine gemütliche Zimmer mit Balkon; die preiswerteste Alternative direkt am Strand; freundlicher Empfang, der Besitzer spricht Englisch, organisiert Fischerausflüge und Wanderungen in der Serra Malagueta, vermietet Fahrräder; gutes Frühstück auf der Terrasse; DZ ab ca. 2000 ECV.
- **Pensão Mar Azul**
Tarrafal, Santiago, Tel./Fax 2661289

Am Ortsrand gelegen; 12 Zimmer unterschiedlicher Größe, sauber; ca. 800 m zum Strand.

• Pensão Tatá
Tarrafal, Santiago, Tel. 2661125, Fax 2661571
8 einfache saubere Zimmer mit Waschgelegenheit, im Ortszentrum, 600 m zum Strand.

• Pensão Mille Nuits
Tel. 2661463; Bar, Restraurant.

São Francisco

• King Fisher Lodge
Hermann Rolfs Strandstr. 57
D-24229 Strande
Tel. 0049 (0)4349-203, Fax -645
Tel. 00238/2661100, Fax 2662260
E-Mail: Info@King-Fisher.de
www.king-fisher.de
Kleine Ferienhausanlage unter deutscher Leitung am weiten Sandstrand von São Franciso, 14 km von Praia entfernt; die verschiedenen Kategorien bieten Familien bzw. Gruppen von 2–7 Personen Platz, fernab der Stadt in völliger Ruhe an einer schönen Bucht, die wochentags völlig einsam ist; es wird Halbpension angeboten; Selbstversorger sind auf einen Mietwagen angewiesen, die nächste Einkaufsgelegenheit ist Praia; Wochenmiete Ferienhaus ohne Verpflegung: ab 450 Euro, HP p.P. und Tag 23 Euro. Aktivitäten: Tennis, Billard, Wanderungen, Fischen (kostenfrei mit Lizenz von der Küste aus) und Schnorcheln. Auf Vorbestellung ist Hochseeangeln und Tauchen möglich. Flossen, Brille und Schnorchel-Taucher-ABC; Ausrüstung muss mitgebracht werden. Boots-Charter möglich. Angler und Taucher mussen ihre Wünsche im Voraus mitteilen.

Calheta

• Hotel Miramaio
Tel. 2731121; an der Hauptstraße gelegen, ausgeschildert; saubere Zimmer; DZ ab ca. 3000 ECV.

• Pensão Beto
Tel. 2731470; oberhalb des Hafens gelegene familiäre Pension, Zimmer mit eigenem Bad, Warmwasser, Dachterrasse mit Meerblick, Restaurant und Supermarkt im Haus; DZ ab ca. 3000 ECV.

Praia Baixo

• Apparthotel Praia Baixo
Tel. 2687105, Fax 2687107
Komplett ausgestattete Apartments am Meer; Balkon, Restaurant auf der Dachterasse, Sonntagsbuffet; DZ ab ca. 6000 ECV.

São Domingos

• Pousada Bela Vista
Tel. 2611029, Fax 2681230
Aus Richtung Praia rechts an der Hauptstraße; sehr einfache Pension mit 7 Zimmern, Du/WC; Restaurant, Bar; Disco auf dem Dach.

Restaurants und Bars

Praia

Die Hauptstadt bietet **Restaurants für jeden Geldbeutel und Geschmack.** Gut und eher international essen Sie in den gehobenen Hotels außerhalb des Zentrums. Die Restaurants in der Altstadt bieten kapverdianische Gerichte, Grill- oder Meeresfrüchte-Spezialitäten, chinesische und italienische Küche.

• Casa de Pasto Amelia
Av. Amilcar Cabral; im Halbsouterrain, traditionell-kapverdianisch.

• Restaurant A Bolha
Achada de Santo António; man isst im Freien.

• La Cucina
Achada de Santo António, hinter dem Parlament; offene Terrasse, gute italienische Küche, gehobene Preisklasse.

• Dolce Vita
Auf dem Plateau; 24 Stunden geöffnet, preiswert.

• Flor de Lys
Plateau; kleines Lokal mit guter und preiswerter Küche.

• Garden Grill
Im Stadtteil Fazenda, Richtung Flughafen; Open-Air-Restaurant mit gutem Ruf, oft Live-Musik.

• Restaurant-Hotel Marisol
Chã de Areia; hervorragende internationale Küche.

●O Poeta
Bestes Restaurant in Achada de Santo António; die Plätze auf der Terrasse mit Blick über den Hafen sind rasch besetzt.
●Pizza Roma
Zwischen Achada de Santo António und Terra Branca; Terrasse im ersten Stock; gute Pizza und französische Küche.
●Restaurant Panorama
Plateau, über dem Hotel Felicidade; Dachrestaurant.
●Restaurant Paris
Im Stadtteil Fazenda, nahe des großen Kreisverkehrs; gut, nicht ganz billig.
●Restaurant Praia Mar
Separat vom gleichnamigen Hotel gelegenes Top-Restaurant mit Blick auf Leuchtturm und Meer.
●Restaurant Panda
Chinesische Küche.

240_736sw Foto: re

●Lanchonete Acquarium
Plateau; luftiges Café für Mittagessen, Kaffee und Kuchen.
●Zwischendurch kann man sich an den kleinen **Snack-Bars** auf dem Hauptplatz des Plateaus verköstigen.

Tarrafal

●Restaurant Esplanada – Baia Verde
Restaurant auf dem Felsen über dem Strand.
●Hotel Tarrafal
Internationale Küche.
●Hotel Sol Marina
Preiswert und gut.
●Pensão Mar Azul
Internationale Küche.
●Pensão Tatá
Traditionsbetrieb und bei den Kapverdianern bevorzugt.
●Restaurant Crioula
Kapverdianisch-österreichischer Joint-Venture-Betrieb und somit für den Geschmack beider Extreme angemessen.
●Pensão Mille Nuits

Bars und Nachtleben in Praia

Meist wird in den Bars und Diskotheken moderne kapverdianische und westafrikanische Musik gespielt, dazwischen europäischer und US-Pop. Das typische Nachtleben am Wochenende beginnt gegen Mitternacht und dauert bis in die frühen Morgenstunden. Hüten Sie sich im Gedränge der Bars vor Taschendieben, oder nehmen Sie nichts mit.

●Tabu
In Richtung Hafen; Disco im Freien.
●Zero Horas
An der Straße zum Flughafen; Open-Air-Club.
●Quebra Coco
Unterhalb des Restaurants Praia Mar.
●Dolce Vita (Atlantida)
Im Stadtteil Achada de Santo António, am Meer; ebenfalls Open-Air.
●Auch die Restaurants Marisol, Pizza Roma, Flor de Lys und O Poeta haben nette Bars.

Reisebüros

Für eine Reservierung von Quartieren, Flügen, Tagesausflügen etc. können Sie sich an nachfolgend genannte Reisebüros wenden. Bei organisierten Tagesausflügen erkundigen Sie sich im Voraus, welche Sprache der Führer spricht.

- **Cabetur**
C.P. 318, R. Serpa Pinto, Praia, Tel. 2615551, Fax 2615553.
- **Praiatur**
C.P. 470, Avenida Amilcar Cabral, Praia, Tel. 2615746, Fax 2614500.
- **Reiseträume**
Spezialreisebüro für Cabo Verde, auf Santiago ansässig; Vaneza - Calheta de São Miguel, Tel. 2731021; in Deutschland Tel. 0049 (0)7431 763168, Fax 763169,
E-Mail: kapverden@reisetraeume.de,
www.reisetraeume.de.
- **Tropictour**
C.P. 2, R. 5 de Julho, Santiago, Tel. 2611241, Fax 2312617.
- **Verdeantours**
R. Serpa Pinto, Praia, Santiago, Tel. 2613869, 2613940.

Touristeninformation

Gedruckte Materialien, wandertaugliche Karten und Führer zu Santiago sind auf der Insel selbst kaum zu erhalten. Am Kiosk der Promex auf der Praça in Praia bekommen sie Postkarten und einige Broschüren.

Bank

- Banken gibt es in allen Distriktstädten.
- **Banco Comercial do Atlântico**
Mehrere Filialen in Praia, z.B. Av. Amilcar Cabral, Tel. 2615527, auf dem Hauptplatz des Plateaus, Mo bis Fr 8–14 Uhr; in Tarrafal am Kirchplatz, Tel. 2661160.
- **Banco Interatlântico**
Mehrere Filialen in Praia, z.B. Av. Cidade de Lisboa, Tel. 2614008, Fax 2614712.
- **Caixa Economica de Cabo Verde**
Mehrere Filialen in Praia, z.B. Av. Cidade de Lisboa, Tel. 2615563, Fax 2615560, Mo bis Fr 8–14 Uhr.
- **Banco Totta de Cabo Verde**
Rua Roberto D. Silva, Praia, Tel. 2611662, Fax 2614006.

Post

- Postämter gibt es in allen Distriktstädten.
- **In Praia** befindet sich das Hauptpostamt Cabo Verdes hinter dem Justizpalast auf dem Plateau, Tel. 2613247.

Polizei

- **Achada Santo António, Praia,** Tel. 2621231.
- **Polizei in Tarrafal,** Tel. 2661132, neben der Shell-Tankstelle an der Hauptstraße Richtung Praia.
- **Notfall-Tel.: 132.**

Notfall

- Zentralkrankenhaus **Hospital Dr. Agostinho Neto,** Tel. 2612462, am nörlichen Ende des Plateaus in Praia.
- **Regionalkrankenhaus** in Assomada (**Santa Catarina),** Tel. 2651742.
- **Gesundheitszentren** in Praia, Calheta de São Miguel und Tarrafal.
- **Notfall-Tel.: 130.**

Apotheken

Es gibt mehrere Apotheken in Praia und in den größeren Orten.

Einkäufe/Souvenirs

- Praia bietet zwei interessante Märkte: Während auf dem Plateau der **städtische Markt** mit Obst, Gemüse, Fisch und Fleisch untergebracht ist, tummelt sich auf dem **Sucupira** im Tal ein buntes Völkchen aus ganz Westafrika, das alles andere zum Verkauf anbietet, auch kapverdianische Erzeugnisse wie Töpfer- und

Flechtwaren, ebenso ein reiches Angebot an kapverdianischer Musik.

- Der **Markt in Assomada** im Zentrum Santiagos findet Mi und Sa statt.
- **Im Zentrum Praias,** auf dem Plateau, bekommt man in den **Geschäften** so gut wie alle Importartikel und heimischen Waren, die es auf Cabo Verde überhaupt gibt.
- **Kunsthandwerk** finden Sie u.a. in der Galeria Nativa, Rua Cesário Lacerna, Praia, Tel. 2616307.

Feste

Traditionelle Feste, meist auf den Straßen mit Musik, Tanz und Umzügen begangen, finden an folgenden Tagen statt:

- **15. Januar:** Tarrafal und Bezirk, S. Amaro-Fest.
- **17. Januar:** Gemeindefest in Cidade Velha.
- **20. Januar:** Cidade Velha, São Sebastião-Fest.
- **1. Februar:** São Domingos: São Severo-Fest.
- **13. Mai:** Assomada: N.S. Fatima-Fest.
- **19. Mai:** Stadtfest im südl. Bezirk Praias.
- **25. Juni:** Pedra Badejo und Sta. Cruz Bezirk, Santiago Maior-Fest.
- **25. Juli:** Pedra Badejo, Gemeindefest.
- **15. August:** Gemeindefest Praias zu Ehren Nossa Senhora da Graças, der Inselpatronin.
- **25. November:** Assomada und Bezirk Sta. Catarina, Fest zu Ehren der Sta. Catarina.

Sonstiges

Führer und Karten zu Santiago

- **Wandern auf den Kapverdischen Inseln**
Susanne Lipps, Oliver Breda, 35 Touren, exakte Karten, Höhenprofile, 168 Seiten, Dumont Aktiv ISBN 3-77015-36-85.
- **Fogo/Brava 1:60.000**
Santiago 1:120.000
Attila Bertalan, Touristikkarte, AB-Kartenverlag, 1. Auflage 2002, ISBN 3-943262-07-04, Internetbestellung und Verkauf in Cabo Verde, www.KapverdischeInseln.com; die Karte bietet die momentan beste Darstellung der Insel, ist aber nicht als „wandertauglich" zu bezeichnen!
- Wir, die Autoren, sind dabei, eine Wanderkarte von Santiago zu erarbeiten, die aber sicher nicht vor 2005 in Druck gehen wird.
- **Reiseträume** hat sich in das Thema Wandern auf Santiago eingearbeitet und bietet geführte Wanderungen an (siehe „Reisebüros").
- Zu Wanderungen im Naturpark Serra do Pico da Antónia siehe auch Quinta de Montanha/Unterkünfte in Rui Vaz.

Santiago im Internet

- **www.reisetraeume.de/kapverden/santiago.html**
Reisebericht mit Infos, schöne Fotos.

Tauchschule in Tarrafal

- **Blue Adventure Dive**
Unter deutscher Leitung, direkt an der Bucht von Tarrafal; Land- und Boots-Tauchgänge mit eigenem und geliehenem Gerät. Möglichkeiten zum Hochseefischen
E-Mail: kontakt@blueadventure.net
www.blueadventure.net/

Fogo

Fogo heißt in der Übersetzung „Feuer". Ein mattschwarzer **Vulkan** wie aus dem Bilderbuch taucht unvermittelt aus dem Meer auf. Seine **fast 3000 m** hohe Spitze, meist von einem Wolkenkranz umhüllt, scheint den Himmel zu berühren. Der Berg hat eine raue Schale und ein glühendes, weiches Herz – wie die Bewohner der Insel. Die Leute auf Fogo sind stark, eigenwillig und stolz.

Mutter Erde war auf dieser Insel zu ihren Bewohnern nicht immer nur freundlich. **1995,** nach 44 Jahren Ruhe, vernichtete ein **Vulkanausbruch** ca. 300 ha Land und die komplette Ernte, rund 1000 Bewohner des Kraters wurden in die Flucht geschlagen. Für manche ist die Launenhaftigkeit der Vulkaninsel ein Grund, Fogo zu verlassen. Andere fühlen sich durch das Temperament der Feuerinsel auf magische und unerklärliche Weise angezogen.

Fogo hat **viele Gesichter:** eine wilde, schwarzgraue Mondlandschaft mit Basalt- und Lavaflüssen, die sich an den Flanken bis ans Meer hinabziehen; Steilküsten, durchsetzt mit Buchten aus dunklen Lavaständen, Höhlen und Grotten; eine fast tropisch anmutende Vegetation im Nordosten mit Kaffee- und Bananenplantagen, die sich in größerer Höhe in einem dichten Nadelwald fortsetzen; die sanften Hänge mit Weideland, Feldern und schönen Gehöften und nicht zuletzt die malerische Stadt São Filipe.

Geschichte

Fogo wurde etwa gleichzeitig mit Santiago und Maio am 1. Mai **1460** entdeckt. Die Insel wurde zunächst nach dem Heiligen dieses Tages, São Filipe, benannt, der dem Hauptort seinen Namen gab. Erst nach einer Eruption des Vulkans im Jahre 1680 wurde die Insel in Fogo (dt.: Feuer) umbenannt – die glühenden Fontänen des Vulkans seien wie die Lichter eines Leuchtturmes für die Seefahrer sichtbar gewesen.

Die Insel wurde **portugiesischen Adelsfamilien** als königliches Lehen zugesprochen, die sich **ab 1500** auf der Insel niederließen. Um 1600 gab es etwa 2000 Bewohner, hauptsächlich Sklaven und einige aus Madeira und Portugal stammende Grundbesitzer bei São Filipe. Trotz mehrerer Vulkanausbrüche harrten sie aus, pflanzten **Baumwolle** und züchteten **Ziegen.** Mehrmals flüchteten sie auf die Nachbarinsel Brava, wenn der Vulkan zu heftig spuckte. Die Besiedlung lief ähnlich ab wie auf Santiago, wo die Grundbesitzer Sklaven für die Feld- und Hausarbeit kauften. Der Zustrom aus Europa wurde durch Verurteilte und politisch Verbannte, die *Degredados,* beschleunigt. Durch den **Handel** mit dem Festland und Zulieferfunktionen für den Sklavenhafen von Ribeira Grande (Santiago) erreichte die Insel früh relativen Wohlstand.

In São Filipe bauten sich die weltlichen Lehnsherrn, die *Morgados,* schöne Stadthäuser und Villen mit ausladenden Veranden und schattigen Innenhöfen. Schon um 1890 lebten rund 20.000 Menschen auf der Insel, und diese Zahl blieb relativ konstant bis in die Mitte des 20. Jahrhunderts.

Der sich nach Jahrhunderten noch immer als portugiesisch verstehende Adel und die Kirche verloren erheblich an Einfluss durch die bürgerliche Revolution und die Errichtung der ersten portugiesischen Republik am 5. Oktober 1910. Das Verbot der Erbteilung entfiel, und der Streit über die seit langem wie Privatbesitz gehandhabten *morgados* und *capelas* entbrannte. Die Geschichte berichtet von Glücksspielen um große Ländereien und von portugiesischen Anwälten, die sich schamlos an den ungeklärten Fällen bereicherten. Letztlich setzte eine neue soziale Klasse dem anachronistischen Streit der vermeintlichen „Portugiesen" um ehemalige Lehen ein Ende: **Remigranten aus den USA** erwarben Ländereien, Schiffskontore und Handelshäuser, so dass der ehemaligen Oberschicht kein Ausweg blieb als sich entweder in kapverdianischer Demut vor Ort zu arrangieren oder als verelendeter Adel den Weg ins bürgerliche Portugal anzutreten, wo sie nie zuvor gelebt hatten. *Teixeira de Sousa* hat den Konflikt der Klassen im Roman „Ilheu de Contenda" verarbeitet. Auch sollte man sich die Gelegenheit nicht entgehen lassen, die Verfilmung durch *Leão Lopes* zu sehen.

Auf die Baumwolle als wichtige Exportkultur folgten im 20. Jahrhundert **Kaffee** und **Wein.** Beide gedeihen in den Höhenlagen in exzellenter Qualität mit sehr kräftigem Aroma. Durch die Dürre gingen die produzierten Mengen zurück, doch die Qualität kann weiter gehalten werden, nicht zuletzt, weil die Produkte reißenden Absatz auf dem lokalen Markt und in den Emigrantengemeinden finden. Ein Tässchen Kaffee aus Fogo und ein Gläschen Manecom-Wein gelten als hervorragende Medizin gegen und für Heimweh.

Die **Emigration nach Amerika** beherrscht das Leben der Insel bis heute. Was mit Walfang-Schiffen begann, setzt sich fort in transnationalen Familien, die seit über einem Jahrhundert zwischen Fogo und Massachusetts pendeln. Großvolumige Motorräder werden als Symbol des Migrationserfolgs vors Haus gerollt und gewienert, bevor sie für eine kurze Runde durch die Gassen der Altstadt dröhnen.

Informationen zur Insel

Mit einer Fläche von **476 km²** ist Fogo nach Santiago, Santo Antão und Boa Vista die flächenmäßig **viertgrößte Insel.** Sie gehört zur Inselgruppe Sotavento und liegt zwischen Brava im Osten und Santiago im Westen.

Das Bild dieser Insel wird dominiert vom konisch geformten **Vulkan Pico de Fogo,** der mit **2829 m** als **höchste Erhebung des Archipels** aus dem Meer aufragt. Die Insel ist annähernd kreisrund mit einem Durchmesser von ca. 25 km Luftlinie. Auf der Ostseite fallen die Flanken des Vulkans deutlich steiler zum Meer hin ab als im Westen, der sanft zur Küste hin ausläuft.

Der größte Teil der etwa **40.000 Bewohner** Fogos lebt im **Hauptort São Filipe** im trockenen Südwesten der Insel. Weitere wichtige Orte sind Mosteiros und Cova Figueira. Daneben gibt es kleine Dörfer und Streusiedlungen, hauptsächlich in der westlichen Region Campanas. Die Leute bestreiten ihren Lebensunterhalt mit Landwirtschaft, Fischfang und aus der Emigration.

Fogo gilt als die **heißeste Insel Cabo Verdes.** Auf der Insel ist der Luv-/Lee-Effekt besonders stark ausgeprägt. Die steilen Flanken im Norden und Nordosten sind dem Nordostpassat zugekehrt und empfangen verhältnismäßig viele Niederschläge. So entstand **am Monte Velha** ein **dichter Nebelwald.** Aufgrund der steilen Hänge ist auf der Nordostseite Fogos eine Besiedlung, abgesehen vom Plateau in Mosteiros, kaum möglich. Die Nutzung des Landes gestaltet sich schwierig. Der gegen **Süden und Südwesten** hin flacher auslaufende Teil der Insel dagegen ist **sonnenreich, trocken** und die Vegetation **karg.** Die **Wasserversorgung** der Insel ist besonders schwierig, da Niederschläge rasch im lockeren vulkanischen Gestein versickern. Natürliche Quellen sind selten, die Landbevölkerung ist auf **Zisternenwasser** angewiesen, das auf Dächern oder zementierten Flächen gesammelt wird. Der größte Teil des Grundwassers sickert durch bis auf Meereshöhe und schwimmt dort als dünne Süßwasserlinse auf dem schwereren Salzwasser auf. Dadurch tritt Quellwasser nur wenig über dem Meeresspiegel auf, teilweise in Meeresgrotten, wo es extrem schwierig zu fassen ist. Für einen deutschen Ingenieur, der meinte, er könne die Schüttung einer solchen Quelle durch eine hero-

ka-f-320 Foto: fu

ka-f-321 Foto: fu

ische Sprengung verbessern, hat die Bevölkerung von São Filipe teures Lehrgeld bezahlt, monatelang Brackwasser getrunken und die durch Korrosion zerstörten Wasserleitungen ersetzt, bevor das Problem durch aufwendige Betonbauten wieder gelöst war.

Die **Vegetation** der Insel gedeiht und vergeht mit dem Niederschlag. Fogo erscheint in trockenen Jahren teils wie eine ausgebrannte Mondlandschaft, teils überzieht ein goldener Schimmer aus verdörrtem Gras die Hänge im Westen.

São Filipe –
links der Strand, rechts die Praça

Im extrem fruchtbaren Boden warten Samen jahrelang auf Feuchtigkeit und überziehen die Insel nach einem Regen mit üppigem Grün, so dass man sich von Campanas für wenige Wochen ins Allgäu versetzt fühlt.

Im Süden und Westen ist die Vegetation karg. Akazien, Mango- und Feigenbäume und vereinzelte **Baobabs** (Affenbrotbäume) durchbrechen das Weideland. Nur in wenigen Lagen lohnt der Versuch, Mais und Bohnen anzubauen. Auf den wenigen bewässerten Flächen werden Maniok und Kartoffeln gezogen. Mit zunehmender Höhe sind die Steilhänge mit wilden, niederen Sträuchern und Agaven bewachsen und setzen sich in steinigen, mit Gräsern durchsetzten Flächen zum Kraterrand fort.

In völligem Kontrast dazu stehen die Hänge des **Monte Velha** im Nordosten der Insel. In jahrzehntelanger Aufforstung bildete sich hier eine üppige Baumvegetation vom Rand des Vulkans bis hinab nach Mosteiros. Aus verschiedenen Nadelhölzern und Eukalyptusarten entstand **dichter Nebelwald,** teilweise mit Bartflechten und Moosen überzogen. In dieser feuchten Zone gibt es oberhalb von Mosteiros, auf 300 bis 1000 m Höhe, ausgedehnte **Kaffeeplantagen.** Dazwischen wachsen Bananen, Mangos, Papayas und Zitrusfrüchte. Im Inneren der Caldeira ermöglicht der fruchtbare Lavasand auf kleinen bewässerten Feldern den Anbau von Maniok, Bohnen und Kürbissen.

Eine Besonderheit ist der **Weinanbau** im Kraterrund. Die Reben werden in kleine Vertiefungen in den Sand gesetzt. Diese Gruben und das dazwischenliegende Basaltgestein fangen den Tau auf.

An den oberen Steilhängen und auf dem Kraterrand gedeihen **endemische Pflanzenarten,** die rotviolett blühenden Sträucher der *Erysium kapverdianum* (Kreuzblütler), das gelb blühende Sonnenröschen, das Schwalbenwurzgewächs *Periploca chevalieri,* die auffällige gelb blühende Gänsedistel und die *Lingua vaca,* deren breite Blätter von einer weißen Blüte überragt werden. Die Erhaltung der Federbuschbestände ist durch Ziegenfraß gefährdet. Die Region wurde mit Hilfe eines GTZ-Projekts heftig erforscht und ist seit Oktober 2003 als **Naturpark** ausgewiesen. In Wald-Weide-Wirtschaft wird ein gangbarer Kompromiss zwischen den Interessen des Naturschutzes und den wirtschaftlichen Interessen der lokalen Bevölkerung angestrebt.

São Filipe

Mit rund **10.000 Einwohnern** ist São Filipe Hauptort der Insel, dessen Altstadt seinen **kolonial-kleinstädtischen Charme** bewahrt hat. Hier entstand im 16. Jahrhundert die nach Cidade Velha **zweitälteste Siedlung Cabo Verdes,** die dennoch erst 1922 Stadtrecht erhielt. Die Stadt liegt an der Steilküste im Südwesten auf einem 70 m hohen **Plateau** über dem Meer. Der Blick reicht an guten Tagen hinüber zur 20 km entfernten Nachbarinsel Brava, deren Berge oft von einer Wolkenhaube bedeckt sind. São Filipes Ufer säumt ein breiter schwarzer Lavastrand.

Das malerische Städtchen mit seinen großen und kleinen begrünten Plätzen und den vielfach renovierten Häusern verbreitet eine freundliche und ruhige Atmosphäre, in der man sich treiben lassen kann. Geht man durch die Gassen der **Altstadt,** so **erinnert vieles an die Kolonialzeit.** Typisch für das Sotavento sind die nach vier Himmelsrichtungen abfallenden Ziegeldächer, von einem Mauerabsatz umgeben, um das Regenwasser in Zisternen leiten zu können. Die Grundbesitzer ließen sich **Sobrados** (dt.: Oberstock) bauen, zweistöckige Herrschaftshäuser mit teils geschlossenen, blumengeschmückten Balkonen, von denen aus man das Treiben

Sotavento – die südlichen Inseln

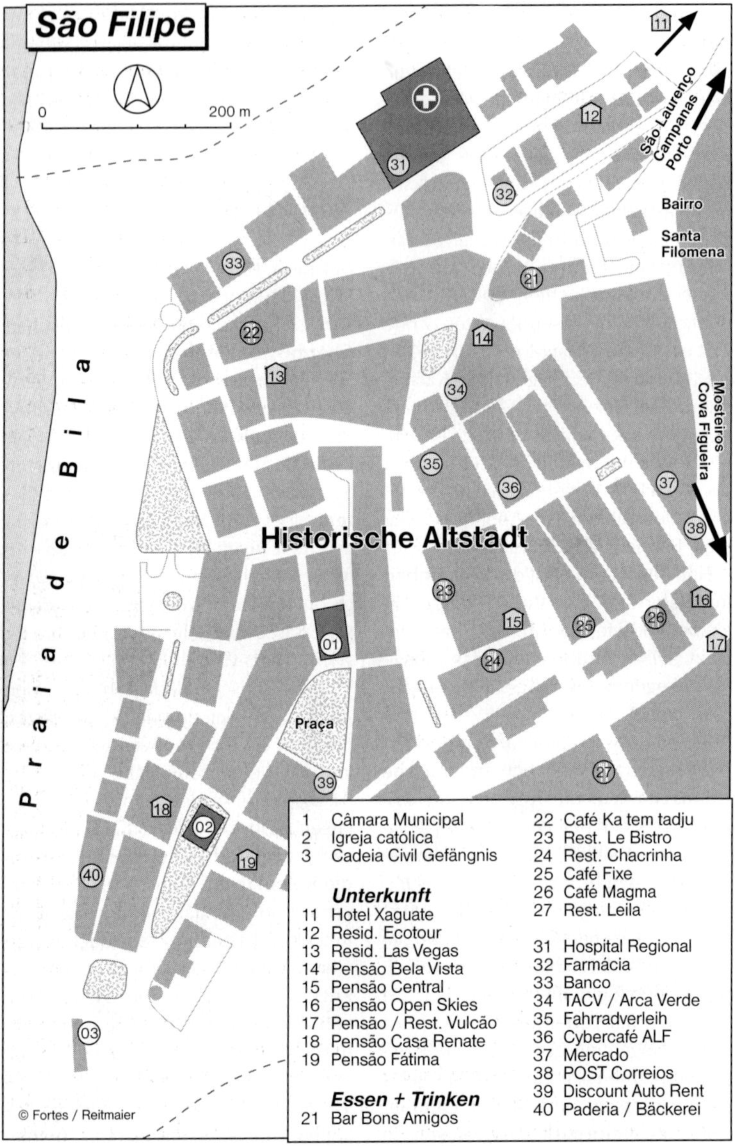

in den Gassen beäugte. Die schöneren stehen unter Denkmalschutz und sind bereits renoviert, während andere drohen, in sich zusammenzusinken. Dem weniger noblen Volk waren einfache ebenerdige Häuschen vorbehalten. Die Innenstadt wird durchzogen von kopfsteingepflasterten Straßen mit Ornamenten im Pflaster, wie man sie in Portugal sieht. An der Stirnseite des zentralen, dreieckigen Platzes liegt das 1928 erbaute Rathaus mit Freitreppe. Daneben befindet sich die ehemalige Pousada mit großem Holzbalkon.

Wenig abwärts erstrahlt die katholische **Kirche** mit ihren zwei Glockentürmen und barocken Elementen in hellem Blau. Rundherum schmiegen sich kleine Häuser in Gelb, Blau, Rosa und Türkis mit roten Dächern eng aneinander. Hinter ihren Eingängen verbergen sich kleine Innenhöfe, die Schatten vor der Mittagssonne spenden.

An der breiten Straße, die sich zu einem kleinen Platz öffnet, liegt das Stadtgefängnis, das im Turm der ehemaligen Befestigungsanlage untergebracht ist. Über die Mauern hinweg blickt man zum gegenüberliegenden Steilufer, auf dem sich der **Friedhof Cemitério Velho** befindet. Alte Gräber dieses „Friedhofs der Weißen" erinnern an wohlhabende europäische Grundbesitzer. Unweit vom Gefängnis führt eine halbrunde Steintreppe mit Geländer hinunter ans Meer und zum pechschwarzen, breiten **Lavastrand.**

Im oberen Teil der Stadt dient die kleine, von Mauern begrenzte **Promenade** der Jugend als Treffpunkt. An der breiten Straße oberhalb liegen die Bank, schön renovierte Privathäuser, das Regionalhospital im Pavillonstil und die in den 1980er Jahren als GTZ-Verwaltung gebaute Planungsabteilung der Stadt. Über eine Brücke mit Blick in das tief eingeschnittene Tal der Ribeira Trinidade führt die Straße vorbei am Hotel Xaguate nach Nordwesten, zum ehemaligen Lepra-Hospital Casa Betania und zum 3 km entfernten Hafen. Das Stückchen Straße ist ein netter Spaziergang am späten Nachmittag.

Im Norden der Stadt befindet sich ein **kleiner Markt,** auf dem Fische, Früchte und Kleidung zum Kauf angeboten werden. Dazwischen sind überall Kneipen, Bars und Geschäfte.

Rund um die Insel

Eine **Ringstraße** führt rund um die Basis der Insel durch teils spektakuläre, häufig wechselnde Landschaften. Von São Filipe aus verkehren **Aluguers** in das **50 km entfernte Städtchen Mosteiros,** die die Strecke in etwa 1½ Stunden zurücklegen. Auf der nördlichen Strecke, hier als **Rückweg von Mosteiros über Atalaia und São Jorge** beschrieben, ist die Ringstraße weniger frequentiert, so dass es nicht immer einfach ist, die Runde flüssig zu schließen. Um die Strecke wirklich zu genießen und überall halten zu können, wo es landschaftlich interessant wird, empfiehlt es sich, ein **Fahrzeug mit oder ohne Fahrer** anzumieten und einen ganzen Tag für die Runde einzuplanen. Die lokalen Reisebüros bieten evtl. auch **Sammelfahrten für Gruppen** an.

Die schmale Pflasterstraße schmiegt sich auf einer Höhe von bis zu 800 m auf teils abenteuerliche Weise an die extrem steilen Hänge des Vulkans. Die ganze Kraft des Vulkanismus wird deutlich. Zahllose Lavaströme, vertikale Furchen und ausgewaschene Ribeiras, deren Schwarz und Grau mit dem Grün von Wildwuchs und kleinen Nutzpflanzungen kontrastieren, sind zu überwinden. Zur Küste hin fallen die Schrägen plötzlich steil zum Meer ab.

Monte Genebra lohnt eventuell einen Ausflug in eine ehemalige Musterpflanzung, wo hoch über dem Meer versucht wurde, mit Wasser von einer der beschriebenen Quellen auf Meereshöhe einen Gemüsebaubetrieb zu starten. Die Kosten der Bewässerung waren zu hoch, übrig geblieben sind ausgelaugte Parzellen und ein Gewirr von Bewässerungsrohren.

Die Straße hangelt sich weiter über Hänge und **Ribeiras nach Salto, Fonte Aleixo** und **Cova da Figueira.** Danach wird der Hang sehr viel steiler und nahezu unbewohnt, bis man einen großen Lavafluss der 1950er Jahre bei Relva (deutsch: Lavafluss und Rasen) überquert und wenig später eintaucht in landwirtschaftlich intensiv genutzte Täler und Hänge um Mosteiros.

Mosteiros

Die **zweitgrößte Siedlung der Insel, auch Igreja genannt,** liegt unterhalb der fruchtbaren Nordosthänge des Vulkans verträumt am Meer. Mehrere koloniale Gebäude zeugen von landwirtschaftlich bedeutenden Zeiten. Am Dorfplatz liegen die Kirche, eine nette kleine Pension sowie Bank, Post und Gesundheitszentrum. Der Reiz von Mosteiros ist sein üppig grünes Hinterland. An den Hängen bis hinauf zum Monte Velha liegen die größten **Kaffeeplantagen** und subtropische **Gemüse- und Obstpflanzungen,** getränkt und geschützt von dichten Nebelwäldern.

Vom südlichen Ortseingang von Mosteiros führt ein schmales Pflastersträßchen in dieses landwirtschaftliche Paradies auf der sonst so trockenen Insel. Es ist weitaus lohnender, zu den **Dörfern Pai António und Feijoal** über die nur ausnahmsweise befahrene Straße zu wandern, als mit dem Fahrzeug einzudringen. Mit Pausen und kleinen Abstechern wird daraus ein Halbtagesprogramm. Wem die Wanderung von der Caldeira herab nach Mosteiros zu anstrengend scheint, der sollte sich diesen aussichtsreichen Spaziergang gönnen, um nicht den tropischen und in unserer Wahrnehmung schönsten Teil der Insel gänzlich zu versäumen. In der kleinen Ansiedlung Feijoal mit schönen, alten ziegelgedeckten Häusern gibt es einen Laden mit kalten Getränken. Für den Aufstieg bis zum Krater des **Monte Velha** (1209 m) benötigt man ab Mosteiros etwa 5 Stunden. Der Weg ist steil und mühsam, aber nicht gefährlich.

Von Mosteiros aus geht die Straße vorbei an fruchtbaren grünen Ribeiras noch etwa 10 km weiter bis zum Dorf Atalaia und durch hochgebirgiges Gelände nach **São Jorge.**

Am südlichen Ortsausgang von São Jorge führt ein Fahrweg steil zur Küste hinab, nach **Salinas de São Jorge.** Mächtige Felsbrocken, Grotten, Naturschwimmbäder und eine Naturbrücke am Meer lohnen den Abstecher an das Kap (port.: *ponta),* nach dem der Ort auch **Ponta da Salina** genannt wird. Für die Leute aus Fogo ist der Strand am Wochenende ein beliebter Treffpunkt zum Feiern und Picknicken und daher nicht immer ganz sauber.

Die weitere Strecke durch die Campanha bis São Filipe berührt kleine Ansiedlungen und eröffnet bei Fernsicht einen schönen Blick im Gegenlicht auf das Meer und Brava.

Von São Filipe nach Curral Grande

Eine weitere Straße am Westhang, oberhalb der als Rundfahrt beschriebenen, führt durch offene Landschaften der Campanas mit beständig wechselndem Fernblick.

Die Kirche von **São Lourenço** aus dem 19. Jahrhundert grüßt vom Hang. Einzelgehöfte und verfallende Sobrados künden von der einstigen Bedeutung der Landwirtschaft. Bäume, vom Wind gebeugt, zerzauste Vegetation auf sanften Hügeln, zeugen von der zerstörerischen Kraft des Passats. Wer das Glück

ka-f-323 Foto: fu

hat, die Hänge zwischen São Laurenço, **Mira Mira** und Curral Grande nach einem ergiebigen Regen kennen zu lernen, kann die einstige mediterrane Fülle dieser Landschaft noch für einige Tage erahnen.

Die Straße schwingt sich über Hänge und Brücken von einer Ribeira zur nächsten bis das Dorf **Curral Grande** erreicht ist. Die Straße gewinnt im weiteren Verlauf an Höhe und endet auf 1100 m in Ribeira Filipe. Sie setzt sich fort in einem hübschen Wanderweg, der als Halbtageswanderung auf nahezu gleich bleibender Höhe nach Campanas de Cima führt, einem kleinen Dorf ohne Straßenanbindung. Der Hauptweg geht von dort steil ins Tal bis zur Straße bei Campanas de Baixo.

Ausflüge zum Pico de Fogo

Die **Chã das Caldeiras** ist ein **Einsturzkrater** von rund 10 km Durchmesser, der während verschiedener Ausbrüche mit Lava und Asche gefüllt wurde und heute 1600 bis 1700 m über dem Meer liegt. Die Fläche ist nach Westen hin umgeben von einem bis 2692 m senkrecht ansteigenden Kraterwandgebirge *(Bordeira)*. Nach Osten hin fällt die Caldeira steil zum Meer ab. Ein Durchlass im Süden gewährt der Straße den Eintritt in den Krater.

Aus der Caldeira wuchs im Laufe neuer Eruptionen ein jüngerer **Vulkankegel,** der Pico, der den alten Kraterboden um rund 1200 m Höhe überragt. Der von Aschen und Lapilli bedeckte Kegel besitzt einen kleineren Krater im Gipfelbereich, der rund 500 m im Durchmesser misst und 180 m tief abfällt. Die Tiefe des Magmaherdes unterhalb des Inselsockels soll ca. 8000 m im Durchmesser erreichen.

Neben dem Pico befinden sich weitere kleine Vulkankegel in der Caldeira, die man besteigen kann.

Überblick über die möglichen Touren

- **Tagesausflug von/nach São Filipe zur Chã das Caldeiras,** Besuch des Dorfes, kurze Wanderung (oder Fahrt) entlang der Kraterwand.
- **Anmietung eines Aluguers** (gegen 4 oder 5 Uhr früh) **oder Mietwagens** zur Caldeira; Besteigung des Vulkans; Rückfahrt am selben Tag (Mietwagen) oder Übernachtung im Ort und am nächsten Morgen im Sammeltaxi zurück.
- Am späten Vormittag **Sammeltaxi** aus São Filipe zum Krater nehmen (ca. 500 ECV, 3 Stunden, sonntags kein Sammelverkehr!), nachmittags Erkundung der Caldeira; Übernachtung im Dorf; früh am nächsten Morgen Aufstieg auf den Pico, Abstieg und weitere Übernachtung; am nächsten Morgen Sammeltaxi zurück nach São Filipe.
- Die **schönste** (und längste) **Variante:** wie oben, doch am dritten Tag Abstieg über den Monte Velha nach Mosteiros, dort Übernachtung (und Sammeltaxi am nächsten Morgen) oder Rückfahrt am gleichen Abend in einem angemieteten Aluguer.
- Wer **in der Caldeira übernachten** möchte, findet entweder bei einer Familie oder in der Pousada Pedra Brabo einfache Unterkunft mit Verpflegung (siehe Casa di Campo); es gibt keinen Strom im Dorf, also Taschenlampe mitnehmen.

Von São Filipe zur Chã das Caldeiras und zum Vulkan

Vom Markt in São Filipe aus fahren **Aluguers hinauf zur Caldeira.** Die Sammeltaxis verlassen die Stadt gegen Mittag, so dass ein Aufstieg zum Pico nicht mehr am selben Tag möglich ist. Rechnen Sie mit etwa 3 Stunden Fahrzeit (ca. 500 ECV). Wenn Sie ein Aluguer anmieten (ca. 5000 ECV) oder per **Mietauto** (vorzugsweise Geländewagen) unterwegs sind, geht es schneller: Sie können schon frühmorgens losfahren und haben unterwegs die Möglichkeit, in dieser spektakulären Landschaft anzuhalten, wo immer Sie wollen.

Die Pflasterstraße aus São Filipe steigt durch sanftes Hügelland nahezu in der Falllinie auf nach **Cidreira,** wo sie die 1000 m Marke erreicht. Danach quert sie südlich nach **Achada Furna.** Hier beginnt die Serpentinenstraße zum Kraterrand, der am **Monte Cruz** auf 1800 m erreicht wird. Sehr selten hebt sich ein kleines Einzelgehöft von der dunklen Landschaft ab. Fragen Sie Ihren Fahrer, ob es irgendwo frischen Ziegenkäse zu kaufen gibt. Kurve um Kurve klettert das Fahrzeug höher durch eine Wüste aus Geröll, Lavaschlacke und Aschebergen, vorbei an Vulkankegeln, die in allen Schwarz- und Grautönen schattieren. Vegetation gibt es kaum.

Eine letzte Kehre gibt unvermittelt den Blick frei auf den grau-schwarzen Kegel des **Pico de Fogo (2829 m)** mit seinen kleinen, beim Ausbruch 1951 entstandenen Nebenvulkanen. Auf mühsame Weise wurde die Straße schnurgerade durch die Caldeira gebaut, eine Schneise in alte und neue Lavaflüsse gehauen und durch die Aschen gezogen.

ka-b-330 Foto: bö

In der Chã das Caldeiras

Kaum ein anderer Vulkan der Erde zeigt das Innenleben geologischer Strukturen großzügiger als der Pico, was ihn für Vulkanologen und Exkursionen besonders beliebt macht. Unschwer lassen sich frische Lavaergüsse und alte, verwitterte, zu bizarren Figuren erstarrte Vulkanauswürfe unterscheiden.

Die Straße führt geradewegs auf die beiden **Dörfer Portela** und **Bangaeira** zu, die sich am Nordwestrand der Caldeira befinden. Sie blieben beim Vulkanausbruch 1995 unversehrt. Der fruchtbare Vulkanboden des Kraterrundes auf großer Höhe sichert ihren Unterhalt durch Ackerbau und Viehzucht. Nach dem jüngsten Ausbruch waren die Menschen nicht davon abzuhalten, in ihre Dörfer zurückzukehren, obwohl unterhalb des Kraterrandes eine Ausweichsiedlung gebaut worden war. Die Schule war für einige Zeit aus Sicherheitsgründen gesperrt worden und wurde dann wieder in Betrieb genommen. Die Dorfbewohner zogen vor zu bleiben, auf eigene Verantwortung, bewacht von Messstationen, an denen Geologen die Aktivität des Vulkans beobachten. Die Häuser sind einstöckig, aus Lavagestein erbaut und mit einem Flachdach versehen, das den Regen in Zisternen leitet. Darüber hinaus wird der Ort mit Tanklastwagen versorgt.

Kleine Läden in beiden Dörfern verkaufen frische Getränke. In der neu gebauten Kooperative kann man den **„Chã-Wein"** probieren und auch ein paar Flaschen kaufen. Aus dem Trester wird ein sehr wohlschmeckender Grappa gebrannt, der „Espirito da Chã". Den traditionellen schweren Wein, den Manencom, bekommt man in allen örtlichen Läden, genauso wie die in Kooperativen hergestellten Marmeladen.

Einen guten Eindruck von der letzten Vulkantätigkeit erhält man, wenn man

226_916sw Foto: re

am Eingang des Urkraters von der Straße nach Westen auf eine angedeutete Sandpiste wandert.

Wanderungen

Besteigung des Pico

In Chã das Caldeiras bieten **Bergführer** ihre Dienste an. Die Tarife variieren je nach Teilnehmer und Führer, rechnen Sie mit einer Gebühr ab 2000–2500 ECV p.P., bei mehreren Personen gibt es Gruppenpreise. Der Aufstieg ohne Führer ist vernünftigerweise verboten. Auch werden Ihnen die mehrsprachigen Führer viel über die Naturgeschichte und Geologie des Berges erzählen können. Ein **früher Aufbruch** empfiehlt sich, um die kühleren Morgenstunden zu nutzen (Pullover, Windjacke). Trotz großer Höhe kann es an den schwarzen Ascheflanken um die Mittagszeit sehr warm werden. Die reine Gehzeit für den **Auf- und Abstieg** beträgt etwa 3 bis **5 Stunden,** rechnen Sie Pausen ein. Die Tour ist **anstrengend** und sollte nicht unterschätzt werden (1200 m Höhenunterschied); sie setzt gute Kondition, manchmal auch Schwindelfreiheit voraus. Geeignet sind feste Wanderschuhe, für den Abstieg sind Wanderstöcke empfehlenswert. Voraussetzung sind mindestens **5 Liter Trinkwasser** und **ausreichend Proviant.**

Der anstrengende **Anstieg** führt über steile Aschehalden (zwei Schritt vor, einer zurück ...), Geröll, Tuff und verwitterte Basaltlavafelsen. Seit dem letzten Ausbruch haben sich die Ascheflächen vergrößert, so dass die Führer nach Möglichkeit versuchen, Sie durch das verbliebene, eher felsige Gebiet zu führen. Kurz vor dem Gipfel begegnet man schon kleinen **Fumarolen** (Austritt von Schwefeldämpfen). Auf dem oberen Kraterrand gibt es einen schönen Platz zum Rasten und **Picknicken.** Der Blick reicht hinein in den zentralen Krater, der von Schwefel in Grün- und Gelbschattierungen überzogen ist.

Der **Abstieg** kann direkt oder über den jüngsten Nebenkrater vom letzten Ausbruch erfolgen. Die zweite Alternative dauert etwas länger, ist aber schon wegen der Schwefelablagerungen lohnenswert. Der Abstieg ist kein Vergleich zu den Mühen des Aufstiegs: In nur knapp einer Stunde hüpft und läuft man im steilen Sand hinunter, als hätte man Skier angeschnallt. Ideal sind Wanderstöcke und lange Socken, die man über die Hosen hinaufziehen kann.

Wer den Pico besteigt, wird die Anstrengung sicher nicht bereuen. An klaren Tagen bietet sich eine **herrliche Aussicht:** zu Füßen das weite Rund der Caldeira, umgeben von den mächtigen Wänden der Bordeira, in der Ferne Brava und das Meer.

Buchtipp:
- Jens Edelmann
Vulkane besteigen und erkunden
(Reise Know-How Praxis)

Pico de Fogo

Nach dem Pico de Teide (3707 m) auf Teneriffa ist der Pico de Fogo (2829 m) die **zweithöchste Erhebung des mittelatlantischen Rückens.** Geologen haben mit Hilfe von alten Dokumentationen und durch die Untersuchung der verschieden alten Vulkanauswürfe die Geschichte des Pico zusammengetragen.

Den Sockel der Insel bildet ein breiter und flacher Schildvulkan, auf den sich zu Beginn des Tertiär (vor ca. 60 Mio. Jahren) ein steiler Schichtvulkan gesetzt hat. Vor einigen hunderttausend Jahren erhob sich der Vulkan bei einer Eruption annähernd 3500 m hoch aus dem Meer. Bei einer der Eruptionen stürzte der Magmaschlot in der Gipfelregion ein und bildete die heutige Caldeira, den Einbruchkessel von rund 8 km Durchmesser. Bei erneuten Ausbrüchen bildete sich dann in der Osthälfte des alten Kraters der große Innenkegel, der Pico, der heute höher ist als der westliche Kraterrand, die Bordeira. Von den steilen und instabilen Wänden des Berges brach innerhalb der letzten 10.000 Jahre ein großer Teil im Osten ab (Gebiet um Mosteiros), dort ist der Ringwall fast völlig zerstört. Hier sieht man noch heute die Lavaströme, die sich wie schwarze, vertikale Furchen bis ans Meer hinab ziehen. Die Außenhänge des Vulkans sind von unzähligen parasitären Aschekegeln bedeckt und von schluchtartigen Erosionsrinnen durchzogen. Im Westen laufen diese durch die Campaña sanft zur Küste hin aus und bilden steile, 30–60 m hohe Basaltküsten. Die fortwährenden Erosionen und Aufschichtungen durch neue Ausbrüche formten den Vulkan. Im Inneren der Caldeira finden sich mehr oder weniger verfestigte Gesteinstypen wie verwitterte Basalte, dichte Block- und Stricklava, poröse Tuffe und schließlich große Flächen von Vulkanasche, die Aufschluß über die verschiedenen Stadien der Aktivität geben.

Schon aus den Jahren 1505–1510 datieren Berichte über die Insel Fogo des Zeitzeugen *Valentim Fernandes* in seinem Buch „Beschreibung der Westküste Afrikas". Der Vulkan war mit seiner vulkanischen Aktivität und den glühendroten Lavamassen zu einer Art „Leuchtturm" für Seefahrer geworden. Insgesamt wird von etwa zehn größeren und kleineren Ausbrüchen des Vulkans zwischen den Jahren 1500 und 1995 berichtet. Ein gravierender Ausbruch im Jahre 1680 gab der einstigen Insel São Filipe ihren heutigen Namen Fogo (Feuer). Zu dieser Zeit wurde ein großer Teil fruchtbaren Landes zerstört und viele Bewohner flüchteten auf das nahegelegene Brava. Bei einer weiteren großen Eruption 1785 ergoss sich die Lava über die durch den Einbruch geschaffene Öffnung an der Nordostflanke hinab in die Gegend des heutigen Mosteiros. Die weiteren Aktivitäten des Picos beschränkten sich seither auf das Innere der Caldeira.

Es folgten Ausbrüche in den Jahren 1799, 1847, 1852 und 1857. Die Bewohner der Inseln schienen sich an das „weiche Herz" ihrer Insel gewöhnt zu haben und kamen fast immer mit Glück davon: So betrafen die Schäden jeweils Häuser und Nutzland. Nur einmal, im Jahre 1847, fielen dem Pico auch Menschen zum Opfer: nicht aufgrund der Lavamassen, sondern verursacht durch das heftige Erdbeben. Dann schlief der Berg fast 100 Jahre lang. Erst 1951 erschütterte ein mächtiger Ausbruch wieder die Erde. Ein rund 20 cm dicker Ascheteppich überzog die Insel und einige neue Parasitärkegel bildeten sich in der Caldeira. Es vergingen weitere 44 ruhige Jahre, bis sich die Bewohner Fogos am 2. April 1995 wieder einem gewaltigen Lavastrom gegenübersahen.

Vulkanausbruch am 2. April 1995

Die Erde warnte mit Beben. Kurz nach Mitternacht öffnete sich dann die Südwestflanke des Pico und gab einer Masse roter Glut den Weg in die Caldeira frei. Die Bewohner der beiden Dörfer begaben sich auf die Flucht zu Fuß hinab nach Mosteiros, rechtzeitig genug, so dass niemand verletzt wurde. Es bildeten sich zwei große Lavaflüsse, die sich übereinander ergossen. Die Ströme hatten eine Länge von 4 km und waren rund 600 m breit, ihre Temperatur lag bei 1026°C. Bis zu 500 m hohe Fontänen mit Asche und Felsbrocken schossen in die Höhe, ihr Staub breitete sich über die ganze Insel aus und ihre riesige Wolke verhing den Himmel grauschwarz. Dort, wo die Lava ausfloss, bildete sich an der Flanke des Berges ein weiterer Kraterkegel. Drei Wochen hielten die Aktivitäten an, während denen der Nebenkrater auf 160 m Höhe anwuchs. Am 23. April erschütterten weitere Erdstöße die Region. Ein neuerlicher Lavaausbruch ergoss sich innerhalb weniger Stunden 700 m weit nach Westen, an den folgenden Tagen spie der Berg neue Aschefonänen. Insgesamt wird der Lavafluß auf etwa 4,2 km^2 geschätzt. Wie durch ein Wunder stoppte die Glut nur etwa 300 m vor dem Dorf Portela. Erst zwei Monate nach dem Ausbruch kam der Lavafluss vollends zur Ruhe.

Wertvolles Nutzland war unter der Masse begraben, fünf abseits gelegene Häuser sowie die Weinkooperative und ein Teil der Straße zerstört, und etwa 1000 Menschen waren evakuiert. Hilfsorganisationen errichteten drei Camps mit 100 Zelten in der Umgebung von São Filipe. Einige Leute konnten bei ihren Verwandten und Freunden auf der Insel unterkommen. Rotes Kreuz, Caritas und die staatliche EMPA (Lebensmittelverteilung) waren im Einsatz und beschafften Essen, Kleidung und Haushaltsgeräte. Die USAID unterstützte spontan mit 24.000 US-Dollar. Internationale Vulkanologen prüften mögliche weitere Aktivitäten, vor denen die in Schrecken versetzten Bewohner sich änstigten, und sperrten den Zugang zur Caldeira für mehrere Monate ab.

Die folgende Geschichte berichtete mir ein Bergführer aus Portela, dem Dorf in der Caldeira: Am Tag vor dem Ausbruch war er mit Musikern unterwegs auf den Berg, auf dem diese ein Videoclip drehen wollten. Einer inneren Stimme folgend betrachtete er einen der Seismologen, die aufgrund der jahrelangen Ruhe des Berges kaum mehr Beachtung gefunden hatten. Er bemerkte eine Veränderung und spürte auch körperlich die Unruhe des Vulkans, so dass er sofort zur Umkehr rief. Bei einem leichten Beben am Abend rief er die Bewohner des Dorfes auf, sich mit ihm auf den nahe gelegenen Hügel des Kraterrandes zu flüchten. Es gab zu dieser Zeit kein Telefon in der Caldeira, um Hilfe herbeizuholen. So waren sie dort Zeugen des ersten Lavaausflusses, bevor sie zu Fuß nach Mosteiros hinabstiegen.

ka-j-332 Foto: ja

Erlebnis Pico de Fogo

Bericht von *Gerhard* und *Sibylle Schellmann*

Sonntag, 6 Uhr morgens, nach einer Nacht in der Caldeira. Unsere Gastgeberin bringt uns Bratkartoffeln mit Ziegenkäse. Im Schein der Petroleumlampe trinken wir Kaffee, der uns auf die Beine hilft. Unser Bergführer *Cecilio* steht schon gut gelaunt in der Tür, versichert sich, dass wir genügend Wasser dabeihaben, und dann brechen wir auf zum Pico. Draußen ist es dunkel und kühl, gerade mal 5°C. Das ganze Dorf scheint noch im Tiefschlaf versunken zu sein. Die Stille wird nur kurz von Hundegebell und Gockelgekrähe unterbrochen. An der Kirche biegen wir auf den Feldweg ein, der zu den Weinfeldern und zum Aufstieg führt. Obwohl wir den Pfad kaum erkennen können, kommen wir zügig voran. Zunächst marschieren wir auf einem fast ebenen Feldweg bis zum Beginn der Route. Nach weiteren eher gemächlichen 20 Minuten auf Trampelpfaden haben wir den eigentlichen Aufstieg an der Westseite erreicht.

In der beginnenden Morgendämmerung steigen wir bergan. Uns ist inzwischen doch so warm, dass wir die Pullover ausziehen. Cecilio in seinen ausgelatschten, vorne weit offenen Turnschuhen nimmt zum ersten Mal die Hände aus den Hosentaschen und geht in gemächlichem Tempo die 30–40% Steigung zum Gipfel voran. Immer den Tritten unseres Führers folgend, eröffnen sich uns ständig neue Eindrücke und Aussichten. Links unter uns das dichte Wolkenmeer über Mosteiros, rechts und um uns herum die Lavasche, Lapilli, Schuttfelder, Schlacke und erodierte Lava, hinter uns die steile Rückwand

ka-f-335 Foto: fu

der Caldeira und unter uns das immer kleiner werdende Dorf. Die Sonne ist inzwischen hinter dem Pico aufgegangen und wirft ein riesiges Schattenbild des Vulkangipfels an die rückwärtige Felsenwand der Caldeira, die den Boden des Kraters um fast 1000 m überragt. Wir schauen in und über ältere kleine Nebenkrater, die Szenerie könnte sich auf dem Mond abspielen, real und unwirklich zugleich.

Wir sind froh, wenn der beschwerliche Geröllpfad ab und zu etwas steiniger wird oder ein größerer Felsbrocken die Möglichkeit zu einer Pause bietet. Da *Gerhard* nicht schwindelfrei ist und wir mittlerweile schon beträchtlich an Höhe gewonnen haben, geht er direkt hinter Cecilio, bisweilen unter Einsatz beider Hände. Überhaupt achtet unser Führer bestens auf uns. Schon beim leisesten Rutschgeräusch unserer Schuhe schaut er sofort nach hinten. Es scheint, dass er die Augen nach vorne richtet und die Ohren bei uns hinten hat. Stets passt er das Tempo unserer Geschwindigkeit an, zeigt an, wo der sicherste Weg und der beste Halt sind. Zwischen den Steinen, auf denen das Ansteigen besser geht, müssen wir immer wieder kurze Stücke auf rutschiger Lavaasche gehen: zwei Schritt vor und einer zurück.

Die Sonne überflutet inzwischen das Innere des Kraters, doch wir bleiben dank des frühen Starts während des ganzen Aufstiegs im kühlen Schatten. Der letzte Teil wird zur alpinen Tour. Cecilio klettert uns voran, wir folgen ihm auf allen Vieren. Die Luft wird merklich dünner, immer wieder legen wir kürzere Pausen ein, um zu verschnaufen. Nach insgesamt 2½ Stunden sind wir oben, erschöpft, aber glücklich. Die wärmende Sonne begrüßt uns bereits auf dem Gipfel, der Blick ist grandios. In der Ferne ist die Insel Santiago zu erkennen, die sich in einen Wolkenschal hüllt. Direkt unter uns im zentralen Kraterkessel, dessen Wände unterschiedlich gefärbt sind, steigen kleine Rauchschwaden auf. Die Führer haben ihre Namen hier mit Steinen ausgelegt. Es ist geheimnisvoll still, unsere Eindrücke lassen sich nur schwer mit Worten beschreiben. Die Mühe hat sich gelohnt.

Nach einer Rast und einem wohlverdienten Picknick umrunden wir den Kessel entlang der inneren Kraterwand und gelangen so auf die Südseite hinüber zum Abstieg. Mit Blick auf den Nebenkrater, der sich bei der Eruption 1995 gebildet hat, beginnt unsere „Abfahrt" über die Aschefelder. Was wir vorher an Höhenmetern erklommen haben, schlittern und rennen wir nun in langen Sätzen den Berg hinunter, dichte Staubfahnen hinter uns herziehend. Die Wanderstiefel füllen sich mit Lavaasche, und nun glauben wir auch zu wissen, warum Cecilios Turnschuhe vorne an den Zehen offen sind. Doch unser Führer lacht: In Wirklichkeit laufen sich die Schuhe hier extrem schnell ab. Allmählich lässt unsere Kraft in den Beinen nach, ab und zu fallen wir weich in den pulvrigen Sand. Als wir den kleinen Pico überqueren, riecht die Luft zunehmend nach Schwefel und nimmt uns fast den Atem. Cecilio legt Schwefelsteine auf kleine Erdspalten, in denen das Feuer lodert. Die zusammengeschmolzene Masse erinnert an Lava, und das anschauliche Beispiel führt uns vor, wie die Naturgewalten bei einem Ausbruch hier arbeiten. Vorsichtig blicken wir in den heißen Kraterschlund: Die Erkenntnis, dass wir nur durch eine mehr oder minder dicke Erdschicht vom Feuer getrennt sind, lässt uns erschaudern. Über nun festeres Lavageröll steigen wir ab und gehen schließlich vorbei an einigen Bohnenfeldern zurück ins Dorf. Aus dem kleinen Laden ertönt lautstark Gesang und Musik, es ist Sonntag und es wird gefeiert, einfach so.

Staubig und müde, aber angefüllt mit herrlichen Erlebnissen, kehren wir zurück zu unserer Gastgeberin, die schon ein zweites Frühstück für uns bereithält: Ziege, Kartoffeln, Nudeln mit Bohnen und guten Fogo-Kaffee.

Pico Pequeno

Für weniger ambitionierte Wanderer bietet sich alternativ eine **Besteigung des Ausbruchkegels von 1995** an (ca. 3 Stunden vom Dorf aus hin und zurück). Die Fumarolen und Schwefelablagerungen sind beeindruckend. Auch für diese Tour ist ein Führer nötig.

Randweg der Caldeira

Vom Dorf aus besteht auch die Möglichkeit zu einer **Rundwanderung entlang der westlichen Bordeira** (ca. 2 Stunden). Die Sandpiste führt in weitem Rund an den Abhängen des Kraterrandes entlang. Hier wurden Häuser von der Lava verdrängt, Bäume verbrannt, und doch gedeihen schon wieder junge Kürbis-, Mais- und Bohnenpflänzchen in der schwarzen Erde. In Erdkuhlen sprießen Weinreben. Kapverdianer geben die Hoffnung nicht so leicht auf!

Monte Velha – Mosteiros

Vom Dorf in der Caldeira aus folgt man der Piste in östlicher Richtung entlang der Kraterwand. Die Piste, gesäumt von Eukalyptusbäumen, erreicht nach etwa 5 km eine Schranke. Hier beginnt das **Naturschutzgebiet Monte Velha.** Die Einfahrt in das Reservat ist nur mit besonderer Genehmigung, die man in São Filipe erhält, möglich. Viel schöner ist es, dieses Gebiet zu Fuß zu erwandern (p.P. 100 ECV). Der Abstieg dauert 3–4 Stunden und erfordert Trittsicherheit und Kondition. Kurz hinter dem Wärterhaus an der Straßenbarriere folgen Sie rechts einem kleinen, steilen Pfad hinunter (Abkürzung), auf dem Sie nach etwa zehn Minuten wieder die Straße erreichen. Etwa 15 Minuten weiter kommen Sie nach einer Rechtskurve zu ein paar Häusern (Monte Velha). Hier im oberen Bereich des Osthanges hat sich im Laufe der Jahre ein **dichter Nebelwald,** vorwiegend aus Pinien, gebildet. Am ersten Haus verlassen Sie die Straße auf einem kleinen Pfad talabwärts. Dieser wurzelige Weg führt steil abwärts, vorbei an mächtigen alten Bäumen. Der Vergleich mit einem tropischen Regenwald drängt sich auf, die von den Zweigen hängenden Flechten markieren die **feuchte Nebelwaldzone.** Nach etwa der Hälfte des Abstiegs erscheinen Lichtungen mit ersten **Kaffee- und Bananenplantagen.** Mehr und mehr Felder ziehen sich den Weg entlang durch die Täler, es wachsen Maniok, Süßkartoffeln, Bohnen, Mais und dazwischen ausladende Bäume mit Mangos und Zitrusfrüchten. Der fruchtbare Boden ist ein Segen für die in weiten Teilen trockene und öde Insel. Der Blick aufs Meer und das für die Inseln so seltene üppige Grün geben dieser Wanderung ihren besonderen Reiz. Nach etwa 3 Stunden ist die kleine Häuseransammlung von **Paí António** erreicht. Von hier aus führt der Weg in etwa einer ½ Stunde auf einer kleinen Pflasterstraße hinab nach Mosteiros.

Am Nachmittag ist kaum ein Aluguer nach São Filipe zu finden, so dass man entweder ein Fahrzeug anmietet (ca. 5000 ECV) oder für eine Nacht in der Pension von Mosteiros bleibt.

Mit den beschriebenen Wanderungen ist Fogo nach lange nicht erschlossen. Es gibt eine große Zahl weiterer, sehr lohnender Wege. Da es bisher weder eine wandertaugliche Karte noch einen speziellen Wanderführer zu dieser Insel gibt, empfiehlt es sich dringlich, für alle weiteren Wanderungen die lokalen Reisebüros und Bergführer in Anspruch zu nehmen.

Strände und Wasserverhältnisse

Fogo ist **keine Badeinsel,** und das Schwimmen im Meer ist durch den steil abfallenden Meeresboden, Strömungen und Brandung nicht ungefährlich. Großfische, auch Haie, können relativ nah ans Ufer kommen.

Der Lavastrand unterhalb der Stadt São Filipe ist gefährlich zum Baden. Sicher und angenehm ist das Baden in der Hafenbucht von **Porto de Vale de Cavaleiros,** 3 km nördlich der Stadt. Der beste Ort für ein Bad im Meer ist **Ponta da Salina,** eine Bucht mit natürlichen Felsenpools im Nordwesten Fogos. Man kann Salina mit dem Mietwagen bequem erreichen, oder man nimmt ein Aluguer von São Filipe nach São Jorge und vereinbart die Rückfahrt.

Praktische Infos

An- und Weiterreise

Mit dem Flugzeug

- Der **Flughafen** auf Fogo liegt 2 km südlich von São Filipe. Herrlicher Landeanflug mit Blick auf den Vulkan, wenn man einen Fensterplatz rechts ergattert hat.
- Tägliche **Flugverbindungen zwischen Praia und São Filipe** (ca. 30 Min.), wöchentlich mit **Sal.** Rückflüge rückbestätigen lassen!
- **Nach der Ankunft** warten Aluguers nach São Filipe (5 Minuten, ca. 200 ECV, mit dem Taxi 250 ECV) und Mosteiros (2 Stunden, ca. 500 ECV).
- **TACV-Büro** in São Filipe, Ortsmitte, Tel. 2811228.

Fährverbindungen

- Der einzige **Hafen** von Fogo, **Porto do Vale de Cavaleiros,** liegt ca. 3 km nördlich von São Filipe an der Westküste. Nachdem das vorbestehende Kai im Sturm zerstört worden war, wurde er 1999 neu ausgebaut.
- Die vergleichsweise modernen, sicheren **Fähren** „Praia d'Aguada", „Sotavento" und „Barlavento" laufen Fogo normalerweise zweimal pro Woche an. Die Verbindung am Freitag **von Praia nach Fogo und Brava** und montags in der Gegenrichtung war in den letzten Monaten recht regelmäßig, so dass weiter Verbesserungen der Planmäßigkeit zu erwarten sind. Die Überfahrt dauert 4–8 Stunden von Praia nach Fogo und 1 Stunde von Fogo nach Brava.
- Da die Fahrpläne häufig wechseln können, erkundigen Sie sich mittelfristig bei **Agenamar,** São Filipe (im Bürogebäude der TACV), Tel. 2811012, Fax 2811312, E-Mail: peres@mail.cvtelecom.cv, oder in den Arca-Verde-Büros (in São Filipe neben dem TACV-Büro, Tel. 2811312) und der Agência National de Viagens (siehe Kapitel „Reisen im Land").
- Im Hafen besteht auch eine **Ankermöglichkeit für Segelyachten.** Die Gelegenheit zur Versorgung für Segler (Lebensmittel, Wasser, Benzin) ist in São Filipe gegeben.

Reisen auf der Insel

Straßen

Das Straßennetz auf Fogo ist **relativ gut befahrbar,** aber außerhalb von São Filipe kaum beschildert. Wer vorhat, einen Wagen zu mieten, sollte sich vorher eine ausreichend genaue Karte zulegen.

Die Pflasterstraßen bilden einen Ring um die Basis der Insel und einen weiteren Halbkreis im Westen und Süden auf größerer Höhe. Auch die Straße in die Caldeira ist in sehr gutem Zustand.

Aluguer

- **Innerhalb São Filipes** können Sie alles bequem **zu Fuß** erreichen.
- **Aluguers oder Sammeltaxis** verkehren nach Bedarf zwischen den Orten der Insel und in den Krater (nicht sonntags). Die Aluguers nach Chã das Caldeiras starten erst gegen Mittag. Als Alternative zum Mietwagen empfiehlt sich die Anmietung eines Aluguers sowohl für die Fahrt in die Caldeira als auch für die Inselrundfahrt (ca. 5000 ECV).
- Zur **Ankunft von Flugzeug und Fähre** stehen Aluguers und Taxis bereit.

Mietwagen

- **Rent-A-Car-Tex**
São Filipe, Tel. 2811818, Fax 2811819.
- Der **Preis** für einen Geländewagen liegt bei ca. 5000–7000 ECV/Tag. Die Autos können auch mit Fahrer angemietet werden, Preis 5000–6000 ECV pro Tag. Eine Kaution von ca. 10.000 ECV muss in bar hinterlegt werden. Siehe auch Kapitel „Reisen im Land".
- Hinweis: Eine **Fahrt in die Region Monte Velha bedarf** aus ökologischen Gründen **einer Sondererlaubnis.** Fragen Sie ggf. im Rathaus nach.

Unterkunft

Unterkünfte gibt es **in São Filipe, Mosteiros und Chã das Caldeiras.** Für Wanderungen und Bergbesteigungen finden Sie Unterkunft in Privathäusern *(Casa di Campo)* im Dorf am Fuße des Vulkans.

São Filipe

- **Hotel Xaguate**
São Filipe, Tel. 2811222, Fax 2811203
Das einzige größere Hotel der Insel liegt etwas oberhalb von São Filipe am nördlichen Ortsende an der Straße zum Hafen; zweistöckiges Gebäude in kleiner Gartenanlage; 19 einfach ausgestattete Zimmer mit Du/WC, teilweise Balkon, schöner Ausblick aufs Meer und Brava; Restaurant mit Terrasse und Bar; Swimmingpool; Tennisplatz. Anfang 2004 in Renovierung.
- **Casa Renate**
São Filipe, Tel. 2812518
E-Mail: renatefogo@gmx.de
Pension in einem schönen Sobrado nahe der Kirche, sehr schöne Terrasse mit Blick nach Brava; Apartments mit Küche, Balkon mit Blick über den Ozean nach Brava. DZ ab ca. 3500 ECV.
- **Open Sky**
São Filipe, Tel. 2812012, Fax 2812727
Nahe der Post, neue Pension (2003), Zimmer mit Du/WC, TV, einige mit AC, DZ ab ca. 3500 ECV.
- **Residencial Las Vegas**
São Filipe, Tel./Fax 2811281
Zentral in der Stadt gelegene Pension; 10 Zimmer mit Du/WC, TV; Bar; nachts kann es durch die nahe gelegene Disco laut werden; DZ ab ca. 3000 ECV.
- **Pensão Ecotour**
São Filipe, Tel. 2812255, Fax 2812302
In der Oberstadt nahe dem Hospital, Apartment mit Küche, wird einzeln oder gesamt als Ferienwohnung vermietet; DZ ab ca. 3000 ECV.
- **Pousada Belavista**
São Filipe, Tel. 2811220, 2811734
Im Stadtzentrum gelegene Pension in einem schönen Sobrado nahe TACV und Bank; Zimmer mit privater Dusche, ca. 2900 ECV mit Frühstück; sehr empfehlenswert.
- **Pensão Fatima**
São Filipe, Tel. 2814085, Fax 2811359
Hübsche kleine Privatpension in einer Seitenstraße nahe der Kirche; kleine Zimmer mit Du/WC, sehr gutes Frühstück; freundliche und familiäre Atmosphäre; DZ ab ca. 2500 ECV.

● **Pensão Christine e Irmãos**
São Filipe, Tel. 2812854
Nahe dem Fischmarkt; 5 Zimmer, sehr gutes Frühstück; freundliche und familiäre Atmosphäre; DZ ab ca. 2500 ECV.
● **Pensão/Restaurant Vulcão**
Tel. 2811830; einfachst, Dusche auf dem Flur; DZ ca. 1000 ECV.

Mosteiros

● **Pensão Christine e Irmãos**
Mosteiros, Tel. 2831045
Privatpension an der Hauptstraße im Ort; hübsche, luftige Zimmer; gutes Restaurant, in dem lokale Gerichte zubereitet werden; DZ ab ca. 2800 ECV.
● **Pensão Tchon di Café**
Mosteiros, Tel. 2831610
Pension nahe der Kirche; schön gelegen inmitten einer kleinen Bananenplantage, hübsche Zimmer; gutes Restaurant; DZ ab ca. 2800 ECV.

Chã das Caldeiras

● **Pousada Pedra Brabo**
Chã das Caldeiras
Tel. 2618940, Fax 2812904
E-Mail: pedrabrabo@cvtelecom.cv
Gelungener integrierter Bau mit 12 hübschen Zimmern und gutem Restaurant; DZ ab ca. 2900 ECV.
● **Casa de Campo**
Die Casas de Campo sind **Privathäuser im ländlichen Raum,** die einfache Beherbergung und typische kapverdianische Verpflegung anbieten; DZ ab ca. 2200 ECV, Vollpension ab ca. 4400 ECV.

Vermittlungsgebuehr: Die Besitzer eines Casa de Campo zahlen für jeden vermittelten Gast 10%. Davon gehen 50% an den Entwicklungsfonds T.E.R.A.A., mit dem touristische Projekte auf der Insel Fogo gefördert werden, und 50% an die Zentrale Reservierungsstelle für administrativen Aufwand und Marketing-Aktionen.

Umbaufinanzierung: Besitzer eines Casa de Campo, die eine Umbaufinanzierung bekommen haben, leisten eine monatliche Rückzahlung von mindestens 1000 ECV, die Microfinanzierung ist zinsfrei.

Co-Finanzierung: Die Zentrale Reservierungsstelle und Marketing-Aktionen werden darüber hinaus auch co-finanziert.

● **Casa de Campo – Reservierung Deutschland:**
Kapverden Reisebüro Schellmann
Buehlstraße 22, 72458 Albstadt
Tel. 0049 (0)7431 763168
www.reisetraeume.de/kapverden

Restaurants

Europäisch essen kann man im **Restaurant des Hotels Xaguate.** Typischer sind die kleinen Restaurants der Stadt, die u.a. sehr gute Fischgerichte anbieten.

● **Restaurante Leila**
Tel. 2811214; in São Filipe gegenüber dem Elektrizitätswerk; einfacher Speiseraum im Untergeschoss, bekannt für seine hervorragende Küche zu vernünftigen Preisen.
● **Restaurant Vulcão**
Gut, üppig, preiswert; Vorbestellung ratsam.
● **Le BISTRO**
Tel. 2812518, E-Mail: renatefogo@gmx.de; Terrasse mit Blick auf Brava; kapverdianische und italienische Gerichte.
● **Calerom**
Tel. 2813296; beim Krankenhaus, kapverdianische Küche, wochenends evtl. Live-Musik.
● **Amelia**
Hinter dem Rathaus *(Cãmara);* kleines Restaurant/Bar, gute, reichhaltige Küche.
● **Seafood**
Nahe der Kirche; gute Gerichte.
● **In Mosteiros** isst man am besten bei **Cristina** (in der Pension) und **Tchon di Café.**
● **In Chã des Caldeiras** kann man in der **Pousada Pedra Brabo** und im **Esplanada Terra Terra** essen und bei **Tito** und **Fernando (Bangaeira)** einen Imbiss bekommen.

Nachtleben

● **Boîte Hexagonal**
Neben der Pension Las Vegas, meist nur an Wochenenden spätabends Betrieb; erkundigen Sie sich vor Ort.

226_531sw Foto: re

Weitermachen, das wackelt so schön!

• **Fogo en Chama**
In der oberen Stadt (Taxi); Live-Musik an Wochenenden.
• **Tropical Club**
Tel. 2812161; Cocktails und mehr.

Einkaufen/Versorgung

• Gute **Bäckerei** (ohne Hinweisschild) nahe der Kirche; fragen Sie danach. Idealer Proviant für Touren zum Vulkan.
• Bekannt ist Fogo für seinen außerordentlich guten **Ziegenkäse** (auf dem Weg hoch zum Vulkan gibt es ihn oft frisch, fragen Sie den Fahrer danach), für seinen schmackhaften **Kaffee** und den schweren roten **Fogo-Wein.** Die Produktion dieses qualitativ hochwertigen „Vulkanweines" schwankt je nach Ernte. Er ist normalerweise in den Läden in São Filipe erhältlich, demnächst auch in Praia. Auch einige Restaurants auf Fogo führen ihn.

Bank

• **Banco Comercial do Atlântico**
São Filipe, Tel. 2811255, von der Promenade aus Richtung Hospital auf der linken Seite, Mo bis Fr 8–15 Uhr; Mosteiros, Tel. 2831492, gegenüber der Shell-Tankstelle.

Post und Telefon

• **CTT-Postamt** mit öffentlichem Telefon, São Filipe, Tel. 2811102; Mosteiros, Tel. 2831002.

Notfall

- **Krankenhaus in São Filipe,** Tel. 2811130, 2811177.
- **Gesundheitszentren** in Mosteiros (Tel. 2831034), Curral Grande und São Jorge.

Polizei

- **São Filipe,** Tel. 2811132.
- **Mosteiros,** Tel. 2831073.
- **Cova Figueira,** Tel. 2821180.

Museum

- **Casa da Memória – Haus des Erinnerns**
Tel. 2812765, im Zentrum von São Filipe, nicht weit von der Kirche; kleines privates Museum und Kulturzentrum zur Geschichte und Kultur von São Filipe.

Feste

- **20. Januar:** Fest São Sebastião.
- **1. Mai:** Fest Nhô São Filipe, Inselfest.
- **24. Juni:** Fest São João.
- **29. Juni:** Fest São Pedro
- **10. August:** Fest São Lourenço.
- **25. November:** Fest Santa Catarina.

Das **Fest zu Ehren São Filipes,** des Schutzpatrons der Insel, am 1. Mai, auch **Festa das Bandeiras** genannt, ist das **größte Fest Fogos** und eines der größten Cabo Verdes. Traditionelles und Neues vermischen sich auf diesem lebhaften Volksfest mit Tanz, Prozession und Pferderennen. Zur Vorbereitung des Festessens stampfen die Frauen in einem großen Holzmörser den Mais, begleitet von einer besonderen Musik, dem Pilão, dessen Gesang und Trommeln eine eigene Tradition haben. In der Nähe der Kirche wird ein symbolischer Schiffsmast errichtet und mit Oliven- und Palmzweigen geschmückt, ebenfalls begleitet von Trommeln, Gesang und Klatschen. Bei der Festmesse zu Ehren des São Filipe werden die Fahnen geweiht und später zeremoniell ins Meer getaucht. In der Zeit der großen Lehnsherrn wurde das Fest jährlich von einer anderen Familie ausgerichtet. Seit dem Untergang der Lehen und der Verarmung des Adels kann jeder dieses Privileg übernehmen, so er die finanziellen Mittel zur Verfügung stellt. Während der Prozession werden die Banner *(Bandeiras)* von den Organisatoren vorangetragen. Am Schluss werden sie denen überreicht, die das nächste Fest austragen. Findet sich kein Sponsor für das kommende Jahr, wird das Banner „beerdigt", d.h. zurück in die Kirche gebracht. Ausgelassenheit, alte Bräuche, schöne Kleidung und vor allem gutes Essen haben einen festen Platz bei diesen Feierlichkeiten, zu denen auch Emigranten aus Übersee kommen.

Sonstiges

Internet

- **Eduteca,** Tel./Fax 2811944, E-Mail: eduteca @cvtelecom.cv.
- **Megabyte,** Tel. 2811231.

Wanderführer und -karten von Fogo

- **Fogo/Brava 1:60.000**
Santiago 1:120.000
Attila Bertalan, Touristikkarte, AB-Kartenverlag, 1. Auflage 2002, ISBN 3-943262-07-04, Internetbestellung und Verkauf in Cabo Verde, www.KapverdischeInseln.com; die Karte bietet eine gute Geländedarstellung und eine Ausarbeitung der Wege; sie kann nur als beschränkt wandertauglich gelten. Auf der Rückseite findet sich die Beschreibung einiger Wanderwege.

Brava

Brava, die **kleinste der bewohnten Inseln** des Archipels, erhebt sich mit einem massiven Bergrücken am westlichen Ende des Archipels fast 1000 m aus dem Atlantik.

Ein Besuch Bravas setzt Zeit und Muße voraus. Zum einen kann die An- und Abreise mehr Zeit kosten als geplant, zum anderen sollte das Bewandern der wunderschönen Landschaften ruhig angegangen werden, um wirklich Spaß zu machen – eine Insel für die Bedächtigen mit viel Geduld.

Geschichte

Als die **Portugiesen** am 24. Juni **1462** die kleine Insel erstmals erreichten, benannten sie sie nach dem Tagesheiligen Johannes der Täufer, São João Baptista. Doch erst **1573** kamen die **ersten Siedler** aus Nordportugal, der Algarve und von Madeira auf die Insel. Brava war niemals in den Sklavenhandel integriert, und so sind seine Bewohner hellhäutiger als auf anderen Inseln.

Während eines Vulkanausbruchs auf dem benachbarten Fogo im Jahre 1680 nahm Brava Flüchtlinge auf, von denen viele blieben. Schiffe, darunter auch Piraten, ankerten, den Winden entsprechend, von November bis Juli im Schutz der Bucht von Furna und von August bis Oktober in Fajã d'Agua, später auch in der Bucht von Ferreiros im Südwesten der Insel.

Die Siedler-Pioniere rangen den bergigen Hängen der Insel Land ab, pflanzten Mais, Zuckerrohr, Purgiernüsse und Kaffee. Eine recht soziale Verteilung der

Grundstücke ließ vor allem kleine und mittlere landwirtschaftliche Familienbetriebe entstehen.

Berichten zufolge gab es im Jahr 1774 bereits rund 3200 Einwohner auf Brava. Die Bravenser widersetzten sich 1798 erfolgreich einem Angriff französischer Piraten. Im 19. Jahrhundert blühte die Wirtschaft etwas auf. Die Gemeinde Nossa Senhora do Monte, gegründet 1826, wurde einige Jahre später zur Residenz des Bischofs von Cabo Verde. Es folgte mit kirchlicher Unterstützung die **Einrichtung einer der ersten höheren Schulen Cabo Verdes 1850,** zu der Studierende von allen Inseln und von Guinea-Bissau kamen. Einige Jahre später richtete man eine Steuermannschule in Cova Rodela ein. 1843 wurde ein kleines Dock in Furna gebaut. In dieser prosperierenden Zeit wurde 1867 der Dichter und Musiker *Eugénio Tavares* (siehe „Insel der Mornas") geboren.

Aufgrund des gemäßigten Klimas und seiner Fruchtbarkeit wurde Brava gegen Ende des 19. Jahrhunderts beliebter **Wohnsitz und Sommerresidenz von Gouverneuren und Wohlhabenden,** die vor der Hitze und den Epidemien auf Santiago flüchteten. Auch betuchte Bewohner anderer Inseln fanden in Zeiten der Dürre hier Zuflucht.

Von Brava aus begann die kapverdianische Emigration in die Walfanghäfen New Englands zu Beginn des 20. Jahrhunderts. Die Hungerkatastrophen der 1940er und 1970er Jahre ließen nur einen Bruchteil der ehemaligen Bevölkerung auf der Insel überleben. Im Jahre 2000 wurden nur noch **6820 Einwohner** gezählt.

Informationen zur Insel

Brava ist mit **64 km² Fläche** die kleinste der bewohnten Inseln und südwestlicher Außenposten des Archipels. Sie gehört zur Gruppe der Sotavento-Inseln. Ihr Name stammt aus dem Portugiesischen und bedeutet soviel wie die „Unwirtliche", „Wilde" oder „Tapfere".

Die Insel teilt sich einen gemeinsamen Tiefseesockel mit Fogo und dem Cadamosto-Seamount: Der Kanal zwischen den Inseln ist nur etwa 450 m tief, und es wird verständlich, weshalb vulkanische Aktivitäten auf Fogo in Brava als Beben zu spüren sind.

Über der fast runden Insel mit 10 km Durchmesser liegt häufig eine durch den Windschatten von Fogo verursachte Wolkenhaube in der typischen Höhe der Passatwolken von 750 bis 1000 m. Dadurch verringert sich die Verdunstung, und die Insel kann sich etwas grüner halten, auch wenn der Regen zumeist fehlt.

Nähert man sich Brava von Osten, dann sieht man steile Küsten und einen massiven Gebirgsrücken. Hoch oben leuchten die Häuser von Vila Nova Sintra. Die bis zu 100 m aufragenden **Felsenküsten,** nur an den Talmündungen von Buchten mit Kies- und Geröllstränden durchbrochen, gehen über in ein zentrales Hochplateau, aus dem sich einige Vulkankegel erheben. Der Berg **Fontainhas** überragt mit **976 m** als höchster Gipfel den Kamm. Von seiner kühlen Anhöhe aus hat man an wolkenfreien Tagen einen schönen Blick über die Insel und nach Fogo.

Brava – Insel der Mornas

Eugénio Tavares (1867–1930) wurde durch seine Kompositionen und Verse zum bekanntesten Sohn der Insel. Im langsam bedächtigen Rhythmus der Morna griff er die erschütternden Gefühle der Subsistenzkrisen, von Hunger und Tod, Abschied und Heimweh, Trennung und Wiederkehr auf. Romantisierende Texte überhöhen die Schönheit der Insel, der Blumen und der Frauen ins Übersinnliche als Bestandteil des unerfüllbaren Sehnens in der Fremde. Seine Lieder nahmen prägenden Einfluss auf die Komponisten nachfolgender Generationen. Als einer der ersten griff er auf volkstümliches kapverdianisches Liedgut zurück und schrieb die meisten Mornas in Kreol.

Geboren am 5. November 1867 in Vila Nova Sintra, arbeitete *Tavares* die meiste Zeit seines Lebens als Verwaltungsbeamter auf Brava. Er wirkte an Publikationen wie „Luso-Africano" und „Cartas Cabo Verdianas" mit, die zum Selbstbewusstsein der keimenden kapverdianisch-literarischen Kultur beitrugen.

Josephino Dijinho und *Mingo* waren die bekanntesten Nachfolger *Tavares'* als musikalischem Bindeglied zwischen den Familien auf beiden Seiten des Ozeans.

Hora di Bai ist *Tavares'* bekannteste Morna. Sie besingt den Schmerz des Abschieds und wurde von den Familien gesungen, wenn sie ein weiteres Mitglied am Hafen in eine ungewisse Zukunft verabschiedeten.

Hora di Bai – Stunde des Abschieds
Hora di bai, Hora de dor, Dja'n q'ré,
Pa el ca manchê!
De cada bêz, Que 'n ta lembrâ,
Ma'n q'ré, Fica 'n morrê!
Hora di bai, Hora di dor, Amor,
Dixa'n chorâ!

Stunde des Abschieds, Stunde des Schmerzes,
ich wünschte, dass es nicht dämmern würde!
Jedesmal, wenn ich mich daran erinnere,
möchte ich lieber bleiben und sterben!
Meine Liebe, hör' auf zu weinen!

Corpo catibo, Ba'bo que é escrabo!
Ó alma bibo, Quem que al lebabo?
Se bem é doce, Bai é maguado;
Mas, se ca bado, Ca ta birado!
Se no morrê, Na despedida,
Nhor Des na volta, Ta dano bida.

Gefangener Körper, geh', du Sklave!
Oh lebendige Seele, wer hat dich weggetragen?
Wenn Kommen süß ist, ist Gehen schmerzhaft;

aber ohne Gehen kein Zurückkommen!
Wenn wir auch sterben beim Abschied,
beim Zurückkommen gibt uns unser Herr und Gott das Leben.

Dicham chorâ, Destino de home:
Es dor, Que ca tem nome:
Dor de crecheu, Dor de sodade
De alguem, Que'n q'ré, que q'rem ...
Dicham chorâ, Destino de home,
Oh Dor, Que ca tem nome!

Lass' mich weinen, du Schicksal der Menschen,
dieser Schmerz, der keinen Namen hat,
Schmerz der Liebe, Schmerz der Sehnsucht,
von jemandem, den ich will und der mich will.
Lass' mich weinen, du Schicksal der Menschen,
Oh Schmerz, der keinen Namen hat!

Sofrí na vista, Se tem certeza,
Morrê na ausencia, Na bo tristeza!

Leiden beim Anblick, wenn es Sicherheit gibt,
Sterben in der Trennung, in deiner Traurigkeit!

ka-e-355 Foto: ge

Die Insel weist abwechslungsreiche Landschaften auf. Im Zentrum liegt ein hügeliges **Hochplateau** auf rund 400 bis 600 m, darunter ein flacher Talabschnitt mit dem **Hauptort Vila Nova Sintra** (420–500 m). Die Hochebene ist mit einigen alten Einsturzkratern (*Covas*) durchsetzt, wie dem recht gut erhaltenen Krater Fundo Grande (800 m) südlich von Fontainhas. Zum Meer hin schneiden tiefe schmale Täler, flankiert von steil aufragenden Felswänden, in das Inselmassiv ein. Einige können mit Hilfe von künstlicher Bewässerung landwirtschaftlich genutzt werden. Am eindrucksvollsten und fruchtbarsten ist das breite **Tal Fajã d'Agua** im Westen, wo sich Terrassenkulturen mit Zuckerrohr, Bananen, Gemüse und Kokospalmen bis zum Meer erstrecken. Das Tal mündet in einer geschützten Bucht, die Fischerbooten einen Anlegeplatz bietet. Auch das Hochland im Inselinneren ist in Jahren, in denen es gut regnet, sehr fruchtbar. Auf **Terrassenfeldern,** die von den typischen Steinmäuerchen begrenzt werden, gedeihen im Trockenfeldbau Mais, Bohnen und Süßkartoffeln. Dazwischen wachsen Sträucher, Obstbäume und vereinzelt auch Palmen. An den Rändern der Hochebenen und in den Trockentälern gegen Süden wird die Vegetation immer spärlicher und der Boden felsiger.

Brava ist **relativ dicht besiedelt.** Neben der größten Siedlung Vila Nova

229_621sw Foto: re

Sintra gibt es kleinere Orte in den Buchten von Furna und Fajã d'Água und zahlreiche winzige Streusiedlungen und Einzelgehöfte, die sich über die Hochebene verteilen.

Ihren Lebensunterhalt bestreiten die Leute von Brava mit Landwirtschaft und Fischerei und mit den Geldsendungen aus der Emigration. Viele der Bewohner sind arbeitslos. Für die Jugend gibt es hier kaum eine Zukunft. Sie hofft auf den Sprung nach Praia oder in die USA.

Furna

Der Reisende betritt den Boden Bravas erstmals in **Porto da Furna.** In diesem kleinen **Naturhafen** in einer kreisrunden Bucht legen die Fähren und Fischerboote an, nur unzuverlässig geschützt vor der wilden Brandung im Kanal. Nachdem der Flugbetrieb eingestellt wurde, ist der Hafen die einzige Nabelschnur.

Ein **Fort** aus dem Jahre 1839 überragt die Bucht, in deren Halbrund die Häuser des Ortes in Reih und Glied stehen. In den alten Lagerhäusern wurden früher Purgiernüsse, Färbeflechten, Tierhäute, Kaffee und Schnaps für die Ausfuhr gelagert.

1982 richtete ein **Orkan** in Furna mit 7 bis 10 m hohen Wellen schwere Schäden an. Das damalige Fährschiff wurde auf den 6 km südlich gelegenen Kiesstrand von Aguadinha gehoben als bleibender Beweis für die ungeheure Kraft des Atlantiks.

Von der Hafenbucht windet sich ein steiles serpentinenreiches Sträßchen in das 520 m hoch gelegene Vila Nova Sintra. Der alte Fahrweg eignet sich heute als Wanderweg. Kurz vor Vila Nova Sintra, am Ende des Dorfes Santa Barbara, zweigt links eine Straße nach Vinagre ab (siehe „Ausflüge und Wanderungen").

Straßenszene in Vila Nova Sintra

Vila Nova Sintra

Der hoch gelegene **Hauptort** der Insel mit ca. **1500 Einwohnern** erhielt seinen Namen von der portugiesischen Stadt Sintra nordwestlich von Lissabon, mit der er verglichen wurde. Durch die Lage auf einem rund 500 m hohen **Plateau** ist Vila Nova Sintra oft in eine Nebeldecke gehüllt und etwas kühler, so dass in der Umgebung Kaffee, Obstbäume, Zuckerrohr und Gemüse gedeihen, das auf dem Markt verkauft wird. An klaren Tagen reicht der Blick zum Meer und zum benachbarten Vulkan von Fogo.

Weiß verputzte Häuser mit Ziegeldächern, breite Straßen und weite Gärten verleihen dem Ort ein besonderes, luftiges Ambiente. In den Mornas wurde Brava als „Blumeninsel" besungen. Wenn es etwas Feuchtigkeit gibt, blühen auch heute noch viele Hibiskus- und Bougainvillea-Sträucher, Mandelbäume und lilafarbene Jacarandas.

Die kleine, sehr ruhige Stadt breitet sich um einen **zentralen Platz** herum aus, an dem das Rathaus, die Nazarener-Kirche und die Post liegen. Die katholische Kirche befindet sich am Ostrand des Ortes, im Westen steht das einstige Wohnhaus des Dichters *Eugénio Tavares.*

Ausflüge und Wanderungen

Die Orientierung ist vergleichsweise einfach, das Gelände steil.

Vila Nova Sintra – Fajã d'Água

Vila Nova Sintra verlängert sich bergan nach Westen in den Ortsteil Cova Rodela. Hier steht ein großer Drachenbaum direkt an der Hauptstraße. Nur 1 km weiter verzweigt sich die Straße, und nach Norden spaltet sich die Fahrstraße nach **Fajã d'Água** ab. Schon die Fahrt (oder Wanderung) durch dieses zwischen steil aufragenden Felswänden tief eingeschnittene Tal mit terrassierten Bewässerungskulturen ist spektakulär. Einige kleine Einzelgehöfte scheinen wie an die Berge geklebt. Eine natürliche Quelle speist die Bewässerungsanlagen zur Versorgung der Landwirtschaft und der Stadt mit Trinkwasser.

Das Dorf selbst liegt in **einer der schönsten Buchten Cabo Verdes** und ist eingebettet in eine fast immer grüne Vegetation, geschützt vom Nordostwind: einige Dutzend Häuser vor dem Hintergrund hoher, steil ins Meer abbrechender Felswände, eine kleine Kirche, eine Pension mit Restaurant und Bar und ein paar Fischerboote am Strand, überragt von Kokospalmen und terrassierten Hängen. Hier in der Bucht von Fajã gingen einst die Walfangschiffe vor Anker. Von Fajã aus führt eine kleine schlechte Piste zu einer weiteren felsengeschützten Bucht, **Porto do Sorna** am Fuße des Monte Gâmbia.

Nossa Senhora do Monte

Die Straße von Vila Nova Sintra entlang der Hochebene durch das Zentrum der Insel war früher einmal dicht besiedelt, mit zunehmender Auswanderung aber blieben nur einige Häusergemeinschaften und Einzelgehöfte zurück, viele Felder sind verlassen. Das kleine **Bergdorf** Nossa Senhora do Monte wurde im Jahre 1862 zu einem **Wallfahrtsort** und kurze Zeit darauf zum Bischofssitz ernannt. Die Häuser des Ortes versorgen sich aus Zisternen.

Die Pflasterstraße führt durch den Ort und umrundet dann den Berg Fontainhas im Süden bis **Cachaço,** einem kleinen Dorf am Fuß des Monte Miranda (673 m).

Spaziergänge

Aussichtspunkt Vila Nova Sintra

• **Stichweg** auf selten befahrener Straße und gepflastertem Weg, **1 Stunde** einschließlich Rückweg.

Auf der Pflasterstraße von Vila Nova Sintra in Richtung N.S. do Monte gehend, erreicht man nach 2 km die hübsche kleine Ansiedlung Cova Rodela. Ein östlicher Abzweig führt zum Aussichtsbalkon *(Miradouro)* mit Weitblick über die Stadt nach Fogo.

Vinagre

● **Stichweg** auf selten befahrener Straße und gepflastertem Weg, **2 Stunden** einschließlich Rückweg.

Vinagre (deutsch: Essig) ist der passende Name einer sauren Quelle südlich der Straße Vila Nova Sintra – Furna. Auf gepflasterter Straße bergab erreicht man das Dorf **Santa Barbara.** Am Ortseingang zweigt ein gepflasterter Weg in südlicher Richtung ab. Er führt zu dem Badehäuschen, in dem Heilbäder genommen wurden. Auch ging die Mär, dass wer von dem Wasser trinkt, auf ewig in Brava bleibe.

Durch landwirtschaftliche Terrassen kann man auf schlechtem Weg mit hübschem Tiefblick in ca. 1 Stunde nach Furna absteigen.

Wanderungen

Fontainhas

● **Rundwanderung, 4 Stunden** auf gepflasterten Wegen und selten befahrenen Straßen; 600 m Höhenunterschied.

Ausgangspunkt ist die Praça von Nova Sintra. Auf der Hauptstraße bergauf gehend, biegt man in die erste Querstraße südlich ein und trifft an ihrem Ende auf einen gepflasterten Maultierpfad. Dieser führt in die Hügel um den Berg Fontainhas, den man an einem geodätischen Punkt als den höchsten erkennt. Im Rundblick kontrastiert die winzige Insel mit dem gewaltigen Vulkan von Fogo.

Der Abstieg folgt über Ziegenpfade in nordwestlicher Richtung nach Lima Doce und N.S. do Monte, von wo man entweder mit dem Aluguer oder zu Fuß zurück in die Stadt gelangt.

Vila Nova Sintra – Fajã d'Água

● **Streckenwanderung** bergab auf schlechtem Weg, **2–3 Stunden;** Höhenunterschied 650 m; Rückfahrt mit Aluguer.

In ein weites, zum Meer öffnendes Kesseltal steigt ein steiler Pfad ab nach Fajã d'Água, einer kleinen Ufersiedlung im Westen der Insel. Vegetation und ein ausnehmend schöner Tiefblick aufs Meer machen den Weg zu einem der schönsten in Cabo Verde.

Ausgangspunkt ist die Straßengabelung 1 km westlich von Cova Rodela. Auf der Straße Richtung Nossa Senhora do Monte gehend, ist nach wenigen Metern der Abzweig eines gepflasterten Weges in westlicher Richtung erreicht. Er steigt kurz an zum Grat, von wo aus man das Tal und den weiteren Verlauf überblickt. Geschickt schmiegt sich der Serpentinenpfad an die Hänge. Oasen mit Palmen und Mangobäumen begleiten den Weg. Im Ort **Lavadura** wählt man den absteigenden Weg. Auf einem Felsen thronen die einsamen Häuser von **Lagoa.** Das Panorama der Bucht öffnet sich. Südlich von Fajã d'Água liegt ein größerer Kieselstrand. In den Felsen nördlich des Dorfs kann man in natürlichen Badewannen planschen. Am Ortsausgang erinnert ein Denkmal an den kleinen Schoner **„Matilde“,** der am 23. August 1943 auf der Höhe der Hungerkatastrophe mit einer teilweise in Amerika geborenen Mannschaft nach New England fahren wollte, um Lebensmittel zu besorgen. In der Nähe der Bermudas ist er spurlos verschwunden.

Strände

Es gibt nur einige wenige **Kieselstrände** auf Brava. Der beliebteste ist der dunkle Strand südlich von Fajã d'Água in Richtung Flughafen.

Praktische Infos

An- und Weiterreise

Die An- und Abreise nach/von Brava kann mit **Unwägbarkeiten** verbunden sein, auch wenn die Fähren zuletzt (2003/2004) immer regelmäßiger fuhren.

Wenn Sie Brava besuchen, so legen Sie den Aufenthalt an den **Anfang Ihrer Reise** und nützen Sie Wartezeiten zu Ausflügen auf Santiago oder Fogo. Sofort nach Ankunft sollten Sie regelmäßig Informationen über die mögliche Rückreise einholen.

Mit dem Flugzeug

- **Der Flughafen ist geschlossen.**

Mit dem Schiff

- **Porto da Furna,** der **Hafen** von Brava, liegt im Nordosten der Insel und ist Ankunftsstelle für Schiffsreisende aus Fogo (ca. 1 Std.) oder Praia/Santiago (ca. 7 Std.). Die Ferrys verkehren etwa zweimal wöchentlich zwischen Fogo und Brava. Hier kann das Meer recht rau sein, so dass es manchmal zu Ausfällen der Fährverbindung kommt.
- **Auskunft:** Arca Verde, Praia, Tel. 2615497, Fax 2615496, bzw. Agência Nacional de Viagens, Vila Nova Sintra, Tel. 2851270.
- **Fährtickets** gibt es **am Hafen und in Vila Nova Sintra.**
- Vom Hafen aus verkehren bei Ankunft der Schiffe **Aluguers nach Vila Nova Sintra** (3 km).
- Die geschützten Buchten von Furna und Fajã d'Água bieten **Ankermöglichkeiten für Segelboote.** Eine begrenzte Versorgung ist in den Hafenorten bzw. in Vila Nova Sintra gegeben.

Reisen auf der Insel

- Es gibt rund **30 km gepflasterte Straßen und 20 km Pistenfahrwege.**
- Vom Hafenort Furna aus führt der steile, gepflasterte Fahrweg (schöne Ausblicke) hinauf nach Vila Nova Sintra, von dort aus weiter über Cova Rodela, Cova Joãna, Nossa Senhora do Monte und vorbei am Berg Fontainhas bis Cachaço. Eine Abzweigung an dieser Achse führt hinter Vila Nova Sintra nach Westen hinunter nach Faja d'Agua.
- Bei Ankunft von Schiff oder (evtl.) Flugzeug stehen **Sammeltaxis** bereit. Zwischen den Ortschaften verkehren (unregelmäßig) Aluguers, z.B. Furna – Vila Nova Sintra 60 ECV.
- Da das Verkehrsaufkommen gering ist, muss man sich von Fall zu Fall ein **Aluguer anmieten.**

Unterkunft

Die Unterkünfte auf der kleinen Insel beschränken sich auf **einige kleine Pensionen in Vila Nova Sintra und Fajã d'Água.**

- **Pensão Restaurante Paulo Sena**
Vila Nova Sintra, Tel. 2851312
Familiäre und rustikal einfache Pension unter Leitung eines ehemaligen Amerika-Emigranten; 5 Zimmer, Restaurant, Bar; DZ ca. 1200 ECV; Spezialität: hausgemachter Kuchen.

Porto da Furna

- **Pousada Municipal**
Vila Nova Sintra
Tel. 2851313, 2851446, Fax 2851447
6 Zimmer, sauber und akzeptabel; DZ ca. 1200 ECV.
- **Manuel Burgo Ocean Front Motel**
Fajã d'Água, Tel. 2851321, Fax 2851129
Freundliche kleine Pension mit schönem Ausblick aufs Meer; 10 Zimmer mit Du/WC; Restaurant; DZ ca. 1800 ECV, Wellenrauschen inklusive.
- **Sol na Baia**
Fajã d'Água, Tel. 2852070, Fax 2852070
Schönes restauriertes Gebäude, Zimmer mit Du/WC, sehr gute Küche; DZ ab 3000 ECV.

Restaurants und Bars

In den wenigen Restaurants auf Brava empfiehlt sich eine **Vorbestellung** des Essens, ansonsten gibt es das wechselnde Tagesgericht.

- **Restaurante Paulo**
Gehört zur gleichnamigen Pension (s.o.); sehr gute kapverdianische Küche.
- **Ponto de Encontro**
Restaurante Bar, Tel. 2851623, in Vila Nova Sintra an der Südseite der Praça Eugenio Tavares.
- **Bar Restaurante Bragança**
Nova Sintra, hübsches Kolonialhaus.
- **Bar Restaurante Miguel**
An der Pousada Municipal um die Ecke; empfehlenswert.
- **Bar dos Amigos Campo**
Restaurant/Bar, Fajã d'Agua, Tel. 2851321 (gehört zum Motel Manuel Burgo, s.o.); gut und preiswert.
- **Pôr do Sol**
Bar Restaurante, Fajã d'Agua (neben der Kirche), Tel. 2851576; *Maria* kocht ausgezeichnete Fischgerichte und serviert sie auf ihrer kleinen Terrasse.

ka-j-345 Foto: ja

Nachtleben

Das Nachtleben wird klein geschrieben auf Brava; Freitag und Samstagnacht trifft man sich (evtl.) in der **Disco Kananga** in Vila Nova Sintra.

Bank

- **In Vila Nova Sintra,** nördlich des Hauptplatzes; Mo bis Fr 8–14 Uhr.

Post und Telefon

- Postamt im Zentrum von **Vila Nova Sintra.**

Notfall

- **Krankenhaus in Vila Nova Sintra,** an der Hauptstraße unterhalb des zentralen Platzes, Tel. 2851130.
- **Notruf: Tel. 130.**

Polizei

- **Vila Nova Sintra,** Tel. 2851132.
- **Notruf: Tel. 132.**

Einkaufen

- Es gibt einige **kleine Gemischtwarenläden** in den Ortschaften.
- Einen **Supermarkt** und einen **kleinen Gemüsemarkt** findet man in Vila Nova Sintra.

Feste

Feste spielen eine **wichtige Rolle im Leben auf Brava,** und manche Feste dauern mehrere Tage.

- Am **3. Mai** begeht man das Fest **Santa Cruz** in Gedenken an die Sklavenbefreiung.
- Am **24. Juni** wird das **Inselfest** zu Ehren des Heiligen São João gefeiert. Zu diesem größten und traditionellsten Fest auf Brava finden sich auch viele Besucher von anderen Inseln sowie Emigranten aus Übersee ein.
- An jedem Sonntag im **Juli** wird in verschiedenen Orten der Heilige des jeweiligen Tages gefeiert.
- Am ersten Sonntag im **August** folgt in Furna das Fest **Nossa Sra. dos Navegantes** mit einer Prozession zu Land und auf dem Meer, eine Woche später das **Konakry-Fest.**
- Vom ersten Sonntag im **Dezember** an laufen die Vorbereitungen für die Feste zu Weihnachten, **Sylvester** und Dreikönig.

Religiöse Elemente der Feste sind **Messen und Prozessionen.** Der Klang der Trommeln, die Coladeira-Musik, Gesang und Tanz verbreiten gute Stimmung und lassen die Alltagssorgen für eine Weile in Vergessenheit geraten.

Schon Tage zuvor beginnen die **Vorbereitungen.** Leute ziehen von Haus zu Haus und sammeln Spenden wie Essen, Getränke und ein wenig Geld. Dann erfolgt traditionell das Stampfen von Mais, „Pilão" genannt, für das Festessen. Dieser Brauch wird begleitet von Trommeln und dem rhythmischen Gesang der Mais stampfenden Frauen. An Festtagen gibt es üppiges Essen, zu dem jeder willkommen ist: *Xerem, Feijoada* oder *Cachupa* und dazu ein Grogue.

Ein anderer schöner Brauch bei größeren Festivitäten ist das **Errichten eines symbolischen Mastes.** Frauen tragen auf dem Kopf Körbe mit den gespendeten Köstlichkeiten herbei. Dann wird der Mast feierlich mit Blumen und allen erdenklichen guten Sachen wie Kuchen, Brot und Früchten geschmückt. Dazu wird der Colinha getanzt. Vor allem den Kindern macht es Freude, den Mast dann im Verlauf des Festes „plündern" zu dürfen. Symbolisierte Schiffsnachbauten und Masten haben bei den Feiern einen wichtigen Platz und drücken die starke Verbindung zu Meer und Seefahrt aus. An manchen Festen verkleiden sich die Organisatoren als Seeleute, Schiffsköche, Kapitäne und Schiffsdoktoren und spielen theatralisch nach, was den Leuten zum Schicksal wurde. An den Abenden finden kleine und größere Bälle statt, und überall wird zu lautstarker Musik getanzt.

Besonders ausgelassen wird die **Zeit um Sylvester bis zum Dreikönigstag** gefeiert.

Schon Wochen zuvor konkurriert die Jugend in verschiedenen Gruppen um die schönsten Mädchen und die kreativsten Einfälle. Am Weihnachtstag präsentieren sich die Gruppen dann der Öffentlichkeit. Die Männer ziehen nach jeweils zwei Stunden zu einem anderen Ball weiter, während die Mädchen am gleichen Ort bleiben. In der Nacht zum Heiligdreikönigstag wiederholt sich das Spektakel. Gute Feste enden erst in den frühen Morgenstunden.

Sonstiges

Wanderführer und -karten von Fogo

- **Fogo/Brava 1:60.000**
Santiago 1:120.000
Attila Bertalan, Touristikkarte, AB-Kartenverlag, 1. Auflage 2002, ISBN 3-943262-07-04, Internetbestellung und Verkauf in Cabo Verde, www.KapverdischeInseln.com; die Karte bietet eine gute Geländedarstellung und eine Ausarbeitung der Wege; sie kann nur als beschränkt wandertauglich gelten. Auf der Rückseite findet sich die Beschreibung einiger Wanderwege.

Ilhéus Secos ou do Rombo

Etwa 10 km nordöstlich von Brava liegen **drei kleine unbewohnte Lavainseln:** Die westlichste Insel, **Ilhéu Grande,** ist ca. 2 km² groß, die östlichste, **Ilhéu da Cima,** 1,5 km², dazwischen liegt **Ilhéu Luis Carneiro** mit 0,2 km². Ihre Anordnung in Form eines offenen Rhombus und die Tatsache, dass es hier kein Wasservorkommen gibt (*Secos* = trocken), gab der Gruppe ihren Namen. Nur wenige Meter unter dem Meeresspiegel sind sie durch ein gemeinsames Plateau miteinander verbunden. Die höchste Erhebung liegt mit 96 m auf Ilhéu Grande. Auf Ilhéu Cima steht ein kleiner Leuchtturm, und angeblich fand man auf dieser Insel den Bernstein Cima, der ihr den Namen gab.

Früher wurde Guano abgebaut und als Düngemittel genutzt.

Alle drei Inseln stehen seit 1990 unter **Naturschutz.** Die Inseln bieten Vögeln einen guten Stützpunkt und Brutplatz und dienen Schildkröten zur ungestörten Eiablage. **Nur Wissenschaftlern wird ein Besuch der Inseln gewährt.**

Das Meer in der Umgebung weist starke Strömungen und heftige Brandung auf.

São Vicente

São Vicente ist **klein, gebirgig, wüstenhaft** und **weltstädtisch,** ein faszinierender Kontrast. Zwischen vulkanischen Bergen und hellen Dünen gibt die Erde kaum einen Flecken Grün her. Doch so karg die Insel erscheint, so hat sich doch rund um die **schönste Hafenbucht des Archipels** eine quirlige, kosmopolitische Metropole entwickelt, die Leute von allen anderen Inseln und Emigranten aus der ganzen Welt anzieht: **Mindelo,** seit dem 19. Jahrhundert ein Schmelztiegel der Kulturen zwischen den Kontinenten, war für ein halbes Jahrhundert Anlaufstation für Schiffe, die hier Kohle und Wasser bunkerten auf dem Weg nach Afrika, Indien und Lateinamerika. Die Seeleute wollten unterhalten werden auf ihren Landgängen – mit Musik, Frauen, Wein und Essen. In den Hafenkneipen regierten Morna und Coladeira, die Stadt wurde zum Treffpunkt von Literaten, Musikern und Kosmopoliten. Transatlantikkabel leiteten eine zweite wirtschaftliche Blüte im Interesse des britischen Weltreichs ein. Heute ist Mindelo, was es zuvor war: kultureller Mittelpunkt Cabo Verdes.

Abends auf der Uferstraße
Rua da Praia in Mindelo

Geschichte

Länger als alle anderen Inseln Cabo Verdes schlummerte São Vicente nach der Entdeckung am 22. Januar **1462** vor sich hin. Die trockenen, steinigen Berge und wüstenhaften Ebenen boten nur halb verwilderten Ziegen eine Heimat, während für Menschen die Nachbarinseln Santo Antão und São Nicolau weitaus gastlicher waren. Der große Hafen, idealer Ankerplatz in einem versunkenen Krater im Westen der Insel und damit „mit dem Rücken zum Wind", genügte nicht, um Siedler anzulocken. Ja, er war über Jahrhunderte mehr Gefahr als Hilfe. Hier versteckten sich Hochseepiraten. Von hier aus unternahmen sie ihre Überfälle auf die bewohnten Inseln. Dem sollte ein Ende gesetzt werden: Die portugiesische Regierung ließ ein kleines Fort bauen und bot Anreize für die Ansiedlung. Im Jahre **1794** kamen zwei Schiffe aus Portugal mit 44 Ehepaaren, dazu ein paar Gefangene. In einem Besiedlungsvertrag mit einem reichen Grundbesitzer von der Insel Fogo wurden weitere Freie und Sklaven geworben. Es entstand das erste Dörf-

ka-b-357 Foto: bö

02190011sw Foto: re

Mindelo – Porto Grande

chen in der Gegend des heutigen Kirchplatzes, **Rosendo** genannt nach dem Namen des Herrn aus Fogo. Im folgenden Jahr wurde der Bau einer winzigen strohgedeckten Kirche, **Nossa Senhora da Luz,** in Angriff genommen. Doch der Erfolg war spärlich, und die neuen Siedler setzten sich, wann immer möglich, auf die Nachbarinseln ab.

Der geistige Vater der heutigen Hafenstadt am **Porto Grande** war ein portugiesischer Gouverneur namens *Pussich,* der 1819 hierher zog und sich vornahm, eine Hafenstadt mit regionaler Bedeutung für das Barlavento zu gründen. Doch auch er musste sich geschlagen geben, als völlige Trockenheit Tier und Mensch auf andere Inseln vertrieb. **1838** folgte die portugiesische Krone seinem Denken und erließ gar ein **Dekret,** das nicht nur den Namen Mindelo festlegte, sondern die Stadt zur künftigen **Hauptstadt der Kolonie** erklärte. Doch noch immer ließ der Erfolg auf sich warten, und das Dorf hatte zehn Jahre später, 1848, nur wenig mehr als 500 Einwohner.

Erst als das britische Weltreich als einziges industrialisiertes Land seiner Zeit eine wachsende Flotte von Dampfschiffen in die Kolonien schickte, begann in Mindelo eine Phase stürmischer Entwicklung. 1850 ließ sich die erste Kohlehandelsgesellschaft nieder. Ein halbes Dutzend folgte bis 1858. Sie schafften in hunderten Schiffen jährlich die **Kohle** aus Cardiff heran, bauten dicht an dicht entlang der Hafenbucht Kohlekais, Lorenbahnen und Kohlelager bis ins heutige Herz der Stadt. Im Hafen lagen Schaluppen, auf denen der größte Teil der Kohle binnen weniger Stunden von einem Schiff zum anderen geschafft wurde, ohne je das Land zu berühren. Aus der Konkurrenz zwischen den verschiedenen Kohlehändlern ging **Miller & Nephew** als Sieger hervor, ein Name, der heute noch in Mindelo jedem bekannt ist. Um den Durst der Schiffe und der neuen Stadt zu stillen, gründeten die Millers Privatfirmen, die einen Aquädukt vom Gebirge von Madeiral bis in die Stadt führten und mit Dampfschiffen Wasser aus Santo Antão holten. Bis **1869** der **Suez-Kanal** eröffnet wurde und die Umschiffung des afrikanischen Kontinents überflüssig wurde, stand Mindelo auf Platz vier der Weltrangliste der Kohlehäfen nach Port Saíd, Malta und Singapur. Doch die Konkurrenz schlief nicht und Mindelo musste weitere Schläge hinnehmen. Mehrzylindrige Dampfmaschinen mit Wiedergewinnung des Kondenswassers sparten an Kohle und Wasser, und andere Händler setzten nicht wie Miller auf hohe Monopolpreise, sondern unterboten sich gegenseitig. Ein großer Konkurrent im Kohlehandel auf den Weltmeeren, **Cory Brothers & Co,** kam spät (1875) nach Mindelo, um Miller zu entthronen. Eines der schönsten Handelshäuser an der Avenida da República (auch: Rua da Praia) wurde von ihnen gebaut, ging aber als „Millers Büro" in die Geschichte ein, denn Miller ließ sich das Heft nicht so leicht aus der Hand nehmen und fusionierte. Gemeinsam versuchte man, die Konkurrenz mit Filialen in Gibraltar, Teneriffa und Dakar aufzurollen.

1879 erhielt Mindelo durch den portugiesischen Marineminister das Stadtrecht verliehen

Um **1890** war der große **Boom vorüber.** Portugal, das kleine, von England abhängige Land mit den großen Kolonien und einer luxusverliebten, hemmungslos unproduktiven Oberschicht, hatte nicht genügend Modernisierungsreserven. Die konkurrierenden Häfen der Region konnten schneller, billiger und zuverlässiger liefern, hatten Freihandelszonen eingerichtet mit größerem Warenangebot und flinkerer Verwaltung. Mit dem Ersten Weltkrieg verfielen die Kohlekais. Schwerölfeuerung und Dieselmotoren setzten ihnen ein endgültiges Ende.

Die Kohleflaute in Mindelo wurde etwas gemildert durch die **Telegrafie über Transatlantikkabel,** ebenfalls ein zu 100% in britischer Hand befindlicher Wirtschaftszweig: **1874** wurde das erste Transatlantikkabel von London über Madeira nach Mindelo gezogen, um es wenig später mit einem Kabel aus Brasilien zu verknüpfen. Für zehn Jahre sollte es das einzige Kabel bleiben, doch dann folgten schnell weitere, die Anschluss schufen rund um den Atlantik. In Mindelo saß eine Hundertschaft englischer Telegrafen-Angestellter an den Morsetasten, spielte in der Freizeit Cricket, Tennis und Fußball und hinterließ bleibenden Eindruck in der Kultur der Insel und ihrer Sprache.

Mit dem Ersten Weltkrieg stagnierte die Entwicklung der Stadt und sollte bis zur Unabhängigkeit ohne Impulse bleiben. Die englischen Reedereien sowie Import- und Exportfirmen zogen sich zurück. Die Ship chandlers, die auf allen Weltmeeren mit gebrauchten Schiffen handelten, verkauften an die portugiesische Konkurrenz, und die Hundertschaften von Schmugglern, Gastwirten und Prostituierten mussten sich anderweitig verdingen.

In den **1940ern** schließlich sah die Stadt ihr **düsterstes Jahrzehnt.** Zehntausende zum Skelett abgemagerte Menschen stiegen in altersschwache Kähne nach São Tomé, zwangsverpflichtet oder mit der vagen Hoffnung, durch einen Arbeitsvertrag auf den Roças (agroindustrielle Komplexe) dem Hungertod zu entgehen.

Die Leute von São Vicente

von *Germano Almeida*

„São Vicente ist eine Insel, die erst vor gar nicht langer Zeit von den Bewohnern der anderen Inseln besiedelt worden war, auf denen die Trockenheit, fehlende Arbeit und anderes Elend die Bevölkerung zur Emigration gezwungen hatten. Nun nehmen diese Menschen, wenn sie ihre Inseln verlassen, ihre starken, eigenen Traditionen und bereits verwurzelten Formen des Sich-auf-der-Welt-Bewegens mit, finden sich dann übergangslos in einer nicht nur wilden, sondern auch relativ feindseligen Landschaft wieder, in der sie, um zu überleben, gezwungen sind, verschiedene regionale Kulturen zu vermischen, was den Nachteil mit sich bringt, daß keine von ihnen in so ausreichendem Maße überwiegt, daß sie sich durchsetzen kann. Und genau dies ist es, was zusammen mit dem Fehlen einer überkommenen Verbundenheit mit der Scholle den Menschen von São Vicente zu einem leichtfertigen und wandelbaren Wesen macht, der nicht die gesunde aufrechte Haltung, nicht die Standfestigkeit eines auf Santo Antão oder Santiago Geborenen besitzt, wo die regionalen Gesellschaftswerte unberührt geblieben sind. Und es ist zweifellos interessant festzustellen, daß, sei es die physische, sei es spirituelle Widerstandskraft, die jenen Völkern eigen ist, verlorengeht, wenn sie mit São Vicente in engen Kontakt kommen. Aus schweigsamen, nachdenklichen, ihre Worte abwägenden Menschen werden wortreiche Schwätzer, die ständig persönliche Bestätigung suchen. Doch als würde dies noch nicht genug sein, wurde die Bevölkerung, die diese Insel bewohnt, gleich zu Beginn der Bildung dessen, was eine regionale Kultur sui generis hätte werden können, dem Einfluß einer anderen Kultur, der englischen nämlich, unterworfen und von ihr beeinflußt, einer Kultur, die nicht nur mächtig, sondern auch streng und beherrschend ist und an der sich eben aus diesem Grunde die Bewohner der Insel orientierten, was aber nicht heißt, daß andere, wenn auch weniger bekannte Kulturformen auch ihren Einfluß haben. Die Folge davon ist, daß der Mensch von São Vicente von allen Bewohnern Cabo Verdes der am wenigsten authentische ist."

Aus: „Das Testament des Herrn Napumoceno" ©Germano Almeida. Für die deutsche Ausgabe ©Fischer Taschenbuch Verlag GmbH, Frankfurt am Main 1997.

02190007sw Foto: re

Während des Zweiten Weltkrieges, in dem das faschistische Portugal neutral blieb, aber die Mussolini-Hitler-Achse indirekt unterstützte, blieb der Hafen vor Kriegshandlungen verschont. In der Bucht von Fateixa und der gegenüberliegenden Bucht von Tarrafal de Monte Trigo (Santo Antão) lagen deutsche U-Boote, um alliierten Schiffen aufzulauern. Sie brauchten sich nicht zu verstecken. Offiziere gingen bei den Landbesitzern in Tarrafal de Monte Trigo zum Kaffeetrinken.

Erst **1956** wurde der **Hafen ausgebaut** und mit einer 920 m langen Mole versehen. Nun mussten auch größere Schiffe nicht mehr auf Reede ihre Ladung löschen. Die Schließung des Suez-Kanals (1967–75) verschaffte der Stadt in den letzten Jahren der Kolonialzeit einen bescheidenen Aufschwung. Arbeitssuchende von allen Inseln strömten in die Stadt. Die Bevölkerung Mindelos hat sich von rund 20.500 Einwohnern im Jahre 1960 bis heute mehr als verdreifacht. Mit der Ausweitung des Bildungswesens auf andere Inseln, insbesondere in die zuvor grob unterversorgte Hauptstadt Praia, ist Mindelo nicht mehr die zentrale Schulstadt des Landes. Dennoch ist es kulturelle Metropole geblieben.

Informationen zur Insel

Aus Richtung Sal kommend, fliegt man vorüber an den Bergrücken von São Nicolau, vorbei an der unbewohnten Insel Santa Luzia und schließlich entlang der felsigen Südküste von São Vicente. Die Landschaft ist **fast vegetationslos.** Ausgebrannte Berge mit tiefen V-Tälern und weite Ebenen variieren in braunen bis rötlichen Tönen. Kurz vor dem westlichsten Punkt der Insel biegt die Maschine in einer scharfen Rechtskurve ein zu der von Bergen flankierten Piste von São Pedro.

São Vicente, 16 km östlich von Santo Antão gelegen, gehört mit einer **Fläche von 227 km²** zu den kleineren Inseln des Barlavento. Sie erstreckt sich von West nach Ost über 24 km, von Nord nach Süd über 16 km. Drei Gebirge rahmen die Insel ein: Der **Monte Verde (750 m)** als höchste Erhebung ist Teil einer vom Nordwesten der Stadt bis in den Osten, nach Calhau, ziehenden Bergkette. Das **Massiv von Madeiral (699 m)** ist nur wenig niedriger und bildet eine Kette von Calhau bis an den Flughafen bei São Pedro. Vom Kamm ziehen steile Bergrippen wie Zinken zur Küste, so dass die Südküste nicht durchgehend begehbar ist. Die spitze Pyramide des **Tope de Caixa (535 m)** bildet eine Landmarke, die an fast jedem Punkt der Insel die Orientierung erleichtert. Ähnlich abgeschlossen wie die Südküste ist die Westküste südlich des Hafens. Hier verwehrt das **Gebirge von Fateixa** den Zutritt. Der höchste Punkt ist die Nase des „Bergs mit dem Gesicht", **Monte Cara (490 m).** Jüngere Tuffkegel und Kegelvulkane und ein Einsturzkrater wie aus dem Lehrbuch (Vulcão Viana) kennzeichnen die Umgebung von Calhau.

Dazwischen öffnen sich **weite Täler.** Im Westen liegt die Ribeira Chão de São Pedro, die Platz für den Flughafen bietet. Sie endet im schönen, langen Sandstrand beim Fischerdorf São Pedro. Im Südosten mündet das Trockental Ribeira de Calhau beim gleichnamigen Dorf ins Meer. Im Westen und Süden haben sich im Mündungsbereich kleinerer Täler Strandbuchten gebildet, die von hohen Felsenkliffs umgeben sind. Zwischen den Halbinseln von Salamansa und Calhau liegen größere Buchten, in denen sich **helle Strände** bilden konnten. Diese verdanken ihre Entstehung teils den Muscheln, teils dem feinen Sand, den der Harmattan aus der Sahara über das Meer weht.

Inmitten des gebirgigen Rahmens liegt eine leicht hügelige Schotterebene. Von der Stadt aus steigt die breite **Ribeira de Julião** sanft an bis zum Pass der Assomada de Madeiral, um sich von dort, ähnlich breit, in der Ribeira de Calhau zur Ostküste hin zu verlängern. Die **Bucht von Mindelo** ist einer der schönsten Naturhäfen des Atlantiks, ein versunkener Vulkankrater von etwa 4 km Durchmesser. Nach Westen ist der Kraterrand ausgebrochen und geht über in den Canal de São Vicente, der die Insel von Santo Antão trennt. Nur eine kleine, steil aus dem Meer ragende Felseninsel, **Ilheu dos Passaros** (82 m), mit ihrem kleinen Leuchtturm zeigt den ehemaligen Kraterrand an. Die Wassertiefe erlaubt selbst sehr großen Schiffen das Einlaufen.

Da Berge von weniger als 800 m nicht vermögen, den Passatwolken wirkungsvoll Wasser zu entziehen, ist São Vicente **eine der trockensten Inseln Cabo Verdes.** Nur wenige Akazien, Gräser und Sträucher, darunter Wolfsmilchgewächse, widerstehen den ungünstigen Bedingungen. Selten überzieht ein Hauch von Grün die Hänge des Monte Verde. Die Wiederaufforstung im Bereich von Ribeira de Vinha Richtung Flughafen ist dennoch erfolgreich, gemessen an den eingeschränkten Möglichkeiten.

Im 19. Jahrhundert noch floss reichlich Wasser aus Madeiral in die Stadt. Inzwischen ist frisches Quellwasser auf wenige Bergoasen beschränkt. Die

02240041sw Foto: re

Carnaval da Mindelo

Brunnen in der Stadt liefern allesamt brackiges Wasser, das für die Küche nicht taugt. Die meisten Windräder in den Ribeiras stehen still und verfallen, weil die Brunnen versiegten. Nur in der Ribeira de Calhau wird zwischen Dattel- und Kokospalmen fleißig Gemüse angebaut. Der **Trockenfeldbau,** selbst auf dem Monte Verde, **liegt völlig brach.** Bis in die späten 1970er Jahre holte ein Tankschiff Wasser aus Santo Antão, doch die Quellen von Tarrafal de Monte Trigo reichen heute kaum für den eigenen Bedarf. Seither gibt es an der Bucht von Matiota eine **Meerwasserentsalzungsanlage,** die die Stadt und die Insel versorgt. Sie steht auf historischem Grund, dem größten Brunnen des Kohlehändlers *John Rendall,* der ab 1850 die Schiffe versorgte. Das destillierte Wasser wird in großen Behältern über der Stadt gelagert, mit Hilfe des Leitungsnetzes und durch Tankwagen verteilt. Jeder Stadtteil wird nur für wenige Stunden ans Netz genommen, um Leitungsverluste möglichst klein zu halten. Das städtische Wassernetz erhält kein natürliches Wasser mehr. Eine vollkommen neue, auf Umkehrosmose beruhende Anlage ist in Planung.

São Vicentes Hoffnungen und Erfolge waren immer mit dem **Hafen** verknüpft. Seit der Unabhängigkeit wurde er ständig modernisiert und ausgebaut und blieb der **wichtigste Umschlagplatz** für Importwaren aus aller Welt. An den modernen Kaianlagen und dem 1997 eingeweihten Containerterminal können Schiffe bis zu 11,5 m Tiefgang anlegen. Am Fischhafen machen kapverdianische und ausländische Trawler fest, um die Fischindustrie zu beliefern. Die kleineren Boote holen Eis und laden ihren Fisch für den lokalen Markt an einem neuen Terminal in der Tiefe der Bucht bei Dji d'Sal ab.

Die Kais sind mit Strom- und Wasseranschlüssen versehen, die Kraftstoffversorgung erfolgt aus großen Gas-, Diesel- und Benzintanks. Der Hafen verfügt außerdem über eine 1983 gebaute **Werft (Cabenave)** für mittelgroße Fracht und Fischereifahrzeuge. Die als Reparaturwerft für die kapverdianische Flotte sehr groß ausgelegte Werft konnte leider die Hoffnungen auf Neubauten nicht erfüllen, zum einen weil die Betriebskosten in Cabo Verde nicht konkurrenzfähig sein können, zum anderen weil kapverdianische Reeder nur gebrauchte Schiffe kaufen.

Begünstigt durch den Hafen haben sich einige für das Land wichtige Handels- und Fertigungsbetriebe in Mindelo angesiedelt, darunter die **Interbase,** die sich mit Fang, Lagerung und Verkauf von Thunfisch und Langusten beschäftigt.

Im neuen **Industrieviertel** in Richtung Flughafen lassen diverse europäische Firmen Schäfte für Schuhe und andere Halbfertigwaren der Leder- und Kleidungsbranche herstellen. Manufakturen für den einheimischen Markt waren nicht von großem Erfolg gekrönt, da es ein florierendes Schneidergewerbe gibt und Kleidung aus Ostasien konkurrenzlos billig ins Land kommt. Die hier produzierenden Firmen loben die Qualität der geleisteten Arbeit und die konstant gute Arbeitsmoral, klagen aber über hohe Kosten für Transport und Lagerhaltung.

In den Wintermonaten kommt etwa ein **Kreuzfahrtschiff** pro Woche und überschwemmt die Stadt mit älteren Herrschaften, die sich interessiert in der Altstadt umsehen.

Heute leben rund **70.000 Menschen** auf São Vicente, der Großteil davon in Mindelo. Gemessen an der Inselfläche ist São Vicente somit die am dichtesten besiedelte Insel.

Mindelo

Die **zweitgrößte Stadt Cabo Verdes** schaut zurück auf eine vergleichsweise kurze, aber ausschließlich städtische und internationale Tradition und hat keinerlei ländliche Elemente. Das bringt ihr den wenig stimmigen Ruf einer **„heimlichen Hauptstadt"** ein. Mit etwa **60.000 Einwohnern** ist Mindelo eine quirlige und dennoch überschaubare Metropole. Hübsche pastellfarbene Gebäude der Altstadt wecken Erinnerungen an englische und portugiesische Einflüsse während der Blütezeit – teils verblichen, teils frisch renoviert. Mit ihrer palmenbestandenen Uferstraße, den großen Plätzen und breiten Straßen zeigt die Altstadt, dass sie wie „aus einem Guss" in einer nur 50 Jahre währenden Gründerperiode errichtet wurde. Malerisch schmiegt sich die **Altstadt** in die weite, von Sandstränden und dem Hafen gesäumte Bucht, geschützt von rötlichen Bergen. Das klassische Panorama über der Bucht wird gekrönt vom **Monte Cara,** dessen Kontur ein Männergesicht formt und von den Amerikanern auf den Dampfschiffen recht treffend „Mount Washington's Face" getauft wurde.

Vom **Fortim d'El Rei** (Königsfort) auf dem **Hügel Alto de S. Nicolau** genießt man einen beeindruckenden **Panoramablick** auf die Stadt, die Bucht, den Kanal und die Nachbarinsel Santo Antão. Das Fortim ersetzte zur Zeit der Stadtgründung eine ältere Befestigungsanlage in Monte, die den Hafen vor Freibeutern schützen sollte. Heute verfällt der Bau und dient verarmten Jugendlichen als Nachtquartier. Es ist nicht anzuraten, sich alleine oder in der Dunkelheit am Fortim aufzuhalten.

Die breite **Uferstraße** rund um die Hafenbucht lädt zu einem Spaziergang ein. Vom Ilheu dos Passaros grüßt der Leuchtturm die ein- und ausfahrenden Schiffe. Die ruhige **Bucht** ist ein beliebter **Treffpunkt von Segelyachten** aus aller Welt, die hier vor Anker gehen, sei es als Zwischenstation auf der Atlantiküberquerung oder als Versorgungsstopp auf einer Inselkreuzfahrt.

Stadtrundgang

Wir beginnen in der Beschreibung am Fischmarkt und wandern weiter nach Norden.

Oben: São Vicente für Wanderer – hoch über Baía das Gatas;
unten: Mindelo – Fortim d'El Rei

250_841sw Foto: re

250_144sw Foto: re

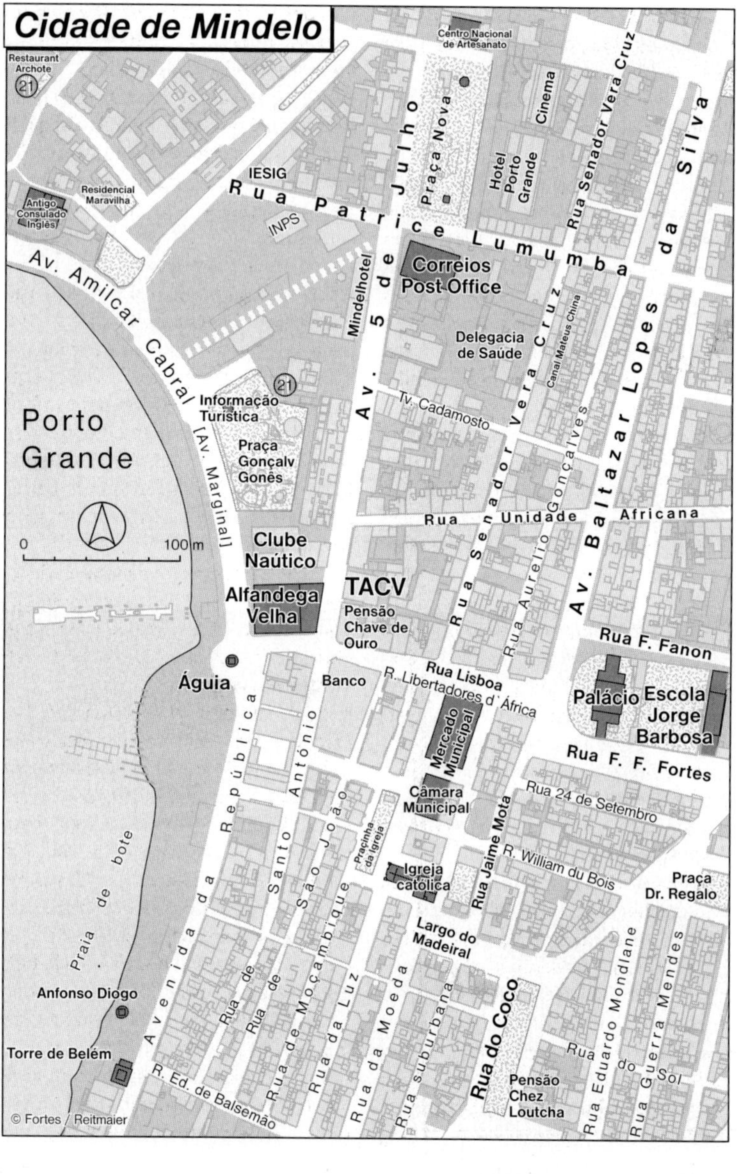
Cidade de Mindelo
Restaurant Archote
21
Centro Nacional de Artesanato
Praça Nova
Cinema
Hotel Porto Grande
Rua Senador Vera Cruz
Av. 5 de Julho
Rua da Silva
IESIG
Residencial Maravilha
Antigo Consulado Inglês
Rua Patrice Lumumba
INPS
Mindelhotel
Correios Post Office
Av. Amilcar Cabral
Delegacia de Saúde
Canal Mateus China
Av. Baltazar Lopes
21
Informação Turística
Tv. Cadamosto
Porto Grande
Praça Gonçalv Gonês
[Av. Marginal]
Rua Gonçalves
Rua Senador Vera Cruz
Rua Unidade Africana
0
100 m
Clube Naútico
Alfandega Velha
TACV
Pensão Chave de Ouro
Rua Aurelio
Rua F. Fanon
Águia
Banco
Rua Lisboa
R. Libertadores d`África
Palácio
Escola Jorge Barbosa
Mercado Municipal
Rua F. F. Fortes
Câmara Municipal
Rua 24 de Setembro
Avenida da República
Rua Santo António
Rua de São João
Pracinha da Igreja
R. William du Bois
Igreja católica
Rua Jaime Mota
Praça Dr. Regalo
Praia de bote
Largo do Madeiral
Rua de Moçambique
Rua da Luz
Rua da Moeda
Rua suburbana
Rua do Coco
Rua Eduardo Mondlane
Rua Guerra Mendes
Rua do Sol
Anfonso Diogo
Torre de Belém
R. Ed. de Balsemão
Pensão Chez Loutcha
© Fortes / Reitmaier

Der **Fischmarkt (Mercado de Peixe)** in seiner Urversion stammt aus dem Jahr 1928. Hier geht es lebhaft zu, wenn frischer Fang eintrifft. Kapitale Thunfische werden auf die Waage geworfen, zerlegt und kleinere Fische zu Hunderten geschuppt und fein säuberlich aufgereiht. Die Hausfrauen suchen alle nach dem besten Stück zum besten Preis, und das will lautstark verhandelt sein. Die ambulanten Verkäuferinnen mit großen Plastikschüsseln auf dem Kopf machen sich auf den Weg in die Wohnviertel. Ab und an kommt eine Frau mit einem Brett auf dem Kopf vorbei, auf dem ein halber Thunfisch liegt, dem ein großes Messer im Leibe steckt.

Vom Fischmarkt zweigt die Straße ab zur **Praça Estrela** mit vielen kleinen Verkaufsbuden, u.a. von afrikanischen Händlern vom Festland.

An den Fischmarkt schließt sich ein **Nachbau des Torre de Belém** an, eines der vielen „preiswert" wirkenden portugiesischen Monumente in aller Welt, die an die Gnade erinnern sollen, einst von den Portugiesen „entdeckt" worden zu sein. Der mit Zinnen verzierte klotzige Betonturm wurde 1918 begonnen und 1937 als Hafenmeisterei in Betrieb genommen.

Authentischer vermitteln die alten **Handelshäuser an der Avenida da República** (auch **Rua da Praia)** Einblicke in die Geschichte der Stadt. Das **Haus der Familie Figueira** gehörte einst Ship chandlers. Der klassische koloniale Verwaltungsbau, in dem sich z.Z. ein Supermarkt Seri Lopi befindet, war 1875 als **Hauptgebäude von Cory Brothers** gebaut worden.

In der Mitte des Kreisverkehrs mit Anschluss an die Rua Lisboa erinnert ein **steinerner Adler** an den ersten Südatlantikflug im Jahre 1922. Die Portugiesen *Gago Coutinho* und *Sacadura Cabral* legten auf ihrem wegen verschiedenster Probleme drei Monate dauernden Flug in São Vicente einen Zwischenstopp ein, bevor sie ihre Reise nach Brasilien fortsetzten.

Im ehemaligen Zoll (**Alfândega Velha**) ist das **Centro Cultural do Mindelo** mit wechselnden Ausstellungen, Buchhandlung und Cybercafé untergebracht. Weiter auf der **Avenida Amilcar Cabral** kommt man zum Kiosk der Reiseinformation mit Karten, Postkarten, Briefmarken, Telefonkarten, Abfahrtszeiten und allem, was der Reisende sonst noch braucht oder fragen will.

Weiter geht es zum Fährhafen, Handelshafen und schließlich an die **Bucht von Matiota.** Hier gibt es ein paar nette einfache Freiluft-Restaurants am **Stadtstrand von Laginha.**

Biegt man beim Adler ein in die **Rua Lisboa,** dann betritt man das Herz Mindelos. In den kleinen Cafés hört man es angeblich schlagen. Rechts säumt das erste Bürgermeisteramt von 1858, heute **Biblioteca Municipal,** den Weg. An die Bank und einige andere klassische Bauten schließt sich die **Markthalle** an. Der Grundstein war anlässlich der Ankunft des ersten Transatlantikkabels 1874 gelegt worden. Der von innen lichte, überdachte Bau mit seinen aufgeräumten Ständen für Obst und Gemüse entspricht nicht mehr dem pavillonartigen Original, sondern entstammt einer viel späteren Erweiterung mit

02240087sw Foto: re

Mindelo –
Kirche Nossa Senhora da Luz

nach außen sichtbarem salazaristischem Pomp. Über Treppen erreicht man die **Galerie** im Obergeschoss, wo sich Geschäfte (Handwerk, Kleider), Friseur und ein gutes Musikgeschäft befinden. Von oben hat man einen guten Überblick über die Halle.

Weiter in der Rua Lisboa schaut man auf den **Palácio,** den einstigen **Gouverneurspalast.** Ähnlich wie der Markt hat auch er erst 1934 seine heutige zweistöckige Form gefunden mit Anleihen aus der Architektur indischer Repräsentationsbauten. Zuvor war er seit 1879 ein einstöckiger Hallenbau, den die Engländer als Music hall schätzten. Heute ist hier das Gericht provisorisch untergebracht. Dahinter beeindruckt die **Escola Jorge Barbosa** in harmonischem Ebenmaß mit Jugendstilfenstern.

Südlich der Rua Lisboa stößt man auf den Kirchplatz, **Pracinha d'Igreja,** den ältesten Teil der Stadt, und seine hübsche, in einer leidvollen Geschichte von einem halben Jahrhundert als Bauruine langsam gewachsene, erst 1863 fertig gestellte **Kirche Nossa Senhora da Luz.** Das **Rathaus, Paços do Concelho,** ist 1873 fertig geworden und basiert auf Planungen aus einer Zeit, als Mindelo Hauptstadt von Cabo Verde werden sollte.

Hinter dem Rathaus öffnet sich ein kleiner Platz. Die Figur einer alten Dame mit Wassereimer erinnert an die ursprüngliche Bestimmung des blockartigen Gebäudes: Es war das Endreservoir der von *John Miller jr.* gegründeten Wasserversorgungsgesellschaft **Águas do Madeiral.**

Von der Rua Lisboa zweigt nach Norden die breite **Avenida 5 de Julho** ab, an der sich Banken, die Pension Chave d'Ouro, das Büro der TACV, Aparthotel Avenida und Hotel Mindelo befinden. Sie führt direkt hinauf zur **Praça Amilcar Cabral,** auch **Praça Nova,** dem wichtigsten Platz der Stadt. Die gepflegte Grünanlage wird von der Front des großen Telecom-Gebäudes beherrscht. Dies ist, etwas überrenoviert, aber im Originalzustand, das 1907/08 gebaute **„New Building"** der britischen

Telegrafengesellschaft. Es ersetzte ein aus allen Nähten geplatztes kleineres Gebäude in Matiota. Ihm gegenüber, am anderen Ende der Praça, steht das **Centro Nacional de Artesanato** (s.u.), bedeutsam als historisches Radiogebäude, von dem aus die ersten öffentlichen Kundgebungen einer wachsenden kapverdianischen Identität verbreitet wurden. Auf dem Praça flaniert allabendlich die Jugend und am Wochenende halb Mindelo, um zu sehen und gesehen zu werden, um die kleinen Neuigkeiten des „Wer-mit-wem" auszutauschen, sich zu amüsieren und zu verabreden. Dabei geht die Menge immer in einer Richtung im Kreis herum. Manchmal spielt auch heute noch die Blasmusik, und die kleinen Kinder tanzen Ringelreihen.

Zu einem Besuch in Mindelo gehört eine **Noite Cabo Verdeana.** In einfachen wie in gehobenen Restaurants spielen einheimische Musiker live zum Abendessen. Nachdem die arbeitenden Bürger von Mindelo und europäische Gäste zumeist schon erschöpft waren, bevor die Musiker gegen 23 Uhr eintrafen, hat sich der Zeitplan geändert und Abendessen und Musik beginnen recht pünktlich zwischen 20 und 21 Uhr. Es ist unmöglich, die ständig wechselnden Restaurants, Musikgruppen und Termine zu überblicken und völlig sinnlos, sie in einen Reiseführer aufzunehmen. Die Restaurants verteilen kleine Mitteilungen, u.a. an Pensionen, Hotels und die Touristeninformation, so dass man am besten dort nachfragt. Wo Musik und Essen gut sind, muss man einen Tisch vorbestellen (lassen).

Nationales Zentrum für Kunsthandwerk

- **Centro Nacional de Artesanato**
Praça Amilcar Cabral, Mindelo, Tel. 2315362

Bei einem Besuch dieses Kunsthandwerkszentrums gewinnt man einen **guten Eindruck vom lokalen Handwerk Cabo Verdes.** Die Ausstellung im Museum umfasst Töpfereien, Keramik, Korbwaren und Flechtarbeiten, Batikstoffe und Webteppiche sowie Holzschnitzereien und Malerei. **Gebrauchs- und Ziergegenstände** werden **zum Verkauf** angeboten. Zuweilen kann man die Handwerker auch bei ihrer Arbeit im Innenhof beobachten. Am eindrucksvollsten sind die farbenprächtigen Wandteppiche, die nach Vorlagen von Künstlern an traditionellen Webstühlen mühevoll aus Wolle gewebt werden. Die Gemälde werden dabei originalgetreu übertragen, und die Exemplare können, je nach Größe, weit über 500 Euro kosten, was sie allemal wert sind.

Im Artisanat wird kapverdianisches Kulturgut bewahrt und gepflegt, es ist die **einzige umfassende Sammlung von Kunsthandwerk auf den Inseln.** Vor allem alte Leute auf den Inseln beherrschen noch die überlieferten Techniken im Weben, Färben, Spinnen, Flechten und Schnitzen. Doch sie leben und arbeiten meist abseits in entlegenen Dörfern und fertigen auf Bestellung diesen oder jenen Gebrauchsgegenstand. So ist es für die breite Bevölkerung oft mühsam und erfordert langes Suchen, einen der schönen Reiskörbe oder einen Holzmörser zu erstehen. Eher selten gelangen Handwerksprodukte auf den Markt. Es ist daher begrüßenswert, dass in diesem Museum mit viel Idealismus (und wenig Geld) auch eine **enge Zusammenarbeit mit Schulen und Kooperativen auf anderen Inseln** erfolgt, wodurch das traditionelle Handwerk wiederbelebt und gefördert wird. Vor allem den jungen Leuten, die aufgrund ihrer Arbeitslosigkeit und geringen Zukunftsaussichten resignieren, sollen damit neue Perspektiven aufgezeigt werden, nicht zuletzt unter dem ökologischen Aspekt, dass sich Naturmaterialien für Gebrauchsgegenstände weit besser eignen und weniger Müll verursachen als importierte Plastikwaren.

Aufmerksamkeit verdient auch die Malerei kapverdianischer Künstler. Doch oft arbeiten auch diese irgendwo auf den Inseln vor sich hin, ohne genügend Würdigung zu erfahren.

Ausflüge von Mindelo

Monte Verde (750 m)

An wolkenlosen, klaren Tagen bietet sich ein lohnender Ausflug auf den **höchsten Gipfel der Insel,** den Monte Verde (dt.: Grüner Berg), an. Dieser erodierte Vulkan aus Lavaströmen und Tuffschichten weist tatsächlich in höheren Lagen etwas Vegetation auf.

Die Fahrt führt von Mindelo aus Richtung Osten und durch die Vororte auf die Straße nach Baía das Gatas, bis nach 4 km rechts der Abzweig zum Monte Verde folgt. Unweit davon liegt die große, weiße **Casa Velha** mit Restaurant und Bar am Fuße des Berges, die aber nur in den Sommermonaten und im Dezember/Januar geöffnet hat. Von hier aus kann man zu Fuß gehen oder aber auch im Fahrzeug bis zum Gipfel hinauffahren. In zahlreichen Serpentinen windet sich die relativ gute Straße hinauf, und je höher man kommt, um so besser wird der Ausblick. Die Straße endet auf dem Hochplateau an einer Station mit Parabolantennen und Sendemasten für Radio, TV und Telekommunikation. An klaren Tagen hat man von hier aus einen herrlichen Panoramablick auf Mindelo und den Hafen, auf die Buchten von Salamansa und Baía das Gatas, ins Inselinnere über den Steilhang zur Tiefebene und das Massiv von Madeiral sowie die Nachbarinseln Santo Antão und Santa Luzia und São Nicolau.

Baía das Gatas und Salamansa

Auf jeden Fall lohnt sich ein Abstecher nach Baía das Gatas zum **beliebtesten und sichersten Strand** im Nordosten der Insel.

Man verlässt Mindelo mit dem Fahrzeug in südöstlicher Richtung. Vom Vorort Bela-Vista zieht die Straße in den einst von Engländern bewohnten Ortsteil Lameirão über einen kleinen Pass am Fuß des Monte Verde und zur 12 km entfernten **Wochenendsiedlung Baía das Gatas** (Bucht der kleinen Katzenhaie). Ein herrlicher Strand mit gelbem Sand, der weit die angrenzenden

Mindelo (im Hintergrund der Monte Verde)

Hügel hinaufgetragen wurde, und das glasklare, flache Wasser laden zum Baden ein. Eine Felsenmole schützt die Lagune vor der offenen Brandung des Atlantiks, so dass **auch Kleinkinder sicher** baden können. Unter der Woche ist es sehr ruhig, am Wochenende kommen die Ausflügler aus Mindelo. Direkt am Strand bietet ein einfaches Restaurant Getränke und Snacks. Im Ort gibt es das größere Grillrestaurant Baía Verde und das Restaurant/Pension Take Away Atlanta. Etwas zurückgesetzt liegt die Bühne des seit 1985 jährlich am ersten Augustwochenende nach Vollmond stattfindenden **Musikfestivals** (s.u.). Am Ende der Bucht liegt eine Pier, die Zugang zum tieferen Wasser bietet.

Vor der letzten langen Geraden in der Ebene zweigt eine Stichstraße ab nach **Salamansa,** einem traditionsreichen Fischerort. Die Fischer haben ihre Boote in der Bucht von Baía das Gatas liegen, um schneller ins fischreiche Flachwasser in Richtung der unbewohnten Inseln zu gelangen. Sie gehören zu den ganz wenigen, die ihre Boote mit Segeln ausrüsten.

Diverse **Wanderungen ab Mindelo** führen **nach Salamansa und Baía** (gesamt 2½ Stunden). Von Baía das Gatas führt ein Weg **am Meer entlang nach Praia Grande de Calhau** und weiter in das Wochenenddorf Calhau (2½ Stunden). Die Strände von Norte de Baía, also in den Abschnitten zwischen Baía

248_639sw Foto: re

das Gatas und Praia Grande de Calhau, eignen sich wegen der starken Strömungen nicht zum Baden – sie sind hochgefährlich!

Calhau

Etwa eine halbe Stunde benötigt man mit dem Fahrzeug von Mindelo bis zum **18 km** entfernten Calhau im Osten. Die Straße führt quer durch die Insel und folgt der Ribeira de Calhau. Links sieht man den Monte Verde und an seinen Hängen das **Dorf Mato Inglês.** Etwas später zweigt rechts eine Straße zum **Dorf Madeiral** ab. Etwas weiter öffnet sich das Tal, und kleine, grüne Stellen verdanken sich dem Grundwasser, das von Windrädern gefördert wird. Calhau hat sich vom winzigen Fischerort zu einem schnell wachsenden Wochenenddorf entwickelt. Eine Emigrantenfamilie betreibt das **Restaurant Hamburgo** rund um die Woche im traditionellen, guten kapverdianischen Stil. **Chez Loutcha** hingegen, eine bekannte Fremdenverkehrs-Pension in Mindelo, betreibt ihre Dependance am Strand von Vila Miséria nur am Wochenende, dann aber mit Langusten, Live-Musik und Vinho verde.

Es gibt keine Übernachtungsmöglichkeiten in Calhau.

Für **Wüstenwanderer** ist Calhau ein lohnendes Ausflugsziel nach einer sechsstündigen Wanderung ab Mindelo über die **Selada de Baleia** und Feijoal Preto.

São Pedro

Der kleine Fischerort São Pedro liegt an einem riesigen weiten Sandstrand. Bei ruhiger See kann man im Westteil sehr schön baden, in der Nähe der **Hotelanlage Foya Branca.** In der Regel herrschen aber starke Brandung und heftiger Wind, so dass das Badevergnügen nicht immer garantiert ist wie in Baía das Gatas. Dann macht ein Spaziergang am Strand zwischen Krebsen, die vor den weit hinaufschäumenden Wellen flüchten, mit heftigem Wind um die Ohren, noch mehr Spaß! Der Strand ist **nie kindersicher!**

Die Anfahrt führt vorbei am Flughafen. Wenig später ist der Abzweig nach Westen zum Hotel ausgeschildert. Die Straße endet im Ort.

Im Dorf gibt es einen kleinen Laden und eine Bar. Ansonsten herrscht hier abseits der Betriebsamkeit Mindelos eine wundervolle Ruhe, die nur von der Ankunft der Fischer in ihren bunt bemalten Booten durchbrochen wird. Der Fang wird auf Autos verladen und zum Markt nach Mindelo gebracht.

Vom westlichen Ende des Strandes aus bietet sich ein hübscher **Spaziergang zum Leuchtturm Farol Dona Ana Maria** an (hin und zurück gesamt 1 Stunde).

Blick auf Calhau

Strände

São Vicente ist **nicht dezidiert als Bade- oder Wassersportinsel erschlossen,** obwohl alle Vorbedingungen gegeben sind.

Praia de Laginha ist der Stadtstrand in der Bucht von Matiota. Der Strand von **Baía das Gatas** ist am Wochenende belebt als Familienstrand, da er der einzige kindersichere Strand ist. Der Sandstrand **Praia Grande de Calhau** wird von den Sportlicheren und Jugendlichen bevorzugt. Der Strand von **Palha Carga** ist, wie kleinere Sandstrände der Südküste auch, nur zu Fuß oder mit dem Mountainbike über lohnende Wege zu erreichen. Der feinsandige **Lavastrand von São Pedro** ist besonders schön, aber häufig unsicher wegen heftiger Brandung und Strömungen.

Sport und Aktivitäten

São Vicente könnte ein Dorado sein für die Könner im **Windsurfen** und war auch schon Austragungsort für internationale Wettbewerbe im Geschwindigkeits-Surfen und ein Surfcamp mit guter Akzeptanz. Solange es aber keine Surfstation gibt und sich der Transport des Geräts mit den kleinen Maschinen der Inlandsflüge schwierig gestaltet, sieht man nur extrem selten einen Windsurfer. Ein Surfbrett-Verleih im Hotel Foya Branca an der Bucht von São Pedro steht nur den Gästen des Hotels zur Verfügung. Sobald eine regelmäßige Fährverbindung nach Sal kommt, steht auch die Ankunft der Surfer zu erwarten. Rund um die Insel gibt es gute Plätze zum **Tauchen.**

In São Vicente werden die **Segler** fündig, nicht nur mit der einzigen ganzjährig sicheren Ankerbucht des Landes, sondern auch mit Charter-Angeboten mit und ohne Skipper und erfahrenem Wartungs- und Reparaturservice. Die Angebote zum **Hochseeangeln** sind gleichermaßen professionell.

Angebote zum Hochseefischen

- **Billfish Club**
Berno Niebuhr
C.P. 427, Mindelo, São Vicente
Tel./Fax 00238/2315326
Handy 00238/9915748
E-Mail: berno@cvtelecom.cv
www.cape-verde-fishing.com

Angebote zum Segeln

- **Caboverde Sailing**
Nikolaus Hüwe
Steinkleestraße 41, D-60435 Frankfurt
Tel. 0049 (0)69 54801004, Fax 54801995
www.caboverdesailing.de
Zurzeit 5 sehr gut ausgestattete Yachten von 35 bis 40', mit Radar, Kartenplotter, EPIRB und windkraftgetriebener Meerwasserentsalzung. Je nach Verlangen und Vorkenntnissen der Gäste können diese mehr oder weniger aktiv mitarbeiten. Kurse im Einhandsegeln, Skipper- und Starkwindtraining werden angeboten.

Angebote zum Segeln vor Ort und zur Segeltechnik bei:

- **BoatCV**
Kai Brossmann
Büro im Clube Náutico
Avenida Marginal, Mindelo
Handy 00238/9915878

Praktische Infos

An- und Weiterreise

Mit dem Flugzeug

- Der **Flughafen** São Vicentes (Tel. 2323718, 2323717) befindet sich im Südwesten der Insel, 1 km von São Pedro, 10 km von Mindelo entfernt. **Auch Nachtflüge** sind möglich.
- **Flugverbindungen mit Sal** und **Santiago** täglich, mit **São Nicolau** zwei- bis dreimal wöchentlich.
- Im Flughafengebäude befindet sich eine Snackbar, jedoch keine Bank.
- Vor dem Flughafen warten **Taxis** auf die ankommenden Gäste. Die Fahrt in die Stadt kostet 700 ECV. Wer in größeren Hotels (Foya Branca, Porto Grande) gebucht hat, wird evtl. vom **Hotelbus** kostenlos abgeholt.
- **Fluggesellschaft,** Stadtbüro TACV, Av. 5 de Julho, Tel. 2321524, 2321528; Mo bis Fr 8–12, Sa 9–11.30 Uhr.

Fährverbindungen

- Handels- und Fährhafen **(Gare Marítima)** sind getrennt.
- **Täglich** bestehen Fährverbindungen **von und nach Santo Antão** mit der modernen „Mar d'Canal" oder der viel älteren „Ribeira de Paúl", beide ehemalige norwegische Inselverbinder. Die Fahrzeit beträgt ca. 1 Stunde, die Kosten 500 bzw. 300 ECV einfach. Tickets gibt es in in den jeweiligen Büros am Fährhafen. Fahrplan (ohne Gewähr) bei www.bela-vista.net/Faehre.htm
- **Zu anderen Inseln** verkehren die Fähren „Barlavento", „Praia da Aguada" und „Sotavento". Sie halten keinen längerfristigen Fahrplan ein, da sie mehr auf Fracht als auf Passagiere eingerichtet sind. Verbindliche **Auskunft** bekommt man zumeist erst 24 Stunden zuvor von Arca Verde, C.P. 153, R. Senador Vera Cruz 12, Mindelo, Tel. 2314979, Fax 2312055, oder bei der Agencia Nacional de Viagens, Mindelo, Tel. 2311115, 2321562, Fax 2321445, E-Mail: anvsv@cvtelecom.cv.
- **Am Hafen** stehen **Taxis** bereit, der Transport zum Stadtzentrum Mindelo kostet etwa

150 ECV. Man kann aber auch gut zu Fuß in die Stadt gehen.

Reisen auf der Insel

- Eine gut ausgebaute **Asphaltstraße** verbindet São Pedro und den Flughafen mit Mindelo. Gute **Pflasterstraßen** führen nach Calhau und Baía das Gatas.
- **In der Stadt** herrscht reger **Busverkehr** in alle Stadtviertel (25 ECV). Es verkehren viele **Taxis,** die man überall anhalten kann, so sie leer sind. Der größte Sammelplatz der Taxis liegt bei der Escola Jorge Barbosa.
- **Regelmäßiger Sammelverkehr** besteht ab der Stadt nach **Calhau** (ab Praça Estrela) und am Wochenende nach **Baía das Gatas** (ab Rotunda von Ribeira Bote). Es gibt jedoch nur sehr selten eine Verbindung zu anderen Regionen der Insel, so dass man sich für eine Fahrt nach Baía das Gatas, zum Monte Verde oder nach Calhau ein **Taxi oder Aluguer anmieten** muss, z.B. Mindelo – Baía das Gatas ca. 1300 ECV. Fragen Sie in Ihrem Quartier oder rufen Sie den Deutsch sprechenden Taxifahrer *Alberto Silveira* an (Handy 9924595).

Autoverleih

- **Alucar**
Dji d'Sal, Tel. 2325194, Fax 2315169, E-Mail: alucarsvrc@cvtelecom.cv.
- **Cabauto**
Largo Medina Boé, Tel. 2322800, Fax 2322812.
- **In den Reisebüros.**

Unterkunft

Mindelo

- **Mindel Hotel**
C.P. 844, Avenida 5 de Julho
Mindelo, São Vicente, Tel. 2328882
Fax 2328887, E-Mail: mihotel@cvtelecom.cv
Nahe Praça Amílcar Cabral; neues, unter italienischer Regie erbautes Geschäfts- und Stadthotel der gehobenen Kategorie, 74 Zimmer mit allem Komfort, Süßwasserpool, Restaurant, Bars; DZ ab 10.000 ECV.
- **Hotel Barceló Oásis Porto Grande**
C.P. 103, Praça Amílcar Cabral, Mindelo
S. Vicente, Tel. 2323190, Fax 2323193
Im Herzen der Stadt liegt das renommierteste Hotel Mindelos, das v.a. Geschäftsleuten und anspruchsvolleren Gästen als Unterkunft dient; 52 komfortable Zimmer mit Bad oder Du/WC, Telefon, TV, Klimaanlage, teils Balkon; Restaurant/Bar mit großer Terrasse, von der man den zentralen Praça überblickt, Swimmingpool, Diskothek; Preise saisonabhängig, DZ ab ca. 8000 ECV.
- **Aparthotel Avenida**
C.P. 120, Av. 5 de Julho, Mindelo, S. Vicente
Tel. 2321178, Fax 2322333
Kleines Mittelklasse-Stadthotel im nördlichen Teil der Altstadt an einer der belebtesten Straßen; 20 DZ mit Du/WC, Klimaanlage; Restaurant, Bar; DZ ab ca. 4200 ECV, recht komfortabel für den Preis.
- **Residencial Maravilha**
Mindelo, S. Vicente
Tel. 2323303, Fax 2322217
Auf der Anhöhe oberhalb des Hafens; gepflegtes kleines Hotel mit 6 hübsch eingerichteten Zimmern; DZ ab ca. 4000 ECV.

Hinweis zur Sicherheit

Achten Sie, wie in jeder größeren Stadt der Welt, auf kleine Gaunereien und Taschendiebe, und tragen Sie wertvollen Schmuck, Wertsachen und Kameras nicht offen zur Schau. Gerade in einer Stadt wie Mindelo, in der viele Menschen arbeitslos sind und selbst manche Kinder auf der Straße leben, fallen „begüterte" Touristen leicht auf, auch tagsüber. Besondere Achtsamkeit ist bei größeren Festivitäten wie Karneval oder dem Musikfest in Baía das Gatas geboten, auch auf Märkten oder nachts auf dem Praça, wo sich viele Menschen auf einem Platz drängen.

• **Residencial Jenny**
Alto São Nicolau, S. Vicente
Tel. 2328969, Fax 2323939
Top ausgestattete Pension mit traumhaftem Blick auf den Hafen und den Monte Cara; DZ ab ca. 4400 ECV.

• **Chez Loutcha**
C.P. 303, Rua do Côco, Mindelo, S. Vicente
Tel. 2321636, Fax 2321635
Im Zentrum von Mindelo gelegene, familiäre Hotelpension; 24 Zimmer mit Du/WC, Klimaanlage, TV, Telefon; gutes Restaurant mit kapverdianischer und senegalesischer Küche, zweimal wöchentlich Live-Musik; DZ ab ca. 2800 ECV. Die Kunsthandlung Arte Negra in der Stadt wird ebenso von den Besitzern des Chez Loutcha betrieben.

• **Residencial Sodade**
C.P. 38, Rua Franz Fanon 38, Mindelo
Tel. 2303200, Fax 2314019
E-Mail: sodade.sv@cvtelecom.cv
Familiär geführte Hotelpension mit Zimmern im Untergeschoss (preiswerter) und Parterre, jeweils Du/WC; das Restaurant mit Terrasse ist bekannt für seine gute Küche und seinen noch besseren Blick über die Stadt; gutes Preis-Leistungsverhältnis, DZ ab 2500 ECV.

• **Apartamentos Zeca de Marliso**
Alto de São Nicolau, S. Vicente
Tel. 2314740, Fax 2326718
Nagelneue Apartements über dem Hafen; großzügig mit eigener Küche! DZ ab ca. 4000 ECV.

• **Residencial Ché Guevara**
Av. Ché Guevara im gleichnamigen Wohnviertel, Tel. 2322449
Ruhige Pension nahe des Stadtstrands Laginha; Zimmer mit Du/WC; DZ ab 4000 ECV.

• **Residencial Laginha**
Laginha, Mindelo, Tel. 2325468, E-Mail: Residencial_Laginha@CaboVerde.zzn.com
In einer ruhigen Sackgasse 100 m vom Stadtstrand Laginha; sehr geräumige Zimmer mit Du/WC, Klima, Telefon, TV, Frigobar; DZ ab 3000 ECV.

• **Backpacker's Ritz – Residencial Hesperides**
Alto São Nicolau, S. Vicente
Tel. 2328688, Fax 2327372
Gute, sehr preiswerte Pension über der Hafenbucht mit Aufenthaltsräumen und Zugang zur Küche, Wäscherei u.a.m.; Gepäckaufbewahrung für Wanderer; Du/WC, TV, Telefon, Ventilator, Klima; DZ ab ca. 1500 ECV incl. Frühstück.

• **Residencial Melody**
Av. 12 de Setembro gegenüber dem Fußballstadion, Handy 9955993
Pension im Stadtzentrum mit großzügigen Zimmern, Du/WC; DZ ab 2500 ECV.

• **Pensão Dona Valentina Semedo Brito**
Av. Capitão Ambrosio, Mindelo, S. Vicente
Tel. 2312674
In der Nähe des Krankenhauses gelegen; sehr familiäre und freundlich geführte kleine Pension, erfahren mit Wanderern; Du/WC am Flur; DZ ab ca. 2500 ECV.

• **Residencial Complexo Fantastique**
Monte Sossego, S. Vicente
Tel. 2322573, 2322572
10 Zimmer, alle mit eigenem Bad, Frigobar, TV; Restaurant, Bar, Disco; DZ ca. 1500 ECV. **Suite für Dauergäste** mit 2 Schlafzimmern, Wohnküche; modern, zu Sonderpreisen.

• **Residencial Novo Horizonte**
Rua Senador Vera Cruz, Mindelo, S. Vicente
Tel. 2323915
Zentral gelegene Pension; 10 Zimmer, einfach und sauber; Restaurant und Bar; DZ ca. 1800 ECV.

• **Pensão Chave d'Ouro**
Av. 5 de Julho, C.P. 93, Mindelo, S. Vicente
Tel. 2328688
Älteste Pension der Insel in historischem Bau; 21 Zimmer mit Du/WC; Restaurant, Bar; sehr preiswert, DZ ab ca. 1500 ECV.

• **Pensão Atlantida**
Travessa da Igreja, Mindelo, S. Vicente
Tel. 2313918
Schlichte Pension; DZ ab ca. 1200 ECV.

Strand von São Pedro

• **Resort Hotel Foya Branca**
Tel. 2307400, Fax 2307444
10 km von Mindelo, 1 km vom Flughafen, 3 ha großes Areal mit 16 Bungalow-Zimmern und 6 Villen mit 2–4 Zimmern, alle mit TV, Telefon, Du/WC, Ventilator; Restaurant, Bar, Swimmingpool, Tennis, Fitnessraum; alle Einrichtungen nur für Hotelgäste; DZ je nach Saison ab ca. 10.000 ECV, Frühstück 750

ECV. Regelmäßige Fahrgelegenheit ins Stadtzentrum.

Strand von Baía das Gatas

● **Residencial Take Away Atlanta**
Tel. 2327500
10 km von Mindelo; ganzjährig geöffnet, Neubau, getrennt vom Restaurant, alle Zimmer mit eigenem Bad, Du/WC, TV.

Restaurants, Noites Caboverdeanas

Zahlreiche Restaurants aller Kategorien bieten ein umfassendes Spektrum: kapverdianische, afrikanische, chinesische, italienische und französische Küche.

Noites Caboverdeanas: Restaurantbesuch mit traditioneller Musik; die Nächte werden von den Restaurants veranstaltet und kennen zumeist keine feste Planung. Fragen Sie an der Touristeninfo oder Hotelrezeption!

Grundsätzlich: Es wird viel über das rege **Musik- und Nachtleben von Mindelo** geschrieben, auch darüber, dass vielerorts in der Musik- und Kulturstadt Live-Musik gespielt wird. Sicher geht es hier lebhafter zu als beispielsweise in Praia, aber um Enttäuschungen zu vermeiden: Nicht in jeder Kneipe werden jeden Abend die Instrumente gestimmt. Man muss sich kümmern, um herauszufinden, in welchem Restaurant wann eine gute Gruppe spielt. Die Rezeptionen der Hotels und Pensionen sowie die Touristeninformation sind zumeist gut informiert. Und man muss einen Tisch bestellen, wenn die Gruppe einen guten Namen hat. Noch ist das Musikleben Mindelos nicht wie auf Sal zur touristischen Folklore verkommen mit allabendlichen Aufführungen nach einem Geschmack, der nicht der des Landes ist.

In der Stadt

● Restaurants mit guter Küche finden Sie **in den Pensionen Sodade** (auch Terrasse), **Chez Loutcha** (euro-afrikanische und kapverdianische Küche, manchmal Live-Musik) und **Chave d'Ouro.** Schön sitzt man auf der Terrasse des **Hotels Porto Grande** mit Blick auf den Praça, Essen und Getränke sind aber relativ teuer.

● **Restaurant Archote**
Alto São Nicolau, Tel. 2323916; gemütlicher Aufenthalt auch im Freien, gute Küche, häufig Live-Musik.

● **Restaurante Nella's**
Rua Lisboa, im Obergeschoss über dem Café Lisboa, Tel. 2314320; kapverdianische Küche in guter Qualität in gepflegter Atmosphäre, häufig Live-Musik.

● **Restaurante O' Cordel**
Tel. 2315445, schräg gegenüber vom Präsidentenpalast; gute Küche, Restaurant für gehobenere Ansprüche, gute Atmosphäre, Preise angemessen.

● **Restaurante Tradisson & Morabeza**
Rua da Praia 45, Tel. 2324841, E-Mail: Tradisson@cvtelecom.cv; Terrassenrestaurant über den Dächern Mindelos (über der Shell-Tankstelle) mit herrlichem Ausblick auf die Bucht; gute Live-Musik und künstlerische Aufführungen; Essen und Trinken in gehobener Atmosphäre zu fairen Preisen. Reservieren!

● **Casinha dos Licores**
Av. Amilcar Cabral; Café mit Blick auf den Monte Cara und einer weltweit einmaligen Auswahl kapverdianischen Salz-Gebäcks, Kuchen, Süßspeisen, kleiner Gerichte, hausgemachter Liköre und Fruchtsäfte. Von außen unscheinbar über eine lange Außentreppe zu erreichen an der Avenida Marginal direkt hinter dem Kiosk der Touristeninformation.

● **My Coffee**
Nahe dem Pica Pau; gute Küche und ab und zu Live-Musik.

● **Ka tem**
An der Straße zum Präsidentenpalast links; Bar mit kleinem Imbiss, Straßenterrasse.

● **Beleza Morna Jazz**
An der Küstenstraße Av. Marginal; u.a. italienische Küche, ab und zu Live-Musik.

● **Complexo Fantastique**
Tel. 2322573, Monte Sossego; Nacht-Restaurant bei der Disco, geöffnet von 20–6 Uhr.

Außerhalb

● **Casa Velha**
Ca. 4 km außerhalb Mindelos Richtung Baía das Gatas, nahe dem Monte Verde, gelegen;

schöne Aussicht über die Stadt; sehr gute kapverdianische Gerichte, vor allem am Wochenende besucht, etwas teuer; vermieten auch einfache Zimmer.

- **Restaurante, Churrasqueira, Baía Verde**
Handy 9968470, Baía das Gatas, 10 km von der Stadt in der Wochenendsiedlung; gute kapverdianische Küche und Grillspezialitäten; montags Ruhetag.
- **Restaurante Take Away Atlanta**
Tel. 2327500, Baía das Gatas; gute kapverdianische Küche.
- **Restaurante Hamburgo**
Calhau, 18 km von der Stadt; gute kapverdianische Küche.
- **Restaurante Chez Loutcha Calhau**
Calhau, Ortsteil Vila Miséria; gute internationale Küche; nur am Wochenende geöffnet.

Nachtleben

Siehe auch einleitende Bemerkung bei „Restaurants, Noites Caboverdeanas".

Es gibt **sehr viele Diskotheken** in Mindelo, die sich aber erst gegen Mitternacht füllen; Betrieb meist am Wochenende und an Feiertagen, werktags ist wenig los. Wir listen hier nur die größeren:

- **Complexo Fantastique**
Monte Sossego; mit Nachtrestaurant und Residencial.
- **Astro**
Beim Residencial Amarante.
- **Cave,** Alto São Nicolau.
- **Disco Galaxe** (ex Pimm's)
Nahe der Praça Nova.
- **Disco Hi Step,** Fonte Inês.
- **Sirius Disco Dance**
Beim Hotel Porto Grande.

Reisebüros

Organisation von Rundfahrten, Schiff, Flug, Mietwagen, Unterkunft etc., auch auf anderen Inseln:

- **Cabetur**
C.P. 421, Rua Senador Vera Cruz 57, Mindelo, Tel. 2323847.
- **Tropictur**
Rua Patrice Lumumba 3, Tel. 2324188.

Touristeninformation

An der Avenida Marginal in der Hafenbucht steht ein kleiner blau-weißer Kiosk zur Touristeninformation. Hier bekommt man Auskünfte, Karten, Reiseführer, Postkarten und Briefmarken sowie Telefonkarten und anderen Kleinkram und kann in ECV oder Euro bezahlen.

Bitte beachten Sie, dass im Gegensatz zu europäischen Städten Mindelo niemanden anstellt und keinerlei Materialien bereitstellt, sondern die Betreiberin für den Kiosk Miete bezahlt! Auskünfte sind kostenlos, doch für Telefonate und Informationsblätter ist zu bezahlen!

Bank

- **Banco Comercial do Atlântico**
Mehrere Filialen; in der Stadtmitte in der Rua Lisboa und an der Praça Nova, Mo bis Fr 8–14 Uhr.
- **Caixa Económica**
Mehrere Filialen; in der Stadtmitte neben dem Aparthotel Avenida, Rua 5 de Julho, Mo bis Fr 8–14 Uhr.
- Geldwechsel **in den Hotels** möglich, jedoch zu ungünstigeren Kursen.

Post und Telefon

- **Postamt** an der Praça Nova im historischen „The New Building" der Telegrafengesellschaft.
- Flächendeckend **Kartentelefone** in der Stadt.
- Auch **von den größeren Hotels** sind Telefonate möglich, aber zu höheren Gebühren.
- Die **Nummern in Mindelo** beginnen mit 31 oder 32.

Der Präsidentenpalast in Mindelo

Polizei

- Avenida Dr. Alberto Leite, Tel. 2314631.
- **Notruf: Tel. 132**

Zeigen Sie jede Belästigung und jeden Diebstahl an! Nur so kann die Polizei ihre Aufgaben erfüllen.

Krankenhaus/Apotheken

- **Hospital Baptista de Sousa**

Zentralhospital des Barlavento, östlich vom Stadtkern, Tel. 2312355.
- **Mehrere Apotheken** in der Stadt.
- **Notruf: Tel. 130**

Einkaufen

Kunsthandwerk

- **Boutique Art-Negre,** Rua de Moeda, Mindelo, Tel. 2321638, 2321646 (von den Besitzern der Pension Chez Loutcha geführt).
- **Artesanato Mestre Pulù,** *José Manuel Faria de Andrade,* Rua Mestre Pulù, Tel. 2323249.
- **Atelier Bela Duarte,** Av. Manuel de Matos (Chã Cemiterio), Tel. 2315475.
- **Atelier-Mar,** sehr künstlerische und geschmackvolle Arbeiten, Tel. 2313269.
- Auch **im Obergeschoss der Markthalle von Mindelo** und im **Kunsthandwerksmuseum (Artisanato)** an der Praça Nova werden Kunsthandwerksgegenstände ausgestellt und zum Kauf angeboten.

Sonstiges

- Verschiedene **Supermärkte,** größere und kleinere **Läden** bieten so gut wie alles an heimischen und Importartikeln an, die es auf den Inseln gibt.
- Große **Markthalle** an der Rua Lisboa. Hier gibt es an Ständen das ganze Spektrum an Obst und Gemüse der Inseln, im Obergeschoss einige Kleider- und Souvenirläden, Friseur etc. Auf dem Markt bekommen Sie auch kleine, rote Malagueta-Schoten (Piri-Piri), die

São Vicente

244_430 Foto: re

Sie zu Hause mit Öl und Essig ansetzen können – so erhalten Sie das scharfe, typische Gewürz Cabo Verdes.

- **Filme** (auch Entwicklung) bei **Foto Djibla** in einer Nebenstraße zwischen Rua Lisboa und Praçinha d'Igreja.
- **Musik,** CDs, MCs gibt es im Obergeschoss der Markthalle, beim Hotel Porto Grande und im Centro Comercial Furnalha.

Feste

- Der kulturelle Höhepunkt Mindelos ist der **Karneval,** der hier seine landesweite Hochburg hat und unzählige Besucher von allen Inseln sowie Touristen in seinen Bann zieht. Er findet **zur selben Zeit** statt **wie in Europa.** Mehrere Tage lang ist die Stadt in Bewegung: Musik, Tanz und ausgelassenes Feiern werden gekrönt von einem farbenprächtigen **Umzug mit Prunkwagen und federgeschmückten Kostümen am Faschingsdienstag.** Das ganze Jahr über sparen die Karnevalsgruppen für die in detaillierter Handarbeit gefertigten Dekorationen, die eine kleine Version des Karnevals von Rio de Janeiro zu sein scheinen.

02240087sw Foto: re

Mindelo – Torre de Belém

- Das **Musikfestival von Baía das Gatas** gehört zu den großen kulturellen Ereignissen Cabo Verdes. Es findet jährlich **am ersten Augustwochenende nach Vollmond** statt. Ursprünglich entstand es aus einem spontanen Treffen lokaler Musiker, die sich hier einfanden, um gemeinsam zu spielen. Heute zieht dieses Fest zahlreiche Künstler aus der Musikszene des In- und Auslands sowie viele Besucher an: Man spricht von rund 20.000 Beteiligten. Der Strand wird zur Bühne: Auf einem Podest agieren die Bands und Interpreten aus Cabo Verde, Portugal, Westafrika, Brasilien und den USA. Die Besucher lassen sich auf dem Sandstrand für das Wochenende „häuslich" nieder zum Tanzen, Feiern, Essen, Trinken und Schlafen. Auch viele Touristen finden sich zu diesem Spektakel ein.
- Ein weiteres kulturelles Ereignis ist das jährlich **im September** abgehaltene **Theater-Festival Mindelact,** bei dem Theatergruppen von allen Inseln ihre Aufführungen darbieten.

Religiöse Feste

- **22. Januar:** Fest des Heiligen São Vicente, Stadt- und Inselfest.
- **3. Mai:** Fest zu Ehren Santa Cruz.
- **13. Juni:** Fest Santo António.
- **26. Juni:** Fest São João.
- **29. Juni:** Fest São Pedro.
- **5. Juli:** Tag der Unabhängigkeit, Nationalfeiertag.

Sonstiges

Wanderführer und -karten von São Vicente

- **São Vicente 1:50.000**
Lucete Fortes, Pitt Reitmaier, **Freizeit- und Wanderkarte** mit großem Stadtplan von Mindelo auf der Kartenrückseite und 36-seitigem **Stadt- und Wanderführer** in Deutsch und Englisch; Goldstadt Verlag, Pforzheim 2004, ISBN 3-89550-469-6 (Verkauf auch in Cabo Verde).

Santo Antão

Den nordwestlichen Abschluss des kapverdianischen Inselbogens bildet die Insel Santo Antão, die gebirgigste Insel Cabo Verdes und eine der landschaftlich eindrucksvollsten und schönsten – **die wildeste Insel ist zugleich die grünste.** Man hat fast den Eindruck, alle Landschaftsformen, die die Natur zu bieten hat, haben sich hier auf einer einzigen Insel vereint: zerklüftete Gipfel, schmale Grate zwischen Schwindel erregend tiefen Schluchten und Tälern, Vulkankegel in allen Schattierungen, wüstenhafte, steinige Mondlandschaften, kühle Waldregionen und üppigste Tropenvegetation inmitten von steilen Felsenküsten, an denen sich die Wellen des Atlantiks unaufhörlich brechen.

Der Inselrücken, der sich bis zu fast 2000 m aus dem Meer erhebt, wirkt wie ein Bollwerk gegen die weiße Gischt. Die **Berge** Santo Antãos halten tief segelnde Wolken fest, machen aus dem Nordosten der Insel die fruchtbarsten Täler und aus dem Pico da Cruz den schönsten Wald des Archipels.

Wild und unzugänglich zeigt sich die Natur, an manchen Stellen fast abweisend. An den Felsküsten bleibt nur wenig Platz für Strände. Badefreaks und Komfortsuchende müssen etwas länger suchen, um zufrieden zu werden. Botaniker und Geologen sind begeistert. Naturliebhaber und Wanderer wie wir kommen von Santo Antão nie wieder los und lernen den spröden Charme der wüstenhaften Regionen lieben.

Geschichte

Entdeckt wurde die Insel am 17. Januar **1462** von *Diego Afonso*. Schon in den ersten Jahren danach kamen ab und an Schiffsmannschaften, um Färberflechten zu ernten, doch die **ständige Besiedlung** ließ bis ins **17. Jahrhundert** auf sich warten. Die Kolonisation verlief vollkommen anders als im Sotavento. Weit abseits der Schifffahrtsrouten des Sklavenhandels gelegen und zum Export landwirtschaftlicher Güter ausersehen, verteilten die Grafen und Lehnsherren von Santo Antão (Familie *Conde da Cruz)* das Land an die Söhne von Landbesitzern aus Santiago und Fogo und an zahlreiche neue Einwanderer aus den portugiesischen Regionen Algarve, Alentejo und Minho. Ein direkter afrikanischer Kultureinfluss über Sklaven hat nie bestanden, und Lissabon praktizierte eine rassistische Siedlungspolitik, nach der möglichst wenig „Mulatten“ Eingang finden sollten. So werden die kreolischen Wurzeln immer wieder durch Einwanderer, Freie, Flüchtlinge und Verbannte, Soldaten, Schiffsbrüchige und hängen gebliebene Seeleute aus Spanien, Italien, Frankreich und Nordamerika ergänzt. Von

ka-f-378 Foto: fu

der einst lebendigen jüdischen Kultur zeugen noch die häufigen jüdischen Familiennamen, jüdische Friedhöfe wie in Ponta do Sol und Penha de França, der Ort Sinagoga und Handelshäuser in Ribeira Grande.

Auf die Färberflechten als wichtigstem Exportprodukt folgten die Purgiernüsse, aus denen Lampenöl, Kerzen, Seifen und Reinigungsöl für Maschinen hergestellt wurde. Am Zusammenfluss der Ribeira Grande und der Ribeira da Torre, zu dieser Zeit noch ein natürlicher Hafen, entstand die Siedlung (altport.: *povação*) **Povação da Cruz,** benannt nach der Grafenfamilie. 1732 erhielt sie Stadtrechte und heißt seither Vila da Ribeira Grande außer im Volksmund, wo sich „Povação" unverändert hält. Durch die **Privatisierung der Insel** im Jahr **1757** und den zwangsweisen Anbau von Wein für den Export wurden die Nahrungskulturen vernachlässigt. Nach weniger als 20 Jahren schlug die Natur zurück und nach einem Trockenjahr traten die Weinberge zusammen mit dem Regenwasser ihren Weg bergab an. Das Bachbett der Ribeira Grande stieg um zwei Meter, der einzige taugliche Hafen der Insel wurde verschüttet. Anschließend verhungerte in den Jahren 1773–75 die Hälfte der Bevölkerung und das Abenteuer der Privatisierung wurde rückgängig gemacht, indem die Krone die Insel an die Grafenfamilie zurückgab.

Ribeira das Patas
im Landkreis Porto Novo

Als die Insel 1867 in zwei Distrikte geteilt wurde, entstand der **Bezirk Paúl.** 1886 entwickelte sich eine liberal-bürgerliche Bewegung auf der Insel, die 1894 in Paúl niedergeknüppelt wurde. Die Landbesitzer von Ribeira Grande gebärdeten sich als besonders königstreu und pressten den im Gefängnis sitzenden Bürgerlichen ihr Land ab. Die Narben des Konflikts sind bis heute nicht verheilt.

Porto dos Carvoeiros war trotz einer großen portugiesischen Kaserne ein armseliges Fischerdorf von knapp 500 Einwohnern geblieben. Erst nach dem Bau der Hafenmole und der Straße übers Gebirge (1961) wird es 1962 in **Porto Novo** umbenannt und zum dritten Bezirk der Insel mit weniger als einem Drittel der Einwohner auf über zwei Drittel der Fläche.

Während die Stadt in den 1970er und 80er Jahren wie ein Flüchtlingslager anmutete, in das sich die Bauern aus dem völlig verdorrten Trockenfeldbau zurückgezogen hatten, mausert sie sich in jüngster Zeit zur größten Stadt der Insel mit allen städtischen Attributen.

Informationen zur Insel

Santo Antão ist mit einer **Fläche von 779 km²** die **zweitgrößte Insel Cabo Verdes** (nach Santiago). Sie liegt im äußersten Nordwesten des Archipels und ist die größte der Barlavento-Inseln. An ihrer längsten Stelle misst sie 43 km, an ihrer breitesten etwa 24 km.

Von Nordosten nach Südwesten erstreckt sich ein rund 1400 m hoher vulkanischer **Gebirgsrücken** mit den beiden höchsten Erhebungen **Coroa (1982 m)** im Südwesten und **Pico da Cruz (1584 m)** im Nordosten. Auf dem mittleren Gebirgskamm zwischen beiden Erhebungen liegt das zentrale, sanft hügelige Hochland mit der Chã de Lagoa, dem Espadaná-Krater und den Bergen von Maroços. Unterbrochen wird der Rücken durch eine tiefe Kerbe zwischen 800 m hohen Felswänden. Hier ist der Rand des größten Einbruchkraters der Insel, der Ribeira das Patas, nach Norden weggebrochen und mit den Kerbtälern von Alto Mira und Ribeira da Cruz durch den tiefer liegenden Sattel der Selada de Jorge Luis verbunden.

Die Gebirgskette wird in einem tief eingeschnittenen Erosionsrelief strahlenförmig aufgelöst, und steile **Täler** ziehen sich zur Küste hin: im Nordosten beginnend mit der Ribeira de Penede, gegen den Uhrzeigersinn gefolgt von den Tälern Ribeira da Janela, Paùl, Ribeira da Torre, Ribeira Grande, Ribeira da Garça, Ribeira de Figueiras, Ribeira do Alto Mira, Ribeira da Cruz und Ribeira da Água Margosa. Diese Kerb- und Kesseltäler mit bis zu 1000 m tiefen Einschnitten und senkrechten Felswänden sowie den vielen kleinen Seitentälern zeugen eindrucksvoll von der Kraft von Wind und Wasser im Laufe der Jahrmillionen. Meist trennen nur scharfe, schmale Grate, wenige Meter breit, die Täler voneinander. Ihr typischer Aufbau besteht aus Talsohlen und Hängen, die durch künstliche Bewässerung einen intensiven **Zuckerrohr- und Gemüseanbau** ermöglichen. Weiter oben wird **Trockenfeldbau mit Mais und Bohnen** betrieben, im oberen Bereich gehen die Talhänge oft in große, steile, nackte Felsflächen über. Während die kleinen Dörfer zumeist an steilen Felsrippen, vor Steinschlag und Erdrutschen geschützt, in die Höhe klettern, liegen die Hauptsiedlungen in den verbreiterten, schotterbedeckten Talsohlen und der Lavaebene des Südens.

Zwischen den nördlichen und nordöstlichen Tälern fällt die **Küste** schroff und steil zum Meer hin ab. Im Süden dagegen senkt sich das Gelände sehr viel sanfter ab. Durchfurcht von vielen kleineren Trockentälern gleiten die mit gleißend weißer Pozolana oder schwarzer Lava bedeckten, fast vegetationslosen Hänge hinab zu langen **Schotterstränden**.

Das größte ausgeprägte **Kesseltal** ist die **Ribeira das Patas** in der Inselmitte. Weitere tiefe Einschnitte bildeten sich in der Ribeira do Tarrafal de Monte Trigo und Ribeira do Monte Trigo im Westen.

In der Entstehungsgeschichte der Insel wechselten **Vulkanismus und Erosion** einander ab. Die nördlichen Berge und Steilhänge der Ribeiras sind von sehr alter Basaltlava geprägt, während man im Süden und Westen geologisch jüngere Vulkanschichten in schönen Braun-, Rostrot- und Ockertönen findet.

Durch das gebirgige Relief kommt es zu extrem **starken Klimakontrasten** auf kleinstem Raum. Durchschnittlich empfängt diese Insel nach Fogo die zweithöchste Niederschlagsmenge des Archipels. Die zentrale Bergkette bildet jedoch eine ausgeprägte Klima- und Wasserscheide, wodurch sich die ver-

244_613sw Foto: re

einzelten Starkregen (August bis Oktober) auf den **Norden und Osten** Santo Antãos konzentrieren, wo sich ein unerwartet **tropisches,** üppig grünes Bild bietet, während sich im **Süden und Westen** eine **wüstenhafte Mondlandschaft** ausbreitet. Nirgendwo auf Cabo Verde ist der Luv-/Lee-Effekt so eindrucksvoll wie auf Santo Antão. Steigt man im Sommer vom Pico da Cruz hinab nach Estança de Pedra, dann geht man lange Zeit auf einem Grat, zu dessen Nordseite der Tau aus den Bäumen tropft und reiches grünes Krautwerk gedeihen lässt, während zur Südseite absolute Trockenheit herrscht und derart heiße Schwaden aus den Basaltschluchten steigen, dass man meint, die Wimpern würden einem verbrennen.

Oft fällt der gesamte Jahresniederschlag nur an einigen wenigen Tagen. Die Wolken des Nordostpassatwindes werden am Kamm der Cova und des Pico da Cruz gestaut, lösen sich durch adiabatische Erwärmung nach Süden auf und bescheren Porto Novo ein ausgeprägtes **Föhn-Klima.** So schlägt sich in der Kammregion fast doppelt so viel Feuchtigkeit nieder wie an der Küste. Fährt ein Reisender nach Ankunft der Fähre durch sonnendurchflutetes, wüstenhaft vulkanisches Gebiet hinauf zum Cova-Krater, empfängt ihn dort oft eine kühle, feuchte Wolkendecke, welche

Delgadim – Passstraße von Porto Novo nach Ribeira Grande

die üppige, mediterran anmutende Vegetation in gespenstisches Licht taucht. Diesem Wolkenstau in der Gebirgsregion verdanken die **nordöstlichen Täler** ihre Fruchtbarkeit und machen die drei nordöstlichen Kesseltalsysteme zur **feuchtesten und grünsten Region Cabo Verdes.**

Der Klimakontrast wirkt sich auch auf die **Temperaturen** aus. Während der Süden und Westen der Insel trockenheiß sind und unter ständiger Winderosion leiden, sind der Osten und Norden im Jahresmittel um einige Grad „kühler". Im Hochland bemerkt man einen beachtlichen Temperaturrückgang, der vor allem in den Wintermonaten wärmere Kleidung erforderlich macht.

Santo Antão ist dank seines Klimas auch die **wasserreichste Insel des Archipels.** So versorgen viele Quellen und Brunnen die Bewässerungsanlagen *(Levadas)* der nordöstlichen Täler und deren Steilhänge, die sich besonders gut für Landwirtschaft eignen. Der Wasserfluss ist reguliert, und die Landbesitzer erhalten eine gewisse Zuteilung. Außerdem ist eine Reihe von Zisternen und Regenauffangbecken errichtet worden. In den Süd- und Westregionen der Insel muss die Bevölkerung stundenlange Wege zur nächsten Wasserstelle in Kauf nehmen. Man schätzt, dass der Wasserspeicher im Inneren der Insel die Bevölkerung auf viele Jahre versorgen könnte. Noch Wochen nach dem Regen erkennt man an der Färbung des Meerwassers, wie Grundwasser wie aus einem Schwamm abfließt. Bisher können diese Reservoirs nicht angezapft werden.

Die wichtigste Erwerbsquelle der Menschen auf Santo Antão ist die **Landwirtschaft.** Die Insel weist neben Santiago den größten Teil an Bewässerungsfeldbau auf. Dabei nimmt der Zuckerrohr-Anbau zur Schnapsproduktion mehr als die Hälfte der genutzten Fläche ein. Die Täler Paúl, Ribeira da Torre und die Seitentäler der Ribeira Grande sind der Garten Eden Santo Antãos, wenn nicht des Archipels. Obwohl auch diese Täler nur nach heftigen Regenschauern Wasser führen und ansonsten das Jahr über nur in Abschnitten einen Bach erkennen lassen, gedeiht hier aufgrund des günstigen Passatklimas das ganze Spektrum an **Obst und Gemüse** der Inseln: Bananen, Papayas, Mangos, Zitrusfrüchte, Maniok, Süßkartoffeln, Bohnen, Mais, Kartoffeln, Karotten, Kohl, Tomaten, Zwiebeln, Kürbis; selbst hochwertiger Kaffee wächst in den kühleren Höhen der Täler und wurde früher exportiert. In feuchten Hochlagen gedeihen auch Apfelbäume mit kleinen, aber im Geschmack starken Früchten, während der Baum gleichzeitig in Blüte steht. Ab und zu sieht man Tabakpflanzen in Hausgärten für den Eigenbedarf.

Santo Antão ist stolz auf seinen Grogue. Vernünftigerweise bemüht sich die Regierung, die **starke Monokultur des Zuckerrohrs** zurückzunehmen und den Gemüseanbau zu verstärken. Solange sich jedoch keine Modernisierung der Agrarverfassung in den bewässerten Tälern durchsetzt und die kleinfeudale Pächterwirtschaft weiterbesteht, ist aber keine wesentliche Änderung zu erwarten.

Die Landwirtschaft Santo Antãos ist schwer geschädigt durch den eingeschleppten **Tausendfüßler,** der zu Millionen die jungen Saatpflanzen und Knollenfrüchte befällt. Dieser Schädling kommt nur auf Santo Antão vor, und es gelten strenge Ein- und Ausfuhrbestimmungen für Pflanzen und pflanzliche Produkte.

Im Großteil Santo Antãos wird **Trockenfeldbau** betrieben. Das heißt: Warten auf Regen, Hoffen auf Ernte! Vorwiegend Mais, Bohnen und Straucherbsen (Kongo-Bohnen) pflanzen die Bauern im Hochland und in höheren Tallagen, daneben auch Süßkartoffeln.

In der Viehzucht dominiert auf Santo Antão die **Ziegenhaltung** zur Fleisch- und Käseproduktion.

Das **Straßennetz** hat sich in den letzten Jahrzehnten erheblich erweitert; heute leben weniger als 10% der Bevölkerung weiter als eine Stunde von der nächsten Fahrstraße. Während man als Arzt in den 1980ern noch drei von sechs Außenposten im Distrikt Porto Novo in stundenlangen Wanderungen besuchte und die gesamte Freguesia Santo André (Alto Mira, Jorge Luis, Ribeira da Cruz, Norte) keinen Meter Straße hatte, setzt man sich heute ins Auto und ist in längstens einer Stunde dort. Die Straßen wurden unter enormen Mühen und auf nahezu artistische Weise von Hand in die Felsen und Steilhänge gehauen. Jeder der Pflastersteine ist von Hand gearbeitet. Jedes Jahr wäscht der Regen einge Abschnitte weg und lässt die Arbeit von neuem beginnen. Die Leute auf Santo Antão sind Bergmenschen und legen stundenlange Wege zu Fuß zurück. Zum Transport dienen **Esel und Maultiere,** vieles wird auf dem Kopf getragen. Der intensive Straßenneubau hat teilweise zur Vernachlässigung der als Wanderwege idealen, jahrhundertealten Maultierwege geführt, die sich über Hunderte von Kilometern in oft atemberaubenden Serpentinen durch Felsen und Grate ziehen. Viele sind noch gepflastert, mit Trockenmauern gesichert. Die Bezirksverwaltungen haben den Wert des alten Wegenetzes für den Tourismus erkannt und verstärken die Bemühungen, es zu erhalten.

Die Insel ist in **drei Verwaltungsbezirke** *(Concelhos)* gegliedert: Den gesamten Süden, Westen und Nordwesten umfasst der flächenmäßig größte Bezirk **Porto Novo.** Die Bezirkshauptstadt Porto Novo ist die einwohnerreichste Stadt der Insel. Große Regionen wie Sul und Norte entvölkern sich zusehends, und die Menschen ziehen nach Porto Novo oder zumindest an die Straßen. Der Bezirk **Ribeira Grande** umfasst den Norden der Insel. Die größten Orte sind Vila Ribeira Grande und Ponta do Sol. Im Osten grenzt der Bezirk **Paúl** an, dessen Verwaltungssitz Vila das Pombas ist. Die Grenzen aller drei Concelhos haben nahe des Cova-Kraters einen gemeinsamen Berührungspunkt.

Mit rund **45.000 Bewohnern** weist Santo Antão nach Santiago und São Vicente die drittgrößte **Bevölkerung** aller Inseln auf, wobei auch hier eine andauernde Emigration auf andere Inseln und nach Übersee die Zahlen stagnieren lässt. Die Bevölkerung verteilt sich ungleich, die meisten der Bewohner leben im fruchtbaren Nordosten, während weite Teile im wüstenhaften Westen und Süden gänzlich aufgegeben wurden. Die Siedlungsstruktur der Insel ist vorwiegend **dörflich-agrarisch** mit einer großen Zahl isolierter Streusiedlungen. In den größeren Orten dominieren moderne Betonstein-Bauten und einige Elemente kolonialer Architektur. Auf dem Land liegen Einzelgehöfte oder kleine Häusergruppen, die oft noch in ursprünglicher Trockenbauweise aus kunstvoll aufeinander geschichteten Steinen gebaut und mit Zuckerrohr- oder Palmblättern gedeckt sind. Mit der erfolgreichen ländlichen Elektrifizierung ändert sich auch der Baustil rasch.

Dem vergleichsweise günstigen Klima und der Fruchtbarkeit des Bodens zum Trotz ist Santo Antão dennoch **eine der ärmsten Inseln des Archipels.** Die Bauern arbeiten in der Regel nicht auf eigenem Besitztum, sondern haben die Grundstücke von **Großgrundbesitzern** gepachtet, die teilweise auf anderen Inseln leben. Im Zuckerrohr wird ihre Arbeitskraft nur periodisch genutzt, so dass nur Kleinbauern auf eigener Parzelle aus dem Armutskreis ausbrechen können. Das meiste, was auf Santo Antão wächst und gedeiht, wird nach São Vicente und Santiago exportiert. Den Leuten auf der Insel bleibt wenig.

Vor allem Porto Novo leidet enorm unter **Arbeitslosigkeit** und kann ohne Arbeitsprogramme im Straßenbau und Erosionsschutz nicht überleben. Auch das Einkommen der Fischer ist bescheiden und fällt bei starkem Wind für Monate aus. Die Abhängigkeit von sozialen Programmen, finanziert von der Regierung und vom Ausland und von den Überweisungen der Verwandten in der Emigration, bleibt.

In den abgelegenen Tälern halten sich die Traditionen, auch wenn dank Satellitentelefon, Elektrizität und universaler Beschulung der Fortschritt nicht außen vor bleibt. Die **Menschen** dieser Insel sind gleichzeitig sehr ernsthaft und herzlich lebensfroh. Aus den Zeiten der französischen Besiedlung im 18. Jahrhundert haben sich Contradance und Mazurka als Gruppentanz zu französischen Kommandos erhalten. Die Geige und Gitarren gehören gleichermaßen zur traditionellen Musik. Bei den traditionellen Festen werden kleine, vor der Brust getragene Trommeln in raschem und scharfem Rhythmus geschlagen, und nirgends wird mit mehr Begeisterung Colá São João getanzt als auf Santo Antão.

Einwohnerzahlen (ca.)

Bezirk Porto Novo	**14.000**
Vila Porto Novo	5000
Bezirk Ribeira Grande	**23.000**
Vila Ribeira Grande	3000
Vila Ponta do Sol	1300
Bezirk Paúl	**8000**
Vila das Pombas	1100

Porto Novo

ka-f-385 Foto: fu

Im Tal Ribeira Grande

Die kleine Stadt ist zur einzigen Eintrittspforte der Insel geworden, nachdem der Flughafen stillgelegt wurde. Hier landen täglich die Fähren im nach Süden offenen **Hafen.** Eine hohe Mole schützt vor dem beständigen Nord-Ost-Wind und den Wellen, die er vor sich hertreibt. Sie erlaubt auch großen Schiffen mit Zementlieferungen und anderen Massengütern das Anlegen, doch Porto Novo ist von seiner Funktion her ein kleiner lokaler Hafen ohne Versorgungsmöglichkeiten im Schatten des gegenüberliegenden Porto Grande von São Vicente. In den Sommermonaten wird das Anlegen für die Fähren mitunter schwierig. Wenn südlich von Cabo Verde tropische Gewitterstürme toben, rollt eine gewaltige Dünung in die offene Hafenbucht und zerrt die Schiffe vor und zurück. Über den Rest des Jahres jedoch schützt die hohe Mauer gut gegen den Nord-Ost – sollte man meinen: Wir haben mehrere Jahre oberhalb des Hafens gewohnt und mehrmals gesehen, wie Sturmseen über sie hinwegfetzen können.

Geschäftiges Treiben herrscht jeweils bei Ankunft und Abfahrt der **Fähren.** Seit eine modernere Fähre auf dem Kanal unterwegs ist, werden die Gemüsekörbe, Bananenstauden, Grogue-Flaschen und was sonst noch kommt und geht nicht mehr von Hand verladen, sondern die Lkws verschwinden im Bauch der Fähre und die ehemaligen Hafenarbeiter schauen arbeitslos zu. Im modernen Hafengebäude in Form eines Schiffes mit Bullaugen gibt es nicht nur einen kleinen Touristenladen mit Souvenirs, Karten und Postkarten, sondern auch eine funktionierende Toilette.

Außerhalb des Fährbetriebes ist es völlig ruhig am Hafen. Nur sporadisch exportierte Porto Novo in früheren Jahren kleinere Mengen von **Pozzolano,** d.h. submarin geschichtete Bimssteintuffe mit hohem Siliziumanteil. Zusammen mit Zement ergeben sie einen hervorragenden Baustoff, der wasserfest abbindet. Der Export wurde 1970 eingestellt und danach immer wieder mit

190_129sw Foto: re

Wanderer in Paúl

Projektunterstützung gestartet, ohne Erfolg. Die regionale Konkurrenz, insbesondere auf den Kanaren, bietet Zement bereits mit Puzzolana vermischt so preisgünstig an, dass der Betrieb mit importiertem Zement nicht lohnt. So ist das Puzzolana-Werk nur noch ein Reservethema für Politiker im Wahlkampf, wenn ihnen die Arbeitslosigkeit in Porto Novo zusetzt. Das Thema Puzzolana ist auch in anderer Form stark mit der Armut verknüpft. Viele Familien, die vor der Dürre aus dem Inselinneren nach Porto Novo geflohen waren, wohnten in **Höhlen** im weichen Tuff. Zwei Tage genügten, um mit der Hacke einen igluartigen Hohlraum zu schlagen, in dem man dann für Jahrzente wohnen musste. Als Distriktsarzt hatte ich 1981 noch über 70 Familien in absoluter Armut in den Höhlen zu betreuen. Dank einer Initiative von *Aristides Pereira* war es im Folgejahr möglich, sie in Einfachbauten im Viertel mit dem bezeichnenden Namen Puzzolana umzusiedeln. Man sieht heute noch die ehemaligen Höhlen am Stadtrand, deren Decken von den Bewohnern zum Einsturz gebracht werden mussten, um eine Wiederbesiedlung zu verhindern.

Für **Touristen** ist Porto Novo in erster Linie eine Durchgangsstation. Noch trauen sich wenige Wanderer an die **Wüstenwanderungen** auf der westlichen Hochebene um den Tope de Coroa oder in die kleinen Täler im Süden, obwohl beide Reviere immer dann vorzuziehen sind, wenn Wolken den Nordosten ersticken.

Da der Ort in den letzten Jahren rasant gewachsen ist, verschwinden die wenigen pastellfarbenen alten Häuser im Kolonialstil zwischen vielen neuen, armen und reichen Betonbauten. **Alle städtischen Einrichtungen** sind vorhanden: Post, Bank, Supermarkt, Gemüse- und Fleischmarkt, Kneipen, Restaurants, einfache und komfortable Pensionen.

Nur wenige Bäume spenden Schatten vor der trockenen Hitze auf dieser Seite der Insel, und es weht ein **beständiger staubiger Wind** durch den Ort.

Über eine über dem Hafen beginnende, nach Osten ziehende Staubstraße gelangt man in etwa 20 Minuten zu Fuß nach **Escoralet,** einen weiten schwarzen **Sandstrand.** Hierher kommt man am Wochenende mit der ganzen Familie, Töpfen und Flaschen. Der kleinere der beiden Strände ist unter normalen Umständen kindersicher.

Porto Novo – Cova – Ribeira Grande

Nach Ankunft der Fähre am Hafen von Porto Novo warten Aluguers (Sammeltaxis) auf die Reisenden. Die meisten von ihnen fahren zum Hauptort Ribeira Grande auf der anderen Seite der Insel. Diese ungefähr **einstündige Fahrt** ist ein Erlebnis und führt **über die schönste Bergstraße Cabo Verdes** und durch eine spektakuläre Landschaft: Von Meereshöhe geht es auf einen 1300 m hohen Kamm und dann wieder hinunter ans Meer. Die Straße passiert dabei alle Klima- und Vegetationszonen der Insel.

Hinter Porto Novo windet sich die **kopfsteingepflasterte Straße** in Serpentinen über einen weiten, völlig trockenen Hang. Unterwegs fallen die unzähligen schmalen **Erosionsschutzstreifen** auf, die die Hänge überziehen. In mühevoller Handarbeit wurden die Hänge mit Gräben und Terrassen überzogen, Aloe und Sträucher gesetzt, um den Boden zu schützen. Nur wer über Jahrzehnte immer wieder diese Strecke fährt, kann beobachten, wie die hoch trockenresistenten Büsche dem lebensfeindlichen Umfeld widerstehen. Über Jahre werden sie vom Wind zerzaust, werden immer dürrer und bleiben doch grün. Gegen die Ziegen wehren sie sich mit Bitterstoffen und warten so auf den ersehnten Regen. Der kommt in Porto Novo nicht viel häufiger als zweimal pro Jahrzehnt. Tage später sprießen seit Jahren im Boden schlummernde Samen und geben den Hängen für einige Wochen den alpinen Charme des Allgäus. Die Büsche wachsen in dieser Zeit auf das Doppelte ihrer Größe, um anschließend erneut zu verharren.

Auf halber Höhe, auf etwa 670 m, erkennt man über der Schlucht in östlicher Richtung die **Ruinen des ehemaligen staatlichen Mustergutes von Mesa.** *Friedländer* beschreibt 1912 den Bau einer Wasserleitung aus Gusseisenrohren von der Quelle in Ribeirão Fundo nach Mesa und weiter bis Porto Novo. In den 1980ern noch war Mesa der beliebteste Wochenendausflug der Kinder, denn der große Bewässerungstank war das ideale Schwimmbad. Mitte der 1990er versiegte die Quelle, und Porto Novo hat seither keinen Tropfen Wasser, der nach internationalen Standards als Trinkwasser geeignet wäre, im Netz. Die gusseisernen Rohre mit den trichterförmigen Verbindungsstücken an einem Ende wurden bei Nacht und Nebel ausgegraben, und man sieht sie als Gerüste und in den Verschalungen auf den Baustellen der Insel.

Mit zunehmender Höhe mehren sich Sträucher und Pflanzen, bis plötzlich am Kamm ein **Wald aus Pinien, Kanarenkiefern, Zypressen und Eukalyptus** auftaucht und die Hitze einer angenehmen Kühle weicht. Auf dem Kamm in etwa 1300 m Höhe gelangt man an eine Straßenkreuzung. Das Landschaftsbild ändert sich schlagartig: Man wechselt von Lee nach Luv, sattes Grün tritt in den Vordergrund. Bei klarem Wetter kann man São Vicente und bisweilen weitere Inseln am Horizont erblicken.

Rechts führt ein Abzweig nach **Pico da Cruz,** dort ist mit 1450 m der höchste Punkt der Straße und ihr östliches Ende erreicht. Folgt man ihr, dann genießt man entlang der Straße einen fantastischen Tiefblick in die tropische Ribeira de Paúl. An ihrem Ende beginnen bzw. enden mehrere der schönsten Wanderwege der Insel.

Von der Kreuzung aus führt eine Straße schräg hinunter in den **Cova-Krater.** Die kreisrunde, ganz ebenmäßige Caldeira eines erloschenen Vulkans von etwa 800 m Durchmesser liegt auf etwa 1170 m Höhe und erscheint je nach Jahreszeit ausgedörrt braun oder im satten Grün des jungen Mais. Im Kraterkessel, unterhalb der Pedra Ratchada, entspringt die einzige ganzjährig fließende Quelle der Hochebene. Sie versorgt die bis zu einer guten Stunde abgelegenen Häuser der östlichen Hochebene und eine Baumschule, die Geburtsstätte des umgebenden Aufforstungswaldes. Der scharfe Grat des Kraters fällt nach außen hin jäh hinab in die nordwestlichen Täler von Paúl und Ribeira da Torre. Gespenstisch ziehen oft Nebel- und Wolkenschwaden aus diesen tiefen Tälern herauf und fallen sanft über die Einkerbungen in das Katerrund hinein.

Die **Hauptstraße** steigt am südlichen Katerrand auf bis zur Forstverwaltung von Água das Caldeiras und anschließend in dichtem Wald über den Pass. An der nächsten Kreuzung, in **Espongeiro,** zweigt die **Staubstraße nach Lagoa** ab. Sie durchquert die ganze östliche Hochebene *(planalto leste),* passiert den Ort Lagoa, führt am Krater von Espadaná vorüber und steigt auf nach Maroços, um von dort durch die Hügel von Lombos Anschluss zu gewinnen an den Maultierweg nach Figueiras – ein faszinierendes Tal ohne Straßenanbindung. Für Mountainbiker ist das ein schöner Ausflug und für Wanderer ein Einstieg in Richtung Figueiras – Alto Mira – Ribeira da Cruz.

Weiter auf der Hauptstraße geht es ununterbrochen steil bergab. Als größeren Ort mit weithin sichbarem Schulkomplex durchquert man **Corda.** Die Schwindel erregenden Serpentinen dieser Straße wurden in den 1950er Jahren bis 1961 von Hand in die Felsen geschlagen und erlauben nicht überall das Begegnen von zwei Fahrzeugen. Am **Delgadim** ist der Höhepunkt alpiner Straßenbaukunst erreicht. Bitten Sie den Fahrer, für ein paar Minuten aussteigen zu dürfen. Vom Grat, nicht breiter als eine Lkw-Achse, blickt man zu beiden Seiten in die Tiefe der Täler, im Osten die größere **Ribeira da Torre** und im Westen die schmale **Ribeira de Duque.** Der Blick fällt in die dahinter liegenden Seitentäler der **Ribeira Grande** und auf die beeindruckende Felswand von Orgãos. Es fällt nicht schwer, die Ängste des ersten Bischofs nachzuvollziehen, der Ribeira Grande Jahrhunderte vor dem Bau dieser Straße besucht hat. Da er weder im Wandern geübt noch schwindelfrei war, kamen seine Begleiter auf die göttliche Idee, ihn auf den Talgrund abzuseilen. Entgegen seiner Erwartungen ist er gesund angekommen.

Die letzten Kurven vor dem Meer geben den Blick frei auf Vila da Ribeira Grande.

Vila da Ribeira Grande

Die Mündungsbereiche zweier großer Täler, der Ribeira Grande und der Ribeira da Torre, vereinigen sich hier zu einem schotterbedeckten Küstenstreifen, an dessen Rand sich das Städtchen Vila da Ribeira Grande ausbreitet. An dieser Stelle der Insel nahm die Besiedlung Santo Antãos ihren Ausgangspunkt, und noch heute spielt sich hier das eigentliche Leben der Insel ab. Bananenhaine und Reihen einfacher strohgedeckter Häuser, die noch in den 1990er Jahren das Bild entlang der Einfahrtsstraße prägten, sind großen Schulgebäuden, dem erweiterten Krankenhaus und hübschen ziegelgedeckten Neubauten gewichen. Im Ortskern von „Povoaçao" erhalten die kolonialen Handelshäuser, alten Kirchen und verwinkelten Gassen den Flair vergangener Jahrhunderte.

Etwa **3000 Menschen** leben in Ribeira Grande, besuchen Markt, Bank, Post und eine Vielzahl von Ämtern und, nicht zu vergessen, die zahlreichen Kneipen. Bei Reisenden ist der Ort wegen der guten Verkehrsanbindung und dem sprudelnden Leben nicht als der komfortabelste, aber sehr **praktischer Stützpunkt** bekannt.

Deutlich erkennt man **drei Ortsteile:** Tarrafal auf der rechten Seite der Ribeira da Torre, der Ortskern Central oder Terreiro, und Penha da Franca, das sich am Fels zum Meer hinaufzieht. *Mariana da Penha da França* hat der Kapelle und dem Ortsteil ihren Namen gegeben. Sie wollte, nachdem ihr Mann, der vierte Conde da Cruz, in London ermordet worden war, 1724 die Insel per Hypothek an die Engländer vermachen, doch Portugal war damit nicht einverstanden.

Die wuchtige **katholische Kirche** mit winzigem Turm ist einige Jahrzehnte jünger. Zu Ehren der Schutzpatronin der Kirchengemeinde, *Nossa Senhora do Rosario,* wird einmal im Jahr ein großes Kirchenfest gefeiert. In der evangelischen Kirche spiegelt sich angelsächsisch-protestantische Tradition aus Nordamerika wider.

Die **Tankstelle** und der kleine **Hauptplatz** im Zentrum sind Ankunfts- und Abfahrtsort von **Aluguers in alle Richtungen.**

Enge Seitenstraßen, steile Treppen und kleine Gassen führen vom Hauptplatz aus durch den verwinkelten Ort. Gleich neben der Pension Aliança führt eine kleine Gasse zum Büro der Fluggesellschaft TACV und zur ebenso originellen wie netten Kneipe Cantinho de Amizade. Wer in Vila Ribeira Grande etwas Bestimmtes sucht, sei es ein Zimmer, Essen, eine bestimmte Ware, muss sich **durchfragen.** Denn wie überall in Cabo Verde ist kaum irgendwo ein Hinweisschild zu finden. In kleinen Hinterhöfen wird frisches Brot gebacken, ein

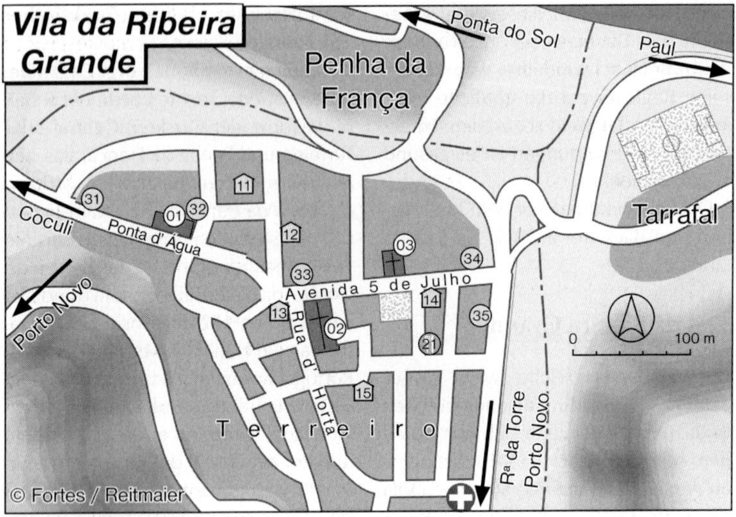

1 Escola histórica
2 Igreja católica
3 Igreja dos Nazarenos

Unterkunft

11 Hotel Tropical
12 Resid. Biby
13 Resid. 5 de Julho
14 Resid. Aliança
15 Resid. Marcos

Essen + Trinken

21 Cantinho d' Amizade

31 Caixa Económica
32 Polícia
33 Farmácia
34 Banco
35 Correios (Post)
36 SHELL

Privathaus dient als Gemüseladen, und die Papelaria verkauft die neuesten Postkarten.

Von Ribeira Grande aus führen **Straßen und Pisten in alle Richtungen:** nach Osten über die Schotterflächen des Mündungsbereiches der Ribeira da Torre nach Vila das Pombas (gepflastert), in die Ribeira da Torre und die Ribeira Grande (Pisten), nach Süden über den Grat zum Cova-Krater und Porto Novo sowie nach Nordwesten über eine an einer Steilwand verlaufende Küstenstraße nach Ponta do Sol. Nach einem der seltenen, heftigen Regenfälle können die Pisten in alle Richtungen überflutet sein, und man bleibt am besten, wo man ist. Wenn dieses spektakuläre Naturereignis eintritt, gehen Sie am besten mit den Leuten „Fluss schauen". Zu den Tälern hin ist die Ortsmitte von hohen **Flutmauern** umgeben, die Ribeira Grande vor der Urgewalt der Wassermassen nach starken Regenfällen schützen sollen.

Ribeira Grande – Ponta do Sol

Von Ribeira Grande aus windet sich die gepflasterte Küstenstraße an der steilen Felsenküste in nordwestliche Richtung. Trockenmauern schützen die dem Berg kunstvoll abgerungene Straße vor der Gischt der Brandungswellen. Am Ende der Straße, nach rund 5 km, erreicht man die Kleinstadt Ponta do Sol.

Ponta do Sol

Ponta do Sol liegt nicht nur **an der äußersten Nordspitze Santo Antãos,** es ist auch der nördlichste Punkt des Archipels. Nur ein paar hundert Meter ragt die Landzunge, auf der sich der **vielleicht schönste Ort der Insel** ausbreitet, aus dem Meer. Nachdem der Hafen von Ribeira Grande verschüttet war, war der denkbar schwierige, nur für große Ruderboote zugängliche Hafen der einzige in erreichbarer Nähe der Stadt. Bis zur Mitte des 19. Jahrhunderts siedelte sich ein kleines Fischerdorf namens Vila Maria Pia an. Jüdische Handelshäuser wuchsen am Hafen, und 1887 wurde der **Sitz der Bezirksverwaltung von Ribeira Grande** hierher verlegt. Gegen den ambitiösen Plan der portugiesischen Regierung, Mindelo zur Hauptstadt Cabo Verdes zu machen, verlegte der Gouverneur von Praia den obersten Gerichtshof des Barlavento ganz pragmatisch nach Ponta do Sol. Auf einer kleinen Anhöhe am Ortseingang steht inmitten eines riesigen Gartenterrains die Villa der Familie *Rochteau-Sierra,* erbaut um das Jahr 1800. Es entstand eine kleine, blühende Siedlung mit prachtvollen Kolonialhäusern reicher Familien und Verwaltungsgebäuden. Damals lebten **1000 Menschen** im Ort, etwas mehr als heute.

Nach der Unabhängigkeit ging es mit Ponta do Sol rasant bergab, und der Ort glich in den späten 1980ern einer zerfallenden Geisterstadt. Erst als die Grundstückspreise in Ribeira Grande wegen der drängenden Enge stiegen und man den touristischen Wert des offenen Blicks aufs Meer erkannte, wandte sich das Blatt. Aus der Alkoholikertankstelle auf dem vergammelten Praça wurde das Restaurant Esplanada. Neue Wohnhäuser und Pensionen ersetzten zerfallende Ruinen, das klassische Rathaus (1882) wurde renoviert. Luxemburg war so nett, die 1947 gebaute Enfermaria Regional (Pflegestation) mit ihren beiden weit geschwungenen Freitreppen historisch korrekt zu renovieren. Hier hat *Dr. Agostinho Neto,* der spätere Präsident von Angola, für einige Jahre als verbannter Arzt gearbeitet, bis er mit einem winzigen Boot von Ponta do Sol vor dem erneuten Zugriff der politischen Polizei nach Guinea floh. Die einfache katholische Kirche ist

250_514sw Foto: re

ganz im Stil portugiesischer Landkirchen gebaut und fügt sich perfekt ein. Nur die alten jüdischen Handelshäuser am Hafen stehen noch traurig abgestützt unter einfallenden Dächern und warten auf den Dornröschenkuss eines denkmalbewussten Investors.

Die Hauptstraße führt zum **Hafen.** Eine Mole schützt die kleine Hafenbucht vor der Wucht des Atlantiks, aber nicht selten überfluten die Wellen an Wintertagen mit großer Gischt die Mauer. In den Hafen selbst können nur kleinere Fischerboote einfahren, während größere oder Küstenfrachter draußen zum Be- und Entladen vor Anker liegen. Große Aufregung herrscht, wenn eines der Schiffe voll beladen mit Zement-, Mais- oder Zuckersäcken ankommt. Ruderboote bringen die Ladung nach und nach an Land, Frauen wie Männer tragen die schwere Last auf ihren Rücken über die Treppe zu den bereitstehenden Fahrzeugen. Die Fischerboote kommen oft in artistischer Manier in die schmale Hafeneinfahrt Boca da Pistola (Pistolenlauf) hereingerudert. Thunfische und andere Meeresschätze werden angelandet und zerlegt, und ab und an kommen Taucher mit Langusten an Land.

Vor den alten, abgeblätterten Lagerhäusern sitzen Gemüsefrauen, an der Hafenmauer sind Männer in ihr Oril-Spiel vertieft. Am Abend, wenn die bunten Boote höher an Land gezogen sind, versinkt die Sonne im Meer, an wolkenlosen und leicht bewölkten Tagen ein stimmungsvoller Anblick. Der Hafen lebt in der Vergangenheit, strahlt Beschaulichkeit und Ruhe aus, und es gibt kaum einen schöneren Ort, um die Wellen zu beobachten und die Stunden verfließen zu lassen.

Der **Flughafen Agostinho Neto** wurde 1983 fertig gestellt. Die 400 m kurze Asphaltpiste erscheint wie das Deck eines Flugzeugträgers. Nachdem die kleinen Twin Otters, mit denen Ponta do Sol angeflogen wurde, ökonomisch keinen Sinn mehr machen, liegt der Flughafen brach.

Als **sehr ruhiges, sauberes Städtchen** mit mehr Sonne und Blick aufs Meer als Ribeira Grande zieht Ponta do Sol die Reisenden an und entwickelt sich langsam langsam zum touristischen Zentrum der Insel. Es gibt hübsche **Privatzimmer** bei Gastfamilien, einfache und hotelähnliche Pensionen und seit 2003 ein kleines Hotel. Dazwischen verstecken sich unscheinbare **Restaurants** und **Kneipen,** in denen sich die Fischer treffen. Sogar eine **Disco** hat Ponta do Sol zu bieten, aber die öffnet nicht jede Woche.

Fontainhas

Spaziergang nach Fontainhas

Das unter steilen Felsen, geschützt auf einer Bergrippe klebende Dörfchen Fontainhas (deutsch: kleine Quellen) ist zu Recht **eines der beliebtesten Ausflugsziele der Insel.** In den Wintermonaten, wenn das enge Tal noch grün ist, ist es einer der bezauberndsten Orte Cabo Verdes. Dank Kleinbauernwirtschaft und Emigration sind die wirtschaftlichen Verhältnisse etwas stabiler.

Von Ribeira Grande kommend, lässt man sich bereits an dem kleinen Pass am Ortseingang absetzen und fährt nicht hinunter in die Stadt von Ponta do Sol. Hier zweigt die nur anfangs ganz leicht ansteigende, später am Hang traversierende Fahrstraße ab, so dass man sich nicht mehr verlaufen kann.

Wer in Ponta do Sol wohnt, sollte nicht versuchen, sich nahe am Meer bergauf zu schlängeln. Zum ersten geht der Weg nicht gerade durch, zum anderen kommt man mitten durch die Schweineställe. Sehr viel besser und mit ein bisschen historischem Anschauungsunterricht verbunden, geht es am Postgebäude in die hangaufwärts abzweigende Straße zum **katholischen Friedhof.** Der will meerwärts, an der Friedhofsmauer entlang, umgangen sein, so dass man zum **jüdischen Friedhof** gelangt. Ein felsiger Fußpfad steigt in der Falllinie auf bis zur Fahrstraße nach Fontainhas, der man meerwärts folgt. Sie schmiegt sich eng an die steilen Klippen und bietet einen herrlichen Blick aus beachtlicher Höhe auf den in der Tiefe tobenden Atlantik und zurück nach Ponta do Sol. Zwei- oder dreimal am Tag fährt hier ein Aluguer, doch sieht man vom Auto aus fast nichts von der Landschaft und blickt nur gebannt auf die im Zentimeterabstand vorbeiziehenden Felsvorsprünge und Begrenzungsmäuerchen. Nach etwa 3 km erreicht man den aus mehreren steilen Schluchten zusammenlaufenden Talkessel, in dessen Mitte Fontainhas **wie ein Adlerhorst auf einer Felsnase** thront. Über dem Dorf zieht sich ein alpinistisch anspruchsvoller Weg hinauf nach Manuel Joelho. Zum Meer hin öffnet sich eine malerische Bucht mit Sandstrand, jedoch ohne Bademöglichkeit. Über eine erste Treppe betritt man den Ort. Wendet man sich nicht zur Felsnase, sondern nach links, gelangt man zu einem leicht erhöht liegenden Laden, in dessen Innenhof man gemütlich, frisch aus dem Eisschrank, etwas zu trinken bekommt.

Von hier führt der Weg weiter bergab in westlicher Richtung, über den man in 4–5 Stunden **Cruzinha** und **Chã d'Igreja** erreicht (siehe unten). Als **erweiterter Spaziergang** lohnt es sich, **bis zum nächsten Sattel** zu gehen und auf das Dörfchen **Corvo** hinunterzuschauen. Die Hobby-Botaniker finden auf diesem Stück Purgiernusssträucher.

Durch die Ribeira Grande nach Garça

Das **breiteste, weiträumigste Tal Santo Antãos** ist das der Ribeira Grande. Mit fünf rechten Seitentälern erfasst es ein großes Einzugsgebiet, das nur noch von der Ribeira da Água Margosa der wüstenhaften westlichen Hochebene übertroffen wird. Nach Norden wird das Tal von den steilen Felsen von Orgãos zum Meer hin abgeschirmt. Auch wenn nicht jedes Jahr genügend Regen fällt, um den Fluss laufen zu lassen, fallen doch ausreichend Niederschläge, um aus den Seitentälern und der Ribeira Grande selbst eine dicht bewohnte, intensiv landwirtschaftlich genutzte Region zu machen. Auch halten die Felsen von Orgãos das Grundwasser zurück, und die Bauern können es mit Windrädern zur Bewässerung nutzen. Hauptsächlich wird **Zuckerrohr** gepflanzt, viele Zuckerpressen weisen auf die rege **Grogue-Produktion** hin. Daneben gedeihen auf den Feldern Bananen, Knollenfrüchte und Obstbäume, dazwischen Palmen, Tamarisken und Bougainvilleas.

Von Vila Ribeira Grande führt eine nagelneue breite Straße ins Tal hinein. Etwa 1 km hinter der Stadt liegt meerwärts am Hang eine **landwirtschaftliche Versuchsstation** aus der Kolonialzeit, 1992 mit holländischer Unterstützung großzügig renoviert. Hier werden Bauern mit neuen Anbaumethoden, Gemüseproduktion und Schädlingsbekämpfung vertraut gemacht. In Gewächshäusern und im Freiland werden verschiedenste Zuckerrohr- und Gemüsearten gepflanzt und untersucht.

Nach 2 km, an einem mehrstöckigen Haus mit Laden, ist die Einmündung der kleinen **Ribeira de Duque** erreicht. Sie ist intensiv landwirtschaftlich genutzt und zeigt wie in einem botanischen Garten in einem **sehr lohnenden ein- bis zweistündigen Spaziergang** (hin und zurück auf gleichem Wege) das ganze Spektrum der Nutzpflanzen der Insel. Geht man ab Vila da Ribeira Grande, wird daraus ein Halbtagesprogramm für die Gemütlichen und die Muskelkater-Kranken.

Hoch reichen die Hänge zu beiden Seiten, immer wieder passiert man kleinere **Häusergemeinschaften und Einzelgehöfte.** In der Ribeira Grande herrscht ständig Betrieb. Schulkinder, Esel mit Wasserkanistern und zahlreiche Aluguers kreuzen den Weg in diesem dicht besiedelten Teil der Insel.

Nach ungefähr 4 km erreicht die Straße den hübschen kleinen Ort **Coculi.** Wenige, eher kleinstädtisch anmutende Häuser gruppieren sich um die in der Mitte thronende weiße Kirche. Bei Coculi fließen die Seitentäler der **Ribeira de Figueiral** und der **Ribeira de Chã de Pedra** in der weiten Kiesebene zusammen.

Weiter talaufwärts wird der Talgrund sehr viel enger. Eine kleine Stichstraße verlässt den Talgrund und windet sich am nördlichen Hang hinauf zu den Häusern von **Boca de Coruja** und den mit einem traumhaften Bergblick gesegneten traditionellen Steinhäuschen für die Gäste der **Pedracin Village.** Wenig später zieht die Hauptstraße unter dem weiten Bogen des Aquädukts Ponte do Canal hindurch, bevor sich das Tal etwas weitet und Boca de Ambras Ribeiras (Zusammenfluss zweier Täler) erreicht ist.

Das zweite der Täler von Ambas as Ribeiras ist **Caibros,** das oberste der rechten Seitentäler der Ribeira Grande und besonders grün und reizvoll, wenn nach Weihnachten das Zuckerrohr in voller Blüte steht. Das Sträßchen ins Tal hinein hört schnell auf, so dass man einen **mehrstündigen Spaziergang** auch an der Weggabelung beginnen kann. Über den Talgrund und eine anschließende Steigung auf schlechtem Weg taucht man ein in das einsame Hochtal des Cavoc d'Tarref.

Die Hauptstraße verlässt den Talgrund, steigt über ein paar Kurven auf die rechte Hangschulter des steileren Oberlaufs der Ribeira Grande und erreicht so den Pass. Fast unmerklich hat man auf den zurückliegenden 9 km von der Stadt aus 700 Höhenmeter erreicht und genießt einen sehr schönen Rundblick auf die wildromantische **Ribeira da Garça.** Über die hier gute Serpentinenstraße durch Cabeçadas de Garça gelangt man rasch hinunter nach **Horta da Garça,** wo eine **große Brücke** die Schlucht überspannt. Sie ist in reiner Handarbeit im Rahmen der Ernährungssicherungsprogramme nach der Unabhängigkeit gebaut worden. Jeder Stein ist von Hand gebrochen und von den Frauen auf dem Kopf herbeigeschleppt worden.

Die Ribeira de Garça besitzt im oberen und unteren Abschnitt völlig verschiedene Charaktere, so dass es sich lohnt, von der Brücke aus sowohl bergauf als auch bergab weiterzufahren.

Garça de Cima (oberes Garça) ist ein nicht sehr enges Kerbtal, an dessen Hängen sich landwirtschaftliche Siedlungen hinziehen. Von der Unidade Sanitária de Base von Manta Velha aus führt ein **lohnender zweistündiger Spaziergang** (Hin- und Rückweg) zum alten Örtchen **Endriene.** Im 19. Jahrhundert hat es den Sohn eines französischen Siedlers, *André Eanes,* hierher verschlagen. Seinem Bruder, *Martin Eanes,* werden wir im Landkreis Porto Novo, in Martiene, begegnen.

Garça de Baixo (unteres Garça) beginnt mit einem Tal ganz nach dem Geschmack von Geologen und Karl-May-Lesern. Für beide ist es „aufschlussreich", denn das Wasser hat sich einen gewundenen Canyon mit hundert Meter hohen senkrechten Wänden durch mörtelartig verbackene Meeresmolassen gegraben. Wie grober Beton steigen die Wände an, mitunter hängt ein tonnenschwerer Klotz nur noch mit einem Drittel in der Wand, und man läuft unweigerlich etwas schneller. Die alluvialen Schichten sind mehrmals unterbrochen von Schichten vulkanischen Ursprungs, und mit etwas Fantasie kann man sich bildlich vorstellen, dass hier Bewegung war in der Erdgeschichte. Mit Urgewalt eingeschobenes Magma wurde von Aschenregen überdeckt, in denen man im Anschnitt tiefe Trichter sieht, auf deren Grund noch die Bombe liegt, die ihn geschlagen hat. Mit hoher Geschwindigkeit, gegen Ende der Ausbrüche, ist das leichte, dünnflüssige Puzzolana darüber geschossen, bis alles in die Tiefe und Ruhe der See abglitt und erneut mit Schottermassen überdeckt wurde. Auf dem Talgrund ist es still, kaum ein Wind zieht bis hier herab. Nur wenige Häuser sitzen wesentlich höher auf kleinen Vorsprüngen. Wir ziehen es vor, diesen Teil zu Fuß zu gehen und der Fantasie zwischen Geologie und Karl May freien Lauf zu lassen.

Weiter im Unterlauf ist der Talgrund breiter weggegraben, und nur links steht eine breite Hangschulter, die das Sträßchen in steilen Serpentinen erklimmt. Durch die grünen Felder von Chã de Igreja de Cima gelangt man rasch ins Dorf **Chã de Igreja.** Dank Emigration und der ganz einträglichen Landwirtschaft sind die Bewohner vergleichsweise gut versorgt und das kleine Haufendorf macht einen gepflegten Eindruck. Emigrantenfamilien haben die Chance des Wandertourismus ergriffen und bieten gute Zimmer und Verpflegung. Um frühmorgens auf die beliebte **Wanderung über Cruzinha und Fontainhas nach Ponta do Sol** zu gelangen, bietet es sich an, am Vortag durch Garça zu spazieren und hier zu übernachten.

In sanftem Abstieg erreicht die Fahrstraße den Friedhof, windet sich abenteuerlich zum Meer hinab und führt nach etwa 2 km in das kleine Fischerdorf **Cruzinha da Garça.** Über dem Hafen hat *Maria Martins,* die lange in Hamburg gearbeitet hat, eine Pension eröffnet, mit Restaurant, in dem alles vom Fisch, **So na Fish,** geboten wird. Als Staubstraße geht die Straße noch etwas weiter ins abgelegene Tal von Mocho, endet aber nach einer halben

Stunde Weges in Richtung Ponta do Sol, so dass genüssliches und ungestörtes **Wandern entlang der Küste** angesagt ist.

Ribeira da Torre

Von Vila Ribeira Grande führt eine Schotterstraße in die Ribeira da Torre, die für Spaziergänger wie für Mountainbikefahrer eine sehr **bequeme Tour in der Ebene** bietet.

Nach einer halben Stunde ist die Basis des pyramidenförmigen **Tope de Miranda** erreicht, der, wuchtig wie ein Turm, dem Tal seinen Namen gegeben hat. Vermutlich ist er ein Umlaufberg, geschaffen von den mäandrierenden Sturzwässern, die ihn schon von beiden Seiten umflossen. Hinter diesem Fels bei Marradouro rücken die Wände des Tals näher zusammen und es verjüngt sich zu einem schmalen Bachbett, das ganzjährig Wasser führt und die ehemals üppigen **Feuchtbiotope** der Ribeiras zeigt. Farne wachsen in dicken Büscheln an den Rändern, in den Pfützen tummeln sich Kaulquappen und Wasserkäfer, und von langen, aus den Felsen hängenden Kletterpflanzen tropft das Wasser. An den Taumelkäfern *(Gyrinus natator)*, auch Kreiselkäfer genannt, hat man als Beobachter besonderen Spaß; die Wasserfachleute sehen sie als Indikator für gute Wasserqualität. Rechts und links der Straße im Bachbett sind dauerhaft überflutete, präzise wie mit dem Lineal, Felder angelegt für Yams-Wurzeln mit ihren großen dunkelgrünen Blättern. Etwa auf halbem Weg bemerkt man links eine orangerote Bodenfärbung und weiße Ablagerungen. Es handelt sich um eine eisenhaltige Thermalquelle, die unter Papyrusbüschen zutage tritt. Über dem **Xôxô** genannten Kessel am Talende ragt der **Pico** hervor, eine ausgeprägte Felsnadel, um deren Basis sich die Häuser von **Lombo de Pico** scharen.

In Xôxô endet der gemütliche Teil der Reise nach rund 2 Stunden zu Fuß ab Ribeira Grande. Wer den Hin- und Rückweg scheut, reist mit dem Aluguer an und läuft zurück. Für die Fleißigeren

238_740sw Foto: re

Lombo de Pico

führt ein sehr schöner, aber zwischendurch sehr **steiler Weg hinauf nach Água das Caldeiras.** Weniger Höhenunterschied, aber sehr hohe Steinstufen sind zu überwinden, wenn man über **Lombo de Pico und Losná zur Hauptstraße Porto Novo – Ribeira Grande** bei **Chã de Mato** steuert.

Ribeira Grande – Vila das Pombas

Von Vila Ribeira Grande führt eine gepflasterte, gut ausgebaute Küstenstraße Richtung Südosten an der Steilküste entlang nach Vila das Pombas, dem Hauptort von Paúl. Unterwegs passiert man die kleine Siedlung **Sinagoga,** eine jüdische Gründung. Aus dem Namen ist zu schließen, dass hier zumindest acht erwachsene jüdische Männer gewohnt haben müssen, den mit weniger durfte keine Synagoge gegründet werden.

Auf einer felsigen Halbinsel zeugen die wie Kasernen anmutenden **Gafarias** vom unseligen Versuch Salazar-Portugals, alle **Leprakranken** des famosen Weltreichs auf Santo Antão zu konzentrieren zu einer Zeit, als taugliche Behandlungsmethoden bekannt waren und im Rest der Welt die Isolierung von Leprakranken aufgehoben wurde. Der Zugang zu Macht war offensichtlich einfacher als der zu minimalem Sachwissen. Nach dem Abzug des portugiesischen Militärs hat die Bevölkerung die Dachstühle sofort abgedeckt und „privatisiert", und die Leprakranken gingen nach Hause. Für die, die kein Zuhause hatten, dauerte es jedoch fast ein Jahrzehnt, bis sie kleine Häuschen im Dorf beziehen konnten. Alle waren Anfang 1981 bereits ausbehandelt und somit nicht mehr infektiös. Durch die fehlende Fürsorge in jungen Jahren waren sie jedoch schwerst behindert und entstellt. Sie sind inzwischen alle in hohem Alter gestorben, und die Geschichte lebt nur noch in den Erzählungen des Dorfs und der Angehörigen weiter.

Vila das Pombas

Etwa 6 km nach Ribeira Grande erreicht man Vila das Pombas, landläufig nach dem hier einmündenden Tal auch „Paúl" genannt. Es ist **Verwaltungssitz des Bezirkes Paúl,** der die nordöstlichen Täler bis hinauf nach Pico da Cruz umfasst. Nähert man sich der Siedlung von der Küstenstraße aus, so wirkt sie idyllisch und malerisch, zur einen Seite begrenzt von hohen Felsflanken, zur anderen von einer mit Kokospalmen gesäumten weiten Bucht, an der sich die Brandung bricht. Fährt man dann in den Ort hinein, erkennt man rasch, dass die Bewohner in einfachsten Verhältnissen leben. Der **Bezirk** Paúl ist **einer der ärmsten des gesamten Archipels,** trotz des überaus fruchtbaren Tales und der Fülle an Wasser. Andererseits zeugen einige wenige Häuser mit schönen Gärten hinter hohen Mauern von langjährigem Wohlstand. Reichtum und Armut liegen eng beieinander und haben gemeinsame Wurzeln. Einige **Grundbesitzer** verfügen über große Ländereien, die zum Anbau von Zuckerrohr genutzt werden. Zuckerrohr ist das Jahr über, außer zur Erntezeit, nicht sehr arbeitsaufwendig, das Endprodukt Grogue verdirbt nicht und findet guten Absatz auf allen Inseln. So kommen einige Grundbesitzer nur zur Ernte- und Destillierzeit, um die Arbeit zu überwachen. Die Gemüseproduktion ist im Gegensatz dazu sehr arbeitsintensiv, hat ein Absatzrisiko und nimmt für die Reicheren eine unbedeutende Stellung ein. Die meisten Leute verdienen sich als Pächter, Landverwalter, Tage- oder Saisonarbeiter ihr bisschen Geld, sind abhängig von einigen Begüterten oder arbeitslos.

Die Straße in den Ortskern führt über den Mündungsbereich des ausgetrockneten Flussbettes. Wenn es heftig regnet, wird dieses Flussbett zu einem unüberwindbaren Hindernis mit reißendem Wasser, so dass Vila das Pombas an einigen Tagen im Jahr völlig abgeschnitten sein kann.

Die Häuser gruppieren sich entlang der **Bucht** und um die kleine, weiß verputzte **Kirche,** die 1885 erbaut wurde. Sehr auffallend ist auch das hellblaue **Rathaus** aus der Kolonialzeit, in dem der Bürgermeister des Bezirkes waltet. Gleich neben dem Rathaus liegt die **Pension** des Ortes am Meer; hier gibt es auch eine kleine **Bar.** Die besseren Häuser haben hübsche, von Mauern umgebene Gärten, doch das Gros ist unverputzt, verfügt weder über Fließwasser noch über Sanitäranlagen. Der Strand ist mit grobem Kies bedeckt, auf dem Wäsche in der Sonne trocknet. Hier gehen nur an guten Tagen Kinder schwimmen, sonst ist die Strömung zu heftig. Grundsätzlich ist dieser Strandabschnitt nicht zum Baden geeignet.

Die **Leute** von „Paúl" haben einen ganz **eigenen Charakter,** sagt man. Sie leben noch sehr im Bewusstsein ihrer Traditionen, halten zusammen und sind, trotz ihrer Armut, gastfreundlich und lebensfroh.

Wer diesen begnadeten Flecken kennen lernen will, sollte das Tal **am besten zu Fuß** erkunden. Inzwischen sind die Wanderwege so genau kartiert und beschrieben, dass man eine gute Woche in Paúl wandern kann, ohne sich zu wiederholen. Am bekanntesten und in der Orientierung am einfachsten ist die Wanderung vom Cova-Krater bis zum Meer (Talbeschreibung siehe unter „Wanderungen").

Bei der Kirche in Vila das Pombas beginnt die gepflasterte Küstenstraße weiter zum 6 km entfernten **Dorf Janela.** Schaut man zurück, bietet sich nochmal ein weiter Blick auf Vila das Pombas. An dieser Straße unter weichem Fels hatten sich die Arbeitskolonnen zehn Jahre lang die Zähne ausgebissen, bis endlich mit schwerem Gerät die Unmengen nachbrechenden Materials ins Meer befördert werden konnten. Kurz vor Janela liegen die Häuser von Praia de Gi, wo nur ein Sisyphus-Tanz über grobe Kiesel zum Ziel führte in den Zeiten, als der Arzt noch zu Fuß von Paúl nach Janela zu den Sprechstunden ging. Janela besteht aus drei größeren Teilen. **Ribeira de Janela** ist eine Miniatur von Paúl mit Zuckerrohr in Pächterwirtschaft. **Fajã de Janela** thront oberhalb des Tals auf einer ansteigenden Hochebene. Große Bewässerungsanlagen zeugen

Grogue aus Santo Antão

Auf Santo Antão wird seit Anfang des 18. Jahrhunderts Rum, auf Crioulo „Grogue" genannt, in handwerklichen Betrieben zwischen den Zuckerrohrpflanzungen gebrannt. In großen offenen Fässern wird der frische Zuckerrohrsaft fermentiert, weshalb das gewonnene Destillat wasserklar ist im Gegensatz zum braunen Rum, für den bereits eingekochte Melasse verwendet wird.

Zu Beginn wurden die Schnapsbrenner unter Strafandrohung von den Behörden verfolgt, ein Amtsbescheid aus dem Jahre 1841 verbot die Herstellung von Schnaps aus Gesundheitsgründen und warb dagegen für den Anbau von Nahrungsmittelpflanzen. Das Verbot blieb damals jedoch ungehört und führte im Gegenteil zu heimlicher Produktion und illegalem Handel mit Schnaps. 1866 wurde eine Schnapssteuer eingeführt. Ein Amtsbescheid aus dem Jahre 1900 ordnete schließlich eine strenge Überwachung der Schnapsbrennereien an, da man die Produktion als solche nicht unterdrücken konnte.

Zur Herstellung eines qualitativ hochwertigen Grogues wie dem aus Santo Antão sind eine Reihe von besonders sorgfältigen Vorgängen nötig, die Arbeit ist hart und Schweiß treibend.

Zunächst wird in mühevoller Handarbeit das Zuckerrohr geerntet. Dabei werden nur Zuckerrohrstengel verwendet, die in Blüte stehen. Die Stängel werden von den Blättern befreit und mit einer Machete in ca. 50 cm lange Teile gehackt. Die Blätter selbst werden gebündelt, getrocknet und dienen später zum Abdecken von Häusern und natürlich zum Befeuern der Destillieröfen. In trockenen Jahren verwendet man sie auch als Tierfutter.

Die traditionelle **Zuckerrohrpresse (Trapiche)** ist eine Gerät aus drei Stahlrollen, die sich in entgegengesetzte Richtungen drehen und von einem Ochsenpaar oder Mulis angetrieben werden. Die Tiere bewegen mit Hilfe eines massiven Tamarindenastes (o.Ä.) ein Zahnrad, das die Rollen der Presse in Bewegung setzt. Zwei Männer geben die Stängel zwischen die Rollen, wodurch der Saft herausgepresst und in einem Behälter aufgefangen wird. Der Saft wird einerseits zur Herstellung von Schnaps, andererseits von Melasse verwendet.

Ein Mann treibt die beiden Tiere, die sich im Kreis um die Trapiche bewegen, an. Man nennt ihn „Kolador di boi". Manchmal hört man heute noch den typischen melancholischen Gesang der „Kola boi" zu dieser Tätigkeit, und es wird gesagt, man könne dabei Tränen in den Augen der Tiere aufsteigen sehen – ob wegen des traurigen Gesanges oder der mühevollen Arbeit, bleibt offen ... Die Themen dieser Lieder sind sozialer Natur, ihre Inhalte bringen den Alltag und die Existenznöte der Caboverdeaner zur Sprache. Manchmal vergisst der Besitzer des Zuckerrohrs aber auch, die Kehle der Arbeiter zu befeuchten, und der Ochsentreiber gibt ihm mit seinem Lied einen Hinweis darauf, woraufhin die Motivation der Leute durch eine Runde Grogue wieder gehoben wird.

Der ausgepresste **Saft wird in Holz- oder Plastikfässern** gelagert. Die Fermentierung dauert gewöhnlich fünf Tage. Der fermentierte Saft kommt dann in einen Kupferbehälter, der rund 200 Liter fasst. Vorher wird der **Kupferkessel** mit Zitrone und Asche gereinigt, mit heißem Wasser gewaschen und mit trockenen Zuckerrohrblättern und sauberen Tüchern ausgewischt. Wird der Destillationsprozess für mehr als 24 Stunden unterbrochen, muss der Kessel erneut gewaschen werden. Sauberkeit ist oberstes Gebot bei der Destillation. Dann wird der Kessel in einem Steinofen eingegraben, der mit trockenen Zuckerrohrblättern angeheizt wird. Der vergorene Saft wird in den Kessel gefüllt, und der Destillationsprozess kann beginnen. Alle Arbeit liegt nun beim „Heizer", denn für die Qualität ist eine gleich bleibende Temperatur wichtig. Der Saft wird etwa 1 Stunde gekocht und kondensiert dann entlang eines Rohres, an dessen Ende der fertige Grogue mit einem Kupfer- oder Holzkopf aufgefangen wird. Nun kommt der „Experte“ und prüft die Qualität, indem er eine geringe Menge in einem Glas kreist und etwas aufschäumt. Die Schäumung gibt Aufschluss über die Reinheit und den Alkoholgehalt. Zu Beginn entsteigen Methanol und andere Nebenprodukte, die verworfen werden. Gegen Ende des Destillationsprozesses lässt der Alkoholgehalt nach, weshalb dieser Grogue der nächsten Charge beigemengt und somit ein zweites Mal gebrannt wird.

Heutzutage werden die traditionellen Pressen weitgehend abgelöst von modernen, motorgetriebenen Pressen, die die Produktion wesentlich vereinfachen und beschleunigen. Der Brennvorgang jedoch blieb bis heute nach alter Tradition bestehen, und zur Zuckerrohrernte steigen aus allen Tälern der Rauch der Destillationsöfen und der Duft frisch gebrannten Grogues auf.

Ein großes und ungelöstes Problem der handwerklichen Rumbrennerei in Cabo Verde ist der Zusatz von importiertem Zucker. Kaum ein Hersteller kann sich dem Druck entziehen, da der Zucker die Produktionskosten erheblich drückt. Einige kommen fast ohne Zuckerrohr aus. In Santiago gibt es Brennereien, die rund ums Jahr arbeiten, bei denen man kein Zuckerrohr, aber jede Menge Altölfässer und Lkw-Reifen als Feuerung sieht. So dient den Kunden die ausschließliche Verbrennung der Zuckerrohrabfälle als Indikator für die Reinheit. Mit dem anfallenden Rohr kann man nicht viel mehr als den natürlichen Saft destillieren. Selbstverständlich haben auch die Schnapsbrenner inzwischen den kleinen Öko-Knigge gelesen und behaupten, sie würden auf andere Energien ausweichen, weil das gepresste Rohr hervorragendes Rinderfutter sei. Allein, es fällt schwer, Rinderherden in passender Größe zu finden ...

Guter und reiner Grogue ist selten geworden; man findet ihn nur bei wenigen Herstellern zu deutlich höheren Preisen.

noch von besseren Zeiten, doch heute ist die Landwirtschaft nahezu eingestellt. Wer bei den Grundbesitzern im Tal Arbeit findet, schätzt sich glücklich. Weithin sichtbar, am Ende der Fahrstraße, liegt auf einem Kap **Pontinha de Janela,** wo man vom Fischfang und ein bisschen Emigration lebt. Hierhin ist die schon zuvor extrem arme Hirtenbevölkerung von **Aguada de Janela** umgezogen, so dass sich der Eindruck von offensichtlicher Armut weiter verstärkt.

Ein ehemals sehr guter Maultierpfad führt hinaus zum **Leuchtturm Fontes Pereira de Melo** an der Landspitze gegenüber dem **Ilheu de Boi** (Stier-Inselchen). Der **sehr lohnende Spaziergang** dauert 2–3 Stunden (Hin- und Rückweg) und ist in jeder Hinsicht problemlos.

Am Fußballfeld vor Pontinha de Janela führt eine Piste in die **Ribeira de Penede.** Die Zufahrt auf schlechter Piste ist nur einige hundert Meter möglich, man geht daher besser zu Fuß. Unweit der Mündung landeinwärts liegt mitten im Flussbett ein großer **Felsblock mit Inschriften,** der Bewohnern wie Besuchern Rätsel aufgibt. Es wird gesagt, dass dieser Stein in früherer Zeit ganz plötzlich hier aufgetaucht sei, und niemand weiß, woher er wirklich kam. Un-

251_235sw Foto: re

erklärliche Gravuren, darunter Schriften und ein Kreuzzeichen, geben Anlass zu Spekulationen religiöser wie mystischer Art. Man spricht von einem magischen Kraftfeld, von Vorhersagungen, von einem heiligen Platz, von Kometen und bringt den Stein in Verbindung mit der Gottesmutter Maria, so dass er den Namen **Pedra da Nossa Senhora** erhielt. Alle Versuche, den Stein zu sprengen, so es denn je welche gab, seien gescheitert. *Richard Lobban* äußert in seinem Buch „Historical Dictionary of the Republic of Cape Verde" die Vermutung, dass es sich bei den Gravuren um Inschriften der ersten portugiesischen Ankömmlinge im 15. Jahrhundert handelt, die quasi ihre Landestelle markiert haben. Andere wiederum spekulieren von Westafrikanern, die noch vor den Portugiesen auf die Inseln kamen.

Die Ribeira de Penede ist Endpunkt einer schönen Wanderung vom Pico da Cruz über Estançia de Pedra und Sela da Silvão.

Hinweis: Es geistert ein **Gespenst namens „Wanderung Janela – Porto Novo"** durch die Reiseliteratur, offensichtlich immer wieder abgeschrieben und vermutlich nie überprüft. Wir kennen das Gebiet zwischen Janela und Porto Novo sehr gut durch die Vorarbeiten zu unserer Santo-Antão-Karte. Es ist **absolut unverantwortlich,** ob mit oder ohne Führer, jemanden in diese weglose, unerträglich heiße Lavawüste mit tiefen Schluchten zu schicken. Bei Vollmond stramm gegangen, mit bekannter Orientierung, nimmt die Strecke 10 Stunden in Anspruch; Verirren wäre lebensgefährlich – und sehr wahrscheinlich.

Tope de Coroa (1979 m)

Zentrales Hochland, Lagoa

Wie bei der Beschreibung der Straße Porto Novo – Ribeira Grande geschildert, zweigt in **Espongeiro** die Staubstraße nach Lagoa, Maroços und Figueiras ab. Im Osten der jungen vulkanischen Hochebene wurde sehr erfolgreich wiederaufgeforstet, insbesondere rund um die Siedlungen Espongeiro und Morro de Vento. Kleinere Vulkankegel ragen aus der im Westen immer trockeneren Landschaft, und nach dem Dorf Lagoa tritt man in den weiten, flachen Einbruchkrater von **Espadaná.** Nach einem kurzen, steilen Anstieg ist das Forstwächterhaus von Maroços erreicht, von wo es nur noch eine Stunde weitgehend weglosen Streifens durchs Gelände bedarf, um die **Gipfel von Maroços (1767 m)** zu besteigen. Von ihnen hat man einen enormen Tiefblick in die tiefen Kerbtäler der **Ribeira Fria** und **Ribeira dos Bodes** nach Süden und über die **Ribeira do Alto Mira** und die **Ribeira de Jorge Luis** hinweg bis nach Norte und zum **Tope de Coroa.**

Der westliche Teil der Hochebene und die weichen Gipfel von Maroços sind Rückzugsgebiete der Trockenvegetation der Höhen auf Santo Antao und sollen deshalb unter Naturschutz gestellt werden. Die Leute hier oben leben am Existenzminimum, ihr einziges Auskommen beziehen sie aus dem Verkauf von Ziegenkäse an der Straße in Espongeiro. Der Naturschutzgedanke bezieht die Interessen der Bevölkerung mit ein, nicht zuletzt weil der Ziegenverbiss Teil des schützenswerten Ökosystems ist. Als störender werden inzwischen die im Rahmen der Aufforstung in die Trockenlandschaft eingebrachten ortsfremden Sträucher und Begleitpflanzen gesehen.

Von der Hochebene gehen ein Dutzend schöner Wanderwege in alle Richtungen. Es würde den Rahmen eines allgemeinen Reisehandbuchs sprengen, diese hier beschreiben zu wollen.

Der Westen und Süden

Während die nordöstlichen Täler und spektakulären grünen Bergszenerien jeden Besucher Santo Antãos in Bann ziehen, begegnet man im wüstenhaften Westen und Süden der Insel **kaum** einem **Touristen.** Wer länger auf der Insel verweilt, ein Faible für **vulkanische Landschaften** oder die **Wüste** hat, wird auch diese Region erkunden wollen. Sie sind in dieser gewaltigen Ausprägung wie auf dem Campo Redondo, in den Bergen von Lajes und um den Tope de Coroa herum sonst nirgends in Cabo Verde zu finden. Doch sie sind schwieriger zu erschließen.

Wer nur einmal durch die grandiose Landschaft fahren will, dem sei empfohlen, sich für einen langen Tag ein **Aluguer mit Fahrer** zu **mieten.** Wer sich die Landschaften jedoch erwandern will, dem werden eintägige Touren nicht genügen, und er muss sich auf **mehrtägiges Trekking** unter einfachen Bedingungen und lange Strecken mit schwieriger Orientierung und viel Wasser im Gepäck einstellen. Bis nach **Norte** kann man seine Reise noch selbst organisieren. Auf den **Tope de Coroa (1979 m)** oder weiter nach **Monte Trigo** oder **Tarrafal de Monte Trigo** empfehlen wir nicht ohne Führer zu gehen.

Porto Novo – Ribeira das Patas – Alto Mira – Norte – Sul – Porto Novo

Die breite, gepflasterte Straße verlässt Porto Novo in Richtung Süden fast schnurgerade die Küste entlang. Hinter dem Ortsausgang gedeihen noch einige kleine Palmenhaine am Meer, dann wird das flache Küstengebiet endlos trocken und nahezu vegetationslos: **Wind, Sand und Steine.** Es überwiegen weite Flächen brauner und schwarzer Lava. Hier und da ragen kleine Vulkankegel als willkommene Orientierungshilfen hervor, Block- und Fladenlava, Schlacken, Tuffgeröll und Bimssteine überlagern sich wechselseitig und ergeben ein schwarz-braun-ocker-beiges Farbenspiel, das seinesgleichen sucht. Laut Geologen liegen auf dieser Seite der Insel die entstehungsgeschichtlichen Ablagerungen fast schulbuchmäßig an der Oberfläche. Küstenseitig sieht man stellenweise feinsandige schwarze **Wanderdünen,** die noch vor etwa 60 Jahren durch Vegetation befestigt waren. Ein Streifen Häuser zieht sich von der Ruine des Straßenwärterhäuschens *(Casa de meio)* zum Meer, eine kleine Ansiedlung an einem 1982 vorgetriebenen Wasserbohrloch. Der Verkehr ist spärlich, die Urlandschaft, in der nur hin und wieder ein paar Akazien oder Grashalme gedeihen, begleitet die Straße bis zur Brücke über die Ribeira das Patas, **Ponte do Sul.** Hier zweigt die Straße nach Sul, Tarrafal de Monte Trigo und Norte ab.

Sanft und geradlinig folgt die Straße der ansteigenden Küstenebene nahe dem Canyon zum ersten grünen Fleck, dem Dorf **Lagedos.** Durch dicke Puzzolanaschichten gräbt sich die Straße weiter bergauf, taucht durch ein Nebental und findet sich wieder in **Chã de Morte,** dem Hauptort von **Ribeira das Patas.** Der Blick geht durch das Rund der über den großen, nach Süden ausgebrochenen Einsturzkrater mit verschiedenen Nebentälern. Auf einer langen Geraden durch das Dorf hält man direkt zu auf die gewaltige Felswand oberhalb vom Ortsteil **Sírio.** Schwer ist der Maultierpfad zu erkennen, der in ununterbrochenem Aufstieg über 800 m bis zur **Bordeira de Norte** emporklettert. Hier steigen die Wanderer in die westliche Hochebene ein, gelangen nach 4 Stunden nach **Norte** und von dort auf den **Tope de Coroa** und nach **Monte Trigo.**

In weitem Bogen führt die Pflasterstraße durch den Talkessel und steigt hoch bis zu einem schmalen Grat, dessen U-förmiges Felsentor gerade einmal ein Auto passieren lässt. Der Blick zurück auf das weite Halbrund der Ribeira das Patas ist faszinierend, der Blick auf der anderen Seite steil hinab in das Tal von Alto Mira noch schroffer und überwältigend. Der Besucher steht auf der **Selada de Jorge Luis,** wo die imaginären Trennlinien zwischen dem Süden und dem Norden, aber auch dem Westen und Osten sich schneiden.

Die weißen Häuser der über das Tal verteilten drei Dörfer von **Alto Mira** leuchten herauf, die am Fuße der fast 800 m hohen Steilwand Salto Preto liegen. Eine Pflasterstraße führt hinunter nach **Chã d'Orgeiro,** dem obersten der Orte. Weiter führen Maultierwege. Der kaum zu erkennende schmale Fußpfad zum **Salto Preto** (deutsch: Schwarzer Sprung) durch die Felswand ist eher etwas für hartgesottene, schwindelfreie Bergwanderer, denn 8–10 Stunden bis zur nächsten Übernachtung in Caibros zehren an den Kräften. Alto Mira ist eines der Täler, in denen die Kleinbauern das Sagen haben und produziert deutlich mehr Gemüse als die hierfür geeigneteren Täler von Paúl oder Janela.

Von der **Selada de Jorge Luis** führt die Straße über den Ort **Jorge Luis** weiter in die **Ribeira da Cruz,** einer der Zwischenstationen der wenigen Wanderer auf der Rundwanderung um die Insel. Die Aluguers fahren noch weiter in die Dörfer **Martiene** und über **Chã de Norte** nach **Norte.** So kann man vergleichsweise bequem zum Einstieg zum Tope de Coroa gelangen. Schöner ist es aber sicher, zu Fuß von Ribeira das Patas über die Bordeira de Norte aufzusteigen. Auch wenn die **Straße von Norte nach Sul** über das Campo Redondo befahrbar ist, ist es völlig unwahrscheinlich, in dieser Richtung mit Aluguers weiterzukommen, da sie hier nur angemietete Fahrten durchführen. Die Strecke bietet sehr interessante vulkanische Wüstenlandschaften, insbesondere am **Monte Arranha Perna** und auf dem **Campo Redondo,** so dass es sich für eine Gruppe durchaus lohnt, zusammenzulegen und ein Fahrzeug zu mieten. Der Fußmarsch von Norte nach Sul über **Lajes** ist einer der deftigen und nur Leuten zu empfehlen, die in der Orientierung im Gebirge Erfahrung haben und über entsprechende Ausrüstung verfügen.

Porto Novo – Tarrafal

Wer auf der oben beschriebenen Küstenstraße nach ca. 5 km links abzweigt (Hinweisschild), gelangt auf die Piste nach Süden zur Ortschaft Tarrafal. Diese Piste verdient auf weiten Strecken den Namen Fahrstraße nicht. Nach einem kurzen Stück Pflasterstraße verengt sich der Weg zu einer Piste, staubig, steinig, voller Löcher und tiefer Fahrrinnen, teils steil und unbefestigt. Sie führt durch eine einsame **Mondlandschaft** fast gänzlich fernab der Zivilisation. Nur ab und zu stehen ein paar Häuser im Nichts, und Terrassenfelder mit verdorrtem Mais zeugen von dem bitteren Existenzkampf dieser an Wasser armen Region. Durch Täler und über Höhenrücken windet sich der Weg immer weiter hinauf bis zum **Campo Redondo** auf etwa 1500 m, von dem aus der Blick in eine weite braunbeige-ockerfarbige Vulkanlandschaft bis zum Tope de Coroa schweift. Diese **aride Hochebene** ist in ihrer Kargheit sehr beeindruckend.

Am höchsten Punkt des weiten Kraterrunds teilt sich die Straße. Die Straße nach Norte bleibt auf der Höhe, während die nach Tarrafal de Monte Trigo hangabwärts zieht und über Serpentinen und Staublöcher ihren Weg bis zum Meer findet. Die Strapaze für Fahrzeug und Insassen zieht sich ab Porto Novo für etwa 2½ Stunden hin. Ab dem **Campo Redondo** kann man sich nicht mehr verirren, und wir ziehen es vor, in 2½ Stunden nach Tarrafal abzusteigen. Spätestens an dem einzeln stehenden Haus mit Garage *(Garagem),* wo ein Fußweg nach **Covão,** dem höchsten Ortsteil von Tarrafal de Monte Trigo, ans Meer führt, steigen weitere Passagiere aus, schicken das Gepäck alleine voraus und steigen in einer Stunde ab bis zum Ortsteil **Praia.**

Alle Fahrten müssen mit den Fahrern am Vortag vereinbart sein. Die Fahrzeuge nehmen unterwegs niemanden mehr auf! Wir handhaben das meist zu lässig und sind dann jedes Mal 9 Stunden bis Ponte Sul gelaufen ...

Tarrafal de Monte Trigo

Der besondere Reiz der **Ribeira do Tarrafal** liegt sicher darin, dass man hinter der lebensfeindlichsten Landschaft der Insel am Campo Redondo alles andere erwartet als eine grüne Oase der Ruhe und Entspannung mit kräftigen Kokospalmen, Spaziergängen durch be-

Blick vom Salto Preto auf Norte und Tope de Coroa

242_242sw Foto: re

wässerte Landwirtschaft, Pausen unter Brotfrucht- und Mandelbäumen. Mangos und Papayas kauft man am Wegesrand und verspeist sie am weiten schwarzen Sand- und Kiesstrand.

Rund um die niedrigen Steinhäuser der etwa 600 Bewohner weiden Ziegen. Eine **Quelle** im Inneren des Tales auf etwa 600 m Höhe liefert das lebenswichtige Wasser und sorgt für dieses Wunder an Fruchtbarkeit in einer Region, in der kaum je ein Regentropfen fällt. Früher floss es so reichlich, dass bis zum Bau der Entsalzungsanlage Mindelo von hieraus mit Tankschiffen versorgt wurde. Fette Rohre und Gummischläuche zeugen von der ehemaligen Kraft der Quelle, die heute kaum mehr für ein Drittel der ehemaligen bewässerten Landwirtschaft reicht.

Wer mit dem Auto anreist, begegnet einer Entwicklungsruine am südlichen Ende der weiten Bucht. Hier sollte mit ausländischer Unterstützung eine Thunfischfabrik entstehen, was aber mangels Strom und Wasser nie realisiert wurde. Die Fischer und anderen Bewohner von Tarrafal verstehen sich seit jeher als Vorort von Mindelo und haben mit Porto Novo wenig zu tun, solange es nicht Amtsgänge sind. Wann immer genügend Fisch auftaucht, wird er in Mindelo vermarktet, und fast täglich gehen kleine Boote in beiden Richtungen.

Für den Tourismus war Tarrafal absolutes „Far End“ auf Santo Antão – bis

Susi und *Frank* ihr Segelboot in die Bucht lenkten. Das amerikanisch-deutsche Paar beendete die Weltreise, erklärte Tarrafal zu seinem neuen Wohnort und ließ von lokalen Handwerkern in der ihnen gewohnten Technik eine Reihe blitzsauberer traditioneller Steinhäuschen direkt am Strand von Praia bauen – das **Mar Tranquilidade** ist eine der schönsten Pensionen in Cabo Verde geworden. Da die beiden auch noch hervorragende Köche sind, brauchen sie sich um die Belegung nicht zu sorgen. Anmelden ist sehr sinnvoll!

Nur mit dem Fischerboot oder stundenlang zu Fuß erreicht man die nächste Bucht und den **Fischerort Monte Trigo.** Der **Fußpfad,** teils gepflastert und mit Mäuerchen begrenzt, teils verwittert und mit Geröll zugeschüttet, führt bergan und bergab. Zum Meer wird er begrenzt von Steilküste und Meeresbrandung, zum Berg von den kahlen, steil geböschten Westhängen des Vulkankegels Tope de Coroa. Der Weg ist gut zu gehen (4–5 Stunden), doch empfiehlt sich diese Unternehmung nur in den frühen Morgenstunden, denn um die Mittagszeit glüht die schwarze Lavaerde in der Hitze.

Liegt Tarrafal schon in absoluter Einsamkeit, so scheint **Monte Trigo** noch ruhiger und friedlicher in der Sonne zu dösen. Ein paar Fischer gehen auf Fang, Männer spielen im Schatten Oril oder treffen sich in der Kneipe zu einem Gespräch. Monte Trigo war bis zum Beginn der Saheldürre weitaus kleiner. So sind viele der heutigen Fischerfamilien „Flüchtlinge“ aus dem Trockenfeldbau. Das hat anfangs zu erheblichen Reibereien geführt, weil die Neuankömmlinge traditionelle Regeln weder kannten noch bereit waren einzuhalten, etwa die Schonung der Kinderstuben junger Fische, Schonzeiten, Fangbegrenzungen, um die Preise nicht verfallen zu lassen und Ähnliches. Viele dieser Regeln sind nicht rational oder ökologisch vermittelt, sondern werden als Brauchtum weitergegeben. In den Jahren als Distriktsarzt von Porto Novo haben wir den Ort immer wieder genau beforscht, nicht nur weil er den höchsten Anteil mangelernährter Kinder aufwies, sondern weil die inzwischen reicheren „Neufischer“ weitaus schlechter ernährte Kinder hatten als ihre traditionellen Kollegen. Es hatten sich auch fast alle Leprakranken der Hochebene hier versammelt, so dass die konzentrierte Dorfstruktur ein gewaltiger Vorteil war und man an einem Tag alle 35 Kranken sehen konnte. Inzwischen gibt es keinen einzigen aktiven Fall mehr, aber doch den einen oder anderen älteren Behinderten aus dieser Zeit.

Von Monte Trigo führt eine weite Wanderung nach Norte, die gut vorbereitet sein will und nur mit Führer zum Erfolg führt.

Tope de Coroa (1979 m)

Der **höchste Berg Santo Antãos,** neben dem Pico de Fogo der zweithöchste der Inseln, erhebt sich im äußersten Südwesten der Insel. Er sitzt als kleiner junger Vulkankegel im Krater des weitaus größeren **Coroa,** der nach den Vermessungen von 1971 einen Hauch höher (1982 m) ist, was dem Ruf des Tope de Coroa als höchstem Berg des Barlavento aber bisher nicht geschadet hat. Der **Aufstieg beginnt in Norte** und ist eine weder übermäßig anstrengende noch besonders schwierige Tageswanderung von 6 Stunden – solange man nicht in weichen Aschenhängen aufsteigt, sondern gezielt felsiges Gelände wählt. Da die Orientierung nicht einfach und ein Verlaufen ungemein anstrengend und gefährlich wird, muss man einen **lokalen Führer** nehmen.

Wanderungen

Erst wer zu Fuß auf alten Wegen wandert, die Steine unter seinen Füßen spürt, die herzlichen Menschen grüßt, sich den heißen Küstenwind und die kühle Höhenluft um die Nase wehen lässt, der wird die Kontraste und Naturschönheiten der Insel wirklich kennen und lieben lernen. **Santo Antão ist die beste Wanderinsel Cabo Verdes,** die Vielfalt an Touren ist einzigartig: Wüste, Hochland, dichter Wald, Krater oder Tropentäler. Wer will, kann jeden Tag in eine völlig andere Welt eintauchen, ob als Tagestour oder im Zuge eines mehrtägigen Trekkings.

Die gesamte Insel ist von einem **Netz unzähliger traditioneller alter Wege** überzogen, die noch die entlegensten Regionen über steile Grate in atemberaubenden Serpentinen und Steigungen miteinander verbinden: Ziegen- und Eselswege, gepflasterte, mit Mäuerchen gesicherte Wege und winzige Trampfelpfade, die plötzlich enden. Markierungen gibt es nur wenige, und vor Steinschlag und Sturz muss man sich in Acht nehmen. In neueren Wanderführern und -karten sind die Wege auch für selbstständige Wanderer aufbereitet; GPS-Daten geben eventuell zusätzliche Hilfe. Trotzdem ist die Orientierung an vielen Orten schwierig, und auf der westlichen Hochebene ist der lokale Wanderführer unersetzlich. Die Begleitung durch einen erfahrenen **Bergführer** oder das Wandern in geführter Gruppe kann bequemer sein, weil man mehr erfährt und nach der Ankunft alles schnell geregelt ist. Wir raten auch dringend davon ab, außerhalb dicht besiedelter Gebiete alleine zu wandern!

Die **Ausrüstung** ist im entsprechenden Kapitel erläutert.

Ein generelles Reisehandbuch wie dieses kann nur einige einfache Wanderungen darstellen und die präzise Vorbereitung anspruchsvollerer Wanderungen mit Karte und Führer keineswegs ersetzen.

Cova-Krater – Ribeira do Paúl – Vila das Pombas

- Die sehr **schöne, steile, aber bzgl. der Orientierung simple Wandertour** (Gehzeit **3–4 Stunden**) verläuft anfangs sehr steil bergab. Wer Probleme mit den Knien hat oder nicht durchtrainiert ist, sollte von dieser Tour absehen oder sie als Aufstieg gehen!

Den Ausgangspunkt an der Kreuzung am Cova-Krater erreicht man von Vila da Ribeira Grande oder Porto Novo im Aluguer. Statt der leicht erkennbaren Fahrstraße zum Grund des Kraters wählt man den ab der Westseite des

Kraters absteigenden Fußweg im Wald. Er beginnt noch im Kreuzungsbereich hinter der Begrenzungsmauer der Straße in Richtung Ribeira Grande. Am freien Platz vor der Baumschule, nahe einer burgähnlichen **Hausruine,** steigt der Weg hinauf nach Nordosten zum Kraterrand (Anstieg ca. 15 Minuten). Oben am kleinen Pass bietet sich an wolkenlosen Tagen ein unvergleichlicher Blick sowohl über den fruchtbaren Kraterboden als auch über das Vale do Paúl, das man in seiner ganzen Länge bis zum Meer überblickt. Aber auch wenn Nebelschwaden heraufziehen oder man über der Wolkendecke steht, ist die Stimmung fantastisch. Mehr als 1000 Höhenmeter gilt es in Serpentinen abzusteigen. Nach dieser Steilkante erreicht man den Talschluss mit seinem weiten Halbrund. Das Tal führt **ganzjährig Wasser.** Bei den ersten Steinhäuschen auf 600–700 m kommt man an einer Kaffeeplantage vorüber. Wenig später erreicht man das Ende der Fahrstraße in **Cabo de Ribeira,** wo Läden mit kühlen Getränken einladen.

Etwa auf halbem Weg talwärts liegt rechts unten **Passagem,** ein kleines **Erholungsgebiet** mit Bougainvilleas, Jacaranda-Bäumen, Canna-Blüten und anderen Zierpflanzen. Seit dem Verkauf an einen europäischen Hotelier liegt das Anwesen brach.

250_434sw Foto: re

Etwas weiter unten im Tal steht ein hübscher Drachenbaum direkt an der Straße. Man erreicht **Eito,** einen Ortsteil von Vila das Pombas, und wird schließlich nach 3–4 Stunden Wanderung (je nach Verweilen und Schauen) an der Mündung des Tales vom Rauschen des Meeres empfangen. In Vila das Pombas kann man in der kleinen Dorfkneipe bei einem kühlen Getränk ausruhen. Hier kann man ein Aluguer abwarten, das einen zurück zum Ausgangspunkt bringt.

Wer das Tal auf gemütlichere Art (ohne steilen Abstieg) erkunden will, kann sich von einem Aluguer von Vila das Pombas bis zum Talschluss bringen lassen, um so sanft aus dem Tal herabzusteigen.

Cruzinha – Fontainhas – Ponta do Sol

● Nachdem in Chã de Igreja und in Cruzinha gute Übernachtungsmöglichkeiten bestehen, kann man die **fünfstündige Wanderung entlang der Steilküste** in beliebiger Richtung organisieren. Auf jeden Fall empfiehlt es sich, nicht die spät vom Fährschiff kommenden Aluguers abzuwarten, sondern in der Nacht vor der Wanderung in Ponta do Sol oder in Garça zu übernachten. Nur so kann man die faszinierenden Lichtverhältnisse am frühen Morgen über von der Gischt glitzernden Felsen genießen.

Von Vila Ribeira Grande aus nehmen Sie ein **Aluguer durch das Tal Ribeira Grande** bis nach Chã d'Igreja, evtl. weiter bis Cruzinha (1½ Stunden).

Vila da Ribeira Grande

Ausgangspunkt ist das Restaurant So Na Fish in Cruzinha da Garça. Die Fahrstraße, auf der man gekommen ist, zieht in einer weiten Kurve aus dem Dorf. Nach dem Fußballplatz geht es ein Stück bergab, man lässt den Abzweig nach Mocho bergwärts liegen. Die Straße wird zu einem kopfsteingepflasterten Maultierpfad, der sich in geringer Höhe von einem Tal zum nächsten schlängelt. Sandbuchten, steile Felsen, enge Schluchten und der Blick aufs Meer halten das Auge ständig beschäftigt. Vom Baden an den schönen Sandständen ist wegen der Strömungen abzuraten. In **Aranhas** trifft man auf einige verschlossene, teils verfallene Häuser. Der Abstecher ins Tal hinein führt zu einem aufgelassenen Dorf und wird dann steil und sehr kratzig.

So bleibt der Wanderer besser auf dem Küstenweg und erreicht erst **Forminguinhas** und danach **Corvo,** das sich an den Felsen links von der gleichnamigen grünen Ribeira schmiegt. Nach steilem Aufstieg am Gegenhang erreicht man die Selada. Im weiten Tal kauert das malerische Fontainhas auf einem Felsvorsprung, umrahmt vom tiefen Taleinschnitt mit Terrassenkulturen. In der Ferne erkennt man die ins Meer hinausragende Halbinsel von Ponta do Sol. Nach einem Abstieg und kurzem Anstieg ist **Fontainhas** erreicht. In einer kleinen Mercearia am Ortseingang, etwas erhöht vom Weg gelegen, gibt es kühle Getränke und eine Terrasse zum Ausruhen.

Von Fontainhas wandert man auf der schmalen Fahrstraße in ca. 45 Minuten nach Ponta do Sol.

Strände und Wasserverhältnisse

Santo Antão ist keine Badeinsel. Wer auf der Insel verweilt, um zu wandern, die Naturschönheiten zu bewundern und sich in den kleinen Orten treiben zu lassen, der kann mitunter an dieser oder jener Stelle ein kurzes Bad im Meer nehmen. An der Küste Santo Antãos sind **Wind und Brandung heftig,** besonders in den Wintermonaten. Vor den Küsten kann es **unberechenbare Strömungen** geben.

Der einzige ganzjährig zum Baden geeignete, in Grenzen kindersichere Strand ist der schwarzsandige **Escoralet** bei Porto Novo (s.o.). Die großen weiten Strände weiter westlich am Kanal sind nur über Tageswanderungen entlang der Küste zu erreichen und sollten zum Schutz der Natur möglichst nicht betreten werden.

Bei **Sinagoga** liegt eine geschützte **Bucht** (erfragen Sie dort den Pfad zum Strand, vorbei an der ehemaligen Leprastation).

Von **Ponta do Sol** aus kann man sich von einem Fischer zur nahe gelegenen **Praia de Lisboa** bringen und zu vereinbarter Zeit wieder abholen lassen.

Damit ist der beste Badeplatz auf der Insel die **Bucht von Tarrafal de Monte Trigo.** Dank der neuen Pension Mar Tranquilidade ist dort auch eine sehr angenehme touristische Infrastruktur vorhanden.

Praktische Infos

An- und Weiterreise

Der Flugverkehr nach Santo Antão ist auf Dauer eingestellt.

Fährverbindungen

- Nur 16 km Wasser trennen den Hafen von **Mindelo** (São Vicente) von **Porto Novo** auf Santo Antão. Die nicht mehr taufrische, ehemals norwegische, für kapverdianische Verhältnisse noch manierliche Ro-Ro-Fähre „Mar d'Canal" und die wesentlich einfachere und ältere „Ribeira de Paúl" (ebenfalls ursprünglich aus Norwegen) verkehren jeden Tag mindestens zweimal täglich. Sie sind eher überpünktlich als verspätet. Verbindliche Auskunft und Fahrkarten an den Häfen. Die **Überfahrt dauert ca. 1 Stunde.** Einfache Fahrt 500 bzw. 300 ECV.
- Den **Fahrplan** können Sie (ohne Gewähr einsehen bei: www.bela-vista.net/faehre.htm.

Segelboote

- Segelboote können in **Porto Novo** vor Anker gehen, allerdings muss das Boot im offenen Hafenbereich gut befestigt werden (kein Anlandungssteg). In den Sommermonaten August/September kann bis zu 2 m hoher Schwell aus dem Süden einlaufen, so dass Boote nicht ohne Skipper bleiben sollten.
- Eine schöne und ruhigere Bucht zum Ankern liegt vor **Tarrafal de Monte Trigo** im Südwesten (schöner Strand, Restaurant und Residencial Mar Tranquilidade).
- Ponta do Sol und Paúl sind für Segelboote denkbar ungeeignet.

Reisen auf der Insel

Straßen

- Auf Santo Antão gibt es mit Ausnahme der Piste über das Campo Redondo **keine Rundstraßen,** d.h. jede Fahrt führt hin und zurück auf demselben Weg!

- **Hauptverbindung** ist die **Pflasterstraße zwischen Porto Novo und dem Hauptort Ribeira Grande,** die über das zentrale Gebirge führt. Abzweigungen von Cova nach Pico da Cruz (Endstation) und zur östlichen Hochebene von Lagoa (Piste).
- In Vila Ribeira Grande teilt sich die Straße **an der Küste entlang:** zum einen nach Paúl und Janela, zum anderen nach Ponta do Sol. Dort ist jeweils das Ende der gepflasterten Fahrstraße erreicht. Die **Seitentäler** der Ribeira Grande, Figueiral, Chã de Pedra, Caibros, Garça bis Cruzinha und Ribeira da Torre werden von schmalen Straßen ab Vila da Ribeira Grande bedient.
- **Verbindungen in den Westen und Süden** der Insel bestehen nur von Porto Novo aus. Von hier führt eine gut ausgebaute Pflasterstraße über Ribeira das Patas nach Alto Mira und Ribeira da Cruz. Als Piste geht sie weiter über Chã de Norte, Norte und das Campo Redondo und zurück durch Sul in die südliche Ebene. Vom Campo Redondo trennt sich die Fahrstraße nach Tarrafal de Monte Trigo ab. Die Pisten in diesem Bereich sind sehr schlecht. Man wird derart durchgeschüttelt, dass wir es zumindest bergab vorziehen, das Gepäck vorzuschicken und mit genügend Wasser ausgestattet zu Fuß zu gehen.

Aluguers

- **Sammeltaxis, Pick-up-Trucks oder Kleinbusse** verkehren zwischen allen größeren Orten. Die Aluguer-Verbindungen sind hauptsächlich auf Ankunft und Abfahrt der Fähren abgestimmt und verkehren sonst nur unregelmäßig
- Ab Porto Novo gibt es Aluguers **nach Ribeira Grande** (ca. 400 ECV) oder **Ponta do Sol** (ca. 450 ECV). Ab Ribeira Grande fahren diese mehrmals täglich nach Garça, Ponta do Sol oder Vila das Pombas. Sie können entweder am Hafen direkt in das Fahrzeug mit geplantem Endziel einsteigen oder in Ribeira Grande umsteigen.
- Ab Porto Novo verkehren Aluguers **in den Westen und Süden** (Ribeira das Patas, Alto Mira, Norte und Tarrafal) ausschließlich nach Ankunft der Morgenfähren. Wenn Sie nach Norte oder Tarrafal möchten, melden Sie sich bei der dortigen Unterkunft an. Ihre Gastgeber sprechen dann auch die Frage des Transports mit dem Besitzer des Aluguers ab.
- Es gibt **Fixpreise** für die jeweiligen Routen (die Fahrer haben Listen). In der Regel versuchen die Fahrer nicht, Touristen zu übervorteilen. Selbstverständlich bieten sie Ihnen an, nicht warten zu müssen und statt des Sammelverkehrs *(Passagem)* das ganze Fahrzeug anzumieten zum Preis von etwa dem Zehnfachen einer Einzelfahrt *(Frête).* Unterwegs gibt es keine festen Haltestellen, man kann überall und jederzeit ein- bzw. aussteigen.
- **Aluguer-Haltestellen** in Porto Novo (am Hafen bei Ankunft der Fähre oder an der Bank in der Stadt) und in Ribeira Grande (am Hauptplatz bzw. an der Tankstelle für Fahrten zur jeweiligen Abfahrt der Fähre).
- **Sonntags** herrscht grundsätzlich **eingeschränkter Aluguer-Verkehr.**

Autoverleih

- **Mietwagen gibt es offiziell nicht** auf Santo Antão und wären bei den extremen Straßenverhältnissen auch wenig empfehlenswert.
- **Aluguers mit Fahrer** können für einen halben oder ganzen Tag angemietet werden.

Unterkunft

Santo Antão bietet ein breites Spektrum hübscher kleiner Hotels, Pensionen und privater Unterkünfte. **Großanlagen gibt es nicht.** Auch außerhalb der Städte, am Strand und im Gebirge sind die ersten ländlichen Hotels und Pensionen entstanden mit europäischem Standard. Die Zeiten der primitiven Unterkünfte scheinen rasch ein Ende zu nehmen.

Wir bemühen uns, die anschließende Aufzählung aktuell zu halten auf der Webseite: **www.bela-vista.net/pension.htm.**

Porto Novo

- **Residencial Antilhas**

Tel. 2221193, 2221203
Pension in der Nähe des Hafens; von einigen Zimmern Blick aufs Meer und São Vicente; DZ ab 1700 ECV.

- **Restaurant and Residencial Pôr do Sol**
Tel. 2222179, Fax 2221166
E-Mail: PorDoSolPN@cvtelecom.cv
Hotelartige Pension im Ortsteil Fundo do Lombo Branco; 16 geräumige Komfortzimmer, alle mit Klimaanlage und großem innen liegendem Bad, Warm- und Kaltwasser, Telefon; geräumiges Restaurant im Obergeschoss mit Terrasse.
- **Residencial e Restaurante Girasol**
Tel. 2221383, Fax 2221891
Im Ortsteil Alto Peixinho; 16 Zimmer, 14 mit eigenem Bad; Restaurant, Bar.
- **Residencial e Restaurante Sabura**
Tel. 2221153
Einfache Zimmer mitten im Ort; Restaurant.

Tarrafal de Monte Trigo

- **Mar Tranquilidade**
Tel. 2276012
E-Mail: info@martranquilidade.cv
www.martranquilidade.com
Natursteinhäuser in Tarrafal, Du/WC, Ventilator, sehr kompetent und freundlich geleitet von einem deutsch-amerikanischen Paar, direkt am breiten schwarzen Strand des abgelegenen Dorfs; hier sind große Spaziergänge, Wandern, Schnorcheln und genüssliches Faulenzen angesagt!

Ribeira Grande

- **Pedracin Village in Boca de Coruja**
Tel. 2242020, Fax 2242022
E-Mail: pedracin@cvtelecom.cv
Kleines ländliches Bungalowhotel mit topmodernen Zimmern in Natursteinhäusern inmitten von Felsen über der Ribeira Grande, etwa 7 km taleinwärts von Vila da Ribeira Grande; Süßwasser-Pool, Restaurant mit grandiosem Bergblick, fachmännisches Management und hervorragende Küche mit Frischwaren aus eigener Landwirtschaft; Transport nach Ribeira Grande und Porto Novo; Wandern, Reiten etc.; alle Zimmer mit Du/WC, Telefon, TV, Klima, Frigobar; z.Z. erstes Haus auf der Insel; DZ ab ca. 6000 ECV incl. Frühstück.
- **Residencial Aliança**
C.P. 4, Ribeira Grande, Tel. 2211246
Pension mit 13 Zimmern, zweckmäßig ausgestattet, Du/WC; DZ ca. 3000 ECV.
- **Residencial 5 de Julho**
Tel. 2211345
15 einfache Zimmer, Du/WC, nur teilweise mit eigenem Bad; am angenehmsten sind die Zimmer 16 und 17 im obersten Stockwerk; beliebtes Touristenquartier, sehr erfahren mit Wanderern; DZ ca. 2700 ECV.
- **Residencial Bar Restaurante Tropical**
C.P. 45, Ribeira Grande, Tel. 2211129
Moderne hotelähnliche Pension; Du/WC, Telefon, TV, Klima, Frigobar; DZ ab ca. 3500 ECV.
- **Pensão Dona Biby**
Tel. 2211149
In der kleinen Gasse gegenüber der 5 de Julho, Laden Mercearia Nascimento auf der rechten Seite, fragen Sie nach *Dona Bibyi;* topsaubere, nagelneue Privatzimmer mit eigenem Bad, DZ ca. 1500 ECV, kein Frühstück.
- **Residencial Marcos**
Tel. 2211216
Hinter der Tankstelle die kleine Straße rechts; das Haus ist unbeschildert, den Besitzer, *Sr. Marcos,* trifft man in der Eisenwarenhandlung *(Drogaria)* an der Ecke; 6 einfache, saubere Privatzimmer; DZ ca. 1700 ECV, kein Frühstück.

Vila das Pombas

- **Residencial Vale do Paúl**
Tel. 2231319
4 einfache Zimmer, Du/WC auf dem Flur; Restaurant; DZ ca. 1500 ECV.
- **Sabine Jähnel (Privatzimmer)**
Ortsteil Eito, Tel. 2231544
Verpflegung möglich; *Sabine* ist Deutsche und lebt seit gut 20 Jahren auf Santo Antão.

Ponta do Sol

In diesem Ort gibt es ein Hotel, hotelähnliche Pensionen und mehrere nette und fami-

Zerfallende jüdische Handelshäuser am Hafen von Ponta do Sol

liäre **Privatquartiere.** Die Preise liegen zwischen 1500 und 4000 ECV für ein DZ, überall wird ein gutes Frühstück bereitet.

- **Hotel Blue Bell**
Tel. 2251215, Fax 2251308
E-Mail: BlueBell@cvtelecom.cv
Alle Zimmer mit eigenem modernem Bad, TV und Kühlschrank; die Preise sind angemessen; man spricht Deutsch und Holländisch.
- **Residencial Dedei**
Tel. 2251037
Geräumige Mitteklassezimmer mit nettem Innenhof in der Ortsmitte und in einem anderen Gebäude in der Nähe des Hafens; gepflegt, preisgünstig, der Hausherr spricht Deutsch.
- **Dona Fátima Leocadio**
An der Hauptstraße fast am Hafen; kleines Restaurant, preiswerte Zimmer mit Du/WC auf dem Dach; *D. Fátima* ist sehr herzlich, spricht fließend Französisch und kocht ausgezeichnet.
- **Dona Luisette**
Tel. 2211586
Hotelähnliche Pension mit französischem Flair am Ortseingang; Zimmer in neuem Haus; *D. Luisette* spricht besser Französisch als Crioulo und kocht auch so – leider nur auf Bestellung.
- **Bar Restaurante Lela Leite**
Tel. 2211577
Einfache Zimmer am Hauptplatz schräg gegenüber vom Rathaus (kleine überdachte Straßenterrasse); *Manuel* war als Emigrant auf allen Meeren zuhause, hat als Schiffskoch gearbeitet und spricht Englisch.

Strom und Wasser: Stromversorgung durch Dieselgeneratoren, Wasser über öffentliches Netz und Tanks; Strom und Wasser können auf Santo Antão des öfteren ausfallen. Taschenlampe oder Teelichter besorgen!

Restaurants

Erkundigen Sie sich nach den jeweiligen **Tagesgerichten;** spezielle Mahlzeiten auf Vorbestellung. Nur wenige Lokale haben eine Speisekarte.

Porto Novo

- **Bar Restaurante Sereia**
Oberhalb des Hafens; hier machen sich die meisten Gäste landfein, bevor es weiter über die Insel geht.
- **Restaurant Antilhas**
Tel. 2221193 (s.a. Pension); luftiges Terrassenrestaurant in Hafennähe; gute Küche, freundliches Personal.
- Weitere **kleine Bars und Imbisslokale** im Ort, z.B. Paraiso, Gira Sol, Casa Delgado, Flor do Dia.

Ribeira Grande

- **Pedracin Village in Boca de Coruja**
Tel. 2242020; gutes Restaurant des gleichnamigen Berghotels.
- **Restaurant Tropical**
Tel. 2211129; große Speisekarte (Geduld!), gut und somit nicht billig.
- **Restaurant 5 de Julho**
(S.a. Unterkunft) Überdachte Terrasse, gute und üppige Hausmannskost.
- **Restaurant Aliança**
Der Pächter hat gewechselt, noch haben wir keine aktuelle Erfahrung mit der Speisekarte.
- **Cantinho de Amizade**
Die Straße neben Aliança hinein; sehr nette Atmosphäre in kleinem Innenhof unter Bananenstauden; Bar mit kleinen und guten „Bafas" (Snacks) zum Bier; abends Treffpunkt der Leute im Ort.

Vila das Pombas

- Im Restaurant der **Pension Vale de Paúl** gibt es traditionelles und gutes Essen (nur auf Vorbestellung).

Ponta do Sol

- **Hotel Blue Bell**
Tel. 2251215; modernes Hotelrestaurant mit internationaler Karte.
- **Restaurant Esplanada**
Am Hauptplatz neben der Kirche; größtes und „feinstes" Restaurant der Insel; hübscher Speiseraum und Bar; große Speisekarte.
- **Kleine Restaurants** mit herzhafter, guter Hausmannskost zu angemessenen Preisen bei *Sr. Manuel Leite* (Straßen- und Dachterrasse) und *Dona Fatima,* einer ausgezeichneten Köchin (gute kapverdianische Hausmannskost, hervorragende Kuchen) – Vorbestellung jeweils sinnvoll.
- **Kleine Imbisse und Bar** im Innenhof bei *Hans Roskamp* (Schweizer) und seiner Frau *Teresa.*

Nachtleben

- Es gibt **zwei kleine Nachtbars: S'Rrenegra Disco** in Ribeira Grande und die **Diskothek in Ponta do Sol.** Meist nur am Wochenende.

Organisierte Touren

- **Alsatour**
C.P. 33, Paúl, Santo Antão
Tel. 2231213, Fax 2231520
E-Mail: Alfred@alsatour.de, www.alsatour.de
- **Emitério Ramos**
Tel./Fax 2221660, Handy 9914659
E-Mail: CVTSnto@cvtelecom.cv
Sr. Emitério hat in Deutschland Forstwirtschaft studiert und spricht fließend Deutsch, Englisch, Französisch und Portugiesisch.

Unabhängige Bergführer

Preise der unabhängigen Bergführer ab ca. 3000 ECV pro Tag plus Übernachtungs- und Verpflegungskosten bei mehrtägigen Touren. Ein Führer ist kein Gepäckträger!

Östliche Halbinsel, Ribeira Grande, Paúl:

- **Silvério Delgado**
Coculi, Santo Antão, Handy 9941205.
- **Jorge Pires**
Cruzinha (c/o Pension So Na Fish, Santo Antão, Tel. 2261027.
- **Osvaldo Santo Sousa**
Ribeira Grande (Ortsteil Tarrafal), Santo Antão, Handy 9931809, www.Santo-Antao.net.

Westliche Halbinsel, Tope de Coroa:
- **Luciano Neves**
Norte, Tel. 2223118; vermittelt einheimische Führer.

Bank

Öffnungszeiten: Mo bis Fr 8–15 Uhr.

- **Banco Comercial do Atlântico**
Porto Novo, Lombo Meio, Tel. 2221349; Ribeira Grande, Povação, Tel. 2211110.
- **Caixa Económica**
Ribeira Grande, Ponta da Levada, Tel. 2211050.

Post und Telefon

- Postamt und öffentliches Telefon **in Ribeira Grande, Porto Novo und Ponta do Sol;** Mo bis Fr 8–12 und 14–17.30 Uhr.
- **Kartentelefone** in allen größeren und einigen kleineren Orten.

Notfall

- **Ribeira Grande**
Regionalkrankenhaus an der Hauptstraße Richtung Porto Novo; Tel. 2211130.
- **Porto Novo**
Gesundheitszentrum, ausgeschildert von der Hauptstraße in Richtung Ribeira Grande; Tel. 2223360.
- **Vila das Pombas**
Gesundheitszentrum im Ortszentrum; Tel. 2231130.
- **Notruf: Tel. 130.**
- **Apotheken** in Ribeira Grande, Ponta do Sol und Porto Novo.

Polizei

- **Porto Novo,** Tel. 2221132.
- **Ribeira Grande,** Tel. 2211132.
- **Vila das Pombas,** Tel. 2221292.
- **Notruf: Tel. 132.**

Einkaufen

- Es gibt supermarktähnliche **Gemischtwarenläden** in Porto Novo, Ribeira Grande und Ponta do Sol.
- **Obst- und Gemüsemarkt** in Porto Novo und Vila Ribeira Grande; hier gibt es auch ein **Musikgeschäft.**

Feste

- **17. Januar:** Bezirksfest in Ribeira Grande, Trommelfest.
- **3. Mai:** Fest Sta. Cruz in Coculi und Chã de Pedras.
- **13. Mai:** Fest in Paúl.
- **13. Juni:** Bezirksfest in Vila das Pombas, Santo António das Pombas, mit Umzug, Marktbuden, Pferde- und Eselrennen.
- **24. Juni:** Gemeindefest São João in Porto Novo mit Pferderennen.
- **29./30. Juni:** Fest S. Pedro und S. Paulo in Garça.
- **24. September:** Fest in Ponta do Sol.
- **15. Oktober:** Fest in Janela.

Sonstiges

Wanderführer und -karten von Santo Antão

- **Santo Antão 1:50 000**
Lucete Fortes, Pitt Reitmaier; Wanderkarte mit 51 Wanderwegen; Goldstadt Verlag, Pforzheim 2003; ISBN 3-89550-467-X; Verkauf auch in Cabo Verde.
- **Wanderführer Santo Antão**
Lucete Fortes, Pitt Reitmaier; Goldstadt Verlag, Pforzheim 2001, ISBN 3-89550-466-1; 38 Bergwanderungen durch subtropische Täler, entlang wilder Küsten und durch vulkanische Landschaften; 224 Seiten, 169 Farbbilder, 39 Kartenausschnitte.

São Nicolau

São Nicolau war lange Zeit geistiges und kulturelles Zentrum des Archipels. Hier entstand eine der bedeutenden geistlichen und weltlichen Schulen Cabo Verdes. Die Insel hat mehr als andere unter den Hungerskatastrophen und der Dürre des letzten Jahrhunderts gelitten und hat heute weniger Einwohner als vor 70 Jahren. Die sympathische kleine **Inselhauptstadt Vila Ribeira Brava** und einige fruchtbare Täler, beschützt von hoch aufragenden Bergen, lassen sie als kleine Schwester Santo Antãos erscheinen. Die **Berge und Täler** sind nicht ganz so hoch, die Täler nicht ganz so tief und damit die Wege nicht so anstrengend. Wer die Insel zu Fuß oder im Aluguer erkundet, wird nur selten auf andere Touristen treffen, dafür aber die freundlichen Bewohner und die ganz besondere Atmosphäre und Ruhe schätzen lernen.

Für Strandurlauber, Wassersportler, Hochseeangler und Mountainbiker ist São Nicolau attraktiver als die anderen gebirgigen Inseln, aber wenig erschlossen, weil die Verkehrsanbindung noch schwach ist.

Geschichte

Erstmals betrat der portugiesische Seefahrer *Diego Afonso* am Sankt-Nikolaustag im Jahre **1461** die Insel. Zunächst diente die Insel als Weideland und galt als „unbewohnt" bis die dauerhafte **Besiedlung Mitte des 17. Jahrhunderts** in Porto da Lapa einsetzte. Geht man jedoch die Beschreibungen des 16. und 17. Jahrhunderts durch, dann finden sich Orangen- und Zitronenhaine und Schlachttage in so großer Stückzahl, dass anzunehmen ist, dass auch hier Hirtensklaven lange vor der offiziellen „Besiedlung" gewohnt haben. Erste weiße Siedlerfamilien kamen von den südlichen Inseln und aus Madeira. Mehrfach war die Insel das Ziel von holländischen, englischen und französischen **Piraten,** so dass die Siedler sich ins Inselinnere zurückzogen und 1693 das heutige Vila da Ribeira Brava (dt.: wilder Fluss) gründeten, wo auch die Wasserversorgung einfacher und konstanter war als in Porto da Lapa. Der englische Segler „Dampier" berichtet im Jahre 1683 von rund 100 Familien, die auf der Insel beheimatet waren.

Der Wunsch des portugiesischen Königshauses, die Kreolisierung der Gesellschaft in der Besiedlung des Barlavento zu verhindern und eine rein weiße Bevölkerung zu schaffen, ging nicht in Erfüllung. **José da Costa Ribeiro** wurde als königlicher Gesandter 1731 beauftragt, die Situation im Barlavento zu überprüfen und zu entscheiden, ob es schon möglich sei, Landkreise und Rathäuser zu installieren. Er berichtet von São Nicolau, dass „... man noch immer sagen muss, dass es hier keine weißen Männer aus dem Königreich gibt, aber sehr wohl „brancos da terra" (deutsch: weiße Kapverdianer), die in Wirklichkeit Mulatten oder tiefschwarz sind." Trotzdem gibt er dem König den Ratschlag, mit ihnen die Zivilverwaltung in Santo Antão und São Nicolau aufzubauen.

Als kleiner **Handelshafen** erhielt **Preguiça** 1818 eine Bastion mit einigen Kanonen zum Schutz vor Piratenüberfällen. Im 19. Jahrhundert nahm die **wirtschaftliche Bedeutung** dank der Vielfalt der Ressourcen rasch zu. Im weiten Hügelland unter dem Monte Gordo und auf der östlichen Halbinsel wurden Maniok und Mais in großen Mengen geerntet. In Carriçal, das damals noch Canniçal hieß, entstand eine Trankocherei, und in jedem Frühjahr wurden Dutzende von Walen mit handwerklichen Mitteln erlegt, verarbeitet und vorwiegend nach Brasilien exportiert. Hunderte, vorwiegend amerikanische **Walfangschiffe** operierten gleichzeitig in der Region, wo sie selbst in den Häfen die neugierigen Tiere harpunierten. Mit der Dampfschifffahrt und dem Boom der Kohlestationen in São Vicente überflügelten Walprodukte die in der Zeit der Segler als Proviant und traditionelles Heilmittel massenhaft exportierten Schildkröten. Färberflechten, Purgieröl, Schnaps, Wein und später auch Kaffee ergänzten die Palette der Exportgüter. Aus den Trankochereien wurden Thunfischfabriken in Tarrafal und Carriçal. Erstere existiert noch heute.

Kulturhistorische Bedeutung erhielt São Nicolau vor allem durch das Priesterseminar, das am 5. September 1866 in **Calejão** gegründet wurde. Der Ort, gleichzeitig Bischofssitz, war das **älteste Priesterseminar Westafrikas** und ab 1880 auch eine weltliche Schule, die schon im frühen 20. Jahrhundert auch Mädchen zum Unterricht zuließ. Dies gab begüterten Familien der Inseln die Möglichkeit, ihren Kindern eine angesehene Ausbildung zukommen zu lassen. In Einzelfällen hatten die Padres auch die Möglichkeit, hochbegabte Kinder aus armen Familien zu fördern, was der Seriosität und dem sozialen Engagement der Einrichtung sehr zuträglich war. São Nicolau wurde zum geistigen und geistlichen Zentrum nicht nur des Archipels, sondern Westafrikas. Die Schule hat die Kultur Cabo Verdes nachhaltig geprägt, indem sie Menschen kreolischer Abstammung auf das Bildungsniveau des damaligen Europa hob und ihnen den Zugang zu Universitäten und leitenden Funktionen in Staat und Gesellschaft verschaffte. Bekannte Dichter und Intellektuelle haben ihre Karriere hier begonnen. In Einzelfällen lässt sich die Ideengeschichte der Caboverdianidade in ihrer Entstehung aus der modernen weltlichen und sozialen Erziehung in dieser Schule an Familiengeschichten nachvollziehen. Der Vater *Amilcar Cabrals, Juvenal Cabral,* hat im Seminar auf São Nicolau seine Lehrerausbildung erhalten, bevor er als Lehrer nach Guinea-Bissau versetzt wurde. 1917, nach der Trennung von Kirche und Staat in der portugiesischen Republik, schloss das Seminar und die Sekundarschule wurde nach Mindelo verlegt. Zwischen 1923 und 1931 lebte die Schule nochmals kurz auf, um dann für immer ihre Tore zu schließen. Ihre Gebäude wurden von *Salazar* genutzt, um 200 politische Deportierte aus Portugal unterzubringen. Der Bischof siedelte um nach São Vicente.

236_042sw Foto: re

Dürreperioden setzten São Nicolau seit Anfang des 20. Jahrhunderts noch schlimmer zu als den anderen Inseln. Die Insel hing fast völlig vom Trockenfeldbau ab und war andererseits sehr dicht besiedelt. Die Hungerkatastrophen der 1940er Jahre brachten Tausenden den Tod und versetzten die Insel in eine bis heute anhaltende **Stagnation.** Heute wandert man auf breiten gepflasterten Wegen stundenlang durch völlig vegetationslose Wüste, wo vor 100 Jahren noch Tausende von Bauern ein Auskommen fanden.

Es folgte eine Welle der **Emigration:** die Bevölkerungszahl sank von rund 16.300 (1970) auf 13.800 (1980). Zurück blieben alte oder sehr junge Menschen. Bis heute ist die Einwohnerzahl von 1980 in etwa konstant geblieben. Nach der Unabhängigkeit wurden mit französischer Unterstützung erfolgreiche **Wasserprojekte** gestartet. In Fajã wurden Stollen in den Berg getrieben, die das vom Monte Gordo einsickernde Wasser fassen und so wieder bewässerten Landbau möglich machen. Leider geht in den letzten 15 Jahren die Menge des geförderten Wassers immer weiter zurück.

Fajã – altes Gehöft mit Drachenbaum

Informationen zur Insel

São Nicolau gehört zur nördlichen Barlavento-Gruppe und ist mit einer **Fläche von 346 km²** die fünftgrößte Insel des Archipels, also größer als São Vicente. Der Westen der Insel gleicht in etwa der Form des afrikanischen Kontinents, während sich nach Osten hin eine lange, schmale Landzunge fortsetzt. Von West nach Ost erstreckt sich die Insel über rund 50 km, von Nord nach Süd misst sie auf dem lang gestreckten Finger im Osten nur rund 6 km, an der breitesten Stelle im Westen ca. 25 km. Die Insel ist **klimatisch** stark **zweigeteilt** in die feuchtere, relativ fruchtbare Luv-Seite des 1312 m hohen Monte-Gordo-Massivs und den trockenen, fast vegetationslosen Rest.

Vom Nord-Ost-Hang des **Monte Gordo** zieht sich die Hochebene der breiten **Fajã de São Nicolau** bis zum Meer. In diesem grünen, rund 6 km langen Tal liegen die Ortschaften Fajã de Cima und Fajã de Baixo. Weiter nach Nordosten führt die tief eingeschnittene **Ribeira Brava** zur Küste. In diesem Tal liegt der gleichnamige, 1693 gegründete Hauptort der Insel. Die **Bergwelt** mit teils scharf gezackten Felsen wirkt in den trockenen Anteilen wild und unberührt, während in den grünen Zonen kein Meter ungenutzt bleibt. Die Straße, die sich von Vila da Ribeira Brava nach Tarrafal kurvenreich den Weg über den Pass von Cachaço sucht, ist eine der landschaftlich schönsten des Archipels. Der Osten der Insel ist heute nur noch spärlich bewohnt. Kaffeeplantagen produzieren noch für den Eigenbedarf, aber der Trockenfeldbau in Hochlagen produziert wenig mehr als Kongo-Bohnen.

Während sich in der wild wachsenden **Vegetation** vorwiegend Sträucher, Akazien und Sisalpflanzen die Täler entlangziehen, gedeiht rund um den Monte Gordo auch die endemische Wolfsmilch *(Euphorbia tuckeyana)* oberhalb der Reste der Federbuschvegetation. Auf São Nicolau sieht man mehr **Drachenbäume** *(Draceana draco)* als auf anderen Inseln, insbesondere in Fajã. Hänge wurden mit Akazien, Grevileen und Kiefern begrünt.

Nur der nördliche Teil der **Westinsel** trägt konstant frische Vegetation, ist weiterhin bewohnt und, obwohl in abgeschlossene Täler ohne Straßenanbindung gekammert, durch Maultierwege recht gut erschlossen und bei Wanderern entsprechend beliebt. Der Süden und der Osten sind zur Gebirgswüste geworden, zerfurcht von tiefen Erosionsrinnen. Das **zentrale Bergmassiv** zieht als Hügelland wüstenhaft gegen Süden über Portela und Fontainhas bis zur Ponta Grande. Die Wege sind hier weitgehend verfallen. Nach Südwesten senkt sich der Gebirgskamm zur weiten, flachen Ebene und Bucht von Tarrafal mit breiten Lava-, Geröll- und Sandstränden. Nach Osten fällt das Gebiet steil ab zum Campo de Preguiça.

Den **Osten** São Nicolaus bildet ein schmaler, 28 km langer arider Landstreifen. Die Hänge laufen im äußersten Osten zu flachen Trockentälern aus.

14.000 Menschen leben auf der Insel, unterstützt von ihren Verwandten in der Emigration. Daneben sichern die Thunfischfabrik und in winzigem Umfang der Tourismus die Existenz.

Vila da Ribeira Brava

Der **Hauptort und Verwaltungssitz der Insel** (ca. 3500 Einwohner) liegt auf etwa 200 m Höhe im tief eingeschnittenen Tal gleichen Namens, an dessen

steilen Hängen sich selbst in der Trockenzeit eine grüne Vegetation hinaufzieht. Ihren Namen „Wilder Fluss" erhielten Ort und Tal, da sich hier während heftiger Regenfälle große Wassermassen durch die Stadt wälzen.

Die in allen Pastelltönen getünchten Häuser, kleine Gassen, begrünte Plätze und Gärten und die hübsche Lage verleihen dem kleinen Städtchen, allgemein auch als „Estânça" bekannt, seinen Charme. Die Architektur manch alten Gebäudes verrät noch portugiesischen Einfluss, so auch die imposante **Kirche** aus dem 18. Jahrhundert, die **Igreja Matriz de N. Senhora do Rosário.** Sie war der Bischofssitz zwischen 1866 und 1940 und einst die größte Kirche Westafrikas. Sie überragt den zentralen **Hauptplatz** des Ortes, an dem sich öffentliche Gebäude aus der Kolonialzeit befinden, darunter das Geburts-

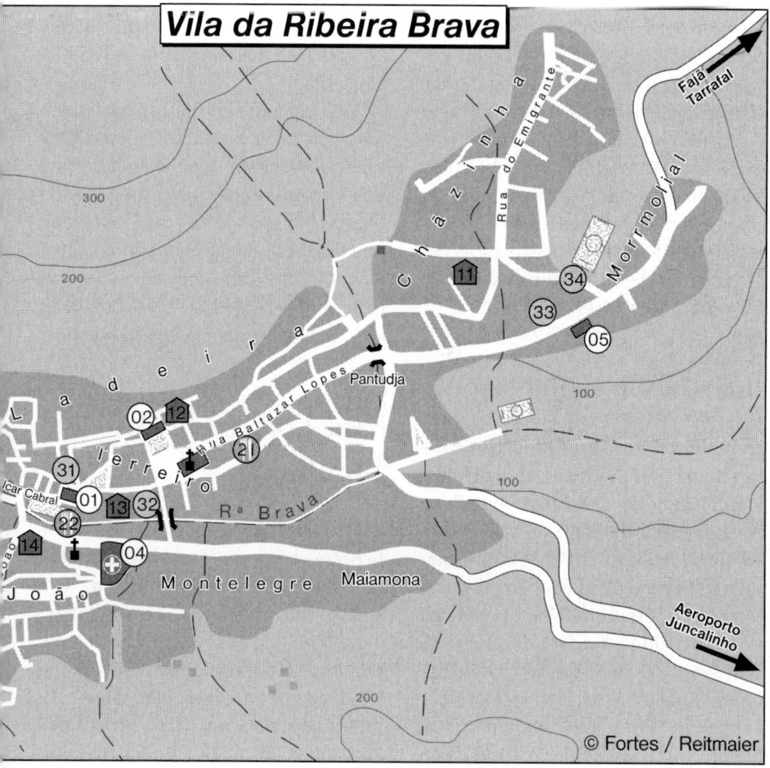

haus des Dichters *José Lopes de Silva,* in dem heute eine Bibliothek untergebracht ist. Davor steht eine Statue des Arztes *Dr. Júlio José Dias,* dem der Leser auch auf Santa Luzia begegnet.

Geschäfte, Bank und das TACV-Büro ergänzen den Reigen kleinstädtischer Einrichtungen. Über eine Seitenstraße zum Fluss gelangt man zum kleinen überdachten **Markt** mit seinen Ständen, an denen Fisch, Fleisch, Obst und Gemüse angeboten werden.

An der Bank vorbei führt eine Gasse zum Rathaus und der parkähnlich gepflegten Praça Amilcar Cabral mit kleinem Café und Bar. Etwa 200 m flussaufwärts im Stadtteil São João strahlt das ehemalige Priesterseminar in neuem Glanz und wird als Museum demnächst wiedereröffnet werden. Zwischen alten Villen und portugiesischen Stadthäusern wird rege gebaut. Ribeira Brava hat mit einigen Pensionen, Restaurants und Geschäften die **beste touristische Infrastruktur der Insel.**

Der Osten

Der schmale, lang gestreckte Ostteil der Insel São Nicolau ist **trockenes Land,** hier findet sich kaum Vegetation. An der nördlichen Küste dieser östlichen Landzunge führt die Straße unterhalb einer rund 600 m hohen Hügelkette entlang. Breite Maultierstraßen zogen einst über die Hochflächen. Sie sind heute in den Aufstiegen weitgehend verfallen. Dennoch locken überzeugende Fernsichten den einen oder anderen Wüstenwanderer auf die windigen Gipfel des Tope de Chuva, Tope Simão oder Cruz de Pedra.

Die **Pflasterstraße entlang der Küste** führt in etwa 30 Minuten zum Ort **Juncalinho** mit seinen 500 Einwohnern. Wanderer, die über den Caminho de Cinta, vorbei am Tope Simão und Tope de Chuva, durch das **Tal von Urzeleiros** nach Carriçal wandern, müssen sich darauf einstellen, wahrscheinlich auf der Staubstraße zurückzuwandern oder mit einem Boot nach Preguiça mitzufahren. Die Staubstraße nach Carriçal ist als Wanderweg nicht weniger reizvoll, da sie auch den Kamm überschreitet und durch das aufgelassene Dorf Jalunga führt.

Wie Phantome erscheinen die beiden winzigen Bergoasen **Carriçal** und **Castilhano.** Während sich die Bevölkerung von Carriçal rund um die stillstehende Thunfischfabrik noch vom Fischfang und ihren Oasengärten ernähren kann, wohnt in Castilhano nur noch ein alter rüstiger Herr, der es sich nicht nehmen lässt, seinen Schnaps selbst zu brennen.

Vila Ribeira Brava – Preguiça

Die **Pflasterstraße** führt von Vila Ribeira Brava vorbei am Flughafen zum **8 km** entfernten **Hafenort Preguiça.** Die Strecke wird von Sammeltaxis befahren (ca. 250 ECV). Im Dorf windet sich die Pflasterstraße vorbei an der alten Kirche hinunter zur winzigen Pier. Kleine Fischerboote finden sich am Strand ein. Hier soll *Pedro Alvares Cabral* im Jahre

ka-j-420 Foto: ja

1500 das letzte Mal Wasser für sein Schiff gebunkert haben, bevor er Brasilien entdeckte. Den Süßwasserbrunnen gibt es bis heute. Auf der anderen Seite des Ortes erinnert ein unscheinbares, mit rostigen Kanonen bestücktes **Fort** an die Abwehr von Piratenüberfällen. Außer ein paar kleinen Läden gibt es keine touristische Infrastruktur.

Der Westen

Vila da Ribeira Brava – Tarrafal

● Regelmäßig Aluguer-Verbindungen, **26 km**, rund 1 Stunde Fahrzeit.

Die Fahrt nach Tarrafal gilt als die **schönste Strecke der Insel** und ist unbedingt zu empfehlen. Die Pflasterstraße schlängelt sich in nördlicher Richtung von Vila da Ribeira Brava zur Küste. In vielen Windungen, vorbei an tief eingeschnittenen Talmündungen, verläuft der Weg entlang der 20 m hohen Steilküste und hinter der Siedlung **Carvoeiros** landeinwärts in das grüne, weite Tal von **Fajã.** Die kleinen **Ortschaften Fajã de Baixo** (unteres Fajã)

Der Hafen von Tarrafal

und **Fajã de Cima** (oberes Fajã) legen sich in den breiten, sanft aufsteigenden Hang. Das fruchtbare Land dieses Tals, das mittels eines 2000 m langen Galeriestollens bewässert wird, lässt eine intensive Bewirtschaftung mit Zuckerrohr, Gemüse und Obstbäumen zu. In feuchten Jahren ist auch der obere Teil von Fajã intensiv im Trockenfeldbau mit Mais, Kongo-Bohnen und Kartoffeln bestellt. Nirgends auf Cabo Verde gibt es mehr Drachenbäume als hier; die Bauern mögen und schützen sie (siehe auch Kapitel „Flora").

Die ansteigende Ebene ist von alten Wegen durchzogen, die immer wieder an die Straße führen. In der Wanderkarte zur Insel finden sich mehrere Wanderwege, die sich zu sehr lohnenden Rundwegen durch den „Küchengarten" der Insel kombinieren lassen.

In der Nähe der Passhöhe grüßt die **Kapelle Nossa Senhora do Monte** vom Hang, bei der alljährlich im Mai ein Pilgerfest abgehalten wird. Der Blick reicht zum meist wolkenumhüllten Gipfel des Monte Gordo und auf der anderen Seite in das Tal Ribeira Brava. Einen besonders schönen Blick ins Tal hat man vom Aussichtspunkt mit Kreuz *(Miradouro)* kurz hinter der Passhöhe. Hinter Cabeçalinho führt die Strecke an den auf der Südseite wesentlich trockeneren und braunen Berghängen in weiten Kehren zur Hafenstadt Tarrafal.

Tarrafal de São Nicolau

Tarrafal hat in der Einwohnerzahl die Hauptstadt Vila da Ribeira Brava überflügelt und ist somit die **größte Ortschaft der Insel.** Der Ort zieht sich entlang der Küstenstraße, an deren südlichem Ende der Hafen liegt. Der Stadt vorgelagert ist ein langer, **dunkler Kies- und Sandstrand.** Auf ihm landen die handwerklichen Fischer ihre Boote an, während die größeren Fischerkähne ihre Ladungen für die Fabrik an den Kühlhäusern des Hafens löschen. Aus den Ersparnissen der Emigranten sind viele neue Wohnhäuser, Geschäfte und Werkstätten geworden, die Tarrafal zum Teil noch als Ansammlung unfertiger Baustellen, zum Teil als proppere moderne Kleinstadt erscheinen lassen. Westlich Tarrafals ziehen sich rotbraune, vegetationslose Berghänge an der Küste entlang bis zum 436 m hohen Tuffkegel Praia Branca.

Als größter Arbeitgeber beschäftigt die **Thunfischfabrik** bis zu 150 Mitarbeiter. Die Konserven werden auf alle Inseln und auch wieder nach Europa exportiert. Dank der guten Bedingungen für Hochseeangler und Wassersportler sind einige Hotelneubauten im Wachsen, die dem Ort in Bälde auch ein touristisches Gepräge geben werden. Tarrafal scheint gut vorbereitet.

Tarrafal – Ribeira da Prata

Nach Westen schließt sich die schwarzsandige **Praia da Luz** an den Ort an. Im Sommer kann es hier richtig heiß werden, und wer Schatten sucht, muss ihn selbst mitbringen. Etwa 4 km weiter ragt der winzige **Solar-Leuchtturm von Barril** aus der unwirtlichen Gegend.

Der schwarze Lavasand ist reich an **Jod und Titan** und soll bei rheumatischen Erkrankungen Linderung verschaffen. Die Kranken schützen die Haut der betroffenen Körperpartien mit einem Tuch und legen darüber den heißen Sand.

Hinter Barril führt die Piste um die Westspitze der Insel nach **Praia Branca** am Fuße von 1000 m hoch aufragenden Bergen, eines unserer Lieblings-Wanderreviere im Dreieck zwischen Tope Moca, Tope Matin und Topona. An guten Tagen reicht der Blick bis zu den beiden unbewohnten Inseln Branco und Razo. Von hier aus führt ein Fußweg nach Fajã de Baixo.

Die Fahrstraße in nördlicher Richtung endet kurz vor dem kleinen Dorf **Ribeira da Prata.** Bis zu diesem Punkt verkehren ab und an Aluguers aus Tarrafal. Ein kleines Geschäft offeriert frische Getränke. Am Wanderweg bergauf erreicht man die legendäre **Rocha Scribida** (deutsch: Beschriebener Fels), deren Windverwitterungen von manchen als Inschrift aus vorkolonialen Zeiten gedeutet werden.

Wanderungen

Vila – Calejão – Cabeçalinho – Vila

• **Rundwanderung,** 11 km oder rund **3 Stunden** mit erheblichen Höhenunterschieden; überzeugende Tiefblicke. Stabiles Schuhwerk, 2 l Wasserreserve pro Person.

Man verlässt Vila Ribeira Brava auf der aus dem Ortsteil São João aufsteigenden kleinen Serpentinenstraße und gelangt so auf die Hochfläche, auf der sich auch der Flughafen befindet. Das eindrucksvolle, hellgelb renovierte Seminargebäude erinnert an die einstige Bedeutung von Calejão als Bischofssitz und Schule. Es liegt an einem steilen Tal, auf dessen Südseite der weithin sichtbare Weg aufsteigt nach Cabeçalinho. Dort angekommen geht man eine lange Gerade der Fahrstraße bergauf und findet an der ersten Linkskurve den Abzweig des Maultierpfades, der sich in Serpentinen wieder hinunter windet ins Tal der Ribeira Brava und über Palso beim alten Seminar die Stadt erreicht.

Jeder der erwähnten Orte kann auch mit dem Fahrzeug erreicht werden.

Vila – Cachaço – Cabeçalhinho (– Calejão) – Vila

• **Rundwanderung,** 12 km, **3–4 Stunden** mit steilem Auf- und Abstieg auf relativ leichten Wegen, gute Tiefblicke. Stabiles Schuhwerk, 2 l Wasserreserve pro Person.

Der Weg folgt der kleinen Pflasterstraße aufwärts im Tal der Ribeira Brava über Campinho bis Água das Patas, wo Bananen, Orangen, Papayas und Kokospalmen gedeihen. Ab hier setzt sich die Straße fort in einem steilen Maultierweg bis zur **Anhöhe von Cachaço (710 m;** kleine Läden). Sehr lohnend ist der Abstecher zu der am Hang stehenden Kapelle Nossa Senhora do Monte.

Wer will, kann ein Aluguer zurück in die Stadt nehmen oder durch Fajã bergab wandern.

Die Rundwanderung folgt für eine halbe Stunde der Hauptstraße in Richtung Tarrafal mit beständigem Tiefblick und erreicht so **Cabeçalinho.** Von hieraus folgt der Weg dem zuvor beschriebenen über einen von einer scharfen Kurve aus aufsteigenden kleinen Fahrweg über Palso zurück zur Stadt. Wer noch Laune für eine größere Runde hat, folgt der Straße bergab über eine lange Gerade bis zum Wasserausgabehäuschen und danach dem nach links abzweigenden, leicht ansteigenden Weg, der nach Calejão führt.

Monte Gordo (1312 m)

● **Stichwanderung,** 2½ Stunden im Aufstieg, 600 m Höhendifferenz; bei Weitsicht grandioses Panorama. Dieser **steile Aufstieg** auf den höchsten Gipfel der Insel empfiehlt sich nur für Wanderer mit guter Kondition und Trittsicherheit; Wanderstiefel, 3 l Wasserreserve pro Person.

Ausgangspunkt ist Cachaço (710 m) an der Hauptstraße zwischen Vila da Ribeira Brava und Tarrafal (Aluguers ab der Stadt, 30 Minuten, ca. 250 ECV). Der Weg folgt der mit Perímetro Florestal ausgeschilderten Forststraße. Diese führt am Hang vorbei an Drachenbäumen und danach steil bergauf durch immer dichter werdenden Wald.

Kurz hinter einem kleinen Kraterboden, exakt am höchsten Punkt der Straße, zweigt ein winziger Pfad ab zum Berg und steigt sofort steil an über Erdtreppen zum **Gipfel.** Nach gut 1 Stun-

236_033sw Foto: re

de Gehzeit ist die flache Kuppe des Gipfels erreicht, auf der sich die Antennen der Radio- und Fernsehstationen befinden. Der Monte Gordo ist der einzige Punkt des Archipels, von dem aus man bei exzellenter Fernsicht alle Inseln erkennen kann. Man geht auf dem gleichen Weg zurück.

Canto de Fajã – Fragata – Praia Branca

- **Streckenwanderung** auf der Höhe (ca. **3 Stunden)** mit einigen steilen Anstiegen; Wanderstiefel, 3 l Wasserreserve pro Person.

Ausgangspunkt ist der obere Teil von Fajã an einer Kreuzung mit dem Schild „Pico Agudo". Von hier erkennt man bereits den Pass von **Assomada Mançebo,** den man über eine Fahrstraße, die später zum Fußweg wird, erreicht. Von hier windet sich der Weg in Serpentinen hinab in das grüne Tal von Fragata, steigt am Gegenhang erneut auf und erreicht durch das Tal von Odjo d'Água den Emigrantenort **Praia Branca.** Man kann ebenso das Tal von Fragata bis zum Ende in Ribeira Prata gehen, doch ist von dort kaum ein Rücktransport zu finden.

Der Strand von Carriçal

Strände

Der Reiz São Nicolaus liegt darin, von allem etwas anzubieten, nicht nur schöne Wanderungen und für Mountainbiker ideale Sträßchen, sondern auch **schöne Strände.** Diese sind noch wenig erschlossen und schwer zu erreichen. Bei Tarrafal erstrecken sich dunkle vulkanische Kies- und Sandstrände An der **Praia Francês** nördlich der Stadt gibt es einen Abschnitt mit hellem Sand. Ca. 1½ Stunden zu Fuß südlich von Tarrafal liegt die **Praia debaixo da Rocha** mit einer Höhle, der Standard-Wochenendausflug der Leute von Tarrafal. Fischerboote bringen die Gäste hin und zurück. Der schönste ist der dunkle Strand unter Kokospalmen von **Carriçal,** doch dahin wird es nur begeisterte Wanderer mit entsprechender Ausdauer verschlagen.

Praktische Infos

An- und Weiterreise

Mit dem Flugzeug

- Der **Flughafen** liegt **auf der Hochebene Campo da Preguiça,** 5 km vom Hauptort Vila da Ribeira Brava entfernt.
- **Verbindungen nach Sal und São Vicente** etwa dreimal pro Woche.
- **Zur Ankunft** stehen **Taxis** (ca. 600 ECV) für die Fahrt nach Vila Ribeira Brava bereit.
- **Fluggesellschaft TACV:** Ribeira Brava, Büro am Hauptplatz, Tel. 2351161, 2351675; am Flughafen, Tel. 2351500, 2351313.

Fährverbindungen

- Der **Hafen** liegt **in Tarrafal** an der Westküste, Tel. 2361144, 2361326.

- **Fähren:** wöchentlich eine bis zwei Verbindungen **nach Sal oder São Vicente** (5 Stunden, 800 ECV) ohne langfristig festgelegten Fahrplan.
- **Informationen und Fahrscheine** bei: Avimar, Tarrafal (Küstenstraße parallel zum Hafen), Tel. 361179, Mo bis Fr 8–12 Uhr, oder Arca Verde in Mindelo, Tel. 2314979, Fax 2312055.

Segelboote

- Segelboote können in der geschützten **Bucht von Tarrafal** vor Anker gehen, wenn sie zuvor einen der internationalen Häfen angelaufen haben. Es bestehen eingeschränkte Versorgungsmöglichkeiten.

Reisen auf der Insel

Straßen

Die **wichtigste gepflasterte Straßenverbindung** führt **von Vila Ribeira Brava zum Hafenort Tarrafal** (26 km) und **von der Stadt zum Flugplatz** (5 km), eine andere relativ gute Straße geht in den Osten bis zum Dorf Juncalinho. Die übrigen Ortschaften sind durch Pisten angeschlossen. Da sich im Westteil der Insel die Straße (bzw. Piste) wie ein Hufeisen um die zentralen Berge windet, gibt es keine eigentliche Rundtour, d.h. man kehrt jeweils auf gleicher Straße zum Ausgangsort zurück.

Aluguers

- **Verbindungen:** Aluguers verkehren zwischen Vila da Ribeira Brava und Tarrafal (ca. 1 Stunde) und bis Juncalinho. In Vila Ribeira Brava warten die Fahrzeuge vor der Kirche oder am Markt. Von Tarrafal aus gibt es unregelmäßigen Sammelverkehr entlang der Küste nach Praia Branca und Ribeira Prata.
- Aluguer-Fahrer leisten auch **Taxidienste** (jeweils zehnfacher Preis des Sammeldienstes, z.B. Vila Ribeira Brava – Tarrafal 2000 ECV) oder können **für Inselrundfahrten angemietet** werden. Für Inseltouren sollte man mindestens zwei Tage einplanen.

Autoverleih

- **Monte Gordo – Rent a Car**
In Vila da Ribeira Brava.

Unterkunft

Quartiere gibt es **in Vila da Ribeira Brava und in Tarrafal.**

Vila Ribeira Brava

- **Pensão Santo António**
Tel. 2352200, Fax 2352199
E-Mail: manuelsantos@cvtelecom.cv
Am Hauptplatz; nagelneue hotelähnliche Pension, alle Zimmer mit eigenem Bad; Restaurant in unmittelbarer Nähe mit Tanzkeller; DZ ab ca. 3600 ECV.
- **Pensão Residencial Jardim**
C.P. 59, Tel. 2351117
Hübsche, saubere, freundliche Pension am Hang von Chãzinha; Zimmer mit eigenem Bad, angenehmer Aufenthalt im Freien; erfahren mit Wanderern; DZ ab ca. 2000 ECV.
- **Pensão da Cruz**
Tel. 2351282
In der Nähe des alten Rathauses, von außen nicht gekennzeichnet; sehr einfach; Du/WC auf dem Flur; DZ ab ca. 1200 ECV.
- **Pensão Restaurant Sila**
Tel. 2351188
Vom Flughafen kommend am Ortseingang rechts, schräg gegenüber dem Gesundheitszentrum; preiswerte einfache Zimmer; Restaurant; DZ ca. 1200 ECV.
- **Pensão Bar Restaurante Jumbo**
Tel. 2351315
Liegt auf der Südseite der Ribeira gegenüber der Praça Amilcar Cabral; sehr einfache Zimmer mit Bad; Restaurant, DZ ca. 1200 ECV.

Tarrafal

- **Pensão Tonecas**
Tel. 2361220, Fax 2361313
Am Eingang zum Hafen; sehr komfortable neue Unterkunft; hübsche, luftige Zimmer; Preis je nach Saison, DZ ab ca. 2700 ECV; Bootsausflüge, Big Game Fishing.
- **Pensão Alice**
Tel. 2361187, Fax 2361693

An der Uferstraße; sehr familiär, traditionell kapverdianisch, Zimmer teilweise mit eigenem Bad; traditionelles Restaurant mit sehr guter Küche; DZ ab ca. 1500 ECV.

● **Maria de Monte**
Von der Pension Alice aus weiter nordwärts, nach dem Stadion rechts und dann links; großes weißes Haus mit Balkonen; hübsche, saubere Zimmer mit Meerblick; DZ ab ca. 1500 ECV.

Restaurants und Bars

In den kleinen Restaurants der Insel werden **Tagesgerichte** angeboten, die sich nach den Frischwaren auf dem Markt richten. Wenn Sie etwas anderes wünschen, müssen Sie es vorbestellen.

Ribeira Brava

● **Pensão Santo António**
Tel. 2352200, Fax 2352199; oberhalb des Kirchplatzes (siehe gleichnamige Pension).

● **Pensão Residencial Jardim**
Tel. 2351117; gute traditionelle Küche, Sitzplätze auch auf der Dachterrasse.

● **Restaurante Bela Sombra Dalila**
Tel./Fax 2351830, 2251831; zwischen Kirche und Shell-Tankstelle; gute Küche.

● **Restaurant Sila**
Restaurant zur Pension; preiswert.

● **Bar Restaurante Simplicidade**
Vom Hauptplatz aus die Straße links neben der Kirche; typische lokale Küche; gut und preiswert.

● **Restaurant Tropica**
Nahe der Bücherei; serviert auch Frühstück.

● **Pensão Bar Restaurante Jumbo**
Restaurant zur Pension; preiswert.

● **Esplanada**
Praça Amilcar Cabral; Café und Snackbar; schöne, schattige Sitzplätze im Freien.

Tarrafal

● **Casa de Pasto Alice**
Restaurant der Pensão Alice; man isst im Wohnzimmer der Familie; hervorragende kapverdianische Küche; schöner Blick auf Hafen und Meer.

235_742sw Foto: re

Ribeira dos Calhaus

São Nicolau

● **Esplanada Sandy**
C.P. 59, Tarrafal, Tel./Fax 2361282; Bar und Restaurant, gut und preiswert.

● **Bar Restaurante Patchê**
C.P. 52, Tel./Fax 2361301.

● **Casa de Pasto Lino**
Typisch kapverdianische Gerichte.

● **Tonecas**
Restaurant der Pensão Tonecas; sehr gute Küche.

● Außer den hier genannten gibt es noch **weitere kleine Kneipen und Snack-Bars** in Vila Ribeira Brava und Tarrafal. In Vila da Ribeira Brava öffnet außerdem eine **Disco** spät abends am Wochenende ihre Pforten.

Reisebüro

- **Santos & Santos**
Estância Baixo, Vila da Ribeira Brava, Tel. 2351830.

Bank

- **Banco Comercial do Atlântico**
Filialen in Vila Ribeira Brava und Tarrafal, jeweils auf dem Hauptplatz, von 8–14 Uhr.

Post

- **Vila Ribeira Brava**
Hinter dem alten Rathaus.
- **Tarrafal,** in der Nähe des Hauptplatzes.

Notfall

- **Gesundheitszentrum:** in **Vila da Ribeira Brava,** Tel. 2351130, und in **Tarrafal,** Tel. 2361404.
- **Apotheken** gibt es in Vila Ribeira Brava und Tarrafal.

Polizei

- **Vila Ribeira Brava**
An der Straße zum Flughafen, Tel. 2351153.
- **Tarrafal,** neben dem Postamt, Tel. 2361132.

Hochseefischen

Das Meer zwischen São Nicolau und den unbewohnten Inseln ist reichhaltig an Fischen und das beste Revier für Hochseefischer (Blue Marlin, Schwertfische u.a.).

Für andere Wassersportarten existiert (bisher) keine touristische Infrastruktur.

- **Tonecas,** siehe gleichnamige Pension.

Feste

Auf São Nicolau wird gerne musiziert, getanzt und gefeiert. Zahlreiche Feste geben dazu Anlass, darunter sind die folgenden:

- Zum **Osterfest** gibt es im kleinen Ort **Faja** nach der Messe eine schöne Prozession. Auf dem sich anschließenden Fest wird traditionell ein Pferderennen abgehalten.
- **Im Februar** trifft sich die ganze Insel in **Vila da Ribeira Brava** zum **Karneval.** Man sagt, der Karneval von São Nicolau käme an Farbenpracht und Feststimmung gleich nach dem von Mindelo. In einer Art Wettbewerb übertreffen sich die Karnevalsgruppen bei den Umzügen und Festivitäten, die drei Tage lang andauern.
- Das **Inselfest** von São Nicolau findet am **6. Dezember** statt.

Sonstiges

Wanderführer und -karten von São Nicolau

- **São Nicolau 1:50.000**
Lucete Fortes, Pitt Reitmaier; Wanderkarte mit dreisprachigem Wanderführer auf der Kartenrückseite; Goldstadt Verlag, Pforzheim 2001, ISBN 3-89550-468-8; Verkauf auch in Cabo Verde.

Ilhas Desertas

Die Inseln **Santa Luzia, Branco und Razo,** auch Ilhas Desertas genannt, liegen zwischen São Vicente und São Nicolau jeweils 8–10 km voneinander getrennt und gründen auf einem gemeinsamen flachen Meeressockel. Alle drei Inseln sind **unbewohnt,** und es bestehen **keine regulären Schiffsverbindungen** dorthin. Zwar verkehren von São Vicente oder São Nicolau ab und zu Fischerboote zu den Eilanden, doch ist das Anlanden aufgrund der rauen See und teils schwer zugänglicher Felsküsten schwierig. Segelboote, die sich zu den Stränden von Santa Luzia begeben, müssen wegen der Brandung ausbooten.

Santa Luzia

Die Insel hat eine Oberfläche von rund **35 km²** und misst an ihrer längsten Stelle 12 km, an ihrer breitesten ca. 5,3 km. Im Nordosten haben sich hellgelbe Sanddünen aufgeschichtet, im Osten und Nordwesten dominieren Felsen das Landschaftsbild. Im Süden verflacht sich die Insel, hier gibt es große Sandstrände. Mehrere vulkanische Basaltkegel steigen im Inselinneren bis zu 300 m auf, darunter die höchste Erhebung, der **395 m hohe Monte Grande.** Dazwischen schneiden sich mit Stein und Geröll überzogene Erosionstäler in den Grund. Bis auf ein paar Gräser und Sträucher gibt es fast keine Vegetation mehr auf Santa Luzia.

Dem war nicht immer so und aus der Tatsache, dass die Insel heute nicht bewohnt ist, ist nicht zu schließen, sie habe keine **Geschichte.** Der große **Dr. Júlio José Dias,** in Personalunion erster moderner Arzt Cabo Verdes und traditioneller Heiler mit übernatürlichen Kräften, dessen mächtige Büste bis heute vom Platz in Vila da Ribeira Brava auf São Nicolau grüßt, der sein Privathaus zur Verfügung stellte, um 1866 das Seminar endlich ins Laufen zu bringen, er war auch Pächter von Santa Luzia. Und er verkaufte Maultiere von dort bis auf die Niederländischen Antillen. Wenn es regnete, so berichten die Märchen, brachten die Ziegen alle vier Monate drei bis vier Lämmer zur Welt, und die Schafe waren groß und schwer wie Kühe. Die Kinder spielten mit hart gewordenem Ziegenkäse Fußball, weil es jeden Tag frischen im Überfluss gab. Doch wenn es nicht regnete, dann hatten die magischen Fantasien ein Ende, und die Herden starben bis zum letzten Tier. So wurde Santa Luzia mehrmals verlassen, und mehrmals siedelte *Dr. Júlio* wieder Hirten an.

150 Jahre nach den berühmt gewordenen Maultieren erreichte Santa Luzia ein zweites Mal internationaler Ruhm, als ein Industriekonsortium die Insel auserkoren hatte, Cabo Verde mit einer **Chemie-Mülldeponie** zu beglücken. Cabo Verde lehnte letztlich ab und übergab die nicht astreinen Dokumente den zuständigen Behörden im Ausland und den Vereinten Nationen. Nach dem Presserummel fiel Santa Luzia in die Vergessenheit zurück. Nur ab und an fällt noch ein Strahl mystischen Interesses auf die magische Einsame, wenn an den Stammtischen Mindelos Geschichten über tonnenschwere, im Strand vergrabene Rauschgiftlager die Runde machen. Gesehen hat sie keiner, was beweist, wie heimlich die Verbrecher durch den Sand schleichen ...

Santa Luzia hat ihre Bedeutung als Brutkolonie für Seevögel leider völlig eingebüßt dank einer Herde verwilderter Hauskatzen.

248_632sw Foto: re

Menschenleer, trocken, vegetationslos – Santa Luzia

Ilheu Branco

Südöstlich von Santa Luzia gelegen, ragt ein lang gestreckter Fels abrupt aus dem Atlantik. Branco ist mit einer Länge von 4 km und einer Breite von 1,2 km das kleinste Eiland dieser Gruppe. Auf knapp **3 km²** erheben sich kleine Berge zu einem schmalen Grat, der höchste darunter der **Tope da Berça** mit **327 m.** Ihren Namen verdankt die Insel Branco (dt.: weiß) dem weißen Dünensand, der sich im Südwesten zwischen Pta. da Parede und Pta. Delgado weit am Hang hochzieht. Auf dem knochentrockenen Lavagestein findet sich außer einigen Flechtengewächsen im Norden so gut wie keine Vegetation. Auch für eine menschliche Ansiedlung bietet Branco keinen Lebensraum. Nur im Jahre 1833 sollen 30 „Verbrecher" auf der Insel Zuflucht genommen haben. Dank der Abgeschiedenheit gilt Branco als **eine der wichtigsten Brutstätten für Vögel in Cabo Verde;** die Felsen im Norden sind übersät mit Guano. Bis 1940 war die Insel Heimat des legendären kapverdianischen Riesen-Skink, des zweitgrößten Skinks weltweit. Bedingt durch die Ankunft der Gefangenen, durch Fallensteller und die zunehmende Trockenheit starb die Art aus. Bis heute lebt der Riesen-Gecko *(Tarentola gigas)* in kleinen Höhlen der Insel.

Ilheu Razo

Razo (= flach, glatt gezogen) ist rund **7 km²** groß, annähernd rund, besteht aus Basaltlava und Tuffen und wird von einer steilen Felsküste umgeben. Von Süden aus steigt sie sanft nach Norden hin an zu einer ca. 80 m hohen Ebene, aus der sich kleine Schlacken- und Aschekegel erheben, die im Nordosten in 164 m Höhe „gipfeln". Dazwischen haben sich kleine Erosionstäler eingeschnitten. Im Westen und Süden liegen die ausgedehnten Ebenen Cha de Branca und Cha de Castelo kaum 10 m über dem Meeresspiegel. Dünen und Strände konnten sich auf Razo nicht bilden. Die Vegetation ist sehr spärlich. Auch Razo wird, wie die beiden anderen Ilhas Desertas, von zahlreichen **Seevögeln** besucht. Die bekannteste Vogelart auf der Insel ist die endemische Razo-Lerche, daneben Sturmtaucher, Brauntölpel, einige Fischadler u.a. Des weiteren leben auch einige Geckoarten auf der Insel (s.a. Kapitel „Fauna").

Die Inseln Razo und Branco stellen wertvolle Vogelbiotope dar und sind unter Schutz gestellt. Die teilweise vom Aussterben bedrohten Arten, die auf den Inseln Zuflucht suchen, müssen völlig ungestört bleiben. Nur Ornithologen, die hier ihre Arbeit verrichten wollen, können um eine Genehmigung anfragen. Für andere Reisende ist das **Betreten strikt verboten; es gibt auch nichts Sehens- oder Erlebenswertes.**

Anhang

Karneval in Cabo Verde: Rio im Kleinen

Ponta do Sol/Santo Antão

Aloe Vera

Sprache

Cabo Verde ist ein **zweisprachiges Land: Portugiesisch** ist offizielle Landessprache, **Crioulo** (deutsch: Kreol oder Kreolisch) ist die nationale Umgangssprache.

Das **Crioulo** Cabo Verdes ist die älteste afrikanisch-europäische Kreolsprache. Weitere werden in Haiti, Mauritius, auf den Seychellen und Réunion, in Guinea-Bissau, São Tomé e Príncipe, auf Aruba, Bonaire und Curaçao (Niederländische Antillen), in Surinam und Sierra Leone gesprochen. Sie alle sind aus Notsprachen (Pidgin) der frühen Kolonialgeschichte hervorgegangen, in der Sklaven mit völlig verschiedenen Muttersprachen gezwungen waren, Worte der Kolonialsprache(n) aufzunehmen, um sich untereinander und mit ihren Herren verständigen zu können. Da der Spracherwerb der kreolischen Kinder vorwiegend von der afrikanischen Mutter begleitet wurde, so meinen Linguisten, werden vorwiegend weibliche Pronomen und Adjektive verwendet. Noch heute sprechen die Kinder von „nha mãe ma nha pai", meine Mutter und meine Vater.

Als „portugiesischbasierte" Kreolsprache verwendet das kapverdianische Crioulo zu rund 90% einen **altportugiesischen Wurzelwortschatz.** Die restlichen 10% stammen aus westafrikanischen und anderen europäischen Sprachen. Rhythmus, Metaphern und der spielerische Anklang an eine allgemein bekannte Mythologie kommen vorwiegend aus Afrika. Die Sprache Cabo Verdes hat große Übereinstimmungen mit dem Kreol von Guinea-Bissau und dem Papiamento von Curaçao. Auf Reisen in Kontinentalafrika waren wir erstaunt, in Händlersprachen wie Dioula in Westafrika und Kiswahili in Ostafrika kreolisch klingende altportugiesische Worte in größerer Zahl zu hören. Selbst mit Studenten aus Haiti und von den Seychellen war eine Kommunikation über das kapverdianische Kreol möglich. Hier ist noch viel zu erforschen.

Crioulo ist heute die ausschließliche **Sprache der Musik** der Inseln und eines Großteils **der Lyrik.** Prosa, Sachbücher, Romane und Novellen erscheinen üblicherweise in Portugiesisch. Eine Ausname bildet der 1987 erschienene Roman „Oju d'Agua" von *Manuel Veiga*.

Aufgrund jahrhundertelanger Isolation hat **jede Insel** ihren **eigenen Dialekt.** Aus der Geschichte verständlich, ist das Kreol des Barlavento dem Portugiesischen näher. In São Vicente haben sich viele englische Worte gehalten. Santo Antão hat einige Anklänge mehr ans Französische bewahrt. Die Unterschiede zwischen den Dialekten sind ähnlich groß wie im deutschen Sprachraum. Um sich zwischen den Extremen verständigen zu können, weicht man aus auf eine Art inoffizielles **Amtscrioulo de São Vicente,** das überall dort gesprochen wird, wo Kapverdianer aller Inseln zusammenarbeiten. Beispielsweise wissen die Leute aus Santo Antão, dass die dort übliche Form der Verneinung durch ein vorangestelltes „n" auf den anderen Inseln unverstanden bleibt (*Min n'sabe* = ich weiß nicht).

Sie setzen das sonst übliche „ka" ein und werden mit „Um ka ta sabé" wunderbar verstanden.

Es gibt eine Hand voll **Grammatiken und Wörterbücher** zum kapverdianischen Kreol. Da es nie zur Schriftsprache erhoben wurde, muss man sich diese genau ansehen, da es wenig Sinn gibt, den Dialekt einer Insel zu erlernen, auf der man sich nicht aufhalten wird. Gut bedient ist man mit Ausgaben, die sowohl das Kreol von Praia als auch von São Vicente beinhalten.

Im ideologischen Rückzugskampf hat die kolonialistische Regierung im Jahr 1971 noch schnell ein halbherziges Gesetzchen zur Zweisprachigkeit verabschiedet, in dem erstmals Kreol als „Sprache" erscheint und nicht nur als „Dialekt" von Menschen, denen man unterstellte, zu dumm zu sein, um Portugiesisch zu lernen. Damit durfte in den Grundschulen Kreol gesprochen werden.

Auch nach der Unabhängigkeit blieb **Portugiesisch** bis heute offizielle Landessprache, die Sprache von Verwaltung, Recht, Finanzwesen, der Kirche, Schulen und Medien. Dies ist aus mehreren Gründen zu befürworten, um nicht zu sagen, es ist unausweichlich, wenn man sich nicht in die Isolation begeben will. Die Rechtssprache in Portugiesisch ist eine alte Hochsprache, die sich in den letzten 400 Jahren nur wenig verändert hat. Es wäre unbezahlbar, diese Texte in ein modernes Kreol überführen zu wollen und eine eigene Rechtssprache zu begründen. Das kleine Cabo Verde kann nur mit einer international weit verbreiteten Sprache Anschluss an moderne Kommunikation und Wissenschaft finden. Auch wenn wissenschaftliche Bücher aus Portugal zumeist Übersetzungen veralteter französischer Ausgaben sind, so finden sich doch auf dem brasilianischen Markt aktuelle Ausgaben in guter Auswahl. Das letzte Argument, das wir hier anschließen wollen, ist vermutlich das wichtigste: Mit Portugiesisch erlernt jeder künftige Emigrant zumindest eine internationale Sprache, die ihm den Einstieg in weitere Fremdsprachen erleichtert.

Dennoch wäre es von Vorteil, Kreol in Teilbereichen als zweite Landessprache anzuerkennen, und dies wird von der Bevölkerung auch gewünscht. Die technischen Voraussetzungen dazu sind geschaffen in einem Regelwerk zur Rechtschreibung namens ALUPEC *(The Unified Alphabet for the Writing of Capeverdean Creole)*.

Für Besucher und Reisende auf den Inseln ist es von Vorteil, einige Ausdrücke in portugiesischer Sprache zu erlernen. Wenn man sich dann unterwegs noch einige Sätzchen in Crioulo merkt, z.B. einen Gruß oder Dank, wird man große Anerkennung ernten. Oft kann man sich auch mit **Französisch** behelfen, es ist die erste Fremdsprache an den Schulen. **Englisch** als zweite Fremdsprache können weniger Leute, vor allem Schüler und Remigranten. Die Zahl der Deutsch Sprechenden ist klein, doch wenn es gesprochen wird, dann zumeist sehr gut von Leuten, die in Deutschland studiert haben, zum Polizeioffizier ausgebildet wurden oder als Seeleute und Emigranten in Deutschland oder Basel gelebt haben.

Kleine Sprachhilfe Crioulo de Santiago

Crioulo ist eine selbstständige Sprache. Sie verwendet vorwiegend **altportuguiesische Wortstämme.** Im Barlavento mehr als im Sotavento werden Endsilben verschluckt und Worte zusammengezogen. Die Ähnlichkeiten mit anderen romanischen Sprachen sind groß, doch nicht ausreichend, um beispielsweise Portugiesen ein sofortiges Verständnis zu erlauben. Mit Vorkenntnissen in romanischen Sprachen ist ein Niveau einfacher Verständigung schnell zu erlernen. Perfekt Crioulo zu sprechen, nimmt hingegen lange Jahre in Anspruch.

Herr (Anrede) – Senhor / Nho
Frau (Anrede) – Senhora / Nha
Guten Morgen, Guten Tag – Bom dia
Guten Nachmittag (ab mittag) – Boa tarde
Guten Abend (ab der Dunkelheit) – Boa noti
Hallo – Olá
Bis später – Até logo, até manha
Auf Wiedersehen – Adeus
Wie geht es der Frau / dem Herrn / Ihnen? – Coma nha / nho / bo 'sta?
Mein Name ist ... – Nha nomi ê ...
Wie ist Ihr Name? – Cuze nomi di bo?
Es freut mich, Sie kennen zu lernen – Prazer pa contra cu nha
Nehmen Sie Platz – Sinta, di favor
Grüßen Sie Ihren Vater / Ihre Mutter – Da nha lembrança pa bu pai / mai
Ja / nein – sim / não
Keine Ursache – de nada
vielleicht – talves
bitte – por favor
(vielen) Dank – (muito) obrigadu
Gestatten Sie – co'licença
Verzeihung – d'sculpa-m
Sprechen Sie Englisch / Französisch / Deutsch? – bu ta falá Inglês / Francès / Alemão?
Ich verstehe nicht – N ka ta konprende
Wieviel kostet das? – Kanté?
Warten Sie bitte – Spera un momentu
Warum? Wann? – Pamódi? Kuandu?
Wie? Wie lange? – Kumó? Kantu tempu?
Wer? Was? – Ken? Kuzé?
Ich spreche nur Englisch – N ta papia somenti Inglês
Kapverdianisch, Portugiesisch – Kabuverdianu, Portugês
Meine Adresse ist ... – Nha morada é ...
Sie ist von ... / aus ... – El é di ...
Bitte sprechen Sie langsam – Pur favor, papia dibagar
Wiederholen Sie bitte – Torna fla, pur favor
Noch einmal, wieder – novamenti
Schreiben Sie es auf, bitte – Skrebe-l, pur favor
Was wünschen Sie? – Kuzé ki bu kre?
Kommen Sie herein – Entra, ben li
Wo sind Sie? Wo ist er? – Ondé-bu? Ondé-l?
Toilette – Kuartu Banhu
Hier, dort – li, la
Geht (nicht) in Ordnung – Sta dretu (Ka sta dretu)
leer, voll – vaziu, xeiu
davor, dahinter – na frenti di, tras di
neben, innen, außen – na ladu di, dentu di, fóra di
viel, wenig – txeu, poku
gut / schlecht – bom, mau
mehr, weniger – mas, menus
heiß / kalt – quent / friu
ein bisschen – un poku
genug, zu viel – dja txiga, dimas
etwas, nichts – algun kuza / nada
gut, besser – bon, midjor
schlecht, schlechter – mau, pior
jetzt gleich – gosi li, gosin li, gurinha sin
bald, später – sedu, mas tardi
Es ist (zu) spät – dja sta tardi
Es ist (noch) früh – sta sedu
langsam, langsamer – dibagar, mas dibagar
schnell, schneller – dipresa, mas dipresa
Ich habe es nicht eilig – N ka sta ku presa
groß / klein – grand / piknin
viel / sehr – muito
Wo ist der Weg nach ...? – Calê camin pa ...?
Es ist mir warm (kalt) – N sta ku kalor (friu)
Ich bin hungrig (durstig, müde) – N sta ku fomi (sedi, sonu)

Ich bin beschäftigt (müde, krank) –
N sta okupadu (kansadu, duenti)
Was ist los? – Kuzé ki sta fladu
Vorsicht – kudadu
Nimm's leicht – kudadu!
Hör zu, schau her – Obi, Djobe li
Können Sie mir helfen? – Bu pode djuda-m
Ich suche ... – N sta djobe ...
Ich möchte gerne ... – N ta gostaba ...
Können Sie mir ... empfehlen? –
Bu pode rakumenda un ...?
Möchten Sie...? – Bu kre ...
Es freut mich – Nsta kontenti
Tut mir leid – Diskulpa -m
Ich weiß nicht – N ka sabe
Ich denke ja (nein) – N ta pensa ki sin / nau
Wofür ist das? – E' pa kuzé?
Wie heißt das auf Kreolisch? –
Kumó ki bu ta txoma-l na Crioulo?
Wie sagt man ...? –
Kumó ki bu ta fla / modi ki bu ta fla ...?
Wie schreibt man ...? –
Kumó ki bu ta skrebe ...?
Ich habe meinen Freund verloren –
Dja N perde nhas amiga
Ich habe mein Geld (Schlüssel) vergessen –
N diskise di nha dinheru / txabi
Ich habe meinen Flug verpasst –
Dja N perde avion

Hilfreiche Begriffe und Redewendungen in Portugiesisch

Aussprache

Portugiesisch hat eine weiche Aussprache mit vielen Nasal- und Zischlauten. Einige kleine Regeln:

rr = gerollt
r = nur am Wortanfang gerollt
lh = „lj"
ch = „sch"
qu = „kw" vor a, o; „k" vor e und i
nh = „nj"
c = „k" vor a, o, u; stimmloses „s" vor e und i
ç = stimmloses „s" vor a, o, u
g = normales „g" vor a, o, u; „sch" vor e und i
gu = wie „g" vor e und i
h = wird nicht gesprochen
j = stimmhaftes „sch"
s = am Wort- und Silbenende wie „sch"; in der Wortmitte wie „z"
v = wie „w"
z = am Wortanfang stimmhaftes „s", am Wortende wie „sch"
x = „s" oder „sch"

Silben mit Akzent (´, ^) werden stets betont; Vokale mit Tilde (˜) und Vokale, auf die ein „m" folgt, werden nasal ausgesprochen; viele Vokale werden verschluckt oder nur leicht angedeutet, z.B. e, a und o am Ende des Wortes oder e am Anfang des Wortes; männliche Endungen: -o, weibliche Endungen: -a.

Grammatik

Am einfachsten wird der Plural ausgedrückt, indem man ein -s oder -es an das Wort hängt.

Beispiel eines regelmäßigen Verbs
eu compro = ich kaufe
tu compras = du kaufst
ele /ela compra = er/sie/es kauft
nos compramos = wir kaufen
vocês compram = ihr kauft
eles compram = sie kaufen

Häufige Verben

ser = sein (sou = ich bin, é = er, sie ist, somos = wir sind, são = sie sind)

dar = geben (dou = ich gebe, dá = er, sie gibt, dão = sie geben)

ir = gehen (vou = ich gehe, vai = er, sie geht, vamos = wir gehen, gehen wir!)

ter = haben (tenho = ich habe, tem = er, sie hat, temos = wir haben, têm = sie haben)

Meist wird im Portugieschen nur in der 3. Person gesprochen. Pronomen entfallen, außer wenn sie betont werden (z.B. „Ich gehe einkaufen, nicht du.").

Grüße

Guten Morgen – Bom dia
Guten Nachmittag (nach 12 Uhr mittags) –
Boa Tarde
Guten Abend, gute Nacht (ab dem
Dunkelwerden) – Boa Noite

Willkommen – Bemvindo
Auf Wiedersehen (bis später) – Até logo
Wie geht es Dir / Ihnen ? – Como esta?
Es geht mir gut – Estou bem

Nützliches

ja / nein – sim, não
bitte – por favor, faz favor
(vielen) Dank – (muito) obrigado
keine Ursache – de nada
Gestatten Sie? – com licença
Verzeihung – desculpe
Wie heißen Sie? – Como se chama?
Sprechen Sie Englisch / Französisch / Deutsch ? – Fala Inglês / Francês / Alemão?
Ich komme aus Deutschland / Österreich/ Schweiz – Sou de Alemanha / Austria / Suiça
Mein Name ist ... – Chamo-me ...
Ist es möglich, dass ...? – É possível ...?
Wie nennt man das? – Como se chama isso?
Das gibt es nicht, das haben wir nicht – Não hà
Zu viel – demais
So viel ist genug – Esta bom
Können Sie mir helfen, bitte? – Pode me ajudar, por favor?
Wie bitte? – Como?
Ich weiß nicht – Não sei
Ich verstehe nicht – Não compreendo
Wo? Wann? Wie? – Onde? Quando? Como?
Warum? Was? – Porque? Que?
Wo ist ...? – Onde fica ...?
groß / klein – grande / pequeno
viel, sehr – muito
mehr / weniger – mais / menos
Nicht zuviel, nicht zuwenig – mais ou menos
gut / schlecht – bom, boa / mau
heiß / kalt – quente / frio

Unterwegs

Abfahrt, Abflug – partida
Ankunft – chegada
Auto – carro
Dorf – aldeia
Ein- / Ausreise – entrada / saída
Eine Fahrkarte/Flugticket nach ... – um bilhete para ...
Flug – vol
Flughafen – aeroporto
Flugzeug – avião
Gepäck – bagagem
Geradeaus – em frente
Nach links – à esquerda
Nach rechts – à direita
nichts zu verzollen – nada a declarar
Norden – norte
Osten – leste
reisen – viajar
Reisepass – passaporte
Sammeltaxi – Aluguer
Stadt – cidade, vila
Straße / Pfad – rua / caminho
Süden – sul
Westen – oeste
Wo ist der Weg nach ...? – Qual é o caminho para ...?
Visum – visto
Zollbehörde – alfândega
zurück – atrás

Unterkunft

abreisen – partir
Bett – cama
Einzel- / Doppelzimmer – um quarto individual / duplo
mit / ohne Bad – com / sem banho
für ... Nächte – para ... noites
Gästehaus, Pension – pensão
Haben Sie ein Zimmer frei? – Tem um quarto livre?
Hotel – Hotel
Kissen – almofada
Schlüssel – chave
Toilette – sanitário
Toilettenpapier – papel higiêne

Nationalitäten

Deutschland / Österreich / Schweiz – Alemanha / Austria / Suiça
der / die Deutsche – o alemão / a alemá
Österreicher(in) – o austríaco / a austríaca
Schweizer(in) – o suiço / a suiça

Essen und Trinken

Abendessen – jantar
Apfel – maca
Bier – cerveja
Bohnen – feijão

Bohneneintopf - feijoada
Brot - pão
Butter - manteiga
Dessert - sobremesa
die Rechnung, bitte - a conta, por favor
Eier - ovos
essen - comer
Essig - vinagre
Flasche - garrafa
Fleisch - carne
Frühstück - pequeno almoço
Frühstücken - tomar o café
Gabel - garfo
Gemüse - legumes
Getränk - bebida
Glas - copo
Honig, Melasse - mel
Hühnchen - frango
Kaffee - café
Kaffee trinken - tomar café
Kartoffeln - batata
Käse - queijo
Knoblauch - alho
Kuchen - bolo
Languste - lagosta
Mais - milho
Makrele - bacalhau
Maniok - mandioca
Melone - melão
Messer - faca
Milch - leite
Mittagessen - almoço
Moräne - moreia
Nudeln - massa
Olivenöl - azeite
Orange - laranja
Paprika - pimento
Pfeffer, Chilipfeffer - pimenta, piri-piri
Pudding mit Milch (Kokos, Käse) -
pudim de leite (coco, queijo)
Reis - arroz
Reis mit Meeresfrüchten - arroz de marisco
Restaurant - restaurante
Rindfleisch - carne de vaca
Rum aus Cabo Verde - Grogue
Salz - sal
Schnitzel - escalope
Schweinefleisch - porco
Speisekarte - lista
Steak - bife
Süßkartoffeln - batata doce
Tee - chá
Teller - prato
Thunfisch - atum
Tintenfisch - polvo
Tischwein (trocken, süß) -
vinho de mesa (seco, doce)
Tomate - tomate
trinken - beber
Wasser - água
Wein (weiß, rot, grün) -
vinho (branco, tinto, verde)
Zucker - açúcar
Zwiebel - cebola

Tage/Monate/Zeiten

Sonntag - domingo
Montag - segunda-feira
Dienstag - terça feira
Mittwoch - quarta-feira
Donnerstag - quinta-feira
Freitag - sexta-feira
Samstag - sábado

Januar - janeiro
Februar - fevreiro
März - março
April - abril
Mai - maio
Juni - junho
Juli - julho
August - agosto
September - setembro
Oktober - outubru
November - novembro
Dezember - dezembro

Datum / Tag - data / dia
Monat / Jahr - mes / ano
Vormittag - manhã
Nachmittag - tarde
Abend, Nacht - noite
heute - hoje
morgen - amanhã
gestern - ontem
früh / spät - cedo / tarde
Wie spät ist es? - que horas são?

Post/Telefon/Bank

Bank - banco
Brief / Postkarte - carta / postal

Briefmarken – selos
Geld wechseln – trocar dinheiro
Postamt – correio
Reiseschecks – cheques de viagem
schicken, senden – enviar
Telefon – telefone público
Telefonbuch – lista telefónica
Vorwahl – indicativo

Arzt/Apotheke/Notfall

Apotheke – farmácia
Arzt / Ärztin – médico / médica
Durchfall – diarréia
Fieber – febre
Husten – tosse
Kondom – preservativo, kreol: camisinha
krank – doente
Krankenhaus – hospital
Polizei – polícia
Schmerz – dor
Unfall – acidente (im Verkehr: desastre)
Unfallambulanz – banco de Urgência

Einkauf

Bäckerei – padaria
billig / (sehr) teuer – barato / (muito) caro
Geld – dinheiro
geöffnet – aberto
geschlossen – fechado
Ich möchte ... – Queria ...
kaufen – comprar
Laden, Geschäft – loja
Markt – mercado
Preis – preço
Supermarkt – supermercado
verkaufen – vender
Wieviel kostet das? – Quanto costa?

Häufige Wörter

alt – velho
arbeiten – trabalhar
auch – também
ausruhen – descansar
Batterie – pilha
Berg – montanha
Bruder – irmão
Buch – livro
Ehemann – marido
Film (für die Kamera) – película
Frau – mulher
früh – cedo
genug – bastante
groß – grande
Haus – casa
heiß – quente
hoch – alto/a
Hügel – colina
Huhn – galinha
Hund – cão
ich – eu
in – a, em
jetzt – agora
Junge – rabaz
Katze – gato
Kerze – vela
Kirche – igreja
klein – pequeno
Licht – luz
Mädchen – rapariga
Mann – homem
Meer – mar
Mutter – mãe
Nachtclub – boite
nichts – nada
niedrig – baixo/a
niemals – nunca
Platz (in der Stadt) – praça
Rathaus – câmara
Regen – chuva
schön – lindo
Schule – escola
schwer – pousado/a
Schwester – irmã
schwierig – difícil
schwimmen – nadar
Sonne – sol
später – depois de
sprechen – falar
Stift, Kugelschreiber – caneta
Strand – praia
und – e
Vater – pai
vielleicht – talvez
vorher – antes de
wenig – pouco
Wind – vento
Zeitschrift – revista
Zeitung – jornal
Ziege – cabra
Zündhölzer – fósforos

Zahlen

1 - um, uma	30 - trinta
2 - dois, duas	40 - quarenta
3 - três	50 - cinquenta
4 - quatro	60 - sessenta
5 - cinco	70 - setenta
6 - seis	80 - oitenta
7 - sete	90 - noventa
8 - oito	100 - cem
9 - nove	200 - duzentos
10 - dez	300 - trezentos
11 - onze	400 - quatrocentos
12 - doze	500 - quinhentos
13 - treze	600 - seiscentos
14 - catorze	700 - setecentos
15 - quinze	800 - oitocentos
16 - dezasseis	900 - novecentos
17 - dezassete	1000 - mil
18 - dezolto	1 Million - um milhão
19 - dezanovo	
20 - vinte	

21, 22 - vinte e um, vinte e dois (usw.)
134 - cento e trinta e quatro

Buchempfehlungen

- **Dicionário do Crioulo da Ilha de Santiago (Cabo Verde)**
Wörterbuch des Kreols von Santiago (Cabo Verde) in portugiesischer Sprache mit deutschen und portugiesischen Übersetzungsäquivalenten; ISBN 3-8233-5877-4.
- **Portugiesisch – Wort für Wort**
Jürg Ottinger; Sprechführer aus der Kauderwelsch-Reihe des Reise Know-How Verlags, der sich am typischen Reisealltag orientiert; ISBN 3-89416-024-1.
- Grammatiken und Wörterbücher im Internet: **www.bela-vista.net/kreol.htm.**

Literatur

- **Almeida, Germano**
Cabo Verde – viagem pela história das ilhas. Fotografias de José A. Salvador Ilheu Ediroa. Cabo Verde 2003
- **Almeida, Germano**
Das Testament des Herrn Napumoceno. Erzählung aus Cabo Verde. Fischer-TB-Verlag, Frankfurt 1997
- **Almeida, Germano**
O dia das calças roladas. São Vicente 1992
- **Bannermann, David and Mary**
History of the birds of the Cape Verde Islands. Oliver and Boyd, Edinburgh 1968
- **Borowczak, Winfried**
Agrarreform als sozialer Prozeß: Studien zum Agrarreformverhalten landwirtschaftlicher Produzenten in Portugal und Kap Verde. Verlag für Entwicklungspolitik Saarbrücken GmbH, 1987
- **Cabral, Amilcar**
Politisches Handbuch der PAIGC (Partido Africano da Independência da Guiné e Cabo Verde). Hrsg. d. dt. Ausg.: Komitee Südliches Afrika, Heidelberg. Heidelberg, Sendler, 1974
- **Cabral, Amilcar**
Die Revolution der Verdammten. Berlin 1974
- **Cabral, Amilcar**
Die Theorie als Waffe. Bremen 1983
- **Carreira, António**
Cabo Verde, Classes Sociais, Estrutura Familiar, Migrações. Lisboa 1977
- **Carreira, António**
The People of the Cape Verde Islands: Exploitation and Emigration. Hurst 1982
- **Carreira, António**
Demografia Caboverdeana (1807–1983). Mem Martins, 1985
- **Carreira, António**
Notícia corográfica e cronológica do Bispado de Cabo Verde. Lisboa 1985
- **Carreira, António**
Cabo Verde, Formação e Extinção de uma Sociedade Escravocrata (1560–1878). Mem Martins, 1983
- **Chantre, Maria de Lourdes**
Cozinha de Cabo Verde. Ed-Presença, Lisboa
- **Cousteau, Jacques-Yves und Dumas, F.**
Die schweigende Welt. Köln 1980

• **Davidson B.**
Vom Sklavenhandel zur Kolonialisierung. Afrikanisch-europäische Beziehungen zwischen 1500 und 1900. Hamburg 1966

• **Davidson B.**
The Fortunate Isles: A Study in African Transformation. Africa World Press, 1990

• **Darwin, Charles u.a.**
The Voyage of the Beagle: Charles Darwin's Journal of Researches. Penguin Books, 2003

• **Darwin, Charles**
Reise eines Naturforschers um die Welt. Stuttgart 1962

• **Duncan, Bentley**
Atlantic Islands: Madeira, the Azores and the Cape Verdes in 17th Century Commerce and Navigation. Hintergründliches u.a. zum Sklavenhandel. University of Chicago Press, London 1972

• **Ferreira, José Manuel Silva Pires**
Ensaio da História do Paúl de Santo Antão. Edições Calabedotche, São Vicente 1999

• **Friedländer, Immanuel**
Beiträge zur Kenntnis der Kapverdischen Inseln: Die Ergebnisse einer Studienreise im Sommer 1912. Berlin, D. Reimer, 1913

• **Hazevoet's, Cornelis J., Bird Life International**
Aves de Cabo Verde

• **Hazevoet's, Cornelis J.**
Birds of Cape Verde Islands; British Ornithologist's Union 1995; erhältl. über Natural History Book Service

• **Instituto de Investigação Científica Tropical, Lisboa – Direcção Geral do Patrimônio Cultural de Cabo Verde**
História Geral de Cabo Verde, Lisboa 1988

• **Lobban, Dr. Richard A.**
Cape Verde: Crioulo Colony to Independant Nation. Westview Press, London 1995

• **Lobban, Dr. Richard A. und Lopes, Marlene**
Historical Dictionary of the Republic of Cape Verde. Scarecrow Press, 1996

• **Lobin, Wolfram (Hrsg.)**
Beitrag zur Fauna und Flora der Kapverdischen Inseln. Senckenbergische Naturforschende Gesellschaft Frankfurt, 1982

• **Lopes, José Vicente**
Cabo Verde as causas da independência. Spleen-Edições, Praia 2003

• **Lopes, José Vicente**
Cabo Verde os Bastidores da Independência. Spleen-Edições, Praia 2002

• **Lopes Filho, João**
Cabo Verde, Subsídios para um Levantamento Cultural. Lisboa 1981

• **Lopes Filho, João**
Defesa do Património Sócio-Cultural de Cabo Verde. Lisboa 1985

• **Lopes Filho, João**
Ilha de São Nicolau, Cabo Verde, Formação da Sociedade e Mucança Cultural Ministério da Educação. Praia 1996

• **Loth, Heinrich**
Das portugiesische Kolonialreich. Berlin, Deutscher Verlag der Wissenschaften, 1982

• **Martins, Vasco**
A Música Tradicional Cabo-Verdiana I (A Morna). Instituto Nacional do Livro, Praia 1989

• **Martins Pedro**
Testemunho de um Combatente. Praia 1995

• **Meyns, Peter**
Blockfreie Außenpolitik eines afrikanischen Kleinstaates: Das Beispiel Kap Verde. Institut für Afrika-Kunde, 1990

• **Mies, Bruno und Follmann, Gerhard**
Urzella – Flechten von den Kapverden zur Textilfärbung. Kiel, Zoolog. Museum, 1987

• **Monteiro, César Augusto**
Recomposição do espaço social cabo-verdiano. Im Selbstverlag, Mindelo 2001

• **Monteiro, César Augusto**
Manel d'Nova, Música, Vida, Caboverdianidade. Im Selbstverlag, Mindelo 2004

• **Pereira, Daniel A.**
A Situação da Ilha de Santiago no Primeiro Quartel do Século XVIII. São Vicente 1984

• **Pereira, Aristides**
O meu testemunho; uma luta, um partido, dois países. Notícias editorial, Lisboa 2003

• **Plantas Endemicas de Cabo Verde**
Führer über endemische Pflanzen der Inseln, schöne Graphiken, portug. Text; erhältlich bei Promex-Verkäufen in Cabo Verde

• **Rawley, J.,** Transatlantic Slave Trade. 1981

• **Reitmaier P., Fortes L.**
Santo Antão. Goldstadt Wanderführer, 38 Wanderwege. Pforzheim, 2000

• **Rodrigues, Moacyr**
Cabo Verde – Festas de Romaria – Festas Juninas. Mindelo 1997

- **Rocha, Agostinho**
Subsídios para a História da Ilha de Santo Antão (1462/1983). Im Selbstverlag, São Vicente 1990
- **Rothe, P.**
Zur Geologie der Kapverdischen Inseln. In: Courier Forschungsinstitut, Senckenberg (CFS) 52, S. 1–9. Frankfurt/Main 1982
- **Schleich, Hans Hermann & Karin**
Cabo Verde – Kapverdische Inseln. Naglschmid, Stuttgart 1998
- **Sepher-Hermon Pr**
Jews of Cape Verde: A Brief History. 1997
- **Siedler, G. und Schmickler, H. (Hrsg.)**
Kapverden-Expedition, Forschungsschiff „Meteor", Reise Nr. 4: Oktober – Dezember 1986. Christian-Albrechts-Universität, Kiel/ Abteilung Meeresphysik, Institut für Meereskunde, Kiel 1987
- **Silveira, Onésimo**
A Tortura em Nome do Partido Único, O PAICV e a sua polícia política (depoimentos). São Vicente, 1991
- **Stockinger, Gottfried**
Crónicas de Campo, Ilha de Santo Antão. Instituto Caboverdiano de Livro, Praia 1990
- **Trigueiros, Luís Forjaz**
O Ultramar Português, Cabo Verde, Guiné, S. Tomé e Príncipe, Macau e Timor. Livraria Bertrand, Antologia da Terra Portuguesa, Lisboa 1963

Buchtipp:
- Wolfram Schwieder
Richtig Kartenlesen
(REISE KNOW-HOW Praxis)

Wanderführer und Karten

Wanderführer

- **Susanne Lipps, Oliver Breda**
Wandern auf den Kapverdischen Inseln.
35 Touren, exakte Karten, Höhenprofile, 168 Seiten. Dumont Aktiv, ISBN 3-7701-5368-5; z.Z. einziger Wanderführer zu ganz Cabo Verde mit Spaziergängen und Eintageswanderungen; keine Mehrtagestouren.
- **Wanderführer Santo Antão**
224 Seiten, 169 Farbbilder, 39 Kartenausschnitte. Goldstadt Verlag, Pforzheim 2001, ISBN 3-89550-466-1; 38 Bergwanderungen durch subtropische Täler, entlang wilder Küsten und durch vulkanische Landschaften.

Wanderführertexte zu São Vicente und São Nicolau siehe Karten.

Karten

- **Cabo Verde – Kapverdische Inseln**
1:150.000, Ortsverzeichnis, Höhenlinien, Höhenschichten, klassifiziertes Straßennetz, GPS-tauglich, wasserresistent, reißfest, REISE KNOW-HOW Verlag, ISBN 3-8317-7029-8
- **Cabo Verde**
1:200.000, Attila Bertalan, Touristikkarte, AB-Kartenverlag, 5. Auflage 2002, ISBN 3-943262-07-04; Internetbestellung und Verkauf in Cabo Verde, www.Kapverdische-Inseln.com
- **Fogo/Brava, 1:60.000,**
Santiago, 1:120.000
Attila Bertalan, Touristikkarte, AB-Kartenverlag, 1. Auflage 2002, ISBN 3-943262-07-04, Internetbestellung und Verkauf in Cabo Verde, www.KapverdischeInseln.com
- **Kap Verde**
1:80.000, Autokarte, Freytag & Berndt, ISBN 3-70790-025-8
- **São Nicolau**
1:50.000, *Lucete Fortes, Pitt Reitmaier;* Wanderkarte mit dreisprachigem Wanderführer

Anhang

auf der Kartenrückseite. Goldstadt Verlag, Pforzheim 2001, ISBN 3-89550-468-8 (Verkauf auch in Cabo Verde)

- **Mindelo Stadtplan**

1:5000, *Lucete Fortes, Pitt Reitmaier.* Eigenverlag Lucete Fortes, Mindelo 2003, ohne ISBN (Verkauf nur in São Vicente)

- **Santo Antão**

1:50.000, *Lucete Fortes, Pitt Reitmaier,* Wanderkarte mit 51 Wanderwegen. Goldstadt Verlag, Pforzheim 2003, ISBN 3-89550-467-X (Verkauf auch in Cabo Verde)

- **São Vicente**

1:50.000, *Lucete Fortes, Pitt Reitmaier,* Freizeit- und Wanderkarte mit großem Stadtplan von Mindelo auf der Kartenrückseite und 36-seitigem Stadt- und Wanderführer. Goldstadt Verlag, Pforzheim 2004, ISBN 3-89550-469-6 (Verkauf auch in Cabo Verde)

Videos

- **Kapverdische Inseln**

Ontour Video, Dumont Funk u. Fernsehen, Köln 1997

- **Video-Reisedokumentation Kapverdische Inseln**

30 Min.; zu beziehen über: jpc Schallplaten Versandhandelsgesellschaft mbH, Lübecker Straße 9, D-49124 Georgsmarienhütte, Tel. 0180-5251717, Fax 05401-851233, Internet: www.jpc-film.de

- **Black Dju**

Der junge *Dju* aus São Vicente sucht seinen in Luxemburg verschollenen Vater. Er trifft dort auf den in der Ausländerpolizei desillusionierten Inspektor *Plettschette.* Das transkulturelle Abenteuer der beiden im Spannungsfeld zwischen dem alltäglichen Rassismus in Europa und der warmherzigen Ruhe Cabo Verdes ist filmisch perfekt aufgearbeitet und mit Liedern des angolanischen Sängers *di Bonga* unterlegt. Unser Lieblings-Video! Farbe, ca. 80 Min, auf Video von: absolut MEDIEN GmbH, Rosenthaler Straße 38, 10178 Berlin, Tel. 030-28539870, Fax 030-285398726, www.absolutMEDIEN.de

Internet-Adressen

Globales Dorf, Ortsteil Cabo Verde: Auch Cabo Verde hat verlässlichen Anschluss ans Internet gefunden dank der Glasfaserkabel rund um Afrika. Für **transnationale Familien** und Freundeskreise hat dies einen ungeahnten Zuwachs an Lebensqualität gebracht. Musste man zuvor drei Wochen auf einen Brief warten und gehetzt am teuren und fast unverständlichen Telefon knappe Nachrichten übermitteln, kann man heute per Mail Briefe, Bilder, Musik und Filmchen tauschen. Das Gefühl des Getrenntseins lässt nach, wenn man binnen Minuten erfahren kann, wie es den Kindern geht, wer den versehentlich eingesteckten Schlüssel wieder zurückbringt und wenn in Cabo Verde gestellte Hausaufgaben in Luxemburg gegengelesen werden. Das virtuelle Familienleben geht ungeachtet der Entfernung ganz real weiter.

Für die Reisevorbereitung bietet das Internet eine Fülle von Möglichkeiten. Dennoch haben wir die Zahl der in diesem Buch empfohlenen Internetadressen seit der 1. Auflage drastisch gekürzt. Zwischen der Abgabe des Manuskripts und dem Erscheinen eines Buchs verschwinden bereit 50% der angegebenen Adressen. Bis zum Erscheinen der nächsten Auflage sind es 90%. Bücher sind als Linklisten nicht geeignet.

Wir möchten dem Leser den Frust einer Liste toter Links ersparen und haben deshalb eine kommentierte Linkliste im Internet stehen, die wir versuchen, aktuell zu halten: **www.bela-vista.net/links.htm.**

Suchmaschinen können nicht besser sein als die Information – und die Schreibfehler –, mit denen sie gefüttert werden. Im Falle Cabo Verdes findet man ähnlich viele falsche wie richtige Schreibweisen, die alle eine Suche lohnen: geographisch – Kapverdische Inseln, Kapverden, Arquipélago de Cabo Verde, Cape Verde Islands, Îles de Cap Vert, Capo Verde; politisch – Kap Verde, República de Cabo Verde, Cape Verde, Cap Vert; Fantasie und Wellenschlag – Caboverde, Kapverde, Capverde, Capoverde, Capverden, Capeverdische Inseln, Kabverde, Kaboverde usw.

Reise-Gesundheits-Informationen zu Cabo Verde

Die nachstehenden Angaben dienen der Orientierung, was für eine geplante Reise in das Land an Gesundheitsvorsorgemaßnahmen zu berücksichtigen ist. Die Informationen wurden uns freundlicherweise vom Centrum für Reisemedizin zur Verfügung gestellt. Auf der Homepage **www.travelmed.de** werden diese Informationen stetig aktualisiert. Es lohnt sich, dort noch einmal nachzuschauen.

Klima

- Trockenes Tropenklima (Nordostpassat); geringe Niederschläge zwischen August und Oktober (Südwestmonsun); Monatsmittel der Temperaturen zwischen 22°C (Februar) und 27°C (September).

Einreise-Impfvorschriften

- **Bei Direktflug aus Europa: keine Impfungen vorgeschrieben.**
- Bei einem vorherigen Zwischenaufenthalt (innerhalb der letzten 6 Tage vor Einreise) in einem der aufgeführten Länder (Gelbfieber-Endemiegebiete) wird bei Einreise eine gültige Gelbfieber-Impfbescheinigung verlangt (ausgenommen Kinder unter 1 Jahr).

Gelbfieber-Impfbescheinigung erforderlich bei Einreise aus: Angola, Äquatorialguinea, Äthiopien, Benin, Bolivien, Brasilien, Burkina Faso, Burundi, Ecuador, Elfenbeinküste, Franz. Guayana, Gabun, Gambia, Ghana, Guinea, Guinea-Bissau, Guyana, Kamerun, Kenia, Kolumbien, Kongo (Rep.), Kongo (Dem. Rep.), Liberia, Mali, Niger, Nigeria, Panama, Peru, Ruanda, Sao Tomé & Principe, Senegal, Sierra Leone, Somalia, Sudan, Surinam, Tansania, Togo, Tschad, Uganda, Venezuela, Zentralafrikanische Republik.

Empfohlener Impfschutz

- **Generell: Tetanus, Diphtherie, Hepatitis A, Polio**
- Je nach Reisestil und Aufenthaltsbedingungen im Lande sind außerdem zu erwägen:

Impfschutz	Reisebedingung 1	Reisebedingung 2	Reisebedingung 3
Typhus	x		
Hepatitis B [f]	x		

[f] bei Langzeitaufenthalten und engerem Kontakt mit der einheimischen Bevölkerung

- Reisebedingung 1: Reise durch das Landesinnere unter einfachen Bedingungen (Rucksack-/Trecking-/Individualreise) mit einfachen Quartieren/Hotels; Camping-Reisen, Langzeitaufenthalte, praktische Tätigkeit im Gesundheits- oder Sozialwesen, enger Kontakt zur einheimische Bevölkerung wahrscheinlich.
- Reisebedingung 2: Aufenthalt in Städten oder touristischen Zentren mit (organisierten) Ausflügen ins Landesinnere (Pauschalreise, Unterkunft und Verpflegung in Hotels bzw. Restaurants mittleren bis gehobenen Standards).
- Reisebedingung 3: Aufenthalt ausschließlich in Großstädten oder Touristikzentren (Unterkunft und Verpflegung in Hotels bzw. Restaurants gehobenen bzw. europäischen Standards).

Wichtiger Hinweis: Welche Impfungen letztendlich vorzunehmen sind, ist abhängig vom aktuellen Infektionsrisiko vor Ort, von der Art und Dauer der geplanten Reise, vom Gesundheitszustand sowie dem eventuell noch vorhandenen Impfschutz des Reisenden.

Da im Einzelfall unterschiedlichste Aspekte zu berücksichtigen sind, empfiehlt es sich immer, rechtzeitig (etwa 4–6 Wochen) vor der Reise eine persönliche Reise-Gesundheits-Beratung bei einem reisemedizinisch erfahrenen Arzt oder Apotheker in Anspruch zu nehmen.

Malaria

- Risiko von September bis November; geringes Risiko auf Santiago, die übrigen Inseln sind malariafrei.

Vorbeugung: Ein konsequenter Mückenschutz in den Abend- und Nachtstunden verringert das Malariarisiko erheblich (Expositionsprophylaxe).

Die wichtigsten Maßnahmen sind:

- In der Dämmerung und nachts Aufenthalt in mückengeschützten Räumen (Räume mit Aircondition, Mücken fliegen nicht vom Warmen ins Kalte).
- Beim Aufenthalt im Freien in Malariagebieten abends und nachts weitgehend den Körper bedeckende Kleidung tragen (lange Ärmel, lange Hosen).
- Anwendung von Insekten abwehrenden Mitteln an unbedeckten Hautstellen (Wade, Handgelenke, Nacken). Wirkungsdauer ca. 2–4 Std.
- Im Wohnbereich Anwendung von Insekten abtötenden Mitteln in Form von Aerosolen, Verdampfern, Kerzen, Räucherspiralen.
- Schlafen unter dem Moskitonetz (vor allem in Hochrisikogebieten).
- Ergänzend ist die Einnahme von Anti-Malaria-Medikamenten (Chemoprophylaxe) dringend zu empfehlen. Zu Art und Dauer der Chemoprophylaxe fragen Sie Ihren Arzt oder Apotheker, bzw. informieren Sie sich in einer qualifizierten reisemedizinischen Beratungsstelle. Malariamittel sind verschreibungspflichtig.

Ratschläge zur Reiseapotheke

- Vergessen Sie nicht, eine kleinere oder größere Reiseapotheke mitzunehmen (wenigstens Medikamente gegen Durchfall, Fieber und Schmerzen sowie Verbandstoff, Pflaster und Wunddesinfektion), damit Sie für kleinere Notfälle gerüstet sind. Nicht vergessen: Medikamente, die der Reisende ständig einnehmen muss! Wenn Sie spezielle Fragen zur Reiseapotheke haben, wenden Sie sich am besten an eine Apotheke mit reisemedizinisch qualifizierten Mitarbeitern.

Aktuelle Meldungen: keine

Register

Die Buchstaben nach den Stichworten stehen für: BV = Boa Vista, BR = Brava, FG = Fogo, MA = Maio, SA = Santiago, SL = Sal, SA = Santo Antão, SN = São Nicolau, SV = São Vicente

Die Autoren

Regina Fuchs ist Reiseverkehrskauffrau und arbeitete von 1994 bis 1997 im Trekkingtourismus auf Santo Antão. An der vorliegenden Auflage hat sie nicht mehr mitgewirkt.

Lucete Fortes führt den Kiosk der Touristeninformation an der Avenida Marginal in Mindelo auf São Vicente. und hat damit die Hand beständig am Puls der Reisenden. Sie ist auf Santo Antão geboren und in Tabulerin im Süden der Insel aufgewachsen, aus dem die Familie wegen der Dürre nach Porto Novo fliehen musste.

Dr. Pitt Reitmaier ist Tropenarzt an der Universität Heidelberg. In den 1980er Jahren arbeitete er als Distriktsarzt auf Santo Antão und hat in dieser Zeit und später als Berater des Gesundheitsministeriums wesentlich beigetragen zum Aufbau des Vorsorgesystems für Mutter und Kind. Zurzeit liegt sein Hauptaugenmerk auf der Verbesserung der Schwangerenvorsorge und der geburtshilflichen Dienste in Cabo Verde, Tansania und Südafrika.

Lucete Fortes und *Pitt Reitmaier* sind Bergenthusiasten mit Wandererfahrung in Afrika und Europa. Da es von Cabo Verde keine wandertauglichen Karten gab, begannen sie, eigene Aufzeichnungen zu machen. Hieraus ist ein faszinierendes Hobby geworden, das hilft, auch die verschwiegensten Winkel der Inseln zu erkunden, und als dessen Ergebnis präzise Wanderkarten und -führer von Cabo Verde erschienen sind.

- Internet-Homepage: **www.bela-vista.net**
- E-Mail-Adresse: **rkh@bela-vista.net**

Danksagung

Für Zusammenarbeit und Informationen zur 2. Auflage danken wir *Georg Bachschmidt, Stefan Birenheide, Kai Brossmann, Antoneto Chantre, Sabine Hille, Stefan Klapheck, José António Pinto, Antónia Páscoa Rocha, Moacyr Rodrigues, Jorge Santos, Sibylle Schellmann, Marco Villa, Torsten Wahl, Luigi Zanini* – und vielen anderen.

Fotonachweis

Die einzelnen Abbildungen sind gekennzeichnet: *P. Reitmaier* (re); *H. Böhm* (bö); *R. Fuchs* (fu); *W. Gebauer* (ge); *S. Gruber* (gr); *S. Hille* (hi); *E. Jakob* (ja); *C. Nakel* (na); *B. Pilz* (pi); *S. u. G. Schellmann* (sc); *H. Stoisser* (st); *P. Zembsch* (ze).

246_315sw Foto: re

223_202rkh Foto: re

221_407rkh Foto: re

Cidade Velha

1460 begann die Besiedlung Cabo Verdes im damaligen Rª Grande auf **Santiago.** Mit dem beginnenden transatlantischen Sklavenhandel des 16. Jahrhunderts erblühte die Stadt zur zweitreichsten des portugiesischen Weltreichs. Hier stand die **Wiege der kreolischen Kultur,** von hier aus verbreitete sie sich entlang der Küsten Afrikas und in die frühen Kolonien der neuen Welt.

223_107a_rkh Foto: re

Die **Kirche Nossa Senhora do Rosário** (großes Bild) gilt als älteste erhaltene katholische Kirche im subsaharischen Afrika. Trotz äußerer Schlichtheit zeigen Gewölbe-Rosetten im manuelinischen Stil (Bild unten) und ein Alabaster-Taufbecken die Merkmale früher portugiesischer Renaissance-Bauten.

Die mächtige **Kathedrale Sé Catedral** (Bild links) verfiel, nachdem wiederholte Piratenüberfälle und Malaria den Umzug der Hauptstadt nach Praia bewirkt hatten.

221_446rkh Foto: re

223_110rkh Foto: re

0224008rkh Foto: re

Mindelo

Der kreisrunde, versunkene **Krater Porto Grande** auf der Insel **São Vicente** bildet den besten und schönsten Naturhafen des Zentralatlantiks. Englische Händler bauten 1850 die ersten Verladestationen, um den Hunger der britischen Dampfschifffahrt nach Kohle und Wasser auf ihrem Weg in die Kolonien Afrikas, Asiens und Amerikas zu stillen. Binnen weniger Jahrzehnte entstand der historische Stadtkern Mindelos. Auf den Kohlehan-

0219006rkh Foto: re

del folgten britische Telegrafengesellschaften, die hier neun Trans-Atlantik-Kabel zusammenführten. **Englische Kultur** prägte die Stadt mit typischen Kolonialbauten: rechts oben das Wohnhaus *John Rendalls* und spätere Britische Konsulat an der Hafenbucht, rechts unten ein Hospital für die Mitarbeiter der Telegrafengesellschaft.

In den lebendigen Künstler-, Intellektuellen- und Musikerzirkeln der Stadt nahm die **Caboverdianidade** ihren Anfang, die letztlich das Land in die Unabhängigkeit führte.

01230017rkh Foto: re

01230037rkh Foto: re

223_436rkh Foto: re

Berge und Wüsten

Der Reiz Cabo Verdes entsteht aus dem Zusammenwirken dreier Giganten auf kleinstem Raum: Vulkan, Sahara und Atlantik.

Hunderte alter Maultierwege durchziehen die Gebirgsinseln Santo Antão, São Vicente, São Nicolau, Santiago, Fogo und Brava. Dichte Wälder, landwirtschaftlich intensiv genutzte Täler, schroffe Felsen und vulkanische Gebirgswüsten durchläuft man nicht

240_612rkh Foto: re

selten in einer einzigen Tageswanderung. Lockere Federbuschvegetation bedeckt die trockenen Gipfel der zentralen Hochebene von Maroços (großes Bild) in **Santo Antão.** Die Wälder um den Pico da Cruz und Pedra Ratchada (rechts unten) gewinnen Wasser aus den durchziehenden Passatwolken.

Die Dattelhaine und Dünenfelder von **Boa Vista** (links oben) sowie unendlich anmutende Strände verlocken zu ausgedehnten Ausflügen.

242_939rkh Foto: re

242_841rkh Foto: re

242_835rkh Foto: re

252_452a_rkh Foto: re

252_304rkh Foto: re

249_050rkh Foto: re

Der Atlantik

Die Kapverdischen Inseln erheben sich auf mehreren Sockeln aus der Tiefsee auf der gemeinsamen Grundlage der **Kapverdenschwelle** (> 4000 m tief). Warme und kalte Strömungen treffen hier aufeinander, wodurch sich der besondere Artenreichtum der marinen Fauna – und die anhaltende Dürre – erklärt.

Die wilde Brandung am Hafen Boca de Pistola in Ponta do Sol auf Santo Antão (großes Bild) verbietet den Fischern oftmals über Wochen, ihrem Beruf nachzugehen. Da sich der Meeresgrund sehr rasch absenkt, kann nur an wenigen Stellen mit dem Netz gearbeitet werden, wie in Tarrafal de Santiago (rechts unten).

An den kilometerlangen **Stränden** der flachen Inseln vergraben Meeresschildkröten in großer Zahl ihre Eier im warmen Sand.

031600l9rkh Foto: re

192_309rkh Foto: re

Boa Vista
© Fortes / Reitmaier
1 : 300 000
0
5 km
Ponta do Sol
Praia de Ervatão
Praia da Cruz
Porto
Ilhéu de Sal Rei
Cabo Santa Maria
Vigia
146
Nossa Senhora de Fátima
Salinas
Sal Rei
Costa de Boa Esperança
Praia de Carlota
Praia de Chave
Aeroporto
Rabil
Estância de Baixo
Deserto Viana
Bofareira
Montes Preto
125
Praia do Galeão
Calhau
326
João Galego
Fundo das Figueiras
Baía das Gatas
Ilhéu do Baluarte
Ponta Ferreira
Morro Negro
154
Cabeço dos Tarafes
Oi d' Água
Campo da Serra
Monte Estância
387
Ponta de Ervatão
Praia de João Barro
Curral Velho
Ponta Pesqueiro Grande
Fonte Vicente
Monte Trigo
Santo António
379
Morro das Cabeças
149
Morro de Areia
Rocha Estância
354
Povação Velha
Varandinha
Ponta Manga Larga
Praia de Santa Mónica
Farrapa

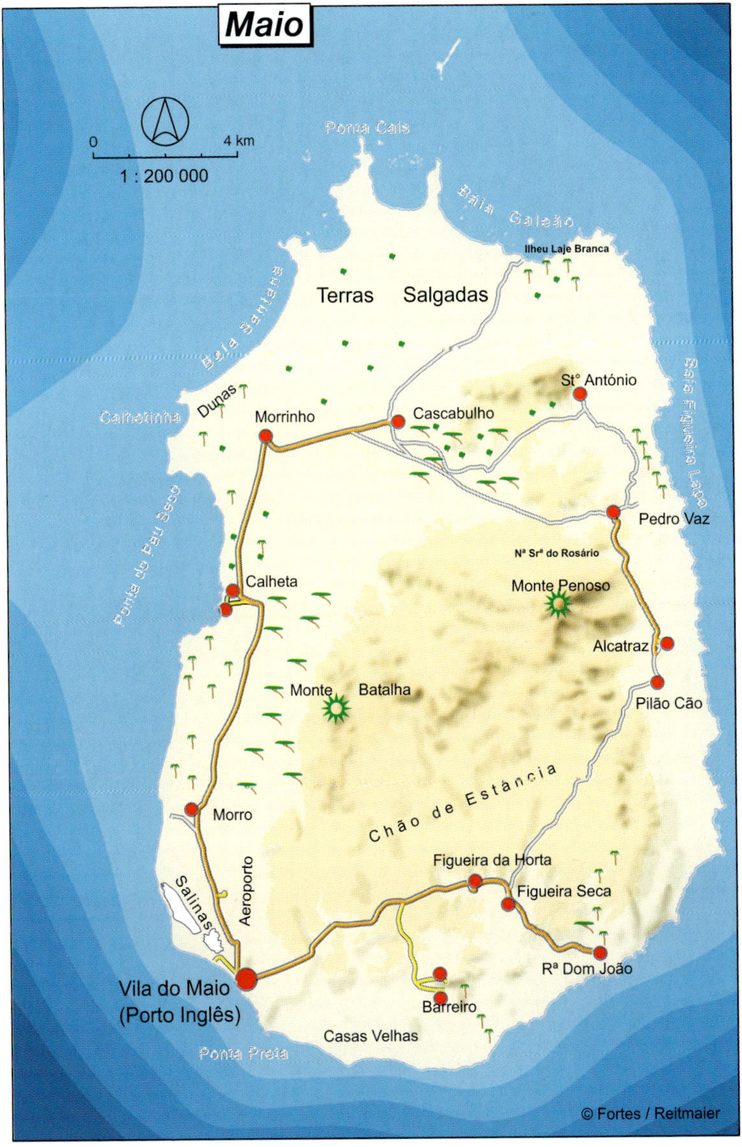
Maio
0
4 km
1 : 200 000
Ponta Cais
Baía Galeão
Ilheu Laje Branca
Terras Salgadas
Baía Santana
Dunas
Calhetinha
Morrinho
Cascabulho
St° António
Baía Figueira Laga
Pedro Vaz
Ponta do Pau Seco
Nª Srª do Rosário
Monte Penoso
Calheta
Alcatraz
Monte Batalha
Pilão Cão
Chão de Estância
Morro
Aeroporto
Salinas
Figueira da Horta
Figueira Seca
Rª Dom João
Vila do Maio
(Porto Inglês)
Barreiro
Casas Velhas
Ponta Preta
© Fortes / Reitmaier

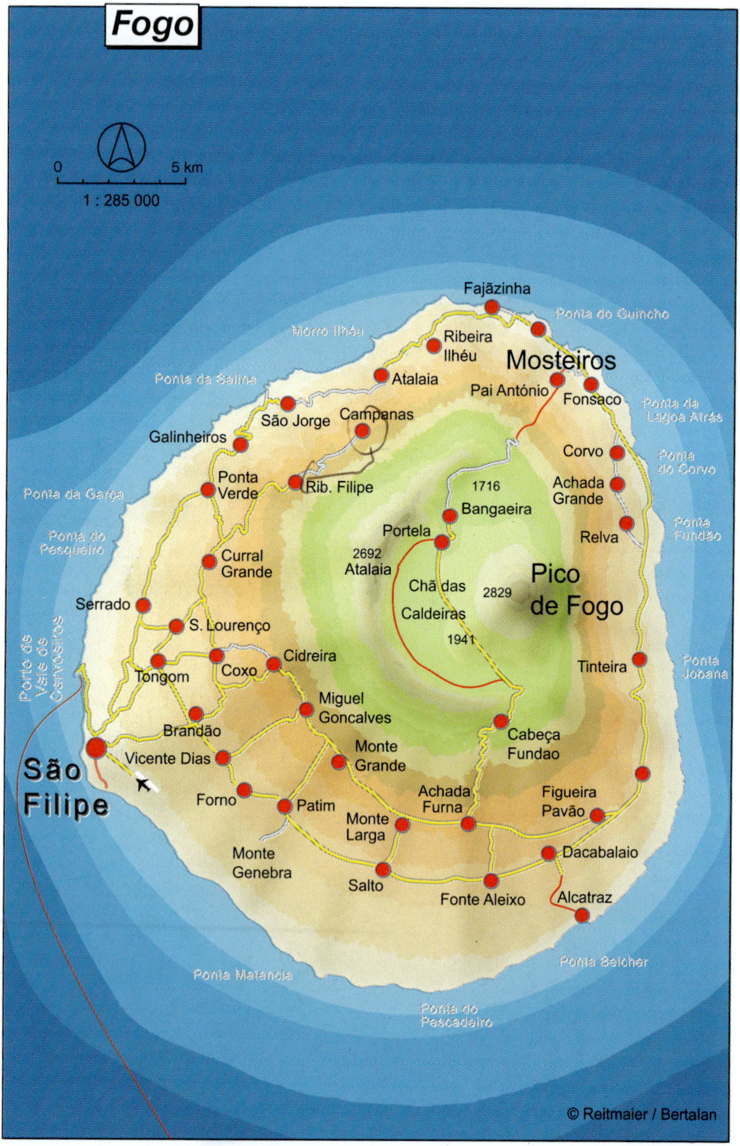
Fogo
0
5 km
1 : 285 000
Fajãzinha
Ponta do Guincho
Morro Ilhéu
Ribeira Ilhéu
Mosteiros
Ponta da Salina
Atalaia
Pai António
Fonsaco
Ponta da Lagoa Atrás
São Jorge
Campanas
Galinheiros
Corvo
Ponta do Corvo
1716
Achada Grande
Ponta da Garça
Ponta Verde
Rib. Filipe
Bangaeira
Ponta do Pesqueiro
Portela
Relva
Ponta Fundão
Curral Grande
2692 Atalaia
Pico de Fogo
Chã das Caldeiras
2829
Serrado
S. Lourenço
1941
Porto de Vale de Cavaleiros
Cidreira
Tongom
Coxo
Tinteira
Ponta Jorjana
Miguel Goncalves
Brandão
Cabeça Fundao
Monte Grande
São Filipe
Vicente Dias
Forno
Patim
Achada Furna
Figueira Pavão
Monte Larga
Monte Genebra
Dacabalaio
Salto
Fonte Aleixo
Alcatraz
Ponta Belcher
Ponta Matancia
Ponta do Pescadeiro
© Reitmaier / Bertalan

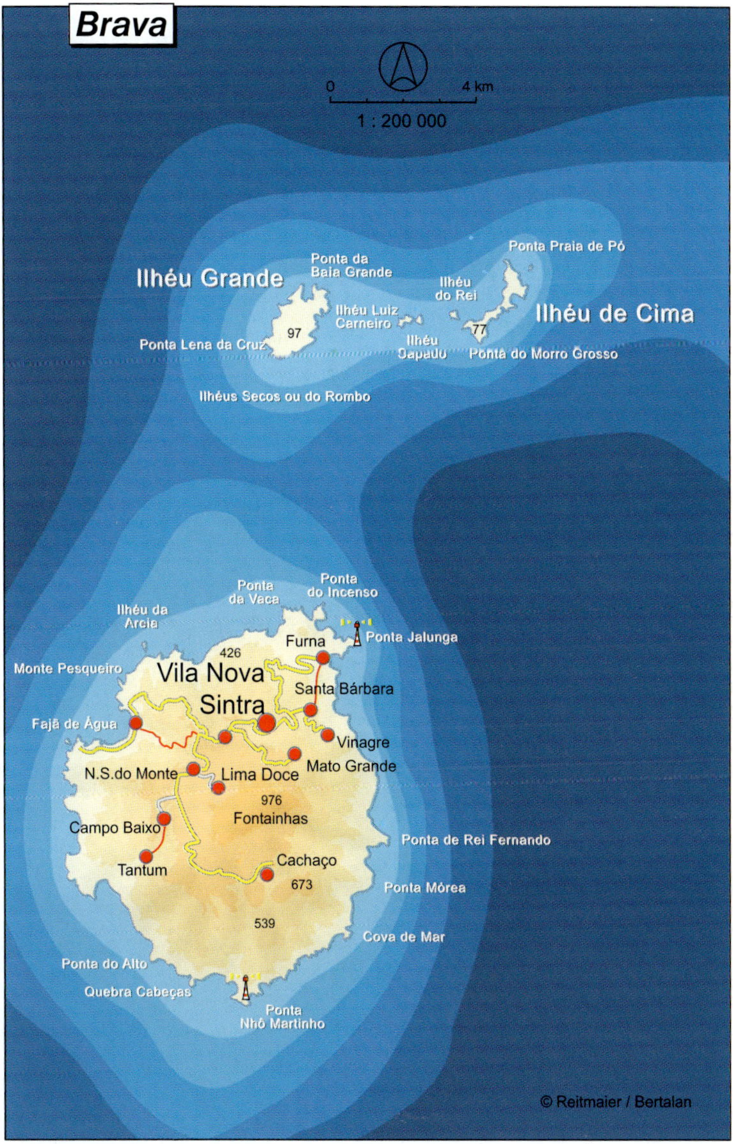
Brava
0
4 km
1 : 200 000
Ilhéu Grande
Ponta da Baia Grande
Ponta Praia de Pó
Ilhéu do Rei
Ilhéu Luiz Carneiro
Ilhéu de Cima
97
77
Ponta Lena da Cruz
Ilhéu Sapado
Ponta do Morro Grosso
Ilhéus Secos ou do Rombo
Ponta da Vaca
Ponta do Incenso
Ilhéu da Areia
Furna
Ponta Jalunga
426
Monte Pesqueiro
Vila Nova Sintra
Santa Bárbara
Fajã de Água
Vinagre
Mato Grande
N.S.do Monte
Lima Doce
976
Fontainhas
Campo Baixo
Ponta de Rei Fernando
Tantum
Cachaço
673
Ponta Mórea
539
Cova de Mar
Ponta do Alto
Quebra Cabeças
Ponta Nhô Martinho
© Reitmaier / Bertalan

São Vicente
Baía das Gatas
Calhau
Vulcão Viana
Salamansa
Monte Verde
Mato Inglês
Madeiral
Palha Carga
Mindelo
Rª Julião
Rª de Vinha
Tope de Caixa
Porto Grande
Ilhéu dos Pássaros
Lazareto
Aeroporto
São Pedro
Canal de São Vicente
Atlântico
0
5 km
1 : 250 000
© Fortes / Reitmaier

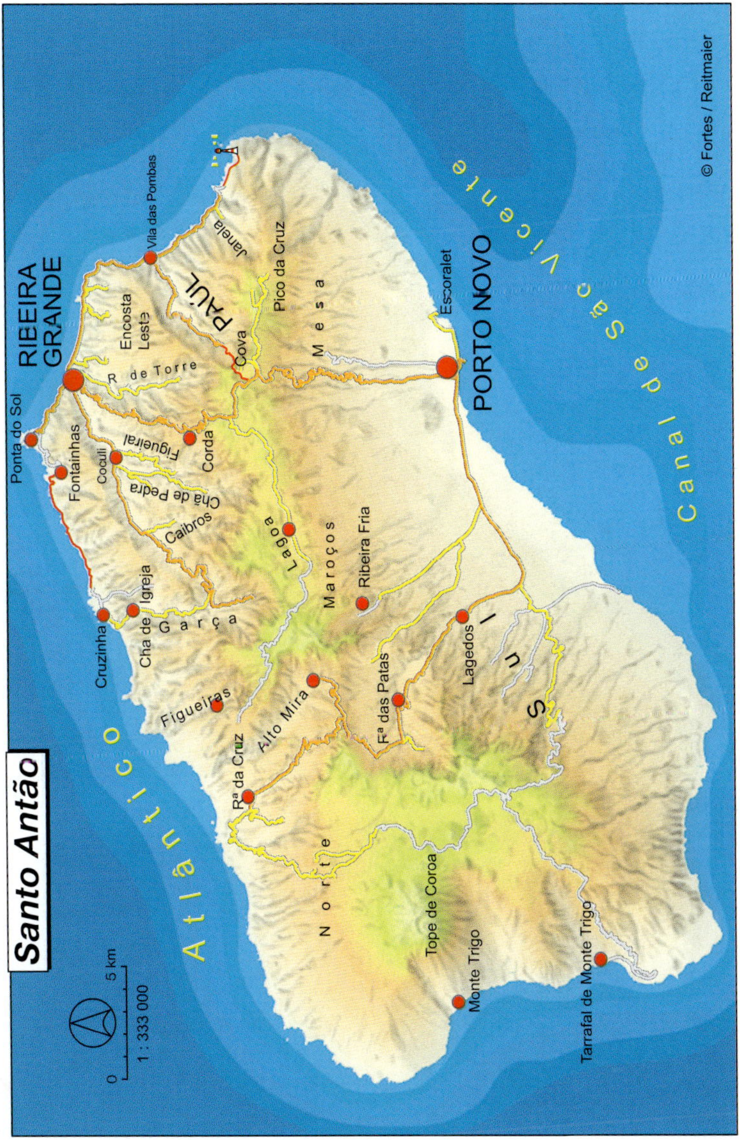
Santo Antão
0
5 km
1 : 333 000
RIBEIRA GRANDE
PORTO NOVO
Ponta do Sol
Fontainhas
Vila das Pombas
Janela
Paúl
Encosta Leste
R. de Torre
Cova
Pico da Cruz
Mesa
Escoralet
Corda
Figueiral
Coculi
Chã de Pedra
Caibros
Lagoa
Maroços
Ribeira Fria
Cruzinha
Cha de Igreja
Garça
Figueiras
Alto Mira
Rª da Cruz
Fª das Patas
Lagedos
Sul
Norte
Tope de Coroa
Monte Trigo
Tarrafal de Monte Trigo
Atlântico
Canal de São Vicente
© Fortes / Reitmaier

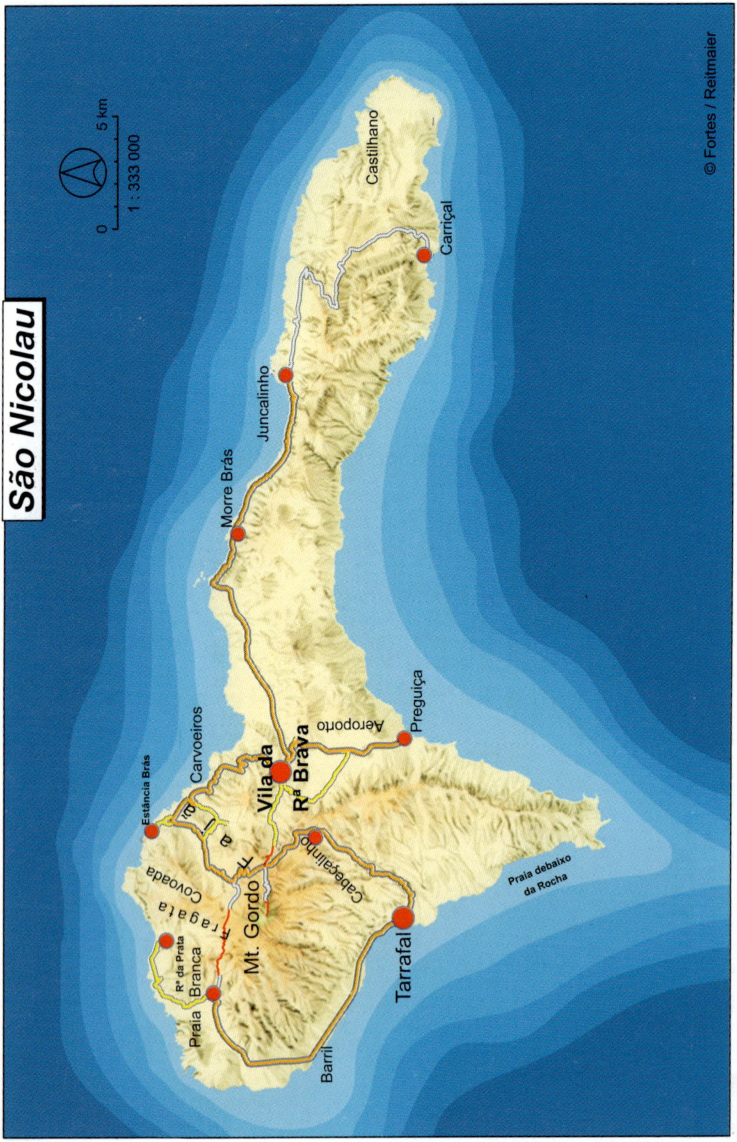
São Nicolau
0
5 km
1 : 333 000
© Fortes / Reitmaier
Castilhano
Carriçal
Juncalinho
Morre Brás
Preguiça
Aeroporto
Vila da
Rª Brava
Carvoeiros
Estância Brás
Cabeçalinho
Covoada
Fragata
Mt. Gordo
Tarrafal
Praia debaixo
da Rocha
Rª da Prata
Praia
Branca
Barril